Die Haftung des Vorstands gegenüber den Aktionären

Frankfurter wirtschaftsrechtliche Studien

Herausgegeben von
Theodor Baums, Andreas Cahn, Friedrich Kübler,
Hans-Joachim Mertens, Eckard Rehbinder, Gunther Teubner

Band 62

PETER LANG
Frankfurt am Main · Berlin · Bern · Bruxelles · New York · Oxford · Wien

Rainer Schmitz

Die Haftung des Vorstands gegenüber den Aktionären

Eine rechtsvergleichende Untersuchung nach deutschem und US-amerikanischem Recht

PETER LANG
Europäischer Verlag der Wissenschaften

Bibliografische Information Der Deutschen Bibliothek
Die Deutsche Bibliothek verzeichnet diese Publikation in der Deutschen Nationalbibliografie; detaillierte bibliografische Daten sind im Internet über <http://dnb.ddb.de> abrufbar.

Zugl.: Frankfurt (Main), Univ., Diss., 2003

Gedruckt auf alterungsbeständigem,
säurefreiem Papier.

D 30
ISSN 0723-0427
ISBN 3-631-52236-3

Printed in Germany 1 2 3 4 5 7

www.peterlang.de

Für meine Eltern und meine Großeltern

Vorwort

Der Fachbereich Rechtswissenschaft der Johann Wolfgang Goethe-Universität in Frankfurt am Main hat die vorliegende Arbeit im Wintersemester 2003/2004 als Dissertation angenommen.

Meinem verehrten Doktorvater, Herrn Prof. Dr. Dr. h.c. Theodor Baums, danke ich nicht nur für die Überlassung des Themas und die Unterstützung bei der Erstellung der Arbeit, sondern ganz besonders auch für die lehrreichen und schönen Jahre am Institut für Handels- und Wirtschaftsrecht der Universität Osnabrück.
Herrn Prof. Dr. Andreas Cahn danke ich für die Übernahme des Zweitgutachtens.

Der Teil zum U.S.-amerikanischen Recht ist während meines LL.M.-Studiums an der University of Texas at Austin entstanden. Zu Dank verpflichtet bin ich meinem dortigen Betreuer, Herrn Prof. Robert W. Hamilton, für zahlreiche wertvolle Hinweise sowie dem Deutschen Akademischen Austauschdienst für ein Jahresstipendium.

Der Rechtsanwaltssozietät Shearman & Sterling LLP, namentlich Herrn Rechtsanwalt Georg F. Thoma, bin ich für ihre finanzielle Unterstützung bei der Erstellung dieser Arbeit dankbar.

Die Arbeit ist meinen Eltern und meinen Großeltern gewidmet.

Frankfurt am Main, im April 2004 Rainer Schmitz

Inhaltsverzeichnis

§ 1 Einleitung

I. Fragestellung und Anliegen der Untersuchung

Das Thema Organhaftung ist in den letzten Jahren auch in Deutschland verstärkt ins Blickfeld der Öffentlichkeit gerückt. Vor dem Hintergrund des Kursverfalls an den Aktienmärkten wird der Ruf nach einer persönlichen Inanspruchnahme der Verwaltungsmitglieder immer lauter. Erste Schadensersatzklagen gegen Vorstandsmitglieder wegen falscher Ad-hoc-Mitteilungen sind vor deutschen Gerichten bereits erhoben worden, bisher allerdings ohne Erfolg.[1] Auch der Gesetzgeber hat angekündigt, auf diesem Gebiet tätig werden zu wollen und eine persönliche Inanspruchnahme der Verwaltungsmitglieder zu ermöglichen.[2] Kern ist dabei das Problem der fehlerhaften Information des Kapitalmarktes. Gerade am Neuen Markt wurden Ad-hoc-Mitteilungen vielfach als Werbeinstrumente missbraucht und Marktteilnehmer unrichtig informiert. Die gesetzgeberischen Ansätze gehen zurück auf Vorschläge der Regierungskommission Corporate Governance, die die Einführung einer zivilrechtlichen Haftung von Vorstands- und Aufsichtsratsmitgliedern börsennotierter Gesellschaften für vorsätzliche oder grobfahrlässige Falschinformationen über die Verhältnisse der Gesellschaft vorgeschlagen hat.[3] Auch der 64. Deutsche Juristentag hat sich dieses Themas angenommen und sich ebenfalls für die Einführung einer zivilrechtlichen Haftung für falsche Kapitalmarktinformationen ausgesprochen.[4] Der „juristische Papiertiger“[5] soll also zum Leben erweckt werden.

Verschiedentlich wird allerdings angemahnt, dass eine Haftung der Organe für fehlerhafte Kapitalmarktinformationen nur im Zusammenhang mit einer allgemeinen Reform der Organaußenhaftung erfolgen sollte.[6] Dazu will diese Arbeit einen Beitrag leisten. Sie beschränkt sich nicht nur auf die Haftung wegen fehlerhafter Kapitalmarktinformation, sondern hat auch andere Pflichtverletzungen

---

[1] LG München, ZIP 2001, 1814 ff. (Infomatec I); LG Augsburg, ZIP 2001, 1881 ff., aufgehoben durch OLG München, ZIP 2002, 1727 (Infomatec II); LG Augsburg, Az. 3 O 157/01 (Infomatec III); LG Augsburg, ZIP 2002, 530 ff. (Infomatec IV).

[2] Bundesministerium der Justiz und Bundesministerium der Finanzen, Pressemitteilung Nr. 10/03 vom 25.2.2003 (www.bundesfinanzministerium.de/Aktuelles/Pressemitteilungen-.395.17027/Bundesregierung-staerkt-Anlegerschutz-und-Unternehmensintegrität.htm). Dazu *Seibert*, BB 2003, 693 ff.; *Kiethe*, ZIP 2003, 707 ff.

[3] *Baums* (Hrsg.), Bericht, Rn. 186.

[4] Vgl. *Fleischer*, Gutachten, S. F 95 ff. und S. F. 141 f. Siehe dazu den Tagungsbericht von *Hein*, JZ 2003, 195 ff. sowie *Mülbert*, JZ 2002, 826, 831 ff. Vgl. auch schon *Baums* in seinem Gutachten für den 63. Deutschen Juristentag, S. F 228 ff.

[5] *Mertens*, in: *Feddersen/Hommelhoff/Schneider*, Corporate Governance, S. 155, 157.

[6] In diese Richtung etwa *Assmann* in seinem Referat zum 64. DJT.

des Vorstands zum Thema.[7] Für Teilbereiche der Vorstandshaftung sind bereits in der Vergangenheit umfassende Haftungskonzepte vorgestellt worden.[8] Diese gilt es vor dem Hintergrund der Entwicklung im Bereich fehlerhafter Kapitalmarktinformation auf ihre Tauglichkeit auch für diese Fälle zu untersuchen und ggf. weiter zu entwickeln.

Mit einzubeziehen war auch die Rechtslage in den USA. Die Rechtspraxis dort ist seit vielen Jahren mit Fragen der Haftung von Leitungsorganen vertraut. In der rechtswissenschaftlichen und rechtspolitischen Diskussion in Deutschland standen bis vor kurzem die Erfahrungen des U.S.-amerikanischen Rechts mit der derivative suit im Vordergrund. [9] Dies darf aber nicht den Blick dafür verstellen, dass Aktionäre in den USA auch die Möglichkeit haben, „ihre" officers und directors wegen der Verletzung dem einzelnen Aktionär gegenüber bestehender Pflichten auf Schadensersatz in Anspruch zu nehmen. Gerade im Zusammenhang mit der Haftung für fehlerhafte Kapitalmarktinformationen wird jetzt zunehmend auf das U.S.-amerikanische Recht als Vorbild verwiesen. Allerdings verlief auch dort die Entwicklung individueller Klagerechte in Wellenbewegungen. Versuchte man die Klagen der Aktionäre Mitte der 90er Jahre noch mit Erlass des Private Securities Litigation Reform Act sowie des Securities Litigation Uniform Standards Act einzudämmen,[10] wurde die Organhaftung mit Erlass des Sarbanes-Oxley Act im Jahre 2002 vor dem Hintergrund einiger Bilanzskandale wieder verschärft. Es gilt daher zu untersuchen, inwieweit das U.S.-amerikanische Recht tatsächlich seiner Vorbildfunktion gerecht wird. Immerhin wurde der Rückgriff auf das U.S.-amerikanische Haftungsrecht bis vor kurzem teilweise noch als „Horrorvision" betrachtet.[11]

Das hier behandelte Thema liegt im Grenzbereich zwischen Kapitalmarkt- und Gesellschaftsrecht. Ziel des Kapitalmarktrechts ist es, die Voraussetzungen für einen funktionsfähigen, effizienten Kapitalmarkt zu schaffen.[12] Das Augenmerk

---

[7] Nicht Thema dieser Arbeit ist die Haftung der Mitglieder des Aufsichtsrates.

[8] Für Übernahmeangebote *van Aubel*, Vorstandspflichten, S. 128 ff. Für Management Buyouts, *Rhein*, Interessenkonflikte, S. 173 ff. Umfassend, gestützt auf § 823 Abs. 1 BGB, *Habersack*, Mitgliedschaft, S. 171 ff.

[9] Vgl. zur Diskussion um die Einführung einer Einzelklage des Aktionärs schon *Großfeld*, Aktiengesellschaft, Unternehmenskonzentration und Kleinaktionär, S. 226 ff. Außerdem *Brondics*, Aktionärsklage, S. 29 ff. m.w.N. sowie *Binge*, Gesellschafterklagen.

[10] Dieser Versuch war nicht von Erfolg gekrönt, wie die Entwicklung der Aktionärsklagen in den USA zeigt. Vgl. die Untersuchungen des Stanford Securities Class Action Clearinghouse (http://securities.stanford.edu). So wurden im Jahre 2001 327 class actions erhoben, die sich auf die Verletzung der Securities Laws stützten. Im Jahre 2000 waren es 204. Damit liegen die Zahlen weit über dem Durchschnitt von 177 Klagen der Jahre 1991 bis 1995. Zu möglichen Gründen siehe *Ihlas*, Organhaftung, S. 39.

[11] Vgl. *Götz*, ZIP 1995, 1310, 1315.

[12] *Assmann*, in: *Assmann/Schütze*, Handbuch. § 1 Rn. 22.

richtet sich dabei auf den Anleger als Marktteilnehmer, der sich zum Zwecke der Erzielung von Kursgewinnen als Unternehmensfinanzier am Wertpapierhandel beteiligt.[13] Dieser ist vor Übervorteilung zu schützen, da er andernfalls Risikozuschläge verlangt, wodurch sich die Finanzierungskosten der Unternehmen erhöhen, [14] oder er sich gar völlig vom Markt zurückzieht. Im Zentrum des Interesses des Anlegers steht also der Schutz seiner Vermögensrechte. Das Gesellschaftsrecht dagegen hat das Mitglied im Auge, den Unternehmens-Gesellschafter also, der sich aktiv am Verbands- und Unternehmensleben beteiligt.[15] Dessen Stellung ist durch Mitwirkungs- und Teilhaberechte geprägt. „Vorzüglichstes Recht" des Mitglieds ist das Stimmrecht. Dieses gilt es durch geeignete Instrumentarien abzusichern. Als Institut zum Schutze sowohl der Interessen des Anlegers als auch der des Mitglieds kommen Verhaltenspflichten der Verwaltung in Betracht. Im Gesellschaftsrecht standen bisher Verhaltenspflichten der Verwaltung gegenüber der Gesellschaft im Vordergrund. Denn die Leitung der Aktiengesellschaft obliegt gemäß § 76 AktG dem Vorstand in eigener Verantwortung. Verletzen Vorstandsmitglieder ihre Pflichten, haften sie gegenüber der Gesellschaft. Inhaberin der Ersatzansprüche ist also grundsätzlich die Aktiengesellschaft als Rechtsperson. Ersatzansprüche der Gesellschaft gegen amtierende Vorstandsmitglieder sind nach der Konzeption des Aktiengesetzes vom Aufsichtsrat geltend zu machen (§ 112 AktG). Um zu verhindern, dass sich die Verwaltungsmitglieder gegenseitig decken, sieht § 147 AktG eine Ausnahmeregelung vor.[16]

Verhaltenspflichten der Verwaltung gegenüber dem einzelnen Aktionär sind dagegen zum großen Teil im Kapitalmarktrecht geregelt. Insoweit hat sich in Deutschland der Anlegerschutz von seinen gesellschaftsrechtlichen Ursprüngen[17] gelöst und wird mehr und mehr vom Kapitalmarktrecht beeinflusst.[18] Impulse gehen dabei insbesondere von der U.S.-amerikanischen Securities Regulation aus, die einen umfassenden Schutz der Anleger vor fehlerhaften Informationen durch die Verwaltung gewährleistet. Sind die Fälle der fehlerhaften Kapitalmarktinformation in der Praxis auch von großer Bedeutung, so sind dies doch nicht die einzigen Fälle, in denen der Vorstand aufgrund seiner Stellung als Organ der Gesellschaft in Rechte der Mitglieder eingreifen und diesen so einen Schaden zufügen kann. Genannt seien an dieser Stelle nur noch

[13] Vgl. hierzu *Assmann* in: *Assmann/Schütze*, Handbuch, § 1 Rn. 28; *ders.* in: Großkommentar AktG, Einl. C Rn. 379; *Hopt*, ZHR 140 (1976), 201, 203 ff.

[14] Vgl. die Nachweise bei *Baums*, Gutachten, S. F 15 Fn. 26.

[15] *Wiedemann*, Gesellschaftsrecht, S. 476.

[16] Vgl. zur Kritik an der Neuregelung des § 147 AktG durch das KonTraG *Ulmer*, ZHR 163 (1999), 290 ff. sowie *Baums*, Gutachten, S. F 244 ff. mit weiteren Nachweisen.

[17] Vgl. dazu *Wiedemann*, Gesellschaftsrecht, S. 475 ff. und *Assmann*, ZBB 1989, 49, 52 ff.

[18] So die Diagnose von *Ekkenga*, Anlegerschutz, S. 17. Beleg dafür sind auch die durch das Vierte Finanzmarktförderungsgesetz eingeführten Haftungstatbestände für fehlerhafte Ad-hoc-Mitteilungen (§§ 37 b und c WpHG).

die Fälle einer „feindlichen“ Übernahme, in denen der Vorstand ein „feindliches“, für die Aktionäre aber günstiges Übernahmeangebot abwehrt, ihnen also die Möglichkeit nimmt, ihre Aktien zu einem günstigen Preis zu verkaufen. Auch hier ist die Frage zu beantworten, ob nach deutschem Recht eine Kontrolle des Vorstandshandelns durch Haftung in derartigen Fällen möglich ist. Die damit einhergehende Intensivierung des Schutzes subjektiver Mitgliedschaftsrechte kommt wegen der Doppelfunktion mitgliedschaftlicher Kontroll- und Schutzrechte nicht nur dem einzelnen Aktionär, sondern auch den übrigen Anlegern bzw. Aktionären zugute.[19] Denn die Haftung auf Schadensersatz dient nicht nur ex post der Kompensation für erlittene Vermögensnachteile, sondern auch ex ante der Verhaltenssteuerung.

Die vorliegende Arbeit setzt sich das Ziel, in einer induktiv angelegten Untersuchung Sorgfaltspflichten von Vorstandsmitgliedern herauszuarbeiten, die unmittelbar gegenüber den Aktionären bestehen. Es soll der Versuch unternommen werden, durch Fortentwicklung der Verhaltenspflichten der Verwaltungsmitglieder einen umfassenden Schutz der Aktionäre vor unmittelbaren, schädigenden Eingriffen der Verwaltung zu gewährleisten.

II. Abgrenzung von Eigenschäden und Reflexschäden

Im deutschen Recht werden – abgesehen von wenigen Ausnahmen, wie zum Beispiel Fälle der Drittschadensliquidation oder des Vertrags zugunsten Dritter – lediglich Eigenschäden des Anspruchstellers nicht aber Schäden Dritter ersetzt.[20] Da Gesellschaft und Gesellschafter verschiedene Rechtspersönlichkeiten sind, kann der Gesellschafter lediglich den Schaden an seinen Vermögensgegenständen und die Gesellschaft lediglich den Schaden an ihren Vermögensgegenständen liquidieren. Die Verbindung des Anteilseigners mit dem Verband führt jedoch dazu, dass sich ein Schaden der Gesellschaft auch im Wert des einzelnen Anteils niederschlägt. Reflektiert der Nachteil im Vermögen der Aktionäre lediglich den Schaden der Gesellschaft, so kann nach der Rechtsprechung der einzelne Aktionär die Erstattung des gesamten Entwertungsschadens an die Gesellschaft verlangen, wenn er dartun kann, dass der Beklagte nicht nur eine dem Schutz der Gesellschaft, sondern auch ihrer Mitglieder dienende Rechtsnorm verletzt hat.[21]

---

[19] Zu den positiven externen Effekten von mitgliedschaftlichen Klagen vgl. *Baums*, Gutachten, S. F 19. Zur Doppelfunktion mitgliedschaftlicher Kontroll- und Schutzrechte vgl. auch *Großfeld*, Aktiengesellschaft, S. 199 ff.; *Knobbe-Keuk*, FS Ballerstedt, S. 239, 248.

[20] *Larenz*, Schuldrecht I, § 27 IV a.

[21] BGHZ 65, 15 (ITT); *Brandes*, FS Fleck, S. 13 f.; *G. Müller*, FS Kellermann, S. 317, 335. Vgl. auch *Baums*, ZGR 1987, 554 ff.

Wenn jedoch Ersatz eines unmittelbaren Schadens begehrt wird, führt die Trennung der Vermögenssphären von Gesellschaft und Aktionär unproblematisch dazu, dass der Schadensausgleich bei beiden Rechtsträgern selbständig durchgeführt werden kann. In den Fällen des Eigenschadens eines Aktionärs, in denen ausschließlich das Vermögen des Aktionärs und nicht zudem das Gesellschaftsvermögen geschädigt wurde, steht die Zweckbindung des Gesellschaftsvermögens einer Ersatzleistung direkt an den Aktionär nicht entgegen. Thema dieser Arbeit sind nur diese Fälle, in denen Vorstandsmitglieder also unmittelbar (d.h. ohne die Gesellschaft zu schädigen) in die Mitgliedschaft einzelner Gesellschafter eingreifen bzw. aktionärsschützende Pflichten verletzen. In solchen Fällen kann der Schadensausgleich nur durch Leistung an den einzelnen Aktionär erfolgen. Ein Ausgleich durch Leistung an die Gesellschaft scheitert schon daran, dass nicht alle Aktionäre gleichermaßen betroffen sind. Geschädigt sind nur die Aktionäre, die etwa Aktien aufgrund einer Fehlinformation hinzuerworben haben.

III. Themenbegrenzung

Eine erste Begrenzung des Themas ergibt sich durch die soeben dargestellte Beschränkung auf die Haftung für Eigenschäden der Aktionäre. Im folgenden sollen mit dem Untersuchungsgegenstand verwandte Problembereiche des Gesellschafts- bzw. Kapitalmarktrechts ausgegrenzt werden.

1. Abgrenzung gegenüber der actio pro socio/derivative suit

Unberücksichtigt bleibt zunächst die actio pro socio bzw. die derivative suit des U.S.-amerikanischen Rechts. Mittels dieser Klage macht das Verbandsmitglied einen materiell-rechtlich dem Verband zustehenden Anspruch gegen die Organmitglieder bzw. gegen andere Personen geltend. Thema dieser Arbeit sind jedoch ausschließlich Ansprüche, die dem Aktionär selbst zustehen. Bei der Unterscheidung von derivative suit und direct suit stellt sich zunächst allgemein das Problem einer überzeugenden Abgrenzung der individuellen von der Verbandssphäre.[22] Mit anderen Worten: besteht die verletzte Pflicht im Interesse des einzelnen Aktionärs oder ausschließlich im Interesse der Gesellschaft? Deutlich hervor tritt dieses Problem in Fällen der Unterlassungs- oder Beseitigungsklage. Bei den hier in Rede stehenden Schadensersatzklagen tritt das Problem der Zuordnung der Ansprüche an den Verband (actio pro socio/derivative suit) oder an den Aktionär (direct suit bzw. class action) nicht in

[22] Vgl. zum U.S.-amerikanischen Recht schon *Großfeld*, Aktiengesellschaft, S. 239 ff. Zuletzt *Abeltshauser*, Leitungshaftung, S. 408 ff; *Becker*, Verwaltungskontrolle, S. 118 ff.

dieser Schärfe auf. Denn bei den Organhaftungsansprüchen geht es um Schadensersatzansprüche gegen die Vorstandsmitglieder gerichtet auf Leistung in das Vermögen des Aktionärs. Der einzelne Aktionär kann einen solchen Schadensersatzanspruch – wie oben dargestellt – nur geltend machen, wenn er ausschließlich in seinem Vermögen geschädigt wurde, also kein Reflexschaden vorliegt. Begeht ein Vorstandsmitglied eine Pflichtverletzung und kann dadurch ausschließlich der einzelne Aktionär geschädigt werden, so hat dies Indizwirkung für die Feststellung, dass die verletzte Pflicht auch im Interesse des einzelnen Aktionärs und nicht ausschließlich im Interesse der Gesellschaft besteht.

Auch im U.S.-amerikanischen Recht basiert die Unterscheidung zwischen direct und derivative suit grundsätzlich auf der Frage, bei welcher Partei eine Rechtsverletzung eingetreten ist. Ist die Gesellschaft verletzt worden, kann eine derivative suit erhoben werden; sind ausschließlich die Aktionäre verletzt worden, ist eine direct suit bzw. class action zu erheben. Entscheidend für eine Klage aus eigenem Recht ist dabei, dass nicht die Gesellschaft verletzt wurde und sich der Schaden lediglich im Anteil der Aktionäre reflektiert, sondern dass ausschließlich das Vermögen der Aktionäre geschädigt wurde. Die meisten Klagen, die gegen die Vorstandsmitglieder wegen Verletzung ihre Sorgfalts- oder Treuepflichten erhoben werden, sind daher Klagen aus abgeleitetem Recht. Führen jene die Geschäfte der Gesellschaft nicht mit der Sorgfalt eines ordentlichen Kaufmannes, nutzen sie gar Geschäftschancen derselben für sich selbst aus oder übervorteilen sie die Gesellschaft im Rahmen von In-sich-Geschäften, schädigen sie in erster Linie die Gesellschaft. Natürlich mindert sich dadurch reflexartig auch der Wert des von dem Aktionär gehaltenen Anteils. Jedoch lässt sich auch dieser Schaden durch Ersatzleistung in das Gesellschaftsvermögen ausgleichen. Daher ist eine Klage aus abgeleitetem Recht zu erheben. Andererseits gibt es jedoch Fälle, in denen Rechte der Gesellschaft nicht betroffen sind, sondern ausschließlich solche der Aktionäre. Derartige Fälle sind beispielsweise die Fälle der Informationspflichtverletzungen, die im amerikanischen Recht wohl die größte Gruppe darstellen. Aber auch Fälle, in denen das Stimmrecht des Aktionärs oder sein Einsichtsrecht in die Bücher der Gesellschaft verletzt werden, fallen darunter. Daneben geht es um Fälle, in denen die Auszahlung von Dividenden verlangt wird oder in denen die Verwaltung ein Übernahmeangebot abwehrt. In vielen dieser Fälle wird es für die Aktionäre jedoch schwierig sein, einen Eigenschaden nachzuweisen. Im Vordergrund stehen daher Unterlassungsklagen gegen die Verwaltung, die im Wege der direct suit geltend gemacht werden. Liegt jedoch bereits ein Schaden im Vermögen der Aktionäre vor, der einem Schaden im Vermögen der Gesellschaft nicht entspricht, kann jedenfalls eine Klage aus eigenem Recht erhoben werden. Die schwierigen Abgrenzungsfragen zwischen direct und derivative suit stellen sich in diesen Fällen nicht.

2. *Abgrenzung gegenüber dem Insiderhandel*

Im Grundsatz unberücksichtigt bleiben auch die Fälle des Insiderhandels. Dies liegt zum einen schon daran, dass Vorstandsmitglieder zwar aufgrund ihrer Stellung über Insider-Informationen verfügen, eine Haftung sich jedoch nicht auf ihre Organstellung gründet, sondern jeden anderen Insider gleichermaßen trifft. Zum anderen würde eine Beschäftigung auch mit dem Insiderhandel den Rahmen dieser Arbeit sprengen. Insoweit sei auf die umfangreiche Literatur zu diesem Thema verwiesen.[23] Freilich sind einige Überschneidungen mit dem hier behandelten Thema nicht zu verkennen. Immerhin wird das Insiderhandelsverbot teilweise als Ausfluss einer Treuepflicht der Vorstandsmitglieder gegenüber den Aktionären gedeutet. Zudem wird die für diese Arbeit bedeutsame Rule 10b-5 auch auf Fälle des Insiderhandels angewandt. Aus dieser Vorschrift ist die Pflicht des Transaktionspartners zur Offenlegung von Informationen hergeleitet worden (disclose or abstain).[24] In diesem Zusammenhang wird auf den Insiderhandel kurz zurück zu kommen sein.

IV. Gang der Untersuchung

Ist das Thema somit hinreichend abgegrenzt, ergibt sich der weitere Fortgang der Untersuchung aus der oben unter I. skizzierten Fragestellung. In einem ersten Teil wird das U.S.-amerikanische Recht dargestellt. Im Anschluss an die Darstellung einiger themenrelevanter Grundlagen des U.S.-amerikanischen Gesellschafts- und Kapitalmarktrechts (§ 2) beschäftigt sich § 3 mit der kapitalmarktrechtlichen Haftung der Mitglieder des board of directors gegenüber den Aktionären. § 4 wendet sich dann der gesellschaftsrechtlichen Haftung zu. Der Abschnitt schließt mit einer Zusammenfassung der wesentlichen Ergebnisse (§ 5). Der anschließende Teil zum deutschen Recht setzt sich in § 6 ebenfalls zunächst mit der kapitalmarktrechtlichen Seite auseinander, bevor in § 7 dann weitere gesellschaftsrechtliche Problemfelder erörtert werden. In § 8 werden schließlich Vorschläge für eine umfassende Regelung der Vorstandshaftung gegenüber den Aktionären untersucht. In § 9 wird den für die Praxis wichtigen Fragen der Haftungsfreistellung sowie der Versicherbarkeit im Rahmen einer D&O-Versicherung nachgegangen. § 10 führt die zum deutschen Recht

---

23 Vgl. etwa *zur Megede*, in: *Assmann/Schütze*, Handbuch, § 14; *Hopt*, in: *Schimansky/Bunte/Lwowski*, Bankrechts-Handbuch, § 107, jeweils mit umfassender Literaturübersicht.

24 Vgl. *Assmann*, Prospekthaftung, S. 115. § 16 Securities Exchange Act zielt dagegen darauf ab, Insidergeschäfte dadurch zu unterbinden, dass der aus diesen fließende Gewinn der Gesellschaft zugewiesen und dem Insider entzogen wird.

gewonnenen Erkenntnisse zusammen. Die Arbeit schließt mit einer Zusammenfassung der wesentlichen Ergebnisse (§ 11).

1. Teil: Das Recht der Vereinigten Staaten

Baums hat in seinem Gutachten zum 63. Deutschen Juristentag diagnostiziert: „Schwankenden Boden betritt, wer die unmittelbare Haftung der Verwaltungsmitglieder den Aktionären gegenüber nach deutschem Recht untersucht ...“.[25] Diese Arbeit soll einen Beitrag zur Konsolidierung einer solchen Haftung leisten. Dazu sind die materiellrechtlichen Voraussetzungen einer Haftung der einzelnen Vorstandsmitglieder unmittelbar gegenüber den Aktionären zu klären. Es geht um die Frage, welche Anspruchsgrundlagen die jeweiligen Rechtsordnungen zur Verfügung stellen, sowie um deren Reichweite und Grenzen.

Die Rechtspraxis in den USA ist seit vielen Jahren mit Fragen der Haftung von Leitungsorganen vertraut. In der rechtswissenschaftlichen und rechtspolitischen Diskussion in Deutschland standen bisher die Erfahrungen des U.S.-amerikanischen Rechts mit der derivative suit im Vordergrund. Dies darf aber nicht den Blick dafür verstellen, dass Aktionäre in den USA auch die Möglichkeit haben, officers und directors wegen der Verletzung von dem einzelnen Aktionär gegenüber bestehenden Pflichten auf Schadensersatz in Anspruch zu nehmen.

Haftung setzt eine Pflichtverletzung voraus. Die Pflichten der Leitungsorgane werden im U.S.-amerikanischem Gesellschaftsrecht traditionell in Sorgfalts- (duty of care) und Loyalitätspflichten (duty of loyalty) unterteilt. Die Grenzen verwischen jedoch zunehmend. Außerdem rückt mit der Pflicht zur Offenlegung (duty of disclosure oder duty of candor) eine weitere Pflichtenkategorie ins Blickfeld, die nicht eindeutig einer der beiden genannten Kategorien zuzuordnen ist. Dabei ist gerade die Pflicht zur Offenlegung bzw. sorgfältigen Informationserteilung für das hier behandelte Thema der Vorstandshaftung unmittelbar gegenüber den Aktionären in der Praxis von großer Bedeutung. Denn insbesondere Informationspflichten bestehen im Interesse der einzelnen Aktionäre und nicht im Interesse der Gesellschaft. Daher kommt gerade in diesen Fällen ein eigener Anspruch der Aktionäre direkt gegen die Verwaltungsmitglieder in Betracht. Informationspflichten sind im U.S.-amerikanischen Recht in erster Linie im Kapitalmarktrecht geregelt. Dieses gilt es daher zunächst darzustellen (§ 3). Im Anschluss daran werden die gesellschaftsrechtlichen Aspekte des Themas beleuchtet (§ 4). Zunächst sollen jedoch einige grundlegende Probleme des U.S.-amerikanischen Rechts vor die Klammer gezogen werden (§ 2).

---

[25] *Baums*, Gutachten, S. F 228.

§ 2 Grundlagen

I. Rechtsquellen und Stellung der officers und directors

Rechtsvergleichung ist nur sinnvoll, wo funktional Vergleichbares verglichen wird.[26] Für die vorliegende Arbeit gilt es daher, den Kreis der Personen zu bestimmen, um deren Haftung es geht (dazu unter 2.). Zuvor aber soll noch ein kurzer Überblick über die Rechtsquellen des U.S.-amerikanischen Rechts für das hier behandelte Thema gegeben werden.

1. Rechtsquellen

Geschädigte Aktionäre können ihre individuellen Ansprüche im amerikanischen Recht im Wesentlichen auf vier verschiedene Rechtsgebiete stützen. Dies ist zunächst das Kapitalmarktrecht des Bundes. Daneben kommen aber auch Ansprüche gemäß den einzelstaatlichen Börsen- und Kapitalmarktgesetzen sowie nach (einzelstaatlichem) common bzw. equity law in Betracht. Und schließlich können Ansprüche auch auf eine Verletzung gesellschaftsrechtlicher Treuepflichten gestützt werden.

Der Securities Act von 1933 regelt die erstmalige Ausgabe von Aktien (initial offering), das Registrierungserfordernis sowie Offenlegungspflichten im Zusammenhang mit der erstmaligen Aktienausgabe. Kern dieser Regelung ist zum einen das Verbot der Ausgabe von Aktien, die nicht vorher registriert wurden, und zum anderen die Prospektpflicht zur Sicherstellung einer angemessenen Information der Anleger.
Der Securities Exchange Act von 1934 regelt dagegen den Handel mit Aktien, die bereits ausgegeben wurden. Dabei werden den am Wertpapierhandel Beteiligten (Händlern, Gesellschaften, Verwaltungsmitgliedern, etc.) Verhaltens- und Offenlegungspflichten auferlegt. Zur Durchsetzung und Konkretisierung dieser Pflichten wurde durch den Securities Exchange Act die Securities and Exchange Commission (SEC) geschaffen. Dieser sind in den Securities Acts weitreichende Möglichkeiten eingeräumt worden, Verstöße gegen kapitalmarktrechtliche Vorschriften zu ahnden, aber auch im Verordnungswege die Verhaltenspflichten der am Wertpapierhandel beteiligten Personen zu konkretisieren.
Schon vor Erlass der Federal Securities Laws gab es in den meisten amerikanischen Bundesstaaten kapitalmarktrechtliche Regelungen, die der Bekämpfung des betrügerischen Wertpapierhandels dienten. Die Anwendbarkeit dieser sogenannten „blue sky laws“ ist jedoch auf den innerstaatlichen Handel

[26] *Zweigert/Kötz*, Einführung in die Rechtsvergleichung, Bd. I, § 3, S. 27 ff.

beschränkt, so dass sich diesen Regelungen schlicht durch zwischenstaatlichen Handel mit Wertpapieren entzogen werden konnte. Daher sah sich der Bundesgesetzgeber veranlasst, in den Jahren 1933 und 1934 eine staatenübergreifende Regelung des Kapitalmarktrechts zu erlassen.[27] Nichtsdestotrotz gelten die einzelstaatlichen Regelungen neben den Federal Securities Laws. Jene sehen neben Registrierungspflichten für Händler und Wertpapiere vielfach auch Haftungsvorschriften zur Durchsetzung von Verhaltensstandards vor.

Auch das einzelstaatliche common law bietet eine Reihe möglicher Anspruchsgrundlagen, die in den hier in Rede stehenden Fällen in Betracht zu ziehen sind. Zwar war Grund für den Erlass der Securities Laws nicht zuletzt, dass die Ansprüche des common law auf die Fälle des Handels mit Wertpapieren nicht passten, jedoch hat sich auch das common law seit den 30er Jahren weiterentwickelt, so dass auch darauf gestützte Ansprüche in diese Arbeit mit einzubeziehen waren.

Und schließlich sind Ansprüche aufgrund des einzelstaatlichen Gesellschaftsrechts zu erörtern. Denn in den meisten Staaten ist anerkannt, dass die officers und directors Pflichten nicht nur gegenüber der Gesellschaft selbst, sondern auch gegenüber den einzelnen Aktionären haben.[28]

2. Die Stellung der officers und directors

Zentrales Leitungsorgan der U.S.-amerikanischen corporation ist der von den Aktionären gewählte board of directors.[29] Diesem obliegt die Festlegung der Geschäftspolitik und die innere Organisation der Gesellschaft. Er gibt aber auch einzelne Anweisungen an Angestellte der Gesellschaft und überwacht deren Ausführung. Zudem vertritt er die Gesellschaft nach außen.
Das tägliche Verwaltungsgeschäft obliegt dagegen nicht dem board of directors, sondern vielmehr den officers. Dies sind leitende Angestellte, die vom board bestellt und überwacht werden und über genau festgelegte Geschäftsführungs- und Vertretungsbefugnisse verfügen.
Verkompliziert wird dieses System dadurch, dass die officers in der Regel alle oder zumindest teilweise aus der Mitte des board gewählt werden. So ist der chairman of the board häufig zugleich president. Anders als im deutschen Recht (§ 105 AktG) ist es im U.S.-amerikanischen Recht also zulässig und in der

---

[27] Zur Entwicklung der Prospekthaftung im U.S.-amerikanischen Recht vgl. *Assmann*, Prospekthaftung, S. 93 ff.
[28] Zur Perspektive des englischen Rechts vgl. *Davies*, Directors' Fiduciary Duties, in: McKendrick (Hrsg.), Commercial Aspects of Trust and Fiduciary, S. 103 ff.
[29] Vgl. etwa § 141 (a) Delaware General Corporation Law.

Praxis üblich, dass die Mitglieder des Überwachungsorgans gleichzeitig an der unmittelbaren Geschäftsführung beteiligt sind. Dies wirft für das U.S.-amerikanische Recht die Frage auf, wie eine effektive Überwachung der Geschäftsführung der Gesellschaft bewerkstelligt werden kann. Zu diesem Zweck wird zwischen inside und outside (independent) directors differenziert. Erstere sind solche, die zugleich leitende Angestellte der Gesellschaft sind.[30] Outside directors sind demgegenüber Mitglieder des board, die weder Angestellte der Gesellschaft noch Teil des Managements sind.[31] Sie haben keine Beziehung zur direkten Verwaltung der Gesellschaft. Outside directors sind daher funktionell dem deutschen Aufsichtsrat vergleichbar, während die inside directors funktionell dem Vorstand gleichkommen. Die sich aus diesem Einheitssystem ergebenden Überwachungsprobleme sind nicht Gegenstand dieser Arbeit.[32] Aber auch im Bereich der Haftung wird teilweise zwischen inside und outside directors differenziert und an die Verhaltenspflichten der inside directors ein höherer Maßstab angelegt. Darauf ist bei der Darstellung der einzelnen Anspruchsgrundlagen noch zurück zu kommen.

II. Publizität und ihre Durchsetzung im amerikanischen Recht

Bevor in den folgenden Paragraphen der Frage nachgegangen wird, in welchen Fällen officers und directors ihren Aktionären gegenüber für die Fehldarstellung von Tatsachen haftbar gemacht werden können, soll zunächst kurz dargestellt werden, welche Publizitätspflichten im amerikanischen Gesellschafts- und Kapitalmarktrecht bestehen und wie diese Pflichten durchgesetzt werden. Die Haftung als ein für das amerikanische Recht entscheidendes Instrument zur Durchsetzung von Vorstandspflichten wird dann im folgenden Paragraphen ausführlich behandelt werden.

---

[30] Als inside directors werden auch solche Personen bezeichnet, die ein den leitenden Angestellten vergleichbares wirtschaftliches Interesse an der Gesellschaft haben, etwa Vertreter von Zulieferunternehmen, die Mitglieder des board der Gesellschaft sind. Vgl. näher *Hamilton*, Nutshell, S. 339.

[31] *Hamilton*, a.a.O.; *Knepper/Bailey*, Liability, S. 18 ff.

[32] Aufgrund einiger Bilanzskandale in den USA soll die Überwachungstätigkeit nun verstärkt in die Hände von independent directors gelegt werden. So verlangt die New York Stock Exchange nunmehr von den bei ihr notierten Gesellschaften, dass deren board of directors mehrheitlich mit independent directors besetzt wird (Section 303 A Company Manual). Vgl. dazu den Bericht des New York Exchange Corporate Accountability and Listing Standards Committee, S. 6. § 301 (3) Sarbanes-Oxley Act sieht vor, dass das Audit-Committee nur aus independent directors zusammengesetzt werden darf. Vgl. dazu aus der deutschsprachigen Literatur *Lanfermann/Maul*, DB 2002, 1725, 1728 ff.

1. Emissionspublizität

Regelungen in Bezug auf die Neuausgabe von Aktien finden sich im Securities Act. Dieser soll sicherstellen, dass potentielle Investoren über die ausgegebenen Papiere sowie die emittierende Gesellschaft ausreichend informiert sind. § 5 Securities Act sieht daher zunächst vor, dass junge Aktien erst dann ausgegeben werden dürfen, wenn die Emission bei der SEC registriert ist. Die zum Zwecke der Registrierung der Emission bei der SEC einzureichende Registrierungserklärung besteht aus zwei Teilen: dem Prospekt, den auch jeder Käufer der Aktie erhält, sowie einem zweiten Teil mit weiteren Informationen für die SEC. Erste Informationsquelle für den Anleger ist in diesem Stadium also der Prospekt. Dass dieser vollständige und richtige Information erhält, wird vor allem durch die Haftungsvorschriften der §§ 11 und 12 Securities Act gewährleistet.[33] Flankiert werden diese zivilrechtlichen Sanktionsmöglichkeiten durch Kontrollmöglichkeiten seitens der SEC, die die eingereichten Registrierungsunterlagen auf ihre Richtigkeit und Vollständigkeit überprüft,[34] sowie durch strafrechtliche Sanktionen[35].

2. Periodische Publizitätspflichten

Umfassende periodische Publizitätspflichten sind im U.S.-amerikanischen Recht ebenfalls im Kapitalmarkrecht geregelt. Das Aktienrecht der meisten Einzelstaaten sieht keine Rechnungslegungsverpflichtung der Gesellschaft gegenüber ihren Aktionären vor.[36] Die daraus resultierenden Informationsdefizite der Aktionäre werden durch die Rechnungslegungsvorschriften des Securities Exchange Act ausgeglichen.[37]

---

[33] Aber auch Rule 10b-5 ist in diesem Stadium bereits anwendbar.

[34] Das registration statement wird spätestens 20 Tage nach Einreichen bei der SEC wirksam (§ 8 (a) Securities Act), wenn diese keine Einwände erhebt. Zum Ablauf und zur Möglichkeit der Beschleunigung des Verfahrens vgl. *Jennings/Marsh/Coffee/Seligman*, Securities Regulation, S. 290 ff.

[35] § 24 Securities Act.

[36] Vgl. *Hamilton*, Nutshell, S. 532; *Merkt*, US-amerikanisches Gesellschaftsrecht, S. 160. Siehe aber auch die Regelung des Model Business Corporation Act in Sec. 16.20, die vorsieht, dass die Gesellschaft den Aktionären eine Kopie des Jahresabschlusses zukommen lassen soll. Statt einer Rechnungslegungspflicht der Gesellschaft sehen die meisten corporation laws ein Recht des Aktionärs auf Einsicht in die Bücher vor. Vgl. *Hamilton*, Nutshell, S. 523 ff.

[37] Allerdings unterfallen Gesellschaften, die nur der Registrierungspflicht aufgrund des Securities Acts unterfallen, nicht den Regelungen des Securities Exchange Act. Vgl. *Eisolt*, AG 1993, 209, 217.

§ 13 (a) (2) Securities Exchange Act sieht vor, dass Gesellschaften, deren Aktien bei der SEC registriert sind,[38] einen Jahresbericht zu veröffentlichen haben. Daneben wird auch die Veröffentlichung von Quartalsberichten gefordert.[39]
Der Jahresbericht ist gemäß dem Formblatt Form 10-K zu erstellen. Er enthält unter anderem Angaben über den Geschäftsverlauf, das Betriebsvermögen, anhängige Prozesse, den Börsenpreis der Aktie, Dividenden, Entscheidungen der Aktionäre, Finanzlage, Informationen über die directors.[40] Der auf dem Formblatt Form 10-Q zu veröffentlichende Quartalsbericht dient im Wesentlichen der vierteljährlichen Aktualisierung der Angaben des Jahresberichts. Der Jahresbericht ist 90 Tage nach Ende des Geschäftsjahres, die Quartalsberichte sind 45 Tage nach Ende des jeweiligen Quartals zu veröffentlichen.
Verstöße gegen diese periodischen Offenlegungspflichten können mit Geld- oder Freiheitsstrafe sowie mit einem endgültigen Ausschluss von der Börse geahndet werden (§§ 12 (k), 32 Securities Exchange Act). Auf die Schadensersatzpflicht wegen unvollständiger, unrichtiger oder irreführender Mitteilungen gemäß § 18 (a) Securities Exchange Act ist später noch näher einzugehen.[41]

§ 14 Securities Exchange Act enthält an etwas versteckter Stelle eine weitere Publizitätsvorschrift, die die regelmäßige Information der Aktionäre sicherstellen soll.[42] Grundsätzlich regelt diese Vorschrift die Frage, welche Informationen die Gesellschaft an die Aktionäre weiterzuleiten hat, wenn sie Stimmrechtsvollmachten von diesen einwirbt.[43] Allerdings sieht § 14 (c) Securities Exchange Act[44] vor, dass eine Gesellschaft, selbst wenn sie keine Vollmachtsstimmrechte einwirbt, die Aktionäre einmal jährlich mit den Informationen versorgen muss, die sie im Falle der Einwerbung eben dieser Vollmachten hätte geben müssen.[45] Dies ist insbesondere der Jahresbericht (annual report to security holders). Durch diese Regelungen werden die Defizite

[38] Registrierungspflichtig sind Aktien, die entweder an einer U.S.-amerikanischen Börse gehandelt werden (§ 12 (a) Securities Exchange Act) oder die von einer Gesellschaft ausgegeben werden, deren Betriebsvermögen mehr als 5 Mio. $ beträgt und eine Klasse von Aktien dieser Gesellschaft von mehr als 500 Aktionäre gehalten wird (§ 12 (g) in Verbindung mit Rule 12g-1 Securities Exchange Act). Vgl. auch die Ausnahmen in § 12 (g) (2) Securities Exchange Act.
[39] Dazu aus rechtsvergleichender Sicht *Merkt/Göthel*, RIW 2003, 23 ff.
[40] Vgl. Form 10-K sowie Regulation S-K Item 403.
[41] Gleiches gilt für eine mögliche Haftung gemäß Rule 10 (b)-5.
[42] Bedeutung hat diese Vorschrift allerdings nur für solche Gesellschaften, die nicht schon der Publizitätsvorschrift des § 13 (a) (2) Securities Exchange Act unterfallen. Dies sind insbesondere nicht-börsennotierte Gesellschaften.
[43] Vgl. dazu und zu der in diesem Zusammenhang wichtigen Haftungsvorschrift der Rule 14a-9 unten S. 100 ff.
[44] Dieser Absatz wurde im Jahre 1964 eingefügt.
[45] Vgl. *Eisolt*, AG 1993, 209, 216; *Glöckle*, Zukunftsbezogene Publizität, S. 59.

der einzelstaatlichen Gesellschaftsrechte hinsichtlich der Rechnungslegungsvorschriften ausgeglichen.

3. Ad-hoc-Publizität

Als Ergänzung zu diesen periodischen Berichtspflichten sieht § 13 (a) (1) Securities Exchange Act vor, dass bestimmte Sachverhalte von den Emittenten registrierungspflichtiger Wertpapiere sofort zu veröffentlichen sind. Damit soll sichergestellt werden, dass insbesondere die Investoren auch zwischen den Jahres- und Quartalsberichten über wichtige Unternehmensereignisse informiert sind.

Die SEC hat diese Ad-hoc-Publizitätspflicht durch das Formblatt Form 8-K (current report) näher konkretisiert.[46] Danach müssen Ereignisse, wie eine Veränderung in der Kontrollstruktur des Unternehmens, der Erwerb oder die Veräußerung bedeutender Vermögensgegenstände oder Konkurs- und Vergleichsanträge, der SEC zwingend mitgeteilt werden.[47] Andere als die in Form 8-K genannten Ereignisse müssen nicht veröffentlicht werden. Allerdings hat die SEC die Empfehlung ausgegeben, wesentliche Informationen den Anlegern auf freiwilliger Basis mitzuteilen. Geschieht dies, muss die Mitteilung vollständig und richtig sein.[48]

§ 18 (a) Securities Exchange Act sieht als Sanktion im Falle einer unvollständigen, falschen oder irreführenden Mitteilung eine Schadensersatzpflicht des Emittenten vor.[49] Außerdem kommen nach § 32 Securities Exchange Act Geld- oder Freiheitsstrafen gegen die Verantwortlichen sowie gemäß § 12 (k) Securities Exchange Act ein vorübergehender oder endgültiger Börsenausschluss in Betracht.

---

[46] Für ausländische Unternehmen gilt allerdings Form 6-K, wo vorgesehen ist, dass die Informationen zu veröffentlichen sind, die auch im Heimatland des Unternehmens einer Veröffentlichungspflicht unterliegen.

[47] Weitere zu veröffentlichende Ereignisse sind: ein Wechsel des Abschlussprüfers, der Rücktritt eines director oder eine Änderung des Geschäftsjahres. Der Gesetzgeber hat die SEC jetzt durch § 409 Sarbanes-Oxley Act ermächtigt, weitere Tatbestände der Ad-hoc-Publizität zu unterwerfen. Die SEC hat daraufhin in der Release Nr. 34-46084, 67 Fed. Register 42913 (25.06.2002) (online unter http://www.access.gpo.gov/su_docs/aces/aces140.html) einen entsprechenden Vorschlag unterbreitet. An dem grundsätzlichen Konzept der beschränkten Ad-hoc-Publizität hat sich jedoch nichts geändert. So ist ausdrücklich vorgesehen, dass die Gesellschaft Form 8-K für die Veröffentlichung aller Ereignisse nutzen darf, die sie für die Aktionäre als wichtig erachtet. Sie ist jedoch nicht dazu verpflichtet, alle in diesem Sinne „wesentlichen" Ereignisse offen zu legen. Der Ad-hoc-Publizitätspflicht unterliegen nur die in Form 8-K abschließend aufgezählten Ereignisse.

[48] Andernfalls kommt eine Haftung gemäß Rule 10b-5 in Betracht. Vgl. dazu unten S. 66 ff.

[49] Auch eine Haftung gemäß Rule 10b-5 kommt in Betracht.

Neben der gesetzlich geregelten (beschränkten) Ad-hoc-Publizität des § 13 (a) (1) Securities Exchange Act sehen auch die Regeln der verschiedenen Börsen Ad-hoc-Publizitätspflichten vor. So sind an der New Yorker Börse (NYSE) notierte Unternehmen verpflichtet, wesentliche Informationen unverzüglich durch Pressemitteilungen bekannt zu geben.[50] Als wesentlich werden dabei die Informationen angesehen, die sich unmittelbar auf den Wert der Aktie auswirken oder die Investitionsentscheidung der Anleger beeinflussen können und an deren Veröffentlichung die Anleger, die Öffentlichkeit oder die NYSE ein berechtigtes Interesse haben.[51] Darüber hinaus sind die Unternehmen verpflichtet, Gerüchte, die sich auf den Wert der Papiere auswirken können, klarzustellen.[52]
Als Sanktionen sind die Aussetzung des Handels mit den Aktien des betreffenden Unternehmens[53] oder gar die Streichung der Börsennotierung vorgesehen[54].

4. *Zusammenfassung*

Stand nach der Konzeption des historischen Gesetzgebers das Institut der zivilrechtlichen Haftung bei der Frage, wie Anleger im Rahmen der Emission von Aktien zu schützen sind, noch ganz im Vordergrund, galt dies für den Schutz von Anlegern im Rahmen des Sekundärhandels nicht. Zwar verfolgt der 1934 erlassene Securities Exchange Act auch für den Sekundärmarkt das Ziel, größt-

---

[50] Vgl. §§ 201.00 ff. New York Stock Exchange Listed Company Manual. Vgl. auch die ähnlichen Regelungen der American Stock Exchange (AMEX), §§ 401 (a), 402 (a) AMEX Company Guide, Part 4. Auch in den Zulassungsbedingungen der NASDAQ (National Association of Securities Dealers Automated Quotation System) finden sich vergleichbare Regelungen.

[51] Vgl. § 201.00 New York Stock Exchange Listed Company Manual. Insbesondere sind dies die Feststellung des jährlichen bzw. vierteljährlichen Gewinns, die auszuschüttende Dividende, Unternehmenszusammenschlüsse und –übernahmen, Veränderungen in der Geschäftsführung, neue Erfindungen, erhebliche Aufträge, Expansionspläne, erhebliche Veränderungen der Produktpalette sowie andere erhebliche, ungewöhnliche und nicht wiederkehrende Ereignisse. Vgl. dazu § 202.06 Company Manual. Es ist nicht unbedingt erforderlich, dass die Ereignisse bereits eingetreten sind. Die Veröffentlichungspflicht kann bereits dann eintreten, wenn erste Verhandlungen geführt bzw. Pläne erarbeitet werden, die zu einem der genannten Ereignisse führen (§ 202.01 des Manual). Vgl. auch die Regelung der AMEX, § 402 (a) AMEX Company Guide sowie den dazu von der AMEX erstellten Katalog publizitätspflichtiger Ereignisse.

[52] Vgl. § 202.03 New York Stock Exchange Listed Company Manual. Eine entsprechende Regelung für die AMEX ist in §§ 401 (c) und 402 (c) AMEX Company Guide enthalten.

[53] Siehe z.B. die „suspension and delisting rules" der NYSE, § 8 New York Stock Exchange Listed Company Manual.

[54] Die Streichung erfolgt durch die SEC auf Antrag der Börse, vgl. *Intercontinental Industries, Inc. v. American Stock Exchange*, 452 F.2d 935, 938 ff. (5th Cir. 1971).

mögliche Publizität für Käufer und Verkäufer von Aktien zu erreichen und betrügerische Praktiken im Zusammenhang mit dem Wertpapierhandel zu verhindern. Mittel, mit denen diese Ziele erreicht werden sollten, waren jedoch nicht in erster Linie zivilrechtliche Haftungsvorschriften[55], sondern Kontrolle durch die neu geschaffene Securities and Exchange Commission (SEC) als Aufsichtsbehörde. Diese wurde zu diesem Zweck mit einer Reihe von Befugnissen ausgestattet. So kann die SEC Verordnungen (rules and regulations) erlassen, die die Regeln des Securities Act und des Securities Exchange Act näher konkretisieren.[56] Daneben kann sie bei Verstößen gegen das geltende Recht selbständig Untersuchungen[57] und formelle Verfahren einleiten und so auf den Erlass von zivilrechtlichen Unterlassungsverfügungen[58], Sanktionen im Verwaltungsverfahren oder gar auf Verhängung von Strafen[59] hinwirken. Seit dem Jahre 1990 können die Gerichte in von der SEC angestrengten Verfahren Personen, die gegen § 10 (b) Securities Exchange Act verstoßen haben, gar verbieten, als officer oder director einer registrierungspflichtigen Gesellschaft zu fungieren.[60]

Dass sich der historische Gesetzgeber bei der Frage, wie die Regelungen des Securities Exchange Act durchzusetzen sind, nicht für ein umfassendes zivilrechtliches Haftungskonzept entschieden hat, hat die Gerichte seit dem Jahre 1946 jedoch nicht daran gehindert, einzelnen Aktionären auf den Securities Exchange Act gestützte Schadensersatzansprüche insbesondere gegen Mitglieder der Verwaltung zuzugestehen. Die Entwicklung solcher sogenannter „implied rights of action“ soll im Folgenden kurz dargestellt werden.

III. Die Entwicklung individueller Anspruchsgrundlagen im amerikanischen Kapitalmarktrecht

Im amerikanischen Kapitalmarktrecht werden zwei verschiedene Gruppen von Anspruchgrundlagen unterschieden. Zunächst sind dies solche, die ausdrücklich

---

55 Eine Ausnahme bildet hier § 18 Securities Exchange Act. Rule 10b-5 wurde erst durch Richterrecht zur Haftungsnorm ausgestaltet. Siehe dazu unten unter III. sowie S. 66 ff.

56 Vgl. § 19 Securities Act.

57 Vgl. § 21 Securities Exchange Act, § 20 Securities Act.

58 Vgl. § 21 (d) Securities Exchange Act.

59 Dies gilt im Falle der vorsätzlichen Verletzung der Vorschriften der Securities Laws oder der dazu erlassenen Verordnungen. Vgl. § 24 Securities Act, § 32 Securities Exchange Act. Die eigentliche strafrechtliche Verfolgung geschieht allerdings durch das Justice Department und nicht durch die SEC selbst (§ 21 (e) Securities Exchange Act).

60 § 21 (d) (2), (3) Securities Exchange Act. Außerdem können Strafen bis zu $ 500.000 verhängt werden. Die Möglichkeit der Verhängung eines Berufsverbotes wird de lege ferenda jetzt auch in Deutschland diskutiert. Vgl. dazu Nr. 1.16 der Beschlüsse des 64. Deutschen Juristentages sowie *Fleischer*, Gutachten, S. F 108.

im Securities Act oder im Securities Exchange Act normiert sind, wie beispielsweise die Tatbestände der Prospekthaftung in den §§ 11 und 12 Securities Act oder die Vorschrift des § 18 Securities Exchange Act. Daneben haben die U.S.-amerikanischen Bundesgerichte im Wege der Auslegung bestimmter kapitalmarktrechtlicher Verbotstatbestände weitere Anspruchsgrundlagen für geschädigte Anleger geschaffen. Diese sogenannten „implied rights of action" sind von entscheidender Bedeutung für die Entwicklung des amerikanischen Kapitalmarktrechts, was sich nicht zuletzt in der großen Zahl von auf diese Anspruchsgrundlagen gestützten Klagen zeigt.
Kennzeichnend für die „implied rights of action" ist, dass der Gesetzeswortlaut bestimmte Handlungsweisen lediglich als rechtswidrig bezeichnet, jedoch dem einzelnen Aktionär nicht ausdrücklich einen Schadensersatzanspruch gewährt. Für diese Arbeit bedeutsam sind in diesem Zusammenhang insbesondere die §§ 10 (b) und 14 Securities Exchange Act.[61] So verbietet § 10 (b) Securities Exchange Act Irreführungen im Zusammenhang mit dem Kauf oder Verkauf von Wertpapieren. § 14 Securities Exchange Act verbietet, unter Verletzung der Regeln der SEC Stimmrechtsvollmachten einzuwerben. Diese Verbote sind durch Verordnungen der SEC näher konkretisiert worden.[62] Allerdings findet sich weder in den Gesetzen noch in den von der SEC dazu erlassenen Verordnungen der ausdrückliche Hinweis, dass Aktionäre aufgrund der Verletzung dieser Vorschriften Schadensersatzansprüche gelten machen können. Auch der Gesetzgebungsgeschichte lässt sich nicht entnehmen, dass der Gesetzgeber individuelle Schadensersatzansprüche aufgrund dieser Normen in Betracht gezogen hat. Trotzdem haben die Gerichte § 10 (b) und § 14 Securities Exchange Act als Anspruchsgrundlage für Schadensersatzforderungen individueller Aktionäre herangezogen.

Es lassen sich somit zwei unterschiedliche Entwicklungslinien aufzeigen. Die im Wesentlichen die Prospekthaftung betreffenden §§ 11 und 12 Securities Act bildeten mit ihrem Erlass im Jahre 1933 den Abschluss einer Entwicklung,[63] an

---

[61] Weitere von den Gerichten anerkannte „implied rights of action" sind beispielsweise § 15 (c) (1) Securities Exchange Act oder § 206 Investment Advisors Act, die im folgenden jedoch außer Betracht bleiben können, da diese Vorschriften Händler bzw. Anlageberater betreffen und nicht officers und directors.

[62] Vgl. Rule 10b-5 sowie Rule 14a-9.

[63] Die Wurzeln der Prospekthaftung liegen im englischen Recht. Vgl. *Derry v. Peek*, 14 A.C. 337 (1889), und den daraufhin erlassenen Directors Liability Act aus dem Jahre 1890. Einige Jahre später haben dann die U.S.-amerikanischen Einzelstaaten sogenannte blue sky laws erlassen, um dem betrügerischen Wertpapierhandel zu begegnen. Dies war erforderlich, da das common law keine geeigneten Rechtsbehelfe vorsah. Insbesondere die action of deceit erwies sich als stumpfes Schwert. Jedoch konnten die Regelungen der blue sky laws durch den zwischenstaatlichen Handel mit Wertpapieren einfach umgangen werden. Daher sah sich der Bundesgesetzgeber zum Erlass des Securities Act und des Securities Exchange Act

deren Ende der Bundesgesetzgeber die Gelegenheit wahrnahm, erstmals staatenübergreifend auf betrügerische Praktiken im Zusammenhang mit dem Vertrieb von Kapitalanlagen zu reagieren. Da der Gesetzgeber von vornherein einsah, dass eine Kontrolle der Richtigkeit der in den Registrierungsunterlagen gemachten Angaben ausschließlich durch eine Behörde unmöglich war, wurden die an der Erstellung der Unterlagen beteiligten Personen mit einer zivilrechtlichen Haftung für Richtigkeit der Angaben belegt.
Die Entwicklung der implied rights of action, die im Wesentlichen Fälle der Verletzung laufender Informationspflichten betreffen, verlief anders. Der Gesetzgeber hat sich in diesen Fällen nicht bewusst für ein zivilrechtliches Haftungskonzept entschieden. Ein solches hat sich vielmehr durch Richterrecht entwickelt und wurde dann letztlich auch vom Gesetzgeber anerkannt.

Die Gründe für die Entwicklung der implied rights of action sollen im folgenden kurz dargestellt werden. Zwar gab es bereits ausdrücklich normierte Schadensersatzansprüche für den Fall fehlerhafter Angaben im Prospekt (§§ 11 und 12 Securities Act) bzw. in den bei der SEC einzureichenden Unterlagen (§ 18 Securities Exchange Act), diese erschienen den Gerichten jedoch für den Schutz der Anleger nicht als ausreichend.[64]
Im Jahre 1946 hat ein Instanzgericht erstmals einem Aktionär Schadensersatzansprüche gemäß § 10 (b) Securities Exchange Act zugestanden.[65] Zur Begründung wurde angeführt, dass nach allgemeinem Deliktsrecht jemand, der gegen ein Gesetz verstößt, auf Schadensersatz haftet, wenn dadurch Interessen einer anderen Person verletzt werden, die gerade durch den Erlass dieser Norm geschützt werden soll.[66] Zwar sei es dem Gesetzgeber unbenommen, Schadensersatzansprüche in bestimmten Fällen auszuschließen, jedoch müsse diese Intention sich eindeutig aus der Gesetzesbegründung ergeben. Andernfalls greife die genannte deliktsrechtliche Regelung ein. Dass der Gesetzgeber in den Securities Exchange Act ausdrückliche Schadensersatzvorschriften[67] aufgenommen habe, reiche für die Ablehnung impliziter Schadensersatzansprüche nicht aus. Denn angesichts des weiten Zwecks des § 10 (b) Securities Exchange Act, alle Täuschungen im Zusammenhang mit Wertpapiertransaktionen zu verhin-

---

veranlasst. Ausführlich zur Entwicklung der Prospekthaftung im amerikanischen Recht *Assmann*, Prospekthaftung, S. 93 ff.

[64] Interessant ist dieser Befund im Vergleich zum deutschen Recht. Denn auch hier sind bisher – mit Ausnahme der Extremfälle des § 826 BGB, des § 823 Abs. 2 BGB in Verbindung mit einem Schutzgesetz sowie neuerdings §§ 37 b und c WpHG – ebenfalls lediglich Prospekthaftungsansprüche als Anspruchsgrundlagen für Schadensersatzansprüche geschädigter Anleger anerkannt. Zur Entwicklung des Schutzes der Kapitalanleger im U.S.-amerikanischen Recht vgl. schon *Loss*, ZHR 129 (1967), 197 ff.

[65] *Kardon v. National Gypsum*, 69 F.Supp. 512 (E.D.Pa. 1946).

[66] Vgl. Restatement, Torts, Vol. 2, Sec. 286.

[67] Vgl. §§ 9, 16 und 18 Securities Exchange Act.

dern, bedeute das Fehlen einer ausdrücklichen Haftungsvorschrift für diesen Bereich nicht zugleich, dass der Gesetzgeber auch die Anwendung des allgemeinen Deliktsrechts auf diese Fälle ausschließen wollte.
Mit der Frage, welche Personen denn von § 10 (b) Securities Exchange Act geschützt werden sollen und ob der Kläger zu diesem Personenkreis gehörte, hat sich das Gericht nur am Rande beschäftigt. Als geschützte Gruppe sah das Gericht die Investoren an, wobei es zu dieser Gruppe nicht nur die Käufer von Aktien zählte, sondern auch Verkäufer.
Folge dieser Entscheidung war, dass nahezu jede Vorschrift des Securities bzw. Securities Exchange Act zur Grundlage privater Schadensersatzforderungen gemacht wurde.[68]

Im Jahre 1971 entschied dann erstmals der Supreme Court in *J.I. Case v. Borak*[69] über die Frage der Existenz impliziter Klagerechte. Der Kläger, Carl Borak, war Eigentümer von 2000 Aktien der J.I Case Co., die mit der American Tractor Corp. verschmolzen wurde. Ursprünglich war die Klage mit dem Ziel erhoben worden, den geplanten Zusammenschluss untersagen zu lassen. Der Kläger behauptete dazu, die Manager der Case Co. hätten rechtswidrige Eigengeschäfte getätigt und außerdem seien die Bedingungen des Zusammenschlusses nachteilig für die Aktionäre. Zudem stützte er seine Klage auf die Behauptung, dass im Rahmen der Einwerbung von Stimmrechtsvollmachten irreführende Informationen herausgegeben worden und die wahren Bedingungen des Zusammenschlusses sowie dessen Wert für die Aktionäre nicht offengelegt worden seien. Das Gericht lehnte eine Untersagung des Zusammenschlusses ab und die Verschmelzung wurde vollzogen.
Daraufhin stellte der Kläger seine Klage um und verlangte nunmehr Schadensersatz wegen des Verlusts von Bezugsrechten im Zusammenhang mit diesem Zusammenschluss. Er behauptete, dass der Zusammenschluss durch irreführende Angaben seitens der Beklagten in den Unterlagen zur Einwerbung von Stimmrechtsvollmachten zustande gekommen sei. Der Verschmelzung ist nur mit knapper Mehrheit zugestimmt worden. Der Kläger behauptete daher weiter, dass die erforderliche Mehrheit nicht erreicht worden wäre, wenn die Informationen in den Unterlagen zur Einwerbung der Stimmrechtsvollmachten richtig und vollständig gewesen wären. Der Kläger beantragte, die Verschmelzung für nichtig zu erklären und forderte gleichzeitig Schadensersatz für den ihm entstandenen Schaden.
Die Klage wurde zum einen auf eine Treuepflichtverletzung seitens der directors gestützt und zum anderen auf eine Verletzung von § 14 (a) Securities Exchange Act in Verbindung mit Rule 14a-9.

---

[68] *Jennings/Marsh/Coffee/Seligman*, Securities Regulation, S. 971 f.
[69] 377 U.S. 426 (1964).

In erster Instanz entschied der District Court, dass hinsichtlich der Verletzung von § 14 (a) Securities Exchange Act ein Schadensersatzanspruch nicht in Betracht komme, sondern lediglich ein Feststellungsurteil.[70] Der Court of Appeal hob diese Entscheidung auf. Der Supreme Court entschied schließlich, dass ein Aktionär alle notwendigen Rechtsbehelfe und damit auch einen Schadensersatzanspruch wegen Verstoßes gegen § 14 (a) Securities Exchange Act in Verbindung mit Rule 14a-9 im Zusammenhang mit einem bereits durchgeführten Unternehmenszusammenschluss, dem aufgrund irreführender Informationen zugestimmt wurde, geltend machen kann. Er stützte seine Entscheidung jedoch nicht, wie noch der District Court in der oben angeführten Entscheidung *Kardon v. National Gypsum Co.*, auf eine allgemeine deliktsrechtliche Regel. Ausschlaggebend war vielmehr die Erwägung, dass der Gesetzgeber mit dem Erlass von § 14 (a) Securities Exchange Act, aufgrund dessen die SEC ermächtigt ist, das Verfahren für die Einwerbung von Stimmrechtsvollmachten näher zu regeln, beabsichtigt habe, das Management und andere davon abzuhalten, Stimmrechte mit Hilfe irreführender oder unvoll-

---

[70] Nun stellte die Irreführung im Zusammenhang mit der Einwerbung der Stimmrechtsvollmachten nach der Ansicht des Klägers nicht nur einen Verstoß gegen § 14 (a) Securities Exchange Act dar, sondern er stützte seinen Schadensersatzanspruch auch auf eine Verletzung der im Gesellschaftsrecht geregelten Treuepflicht. Da er seinen Anspruch insoweit also auf einzelstaatliches Recht (Wisconsin) stützte, wendete der District Court die nur für das einzelstaatliche Recht geltende sogenannte security for expenses statute an. (Nach dem Grundsatz der pendent jurisdiction kann auch ein Bundesgericht über Ansprüche, die auf einzelstaatlichem Recht beruhen, entscheiden und wendet dann diesbezüglich das Recht des Einzelstaates an.) Aufgrund der security for expenses Regelung wird der Kläger verpflichtet, für die der Gesellschaft im Zusammenhang mit der Klage entstehenden Kosten vorab Sicherheit zu leisten. Im Falle der Klageabweisung kann das Gericht den Kläger verurteilen, der Gesellschaft die entstandenen Auslagen zu erstatten. Dies stellt eine Ausnahme von dem Grundsatz dar, dass jede der Prozessparteien seine Auslagen selbst zu tragen hat (sogenannte American Rule). So sollen missbräuchliche Klagen verhindert werden. Da der Kläger sich weigerte, Sicherheiten in Höhe von $ 75.000 zu leisten, wies der District Court die Klage in Bezug auf die nach einzelstaatlichem Recht zu beurteilende Treuepflichtverletzung ab.
Allerdings greift die securities for expenses Regelung nur im Falle einer Klage aus abgeleitetem Recht (derivative suit). Das hat die Frage aufgeworfen, ob eine direct oder eine derivative suit erhoben wurde. Der District Court vertrat die Ansicht, dass eine Klage aus abgeleitetem Recht vorliege. Der Supreme Court brauchte sich mit dieser Frage nicht mehr zu befassen, da er einen Schadensersatzanspruch aufgrund der Verletzung von § 14 (a) Securities Exchange Act bejahte. Im U.S.-amerikanischen Recht wird in solchen Fällen teilweise angenommen, dass nicht nur der Aktionär, sondern auch die Gesellschaft selbst verletzt ist. Denn die Einwerbung von Stimmrechtsvollmachten dient der Verschmelzung der Gesellschaft und betrifft somit auch diese selbst. Andererseits wird die Einwerbung von Stimmrechtsvollmachten mittelbar dazu genutzt, den Aktionären die Ausübung ihrer Stimmrechte zu ermöglichen. Die Klage enthält also sowohl Elemente der direct als auch der derivative suit. Vgl. *Solomon/Schwartz/Bauman/Weiss*, Corporations, S. 830. Vgl. allgemein zur securities for expenses statute, *Hamilton*, Nutshell, S. 469 ff.

ständiger Informationen einzuwerben. Zweck dieser Vorschrift sei, eine faire Abstimmung zu ermöglichen. Das Prinzip der full disclosure sollte auch im Verfahren über die Einwerbung von Stimmrechtsvollmachten Anwendung finden und so verhindert werden, dass das Management oder andere Personen die Zustimmung der Aktionäre zu gesellschaftlichen Transaktionen durch unvollständige oder irreführende Informationen erschleichen. Der Gesetzgeber habe mit dem Erlass dieser Vorschrift auf Fälle reagiert, in denen Vollmachtsstimmrechte eingeworben wurden, ohne dass alle Informationen zu der Transaktion, für die die Zustimmung der Aktionäre eingeholt werden sollte, vollständig offengelegt wurden. Der breite Zweck der Vorschrift, Missbräuche des Aktionärsstimmrechts zu verhindern, findet sich nach Ansicht des Supreme Court auch im Wortlaut der Vorschrift des § 14 (a) wieder. Zwar beziehe sich dieser nicht ausdrücklich auf ein privates Klagerecht, jedoch nenne die Vorschrift als Hauptzweck ausdrücklich den Schutz des Investors, was nach Ansicht des Supreme Court impliziert, dass alle erforderlichen Rechtsbehelfe gewährt werden sollen, die notwendig sind, um dieses Ziel zu erreichen.[71] Entscheidende Bedeutung[72] für das Ergebnis der Entscheidung, nämlich die Zulassung individueller Klagerechte, kommt einer weiteren, empirischen Beobachtung des Gerichts zu. Private Klagerechte seien notwendige Ergänzung zu den Durchsetzungsmöglichkeiten der SEC. Denn die SEC alleine könne für eine effektive Durchsetzung des Securities Exchange Act nicht sorgen. Bei damals über 2.000 sogenannter proxy statements pro Jahr wäre die SEC mit der Überprüfung dieser Unterlagen in personeller und zeitlicher Hinsicht überfordert gewesen. Die im Rahmen der Einwerbung von Stimmrechtsvollmachten herausgegebenen Informationen könnten von der SEC nicht in jedem Fall kontrolliert werden, so dass fehlerhafte oder irreführende Angaben vielfach erst nach Vollzug der Transaktion offenkundig würden. Private Schadensersatzklagen stellen

---

[71] Nunmehr reicht diese Begründung dem Supreme Court für die Anerkennung privater Klagerechte hinsichtlich anderer Vorschriften nicht mehr. Entscheidende Bedeutung kommt jetzt der Frage zu, ob nachzuweisen ist, dass der Gesetzgeber tatsächlich ein privates Klagerecht schaffen wollte. *Touche, Ross & Co. v. Redington*, 442 U.S. 560 (1979). Vgl. aber auch *Franklin v. Gwinnett County Pub. Sch.*, 503 U.S. 60, 63 (1992).

[72] Zur Begründung der Entscheidung wurde außerdem auf § 27 Securities Exchange Act verwiesen. Dem Wortlaut nach erklärt diese Vorschrift den District Court für alle Klagen zuständig, die (in equity and at law) zur Durchsetzung von Schadensersatzansprüchen gemäß dem Securities Exchange Act erhoben werden. Obgleich § 27 Securities Exchange Act dem Wortlaut nach lediglich eine Zuständigkeitsregelung enthält, sah sich der Supreme Court nicht gehindert, daraus zu folgern, dass Aktionären ein individueller Schadensersatzanspruch gemäß § 14 Securities Exchange Act zusteht.
Auch von dieser Begründung hat der Supreme Court in der Folgezeit jedoch mit dem Hinweis auf den Charakter des § 27 Securities Exchange Act als Zuständigkeitsregelung Abstand genommen. Vgl. *Touche, Ross & Co. v. Redington*, 422 U.S. 560 (1979). Die Existenz eines auf § 14 (a) Securities Exchange Act gestützten privaten Klagrechts wurde nach der *Borak* Entscheidung allerdings nicht mehr in Frage gestellt.

daher nach Ansicht des Gerichts die effektivste Durchsetzungsmöglichkeit der Regeln über die Einwerbung von Stimmrechtsvollmachten dar. Wie auch in Fällen von Wettbewerbsverletzungen[73] werden hier private Kläger instrumentalisiert, um die Durchsetzung von Verhaltenspflichten zu gewährleisten.

Nach der Entscheidung in *J.I. Case Co. v. Borak* versuchte der Supreme Court in mehreren Entscheidungen den zunehmend ausufernden Trend zur Annahme impliziter Klagerechte im Falle der Verletzung unterschiedlichster Gesetze und Normen zu stoppen.[74] Diese Entwicklung braucht hier nicht im einzelnen nachgezeichnet zu werden, denn die für diese Arbeit entscheidenden Normen, § 10 (b) und § 14 (a) Securities Exchange Act, sind inzwischen, trotz aller genereller Kritik an der Begründung für die Schaffung impliziter Klagerechte in neueren Entscheidungen,[75] allgemein als Grundlage privater Schadensersatzklagen anerkannt.[76] Es gibt keine Anzeichen dafür, dass der Supreme Court sich mit dem Gedanken trägt, seine Entscheidungen zu privaten Klagerechten gemäß § 10 (b) und § 14 (a) Securities Exchange Act zu revidieren. Auch die Tatsache, dass andere Haftungsbestimmungen wie § 11 oder § 12 Securities Act dem Käufer bereits ausdrücklich einen Schadensersatzanspruch gewähren, wurde nicht als Hindernis für die Anerkennung eines implizierten Privatklagerechts angesehen.[77]

---

[73] Vgl. dazu *Buxbaum*, Die private Klage, S. 6.

[74] Insbesondere wird der Analyse des gesetzgeberischen Willens nunmehr mehr Gewicht beigemessen. Ging der District Court in der *Kardon*-Entscheidung noch davon aus, dass aufgrund allgemeinen Deliktsrechts ein implizites Klagerecht schon dann anerkannt werden könne, wenn ein gegenteiliger Wille des Gesetzgebers nicht offenkundig sei, verlangt der Supreme Court nunmehr den positiven Nachweis, dass der Gesetzgeber tatsächlich ein privates Klagerecht schaffen wollte. Vgl. *Cort v. Ash*, 422 U.S. 66 (1975); *Touche, Ross & Co. v. Redington*, 422 U.S. 560 (1979) und *Transamerica Mortgage Advisors, Inc. v. Lewis*, 444 U.S. 11 (1979). Im letztgenannten Fall entschied der Supreme Court gar, dass auch § 206 des Investment Advisers Act kein privates Klagerecht gewähre, obgleich diese Vorschrift, die für Anlageberater gilt, mit der Vorschrift des § 10 (b) Securities Exchange Act nahezu wortgleich ist. Vgl. aber auch *Merrill Lynch, Pierce, Fenner & Smith, Inc. v. Curran*, 456 U.S. 353 (1982) und *Herman & MacLean v. Huddleston*, 459 U.S. 375 (1983).

[75] Vgl. zum Beispiel *Transamerica Mortgage Adviser, Inc. v. Lewis*, 444 U.S. 11 (1979), *Touche Ross & Co. v. Redington*, 442 U.S. 560 (1979).

[76] In *Superintendent of Insurance of the State of New York v. Bankers Life and Casualty Co.*, 404 U.S. 6 (1971) stellte der Supreme Court schlicht in einer Fußnote fest, dass eine Schadensersatzklage auf § 10 (b) Securities Exchange Act gestützt werden könne, ohne sich mit der generellen Kritik an den impliziten, privaten Klagerechten auseinander zu setzen. Und in *Hermann & MacLean v. Huddleston*, a.a.O., schrieb das Gericht in Bezug auf § 10 (b) Securities Exchange Act schlicht: „The existence of this implied remedy is simply beyond peradventure."

[77] In *Herman & MacLean v. Huddleston*, 103 S.Ct. 683 (1983), bestätigt der Supreme Court, dass ausdrückliche und implizite Klagerechte nebeneinander bestehen.

Es ist aber festzustellen, dass der Supreme Court nahezu all jene Gründe, die er für die Bejahung eines privaten Klagerechtes aufgrund der §§ 10 (b) und 14 (a) Securities Exchange Act in seinen ersten Entscheidungen anführte, in späteren Entscheidungen wieder verwarf. Nicht kritisiert worden ist jedoch der Befund, dass private Klagerechte in erster Linie zur Unterstützung der Tätigkeit der SEC dienen sollen, da diese mit der Überwachung der Vorschriften des Securities Exchange Act überfordert sei.

IV. Der Erheblichkeitsgrundsatz („materiality“)

Bevor im Anschluss an diesen Abschnitt die Anspruchsgrundlagen, gemäß denen Aktionäre Schadensersatzansprüche wegen fehlerhafter Information durch die officers und directors geltend machen können, näher dargestellt werden, soll zunächst ein Tatbestandsmerkmal, das bei all diesen Ansprüchen eine wichtige Rolle spielt, vor die Klammer gezogen werden. Es geht dabei um den Grundsatz der Erheblichkeit von Informationen. Hintergrund ist, dass nicht jede unrichtige oder irreführende Angabe eines Vorstandsmitglieds im Zusammenhang mit der Herausgabe eines Prospekts, in den Unterlagen zur Einwerbung von Vollmachtsstimmrechten oder in sonstiger Weise dem Aktionär einen Anspruch auf Schadensersatz gibt. Vielmehr muss sich die Falsch- oder Nichtdarstellung auf eine erhebliche Tatsache beziehen.[78]

1. Tatsachen

Dies setzt zunächst voraus, dass es sich bei der in Rede stehenden Information überhaupt um eine Tatsache handelt. Der Gegenbegriff zu „Tatsache“ ist „Werturteil“.

In *Virginia Bankshares, Inc. v. Sandberg*[79] entschied der Supreme Court allerdings, dass auch die Äußerung von Begründungen, Meinungen, Ansichten und Schlussfolgerungen in Ausnahmefällen zu einer Haftung führen kann. In diesem Fall empfahl der board of directors in den Unterlagen zur Einwerbung von Vollmachtsstimmrechten den Aktionären, einem Unternehmenszusammenschluss zuzustimmen, da der Minderheit ein hoher und fairer Preis für ihre Aktien

[78] Vgl. Rule 14a-9(a):"No solicitation ... shall be made by means of any proxy statement ... containing any statement which ... is false or misleading with respect to any *material fact*... ."
[79] 501 U.S. 1083 (1991).

geboten werde.[80] Nun behaupteten die Kläger, dass die directors nicht wirklich glaubten, dass der Preis fair und angemessen sei, und dass diese den Aktionären nur deshalb die Zustimmung zum Zusammenschluss empfohlen hatten, weil sie andernfalls um ihre Stellungen als Mitglieder des board of directors hätten fürchten müssen. Die Beklagten waren der Ansicht, dass die Gründe, die die directors zu dieser Empfehlung bewogen hatten, keine erheblichen Tatsachen darstellten.

Nun gehören die Gründe, die der Empfehlung der directors zu Grunde liegen, gerade zu den Informationen, welche die Aktionäre bei ihrer Entscheidungsfindung berücksichtigen. Denn die Aktionäre gehen davon aus, dass der Vorstand das nötige Wissen und die nötige Expertise hat. Somit sind solche Informationen für die Aktionäre durchaus entscheidungserheblich.[81] Fraglich ist allerdings, ob es sich auch um eine Erklärung über Tatsachen handelt. Der Supreme Court entschied, dass die Motive für die Empfehlung des Zusammenschlusses selbst keine Tatsachen sind.[82] Der bloße Nachweis, dass die directors nicht aufgrund der in den Unterlagen genannten Gründe die Zustimmung empfohlen hatten, reiche für eine Haftung nicht aus. Selbst wenn die directors lediglich ihre Positionen erhalten wollten und selbst nicht an die Angemessenheit des Preises glaubten, führe dies allein nicht zu einer Haftung. Bloßes Glauben oder auch nicht offengelegte Motive seien für sich genommen keine Tatsachen im Sinne des § 14 (a) Securities Exchange Act. Wenn jedoch die Erklärung ausdrücklich oder implizit etwas Falsches oder Irreführendes über den Sachverhalt selbst beinhaltet, könnten die directors haftbar gemacht werden. So war es in dem geschilderten Fall. Denn der gebotene Preis von $ 42 war unter Zugrundelegung allgemein anerkannter Bewertungsmethoden keineswegs angemessen. In dem proxy statement wurde darauf hingewiesen, dass der Preis von $ 42 sowohl über dem Buchwert als auch über dem Marktpreis der Aktie lag. Die Kläger konnten jedoch nachweisen, dass unter Berücksichtigung der wahren Werte der Immobilien des Unternehmens der Buchwert hätte höher angesetzt werden müssen. Und auch der Marktpreis der Aktie war wenig aussagekräftig, da der Markt vom Mehrheitsgesellschafter, der über eine Tochtergesellschaft 85 % der Anteile an dem Unternehmen hielt, dominiert wurde. Diese Tatsachen wurden den Aktionären nicht offengelegt, obgleich sie für die Bewertung des Angebots von entscheidender Bedeutung waren. Tatsächlich wäre ein Preis von etwa $ 60

---

80 Der Wortlaut der in Rede stehenden Erklärung lautete: „The Plan of Merger has been approved by the Board of Directors because it provides an opportunity for the Bank's public shareholders to achieve a high value for their shares.“

81 Zu diesem Kriterium vgl. näher unten S. 42 ff.

82 *Virginia Bankshares, Inc. v. Sandberg*, 501 U.S. 1083 (1991). Vgl. auch *Ward v. Succession of Freeman*, 854 F.2d 780, 791 (5th Cir. 1988); *Mendell v. Greenberg*, 927 F.2d 667, 679 (2d Cir. 1990).

angemessen gewesen.[83] Die Aussagen der directors waren also nicht nur hinsichtlich ihrer Motive irreführend, sondern – und dies ist hier entscheidend - sie enthielten auch die falsche Aussage, dass der gebotene Preis angemessen sei, weil er sowohl über dem Buchwert als auch über dem Marktwert liege. Dies reicht für eine Haftung aus.[84]

2. *Entscheidungserheblichkeit*

Nicht jede falsche Darstellung von Tatsachen begründet zwingend eine Haftung. Die Tatsache muss zudem für den Aktionär entscheidungserheblich gewesen sein.

a. Der Ausgangspunkt

Nach der in der Entscheidung *TSC Industries, Inc. v. Northway, Inc.*[85] festgelegten Formel ist eine Tatsache dann erheblich, wenn ein vernünftiger Aktionär dieser Information Bedeutung für seine Kauf- oder Verkaufsentscheidung beigemessen hätte.[86] Dabei geht es um eine richterliche, ex post vorgenommene Prognose – vorgenommen vom Zeitpunkt der Herausgabe der falschen Informa-

---

[83] Die Beklagten hatten noch eingewandt, dass sie die Daten, aufgrund derer die $ 42 ermittelt wurden, ebenfalls in den Unterlagen über die Einwerbung der Vollmachtsstimmrechte veröffentlicht hätten. Somit hätten sich die Aktionäre selbst ein Bild über die Angemessenheit des Angebots machen können. Dem hielt der Supreme Court jedoch entgegen, dass dies dann nicht zu einem Haftungsausschluss (wegen fehlender Erheblichkeit) führen kann, wenn für einen durchschnittlichen Investor nicht erkennbar ist, welche Angaben wahr und welche unwahr sind. Selbst wenn die offengelegt Fakten alle der Wahrheit entsprechen, kann eine irreführende Bewertung derselben zu einer Haftung führen.

[84] Da für den Zusammenschluss die Zustimmung der Minderheitsaktionäre jedoch nicht notwendig war, fehlte es im konkreten Fall an der Kausalität und die Klage wurde abgewiesen.

[85] 426 U.S. 438 (1976).

[86] Mit dieser Formel suchte der Supreme Court einen Mittelweg zwischen den bis dahin diskutierten „Möglichkeits-" und „Wahrscheinlichkeits-" Prüfungen. Vor dieser Entscheidung war zwischen den unteren Gerichten streitig, ob eine Tatsache schon dann erheblich ist, wenn ein vernünftiger Aktionär ihr möglicherweise Bedeutung zugemessen hätte, oder erst dann, wenn ihre Kenntnis einen vernünftigen Aktionär wahrscheinlich dazu veranlasst hätte, seine Entscheidung zu ändern. Vgl. dazu *Gould v. American Hawaiian Steamship Co.*, 535 F.2d 761 (3d Cir. 1976); *Beatty v. Bright*, 318 F.Supp. 169 (S.D. Iowa 1970) einerseits und andererseits *Smallwood v. Pearl Brewing Co.*, 489 F.2d 579 (5th Cir. 1974); *Rochez Brothers, Inc. v. Rhoades*, 491 F.2d 402 (3d Cir. 1973). Der Supreme Court folgte weder dem einen noch dem anderen Ansatz.

tionen her –, ob diese Fehlinformation geeignet war, die Kaufs- oder Verkaufsentscheidung eines vernünftigen Investors zu beeinflussen.[87]
Nicht erforderlich ist, dass eine korrekte Information einen vernünftigen Aktionär wahrscheinlich dazu bewogen hätte, anders zu handeln. Aber die Aufdeckung dieser Tatsache muss aus der Sicht eines vernünftigen Investors die Gesamtheit der vorliegenden Informationen (total mix) wesentlich verändert haben.[88] Jedoch dürfen die Stellungnahmen bzw. Unterlagen, in denen die irreführenden Angaben enthalten sind, nicht isoliert betrachtet werden. Bei der Beurteilung der Gesamtheit der vorliegenden Informationen sind vielmehr auch solche zu berücksichtigen, bei denen davon ausgegangen werden kann, dass sie dem Aktionär bereits bekannt waren.[89] Das Gericht hat also bei der Beurteilung der Frage, ob die Aufdeckung einer Tatsache die Gesamtheit der vorliegenden Informationen aus der Sicht eines vernünftigen Investors geändert hätte, zu berücksichtigen, dass bestimmte Informationen bereits öffentlich bekannt waren. Allerdings sind an die Qualität solcher Informationen hohe Anforderungen zu stellen. Die Informationen müssen in für die Aktionäre gut erreichbaren Medien publiziert worden sein. Zudem müssen sie ausreichend detailliert sein. Bloße sporadische Informationen reichen nicht aus.[90]
Der Supreme Court hat mit dieser Definition versucht, dem auch in anderen Zusammenhängen immer wieder hervorgehobenen breiten Zweck der Vorschriften über die Veröffentlichung von Informationen gerecht zu werden. Aktuelle und potentielle Aktionäre sollen in die Lage versetzt werden, eine informierte Entscheidung zu treffen. Dies hat einerseits zur Folge, dass keine zu enge Definition gewählt werden darf, indem etwa gefordert wird, dass die Aktionäre bei vollständiger und richtiger Information tatsächlich anders entschieden hätten. Andererseits darf das Haftungsrisiko für das Management auch nicht so hoch sein, dass es aus Angst vor eben einer solchen Haftung die Aktionäre mit trivialen und unwichtigen Informationen überhäuft.

Der Supreme Court wendet bei der Beurteilung der Entscheidungserheblichkeit von Informationen einen objektiven Maßstab an. Es wird darauf abgestellt, wie

---

[87] Vgl. auch die Formulierung in § 1604 (c) Federal Securities Code des *American Law Institute.*

[88] *TSC Industries, Inc. v. Northway, Inc.*, 426 U.S. 438 (1976).

[89] *United Paperworkers Int'l Union v. International Paper Co.*, 985 F.2d 1190, 1199 (2d Cir. 1993). Vgl. auch *Hanon v. Dataproducts Corp.*, 976 F.2d 497, 501 (9th Cir. 1992).

[90] Die in *TSC Industries* für § 14 (a) Securities Exchange Act entwickelte Definition von „materiality" wird auch für die übrigen hier in Rede stehenden Anspruchsgrundlagen verwendet. Vgl. *Huddleston v. Herman & MacLean*, 640 F.2d 534 (5th Cir. 1981), zu Rule 10b-5; *Kronfeld v. Trans World Airlines, Inc.*, 832 F.2d 726 (2d Cir. 1987) zu § 11 Securities Act und *Prudent Real Estate Trust v. Johncamp Realty, Inc.*, 599 F.2d 1140 (2d Cir. 1979) zu § 14 (e) Securities Exchange Act.

ein hypothetischer „vernünftiger“ Aktionär abgestimmt bzw. gehandelt hätte. Die Entscheidung, die der jeweilige Kläger getroffen hätte, spielt keine Rolle.

Es kann grundsätzlich davon ausgegangen werden, dass Tatsachen, deren Offenlegung gesetzlich gefordert ist, als „erheblich“ bewertet werden. In der Praxis wird die Erheblichkeit häufig zudem danach bestimmt, welchen Einfluss eine bestimmte Information auf den Kurs der Aktie hatte. So besteht bei Informationen, die zu einer Kursveränderung von 10 % oder mehr führten, die Vermutung, dass diese „erheblich“ waren. Solche, die lediglich mit 5 % oder weniger zu Buche schlugen, werden regelmäßig als unerheblich bewertet.[91] Die gleichen Grenzwerte gelten hinsichtlich Informationen, die das Vermögen der Gesellschaft, deren Gewinne oder Umsätze betreffen.[92] Für Werte zwischen 5 und 10 %[93] besteht eine Grauzone.[94]

---

[91] Siehe *Jennings/Marsh/Coffee/Seligman*, Securities Regulation, S. 1010.

[92] Diese Grenzwerte stammen aus von der SEC erlassenen Regeln. Vgl. Rule 14a-8(i)(5), wonach die Gesellschaft nicht verpflichtet ist, einen Vorschlag eines Aktionärs den Unterlagen zur Einwerbung von Vollmachtsstimmrechten beizufügen, wenn dieser sich auf nicht mehr als 5 % des Vermögens der Gesellschaft, deren Gewinn oder Umsatz bezieht. Vgl. auch Regulation S-K Item 103, Instruction 2, wonach anhängige Rechtsstreitigkeiten von der Gesellschaft dann nicht offengelegt werden müssen, wenn die geforderte Schadensersatzsumme 10 % des Vermögens der Gesellschaft nicht übersteigt. Diese Grenzwerte sind zum Teil von den Gerichten bestätigt worden. Siehe *Alstead, Dempsey & Co., Inc.*, 47 SEC 1034, 1035 (1984) oder *Adams v. Standard Knitting Mills, Inc.*, 623 F.2d 422, 433, wonach eine Abweichung von 4 % zwischen den Angaben der Gesellschaft zum Warenvorrat und denen eines Wirtschaftsprüfers nicht erheblich ist.

[93] Neben der auf quantitativen Erwägungen beruhenden Analyse der Entscheidungserheblichkeit hat die SEC „materiality“ auch in Fällen angenommen, in denen negative wirtschaftliche Auswirkungen gar nicht festgestellt werden konnten, allerdings die Information als so wichtig angesehen wurde, dass sie trotzdem veröffentlicht werden musste (sogenannte „qualitative materiality“). Dabei ging es insbesondere um illegales Verhalten seitens des Managements, dass öffentlich bekannt gemacht werden musste. Besonders Fälle der Bestechung ausländischer Funktionäre waren hier von Bedeutung. Diese „qualitative materiality“ hat aber nur Bedeutung für Verfahren vor der SEC. Für individuelle Schadensersatzklagen ist das Konzept bedeutungslos. Vgl. *Jennings/Marsh/Coffee/Seligman*, Securities Regulation, S. 1011.

[94] Tatsachen, die als erheblich angesehen wurden, sind beispielsweise: die Tatsache, dass eine Muttergesellschaft den spin-off ihrer Tochtergesellschaft, die das operative Geschäft betreibt, in Erwägung zieht (*Kronfeld v. Trans World Airlines, Inc.*, 832 F.2d 725 (2d Cir. 1987)); die Tatsache, dass Probebohrungen einer Ölgesellschaft einen hohen Mineraliengehalt ausgewiesen haben (*SEC v. Texas Gulf Sulphur Co.*, 401 F.2d 833 (2d Cir. 1968)).; die Verletzung verbraucherschützender Vorschriften (*In re Craftmatic Securities Litigation v. Kraftsow*, 890 F.2d 628 (3d Cir. 1989)); Geschäftsbeziehungen zwischen directors und Mehrheitsaktionär, die zu Interessenkonflikten führen könnten (*Wilson v. Great American Industries*, 855 F.2d 987 (2d Cir. 1988); die Tatsache, dass eine neu gegründete Fluggesellschaft dieselben Routen bedient wie eine andere zuvor insolvent gewordene Gesellschaft, an der auch die jetzigen Gründer beteiligt waren (*SEC v. Carriba Air, Inc.*, 681

b. Unterlassen

Die Prüfung der Erheblichkeit der Information ändert sich auch dann nicht, wenn statt einer Fehldarstellung von Tatsachen bestimmte Tatsachen nicht erwähnt werden. In der Entscheidung *Arber v. Essex Wire Corp.*[95] lehnte der Sixth Circuit eine striktere Prüfung der Erheblichkeit in Fällen des Unterlassens ausdrücklich ab. Statt dessen soll auch in diesen Fällen darauf abgestellt werden, ob ein vernünftiger Aktionär den nicht bekannt gegebenen Informationen bei seiner Entscheidungsfindung Bedeutung zugemessen hätte.[96]
Allerdings ist zu beachten, dass für eine Haftung aufgrund Unterlassens der Nachweis der Entscheidungserheblichkeit der nicht veröffentlichten Tatsache nicht ausreicht. Erforderlich ist auch eine Pflicht zur Offenlegung.[97]

F.2d 1318 (11th Cir. 1982)); in erheblichem Umfang gestiegene Einkünfte seit der letzten veröffentlichten Bilanz und die Absicht, die Gesellschaft zu liquidieren (*In the Matter of Ward La France Truck Corp.*, 13 S.E.C. 373 (1943)); das Bevorstehen einer profitablen Transaktion in naher Zukunft (*Nothern Trust Co. v. Essaness Theatres Corp.*, 103 F.Supp. 954 (N.D.Ill. 1952)); eine Preisstabilisierung und ein steigender Auftragseingang, so dass in naher Zukunft Gewinne erwartet werden können (*Janigan v. Taylor*, 344 F.2d 781 (1st Cir. 1965)). Für weitere Beispiele siehe die Nachweise bei *Jennings/Marsh/Coffee*/Seligman, Securities Regulation, S. 1005. Siehe auch die Beispiele in den Hinweisen der SEC zu Rule 14a-9.

Als nicht entscheidungserheblich wurde beispielsweise bewertet: die Tatsache, dass in der Getränkeabfüllindustrie eine Reihe von Unternehmensübernahmen zu verzeichnen war, obgleich die Gesellschaft nicht an derartigen Aktivitäten beteiligt war, jedoch ein Restrukturierungsprogramm eingeführt hatte (*Ward v. Succession of Freeman*, 854 F.2d 780 (5th Cir. 1988)); die Tatsache, dass der Absatz eines neuentwickelten Produkts zurückging, weil bereits früher bekannt gemacht worden war, dass mit diesem Produkt Verluste gemacht wurden (*Backman v. Polaroid Corp.*, 910 F.2d 10 (1st Cir. 1990)); interne Berechnungen, die steigende Kosten und weitere Verzögerungen im Zusammenhang mit dem Bau von zwei Atomkraftwerken nachwiesen, da dem Markt bereits andere Informationen vorlagen, aus denen sich ergab, dass ältere Prognosen nicht mehr korrekt waren (*Wielgos v. Commonwealth Edinson Company*, 892 F.2d 509 (7th Cir. 1989)); die „wahren Motive" von directors im Zusammenhang mit einem Unternehmenszusammenschluss, da alle übrigen entscheidungserheblichen Tatsachen offengelegt worden waren (*Kademian v. Ladish Co.*, 792 F.2d 614 (7th Cir. 1986); vgl. auch *Vaughn v. Teledyne, Inc.*, 628 F.2d 1214 (9th Cir. 1980)); eine voraussichtliche Dividende von 4 % (*Hafner v. Forest Laboratories, Inc.*, 345 F.2d 167 (2d Cir. 1965)).

[95] 490 F.2d 414 (6th Cir. 1974), cert. denied, 419 U.S. 830 (1974).

[96] *Arber v. Essex Wire Corp.*, 490 F.2d 414, 418 (6th Cir. 1974).

[97] Siehe dazu unten bei Rule 10(b)-5, S. 70 f. Komplizierter wird die Frage allerdings in Fällen des Insiderhandelns. Denn dann gilt die disclose or abstain rule. Diese besagt, dass die Gesellschaft oder die Vorstandsmitglieder, die in Aktien der eigenen Gesellschaft handeln wollen, alle entscheidungserheblichen Informationen veröffentlichen müssen, um einer Haftung zu entgehen. Dies würde im Ergebnis jedoch bedeuten, dass diese Personen praktisch nie in Aktien der Gesellschaft handeln könnten. In den hier nicht weiter zu verfolgenden

c. Sich entwickelnde Sachverhalte

Nun treten kursbeeinflussende Sachverhalte nicht immer plötzlich auf, sondern in den meisten Fällen entwickeln sie sich über einen längeren Zeitraum. Bei sich entwickelnden Sachverhalten geht der Markt bei der Bewertung der Aktien nicht einfach davon aus, dass die kursbeeinflussende Tatsache noch nicht eingetreten und somit bei der Bewertung des Unternehmens nicht zu berücksichtigen ist, sondern der Markt lässt in die Bewertung auch die Wahrscheinlichkeit des Eintritts der kursbeeinflussenden Tatsache mit einfließen. Die Marktteilnehmer bewerten das Unternehmen somit zwar nicht so, als ob die erhebliche Tatsache bereits eingetreten wäre; sie lassen die Möglichkeit des Eintritts allerdings auch nicht völlig außer acht.

In *Basic, Inc. v. Levinson* entschied der Supreme Court, dass die Erheblichkeit einer sich erst entwickelnden Tatsache zum einen von der Wahrscheinlichkeit ihres Eintritts und zum anderen vom Ausmaß ihrer Auswirkungen unter Berücksichtigung aller Aktivitäten der Gesellschaft abhängt.[98] Obgleich sich dieser Fall lediglich mit der Frage beschäftigte, ob und wann Verhandlungen über einen Unternehmenszusammenschluss bekannt zu geben sind, haben Gerichte den hier entwickelten Maßstab auch auf andere Fälle sich entwickelnder Sachverhalte angewandt.[99] In dem konkreten Fall ging es um die Frage, ob die directors Gerüchten um einen möglichen Zusammenschluss von Basic, Inc. und Combustion Engineering, Inc. entgegentreten durften, obwohl tatsächlich bereits Verschmelzungsverhandlungen geführt wurden. Die directors von Basic, Inc. hatten in drei öffentlichen Erklärungen verneint, dass derartige Verhandlungen geführt wurden. Bis zu der Entscheidung des Supreme Court wurde vertreten, dass, solange hinsichtlich des Preises und der wesentlichen Struktur des Zusammenschlusses noch kein Einvernehmen erzielt worden war, die Existenz von Verhandlungen über einen Zusammenschluss wahrheitswidrig verneint werden durfte („agreement-in-principle" Theorie).[100] Begründet wurde diese Ansicht zum einen mit den Interessen der betroffenen Gesellschaften. Die Zielgesellschaft wird oft ein gesteigertes Interesse an der Geheimhaltung solcher Informationen haben. Denn andernfalls mag sie zum Objekt eines öffentlichen Bieterwettbewerbs werden, in dem das Management wenig Chancen hat, die Gesellschaft an den Meistbietenden zu veräußern. Auch der

---

Fällen des Insiderhandels ist eine Haftung demnach auf außergewöhnliche Fälle reduziert worden.

[98] 485 U.S. 224 (1988).

[99] *Jennings/Marsh/Coffee/Seligman*, Securities Regulation, S. 1019. Vgl. z.B. *General Motors Class E Stock Buyout Sec. Litig.*, 694 F.Supp. 1119 (D.Del. 1988). Siehe dazu näher S. 69 und 83 ff.

[100] Die agreement-in-priciple theorie wurde bis dahin von einigen unteren Instanzen vertreten. Vgl. *Greenfield v. Heublein, Inc.*, 742 F.2d 751, 757 (C.A.3 1984).

Bieter wird häufig auf Geheimhaltung bestehen, da er nicht in einen „Angebotswettbewerb“ verwickelt werden möchte und entweder geheim oder gar nicht verhandeln wird. Die Vertraulichkeit der Verhandlungen sollte daher gewahrt werden können, da zu frühe Offenlegung den Verhandlungen abträglich sein könnte. Zum anderen sollten die Investoren nicht mit detaillierten und trivialen Informationen überfordert werden. Es sollen keine falschen Erwartungen hinsichtlich eines Zusammenschlusses geweckt werden, denn es besteht immer noch das Risiko, dass die Verhandlungen scheitern.[101] In einem frühen Anfangsstadium der Verhandlungen haben Aussagen über den geplanten Zusammenschluss daher eher spekulativen Charakter. Eine öffentliche Erklärung würde daher der Sache mehr Aufmerksamkeit widmen, als sie letztlich verdient. Und schließlich wurde angeführt, dass die „agreement-in-principle“ Formulierung klare Abgrenzungskriterien biete.[102]

Dieser Theorie trat der Supreme Court jedoch in der Entscheidung *Basic, Inc. v. Levinson* entgegen. Denn der U.S.-amerikanische Gesetzgeber habe sich für das Prinzip der Offenlegung von Informationen entschieden und nicht für das paternalistische Zurückhalten derselben. Offenlegung ist das fundamentale Prinzip des amerikanischen Kapitalmarktrechts. Das Kriterium der Entscheidungserheblichkeit dient nicht dazu, Investoren die Entscheidung über die Erheblichkeit bestimmter Informationen abzunehmen, sondern es soll lediglich dazu dienen, für die Entscheidungsfindung des Investors völlig unbrauchbare Informationen herauszufiltern. Bereits vor der Entscheidung in *Basic, Inc.* war anerkannt, dass die Gründe für eine späte Bekanntgabe der Pläne für einen Zusammenschluss, nämlich einerseits die hohe „Sterblichkeitsrate“ solcher Verhandlungen sowie andererseits die Gefahr eines Abbruchs günstiger Verhandlungen, wenn diese an die Öffentlichkeit kommen, zumindest dann nicht greifen, wenn die Aktien der betreffenden Gesellschaft gar nicht öffentlich gehandelt werden.[103]

Der Supreme Court entschied, dass Verhandlungen über Unternehmenszusammenschlüsse demselben Wesentlichkeitstest unterzogen werden müssen wie andere Arten von Informationen auch. Bei der Frage, ob eine Information wesentlich ist, sind einerseits die Wahrscheinlichkeit, dass der Umstand in der Zukunft auch tatsächlich auftritt, und andererseits die möglichen Auswirkungen und die Bedeutung des Umstandes für die Gesellschaft unter Berücksichtigung

---

[101] Vgl. *Reiss v. Pan American World Airways, Inc.*, 711 F.2d 11, 14 (C.A.2 1983); *Greenfield v. Heublein, Inc.*, 742 F.2d 751, 756 (C.A.3 1984).

[102] Vgl. *Flamm v. Eberstadt*, 814 F.2d 1169, 1176-1178 (CA 7 1987); *Greenfield v. Heuberlein, Inc.*, 742 F.2d 751, 757 (C.A.3 1984).

[103] Vgl. z.B. *Michaels v. Michaels*, 767 F.2d 1185 (7th Cir. 1985); *Jordan v. Duff & Phelps, Inc.*, 815 F.2d 429 (7th Cir. 1987).

aller anderen Aktivitäten derselben zu bedenken. Ob Verhandlungen über einen Unternehmenszusammenschluss erheblich sind, hängt also nicht davon ab, in welchem Stadium sich die Verhandlungen befinden, sondern von der Wahrscheinlichkeit des Zustandekommens und der Größe der Transaktion. Dabei sind alle Umstände zu berücksichtigen. Entscheidend für die Wahrscheinlichkeit des Zustandekommens sind die Interessen der Beteiligten. Diese kommen beispielsweise in den Beschlüssen des board of directors, den Anweisungen an die beteiligten Investmentbanken oder in den Verhandlungen der Parteien zum Ausdruck. Bei der Bewertung der Größe der Transaktion ist beispielsweise auf die Größe der beteiligten Gesellschaften und die zu zahlende Prämie abzustellen.

Zu beachten ist in diesem Zusammenhang aber, dass es sich bei der Entscheidung *Basic, Inc. v. Levinson* um einen Fall der aktiven Täuschung handelte. Die Vorstandsmitglieder haben Gerüchte über Verschmelzungsverhandlungen wahrheitswidrig zurückgewiesen. Dies bedeutet nicht gleichzeitig, dass sie auch zur öffentlichen Bekanntgabe der Verhandlungen verpflichtet gewesen wären. Sie durften solche Verhandlungen lediglich nicht wahrheitswidrig abstreiten. Schweigen darf der Vorstand in solchen Fällen im Regelfall. Eine Haftung aufgrund Unterlassens kommt nur in Betracht, wenn auch eine Pflicht zur Veröffentlichung besteht.[104]

3. Sonderfall: Prognosen

Eine Sonderstellung bei der Frage der Erheblichkeit von Informationen für Entscheidungen der Aktionäre nehmen sogenannte „soft information", wie zum Beispiel Gewinnvorhersagen, ein. Solche Prognosen stellen zwar keine Tatsachen dar, sondern sind grundsätzlich Meinungsäußerungen und solche werden im Allgemeinen nicht von den Haftungsvorschriften der Securities Laws erfasst. In Bezug auf Prognosen wird im U.S.-amerikanischen Recht jedoch eine Ausnahme gemacht. Sie unterfallen grundsätzlich den Haftungsvorschriften der Securities Laws und werden insofern wie Tatsachen behandelt. Bei der Frage, wann ‚weiche' Informationen für den Anleger entscheidungserheblich sind, wird auf die in der Entscheidung *Basic, Inc. v. Levinson* entwickelte Formel zurückgegriffen. Danach hängt die Erheblichkeit einer Tatsache zum einen von der Wahrscheinlichkeit ihres Eintritts und zum anderen vom Ausmaß ihrer Auswirkungen unter Berücksichtigung aller Aktivitäten der Gesellschaft ab.[105] Obgleich sich dieser Fall lediglich mit der Frage beschäftigte, ob und wann Verhandlungen über einen Unternehmenszusammenschluss bekannt zu geben sind, haben Gerichte den dort entwickelten Maßstab auch auf andere Arten von

---

[104] Siehe dazu näher unten S. 70 ff.
[105] 485 U.S. 224 (1988).

in die Zukunft gerichtete Informationen angewandt.[106] In der Praxis ist eine auf fehlerhafte Prognosen gestützte Haftung wegen weitreichender Ausschlusstatbestände jedoch äußerst selten.

a. Management's Discussion and Analysis

Die SEC stand lange Zeit auf dem Standpunkt, dass beispielsweise registration statements derartige „weiche" Informationen überhaupt nicht enthalten dürfen.[107] Jedoch sind Beurteilungen des Unternehmens seitens des Managements durchaus wichtige Informationsquellen für die Marktteilnehmer. Denn solche geben diesen die Möglichkeit, das Unternehmen quasi durch die Brille des Managements zu sehen. Mit dem Erlass von Item 10 der Regulation S-K änderte die SEC ihre Ansicht. Nun ermutigt die Kommission das Management ausdrücklich, Vorhersagen über die zukünftige wirtschaftliche Entwicklung des Unternehmens zu veröffentlichen.[108] Trifft das Management derartige Vorhersagen, kann es für Fehler dann nicht zur Rechenschaft gezogen werden, wenn die Vorhersagen auf einer nachvollziehbaren Basis beruhen.[109]

Neben dieser Haftungsfreistellung für freiwillig herausgegebene Prognosen hat die SEC mit dem Erfordernis der Management's Discussion and Analysis of Financial Condition and Results of Operations („MD & A")[110] in bestimmten Fällen eine Pflicht der Gesellschaften zur Herausgabe prospektiver Information statuiert.[111] Die MD&A ist Bestandteil sowohl des Jahresberichts (Form 10-K)

---

[106] *Jennings/Marsh/Coffee/Seligman*, Securities Regulation, S. 1019. Vgl. z.B. *General Motors Class E Stock Buyout Sec. Litig.*, 694 F.Supp. 1119 (D.Del. 1988).

[107] Vgl. *Ratner*, Securities Regulation, S. 38. Zur Entwicklung der Position der SEC in Bezug auf zukunftsbezogene Informationen vgl. *Glöckle*, Zukunftsbezogene Publizität, S. 64 ff.

[108] Siehe Regulation S-K, Item 10 (b).

[109] Vgl. Rule 175 Securities Act.

[110] Item 303 (a) der Regulation S-K.

[111] Das Kapitalmarkrecht des Bundes sieht keine generelle Pflicht zur Veröffentlichung gesellschaftsinterner Gewinnprognosen vor. Vgl. *Pavlidis v. New England Patriots Football Club*, 737 F.2d 1227, 1233 (1st Cir. 1984); *Lyondell Petrochemical Co. Sec. Litig.*, 984 F.2d 1050, 1052 (9th Cir. 1993); *Vaughn v. Teledyne, Inc.*, 628 F.2d 1214, 1221 (9th Cir. 1980); *In re Convergent Technologies Sec. Litig.*, 948 F.2d 507, 516 (9th Cir. 1991). Eine Ausnahme gilt allerdings für die MD&A. Die Frage, wo die Grenze verläuft zwischen prospektiven Angaben, die zwingend in der MD&A zu veröffentlichen sind, und solchen, die auf freiwilliger Basis veröffentlicht werden können, wird vielfach diskutiert und hat zu einer Flut von Gerichtsentscheidungen geführt. Die SEC differenziert insoweit zwischen gegenwärtig bekannten Trends, die zu veröffentlichen sind, und antizipierten, zukünftigen Entwicklungen, die weniger vorhersehbar sind und deren Veröffentlichung auf freiwilliger Basis erfolgt. Vgl. Sec. Act Rel. 6711, 38 SEC Dock. 138, 140-141 (1987). Vgl. dazu *Glöckle*, Zukunftsbezogene Publizität, S. 85. Im Zusammenhang mit der Haftung von Vorstandsmitgliedern ist diese Unterscheidung jedoch nicht weiter bedeutsam.

als auch der Vierteljahresberichte (Form 10-Q). In der MD&A sind bekannte Trends und sichere oder unsichere Ereignisse, die die Liquidität, den Umsatz oder den Gewinn der Gesellschaft wesentlich beeinflussen oder wahrscheinlich beeinflussen werden, zu veröffentlichen.[112] Die MD&A sind das Mittel, mit der die SEC die Veröffentlichung prospektiver Informationen vorantreibt.

b. Bespeaks caution doctrine

Für eine Haftung aufgrund fehlerhafter Prognosen sind weitreichende Ausschlusstatbestände entwickelt worden. Zunächst greift hier die bereits erwähnte Rule 175 Securities Act bzw. Rule 3b-6 Securities Exchange Act. Demnach kommt dann eine Haftung und eine Verfolgung durch die SEC nicht in Betracht, wenn die Prognose auf einer nachvollziehbaren Basis beruhte und in gutem Glauben abgegeben wurde. Diese Vorschriften greifen sowohl für freiwillig gemachte Prognosen als auch für solche, die aufgrund der MD&A gemacht werden mussten.[113]

Für Haftungsklagen haben die Gerichte einen weiteren Ausschlusstatbestand geschaffen, um die officers und directors, die Prognosen hinsichtlich der Entwicklung der Gesellschaft abgeben, vor einer Haftung zu schützen. Dies ist die sogenannte „bespeaks caution doctrine".[114] Danach stellen Prognosen hinsichtlich der zukünftigen Entwicklung der Gesellschaft und ähnliche Erklärungen dann keine erheblichen, irreführenden Informationen dar, wenn gleichzeitig Risiken offengelegt oder vorsichtige Formulierungen gewählt werden.[115] In diesen Fällen ist es unerheblich, wenn sich solche Schätzungen später als falsch erweisen oder sich später herausstellt, dass diese auf fehlerhaften Annahmen beruhen. Diese Theorie ist entwickelt worden, um räuberischen Aktionärsklagen den Boden zu entziehen.[116] Sie ist allerdings eng auszulegen. Das Management darf irreführende Angaben nicht unter dem Mantel breiter, vorsichtiger Formu-

---

[112] Vgl. Item 303 (a) (1) und (3) der Regulation S-K.

[113] Vgl. Rule 175 (c) (3) Securities Act und Rule 3b-6 (c) (3) Securities Exchange Act. Klarstellend SEC Release No. 33-6835 (Mai 1989), Federal Register Vol. 54, No. 99, S. 22427, 22428.

[114] Vgl. dazu allgemein *Langevoort*, Disclosures that „Bespeaks Caution", 49 Bus.Law. 481 ff. (1994).

[115] Der First, Second, Third, Fifth, Sixth, Eighth, Ninth and Eleventh Circuit haben die „bespeak caution doctrine" ausdrücklich angewandt. Allerdings haben auch andere Circuits die hinter dieser Theorie stehenden Erwägungen angewandt, ohne sich jedoch ausdrücklich darauf zu beziehen. Vgl. zum Beispiel *In re Worlds of Wonder Securities Litigation*, 35 F.3d 1407 (9th Cir. 1994); *Rubinstein v. Collins*, 20 F.3d 160 (5th Cir. 1994). Siehe außerdem die Zusammenstellung bei *Jennings/Marsh/Coffee/Seligman*, Securities Regulation, S. 1032 ff. Auch der Supreme Court hat die „bespeaks caution doctrine" in der Entscheidung *Virginia Bankshares, Inc. v. Sandberg*, 501 U.S. 1083, 1097 implizit akzeptiert.

[116] Vgl. *Romani v. Shearson Lehman Hutton*, 929 F.2d 875, 878 (1st Cir. 1991).

lierungen verstecken. Die „bespeaks caution doctrine“ findet nur Anwendung in Fällen präziser und spezifischer Warnungen, die sich direkt auf die Prognosen beziehen und die zugrunde liegenden Annahmen offen legen. Bloße allgemeine Warnungen, beispielsweise, dass Aktien ein hohes Risiko in sich bergen, reichen nicht aus.[117] Auch greift die bespeaks caution doctrine nur für den Fall, das eine Prognose fehlerhaft ist bzw. nicht veröffentlicht wurde. Für Tatsachen greift dieser Haftungsausschluss nicht.

Im Zuge des Erlasses der Private Securities Reform Act im Jahre 1995 wurde die „bespeaks caution doctrine“ in Gesetzesform gegossen. § 27 A (c) Securities Act und der gleichlautende § 21 E (c) Securities Exchange Act sehen vor, dass u.a. directors und officers[118] für Prognosen dann nicht haften, wenn diese als solche identifizierbar sind und von adäquaten Warnhinweisen begleitet werden, die die Faktoren nennen, aufgrund derer die tatsächlichen Ergebnisse von den Prognosen abweichen können. Prognosen im Sinne dieser Vorschriften sind unter anderem Vorhersagen bezüglich Umsätze, Gewinne und Verluste, Erträge, Investitionsausgaben, Dividenden, Kapitalstruktur der Gesellschaft oder andere finanztechnische Daten. Außerdem zählen dazu Erklärungen hinsichtlich der Pläne und Ziele des Managements für die Zukunft, beispielsweise in Bezug auf neue Produkte oder Dienstleistungen, oder Erklärungen hinsichtlich der zukünftigen wirtschaftlichen Entwicklung der Gesellschaft.[119] Es sind aber wichtige Ausnahmen vorgesehen. So gelten § 27 (A) Securities Act bzw. § 21 E Securities Exchange Act nicht für Erklärungen, die in Zusammenhang mit einem Übernahmeangebot oder einem Börsengang (IPO) gemacht werden. Auch gelten diese Vorschriften nicht für Prognosen, die im Jahresabschluss der Gesellschaft enthalten sind.[120]

Auch für mündliche Erklärungen gilt, dass diese als Prognose identifizierbar sein und außerdem den Hinweis enthalten müssen, dass die tatsächlichen Ergeb-

---

[117] Vgl. *Donald J. Trump Casino Securities Litigation*, 7 F.3d 357, 371-372 (3d Cir. 1993) und *In re Worlds of Wonder Securities Litigation*, 35 F.3d 1407 (9th Cir. 1994). In *Pommer v. Medtest Corp.*, 961 F.2d 620, 624 ff. (7th Cir. 1992) entschied das Gericht, dass auch der Hinweis, dass Informationen über eine bestimmte Transaktion gegenwärtig lediglich spekulative Bedeutung zukommen und sich später als völlig wertlos erweisen können, zu allgemein gehalten ist, da ein solcher den Anleger nicht über die konkreten Risiken informiert.

[118] Die Anwendbarkeit der Vorschriften auf directors und officers ergibt sich aus § 27 A (a) (2) in Verbindung mit (i) (6) Securities Act bzw. § 21 E (a) (2) in Verbindung mit (i) (6) Securities Exchange Act.

[119] Vgl. § 27 A (i) (1) (A) bis (F) Securities Act sowie § 21 E (i) (1) (A) bis (F) Securities Exchange Act. Vgl auch die Definitionen in Rule 175 Securities Act und Rule 3b-6 Securities Exchange Act.

[120] Zu diesen und weiteren Ausnahmen vgl. § 27 A (b) Securities Act bzw. § 21 E (b) Securities Exchange Act.

nisse davon abweichen können. Zudem muss in der mündlichen Erklärung darauf hingewiesen werden, dass zusätzliche Informationen bezüglich der Faktoren, die eine Abweichung des tatsächlichen Ergebnisses von der Prognose bewirken können, in einem schriftlichen Dokument enthalten sind, das eingesehen werden kann.[121]

Die §§ 27 A Securities Act bzw. 21 E Securities Exchange Act sehen also drei verschiedene Ausschlusstatbestände für eine Haftung aufgrund fehlerhafter Prognosen vor. (1) Aufgrund schriftlicher Prognosen, die mit hinreichenden Warnungen versehen sind, kann keine Klage erhoben werden. (2) Gleiches gilt für mündliche Prognosen, wenn auf schriftliche Unterlagen verwiesen wird. (3) Sind die Prognosen nicht von den erforderlichen Warnungen begleitet, reicht dies für eine Haftung jedoch noch nicht aus. Vielmehr muss der Beklagte auch vorsätzlich gehandelt haben. Grobe bzw. einfache Fahrlässigkeit ist jetzt für Klagen gemäß Rule 10b-5 oder Rule 14a-9 nicht mehr ausreichend.[122]
Grund für die Einführung dieser sogenannten „safe harbour rules" war die Ansicht, dass die Furcht des Managements, wegen falscher Prognosen im Wege einer wertpapierrechtlichen Gruppenklage in Anspruch genommen zu werden, dieses davon abhielt, Prognosen zu veröffentlichen, obgleich gerade Prognosen des Managements wertvolle Entscheidungshilfen für die Anleger sind.[123]

[121] § 27 (c) (2) Securities Act und § 21 E (c) (2) Securities Exchange Act.
[122] Vgl. dazu auch unten S. 91.
[123] Siehe 1995-1996 Fed. Sec. L. Rep. (CCH) ¶ 85,710 bei 87,208. Ob diese Einschätzung richtig ist oder ob das Management aus anderen Gründen zurückhalten hinsichtlich der Veröffentlichung von Prognosen ist, ist eine empirische Frage und bleibt abzuwarten. Kritisch daher *Jennings/Marsh/Coffee/Seligman*, Securities Regulation, S. 1038.

§ 3 Haftung wegen der Verletzung kapitalmarktbezogener Informationspflichten

Im folgenden werden die weiteren Voraussetzungen der einzelnen Haftungstatbestände für fehlerhafte Kapitalmarktinformationen erläutert. Die ersten drei Abschnitte beschäftigen sich dabei mit Anspruchgrundlagen aus dem Kapitalmarktrecht des Bundes. In einem ersten Abschnitt wird die Prospekthaftung dargestellt. Anschließend wird auf die Haftung im Zusammenhang mit laufenden Offenlegungspflichten eingegangen. In einem dritten Abschnitt werden einige Sonderfälle behandelt. Der vierte Abschnitt schließlich behandelt Ansprüche gemäß einzelstaatlichem Recht.

I. Emissionspublizität und Prospekthaftung

Der Securities Act hat zum einen das Ziel, den Anleger mit ausreichenden und verlässlichen Informationen zu versorgen, und zum anderen, die Verbreitung unrichtiger oder irreführender Informationen zu verhindern. Die Versorgung des Anlegers mit den für seine Investitionsentscheidung wichtigen Informationen erfolgt im Falle der Ausgabe junger Aktien durch die Gesellschaft unter anderem durch die Registrierungserklärung (registration statement). Diese besteht aus dem Prospekt, von dem jeder Aktienkäufer eine Kopie erhält, und aus weiteren Dokumenten und Anlagen, die bei der SEC einzureichen sind und dort den Käufern zugänglich gemacht werden.

Für den Anleger ist es wichtig, dass die ihm gegebenen Informationen vollständig und richtig sind. Dies wird nicht nur durch die Kontrolle der Registrierungserklärung seitens der SEC erreicht, sondern auch durch Haftungsvorschriften. Die beiden entscheidenden Normen sind hier §§ 11 und 12 Securities Act. § 11 Securities Act sieht eine verschuldensunabhängige Haftung für fehlerhafte Angaben in der Registrierungserklärung (einschließlich des Prospektes) vor. § 12 (a) (2) Securities Act geht sogar noch darüber hinaus und sieht eine Haftung auch für fehlerhafte Angaben vor, die mündlich im Zusammenhang mit der Emission von Aktien gemacht werden. Darüber hinaus ist auch Rule 10b-5 bereits in diesem Stadium anwendbar.[124]

[124] Auf diese Vorschrift wird später im Zusammenhang mit der fehlerhaften Information des Sekundärmarktes eingegangen. Siehe Seite 66 f.

1. Haftung wegen unrichtiger Angaben in der Registrierungserklärung (§ 11 Securities Act)

Im Gegensatz zu den eher unbestimmten Umrissen des Betrugstatbestandes des common law legt § 11 des 1933 erlassenen Securities Act die Anspruchsvoraussetzungen für eine Haftung aufgrund unrichtiger Angaben in der Registrierungserklärung detailliert fest.[125] Die für die Registrierungserklärung verantwortlichen Personen haften persönlich und verschuldensunabhängig für in der Erklärung enthaltene erhebliche Fehldarstellungen.[126] Der Haftung gemäß § 11 Securities Act kommt in der Praxis große Bedeutung zu.[127]

a. Haftungsverpflichtete

Gemäß der ausdrücklichen Regelung des § 11 (a) (2) Securities Act haften alle directors für fehlerhafte Angaben in der Registrierungserklärung. Aber auch die officers unterfallen der Haftungsvorschrift des § 11 Securities Act, sofern sie die Registrierungserklärung unterschrieben haben. Denn gemäß § 11 (a) (1) Securities Act haftet dem Käufer jede Person, die eine Unterschrift unter die Registrierungserklärung leistet. Nach § 6 (a) Securities Act müssen neben der Mehrzahl der directors bestimmte officers die Erklärung unterschreiben und können demnach verantwortlich gemacht werden.[128] Somit haften die directors in jedem Fall, das heißt unabhängig von einer Unterschrift (§ 11 (a) (2) Securities Act), die officers dagegen nur, wenn sie die Registrierungserklärung unterschrieben haben.[129]

---

[125] Zum common law und dessen Reichweite siehe unten S. 116 ff. Vgl. dazu auch *Assmann*, Prospekthaftung, S. 148 ff.

[126] § 11 Securities Act ist den Vorschriften des englischen Companies Act nachgebildet. Dazu *Assmann*, Prospekthaftung, S. 149.

[127] Zum Zeitpunkt seiner Entstehung wurde § 11 Securities Act gar als so drakonische Maßnahme angesehen, dass einige Kritiker befürchteten, dass diese Vorschrift den Handel in Wertpapieren behindern würde. Dies hat sich jedoch nicht bewahrheitet. Vgl. *Loss/Seligman*, Fundamentals, S. 1149. Die erste Entscheidung zu § 11 Securities Act erging im Jahre 1968 (*Escott v. BarChris Construction Corp.*, 283 F.Supp. 643 (S.D.N.Y. 1968)). Siehe dazu *Ratner*, Securities Regulation, S. 78.

[128] Nicht alle officers sind zur Unterschriftleistung verpflichtet, sondern nur principal officers. Auch müssen nicht alle directors die Registrierungserklärung unterschreiben, hier ist die Mehrheit der directors ausreichend.

[129] Vgl. *Knepper/Bailey*, Liability, § 13-4, S. 520. Im Rahmen der Haftungsbegrenzung für officers wird rein formal auf den Aspekt der Unterschriftleistung abgestellt. Hat ein officer eine Registrierungserklärung nicht unterschrieben, obgleich er gemäß § 6 (a) Securities Act dazu verpflichtet gewesen wäre, kann er nicht haftbar gemacht werden. Siehe *Ahern v. Gaussoin*, 1985-86 Fed. Sec. L. Rep. (CCH) ¶ 92,332 (D.C. Or. 1985).

Daneben haftet der Emittent[130] selbst sowie das emissionsbegleitende Kreditinstitut. Außerdem können noch andere Personen, wie Wirtschaftsprüfer oder Personen, die Teile der Registrierungserklärung erstellt haben, haftbar gemacht werden (vgl. § 11 (a) Securities Act). Die Breite dieses Haftungsverbundes dient weniger dazu, dem geschädigten Anleger möglichst viele potentielle Haftungsverpflichtete zu verschaffen, als vielmehr eine gegenseitige Kontrolle der an der Emission im weitesten Sinne beteiligten Parteien zu erreichen.[131] Denn Ziel der Regelung in § 11 Securities Act ist nicht in erster Linie, entstandene Schäden zu ersetzen, sondern vielmehr Anreize zu sorgfältigem Verhalten bei der Erstellung eines Prospekts zu schaffen.[132]

Die gemäß § 11 Securities Act haftenden Personen haften als Gesamtschuldner (jointly and severally).[133] Für outside directors[134] ist im Jahre 1995 eine Haftungsbegrenzung eingeführt worden. § 11 (f) (2) Securities Act sieht nun vor, dass die Haftung von outside directors in Übereinstimmung mit § 21 D (g) Securities Exchange Act zu bestimmen ist. Danach haften diese nur dann gesamtschuldnerisch, wenn nachgewiesen werden kann, dass sie wissentlich kapitalmarkrechtliche Vorschriften verletzt haben. Outside directors haften also nur dann gesamtschuldnerisch für fehlerhafte Angaben im Prospekt, wenn sie vorsätzlich gehandelt haben. In allen anderen Fällen ist eine gesamtschuldnerische Haftung der outside directors nunmehr ausgeschlossen.

b. Anspruchsberechtigte

§ 11 Securities Act schützt jeden, der ein der Registrierungserklärung unterfallendes Wertpapier gekauft hat. Dies schließt auch jene Personen ein, die ihre Aktien nicht im Rahmen der ursprünglichen Emission gekauft haben, sondern erst am Sekundärmarkt.[135] Vertragliche Beziehungen zwischen Kläger und Beklagtem sind nicht erforderlich. Der Kläger muss die Aktie also nicht notwendigerweise vom Emittenten oder der emissionsbegleitenden Bank im

---

[130] Er hat nach § 6 Securities Act die Registrierungserklärung zu unterschreiben.
[131] Vgl. auch *Assmann*, Prospekthaftung, S. 148.
[132] *Globus v. Law Research Service, Inc.*, 418 F.2d 1276, 1288-1289 (2d Cir. 1969).
[133] Ausnahmen von der gesamtschuldnerischen Haftung sind für Personen vorgesehen, die nur für die Richtigkeit bestimmter Angaben einzustehen haben, wie zum Beispiel Rechtsanwälte und Wirtschaftsprüfer. Außerdem ist die Haftung der Underwriter auf den von ihnen jeweils gezeichneten Betrag begrenzt. In Bezug auf die Leitungsorgane ist lediglich für nicht vorsätzlich handelnde outside directors eine Ausnahme von der gesamtschuldnerischen Haftung vorgesehen. Vgl. dazu weiter im Text.
[134] Zum Begriff siehe oben S. 27 f.
[135] Vgl. *Gibb v. Delta Drilling Co.*, 104 F.R.D. 59, 69-70 (N.D.Tex. 1984); *Klein v. Computer Devices, Inc.*, 591 F.Supp. 270, 275 (S.D.N.Y. 1984).

Wege der erstmaligen Zeichnung erworben haben. Es reicht vielmehr aus, wenn er die Aktie am Zweitmarkt vom Erstkäufer erworben hat.[136]

Allerdings müssen die Käufer am Sekundärmarkt nachweisen, dass das entsprechende Wertpapier im Rahmen der fehlerhaften Registrierungserklärung ausgegeben wurde.[137] Die Papiere müssen also auf die Emission zurückgeführt werden können, auf die sich die Registrierungserklärung bezieht (tracing requirement).[138] Wenn eine Registrierungserklärung sich auf eine Klasse von Wertpapieren bezieht, die bereits am Markt gehandelt werden, muss der Kläger nachweisen, dass die Aktie, die er am Sekundärmarkt gekauft hat, im Rahmen der Kapitalerhöhung ausgegeben wurde und nicht Teil eines schon vorher ausgegebenen Blocks war.[139] Dies kann für den Kläger ein unüberwindbares Hindernis darstellen, besonders wenn die Aktie an einer Börse gelistet ist, da es dort für den Käufer gewöhnlich keine Möglichkeit gibt, die Identität des Verkäufers festzustellen.[140] Geschützt wird demnach nur der Käufer eines aufgrund der Registrierungserklärung zugelassenen jungen Wertpapiers. Zwar wird eine fehlerhafte Registrierungserklärung auch den Preis der bereits gehandelten Wertpapiere beeinflussen, so dass es auf den ersten Blick nicht unbedingt einleuchtend erscheint, dass zwischen den neu ausgegebenen und den bereits gehandelten Papieren unterschieden wird.[141] Außerdem werden die Aktien über Händler gekauft, die die Aufträge ihrer Kunden ohne Rücksicht

[136] Der Ansicht, dass auch die Personen von § 11 Securities Act geschützt werden, die ihre Aktien am Sekundärmarkt erworben haben, solange nachgewiesen werden kann, dass es sich um aufgrund der Registrierungserklärung zugelassene junge Aktien handelt (zu diesem Erfordernis siehe weiter im Text), wurde bis zum Jahre 1995 nahezu einhellig gefolgt. Jetzt haben allerdings einige untere Gerichte die Entscheidung des Supreme Court in *Gustafson v. Alloyd*, 513 U.S. 561 (1995), dahin interpretiert, dass Ansprüche nur von denjenigen geltend gemacht werden können, die die Aktien im Rahmen der Erstausgabe erworben haben und nicht von Käufern, die ihre Aktien am Zweitmarkt erworben haben (vgl. *Gould v. Harris*, 929 F.Supp. 353, 358 (C.D.Cal. 1996); *Van de Walle v. Salomon*, 1997 WL 633288 (Del.Ch.)). Diese Entscheidungen sind in der Literatur heftig kritisiert worden. Sie sind mit § 11 Securities Act, der auch den Erwerb im Sekundärmarkt erfassen wollte, nicht vereinbar (*Loss/Seligman*, Fundamentals, S. 1150 ff.; *Ratner*, Securities Regulation, S. 80). Dies ergibt sich aus der Regelung des § 11 (e) Securities Act. Diese Vorschrift weist ausdrücklich darauf hin, dass für die Berechnung des Schadensersatzes von dem Betrag, der für das Papier gezahlt wurde, begrenzt durch den Preis, zu dem das Papier dem Publikum angeboten wurde, auszugehen ist. Wenn die Entscheidungen der unteren Gerichte aufrecht erhalten werden, können die Beklagten ihre Haftung in all den Fällen vermeiden, in denen der Erstkäufer seine Aktien mit Gewinn verkauft und die geschädigten Personen also erst im Sekundärmarkt gekauft haben. Vgl. *Ratner*, Securities Regulation, S. 80.

[137] Vgl. *Barnes v. Osofsky*, 373 F.2d 269 (2d Cir. 1967).

[138] *Solomon/Schwartz/Bauman/Weiss*, Corporations, S. 882.

[139] *Barnes v. Osofsky*, 373 F.2d 269 (2d Cir. 1967).

[140] *Ratner*, Securities Regulation, S. 81.

[141] Vgl. *Barnes v. Osofsky*, 373 F.2d 269, 271 (2d Cir. 1967).

darauf erfüllen, ob junge Stücke oder Altaktien geliefert werden. Jene wissen nicht, ob es sich bei den gelieferten Aktien um neu emittierte oder um Altaktien handelt.[142] Trotzdem hat der Second Circuit in *Barnes v. Osofsky*[143] entschieden, dass § 11 Securities Act lediglich auf Aktien anwendbar ist, die Teil des neu ausgegebenen Blocks sind. Begründet wird dies mit systematischen und historischen Erwägungen. § 11 Securities Act will lediglich die korrekte Offenlegung wesentlicher Tatsachen im Registrierungsverfahren sicherstellen. Dieses bezieht sich nur auf die neu emittierten Aktien. Nur die Inhaber dieser Aktien sollen geschützt werden. Der Schutz der übrigen Aktionäre erfolgt durch die allgemeinen Anti-Betrugsvorschriften der §§ 12 (2) und 17 Securities Act[144] bzw. Rule 10b-5 Securities Exchange Act, die im Gegensatz zu § 11 Securities Act den Nachweis schuldhaften Handelns seitens des Haftungsverpflichteten vorsehen. Die Beschränkung auf den Schutz des Käufers der jungen Aktien wird zudem damit begründet, dass nach dem Wortlaut der Vorschrift des § 11 Securities Act der zu leistende Schadensersatz der Höhe nach auf den Emissionspreis begrenzt ist. Der Second Circuit weist in seiner Entscheidung darauf hin, dass die Kritik an der Regelung des § 11 Securities Act durchaus berechtigt sei. Es sah sich jedoch aufgrund der in der Gesetzessystematik und der Gesetzgebungsgeschichte zum Ausdruck kommenden Willen des Gesetzgebers daran gehindert, den Anwendungsbereich dieser Vorschrift auszudehnen.[145]

c. *Sonstige Tatbestandsvoraussetzungen*

§ 11 Securities Act sieht vor, dass der Käufer eines Wertpapiers directors und officers einer Gesellschaft sowie andere in § 11 (a) Securities Act näher bezeichnete Personen auf Ersatz seines Vertrauensschadens in Anspruch nehmen kann, wenn die Registrierungserklärung fehlerhaft ist. Diese ist fehlerhaft, wenn wesentliche Tatsachen (material facts) unrichtig dargestellt wurden oder wenn die Erklärung durch Fortlassen wesentlicher Tatsachen irreführend geworden ist.

---

142 Zwar sind die Alt- und Neuaktien anhand der Seriennummer unterscheidbar. Dies hilft in der Praxis jedoch wenig. Nimmt beispielsweise ein Händler eine Order eines Kunden zum Kauf von Aktien an, die er erst selbst am Markt erwerben muss, weiß er im Zeitpunkt der Annahme noch nicht, ob er später junge Aktien oder bereits gehandelte Aktien liefern wird. Gleichwohl muss er bereits im Zeitpunkt der Annahme der Order einen Prospekt zur Verfügung stellen, falls er später junge Stücke liefert. Dies führt dazu, dass Händler beim Aktienverkauf innerhalb des fraglichen Zeitraumes (§ 4 (3) Securities Act) immer einen Prospekt beilegen, unabhängig davon, ob es ich um junge Aktien oder um Altaktien handelt, um sicherzustellen, dass den Voraussetzungen des § 5 (b) (2) Securities Act Genüge getan wird. Vgl. *Loss/Seligman*, Securities Regulation, Band 1, S. 520.

143 373 F.2d 269 (1967).

144 Siehe unten S. 63 ff. und 99.

145 Vgl. *Barnes v. Osofsky*, 373 F.2d 269, 273.

Der Terminus „wesentlich“ wird in Rule 405 zum Securities Act als Umstand definiert, über den ein Investor, der ein durchschnittliches Maß an Vorsicht aufwendet, vor dem Kauf informiert werden sollte. Dies heißt für § 11 Securities Act, dass eine Tatsache dann „wesentlich“ ist, wenn ein durchschnittlicher Investor der richtigen Information Bedeutung für seine Kaufentscheidung beigemessen hätte.[146]

Eine Haftung gemäß § 11 Securities Act kommt nur für fehlerhafte Registrierungserklärungen in Betracht. Fehlerhafte Angaben, die beispielsweise während sogenannter roadshows oder im Rahmen von sonstigen Stellungnahmen gemacht werden, fallen nicht unter die Vorschrift des § 11 Securities Act.[147] Allerdings ist auch der Verkaufsprospekt Teil der Registrierungserklärung, so dass auch dessen Mängel von § 11 Securities Act erfasst werden.[148]

Der Käufer muss lediglich nachweisen, dass wesentliche Tatsachen falsch oder gar nicht dargestellt wurden und dass er einen Schaden erlitten hat. Des Nachweises eines Ursachenzusammenhangs zwischen der fehlerhaften Angabe in der Registrierungserklärung und dem Erwerb der Aktie bedarf es nicht.[149] Der Kläger muss also nicht nachweisen, dass er im Vertrauen auf die Fehldarstellung Wertpapiere erworben hat oder dass er gar eine Kopie des Verkaufsprospekts erhalten hat. Etwas anderes gilt lediglich, wenn der Käufer das Papier erworben hat, nachdem der Emittent eine Gewinn- und Verlustrechnung veröffentlicht hat, die einen Zeitraum von 12 Monaten beginnend mit dem Wirksamwerden der Registrierung umfasst. Dann muss der Kläger nachweisen, dass er auf die Fehldarstellung der Informationen vertraut hat (§ 11 (a) Securities Act). Allerdings

---

[146] *Escott v. BarChris Construction Corp.*, 283 F.Supp. 643 (S.D.N.Y. 1986). Ausführlich zur Frage der Wesentlichkeit von Tatsachen siehe oben S. 40 ff.

[147] Vgl. *O'Sullivan v. Trident Microsystems, Inc.*, Fed. Sec. L. Rep. (CCH) ¶ 98,116 bei 98,907 (N.D.Cal. 1994). Für fehlerhafte Angaben in anderen Dokumenten oder irreführende mündliche Erklärungen vgl. jedoch die Haftung gemäß Rule 10b-5 unten S. 66 ff.

[148] Ausnahmen gelten jedoch für den vorläufigen Prospekt (preliminary prospectus), der bis zum Wirksamwerden des registration statement verwandt wird, den tombstone ad, der nicht Teil der Registrierungserklärung ist, sowie den summary prospectus, der von der Haftung gemäß § 11 Securities Act ausgenommen ist (§ 10 (b) Securities Act). Vgl. *Assmann*, Prospekthaftung, S. 149. Vgl. außerdem die Vorschrift des § 12 Securities Act unten S. 63 ff.

[149] Vgl. *Haralson v. E.F. Hutton Group, Inc.*, 919 F.2d 1014, 1032 (5th Cir. 1990). Die Frage der Ursächlichkeit ist allerdings teilweise mit der Frage nach der Erheblichkeit verknüpft. Der Kläger muss die Erheblichkeit der Tatsache darlegen und beweisen. Dies wird ihm natürlich nur dann gelingen, wenn die fehlerhaft dargestellte Tatsache überhaupt ursächlich für den Schadenseintritt werden konnte. Kann der Kläger also nachweisen, dass die falsche Tatsache erheblich ist, wird die Kausalität vermutet.

muss auch in diesem Fall nicht nachgewiesen werden, dass der Kläger die Registrierungserklärung tatsächlich gelesen hat (§ 11 (a) Securities Act a.E.).[150]

Der Beklagte haftet natürlich dann nicht, wenn er nachweisen kann, dass der Käufer zum Zeitpunkt des Erwerbs von der Unrichtigkeit der Informationen wusste (§ 11 (a) Securities Act).

Fahrlässiges oder gar vorsätzliches Handeln ist nicht erforderlich. Die officers und directors haften verschuldensunabhängig.[151]

Eine Klage gemäß § 11 Securities Act muss innerhalb eines Jahres nach Aufdeckung der irreführenden Angaben erhoben werden. In keinem Fall kann sie aber später als drei Jahre nach dem öffentlichen Angebot der Aktien erhoben werden.[152]

d. Die Sorgfaltseinrede (due diligence)

Jedem Beklagten – mit Ausnahme des Emittenten selbst, dessen Haftung für fehlerhafte Informationen absolut ist und den somit eine Garantiehaftung trifft – steht die Sorgfaltseinrede (due diligence) zu. Gemäß § 11 (b) Securities Act entgeht der Beklagte seiner Haftung dann, wenn er nachweisen kann, dass er einen vorgeschriebenen Sorgfaltsmaßstab im Hinblick auf die in der Registrierungserklärung enthaltenen Informationen eingehalten hat. Zur Ermittlung dieses Sorgfaltsmaßstabes wird die Registrierungserklärung in zwei Teile unterteilt, und zwar in einen von Fachleuten (experts), wie zum Beispiel Wirtschaftsprüfern oder Ingenieuren, erstellten Teil und einen allgemeinen Teil. Der von Fachleuten erstellte Teil wird von den Gerichten eng bestimmt. Die Tatsache beispielsweise, dass die gesamte Registrierungserklärung im Regelfall von Rechtsanwälten erstellt wird, führt nicht dazu, dass die gesamte Erklärung als von Fachleuten erstellt angesehen wird.[153] Typischerweise unterfallen

---

[150] Siehe auch *Haralson v. E.F. Hutton Group, Inc.*, 919 F.2d 1014, 1032 (5th Cir. 1990). Der Sinn dieser Regelung erschließt sich nicht auf den ersten Blick. Sie wurde im Jahre 1934 eingefügt und beruht auf dem Gedanken, dass die Registrierungserklärung gerade in den ersten Lebensmonaten einer Aktie ein entscheidendes Bewertungskriterium für den Markt ist. Daher ist für die Anfangszeit eine Beweislastverlagerung auf den Beklagten gerechtfertigt. Ist jedoch bereits einige Zeit vergangen, erscheint die Begünstigung des Anlegers nicht mehr gerechtfertigt, da die in der Registrierungserklärung enthaltenen Informationen veraltet sind und andere Faktoren für die Bewertung des Wertpapiers in den Vordergrund treten. Vgl. H.R.Rep. No. 1838, 73d Congress, 2d Sess. (1934) 41.

[151] Vgl. *Glenfed, Inc. Sec. Litig.*, 11 F.3d 843, 850 (9th Cir. 1993).

[152] Vgl. § 13 Securities Act. § 804 Sarbanes-Oxley Act dürfte an dieser Verjährungsregelung nichts geändert haben. Vgl. dazu unten S. 97.

[153] Siehe *Escott v. BarChris Construction Corp.*, 283 F.Supp. 643 (S.D.N.Y. 1968).

lediglich die Bilanzen, Berichte von Ingenieuren sowie die Bewertung von Vermögensgegenständen dem von Fachleuten erstellten Teil.[154] In Bezug auf den von Fachleuten verfassten Teil haften die Vorstandsmitglieder dann nicht, wenn sie keine vernünftigen Gründe (reasonable grounds) hatten zu glauben und auch tatsächlich nicht glaubten, dass Tatsachen unrichtig oder unvollständig dargestellt wurden. So kann ein director auf die im Jahresabschluss gemachten Angaben der Wirtschaftsprüfer vertrauen. Eigene Nachforschungen müssen nicht angestellt werden, solange es für den Beklagten keinen Grund gab, an den Angaben der Fachleute zu zweifeln.

Hinsichtlich des allgemeinen Teils der Registrierungserklärung gilt, dass die officers und directors aufgrund zumutbarer Nachforschungen zu dem Ergebnis gekommen sein müssen, dass kein Grund zur Annahme einer Fehldarstellung von Tatsachen bestand (§ 11 (b) (3) (A) Securities Act).[155] § 11 (c) Securities Act sieht vor, dass sich die Begriffe „zumutbare Nachforschungen" sowie „vernünftige Gründe" am Sorgfaltsmaßstab eines ordentlichen Menschen bei der Verwaltung seines Eigentums zu orientieren haben.[156] Outside directors können dabei weitgehend auf die Angaben des Managements vertrauen. Zwar dürfen sie sich nicht völlig passiv verhalten und blind den Angaben des Managements vertrauen, jedoch wird von ihnen nicht erwartet, dass sie eigene, unabhängige Untersuchungen durchführen, um ihrer Sorgfaltspflicht gerecht zu werden.[157] Dies gilt insbesondere, wenn die Angaben von Wirtschaftsprüfern oder Investmentbanken bestätigt werden. Hier reicht es aus, wenn die Angaben in der Registrierungserklärung anhand der Angaben der Wirtschaftsprüfer und Investmentbanken überprüft werden.[158] In dem Fall *Weinberger v. Jackson*[159]

---

[154] Vgl. *Ratner*, Securities Regulation, S. 83 f.

[155] Dieser Maßstab wird im Übrigen auch auf die Haftung der Fachleute für den von ihnen erstellten Teil der Registrierungserklärung angewandt.

[156] Dieser Sorgfaltsmaßstab wurde erst durch eine Änderung des Securities Act im Jahre 1934 eingefügt. Davor wurde die Sorgfalt verlangt, die von einer in einem Treuepflichtverhältnis (fiduciary relationship) stehenden Person erwartet werden konnte. Diese Änderung brachte jedoch keine inhaltliche Verschiebung der Sorgfaltsmaßstäbe. Vgl. *Loss/Seligman*, Fundamentals, S. 1006. Die Begründung des Gesetzgebers war, dass durch diese Änderung Unsicherheiten beseitigt werden sollten, indem die allgemein akzeptierte Definition der Treuepflicht durch das common law eingefügt wurde. H.R.Rep. No. 1838, 73d Cong., 2d Sess. (1934) 41. Dies entspricht weitgehend dem im englischen Recht angewandten Standard. Danach kann ein director auf Angaben von Angestellten und anderen informierten Personen vertrauen, nicht aber auf Erklärungen der Gründer oder eine Zustimmung der übrigen directors zum Aktienprospekt. Vgl. § 174 Restatement (Second) of Trusts. Siehe auch die unter dem englischen Directors' Liability Act von 1890 ergangene Entscheidung *Stevens v. Hoare*, 20 T.L.R. 407 (Ch. 1904).

[157] Vgl. *Weinberger v. Jackson*, Fed. Sec. L. Rep. (CCH) ¶ 95, 693 (N.D.Cal. 1990); *Laven v. Flanagan*, 695 F.Supp. 800 (D.N.J. 1988).

[158] Vgl. *Laven v. Flanagan*, 695 F.Supp. 800, 812 (D.N.J. 1988).

entschied das Gericht, dass outside directors auf die Angaben des Managements vertrauen können, solange das eigene Verhalten und der eigene Kenntnisstand den Umständen angemessen ist. Wenn der outside director mit den Geschäften der Gesellschaft vertraut ist, die Zusammenkünfte des board of directors regelmäßig besucht, die Jahresabschlüsse des Unternehmens und auch die Registrierungserklärung durchsieht, dann genügt dies, um den Sorgfaltsanforderungen zu entsprechen. Solange ihm bei diesem Kenntnisstand über das Unternehmen nicht Ungereimtheiten in der Registrierungserklärung hätten auffallen müssen, sind eigene Nachforschungen nicht erforderlich.
Allerdings findet die Vorbildung eines Beklagten bei der Frage, welchen Sorgfaltsmaßstab er zu erfüllen hat, Berücksichtigung. [160] Beispielsweise wird von einem outside director, der gleichzeitig Jurist ist, erwartet, dass er alle Protokolle, Verträge und andere rechtliche Dokumente durchsieht, während dies von einem outside director, der kein Jurist ist, nicht erwartet wird. Entsprechend wurde im Falle eines directors entschieden, der im Hauptberuf Investmentbanker war.[161] Hier wird also der Sorgfaltsmaßstab angelegt, der für den jeweiligen Berufszweig gilt.

Für inside directors gilt in Bezug auf den allgemeinen Teil der Registrierungserklärung ein höherer Sorgfaltsmaßstab als für outside directors. Von ihnen wird eine größere Kenntnis unternehmerischer Vorgänge erwartet und auch, dass sie eigene Nachforschungen anstellen, um die Angaben in der Registrierungserklärung auf ihre Richtigkeit überprüfen zu können. Ihrer Verpflichtung zu zumutbaren Nachforschungen können inside directors nicht dadurch genügen, dass sie auf die Untersuchungen anderer vertrauen. In einigen Entscheidungen wurde darauf hingewiesen, dass es für inside directors, die ja über vertiefte Kenntnisse von gesellschaftlichen Angelegenheiten und Transaktionen verfügen, nahezu unmöglich ist, sich auf die Einrede der due diligence zu berufen. Ihre Haftung nähert sich der absoluten Haftung des Emittenten an und kommt einer Garantie für die Richtigkeit der in der Registrierungserklärung gemachten Angaben nahe.[162]

e. Umfang des Schadensersatzes

Ebenso wenig wie der Kläger nachweisen muss, dass ihn die fehlerhaften Angaben in der Registrierungserklärung zum Erwerb des Wertpapiers verleitet haben, muss er die haftungsausfüllende Kausalität nachweisen. Er muss also

---

[159] Fed. Sec. L. Rep. (CCH) ¶ 95, 693 (N.D.Cal. 1990).
[160] *Escott v. BarChris Construction Corp.*, 283 F.Supp. 643 (S.D.N.Y. 1968).
[161] *Escott v. BarChris Construction Corp.*, 283 F.Supp. 643 (S.D.N.Y. 1968).
[162] Vgl. *Feit v. Leasco Data Processing Equipment Corp.*, 332 F.Supp. 544, 578 (E.D.N.Y. 1971).

nicht darlegen, dass die fehlerhafte Registrierungserklärung ursächlich für den Schadenseintritt war. Andererseits steht es natürlich dem Beklagten offen nachzuweisen, dass der Schaden nicht aufgrund der fehlerhaften Erklärung eingetreten ist. Der Beklagte kann dem Anspruch des Klägers also entgegenhalten, dass der Wertverlust des Papiers in einem anderen Umstand als der fehlerhaften Darstellung von Tatsachen in der Registrierungserklärung begründet liegt (§ 11 (e) Securities Act).[163] Der Nachweis ist jedoch schwierig zu führen. Dieser Schwierigkeiten war sich der Gesetzgeber bewusst. Er wollte durchaus dem Beklagten das Risiko eventueller Unsicherheiten auferlegen.[164] Kann der Beklagte beispielsweise nachweisen, dass der Wertverlust der Aktien des Emittenten vergleichbar ist mit dem Wertverlust der Aktien anderer, vergleichbarer Unternehmen derselben Branche, haftet er nicht.[165] Dies gilt insbesondere, wenn der Wertverlust vor der Offenlegung der Fehlerhaftigkeit der Informationen auftrat. So war in dem Fall *Akerman v. Oryx Communications, Inc.*[166] eine in der Registrierungserklärung enthaltene Bilanz fehlerhaft. Einnahmen, die erst nach dem Bilanzstichtag zugeflossen waren, waren bereits in der Bilanz ausgewiesen. Der Kurs der Aktie der betroffenen Gesellschaft sank in den Monaten nach Abgabe der Registrierungserklärung. Allerdings stieg der Kurs wieder, nachdem der Irrtum öffentlich gemacht wurde. Der Markt reagierte auf diese Mitteilung also nicht negativ. Der Preisverfall vor der Bekanntgabe des Irrtums konnte den Beklagten daher nicht angelastet werden.[167]

Ersetzt wird dem Geschädigten die Differenz zwischen dem für die Aktie gezahlten Preis und ihrem Wert bei der Erhebung der Klage. Hat der Kläger seine Aktie bereits weiterveräußert, ist die Differenz zwischen dem gezahlten Preis und dem erzielten Preis zu ersetzen. Der anzusetzende gezahlte Preis ist nach oben auf den Preis begrenzt, zu dem das Papier öffentlich angeboten wurde (vgl. § 11 (e) Securities Act).

---

[163] Vgl. *Bastian v. Petren Resources Corp.*, 892 F.2d 680, 685 (7th Cir. 1990).
[164] *Jennings/Marsh/Coffee/Seligman*, Securities Regulation, S. 926.
[165] Vgl. *Beecher v. Able*, 435 F.Supp. 397 (S.D.N.Y. 1975).
[166] 810 F.2d 336 (2d Cir. 1987).
[167] Vgl. auch *Beecher v. Able*, 435 F.Supp. 397, 407 (S.D.N.Y. 1975); *Fox v. Glickman Corp.*, 253 F.Supp. 1005, 1010 (S.D.N.Y. 1966). Es stellt sich allerdings die Frage, ob in solchen Fällen nicht bereits die Erheblichkeit der Tatsache für die Entscheidung eines durchschnittlichen Anlegers zu verneinen ist. Andererseits könnte der Kursanstieg ohne die fehlerhafte Information stärker ausgefallen sein, so dass den Aktionären ein Schaden in Form entgangenen Gewinns entstanden wäre.

2. *Die Generalklausel des § 12 Securities Act*

Die Vorschrift des § 11 Securities Act gilt nur für öffentliche Angebote von Wertpapieren, die gemäß dem Securities Act von 1933 registriert werden. Sie wird ergänzt durch die Vorschrift des § 12 Securities Act, welche einen breiteren Anwendungsbereich hat.

§ 12 Securities Act sieht eine Haftung des Verkäufers von Wertpapieren in zwei Fällen vor: Zum einen haftet der Verkäufer von Aktien, wenn der Verkauf nicht ordnungsgemäß registriert worden ist (§ 12 (a) (1) in Verbindung mit § 5 Securities Act).[168] Um Ersatz gemäß § 12 (a) (1) Securities Act verlangen zu können, muss der Kläger lediglich nachweisen, dass der Beklagte ihm die Aktie verkauft hat und dass diese Transaktion nicht ordnungsgemäß[169] registriert war.[170] Die Haftung ist absolut. Auf ein Verschulden des Beklagten kommt es nicht an. Zum anderen haftet der Verkäufer von Aktien, wenn diese mit Hilfe von Prospekten verkauft werden sollen, die unrichtige oder unvollständige Angaben enthalten oder auch, wenn mündlich unrichtige Angaben im Zusammenhang mit der Emission gemacht werden (§ 12 (a) (2) Securities Act). In diesem Fall muss der Beklagte zumindest fahrlässig gehandelt haben.

Dem Wortlaut des § 12 Securities Act zufolge kann der Käufer lediglich den Verkäufer eines Wertpapiers auf Schadensersatz in Anspruch nehmen. Für die vorliegende Untersuchung ist nun die Frage bedeutsam, wann directors und

---

168 Dem Wortlaut nach sieht § 5 Securities Act ein Registrierungserfordernis für jeden Verkauf eines jeden Wertpapiers vor, unabhängig davon, wer die Papiere verkauft. § 5 Securities Act findet demnach auf jede einzelne Transaktion Anwendung. Die §§ 3 und 4 Securities Act regeln Ausnahmen von diesem Registrierungserfordernis. Wichtigste Ausnahme sind § 4 (1) und (4) Securities Exchange Act, die Verkäufe durch andere Personen als Emittenten und Underwriter vom Registrierungserfordernis weitgehend ausnehmen. Damit besteht für Verkäufe am Sekundärmarkt grundsätzlich keine Registrierungspflicht. § 4 (2) Securities Act nimmt zudem nicht öffentliche Verkaufsangebote vom Erfordernis der Registrierung aus (sog. „private offering exemption"). In § 3 (b) Securities Act wird die SEC ermächtig, durch Verordnung kleinere Emissionen vom Registrierungserfordernis auszunehmen (small offerings exemption; vgl. dazu Regulation D, Rule 501-508). Im Übrigen ist das Registrierungserfordernis des § 5 Securities Act von dem des § 12 Securities Exchange Act streng zu unterscheiden. Letzteres regelt die Registrierung von Aktien, die an einer Börse gehandelt werden (vgl. dazu unten Fn. 183).

169 Eine Haftung kommt also nur in Betracht, wenn keine der in §§ 3 und 4 Securities Act geregelten Ausnahmen vom Registrierungserfordernis des § 5 Securities Act – wie etwa die private offering exemption - vorliegen. Siehe dazu oben Fn. 168.

170 § 5 Securities Act verbietet nicht nur den Verkauf von Wertpapieren ohne vorherige Registrierung bei der SEC. Auch der Verkauf registrierter Papiere ohne Prospekt bzw. mittels eines Prospekts, der den inhaltlichen Anforderungen des § 10 Securities Act nicht genügt (z.B. ein nicht aktueller Prospekt), ist verboten und von der Haftungsvorschrift der § 12 (a) (1) Securities Act umfasst.

officers gemäß § 12 Securities Act haftbar gemacht werden können. Einmal haften sie natürlich, wenn sie selbst Aktien unter Verletzung von § 5 Securities Act oder mit Hilfe eines irreführenden Prospekts verkaufen. Doch in diesen Fällen werden sie lediglich wie jeder andere Verkäufer auch behandelt. Das Haftungsrisiko ergibt sich nicht aus ihrer Stellung als Vorstandsmitglieder, sondern schlicht aus der Tatsache, dass sie Aktien verkaufen. Es stellt sich also die Frage, ob officers und directors ggf. auch dann haften, wenn sie nicht selbst die Aktien verkaufen, wenn sie also nicht selbst Eigentümer derselben sind. Der Supreme Court hat entschieden, dass nicht nur der Eigentümer der Aktien gemäß § 12 Securities Act haftet, sondern jede Person, die sich um den Verkauf der Aktien bemüht, solange sie von eigenen finanziellen Interessen oder von denen des Eigentümers der Aktien geleitet wird.[171] Gleichzeitig warnte der Supreme Court jedoch, dass eine weitere Definition, wie sie teilweise von einigen Instanzgerichten vertreten wurde, zu einer Haftung von Personen führen könnte, die lediglich in Ausübung ihres Berufes tätig werden, wie zum Beispiel Wirtschaftsprüfern und Rechtsanwälten.[172] Zwar hat der Supreme Court diese Frage nur für § 12 (a) (1) Securities Act entschieden, die Instanzgerichte haben diese Rechtsprechung jedoch auf § 12 (a) (2) Securities Act ausgedehnt.[173]

Es ist nun allgemein anerkannt, dass Aktienhändler und –makler, also Personen, die nicht die eigentlichen Verkäufer der Wertpapiere sind, gemäß § 12 Securities Act haftbar gemacht werden können.[174] Dies bedeutet aber nicht notwendigerweise, dass auch die directors und officers einer Gesellschaft gleichermaßen gemäß § 12 Securities Act haften. Die Gerichte sind hier zurückhaltend. Denn das Bemühen um den Verkauf der Aktien muss zumindest in Teilen von dem Wunsch, eigenen finanziellen Interessen oder denen des Eigentümers der Wertpapiere zu dienen, getragen sein.[175] Daher haften Mitglieder des board of directors dann nicht, wenn sie weder Eigentümer der in Rede stehenden Wertpapiere sind, noch an den Verkaufsverhandlungen teilnehmen, noch sich auf andere Weise um den Verkauf der Papiere bemühen.[176] Solange die officers und directors nicht quasi als Händler oder Makler auftreten, haften sie nicht gemäß § 12 Securities Act.[177] Weder die Erstellung eines Wertpapierprospekts noch

---

171 *Pinter v. Dahl*, 486 U.S. 622 (1988).

172 *Pinter v. Dahl*, 486 U.S. 622 (1988).

173 Siehe zum Beispiel *Ackerman v. Schwartz*, 947 F.2d 841, 844-845 (7th Cir. 1991); *Capri v. Murphy*, 856 F.2d 473, 478 (2d Cir. 1988); *Ryder Int'l Corp. v. First Am. Nat'l Bank*, 943 F.2d 1521, 1527-1529 (11th Cir. 1991). Weitere Nachweise bei *Jennings/Marsh/Coffee/Seligman*, Securities Regulation, S. 944 Fn 1.

174 Vgl. *Pinter v. Dahl*, 486 U.S. 622, 642-643 (1988).

175 Vgl. *Pinter v. Dahl*, 486 U.S. 622.

176 Vgl. *Royal Am. Managers, Inc. v. IRC Holding Corp.*, 885 F.2d 1011, 1017 (2d Cir. 1989).

177 Vgl. *Shaw v. Digital Equipment Corp.*, 82 F.3d 1194, 1215-1216. Siehe auch *Jennings/Marsh/Coffee/Seligman*, Securities Regulation, S. 945.

andere Aktivitäten im Zusammenhang mit dem Verkauf machen directors oder officers zu Verkäufern im Sinne von § 12 Securities Act.[178]

Im Regelfall haftet gemäß § 12 Securities Act also nur die dem Käufer unmittelbar als Verhandlungspartner gegenübertretende Person.[179] In dem typischen Fall eines sogenannten firm-commitment underwriting kann der Investor also Ersatz seines Schadens nur von seinem Händler verlangen.[180] Der Händler kann dann allerdings Regress bei dem Underwriter und dieser wiederum beim Emittenten nehmen. Anders als bei § 11 Securities Act ist gemäß § 12 Securities Act also eine direkte Beziehung zwischen Anspruchsteller und Anspruchsgegner erforderlich. Eine Haftung von officers und directors gemäß § 12 Securities Act wegen falscher, mündlicher Angaben kommt daher im Regelfall nicht in Betracht. Jedoch kann ggf. auf die Vorschrift des § 10 (b) Securities Exchange Act zurückgegriffen werden, die keine direkten Vertragsbeziehungen zwischen den Parteien verlangt.[181] Für falsche Angaben im Prospekt haften die officers und directors nach Maßgabe des § 11 Securities Act.

II. Haftung wegen der Verletzung laufender Offenlegungspflichten

Ist der Emissionsvorgang beendet, erhalten die Investoren die für ihre Anlageentscheidung notwendigen Informationen nicht mehr aus den Prospekten, sondern es stehen andere Informationsmedien im Vordergrund. Wesentliche Informationsquellen sind beispielsweise periodische Unternehmensberichte oder auch mündliche Äußerungen seitens des Managements. Ein wesentliches Ziel des Securities Exchange Act ist sicherzustellen, dass die mit Aktien handelnden Personen Zugang zu allen wesentlichen Informationen über die Gesellschaften haben, deren Aktien öffentlich gehandelt werden. Die für die Offenlegung wichtigsten Vorschriften sind allerdings die sogenannten „antifraud provisions" des Securities Act und des Securities Exchange Act (§ 17 (a) Securities Act und § 10 (b) Securities Exchange Act). Diese sind auf alle Arten von Wertpapiertransaktionen anwendbar. Insbesondere § 10 (b) Securities Exchange Act kommt bei der Entwicklung von Verhaltensstandards an Kapitalmärkten entscheidende Bedeutung zu.

---

[178] Vgl. *Shaw v. Digital Equipment Corp.*, 82 F.3d 1194, 1216.
[179] Siehe zum Beispiel *Cortec Indus. Inc. v. Sum Holding, L.P.*, 949 F.2d 42 (2d Cir. 1991).
[180] Vgl. *Ackerman v. Clinical Data, Inc.*, CCH Fed. Sec. L. Rep. Nr. 92,803 (D. Mass. 1986); *Fine v. Rubin*, 623 F. Supp. 837, 840 (N.D.Cal. 1985).
[181] Vgl. dazu unten S. 79 f.

1. Haftung gemäß Rule 10b-5

a. Entwicklung von Rule 10b-5

§ 10 (b) Securities Exchange Act ermächtigt die SEC, Vorschriften zum Schutz des öffentlichen Interesses oder zum Schutz der Investoren im Zusammenhang mit dem Kauf oder Verkauf von Wertpapieren zu erlassen. Aufgrund dieser Ermächtigungsvorschrift hat die SEC unter anderem Rule 10b-5 erlassen. Diese Vorschrift ist eine umfassende Generalklausel (catch-all provision), die Missbräuche regeln soll, die nicht von anderen Vorschriften des Securities Exchange Act erfasst werden. Sie verbietet jede Form von irreführenden Praktiken im Zusammenhang mit dem Kauf oder Verkauf von Wertpapieren.[182]

Nach Rule 10b-5 ist es rechtswidrig, in Verbindung mit dem Kauf oder Verkauf von Wertpapieren[183] (1) betrügerische Mittel anzuwenden, (2) wesentliche

[182] Die speziellen Offenlegungstatbestände der §§ 13 und 14 Securities Exchange Act finden nur auf Berichte, Informationen zur Einwerbung von Vollmachtsstimmrechten und auf sonstige Dokumente Anwendung, die bei der SEC, von Gesellschaften mit gemäß § 12 Securities Exchange Act registrierten Wertpapieren, eingereicht werden müssen. § 10 (b) Securities Exchange Act und Rule 10b-5 sind dagegen auf jede Mitteilung, ob in der Form eines Berichts, einer Pressemitteilung oder eines anderen Dokuments, anwendbar. Auch auf mündliche Äußerungen ist diese Vorschrift anwendbar.

[183] Rule 10b-5 ist auf den Verkauf oder Kauf eines jeden Wertpapiers anwendbar. Insbesondere ist auch nicht erforderlich, dass das Papier gemäß § 12 Securities Exchange Act bei der SEC registriert ist. Letztere Vorschrift sieht ein Registrierungserfordernis für Wertpapiere vor, die an einer Börse gehandelt werden. § 12 (g) Securities Exchange Act erweitert dieses Registrierungserfordernis auf Papiere solcher Gesellschaften, die nicht an einer Börse gelistet sind, deren Aktiva aber 1 Millionen U.S. $ übersteigen und die zugleich eine Tranche (class of equity securities) ausgegeben haben, an der mehr als 500 Personen beteiligt sind. Registrierungspflichtig ist immer nur die jeweilige Tranche (class), dass heißt die börsengehandelte Tranche bzw. die Tranche, an der mehr als 500 Personen beteiligt sind. Das Registrierungserfordernis gemäß § 12 Securities Exchanges Act ist im Übrigen von dem des § 5 Securities Act streng zu unterscheiden. Letzteres regelt die Frage, wann die Neuausgabe bzw. der Verkauf von Wertpapieren registrierungspflichtig ist (vgl. zu § 5 Securities Act oben Fn. 168).

Grundsätzlich finden die Vorschriften des Securities Exchange Act nur auf solche Papiere bzw. Tranchen Anwendung, die auch gemäß § 12 Securities Exchange Act registriert sind. Dies gilt zum Beispiel für § 14 (a) in Verbindung mit Rule 14a-9 Securities Exchange Act, der eine Haftung für fehlerhafte Angaben in den Unterlagen zur Einwerbung von Stimmrechtsvollmachten vorsieht (dazu unten S. 100 ff.). Rule 10b-5 ist jedoch auch dann anwendbar, wenn die Wertpapiere nicht gemäß § 12 Securities Exchange Act registriert sind. Die Haftungsvorschrift gilt damit für börsengehandelte Wertpapiere ebenso wie für nicht börsengehandelte. Sie findet Anwendung auf jede Gesellschaft, ob Publikumsgesellschaft oder geschlossene Gesellschaft, soweit diese Wertpapiere ausgibt bzw. ausgegeben hat, unabhängig davon, ob die Papiere öffentlich gehandelt werden. Rule 10b-5 ist sogar auf Wertpapiere anwendbar, die gemäß § 3 (a) (12) Securities Exchange Act von den anderen Vorschriften der Securities Laws ausdrücklich ausgenommen sind (etwa Wertpapiere, die

Tatsachen falsch darzustellen oder zu verschweigen oder (3) sich in einer Weise zu verhalten, die sich als Täuschung einer anderen Person darstellt. Rule 10b-5 geht damit weiter als die §§ 11 und 12 des Securities Act, die lediglich Täuschungen in Zusammenhang mit der erstmaligen Ausgabe von Wertpapieren erfassen, und auch weiter als Rule 14a-9, die nur auf Täuschungen im Zusammenhang mit der Einwerbung von Stimmrechtsvollmachten anwendbar ist.[184]

Rule 10b-5 wurde ursprünglich als Verbotsnorm gegen Insiderhandel geschaffen,[185] ist von den Gerichten dann aber zu einer allgemeinen Generalklausel und zur Quelle einer Vielzahl von Verhaltensstandards für die am Kapitalmarkt tätigen Personen gemacht worden.[186] Die Vorschrift wird typischerweise auf drei verschiedene Fallgruppen angewandt. Dies ist zunächst der Insiderhandel. Aber auch Fälle der fehlerhaften oder irreführenden Informationen in Erklärungen der Gesellschaft bzw. deren Organe werden von Rule 10b-5 erfasst. Daneben findet Rule 10b-5 auch auf andere Arten von Manipulationen Anwendung. Ihre heutige Bedeutung hat die Vorschrift aber erst dadurch erlangt, dass sie zur Grundlage privater Schadensersatzklagen gemacht wurde.[187]

---

vom Bund, den Einzelstaaten oder von Gemeinden emittiert werden). Vgl. *Ratner*, Securities Regulation, S. 141.

Selbst wenn die Übernahme einer Gesellschaft durch den Erwerb aller ihrer Aktien erfolgt, die Transaktion mithin lediglich dazu dient, Eigentum und Kontrolle an der Gesellschaft zu übertragen, findet Rule 10b-5 Anwendung. Die gegenteilige Ansicht einiger Instanzgerichte (sale of business doctrine) wurde vom Supreme Court ausdrücklich zurückgewiesen. Vgl. *Landreth v. Landreth*, 471 U.S. 681 (1985).

[184] Dazu noch näher unten S. 100 ff.

[185] Im Jahre 1942 war die SEC mit einem Fall konfrontiert, in dem der Vorstandsvorsitzende einer Gesellschaft deren finanzielle Lage falsch darstellte und dadurch Aktien von den Aktionären zu einem sehr niedrigen Preis erwerben konnte. Obgleich § 17 (a) Securities Act Betrug und die irreführende Darstellung von Tatsachen im Rahmen des Verkaufs von Wertpapieren verbietet, gab es keine vergleichbare Vorschrift, die solche Praktiken in Bezug auf den Kauf von Wertpapieren verbot. Die SEC nahm sich daraufhin den Wortlaut des § 17 (a) Securities Act zum Vorbild, modifizierte ihn soweit notwendig und fügte die Worte „in Verbindung mit dem Kauf oder Verkauf eines Wertpapiers hinzu“. Vgl. den Bericht von *Freeman*, 22 Bus.Law. 793, 921 ff.

[186] Vgl. *Clark*, Corporate Law, S. 340; *Assmann*, Prospekthaftung, S. 165; *Merkt*, US-amerikanisches Gesellschaftsrecht, Rn. 784.

[187] Zur Entwicklung privater Schadensersatzklagen siehe oben S. 33 ff.

b. Verletzungshandlung

Rule 10b-5 sieht drei verschiedene Tatbestandsalternativen vor, die sich teilweise überschneiden und nicht eindeutig voneinander abgrenzbar sind. Kern ist das Verbot der Irreführung des Kapitalmarktes.

aa. Aktives Handeln

Rule 10b-5 verbietet jede Täuschung in Zusammenhang mit dem Kauf oder Verkauf von Wertpapieren. Ihr Anwendungsbereich geht damit weit über die Fälle des Insiderhandels hinaus. Nicht nur das Handeln in Papieren aufgrund der Kenntnis nicht öffentlich zugänglicher Informationen ist ein Verstoß gegen Rule 10b-5, sondern es sind auch andere Handlungsweisen verboten, wie etwa die Herausgabe irreführender Informationen. Gibt der Vorstand ohne Rücksicht auf deren Richtigkeit (recklessness) eine irreführende Erklärung in Bezug auf die Gesellschaft heraus, haftet er für den entstandenen Schaden, auch wenn er selbst nicht in Aktien der Gesellschaft gehandelt hat.

Ein Beispiel dafür ist der Fall *Mitchell v. Texas Gulf Sulphur*[188]. Texas Gulf Sulphur war schon seit längere Zeit auf der Suche nach neuen Mineralienfeldern. Eine Probebohrung im Jahre 1963 ergab schließlich einen ungewöhnlich hohen Anteil an Mineralien. Von November bis Februar 1964 stellte Texas Gulf Sulphur die Bohrungen ein, um den Fund geheim zu halten und um Mietverträge für die umliegenden Felder abzuschließen. Der Executive Vice President von Texas Gulf Sulphur gab eine Erklärung des Inhalts ab, dass die Ergebnisse der Probebohrungen nicht eindeutig seien und dass jede Erklärung hinsichtlich der Größe und der Qualität der Erzvorkommen verfrüht und möglicherweise irreführend sei. Tatsächlich wusste der Vorstand zum Zeitpunkt der Erklärung aber bereits von der bedeutenden Größe des Erzvorkommens. Mit der Presseerklärung wurde bereits bestehenden Gerüchten über die Funde entgegengetreten, und der Aktienkurs der Gesellschaft fiel. Die Kläger hatten allesamt kurz nach Veröffentlichung der Presseerklärung ihre Aktien verkauft. Sie erzielten einen niedrigeren Preis, als sie erzielt hätten, wenn sie ihre Aktien nach der Veröffentlichung einer korrigierten Presseerklärung einige Tage später verkauft hätten. Daraufhin erhoben diese Klage gegen die Gesellschaft und gegen den Vice President gemäß Rule 10b-5. Beide Beklagten wurden zur Zahlung von Schadensersatz verurteilt. Wer wissentlich eine falsche Presseerklärung abgibt, haftet demjenigen auf Schadensersatz, der im Vertrauen auf die Richtigkeit dieser Erklärung Aktien der Gesellschaft kauft oder verkauft. Obwohl die Gesellschaft selbst als auch deren Vice President im

[188] 446 F.2d 90 (10th Cir. 1971).

Zusammenhang mit der Erklärung nicht mit Aktien von Texas Gulf Sulphur gehandelt hatten, wurden sie zur Schadensersatzleistung verurteilt.

Andere Fälle betreffen die Frage, welche Offenlegungspflichten eine Gesellschaft hinsichtlich andauernder Verhandlungen über einen Unternehmenszusammenschluss treffen. Insbesondere stellt sich diese Frage, wenn bereits Gerüchte am Markt kursieren und diese ein steigendes Handelsvolumen und steigende Preise der Aktien der Gesellschaft zur Folge haben.
In der Entscheidung *Basic Inc. v. Levinson*[189] stellte der Supreme Court klar, dass der Vorstand Gerüchten über einen Unternehmenszusammenschluss nicht wider besseres Wissen entgegentreten darf. Vielmehr müssen Verhandlungen über Unternehmenszusammenschlüsse demselben Wesentlichkeitstest unterzogen werden wie andere Arten von Informationen auch. Entscheidende Faktoren sind dabei einerseits die Wahrscheinlichkeit, dass der Umstand in der Zukunft auch tatsächlich auftritt, und andererseits die möglichen Auswirkungen und die Bedeutung des Umstandes für die Gesellschaft unter Berücksichtigung aller anderen Aktivitäten der Gesellschaft.[190]
Erfüllt die in Rede stehende Information das Kriterium der „Wesentlichkeit", besteht für die officers und directors aber immer noch die Möglichkeit zu schweigen und Fragen hinsichtlich eines Unternehmenszusammenschlusses nicht zu kommentieren („Zu Gerüchten äußern wir uns grundsätzlich nicht."). Denn bloßes Schweigen kann eine Haftung gemäß Rule 10b-5 nicht auslösen, solange keine Offenlegungspflicht besteht.[191] Werden dagegen aktiv falsche wesentliche Informationen in den Markt gegeben, haften die directors und officers in jeden Fall. Wird es unterlassen, wesentliche Informationen bekannt zu geben, muss eine Pflicht zur Offenlegung hinzukommen.[192]
Wenn eine Gesellschaft allerdings im Regelfall Berichten über einen bevorstehenden Unternehmenszusammenschluss wahrheitsgemäß widerspricht und dann plötzlich schweigt, wird diese Antwort als stillschweigende Bestätigung der Gerüchte gesehen werden. Daher wird den Gesellschaften empfohlen, von vornherein immer Stillschweigen über derartige Gerüchte zu üben, ob sie nun der Wahrheit nahe kommen oder nicht (no comment statement).[193]

---

[189] 485 U.S. 224 (1988).

[190] Zur Frage der Entscheidungserheblichkeit und zur früher vertretenen agreement-in-principle theorie siehe oben S. 42 ff. und S. 46 f.

[191] Vgl. *Basic Inc. v. Levinson*, 485 U.S. 224, 230 Fn. 18 (1988). Eine Pflicht zur Offenlegung bestand in diesem Fall nicht.

[192] Zur Haftung wegen Unterlassens vgl. sogleich im Text.

[193] Hinsichtlich der Problematik des Insiderhandels gilt natürlich, dass, solange Stillschweigen bewahrt wird, die Gesellschaft selbst und andere Insider nicht mit Aktien der Gesellschaft handeln dürfen (disclose or abstain). Andernfalls liegt in dieser Hinsicht eine Verletzung von Rule 10b-5 vor. Jedoch sind auch immer die Regularien der jeweiligen Börsen, an denen die Aktie des Unternehmens notiert ist, zu beachten. Das Verschweigen wichtiger Verhandlungen

bb. Unterlassen

Dies führt zu der Frage, ob Rule 10b-5 auch dadurch verletzt werden kann, dass wesentliche Informationen nicht offengelegt werden.

(1) Pflicht zur Offenlegung

In *Roeder v. Alpha Industries, Inc.*[194] stellte der First Circuit klar, dass im Falle der Nichtoffenlegung von Informationen die bloße Erheblichkeit derselben für die Investoren für einen Anspruch aus Rule 10b-5 nicht ausreicht.[195] Hinzukommen muss vielmehr noch eine Pflicht zur Offenlegung. Die bloße Tatsache, dass die officers oder directors im Besitz wesentlicher Informationen sind, kann eine Pflicht zur Veröffentlichung nicht begründen.[196] Eine solche Pflicht kann sich aber aufgrund gesetzlicher Offenlegungspflichten ergeben.[197] Eine Offenlegungspflicht besteht auch dann, wenn die Beklagten aufgrund der Informationen mit den Aktien der Gesellschaft handeln (insider trading)[198] oder wenn vorhergehende Veröffentlichungen der Gesellschaft unrichtig oder irreführend geworden sind (duty to correct).[199]

Der Securities Exchange Act sieht in § 13 (a) (1) lediglich eine beschränkte Ad-hoc-Publizitätspflicht vor.[200] Diese Pflicht ist durch die SEC in Formblatt Form 8-K (current report) näher konkretisiert worden.[201] Danach müssen nur bestimmte, näher umschriebene Ereignisse ad-hoc mitgeteilt werden. Bei Verletzung dieser Pflicht kommen Schadensersatzansprüche aus § 18 (a) Securities Exchange Act sowie Rule 10b-5 in Betracht. Eine generelle Ad-hoc-Publizitätspflicht, etwa des Inhalts, dass alle für die Aktionäre wesentlichen Tatsachen sofort öffentlich bekannt zu machen sind, findet sich im Securities

---

dürfte in den meisten Fällen die Börsenregeln verletzen. Vgl. New York Stock Exchange Company Manual §§ 202.03 und 202.05. Vgl. zur Ad-hoc-Publizitätspflicht oben S. 31. Eine Haftung der officers und directors wegen Verletzung der Börsenregeln kommt jedoch nicht in Betracht. Siehe dazu sogleich im Text.

[194] 814 F.2d 22, 26 (1st Cir. 1987).

[195] Ebenso *Starkman v. Marathon Oil Co.*, 772 F.2d 231, 238 (6th Cir. 1985); *Staffin v. Greenberg*, 672 F.2d 1196, 1204 (3d Cir. 1982).

[196] *Chiarella v. United States*, 445 U.S. 222, 235 (1980).

[197] Vgl. dazu oben S. 28 ff.

[198] Vgl. *Chiarella v. United States*, a.a.O. Diese sogenannte „disclose or abstain rule" betrifft Fälle des Insiderhandels, die für die vorliegende Arbeit nicht weiter von Bedeutung sind.

[199] Vgl. *Roeder v. Alpha Indus.*, Inc., 814 F.2d 22, 27 (1st Cir. 1987); siehe dazu sogleich sub (2).

[200] Dazu oben S. 31 f.

[201] Diese Pflicht ist jetzt durch § 409 Sarbanes-Oxley Act nochmals verschärft worden. Vgl. dazu jetzt die Vorschläge der SEC in Release Nr. 34-46084, 67 Fed. Register 42913 (25.06.2002) (online unter http://www.access.gpo.gov/su_docs/aces/aces140.html). Näher dazu oben Fn. 47.

Exchange Act allerdings nicht.[202] Vielmehr räumt man den Interessen des Unternehmens an der Geheimhaltung interner Informationen insoweit den Vorrang vor dem Interesse des Anlegerpublikums an der sofortigen Veröffentlichung ein.[203] Allerdings sehen die Listing Agreements einzelner Wertpapierbörsen eine weitergehende Pflicht des Emittenten zur Veröffentlichung von Ad-hoc-Mitteilungen vor.[204] Aufgrund einer Verletzung der sich aus den jeweiligen Börsenregeln ergebenden Publizitätspflichten kann nach überwiegender Ansicht freilich keine Schadensersatzklage erhoben werden.[205] Dies gilt insbesondere hinsichtlich der dort geregelten umfassenden Ad-hoc-Publizität.[206]

Wenn jedoch Informationen herausgegeben werden, müssen diese vollständig und richtig sein, unabhängig davon, ob die Veröffentlichung freiwillig erfolgt oder aufgrund gesetzlicher Offenlegungspflichten.[207] Zudem dürfen Informationen nicht selektiv, beispielsweise nur an einzelne Analysten oder institutionelle Investoren, herausgegeben werden.[208]

---

[202] Dazu oben S. 31 ff. Auch der Sarbanes-Oxley Act hat hier keine grundlegende Änderung gebracht. Die §§ 401 bis 409 Sarbanes-Oxley Act verschärfen zwar die Regeln über die Offenlegung von Informationen. Eine unbeschränkte Ad-hoc-Publizitätspflicht für alle „wesentlichen" Informationen – wie etwa in § 15 WpHG – ist jedoch nicht eingeführt worden.

[203] Vgl. *Krause*, ZGR 2002, 799, 834.

[204] So sieht die New York Stock Exchange vor, dass alle Informationen, von denen erwartet werden kann, dass sie den Handel des jeweiligen Wertpapiers beeinflussen werden, schnellstmöglich zu veröffentlichen sind. Auch für den Fall, dass Gerüchte oder ungewöhnlich Aktivitäten am Markt darauf hindeuten, dass Informationen über bestimmte Entwicklungen innerhalb der Gesellschaft in den Markt gelangt sind, ist dazu Stellung zu nehmen. Vgl. N.Y. Stock Exch., Listed Company Manual, Nr. 202.03, Nr. 202.05, Nr. 202.06 und Nr. 202.07.

[205] Vgl. *Spicer v. Chicago Bd. Options Exch., Inc.*, 977 F.2d 255 (7th Cir. 1992); *Verifone Sec. Litig.*, 11 F.3d 865, 870 (9th Cir. 1993). Aus der Literatur siehe *Jennings/Marsh/Coffee/Seligman*, Securities Regulation, S. 983 f.; *Gruson/Wiegmann*, AG 1995, 173, 176.

[206] In diesen Fällen bleibt als Sanktion lediglich die Aussetzung des Handels in den betreffenden Wertpapieren bzw. die Streichung der Börsennotierung. In der Praxis halten sich die Unternehmen allerdings nicht streng an die Regelungen zur Ad-hoc-Publizitätspflicht, was von den einzelnen Börsen weitgehend toleriert wird, da die Richtlinien nicht klar erkennen lassen, welche Ereignisse offen zu legen sind. Vgl. *Gruson/Wiegmann*, a.a.O.

[207] *SEC v. Texas Gulf Sulphur Co.*, 401 F.2d 833, 860-61 (2d Cir. 1968). Vgl. auch *Grossman v. Waste Management, Inc.*, 589 F.Supp. 395, 409 (N.D. Ill. 1984); *First Va. Bankshares v. Benson*, 559 F.2d 1307, 1317 (5th Cir. 1977); *Mitchell v. Texas Gulf Sulphur Co.*, 446 F.2d 90, 100 (10th Cir. 1971).

[208] Auch dies würde als Insiderhandel unter Rule 10b-5 fallen. Vgl. nur *Loss/Seligman*, Fundamentals, S. 821 ff.

(2) Pflicht zur Korrektur falscher Informationen (duty to update, duty to correct)

Eine Gesellschaft bzw. deren officers und directors trifft grundsätzlich keine Verpflichtung, unrichtige Voraussagen von Analysten oder Berichte anderer außenstehender Personen über die Verhältnisse der Gesellschaft zu korrigieren, soweit sie nicht an der Entstehung derartiger Berichte und Vorhersagen maßgeblich beteiligt waren.[209] In *State Teachers v. Fluor*[210] entschied der Second Circuit, dass das Zurückhalten von Informationen über einen Auftrag betreffend den Bau eines Kohlekraftwerks mit einem Auftragsvolumen von einer Milliarde Dollar, bis alle wesentlichen Tatsachen zur Verfügung stehen, keine Verletzung von Rule 10b-5 sei. Ebenso wenig stelle die Tatsache, dass das Unternehmen es unterlassen hatte, die New Yorker Börse um eine vorübergehende Aussetzung des Handels in ihren Aktien zu bitten, eine Verletzung von Rule 10b-5 dar. Solange keine aktive Irreführung vorliegt und solange nicht aufgrund der nicht öffentlich zugänglichen Information Handel getrieben wird, liegt keine Verletzung von Rule 10b-5 vor. Dies gilt auch, wenn bereits Gerüchte kursieren und dadurch der Preis der Aktie sowie das Handelsvolumen beeinflusst werden.[211]

Wurzeln diese Gerüchte allerdings in Aussagen der Gesellschaft bzw. ihrer officers und directors, wird eine Pflicht zur Klarstellung angenommen.[212] Jedenfalls müssen aber Mitteilungen der Gesellschaft selbst korrigiert werden, wenn sich im nachhinein herausstellt, dass sie schon im Zeitpunkt der Veröffentlichung falsch waren.[213] Dies gilt selbst dann, wenn die ursprüngliche Mitteilung in gutem Glauben an ihre Richtigkeit gemacht wurde.[214] Diese Pflicht besteht solange, wie die Informationen für die Entscheidungsfindung eines vernünftigen Investors wesentlich sind.[215]

---

[209] *Elkind v. Liggett & Myers*, 635 F.2d 156, 163 (2d Cir. 1980); *Electronic Specialty Co. v. International Controls Corp.*, 409 F.2d 937, 949 (2d Cir. 1969); *State Teachers Retirement Board v. Fluor Corp.*, 654 F.2d 843, 850 (2d Cir. 1981).

[210] 654 F.2d 843 (2d Cir. 1981).

[211] Vgl. *State Teachers Retirement Board v. Fluor Corp.*, 654 F.2d 843 (2d Cir. 1981).

[212] Vgl. *State Teachers Retirement Board v. Fluor Corp.*, 654 F.2d 843 (2d Cir. 1981) in einem obiter dictum, S. 845 sowie *Elkind v. Liggett & Myers, Inc.*, 635 F.2d 156, 163 (2d Cir. 1980); *Plessey Co. plc. V. General Elec. Co. plc.*, 628 F.Supp. 477, 493 (D.Del. 1986).

[213] Vgl. *In re Time Warner Inc. Securities Litigation*, 9 F.3d 259 (2d Cir. 1993); *Stransky v. Cummins Engine Company, Inc.*, 51 F.3d 1329 (7th Cir. 1995); *Backman v. Polaroid Corp.*, 910 F.2d 10, 16-17 (1st Cir 1990).

[214] *Backman v. Polaroid Corp.*, 910 F.2d 10, 16 (1st Cir. 1990); *Greenfield v. Heublein, Inc.*, 742 F.2d 751, 758 (3d Cir. 1984).

[215] Vgl. *Ross v. A.H. Robins Co., Inc.*, 465 F.Supp. 904, 908 (S.D.N.Y. 1979).

Was aber gilt, wenn die Erklärungen im Zeitpunkt der Abgabe richtig waren und erst durch nachfolgende Ereignisse unrichtig werden? Ob in diesen Fällen eine Pflicht zur Korrektur oder Aktualisierung der Erklärungen besteht, ist umstritten.[216] Die Gerichte gehen überwiegend davon aus, dass Rule 10b-5 die Gesellschaft bzw. deren officers und directors nicht dazu verpflichtet, alte Erklärungen zu berichtigen, wenn diese im Zeitpunkt, in dem sie gemacht wurden, richtig waren und lediglich durch Veränderung der äußeren Umstände unrichtig wurden.[217] Eine Pflicht zur Richtigstellung besteht jedoch dann, wenn die Gesellschaft selbst Auslöser der geänderten Umstände ist. So behaupteten die Kläger – Aktionäre der Quaker Oats Company – in dem Fall *Weiner v. The Quaker Oats Company*[218], dass diese und ihr chief executive officer Rule 10b-5 verletzt hätten, indem sie veröffentlichte Daten zum erwarteten Gewinnwachstum und zum Verhältnis von Schulden zu Eigenkapital nicht berichtigten. Quaker Co. wurde im Jahre 1994 als potentieller Übernahmekandidat angesehen. Um die Gefahr einer Übernahme zu vermindern und damit die eigene Position zu stärken, entschied sich das Management von Quaker Co., die Schulden der Gesellschaft mit Hilfe der Übernahme von Snapple zu erhöhen. Im November 1994 verkündeten beide Gesellschaften den Unternehmenszusammenschluss, wobei Quaker Co. die Aktien von Snapple für $ 1,7 Milliarden übernehmen sollte. Finanziert wurde diese Transaktion durch Bankkredite. Die damit verbundene Erhöhung der Schulden machte die Gesellschaft zu einem wenig attraktiven Übernahmeobjekt. Vor dem Zustandekommen dieser Transaktion hatte Quaker Co. in einer Reihe von öffentlichen Erklärungen ihre Gewinnerwartungen sowie ihre Richtlinien hinsichtlich des Verhältnisses von Fremd- zu Eigenkapital dargelegt. In mehreren Erklärungen aus dem Jahre 1993 hatte es geheißen, dass Quaker Co. ein Verhältnis in den oberen 60 % anstrebe. Die Akquisition von Snapple verdreifachte die Schulden von Quaker nahezu und erhöhte das Verhältnis von Schulden zu Eigenkapital auf ungefähr 80 %. Nach der Ankündigung des Unternehmenszusammenschlusses fiel der Preis der Quaker Aktie um ungefähr 10 % ($ 7,375 pro Aktie). Die Wertpapieranalysten waren sich einig, dass diese Transaktion nur dazu diente, die Übernahme von Quaker zu erschweren. Der Third Circuit entschied, dass Quaker verpflichtet gewesen war, im Zuge der Verhandlungen mit Snapple öffentlich bekannt zu machen, dass ein Verhältnis

[216] Vgl. *Stransky v. Cummins*, 51 F.3d 1329 (7th Cir. 1995); *Backman v. Polaroid*, 910 F.2d 10 (1st Cir. 1990).

[217] Vgl. *In re Phillips Petroleum*, 881 F.2d 1245. *Grassi v. Information Resources, Inc.*, 63 F.3d 596, 599 (7th Cir. 1995) (bzgl. Prognosen). *San Leandro Emergency Med. Group Proft Sharing Plan v. Philip Morris Co., Inc.*, 75 F.3d 801 (2d Cir. 1996). Anders *Shaw v. Digital Equip. Corp.*, 82 F.3d 1194, 1205 (1st Cir. 1996).

[218] 129 F.3d 310 (3d Cir. 1997).

von Schulden zu Eigenkapital in Höhe von 60 % nicht mehr einzuhalten war.[219] Diese Pflicht resultierte aus der Absichtserklärung aus dem Jahre 1993. Die Beklagten hatten in mehreren Erklärungen darauf hingewiesen, dass sie ein Verhältnis von Schulden zu Eigenkapital in den oberen 60 % anstrebten. Nach der Ansicht des Third Circuit konnten diese Erklärungen die Investoren durchaus dazu verleiten zu glauben, dass das Verhältnis im Rahmen der oberen 60 % verbleiben oder dass Quaker Änderungen in dieser Hinsicht zumindest ankündigen werde.[220]

cc. Mismanagement

Umstritten war die Anwendung von Rule 10b-5 für Fehlverhalten seitens des Managements, das gleichzeitig eine Treuepflichtverletzung gemäß einzelstaatlichem Gesellschaftsrecht darstellt.[221] Aktionäre haben in diesen Fällen immer wieder Individualschadensersatzklagen gemäß Rule 10b-5 erhoben, um insbesondere prozessuale Hindernisse des einzelstaatlichen Rechts zu umgehen.[222]
Der Supreme Court entschied dann in *Santa Fe Industries, Inc. v. Green*[223], dass eine bloße Verletzung der gesellschaftsrechtlichen Treuepflicht für eine Haftung

---

[219] Der District Court hatte die Klage noch mit der Begründung abgewiesen, dass das Verhältnis von Schulden zu Eigenkapital für einen Investor in seiner Entscheidungsfindung kein wesentliches Kriterium war. Dem widersprach der Third Circuit. Zur Frage der Wesentlichkeit von Tatsachen vgl. *Basic, Inc. v. Levinson*, 485 U.S. 224, 231 (1988) sowie *TSC Industries, Inc. v. Northway*, Inc., 426 U.S. 438, 449 (1976)). Siehe oben S. 42 ff.

[220] Ob die Entscheidung im Ergebnis allerdings haltbar ist, ist zweifelhaft. Denn eine Erhöhung des Fremdkapitalanteils erhöht normalerweise die Eigenkapitalrendite, ist für die Aktionäre also „good news". Wenn der Aktienkurs hier dennoch fiel, beruhte dies nicht auf dem höheren „leverage", sondern offenbar darauf, dass der Kapitalmarkt nicht an der wirtschaftlichen Sinn des Zusammenschlusses mit Snapple glaubte. Auf das Ausbleiben dieses Zusammenschlusses bezogen sich die publizierten Informationen aus 1993 aber nicht.

[221] Vgl. *Schoenbaum v. Firstbrook*, 405 F.2d 215 (2d Cir. 1968).

[222] Die auf die Federal Securities Laws gestützten Klagen haben den Vorteil, dass eine Gruppenklage unter einfacheren Voraussetzungen möglich ist. Zudem sind verschiedene Gerichte örtlich zuständig (Sitz der Gesellschaft oder Ort, an dem die Transaktion stattfand), so dass der Kläger vielfach an seinem Wohnort die Klage erheben kann. Vgl. *Jennings/Marsh/Coffee/Seligman*, Securities Regulation, S. 1069 ff.
Mit Hilfe einer auf Rule 10b-5 gestützten Klage wurden nicht nur Schäden der einzelnen Aktionäre, sondern auch Schäden der Gesellschaft im Wege der derivative suit eingeklagte. Die Arten der Transaktionen, die solchermaßen angegriffen wurden, umfassen unter anderem den Verkauf eines Mehrheitspaktes von Aktien gegen eine Kontrollprämie, Verschmelzungen oder sonstige gesellschaftliche Reorganisationen oder den Kauf oder Verkauf von eigenen oder fremden Aktien durch die Gesellschaft zu unangemessenen Preisen. Für die vorliegende Arbeit sind jedoch nur die Fälle interessant, in denen ausschließlich die Aktionäre geschädigt wurden und nicht auch die Gesellschaft.

[223] 430 U.S. 462 (1977).

gemäß Rule 10b-5 nicht ausreicht. Hinzukommen muss vielmehr auch die unrichtige Darstellung wesentlicher Tatsachen. In diesem Fall verschmolz die Beklagte, Santa Fe Industries, Inc., die mehr als 90 % der Aktien an Kirby hielt, diese im Wege eines sogenannten „short-form-merger“[224] auf sich selbst. Nach dem Recht des Staates Delaware kann eine Gesellschaft, die mehr als 90 % der Aktien einer Tochtergesellschaft hält, die Minderheitsaktionäre im Wege der Verschmelzung auf sich selbst hinausdrängen und durch eine Geldzahlung abfinden.[225] Einer Zustimmung der Minderheitsaktionäre bedarf es nicht. Die Transaktion erforderte lediglich die Zustimmung des board of directors der Beklagten. Die Minderheitsaktionäre haben allerdings das Recht, den von der Gesellschaft für ihre Aktien gezahlten Preis gerichtlich überprüfen zu lassen (appraisal right).[226] Die Beklagte legte alle relevanten Informationen offen, informierte die Aktionäre auch über ihr appraisal right und vollzog die Verschmelzung. Die Kläger, Minderheitsaktionäre von Kirby, wollten von diesem Recht keinen Gebrauch machen und behaupteten nun, dass die Verschmelzung eine Verletzung von Rule 10b-5 darstelle. Denn erstens gebe es keinen wirtschaftlichen Grund für diese Verschmelzung und zweitens hätten sie im Rahmen der Verschmelzung lediglich $ 150 pro Aktie erhalten, obgleich ihr Anteil an Kirbys Vermögen $ 772 pro Aktie betragen habe. Der Supreme Court entschied, dass der Kern einer jeden Klage gemäß § 10 (b) Securities Exchange Act eine Täuschung oder eine Manipulation sei. Rule 10b-5 sei erlassen worden, um die Wertpapiermärkte vor fehlerhaften Informationen zu schützen und Täuschungen beim Handel mit Wertpapieren zu verhindern. Die bloße unfaire Behandlung durch einen fiduciary werde nicht von dieser Vorschrift erfasst. Nicht alle Formen von Fehlverhalten der Gesellschaft, des Mehrheitsaktionärs oder des Managements fielen unter Rule 10b-5.[227] Treuepflichten würden durch das Gesellschaftsrecht der Einzelstaaten geregelt. Hier waren die Aktionäre durch das einzelstaatliche Gesellschaftsrecht ausreichend geschützt und zudem vollständig über alle Umstände sowie die ihnen zustehenden Rechte informiert.

Ansprüche gemäß Rule 10b-5 sind allerdings nur dann ausgeschlossen, wenn keine Täuschung vorliegt. Liegt neben oder als Teil der Treuepflichtverletzung

---

[224] § 253 Delaware Corporation Law. Von einem short form merger spricht man dann, wenn eine Muttergesellschaft ihre 90%ige Tochtergesellschaft im Wege einer Verschmelzung übernimmt. Dies kann ohne Zustimmung der beiden Hauptversammlungen geschehen, da praktisch nicht zu erwarten ist, dass eine Mehrheit gegen den Zusammenschluss stimmen wird. Den Minderheitsaktionären der Tochtergesellschaft steht ein appraisal right zu. Vgl. *Merkt*, U.S.-amerikanisches Gesellschaftsrecht, Rn. 978.

[225] Zur Möglichkeit des Ausschlusses von Minderheitsaktionären im deutschen Recht vgl. neuerdings §§ 327a ff. AktG.

[226] §§ 253, 262 Delaware General Corporation Law.

[227] Vgl. *Superintendent Of Ins. of State of N.Y. v. Bankers Life & Casualty Co.*, 404 U.S. 6, 12 (1971); *Birnbaum v. Newport Steel Corp.*, 193 F.2d 461, 464 (2d Cir. 1952).

eine Täuschung gegenüber den Aktionären vor, ist ein Anspruch gemäß Rule 10b-5 gegeben. Dies war der Fall in *Healey v. Catalyst Recovery of Pennsylvania, Inc.*[228]. Der Kläger war Eigentümer von 20 % der Aktien der Catalyst Regeneration Services, Inc. (CRS). Die übrigen 80 % wurden von SCR, Inc. gehalten, die auch die officers und directors der CRS stellte. Die CRS sollte nun auf eine Tochtergesellschaft der SCR verschmolzen werden und die Aktionäre der CRS sollten Aktien der SCR erhalten. Im Zusammenhang mit diesen Plänen verlangte der Kläger nähere Informationen von der CRS, unter anderem hinsichtlich der Bewertungsgrundlagen für das Umtauschverhältnis. Die Verschmelzung wurde durchgeführt. Der Kläger behauptete nun, dass er, wären ihm die verlangten Informationen rechtzeitig und vollständig übermittelt worden, vor einem einzelstaatlichen Gericht den Verschmelzungsbeschluss angefochten hätte.[229] Der Third Circuit entschied, dass dies für einen Anspruch gemäß Rule 10b-5 ausreiche, da eine Informationspflichtverletzung vorlag. Allerdings muss der Kläger außerdem dartun und beweisen, dass eine gewisse Wahrscheinlichkeit bestand, dass er mit seinem Rechtsbehelf vor einem einzelstaatlichen Gericht Erfolg gehabt hätte.[230]

c. *Kauf oder Verkauf eines Wertpapiers (Anspruchsbefugnis)*

Weitere Voraussetzung für einen Anspruch gemäß Rule 10b-5 ist, dass der Anspruchsteller Wertpapiere ge- oder verkauft hat.[231] In dem Fall *Birnbaum v. Newport Steel Corp.*[232] entschied der Second Circuit, dass Zweck der Vorschrift der Schutz von Wertpapierkäufern und –verkäufern gegen betrügerische Handlungen ist und dass daher nur diese Ansprüche gemäß Rule 10b-5 geltend machen können.

---

[228] 616 F.2d 641 (3d Cir. 1980).

[229] Als Gründe kamen dafür betrügerisches Verhalten oder Unangemessenheit der Konditionen in Betracht.

[230] Andere Gerichte legen einen strengeren Maßstab an und verlangen, dass der Rechtsbehelf tatsächlich Erfolg gehabt hätte. So z.B. *Mayer v. Oil Field Sys. Corp.*, 721 F.2d 59, 67 (2d Cir. 1983); *Madison Consultans v. Federal Deposit Ins. Corp.*, 710 F.2d 57 (2d Cir. 1983). Teilweise wird aber auch nur verlangt, dass tatsächlich ein Rechtsbehelf gegeben war. Vgl. *Alabama Farm Bureau Mut. Casualty Co., Inc. v. American Fidelity Life Ins. Co.*, 606 F.2d 602, 614 (5th Cir. 1979).

[231] Dieses Erfordernis wird häufig in den Fällen zum Problem, in denen ein Mehrheitsaktionär seine Mehrheitsbeteiligung gegen eine Kontrollprämie veräußert. Hier stellt sich die Frage, ob der Mehrheitsaktionär der Gesellschaft oder den Minderheitsaktionären gegenüber verantwortlich ist. Da allerdings in diesen Fällen typischerweise weder die Gesellschaft selbst noch die Minderheitsaktionäre als Käufer bzw. Verkäufer auftreten, kann ein Anspruch nicht auf Rule 10b-5 gestützt werden. Siehe *Birnbaum v. Newport Steel Corp.*, 193 F.2d 461 (2d Cir. 1952), *cert. denied*, 343 U.S. 956 (1952). In Fällen der Vorstandshaftung stellt sich dieses Problem eher selten. Siehe aber weiter im Text.

[232] 193 F.2d 461 (2d Cir. 1952).

Diese sogenannte Birnbaum-Rule wurde vom Supreme Court in *Blue Chip Stamps v. Manor Drug Stores*[233] bestätigt. In diesem Fall war die beklagte Gesellschaft aufgrund wettbewerbsrechtlicher Vorschriften verpflichtet, dem Kläger einige Aktien an einer neu gegründeten Gesellschaft anzubieten. Die Kläger behaupteten, dass die Beklagten, darunter die directors der neu gegründeten Gesellschaft, Rule 10b-5 verletzt hätten, indem sie einen irreführenden Prospekt herausgegeben hatten. In diesem Prospekt seien die Aussichten der neuen Gesellschaft zu pessimistisch beschrieben worden, um die Kläger davon abzuhalten, die Aktien zu erwerben. Die Kläger behaupteten, aufgrund der irreführenden Informationen in dem Prospekt von der Ausübung ihres Bezugsrechts abgehalten worden zu sein, und verlangten daher Schadensersatz. Das Gericht entschied, dass den Klägern keine Ansprüche aus Rule 10b-5 zustünden, da diese weder Aktien gekauft noch verkauft hatten. Begründet wurde die Entscheidung mit der rechtspolitischen Erwägung, dass andernfalls missbräuchlichen Aktionärsklagen[234] Vorschub geleistet würde. Denn die Gruppe der potentiellen Kläger werde unübersehbar groß, wenn auch Personen, die nicht am Markt tätig geworden sind, klagebefugt wären. Schadensersatzklagen sollen nur von den Personen erhoben werden können, die aktiv am Marktgeschehen teilgenommen haben.[235]

---

[233] 421 U.S. 723 (1975).

[234] Die Gefahr missbräuchlicher Aktionärsklagen resultiert in den Securities Laws zum einen aus dem Vergleichswert der Klage. Selbst wenn eine Klage nur geringe Aussicht auf Erfolg hat, kann es für den Beklagten von Vorteil sein, sich frühzeitig zu vergleichen, um eine Rufschädigung oder eine Behinderung seiner Geschäfte zu vermeiden. Zum anderen gründet sich die Furcht vor missbräuchlichen Aktionärsklagen darin, dass in den hier in Rede stehenden Fällen Tatsachenfragen aufgeworfen werden, die im Nachhinein schwer zu klären sind und größtenteils nur durch mündlichen Aussagen des Klägers selbst belegt werden können. Ohne die Birnbaum-Rule wäre es den Klägern möglich, einfach abzuwarten und entweder zu behaupten, dass die irreführenden Informationen sie in einem fallenden Markt vom Verkauf abgehalten haben, oder dass unangemessen pessimistische Informationen sie in einem steigenden Markt davon abgehalten haben, die Wertpapiere zu kaufen.

[235] Dies hat die Gerichte jedoch nicht daran gehindert, auch anderen Personen, die nicht als Investoren am Markt tätig geworden sind, den Schutz der Rule 10b-5 zu Teil werden zu lassen. Eine der wichtigsten Erweiterungen des Anwendungsbereichs wurde in *Hooper v. Mountain States*, 282 F.2d 195 (5th Cir. 1960) vorgenommen. In diesem Fall erhob eine Gesellschaft Klage, die mit Hilfe irreführender Informationen dazu verleitet wurde, Aktien gegen eine unangemessene Gegenleistung auszugeben. Der Klage wurde entgegengehalten, dass die Ausgabe von Aktien kein Verkauf im Sinne der Rule 10b-5 sei und dass außerdem die Gesellschaft nicht als Investor tätig geworden sei. Das Gericht verwarf beide Argumente und entschied, dass die Ausgabe von Aktien wie ein Verkauf derselben zu behandeln sei. Eine Gesellschaft, die Aktien emittiert, sein in derselben Position wie ein Investor. Diese Entscheidung ist wichtige Basis für eine große Anzahl von Klagen aus abgeleitetem Recht der Gesellschaft, in denen Aktionäre behaupteten, das Management oder der Mehrheitsaktionär betrüge die Gesellschaft, indem diese dazu verleitet wird, Aktien an sie selbst oder ihnen nahestehende Personen zu einem unangemessen niedrigen Preis abzugeben. Derartige Klagen

Die Birnbaum-Rule schließt also drei Arten von Klägern von der Geltendmachung von Ansprüchen gemäß Rule 10b-5 aus:
Dies sind erstens potentielle Käufer, die behaupten, dass sie die Wertpapiere deshalb nicht erworben haben, weil die Gesellschaft als weniger gutes Investment dargestellt wurde, als sie tatsächlich war. Die unangemessen pessimistische Darstellung der Situation der Gesellschaft oder die Zurückhaltung positiver Informationen führt nicht zu einem Anspruch gemäß Rule 10b-5. Hat der Geschädigte lediglich vom Ankauf der Aktien aufgrund fehlerhafter Informationen abgesehen, kann er keinen Anspruch geltend machen.[236]
Zweitens sind die Aktionäre ausgeschlossen, die behaupten, ihre Aktien deshalb nicht verkauft zu haben, weil die Lage der Gesellschaft unangemessen positiv beschrieben wurde oder negative Informationen nicht offengelegt wurden. So haben auch Aktionäre, die im Rahmen eines öffentlichen Übernahmeangebotes ihre Aktien nicht zum Tausch eingereicht haben, keinen Anspruch gemäß Rule 10b-5.[237]
Die dritte Gruppe umfasst Aktionäre, die aufgrund von Insidergeschäften oder von Transaktionen der Gesellschaft selbst, die gegen Rule 10b-5 verstoßen, einen Schaden an ihrem Investment erleiden. Ein Aktionär, der bloß behauptet, dass der Wert seiner Aktien aufgrund der täuschenden Handlungen des Beklagten gesunken ist, der also einen Reflexschaden ersetzt verlangt, kann keinen Anspruch gemäß Rule 10b-5 geltend machen.[238] Die Mitglieder dieser Gruppe können die Birnbaum-Rule häufig dadurch umgehen, dass sie eine Klage aus abgeleitetem Recht der Gesellschaft erheben, wenn diese als Käufer oder Verkäufer tätig geworden ist.[239]

Im Übrigen wird das Erfordernis, dass der Anspruchssteller Aktien entweder ge- oder verkauft haben muss, durchaus weit interpretiert. So wird die Verschmelzung zweier Gesellschaften als Verkauf der Aktien der untergehenden Gesellschaft und gleichzeitiger Kauf der Aktien der überlebenden Gesellschaft angesehen (forced seller doctrine).[240] Stimmt die Aktionärsversammlung dem

---

aus abgeleitetem Recht (derivative suits) sind für die vorliegende Arbeit jedoch nicht weiter von Bedeutung.

[236] *Blue Chip Stamps v. Manor Drug Stores*, 421 U.S. 723 (1975).

[237] Vgl. *Petersen v. Federated Dev. Co.*, 387 F.Supp. 355, 382 (S.D.N.Y. 1974). In Betracht kommen aber Ansprüche gemäß einzelstaatlichem Gesellschaftsrecht.

[238] *Sargent v. Genesco, Inc.*, 492 F.2d 750 (5th Cir. 1974). Vgl. auch *Washington Pub. Supply Sys. Sec. Litig.*, 823 F.2d 1349 (9th Cir. en banc 1987); *Mosher v. Kane*, 784 F.2d 1385, 1389 (9th Cir. 1986).

[239] Vgl. zum Beispiel *Schoenbaum v. Firstbrook*, 405 F.2d 215, 219 (C.A. 2d 1968).

[240] Siehe *Mader v. Armel*, 402 F.2d 158 (6th Cir. 1968). Vgl. auch *SEC v. National Securities, Inc.*, 393 U.S. 453 (1969) und *Mayer v. Oil Field Systems Corp.*, 721 F.2d 59 (2d Cir. 1983). Auch andere Arten von Unternehmensreorganisationen können einen Verkauf im Sinne der

Unternehmenszusammenschluss also aufgrund fehlerhafter Informationen zu, können die Aktionäre einen Anspruch gemäß Rule 10b-5 geltend machen. Auch ein Aktionär, der seine Aktie nicht freiwillig verkauft, sondern dazu gewissermaßen gezwungen wird, kann Ansprüche gemäß Rule 10b-5 geltend machen.[241] Das bedeutet, dass in den Fällen, in denen die Information zu den Stimmrechtsvollmachten bzgl. einer Verschmelzung fehlerhaft ist, neben Rule 14a-9 auch Rule 10b-5 anwendbar ist. Eigenständige Bedeutung kommt Rule 10b-5 in Fällen zu, in denen die Aktien nicht gemäß § 12 Securities Exchange Act registriert wurden, da Rule 14a-9 dann nicht anwendbar ist.[242]

Nicht erforderlich ist, dass auch der Beklagte Käufer oder Verkäufer eines Wertpapiers ist. Das Erfordernis des Kaufes bzw. Verkaufes von Aktien gilt nur für den Anspruchssteller. Der Anspruchsgegner braucht nicht ge- oder verkauft zu haben.[243] Es reicht aus, dass sein Verhalten im Zusammenhang mit dem Kauf oder Verkauf von Wertpapieren steht.[244] Dieser Einschränkung kommt gerade in Fällen der Vorstandshaftung Bedeutung zu, denn die Vorstandsmitglieder werden in der Regel an dem Kauf nicht beteiligt sein. Das Käufer-Verkäufer-Erfordernis ist schon dann erfüllt, wenn ein Zusammenhang zwischen der

---

Vorschrift darstellen. So ist zum Beispiel der spin-off einer Tochtergesellschaft als Verkauf im Sinne der Rule 10b-5 angesehen worden (siehe *International Controls v. Vesco*, 490 F.2d 1334 (2d Cir. 1974)). Andererseits wurde der Austausch von Aktien einer operierenden Gesellschaft gegen solche einer neu gegründeten Holdinggesellschaft nicht als Verkauf im Sinne der Rule 10b-5 angesehen (siehe *In re Penn Central*, 494 F.2d 528 (3d Cir. 1974)). Der Supreme Court hat außerdem entschieden, dass auch die Verpfändung von Wertpapieren einem Verkauf gleichzustellen ist (*Rubin v. United States*, 449 U.S. 424 (1981)). Die Entscheidung betraf allerdings den Securities Act. Ob dies auch für den Securities Exchange Act von 1934 gilt, ist wegen des unterschiedlichen Wortlauts von § 2 (3) Securities Act und § 3 (a) (14) Securities Exchange Act streitig. Siehe dazu *Mallis v. FDIC*, 568 F.2d 824 (2d Cir. 1977), cert. dismissed, 435 U.S. 381 (1978). Vgl. *Knepper/Bailey*, Liability, § 13-6 (b) (1).

241 Zur forced seller doctrine vgl. *Broad v. Rockwell Int'l Corp.*, 614 F.2d 418 (5th Cir. 1980); *Alley v. Miramon*, 614 F.2d 1372 (5th Cir. 1980); *Falls v. Fickling*, 621 F.2d 1362 (5th Cir. 1980).

242 *Loss/Seligman*, Fundamentals, S. 797. Eine Registrierungspflicht für Wertpapiere besteht insbesondere dann nicht, wenn diese nicht an einer Börse gehandelt und bestimmte Größenkriterien nicht überschritten werden. Näher zum Registrierungserfordernis gemäß § 12 Securities Exchange Act oben Fn. 183.

243 Eine Ausnahme bilden die Fälle des Insiderhandels. Eine Person, die aufgrund von Insiderinformationen Handel in Wertpapieren betreibt, haftet gegenüber jeder anderen Person, die zeitgleich Aktien ge- bzw. verkauft hat (disclose or abstain, vgl. § 20 A Securities Exchange Act). Siehe auch *Jennings/Marsh/Coffee/Seligman*, Securities Regulation, S. 1197 f. sowie *Merkt*, US-amerikanisches Gesellschaftsrecht, Rn. 787 am Ende (S. 456).

244 Vgl. beispielsweise *SEC v. Texas Gulf Sulphur Co.*, 401 F.2d 833, 848 (2d Cir. 1968) oder *Superintendant of Insurance of the State of New York v. Bankers Life and Casualty Co.*, 404 U.S. 6 (1971).

Information und der Transaktionen von Personen am öffentlich zugänglichen Markt besteht. Eine direkte rechtsgeschäftliche Beziehung zwischen Kläger und Beklagtem ist nicht erforderlich.[245] Der Supreme Court hat Rule 10b-5 dahin interpretiert, dass damit Täuschungen im Zusammenhang mit dem Kauf und Verkauf von Wertpapieren verhindert werden sollen und zwar unabhängig davon, ob die Transaktion an organisierten Märkten oder durch direkten Kontakt zwischen Käufer und Verkäufer zustande kommt.[246]

d. Haftungsbegründende Kausalität

Der Kläger muss im Rahmen seiner Schadensersatzklage nachweisen, dass sein Schaden tatsächlich durch das Fehlverhalten des Beklagten verursacht wurde. Es muss also nachgewiesen werden, dass ohne das fehlerhafte Verhalten des Klägers der Beklagte nicht geschädigt worden wäre. Dabei ist Kausalität in einem doppelten Sinn erforderlich: zum einen muss gezeigt werden, dass die Rechtsverletzung ursächlich dafür war, dass der Kläger Aktien ge- oder verkauft hat (haftungsbegründende Kausalität), und zum anderen muss gezeigt werden, dass die Rechtsverletzung ursächlich für den entstandenen Schaden war (haftungsausfüllende Kausalität).[247]

Die haftungsbegründende Kausalität kann auf verschiedene Weise nachgewiesen werden. Bei einer Transaktion, bei der sich die Parteien direkt gegenüber stehen, kann dies beispielsweise dadurch geschehen, dass gezeigt wird, dass der Beklagte sich auf die Angaben des Klägers verlassen hat. Es wird also geprüft, (1) ob der Kläger auf die Angaben des Beklagten vertraut hat und (2) ob dieses Vertrauen zumindest ein Grund für die Entscheidung des Klägers war, die Aktien zu kaufen bzw. zu verkaufen. Dies gilt für die Betrugsfälle des common law und im Prinzip ebenso für Fälle der Rule 10b-5. Im Regelfall stehen sich die Parteien bei Wertpapiertransaktionen jedoch nicht direkt gegenüber, vielmehr werden die Aktien über einen Markt gehandelt. Das macht es für den Kläger schwierig, zu zeigen, wie er in Kenntnis der wahren Tatsachen gehandelt hätte. Daher hat der Supreme Court zwei widerlegbare Kausalitäts-

---

[245] Vgl. *Heit v. Weitzen*, 402 F.2d 909 (2d Cir. 1968); *Mitchell v. Texas Gulf Sulphur Co.*, 446 F.2d 90 (10th Cir. 1971).

[246] *Superintendent of Insurance of State of N.Y. v. Bankers Life & Casualty Co.*, 404 U.S. 6, 12 (1971). Siehe aus jüngerer Zeit auch *SEC v. Jakubowski*, 912 F.Supp. 1073, 1080-1082 (N.D.Ill. 1996).

[247] Die Begrifflichkeit im amerikanischen Recht ist verwirrend. Der erste Aspekt wird als „reliance", „transaction causation", „causation in fact" oder „but for causation", der zweite als „loss causation", „proximate cause" oder „legal cause" bezeichnet. Vgl. *Litton Industries, Inc. v. Lehman Brothers Kuhn Loeb Incorporated*, 967 F.2d 742 (2d Cir. 1992). Zur Frage der haftungsausfüllenden Kausalität siehe unten S. 91.

vermutungen für derartige Fälle geschaffen und damit die Beweislast in den nachfolgend dargestellten Fällen vom Kläger auf den Beklagten verlagert.

aa. Fraud on the Market Theory

Eine Möglichkeit, mit der der Kläger nachweisen kann, dass er durch das Verhalten des Vorstandes geschädigt wurde, ohne dass es eines Nachweises bedarf, dass er tatsächlich auf die von diesem herausgegebene Informationen vertraut hat, ist die sogenannte „fraud on the market" Theorie. Im Jahre 1975 entschied der Ninth Circuit, dass die Herausgabe von irreführenden Informationen einen Betrug am Markt darstellt (fraud on the market). Nach diesem Ansatz muss der Kläger nicht nachweisen, dass er tatsächlich auf die irreführende Information vertraut hat. Er muss lediglich zeigen, dass er die Wertpapiere zu einem Preis gekauft hat, der von der fehlerhaften Information beeinflusst war und diese generell geeignet ist, Entscheidungen der Investoren zu beeinflussen (materiality).[248] Denn Transaktionen an modernen Wertpapiermärkten, auf denen Millionen von Aktien täglich anonym gehandelt werden, unterscheiden sich wesentlich von solchen, bei denen sich die Parteien unmittelbar gegenüberstehen. Diesen Unterschieden muss bei der Interpretation des Kausalzusammenhangs Rechnung getragen werden. Stehen sich beide Parteien einer Transaktion direkt gegenüber, entscheidet der einzelne Investor anhand der ihm gegebenen Informationen über die Angemessenheit des Preises. Wird jedoch ein geregelter Markt, wie der Wertpapiermarkt, zwischen Käufer und Verkäufer geschaltet, werden die Informationen dem Investor bereits in Form des Marktpreises geliefert. Der Markt übernimmt also einen entscheidenden Teil des Bewertungsprozesses, der bei einer Transaktion, bei der sich die Parteien direkt gegenüberstehen, von diesen selbst vorgenommen wird. Der Markt entscheidet für den Investor, dass auf der Basis aller vorliegenden Informationen der ermittelte Marktpreis angemessen ist.[249]

(1) Die Efficient Capital Markets Hypothesis

Die „fraud on the market" Theorie beruht auf der Efficient Capital Markets Hypothesis. Diese Hypothese hat sich zu einem entscheidenden Faktor für die Analyse insbesondere von Insiderhandels-Problemen im amerikanischen Recht entwickelt. Danach sind im Preis der Aktie alle zu einem bestimmten Zeitpunkt öffentlich verfügbaren Informationen verarbeitet. Wenn der Aktionär einer Gesellschaft deren Aktien kauft oder verkauft, vertraut er darauf, dass dieser Preis alle verfügbaren Informationen reflektiert und also angemessen ist. Gibt

[248] *Blackie v. Barrack*, 524 F.2d 891 (9th Cir. 1975).

[249] Vgl. *In re LTV Securities Litigation*, 88 F.R.D. 134, 143 (N.D.Tex. 1980). Siehe auch *Blackie v. Barrack*, 524 F.2d 891, 908 (9th Cir. 1975).

der Vorstand nun fehlerhafte Informationen heraus, beeinflusst dieses Verhalten den Preis der Aktie. Dieser unterscheidet sich von dem Preis, den der Markt ermittelt hätte, wenn der Vorstand seine Pflichten ordnungsgemäß erfüllt hätte. Da der Aktionär also entweder zu einem zu hohen Preis gekauft oder aber zu einem zu niedrigen verkauft hat, ist der Schaden des Aktionärs durch das pflichtwidrige Verhalten verursacht worden.

Die Efficient Capital Markets Hypothesis wird in drei Formen vertreten, die sich im Wesentlichen darin unterscheiden, in welchem Umfang Informationen im Preis eines Wertpapiers reflektiert werden. Die schwächste Form der Efficient Capital Markets Hypothesis geht davon aus, dass der Aktienpreis alle Informationen, die im historischen Kursverlauf enthalten sind, reflektiert. Die Bewegungen der Aktienpreise sind also zufällig. Ein Investor kann nicht durch bloßes Betrachten der Kursverläufe in der Vergangenheit den zukünftigen Preis der Aktie vorhersagen. Die stärkste Form der Efficient Capital Markets Hypothesis besagt, dass die Aktienkurse alle Informationen, das heißt auch nicht öffentliche oder Insider-Informationen, beinhalten. Es gibt jedoch einige Studien, die nachweisen, dass diese stärkste Form der Efficient Capital Markets Hypothesis nicht der Realität entspricht. Danach reflektieren die Aktienkurse nicht immer auch Insiderinformationen. Auf lange Sicht steht sich die Person, die aufgrund von Insiderinformationen handelt, also besser als diejenige, die solche Informationen nicht zur Verfügung hat. Zwischen diesen beiden Extremen wird vertreten, dass die Preise alle öffentlich zugänglichen Informationen beinhalten, dass heißt, Insiderinformationen werden bei der Preisbildung nicht berücksichtigt. Daraus ergibt sich, dass im Preis der Aktie zu jedem Zeitpunkt alle in der Öffentlichkeit bekannten Informationen berücksichtigt sind. Gerade letztere Schlussfolgerung ermöglicht dem Aktionär, der durch irreführende Informationen seitens des Vorstands geschädigt wurde, die Argumentation, dass er darauf vertraut habe, dass der Preis, zu dem er gekauft bzw. verkauft hat, angemessen war. Wären die gegebenen Informationen nicht irreführend gewesen, hätte er zu einem günstigeren Preis kaufen bzw. zu einem höheren Preis verkaufen können.

Die zuletzt dargestellte Form der Efficient Capital Markets Hypothesis ist unter Ökonomen weitgehend anerkannt. Für die rechtliche Betrachtung ist es außerdem unerheblich, ob der wahre Wert eines Unternehmens immer in den Preisen seiner Aktien Ausdruck findet. Es reicht aus, dass jede Information, die öffentlich bekannt wird, sich alsbald im Aktienkurs niederschlägt. Diese Wirkung von effizienten Märkten führt dazu, dass sich die neuen Informationen sofort im Aktienkurs niederschlagen, der Preis der Aktie also immer in dem Sinne angemessen ist, dass darin zumindest alle öffentlich zugänglichen

Informationen verarbeitet sind. Und nur auf öffentlich zugängliche Informationen kommt es im Zusammenhang mit der Haftung an.

(2) Basic, Inc. v. Levinson

In der Entscheidung *Basic, Inc. v. Levinson*[250] akzeptierte der Supreme Court im Wesentlichen die fraud on the market Theorie und ging zugunsten des Klägers von der Vermutung aus, dass dieser auf die Aussagen der directors vertraut hatte. Er stütze sich dabei auf die Hypothese, dass in einem entwickelten Wertpapiermarkt die Preise der Aktien von den verfügbaren Informationen über die betreffende Gesellschaft bestimmt werden.[251] Irreführende Informationen beeinflussen daher den Preis der Aktie, auch wenn der Kläger im konkreten Fall gar nicht auf diese Information vertraut hat. Daher ist die fehlerhafte Information trotzdem ursächlich für den Schaden des Klägers geworden. Im Ergebnis wird durch die fraud on the market Theorie also die Beweislast vom Kläger auf den Beklagten verlagert.

In dem konkreten Fall ging es um fehlerhafte Informationen über Verhandlungen bezüglich eines Unternehmenszusammenschlusses. Im September 1976 begannen die officers und directors der Basic, Inc. Verhandlungen über eine Verschmelzung mit der Combustion Engineering. In den Jahren 1977 und 1978 verneinte Basic, Inc. insgesamt drei Mal die Existenz derartiger Verhandlungen. Am 18. Dezember 1978 wurde der Handel in Basic Aktien an der New Yorker Börse mit der Begründung ausgesetzt, dass ein Übernahmeangebot vorliege. Am 19. Dezember 1978 verkündete der board of directors, dass er einem Übernahmeangebot von Combustion Engineering zu einem Preis von U.S. $ 46 pro Aktie zugestimmt hatte. Levinson und die anderen Mitglieder der klagenden Gruppe hatten ihre Aktien verkauft, nachdem Basic, Inc. im Jahre 1977 die Existenz von Übernahmeverhandlungen verneint hatte. Sie verklagten Basic, Inc. und deren directors gemäß Rule 10b-5 und verlangten Ersatz des geltend gemachten Schadens. Die Kläger behaupteten, dass sie aufgrund der irreführenden Informationen der Beklagten ihre Aktien zu einem von der Fehlinformation beeinflussten „künstlichen" Preis verkauft hätten, der unter dem des späteren Übernahmeangebots lag. Der District Court folgte der fraud on the market Theorie und vermutete zugunsten der Kläger, dass diese auf die Aussagen der directors vertraut hätten.[252] Das Berufungsgericht bestätigte die

---

[250] 485 U.S. 224 (1988).

[251] Vgl. auch *Peil v. Speiser*, 806 F.2d 1154, 1160-1161 (C.A.3 1986).

[252] Im Ergebnis wies das Gericht die Klage aber ab, da zum Zeitpunkt der ersten Information im Jahre 1977 noch gar keine Verhandlungen zwischen den Unternehmen geführt worden seien. Im Zeitpunkt der beiden anderen öffentlichen Bekanntmachungen sei noch nicht mit

Entscheidung diesbezüglich.[253] Auch der Supreme Court entschied, dass die fraud on the market Theorie Anwendung findet. Die Kläger mussten also nicht nachweisen, dass sie tatsächlich von den Bekanntmachungen der Beklagten wussten und diese zudem zur Grundlage ihrer Entscheidung, die Aktien zu verkaufen, gemacht hatten. Vielmehr stützte sich das Gericht auf die Vermutung, dass (1) der Preis der Basic-Aktien zu jedem Zeitpunkt alle öffentlich bekannten Informationen über Basic, Inc. berücksichtigte und (2) daher der von den Klägern erzielte Verkaufspreis durch die fehlerhaften Informationen beeinflusst war. Die falschen Bekanntmachungen seitens der Beklagten stellten einen „Betrug des Marktes" dar. Im Ergebnis wird durch die fraud on the market Theorie also die Beweislast vom Kläger auf den Beklagten verlagert.[254]

Der Supreme Court betonte aber auch, dass diese Vermutung widerlegbar ist.[255] Den Beklagten steht es frei nachzuweisen, dass die fehlerhafte Information den Marktpreis nicht beeinflusst hat oder dass der Kläger im Einzelfall nicht auf die Richtigkeit des Marktpreises vertraut hat. Der Beklagte kann zum Beispiel nachweisen, dass der einzelne Kläger den Aussagen der Beklagten keinen Glauben schenkte, aber trotzdem verkaufte. Oder die Beklagten zeigen, dass die Marktteilnehmer sich durchaus bewusst waren, dass die Informationen unrichtig waren oder dass der Markt die wahren Gegebenheiten kannte und der Marktpreis somit durch die öffentlichen Bekanntmachungen nicht beeinflusst war. So hat beispielsweise der Ninth Circuit entschieden, dass officers wegen einer zu optimistischen Darstellung neuer Produkte dann nicht haftbar gemacht werden können, wenn in der Presse Berichte über die von den officers ver-

---

hinreichender Wahrscheinlichkeit klar gewesen, ob die Verhandlungen über den Zusammenschluss auch Erfolg haben werden. Zum Aspekt der materiality siehe oben S. 40 ff.

[253] Hinsichtlich der Frage der materiality entschied das Gericht jedoch, dass auch Informationen über erst vorläufige Verhandlungen über einen Unternehmenszusammenschluß für Investoren von Bedeutung und diese Informationen daher wesentlich („material") für deren Entscheidungsfindung sind.

[254] Die Anerkennung der fraud on the market theory wurde auch mit der praktischen Erwägung begründet, dass für den Fall, dass die Kläger jeweils einzeln ihr Vertrauen in die Aussagen der Beklagten nachweisen müssten, die Erhebung einer Gruppenklage nicht mehr möglich sei. Denn dann würden die individuellen Fragestellungen die gemeinsamen überwiegen (vgl. § 23 (a) (2) und (b) (3) Fed. Rule of Civ. Proc.). Somit kommt der fraud on the market theory gerade für die praktische Durchsetzung von Ansprüchen aus Rule 10b-5 entscheidende Bedeutung zu. Siehe *Basic Inc. v. Levinson*, a.a.O. Vgl. auch *Lipton v. Documentation, Inc.*, 734 F.2d 740, 743 (11th Cir. 1984). Zur class action siehe die Hinweise in Fn. 504.

[255] Die Möglichkeit der Widerlegung ist allerdings eher theoretischer Natur und dürfte praktisch schwer möglich sein.

schwiegenen Risiken dieser Produkte veröffentlicht werden.[256] Die von Außenstehenden gegebenen Informationen müssen aber sehr deutlich und glaubhaft vorgebracht werden, um ein effektives Gegengewicht zu dem irreführenden Eindruck darzustellen, der durch die Aussagen des Managements geweckt wird.

Zu beachten ist auch, dass die fraud on the market theory nur auf effiziente Märkte angewandt werden kann. Denn nur in diesen bestehen die Voraussetzungen für die schnelle Verarbeitung von Informationen im Preis. Die Faktoren, die bei der Bestimmung, ob ein effizienter Markt vorliegt, eine Rolle spielen, sind unter anderem ein großes wöchentliches Handelsvolumen, eine ausreichende Anzahl von Berichten von Wertpapieranalysten, die Existenz von Market Makern und Arbitrageuren sowie der Nachweis, dass der Aktienkurs in der Vergangenheit auf unerwartete, die Gesellschaft betreffende Geschehnisse oder auf Bekanntmachungen sofort reagiert hat.[257]

bb. Nichtbekanntgabe wichtiger Informationen

Die fraud on the market Theorie und die daraus folgende Vertrauensvermutung findet Anwendung in Fällen, in denen aktiv falsche Informationen herausgegeben werden. Aber auch für Fälle, in denen gar keine Informationen gegeben werden und statt dessen einfach geschwiegen wird,[258] hat der Supreme Court eine Kausalitätsvermutung entwickelt. Hier ist das Vertrauenserfordernis bedeutungslos. Es hat wenig Sinn zu sagen, dass der Kläger auf Tatsachen vertraute, die der Beklagte offen zu legen verpflichtet gewesen wäre, aber nicht offengelegt hat. So hat auch der Supreme Court entschieden, dass in Fällen, in denen eine Pflicht zur Offenlegung verletzt wird, der Vertrauensnachweis für Klagen gemäß Rule 10b-5 nicht erforderlich ist.[259] Hier muss lediglich nachgewiesen werden, dass die nicht offengelegte Tatsache wesentlich ist, dass also ein vernünftiger Investor sie als für seine Entscheidungsfindung wichtig erachtet hätte. Die fraud on the market Theorie ist daher in diesen Fällen ohne Bedeutung. Hat der Kläger einmal nachgewiesen, dass der Beklagte eine Tatsache nicht offengelegt hat, zu deren Bekanntgabe er verpflichtet gewesen wäre, ist es Sache des Beklagten nachzuweisen, dass der Kläger dieselbe Investmententscheidung getroffen hätte, wenn die Tatsache ordnungsgemäß bekannt

---

[256] *In re Apple Computer Sec. Litig.*, 886 F.2d 1109 (9th Cir. 1989). Anders wurde entschieden im Falle sich widersprechender Artikel in der Finanzpresse, *In re Seagate Technology II Sec. Litig.*, 802 F.Supp. 271 (N.D.Cal. 1992).

[257] Siehe *Freeman v. Laventhol & Horwath*, 915 F.2d 193 (6th Cir. 1990). Weitere Nachweise bei *Jennings/Marsh/Coffee/Seligman*, Securities Regulation, S. 1165 Fn 7.

[258] Eine Haftung setzt in diesen Fällen eine Offenlegungspflicht voraus. Siehe dazu oben S. 70 f.

[259] *Affiliated Ute Citizens v. U.S.*, 406 U.S. 128, 153-154 (1972). In diesem Fall ging es allerdings um Insiderhandel.

gemacht worden wäre.[260] Damit muss der Kläger lediglich die Entscheidungserheblichkeit der Tatsache (materiality) sowie deren Nichtoffenlegung nachweisen.[261]

cc. Justifiable Reliance

Bevor der Supreme Court in der Entscheidung *Ernst & Ernst v. Hochfelder*[262] entschieden hat, dass einfache Fahrlässigkeit für eine Haftung gemäß Rule 10b-5 nicht ausreicht,[263] haben verschiedene Gerichte zum Schutz der Beklagten eine sogenannten „Rule 10b-5 due diligence defense“[264] entwickelt. Danach hatte der Beklagte die Möglichkeit, dem Kläger entgegenzuhalten, er habe in ungerechtfertigter Weise auf die Informationen des Beklagten vertraut und den Schaden bei Anwendung entsprechender eigener Sorgfalt abwenden können.[265] Der Beklagte entging also seiner Haftung, wenn er nachweisen konnte, dass der Kläger keine weiteren Nachforschungen angestellt hatte, obwohl ihm das Risiko bekannt war oder hätte bekannt sein müssen.[266] Da nunmehr für eine Haftung gemäß Rule 10b-5 erforderlich ist, dass der Beklagte wenigstens rücksichtslos gehandelt hat, bedarf der Beklagte des Schutzes des due diligence Einwands nicht mehr.[267]

In jüngerer Zeit haben einige Gerichte jedoch wieder auf die Kriterien der due diligence defense zurückgegriffen, freilich ohne sich ausdrücklich darauf zu beziehen. In Fällen, in denen der Anspruchssteller sich nicht auf die „fraud on the market theory“ berufen kann, wie zum Beispiel in face-to-face-transactions, wird nunmehr teilweise gefordert, dass der Kläger nicht nur sein Vertrauen auf die fehlerhafte Information nachweist, sondern auch, dass dieses Vertrauen gerechtfertigt war („justifiable reliance“).[268] Dieses Erfordernis findet aber

---

[260] *Cary/Eisenberg*, Corporations, S. 302.

[261] Vgl. *Jennings/Marsh/Coffee/Seligman*, Securities Regulation, S. 1163.

[262] 425 U.S. 185 (1976).

[263] Dazu sogleich.

[264] Der Begriff der due diligence ist in diesem Zusammenhang etwas irreführend. Bei der Rule 10b-5 due diligence geht es nicht um den Einwand, dass der Beklagte bei der Veröffentlichung der Information die nötige Sorgfalt hat walten lassen, sondern dass umgekehrt der Kläger bei der Überprüfung eben dieser Information unsorgfältig gehandelt hat.

[265] Vgl. *Dupuy v. Dupuy*, 551 F.2d 1005, 1020 (5th Cir. 1977).

[266] *Dupuy v. Dupuy*, 551 F.2d 1005, 1020 (5th Cir. 1977). Vgl. *Royal Am. Managers, Inc. v. I.R.C. Holding Corp.*, 885 F.2d 1011 (2d Cir. 1989).

[267] Vgl. *Holdsworth v. Strong*, 545 F.2d 687 (10th Cir. 1976) und *Teamsters Local 282 Pension Trust Fund v. Angelos*, 762 F.2d 522, 528 (7th Cir. 1985).

[268] Vgl. *Kennedy v. Josephthal & Co., Inc.*, 814 F.2d 798, 814 (1st Cir. 1987); *Myers v. Finkle*, 950 F.2d 165, 167 (4th Cir. 1991); *Thompson v. Smith Barney, Harris Upham & Co.*, 709 F.2d 1413 (11th Cir. 1983).

lediglich in solchen Fällen Anwendung, in denen Informationen mündlich gegeben werden und im Widerspruch zu schriftlichen Informationen stehen.[269] Hier wird erwartet, dass der Kläger die ihm überlassenen Unterlagen zumindest liest. Die Kriterien für die Frage, ob das Vertrauen des Klägers auf die Richtigkeit der Information gerechtfertigt war, sind unter anderem dessen eigene Expertise, dessen Zugang zu relevanten Informationen oder auch die Möglichkeit, die Fehlerhaftigkeit der Information überhaupt zu entdecken.[270] Hintergrund ist, dass der Investor seine Augen nicht vor einem ihm bekannten Risiko verschließen darf. Der Nachweis der „justifiable reliance" ist allerdings nur im Falle außerbörslich gehandelter Aktien notwendig.[271] In den Fällen, in denen die Papiere an einer Börse gehandelt werden, hat der Käufer oder Verkäufer nämlich in der Regel nicht die Möglichkeit, den Wahrheitsgehalt öffentlicher Erklärungen seitens der Gesellschaftsorgane zu überprüfen.

e. *Verschulden*

aa. *Recklessness*

Eines der größten Probleme, die sich hinsichtlich der Auslegung von Rule 10b-5 stellten, war die Frage, welcher Verschuldensmaßstab angewandt werden sollte.[272] Vielfach wurde die Sorgfaltseinrede aus § 11 Securities Act auch auf Klagen gemäß Rule 10b-5 angewandt.[273] In der Entscheidung *Ernst and Ernst v. Hochfelder* stellte der Supreme Court dann klar, dass für eine Verletzung von Rule 10b-5 „scienter" erforderlich ist.[274] Der auch von der SEC vertretenen Ansicht, dass einfache Fahrlässigkeit ausreiche, da die Auswirkungen für den Investor die gleichen seien, ob nun vorsätzlich oder fahrlässig gehandelt werde, vermochte sich das Gericht mit Hinweis auf den Wortlaut des § 10 (b) Securities Exchange Act sowie die Gesetzgebungsgeschichte nicht anzuschließen. Denn die Vorschrift verbietet „any manipulative or deceptive device or contrivance". Diese Wortwahl zeige, dass der Gesetzgeber keinesfalls schon fahrlässiges Verhalten sanktionieren wollte. Ein weiterer Grund war, dass alle expliziten Haftungsvorschriften bestimmten Einschränkungen unterliegen. So geben die §§ 11 und 12 (a) (2) Securities Act dem Beklagten die Möglichkeit einzuwenden, er habe von der Unrichtigkeit der herausgegebenen Informationen nichts gewusst

---

[269] Vgl. *Myers v. Finkle*, a.a.O.. Ebenso schon *Zobrist v. Coal-X, Inc.*, 708 F.2d 1511 (10th Cir. 1983).

[270] Siehe *Myers v. Finkle*, a.a.O..

[271] *Jennings/Marsh/Coffee/Seligman*, Securities Regulation, S. 1344.

[272] Zu diesem Streit siehe *Jennings/Marsh/Coffee/Seligman*, Securities Regulation, S. 1141 f., mit umfangreichen Nachweisen zur Rechtsprechung.

[273] *Mitchell v. Texas Gulf Sulphur*, 446 F.2d 90 (19th Cir. 1971).

[274] 425 U.S. 185 (1976).

und zudem die nötige Sorgfalt walten lassen (due diligence).[275] Derartige Einreden stehen dem Beklagten im Rahmen der Rule 10b-5 nicht zu, so dass hier eine Haftungsbegrenzung beim Verschuldensmaßstab vorzunehmen war.

Das „scienter"-Erfordernis gilt gleichermaßen für Individualschadensersatzklagen wie für Maßnahmen der SEC.[276] Bloße einfache Fahrlässigkeit reicht für eine Haftung gemäß Rule 10b-5 nicht aus. Allerdings wird das „scienter"-Erfordernis von den unteren Gerichten dahin interpretiert, dass willentliches Handeln nicht vorliegen muss; wohl aber muss nachgewiesen werden, dass der Beklagte zumindest rücksichtslos gehandelt hat (recklessness).[277] Mit dieser Interpretation der Entscheidung *Ernst and Ernst v. Hochfelder* haben sich die Instanzgerichte keineswegs in Widerspruch zur Ansicht des Supreme Court gesetzt. Dieser hat zwar in der Entscheidung an verschiedenen Stellen ausgeführt, dass eine Verletzung von Rule 10b-5 willentliches Verhalten erfordere („intend to deceive, manipulate or defraud").[278] In der inzwischen berühmten „Footnote 12" zu dieser Entscheidung hat er jedoch klargestellt, dass das „scienter"-Erfordernis auf den besonderen Umständen des Falles beruhe. Die Frage, ob auch rücksichtsloses Verhalten (recklessness) für eine Verletzung von Rule 10b-5 im Allgemeinen ausreicht, ist vom Supreme Court ausdrücklich offengelassen[279] und bisher nicht entschieden worden. Elf der zwölf Circuits haben sich aber nach der Supreme Court Entscheidung in *Ernst & Ernst v. Hochfelder* auf den Standpunkt gestellt, dass rücksichtsloses Verhalten zu Verwirklichung des Tatbestandes ausreicht.[280] „Recklessness" wird dabei von den meisten Gerichten als Verhalten definiert, das von dem gewöhnlichen Sorgfaltsstandard deutlich abweicht. Zudem muss die Gefahr, dass Aktienkäufer oder –verkäufer durch die Informationen irre-

---

275 *Jennings/Marsh/Coffee/Seligman*, Securities Regulation, S. 1141.
276 *Aaron v. SEC*, 446 U.S. 680 (1980).
277 Vgl. *Sanders v. John Nuveen*, 554 F.2d 790 (7th Cir. 1977).
278 Vgl. etwa *Ernst and Ernst v. Hochfelder*, 425 U.S. 185, 199 (1976).
279 *Ernst & Ernst v. Hochfelder*, 425 U.S. 185; 96 S.Ct. 1375; 47 L.Ed.2d 668 (in Fußnote 12). Vgl. *Jennings/Marsh/Coffee/Seligman*, Securities Regulation, S. 1142; *Solomon, Schwartz, Bauman, Weiss*, Corporations, S. 1001.
280 Vgl. *Cleary v. Perfectune, Inc.*, 700 F.2d 774, 777 (1st Cir. 1983); *Wechsler v. Steinberg*, 733 F.2d 1054 (2d Cir. 1984); *Phillips Petroleum Sec. Litig.*, 881 F.2d, 1236, 1244 (3d Cir. 1989); *Shivangi v. Dean Witter Reynolds, Inc.*, 825 F.2d 885, 889 (5th Cir. 1987); *Ohio Drill & Tool Co. v. Johnson*, 625 F.2d 738, 741 (6th Cir. 1980); *Goldberg v. Household Bank, F.S.B.*, 890 F.2d 965, 967 (7th Cir. 1989); *Van Dyke v. Coburn Enter., Inc.*, 873 F.2d 1094, 1100 (8th Cir. 1989); *Hollinger v. Titan Capital Corp.*, 914 F.2d 1564, 1569-1570 (9th Cir. 1990); *Board of County Comm'r of San Juan County v. Liberty Group*, 965 F.2d 879, 884 (10th Cir. 1992); *Ross v. Bank South, N.A.*, 885 F.2d 723, 730 (11th Cir. 1989); *SEC v. Steadman*, 967 F.2d 636, 641-642 (D.C.Cir. 1992); vgl. auch *Jennings/Marsh/Coffee/Seligman*, Securities Regulation, S. 1142-1143 mit zahlreichen weiteren Nachweisen.

geführt werden, dem Beklagten entweder bewusst gewesen sein oder dies hätte ihm zumindest bewusst sein müssen.[281] Angaben „ins Blaue hinein“[282] werden ebenso als rücksichtslos eingestuft wie das Ignorieren offensichtlicher Risiken oder Hinweise[283]. Die Rücksichtslosigkeit muss sich dabei nicht auf den Erfolg, also die Verfälschung des Aktienkurses, beziehen, sondern lediglich auf die Fehlerhaftigkeit der veröffentlichten Informationen.[284] Damit stellt „recklessness“ ein in hohem Maße unvertretbares Verhalten dar, das über die grobe Fahrlässigkeit des deutschen Rechts hinausgeht.[285] Allerdings erfüllt „recklessness“ nicht in jedem Fall schon die Kriterien vorsätzlichen Handelns. Denn „Vorsatz“ setzt im deutschen Recht jedenfalls voraus, dass der Schädiger den Erfolgseintritt vorausgesehen und zumindest billigend in Kauf genommen hat.[286] Der Erfolg muss also wenigstens als möglich erkannt werden. Dies ist für „recklessness“ im Sinne des amerikanischen Rechts nicht erforderlich. Dort genügt es, wenn das Risiko der Irreführung der Marktteilnehmer objektiv so hoch ist, dass es dem Schädiger hätte bewusst sein müssen. Nicht erforderlich ist in diesen Fällen, dass der Schädiger das Risiko auch tatsächlich erkannt oder gar den Erfolgseintritt für möglich gehalten hat.[287]

---

[281] Vgl. die Definition des 7th Circuit in *Sundstrand Corp. v. Sun Chemical Corp.* (553 F.2d 1033, 1045): „Reckless conduct may be defined as ... highly unreasonable [conduct], involving not merely simple, or even inexcusable negligence, but an extreme departure from the standards of ordinary care, and which presents a danger of misleading buyers or sellers that is either known to the defendant or is so obvious that the actor must have been aware of it.“

[282] Vgl. *Cary/Eisenberg*, Corporations, S. 930.

[283] Vgl. *Mansbach v. Prescott, Ball & Turben*, 598 F.2d 1017 (6th Cir. 1979). *Keirnan v. Homeland, Inc.*, 611 F.2d 785, 788 (9th Cir. 1980).

[284] Auch im deutschen bürgerlichen Recht muss sich das Verschulden regelmäßig lediglich auf die Verletzungshandlung beziehen. Dies gilt jedenfalls für Vertragsverletzungen, aber auch für § 823 Abs. 1 und § 823 Abs. 2 BGB. Vgl. *Heinrichs*, in: *Palandt*, BGB, § 276 Rn. 10. Anders ist dies jedoch bei § 826 BGB. Hier muss sich der Vorsatz auch auf die Schadensfolge erstrecken. Vgl. Palandt-*Thomas*, § 826 Rn. 10.

[285] Gleichfalls dürfte „gross negligence” dem „recklessness”-Maßstab nicht genügen. So *Hazen*, Securities Regulation, Bd. 2, S. 501. Vgl. aber *Board of County Commissioners of San Juan County v. Liberty Group*, 965 F.2d 879, 884 (10th Cir. 1992): „The line between gross negligence and recklessness is a fine one at best.“

[286] Vgl. BGH, NJW 2000, 2896; Palandt-*Thomas*, BGB, § 826 Rn. 10. Für das voluntative Element ist nicht erforderlich, dass der Erfolgseintritt gewünscht wird.

[287] Vgl. *Mansbach v. Prescott, Ball & Turben*, 598 F.2d 1017 (6th Cir. 1979). Damit kann der „recklessness”-Standard auch nicht mit dem heute überholten Schuldbegriff der „böslichen Handlungsweise“ des § 273 Abs. 2 HGB a.F. (heute noch in § 52 GenG) gleichgesetzt werden. Denn bösliches Verhalten in diesem Sinne erfordert sogar mehr als vorsätzliches Verhalten. Nach Ansicht des RG muss „jener Frevelmut zu eigen sein, der sich der rechtswidrigen Folge seines Verhaltens bewusst ist“ (RGZ 1, 22). Es genügt also nicht, dass der Schädiger in Bezug auf seine Handlung vorsätzlich handelt. Er muss auch – ähnlich wie

Im Zusammenhang mit der Frage nach dem Verschuldensmaßstab wurde vielfach diskutiert, wie der Kläger seiner Darlegungslast diesbezüglich genügen kann. Teilweise wurde vertreten, dass die Klage schon dann schlüssig ist, wenn der Kläger schlicht behauptet, der Beklagte habe rücksichtslos gehandelt.[288]

Unter Hinweis auf Rule 9 (b) Fed.R.Civ.P.[289] wurde dem entgegengehalten, dass der Kläger entweder darlegen und behaupten muss, dass der Beklagte ein Motiv und die Möglichkeit hatte, wesentliche Tatsachen falsch darzustellen, oder dass sich zumindest aus den vorgetragenen Umständen ergeben muss, dass der Beklagte die Marktteilnehmer rücksichtslos irregeführt hat.[290] Dieser Streit ist nunmehr mit Einführung des § 21D(b)(2) Securities Exchange Act durch den Private Securities Litigation Reform Act im Jahre 1995 zugunsten letzterer Ansicht entschieden worden. Diese Vorschrift sieht vor, dass im Rahmen einer jeden auf den Securities Exchange Act gestützte Schadensersatzklage die Umstände detailliert vorzutragen sind, aus denen sich ergibt, dass der Beklagte rücksichtslos gehandelt hat.[291] Andernfalls ist die Klage schon unschlüssig und aus diesem Grunde ohne Beweisaufnahme abzuweisen.

---

bei § 826 BGB – zumindest mit bedingtem Schädigungsvorsatz gehandelt haben. Vgl. *Beuthien*, GenG, § 52 Rn. 2.
Der im U.S.-amerikanischen Strafrecht verwendete Begriff „recklessness" entspricht weitgehend dem der deutschen „Leichtfertigkeit". „Recklessness" kommt in Betracht, wenn der Täter sich des erhöhten Risikos eines Schadenseintritts bewusst war und dieses Risiko in Kauf genommen hat. Damit ist ein erhöhter Grad von Fahrlässigkeit erforderlich, ohne dass schon vorsätzliches Handeln vorliegen muss. Vgl. *Gifis*, Law Dictionary, S. 399. „Leichtfertigkeit" (vgl. etwa § 331 Nr. 3 HGB) wird gemeinhin mit der groben Fahrlässigkeit des bürgerlichen Rechts gleichgesetzt. Vgl. *Quedenfeld*, in: Münchner Kommentar zum HGB, § 331 Rn. 67; *Tröndle*, in: *Tröndle*, StGB, § 15 Rn. 20 m.w.N. Sie liegt vor, wenn der Täter in grober Achtlosigkeit nicht erkennt, dass er den Tatbestand verwirklicht (er lässt unbeachtet, was jedem einleuchten muss) oder wenn er sich in frivoler Rücksichtslosigkeit über die klar erkennbare Möglichkeit der Tatbestandsverwirklichung hinwegsetzt. *Tröndle*, a.a.O.

[288] *In GlenFed Sec. Litig.*, 11 F.3d 843 (9th Cir. 1993).

[289] Diese Vorschrift regelt, dass in Fällen betrügerischen Verhaltens die ein solches begründenden Umstände detailliert vorzutragen sind.

[290] Dies war der Maßstab, den der Second Circuit angewendet hat. Vgl. etwa *Beck v. Manufactures Hanover Trust Co.*, 820 F.2d 46, 50 (2d Cir. 1987); *In re Time Warner Inc. Sec. Litig.*, 9 F.3d 259 (2d Cir. 1993); *Shields v. Citytrust Bank Corp.*, 25 F.3d 1124 (2d Cir. 1994).

[291] So genügt der Kläger mit dem bloßen Vortrag, dass ein Vorstandsmitglied Aktien der Gesellschaft veräußert hat, nicht seiner Darlegungslast. Der Kläger muss vielmehr zudem darlegen, dass diese Verkäufe zu einer Zeit und in einem solchen Umfang erfolgt sind, dass ein bösliches Verhalten nahe liegt (*Burlington Coat Factory Sec. Litig.*, 114 F.3d 1410 (3d Cir. 1997)). Ebenso wenig genügt die bloße Behauptung eines Motivs, etwa dass der Aktienkurs der Gesellschaft direkten Einfluss auf die Vergütung der Vorstandsmitglieder hat, diese somit einen Anreiz haben, den Aktienkurs zu beeinflussen. Vielmehr müssen noch

bb. Änderungen durch den Private Securities Litigation Reform Act

Im Zuge des Erlasses des Private Securities Litigation Reform Act im Jahre 1995 hat der Gesetzgeber § 27 A Securities Act sowie den wortgleichen § 21 E Securities Exchange Act eingefügt. Danach gilt in Bezug auf Prognosen (forward-looking statements), die unwahre Tatsachen enthalten, ein anderer Verschuldensmaßstab. Der Erklärende haftet nur dann, wenn er tatsächlich von deren Unwahrheit wusste (§ 27A (c) (1) (B) (i) Securities Act; § 21E (c) (1) (B) (i) Securities Exchange Act). Derartige Prognosen sind beispielsweise Vorhersagen über Einkünfte oder Verluste, Kapitalstruktur, Dividenden oder andere finanzielle Gegebenheiten, aber auch Pläne und Ziele des Managements hinsichtlich zukünftiger Geschäfte einschließlich der zugrunde liegenden Annahmen.[292]
Somit reicht „recklessness" nunmehr lediglich in Bezug auf historische Tatsachen für eine Haftung gemäß Rule 10b-5 aus. Für fehlerhafte Annahmen im Zusammenhang mit Prognosen wird nur im Falle vorsätzlichen Handelns gehaftet. Diese Haftungseinschränkung gilt jedoch nicht in Fällen, in denen Prognosen im Zusammenhang mit öffentlichen Übernahmenangeboten oder Initial Public Offerings gemacht werden.[293]

f. Schaden

aa. Haftungsausfüllende Kausalität

Es reicht nicht aus, dass der Kläger nachweist, dass die Fehlinformation durch den Vorstand ihn dazu veranlasst hat, Aktien zu erwerben bzw. zu verkaufen. Er muss zudem nachweisen, dass er keinen Schaden erlitten hätte, wenn die Tatsachen so gewesen wären, wie sie vom Vorstand dargestellt wurden (haftungsausfüllende Kausalität). Es ist also Sache des Klägers nachzuweisen, dass der Schaden gerade aufgrund der Tatsachen hervorgerufen wurde, die von dem

---

weitere Umstände vorgetragen werden, aus denen auf ein bösliches und rücksichtsloses Verhalten geschlossen werden kann. Die bloße Tatsache, dass die Höhe der Vorstandsvergütung vom Kurs der Aktie abhängt, reicht nicht aus, um der Darlegungslast zu genügen (*Acito v. IMCERA Group*, 47 F.3d 47 (2d Cir. 1996)). Aufgrund allgemeiner Lebenserfahrung muss eine hinreichende Wahrscheinlichkeit dafür bestehen, dass aus den konkret vorgetragenen Tatsachen auf ein bösliches und rücksichtsloses Verhalten geschlossen werden kann (vgl. *Lindner Dividend Fund, Inc. v. Ernst & Young*, 880 F.Supp. 49 (D.Mass. 1995)).

[292] Vgl. die Legaldefinition in § 27A (i) (1) Securities Act bzw. § 21E (i) (1) Securities Exchange Act.

[293] Zu weiteren Ausnahmen siehe § 27 A (b) Securities Act bzw. § 21 E (b) Securities Exchange Act. Zur Erforderlichkeit von Warnhinweisen siehe schon oben S. 50.

Beklagten fehlerhaft dargestellt wurden.[294] Der Kongress hat im Jahre 1990 diesen Ansatz in Gesetzesform gegossen und dem Securities Exchange Act einen neuen § 21D(b)(4) hinzugefügt. Dadurch wird dem Kläger die Beweislast dafür auferlegt, dass die Handlung oder Unterlassung des Beklagten, durch die eine kapitalmarktrechtliche Vorschrift verletzt wird, den Schaden verursacht hat, für den der Kläger Ersatz verlangt.

Die Funktion dieses Elements der „loss causation" ist, die Haftung für Schäden auszuschließen, welche nicht die vorhersehbare Konsequenz des Fehlverhaltens des Beklagten darstellen.[295] Zwar mag das Verhalten des Beklagten den Kläger zum Kauf bzw. Verkauf seiner Aktien verleitet haben. Wenn jedoch der Schaden durch andere Faktoren, die in keinem Zusammenhang zu dem Fehlverhalten des Beklagten stehen, verursacht wurde, haftet der Beklagte nicht.[296] Hier vermischt sich die Prüfung der haftungsausfüllenden Kausalität mit der Bestimmung der Schadenshöhe. Kann der Kläger zwar nachweisen, dass das Verhalten des Beklagten ein entscheidender Faktor bei der Entstehung des Schadens war, so steht es dem Beklagten andererseits offen nachzuweisen, dass der Kursverfall der Aktien wenigstens teilweise durch andere Faktoren, wie zum Beispiel einen allgemeinen negativen Trend am Aktienmarkt oder generell schlechte Geschäftsaussichten, hervorgerufen wurde.[297] Dadurch kann der Beklagte den geltend gemachten Schaden mindern.

bb. Schadensberechnung

Die Schadensberechnung bei auf Rule 10b-5 gestützten Klagen gestaltet sich schwierig.[298] Die Probleme resultieren zunächst daraus, dass bei den hier in Rede stehenden Fällen nicht der Vertragspartner verklagt wird, wie beispielsweise in Fällen des Insiderhandels, sondern eine dritte Person. Der Vorwurf, der der dritten Person im Regelfall gemacht wird, ist, dass sie den Marktpreis durch fehlerhafte Informationen beeinflusst hat. Das Problem dabei ist, dass dem Verlust des Geschädigten ein gleich großer Gewinn auf Seiten des Vertragspartners gegenübersteht, der mit der Rechtsverletzung nichts zu tun hat. Zudem werden die Verluste der solchermaßen Geschädigten die „Gewinne" auf

---

[294] Siehe *Bastian v. Petren*, 892 F.2d 680 (7th Cir. 1990). Anders noch *Schlick v. Penn-Dixie*, 507 F.2d 374 (2d Cir. 1974)
[295] Vgl. *Clark*, Corporate Law, S. 337.
[296] *Bruschi v. Brown*, 876 F.2d 1526, 1530 (11th Cir. 1989). Siehe auch *Manufacturers Hanover Trust Co. v. Drysdale Sec. Corp.*, 801 F.2d 13, 20-21.
[297] *Jennings/Marsh/Coffee/Seligman*, Securities Regulation, S. 1180.
[298] Vgl. im einzelnen *Finkelstein*, 51 Fordham Law Review (1983), 838 ff.

Seiten der Schädiger weit übersteigen. Deshalb können nicht, wie in Fällen des Insiderhandels,[299] die Gewinne des Schädigers abgeschöpft werden.[300]
Der zu ersetzende Schaden wegen einer Verletzung von Rule 10b-5 wird statt dessen im Regelfall aus der Differenz zwischen dem Preis, den der Kläger für die Aktien gezahlt hat, und dem tatsächlichen Wert des Papiers im Zeitpunkt des Kaufes (sog. „out-of-pocket loss") ermittelt.[301] Rückabwicklung kommt bei den hier in Rede stehenden Fällen nicht in Betracht, da die verklagten officers und directors nicht Vertragspartner sind. [302] Strafschadensersatz (punitive damages) kann nicht verlangt werden.[303]

Die solchermaßen vorzunehmende Schadensberechung wirft eine Reihe praktischer Probleme auf. Insbesondere die Bestimmung des hypothetischen Wertes der Aktie zu einem bestimmten Zeitpunkt, in dem alle Informationen

---

[299] Vgl. *Elkind v. Liggett & Myers*, 635 F.2d 156, 167 (2d Cir. 1980). Dazu *Ratner*, Securities Regulation, S. 284.

[300] Ein weiteres Problem ist, dass dem Schaden auf Seiten des Klägers kein eigentlicher Gewinn auf Seiten der officers und directors gegenüber steht. Zumindest werden die aufaddierten Verluste aller Aktionäre die „Gewinne" der officers und directors weit übersteigen. Daher wird zur Schadensberechnung in Fällen, in denen der Kläger Aktien aufgrund fehlerhafter Informationen ge- oder verkauft hat, auf dessen Schaden abgestellt, während in Fällen des Insiderhandels der Gewinn beim Beklagten abgeschöpft werden soll und daher dessen Gewinn als Maßstab für die Schadensberechnung herangezogen wird. Vgl. *Elkind v. Liggett & Myers*, a.a.O.

[301] Vgl. *Affiliated Ute Citizens v. United States*, 406 U.S. 128 (1972); *Janigan v. Taylor*, 344 F.2d 781, 786 (1st Cir. 1965). Für den Fall jedoch, dass die Aktien des Kläger an Wert verlieren, obgleich die Preise am Markt insgesamt steigen, ist jedoch entschieden worden, dass der Schaden nicht auf den Wertverlust der Aktien beschränkt ist, sondern dass auch berücksichtigt werden muss, dass die Papiere dem generellen Markttrend nicht folgen konnten. *Medical Assocs. of Hamburg P.C. v. Advest, Inc.*, 1989 U.S. Dist. LEXIS 11253 (W.D.N.Y.).

[302] *Huddleston v. Herman*, 640 F.2d 534 (5th Cir. 1981); Green v. Occidental, 541 F.2d 1335 (9th Cir. 1976).

[303] *Cyrak v. Lemon*, 919 F.2d 320 (5th Cir. 1990); *Byrnes v. Faulkner, Dawkins & Sullivan*, 550 F.2d 1303, 1313 (2d Cir. 1977). Der Ausschluss von Strafschadensersatz erscheint aus der Perspektive des U.S.-amerikanischen Rechts nicht unbedingt nachvollziehbar. Denn die Individualklagen sollen gerade ein abschreckende Wirkung entfalten. Sie sollen verhindern, dass Informationspflichten nicht ordnungsgemäß nachgekommen wird. Strafschadensersatz würde die abschreckende Wirkung noch erhöhen. Die Gerichte haben jedoch, gestützt auf § 28 (a) Securities Exchange Act, entschieden, dass Strafschadensersatz nicht geltend gemacht werden kann, obgleich durchaus zweifelhaft ist, ob die genannte Vorschrift tatsächlich „punitive damages" verbieten soll oder nicht vielmehr lediglich verhindern soll, dass der Kläger doppelt, also gemäß den Securities Laws und dem einzelstaatlichen Gesellschaftsrecht, entschädigt wird. Vgl. *Ratner*, Securities Regulation, S. 286. Verbindet der Kläger allerdings seinen Anspruch gemäß dem Bundeswertpapiergesetz mit einem common law Anspruch, ist er nicht gehindert Strafschadensersatz aufgrund common law zu verlangen. *Coffee v. Permian Corp.*, 474 F.2d 1040 (5th Cir. 1973).

richtig und vollständig bekannt gemacht worden wären, gestaltet sich schwierig.[304] Teilweise bestimmen die Gerichte den solchermaßen anzusetzenden Wert, indem sie den Preis der Aktie zugrunde legen, den diese erreicht, nachdem alle Informationen richtig bekannt gemacht wurden und der Markt Zeit hatte, diese neuen Informationen zu verarbeiten.[305] Allerdings ist zu bedenken, dass der Preis der Aktie in der Zwischenzeit von anderen Faktoren, die mit der Richtigstellung nichts zu tun haben, beeinflusst worden sein kann.[306] Es muss also bestimmt werden, in welchem Umfang Preisveränderungen der fehlerhaften Information zugerechnet werden können, und in welchem Umfang sie durch andere Faktoren hervorgerufen wurden.[307]

Dazu werden die Faktoren, die den Preis einer Aktie beeinflussen, in allgemeinwirtschaftliche, branchenspezifische und gesellschaftsspezifische Faktoren unterteilt. Die Situation an den Aktienmärkten wird von der gesamtwirtschaftlichen Situation beeinflusst. Zudem stehen Aktien im Wettbewerb mit anderen Investmentformen. Die Auswirkungen dieser allgemeinen Marktbedingungen auf den Wert der Aktien eines einzelnen Unternehmens werden zumeist durch Vergleich der Wertentwicklung eben dieser Aktien mit der Wertentwicklung von breiten Markt-Indizes (z.B. Standard & Poor's 500) ermittelt und herausgerechnet. Um branchenspezifische Faktoren herauszurechnen, wird auf entsprechende Branchen-Indizes zurückgegriffen, die die Entwicklung der Branche widerspiegeln, in der die betreffende Gesellschaft tätig ist. Diese Indizes werden meist besonders für die Schadensberechnung konstruiert, da ein Unternehmen nicht unbedingt eindeutig einer einzelnen Branche zugeordnet werden kann.[308] Zuletzt werden firmenspezifische Faktoren herausgerechnet, die zwar den Preis der Aktie beeinflusst haben, die aber nicht auf die irreführenden Informationen zurückzuführen sind. Dies geschieht dadurch, dass die Wertentwicklung der Aktien über einen Zeitraum, der nicht von der Fehlinformation betroffen ist, ermittelt und so ein Korrelationskoeffizient im Verhältnis zu den Indizes errechnet wird. Dieser Koeffizient wird dann dazu benutzt, die Preisbewegungen zu ermitteln, die nicht von den Markt- bzw. Branchenindizes erfasst werden. Diese restlichen Preisbewegungen dienen dann dazu zu bestimmen, welche Wertveränderungen auf firmenspezifische Faktoren zurückzuführen sind, die nicht im Zusammenhang mit der Fehlinformation stehen. Auf diese Weise können die Auswirkungen der Fehlinformation auf den Preis der

---

304 Vgl. zum folgenden eingehend *Cornell/Morgan*, 37 UCLA L.Rev. 883, 889 ff. (1990); *Fischel*, 38 Bus.Law. 1, 17 ff. (1982).

305 Vgl. *Mitchell v. Texas Gulf Sulphur*, 446 F.2d 90 (10th Cir. 1971).

306 Vgl. *Green v. Occidental*, 541 F.2d 1335 (9th Cir. 1976).

307 *Koslow*, 59 Fordham L.Rev. 811 (1991).

308 Vgl. *In Re Seagate Technology II Securities Litigation*, 843 F.Supp. 1341, 1348 (N.C.Cal. 1994).

Aktie ermittelt und deren „wahrer Wert" bestimmt werden, also der Wert, den die Aktien gehabt hätte, wären korrekte Informationen erteilt worden.

Nachdem der Preis und der „wahre Wert" der Aktien auf diese Weise ermittelt wurden, kann der Schaden des Klägers berechnet werden. Dabei sind zwei Fälle zu unterscheiden. Hält der Aktionär seine Aktien über den Zeitraum hinaus, in dem der Wert der Papiere aufgrund der Fehlinformation künstlich erhöht ist, bemisst sich der Schaden einfach aus der Differenz zwischen dem Preis und dem wahren Wert des Papiers zum Zeitpunkt des Kaufes multipliziert mit der Anzahl der gekauften Papiere. Hat der Aktionär seine Wertpapiere jedoch vor der Berichtigung der Fehlinformation bereits wieder verkauft, ist zu berücksichtigen, dass er seine Papiere ebenfalls zu einem künstlich überhöhten Preis verkaufen konnte. Dies ist bei der Schadensberechnung zu berücksichtigen. Von der Differenz aus Kaufpreis und wahrem Wert im Zeitpunkt des Kaufes ist dementsprechend die Differenz aus Verkaufspreis und wahrem Wert der Aktie im Zeitpunkt des Verkaufes zu subtrahieren. Da im Regelfall in dem Zeitraum vor der Korrektur der Fehlinformationen der Faktor, um den der Preis der Aktie künstlich erhöht ist, gleich bleibt, ist der Schaden mit Null anzusetzen.[309]

Mit dem Private Securities Reform Act aus dem Jahre 1995 wurde ein neuer § 21 (D) (e) in den Securities Exchange Act eingefügt. Dieser sieht vor, dass der gemäß Rule 10b-5 zu ersetzende Schaden der Höhe nach auf die Differenz zwischen dem gezahlten oder erhaltenen Preis und dem mittleren Handelspreis, zu dem das Papier innerhalb eines Zeitraums von 90 Tagen nach Richtigstellung der fehlerhaften Informationen gehandelt worden ist, beschränkt ist (§ 21 (D) (e) (1) Securities Exchange Act). Wenn der Kläger das Wertpapier vor Ablauf des 90 Tage-Zeitraums ge- bzw. verkauft hat, wird statt auf den mittleren Handelspreis über den 90 Tage-Zeitraum auf den mittleren Handelspreis über den Zeitraum zwischen Richtigstellung der Information und dem Zeitpunkt, in dem der Kläger das Papier ge- bzw. verkauft hat, abgestellt. In diesem Fall ist der zu ersetzende Schaden somit auf die Differenz zwischen den vom Kläger erhaltenen bzw. gezahlten Preis und dem mittleren Handelspreis, zu dem das Papier innerhalb des Zeitraums zwischen Richtigstellung der Falschinformation und dem Kauf bzw. Verkauf durch den Kläger gehandelt worden ist, begrenzt (§ 21 (D) (e) (2) Securities Exchange Act).[310]

---

[309] Vgl. *In Re Seagate Technology II Securities Litigation*, 843 F.Supp. 1341, 1350 (N.D.Cal. 1994).

[310] Einzelheiten zur Schadensberechnung bei *Fleischer*, BB 2002, 1869, 1872 ff.

g. Haftungsverpflichtete und gesamtschuldnerische Haftung

Nicht nur die officers und directors einer Gesellschaft können gemäß Rule 10b-5 haftbar gemacht werden, sondern auch die Gesellschaft selbst.[311] Das Verhalten und Verschulden der directors und officers wird als solches der Gesellschaft angesehen,[312] zumindest solange kein Eigeninteresse seitens der handelnden Personen gegeben ist[313]. Der Rechtsfigur des „respondeat superior"[314] bedarf es für die Zurechnung nicht.[315]

Bis zum Erlass des Private Securities Litigation Reform Act im Jahre 1995 galt nach common law eine gesamtschuldnerische Haftung aller Verpflichteten. Dabei wurde überwiegend von einer Haftung aller Beteiligten zu gleichen Teilen ausgegangen.[316] Nunmehr ist durch den neu eingefügten § 21 D (f) (8) Securities Exchange Act klargestellt, dass jede Person nur entsprechend ihrem Verschuldensanteil haftet. Außerdem ist eine gesamtschuldnerische Haftung nur für den Fall vorgesehen, dass eine Person vorsätzlich gegen Rule 10b-5 verstoßen hat (§ 21 D (f) (2) (A) Securities Exchange Act). Hat eine Person lediglich rücksichtslos gehandelt, haftet sie nur entsprechend ihrem Verschuldensanteil (§ 21 D (f) (2) (B) Securities Exchange Act).

h. Verjährung

Die Verjährung von Ansprüchen gemäß Rule 10b-5 war bisher nicht ausdrücklich geregelt. In *Lampf, Pleva, Lipkind, Prupis & Petigrow v. Gilbertson*[317] entschied der Supreme Court, dass Ansprüche gemäß Rule 10b-5 innerhalb eines Jahres nach Aufdeckung der Verletzungshandlung[318] und nicht später als

---

[311] Vgl. *Musick, Peeler & Garrett v. Employers Insurance*, 507 U.S. 286 (1993).

[312] Vgl. *Baker v. Latham Sparrowbush Assocs.*, 72 F.3d 246 (2d Cir. 1995).

[313] Vgl. *BCCI Holdings, S.A. v. Clifford*, 964 F.Supp. 468 (D.D.C. 1997).

[314] Aufgrund dieser Rechtsfigur werden sonst deliktische Handlungen beispielsweise eines Arbeitnehmers dem Arbeitgeber zugerechnet.

[315] *Naye v. Boyd, Fed.Sec.L.Rep.* (CCH) Nr. 92, 979 bei 94,807 (W.D.Wash. 1986).

[316] In *Musick, Peeler & Garrett v. Employers Ins. of Wausau*, 508 U.S. 286 (1993) entschied der Supreme Court, dass die Aufteilung wie auch bei den §§ 9 und 18 Securities Act „as in cases of contract" zu erfolgen hat. Diese bedeutet im Regelfall eine Aufteilung nach Köpfen. Auch im Deliktsrecht erfolgt eine Aufteilung bei mehren Verantwortlichen im Regelfall nach Köpfen. Vgl. *Gifis*, Law Dictionary, S. 99 (Stichwort: „contribution"). Davon sind auch die meisten unteren Instanzen vor der Entscheidung des Supreme Court ausgegangen. Vgl. *Globus v. Law Research Service*, 318 F.Supp. 955 (S.D.N.Y. 1970), aber auch *Smith v. Mulvaney*, 827 F.2d 558 (9th Cir. 1987).

[317] 501 U.S. 350 (1991).

[318] Die Frist beginnt mit dem Zeitpunkt, in dem dem Anspruchssteller die anspruchsbegründenden Tatsachen bekannt waren oder bei Anwendung der erforderlichen Sorgfalt hätten bekannt sein müssen. Vgl. *Eckstein v. Balcor Film Investors*, 58 F. 3d 1162

drei Jahre nach der Verletzung[319] gerichtlich geltend gemacht werden müssen. Der Supreme Court hat damit die Verjährungsfristen angewandt, die für zahlreiche andere Ansprüche des Securities Exchange Act gelten, und sich gegen die analoge Anwendung entsprechender einzelstaatlicher Vorschriften gewandt.[320] Mit Erlass des Sarbanes-Oxley Act im Jahre 2002 hat der Gesetzgeber dann in das allgemeine Prozessrecht[321] eine Regelung eingefügt,[322] wonach Ansprüche privater Kläger, die ihren Grund in betrügerischen Verhaltensweisen zur Umgehung der Regelungen der Securities Laws finden, innerhalb von zwei Jahren nach Aufdeckung der Fakten und nicht später als fünf Jahre nach der Verletzungshandlung geltend gemacht werden müssen (28 U.S.C. 1658 (b)).[323]

In der Praxis sind die Verjährungsvorschriften jedoch nicht von allzu großer Bedeutung und stellen keinen sonderlich wirkungsvollen Schutz für die officers und directors dar. Denn die typische auf Rule 10b-5 gestützte Gruppenklage wird gewöhnlich lediglich Tage oder gar Stunden nach der Berichtigung der fehlerhaften Informationen bei Gericht erhoben. Im Regelfall stützen die Kläger ihre Ansprüche darauf, dass die officers und directors über einen längeren Zeitraum irreführende Informationen herausgegeben haben oder wesentliche Informationen nicht veröffentlicht haben und die Aktien daher am Markt zu hoch bewertet wurden. Die Verjährungsvorschriften haben in diesen Fällen nur noch zur Folge, dass die Zahl der Anspruchsberechtigten auf die Personen reduziert wird, die innerhalb der Fünf-Jahres-Frist Aktien ge- oder verkauft haben.

(7th Cir. 1995). Einige Gericht stellen jedoch ausschließlich auf die tatsächliche Kenntnis der anspruchsbegründenden Voraussetzung für den Beginn der Verjährungsfrist ab. Vgl. *Douglas v. Tonigan*, 830 F.Supp. 457 (N.D.Ill. 1993).

319 Zwischen den Gerichten ist streitig, ob die Dreijahresfrist mit dem Kauf der Wertpapiere durch den Anspruchssteller oder mit der Fehlinformation durch die officers oder directors zu laufen beginnt. Vgl. *Cooperativa de Ahorro y Credito Aguada v. Kidder, Peabody & Co.*, 993 F.2d 269 (1st Cir. 1993) einerseits und *Klein v. Goetzmann*, 770 F.Supp. 78 (N.D.N.Y. 1991) andererseits.

320 Diese sehen einen Verjährungszeitraum von sechs bis zehn Jahren vor. Vgl. dazu auch *Assmann*, Prospekthaftung, S. 180.

321 Diese neue Verjährungsregelung wurde nicht in den Securities Exchange Act oder den Securities Act eingefügt, sondern in U.S.C. Title 28 (Judiciary and Judicial Procedure), Part V (Procedure), Chapter 111 (General Provisions), Section 1658 (Time limitations on the commencement of civil actions arising under Acts of Congress).

322 Sec. 804 Sarbanes-Oxley Act.

323 Diese Regelung dürfte nur für die sogenannten „implied rights of action" (Rule 10b-5, Rule 14a-9, § 14 (e) Securities Exchange Act) gelten, da für die ausdrücklichen Haftungsbestimmungen speziellere Verjährungsregelungen vorgesehen sind (vgl. § 13 Securities Act, § 18 (c) Securities Exchange Act), die durch den Sarbanes-Oxley Axt nicht geändert wurden.

2. Haftung gemäß § 18 Securities Exchange Act

Jede Gesellschaft, die gemäß § 12 (g) Securities Exchange Act registriert ist, ist verpflichtet, Jahres- und Quartalsberichte[324] bei der SEC einzureichen.[325] Die Verwaltungsmitglieder der Gesellschaft können persönlich für eine Missachtung dieser Berichtspflicht verantwortlich gemacht werden. Außerdem sieht § 18 Securities Exchange Act eine persönliche Haftung für irreführende Angaben in bei der SEC eingereichten Unterlagen vor. Danach haftet jede Person, die irreführende Angaben in Bezug auf wesentliche Tatsachen in den bei der SEC einzureichenden Berichten macht, gegenüber Personen, die im Vertrauen auf diese Angaben Aktien zu einem Preis ge- oder verkauft haben, der durch die fehlerhaften Angaben beeinflusst war. Der Beklagte entgeht einer Haftung jedoch dann, wenn er nachweisen kann, dass er in gutem Glauben gehandelt hat und von der Fehlerhaftigkeit der Angaben keine Kenntnis hatte.
Die Klage gemäß § 18 Securities Exchange Act muss innerhalb eines Jahres nach Aufdeckung der falschen Tatsachen, spätestens aber drei Jahre nach der falschen Tatsachendarstellung erhoben werden (§ 18 (c) Securities Exchange Act).[326] Im Gegensatz zu einem Anspruch gemäß § 10 (b) Securities Exchange Act muss der Kläger nicht das Verschulden des Beklagten nachweisen. Vielmehr trägt der Beklagte die Beweislast dafür, dass er in gutem Glauben an die Richtigkeit der Angaben gehandelt hat. In dieser Hinsicht werden an eine Klage gemäß § 18 Securities Exchange Act also geringere Anforderungen gestellt als an eine auf § 10 (b) Securities Exchange Act gestützte Klage. Andererseits hat der Beklagte die Möglichkeit, sich auf seinen guten Glauben zu berufen, und zudem muss der Kläger den Nachweis führen, dass er selbst die Aktien im Vertrauen auf die irreführenden Angaben erworben hat. Aus diesen Gründen werden Klagen im Regelfall auf Rule 10b-5 gestützt und es wird nicht auf § 18 Securities Exchange Act zurückgegriffen.[327] Zwar wird teilweise vertreten, dass in diesen Fällen ausschließlich § 18 (a) Securities Exchange Act zur Anwendung kommen soll, um dessen Voraussetzungen nicht zu umgehen,[328] jedoch ist der Anwendungsbereich von Rule 10b-5 in der Zwischenzeit so weit ausgedehnt worden, dass auch Fälle erfasst werden, die schon eine Verletzung anderer, ausdrücklicher Haftungsvorschriften des Kapitalmarktrechts darstellen. Die Gerichte haben sich dagegen gewehrt, den Erfolg einer Klage davon abhängig zu machen, wo eine fehlerhafte Tatsachenbehauptung ihren Nieder-

---

[324] Vgl. dazu oben S. 29 ff.

[325] § 18 Securities Exchange Act wird von einigen Gerichten auch auf bei den Börsen einzureichende Berichte angewandt. Vgl. *Fischman v. Raytheon Mfg. Co.*, 188 F.2d 783 (2d Cir. 1951).

[326] § 804 Sarbanes-Oxley Act bezieht sich lediglich auf die „implied rights of action". Siehe oben S. 97.

[327] Vgl. *Knepper/Bailey*, Liability, S. 568.

[328] Hinweise bei *Knepper/Bailey*, Liability, S. 568 Fn 248.

schlag gefunden hat.[329] Es ist sehr wahrscheinlich, dass diese Praxis beibehalten wird und dass Klagen weiterhin selten auf § 18 Securities Exchange Act gestützt werden.[330]
Zudem greift § 18 Securities Exchange Act nicht für alle denkbaren Fälle. Vielmehr werden nur irreführende Angaben erfasst, die in bei der SEC eingereichten Unterlagen zu finden sind. Mündlich gemachte Angaben oder Informationen in sonstigen schriftlichen Äußerungen, die im Zusammenhang mit dem Kauf oder Verkauf eines Wertpapiers gemacht werden, werden hiervon nicht erfasst.

3. *Haftung gemäß § 17 (a) Securities Act*

§ 17 (a) Securities Act ist eine allgemeine Vorschrift zum Schutz der Investoren gegen Anlagebetrug. Sie greift unabhängig davon ein, ob gegen die Registrierungserfordernisse des Securities Act oder gegen gesetzliche Publizitätsvorschriften verstoßen wurde. Die Vorschrift verbietet nach ihrem Wortlaut die unrichtige Darstellung oder Unterdrückung von Tatsachen sowie alle anderen täuschenden Handlungen im Zusammenhang mit dem Anbieten von Wertpapieren. § 17 (a) Securities Act gleicht Rule 10b-5 somit in weiten Zügen. Tatsächlich haben sich die Verfasser von Rule 10b-5 an der Vorschrift des § 17 (a) Securities Act orientiert. Unterschiede bestehen darin, dass Rule 10b-5 sowohl Verkäufe als auch Käufe umfasst, während § 17 (a) Securities Act lediglich von Verkäufen spricht. Außerdem erfasst § 17 (a) nach seinem Wortlaut bereits Verkaufsangebote, während Rule 10b-5 erst im Zeitpunkt des Verkaufes eingreift.

Ein weiterer wichtiger Unterschied ist, dass Individualklagerechte privater Anleger gemäß § 17 (a) Securities Act nicht allgemein anerkannt sind. Denn bei § 17 Securities Act handelt es sich in erster Linie um eine strafrechtliche Vorschrift. Gerade der neuere Trend in der Rechtsprechung wendet sich gegen eine zu weitgehende Anerkennung privater Klagerechte.[331] Dies gilt auch im Zusammenhang mit § 17 Securities Act. Diese Vorschrift wird daher auf Sanktionen der SEC, wie strafrechtliche Verfolgung oder auch Unterlassungsklagen, beschränkt. Private Klagen können nach überwiegender Meinung nicht auf § 17 Securities Act gestützt werden, so dass statt dessen auf § 10 (b) Securities Exchange Act zurückgegriffen werden muss.[332]

---

[329] Vgl. z.B. *Ross v. A.H. Robins Co., Inc.*, 607 F.2d 545 (2d Cir. 1979).
[330] *Knepper/Bailey*, Liability, S. 568.
[331] Vgl. etwa *Finkel v. Stratton Corp.*, 962 F.2d 169, 175 (2d Cir. 1992). Siehe auch *Clark*, Corporate Law, S. 748.
[332] Vgl. *Finkel v. Stratton Corp.*, 962 F.2d 169, 174-175 (2d Cir. 1992) mit umfangreichen weiteren Nachweisen. Früher wurde dies teilweise anders gesehen. Vgl. z.B. *Pfeffer v.*

III. Sonderfälle

1. Haftung bei der Einwerbung von Stimmrechtsvollmachten (Rule 14a-9)

Rule 14a-9 erstreckt das Verbot, irreführende Angaben zu machen, auf das Verfahren der Einwerbung von Vollmachten zur Ausübung des Stimmrechts in der Hauptversammlung. Diese Vorschrift ist eine Konkretisierung der allgemeineren Rule 10b-5 für Fälle, die die Einwerbung von Stimmrechtsvollmachten betreffen. Gemäß Rule 14a-9, die von der SEC aufgrund der Ermächtigungsvorschrift des § 14 (a) Securities Exchange Act[333] erlassen wurde, ist es unzulässig, Stimmrechtsvollmachten mit Hilfe von Erklärungen einzuwerben, die falsche oder irreführende Angaben enthalten oder wesentliche Tatsachen unterdrücken. Dieser Auffangtatbestand soll sicherstellen, dass den Aktionären alle für eine Entscheidung wesentliche Informationen mitgeteilt werden. Die Vorschrift dient somit dem Schutz der Aktionäre und dem Schutz der Integrität des Abstimmungsverfahrens. Denn im Ergebnis ist die „proxy solicitation" nichts anderes als ein Ersatz für die Durchführung der Hauptversammlung. Formal findet letztere zwar immer noch statt, der Aktionär entscheidet jedoch bereits mit Vergabe seiner Vollmacht und nimmt an der Hauptversammlung selbst nicht mehr teil.

Ebenso wenig wie Rule 10b-5 bzw. § 10 (b) Securities Exchange Act sind Rule 14a-9 bzw. § 14 (a) Securities Exchange Act als Anspruchsgrundlagen formuliert. Sie beinhalten lediglich einen Verbotstatbestand. In *J.I. Case Co. v. Borak*[334] hat der Supreme Court jedoch entschieden, dass Rule 14a-9 zur Grundlage von Schadensersatzklagen gemacht werden kann.[335] Voraussetzung eines Anspruchs gemäß Rule 14a-9 ist, (a) dass eine wesentliche Tatsache in den Unterlagen zur Einwerbung der Stimmrechtsvollmachten falsch dargestellt oder nicht erwähnt wurde, (b) dass der Schaden durch diese Irreführung verursacht wurde und dass (c) der Beklagte zumindest fahrlässig gehandelt hat.

Cressaty, 223 F.Supp. 756 (S.D.N.Y. 1963), aus jüngerer Zeit aber auch *Craighead v. E.F. Hutton & Co., Inc.*, 899 F.2d 485, 492-493. Aus der Literatur vgl. *Knepper/Bailey*, Liability, S. 531 m.w.N.

[333] § 14 (a) Securities Exchange Act ermächtigt die SEC, Vorschriften hinsichtlich der Einwerbung von Stimmrechtsvollmachten zum Schutz des öffentlichen Interessen oder zum Schutz der Investoren zu erlassen.

[334] 377 U.S. 426 (1964).

[335] Zur Entwicklung privater Schadensersatzklagen siehe oben S. 33 ff.

a. Falsche Darstellung wesentlicher Tatsachen

Für die Fälle, in denen das Management aktiv falsche Informationen herausgibt, ergeben sich hinsichtlich der rechtlichen Beurteilung keine Unterschiede zu Rule 10b-5, so dass auf die Darstellung dort verwiesen werden kann.[336]

Hinsichtlich einer Haftung aufgrund Unterlassens sind jedoch einige Unterschiede zu verzeichnen. Im Zusammenhang mit der Information der Aktionäre über die anstehende Entscheidung, für die Stimmrechtsvollmacht erteilt werden soll, stellt sich die Frage, in welchem Umfang die Aktionäre informiert werden müssen. Einerseits sind Aktionäre an einer möglichst weitgehenden Information interessiert. Andererseits muss gewährleistet bleiben, dass die Informationen für den einzelnen Aktionär auch verarbeitbar bleiben und dass wichtige Informationen nicht zwischen weniger wichtigen „versteckt" werden.
In Fällen, in denen bestimmte Tatsachen überhaupt nicht offengelegt wurden, ist die Beurteilung recht einfach. Es ist schlicht zu prüfen, ob es sich um eine Tatsache handelt und ob diese entscheidungserheblich ist.[337] Eine gesonderte Pflicht zur Offenlegung, wie bei Rule 10b-5, ist nicht erforderlich. Die Pflicht zur Offenlegung aller entscheidungserheblichen Informationen ergibt sich direkt aus Rule 14a-9. Eine Tatsache ist erheblich, wenn ein durchschnittlicher, objektiver Investor sie bei seiner Entscheidungsfindung als wichtig eingestuft hätte. Es muss hinreichend wahrscheinlich sein, dass die Offenlegung der Information die Entscheidungsgrundlage des Aktionärs wesentlich verändert hätte.[338] So muss das Management offen legen, dass Angebote anderer Gesellschaften vorlagen, wenn es die Zustimmung der Aktionäre zu einer Verschmelzung einholt.[339] Auch Interessen der Gesellschaft an einer Nichtveröffentlichung können keine Berücksichtigung finden. Hält es das Management für im besten Interesse der Gesellschaft, bestimmte Informationen nicht zu veröffentlichen, darf es eine Zustimmung der Aktionäre zu einer Transaktion, für die eben diese Informationen wesentlich sind, nicht einholen.[340]

---

[336] Siehe oben S. 68 ff.

[337] Vgl. dazu oben S. 40 ff.

[338] Vgl. *TSC Industries, Inc. v. Northway, Inc.*, 426 U.S. 438 (1976).

[339] Vgl. *United States Smelting, Refining and Mining Co. v. Clevite Corp.*, Fed.Sec.L.Rptr. ¶ 92,691 (N.D.Ohio 1968).

[340] *Berman v. Thomson*, 312 F.Supp. 1031 (N.D.Ill. 1970). Geht es um die Zustimmung der Aktionäre zu einer Unternehmenstransaktion, beispielsweise einem Unternehmenszusammenschluss, lässt sich die Frage, welche Informationen offen zu legen sind, mit dem materiality test beantworten. Schwieriger wird die Frage jedoch, wenn die Vollmachtsstimmrechte zur jährlichen Wahl der directors eingeworben werden. Welche Informationen müssen dann offengelegt werden? Müssen beispielsweise Insichgeschäfte oder auch anderes Fehlverhalten in den Unterlagen zur jährlichen Wahl der directors offengelegt werden? Wenn man den Begriff der „Erheblichkeit von Informationen" weit auslegt, könnten Aktionäre auf diese

Es reicht jedoch nicht aus, alle wesentlichen Informationen in den Unterlagen bekannt zu machen, sondern besonders entscheidungserhebliche Informationen müssen zudem hervorgehoben werden.[341] So soll verhindert werden, dass die entscheidenden Informationen schwer auffindbar sind.[342]

b. Kausalität

Im Falle von Schadensersatzansprüchen muss der Kläger grundsätzlich nachweisen, dass die unrichtigen oder unvollständigen Angaben in den Unterlagen zur Einwerbung der Vollmachtsstimmrechte seinen Schaden verursacht haben. Im Falle eines auf Rule 14a-9 gestützten Anspruchs muss er jedoch nicht beweisen, dass er sich auf die unrichtigen oder unvollständigen Angaben verlassen hat. Es reicht vielmehr aus, dass gezeigt wird, dass die unrichtigen oder unvollständigen Angaben für die Entscheidungsfindung eines durchschnittlichen Investors erheblich waren und dass die proxy solicitation selbst – und nicht unbedingt die falsche Information - ein wesentliches Glied (essential link) in der Kette war, die zur Durchführung der Transaktion führte.[343] Der Nachweis, dass die falsche Information das Abstimmungsergebnis beeinflusst hat, ist somit nicht erforderlich. Dies erleichtert die Beweisführung für den Kläger erheblich.

In *Mills v. Electric Auto-Lite*[344] war die Mergenthaler Linotype Co. Eigentümerin von über 50 % der Aktien der Electric Auto-Lite Co. Alle directors der Auto-Lite waren von der Mehrheitsaktionärin benannt worden. Den Aktionären von Auto-Lite waren vom Management Unterlagen zur Einwerbung

---

Weise § 14 (a) Securities Exchange Act dazu nutzen, Wiedergutmachung für behauptetes Mismanagement oder für Treuepflichtverletzungen zu fordern. Dabei handelt es sich jedoch um Fragen, die von den einzelstaatlichen Gesellschaftsrechten geregelt sind (*Knepper/Bailey*, Liability, §13-7, S. 473). Daher gehen die meisten Gerichte davon aus, dass lediglich Insichgeschäfte der directors erheblich sind und daher offengelegt werden müssen. Vgl. z.B. *Maldonado v. Flynn*, 597 F.2d 789 (2d Cir. 1979). Liegt jedoch lediglich einfaches Mismanagement vor, sind die Gericht zurückhaltender in der Annahme einer erheblichen Tatsache. So werden beispielsweise Bestechungszahlungen im Ausland, die Gegenstand einzelstaatlicher Gesetzgebung sind, als einfaches Mismanagement angesehen und müssen als solche im Verfahren der Einwerbung von Stimmrechtsvollmachten nicht offengelegt werden. Vgl. *Gaines v. Haughton*, 645 F.2d 761 (9th Cir. 1981). Auch eine bloße Verletzung der Treuepflicht oder eine Verschwendung von Gesellschaftsmitteln wird nicht als erheblich angesehen (vgl. *Knepper/Bailey*, Liability, §13-7, S. 474).

341 *Kohn v. American Metal Climax, Inc.*, 322 F.Supp. 1331 (E.D.Pa 1970), aff'd, 458 F.2d 255 (3d Cir. 1972); *Gould v. American Hawaiian Steamship Co.*, 331 F.Supp. 981 (D.Del. 1971), aff'd 535 F.2d 761 (3d Cir. 1976).

342 Diskutiert wird diese Problematik unter dem Stichwort „burried facts doctrine". Vgl. auch *Smallwood v. Pearl Brewing Co.*, 489 F.2d 579 (5th Cir. 1974).

343 *Mills v. Electric Auto-Lite Co.*, 396 U.S. 375, 384-385 (1970).

344 396 U.S. 375 (1970).

von Stimmrechtsvollmachten zugesandt worden, mit denen um die Zustimmung zu einer Verschmelzung von Auto-Lite auf Mergenthaler ersucht wurde. In den Unterlagen wurde festgestellt, dass der board of directors von Auto-Lite der Verschmelzung zugestimmt habe. Es wurde jedoch nicht erwähnt, dass alle directors von Mergenthaler benannt worden und von dieser abhängig waren. Nach einzelstaatlichem Gesellschaftsrecht war für die Durchführung der Verschmelzung eine Zwei-Drittel-Mehrheit erforderlich, so dass es der Zustimmung zumindest eines Teils der Minderheitsaktionäre bedurft hatte. Der Supreme Court verlangte nun nicht, dass die Kläger – Minderheitsaktionäre der Auto-Lite – nachwiesen, dass bei vollständiger Information genügend (Minderheits-) Aktionäre gegen den Zusammenschluss gestimmt hätten. Ein derartiger Ansatz wäre unpraktikabel, da man dann bestimmen müsste, wie viele Stimmen von der fehlerhaften Information beeinflusst waren. Statt dessen mussten die Kläger nur zeigen, dass der Zusammenschluss ohne Durchführung einer proxy solicitation unter den Minderheitsaktionären nicht möglich gewesen wäre. Dies reicht aus, um die notwendige Kausalität nachzuweisen.

Schwieriger ist die Frage der Kausalität in dem Fall zu beantworten, in dem es auf die Stimmen der außenstehenden Aktionäre nicht ankommt, da der Mehrheitsaktionär bereits über genügend Stimmen zur Durchführung der Transaktion verfügt. Sogar in einer derartigen Situation hat der Second Circuit entschieden, dass die Einwerbung von Stimmrechtsvollmachten entscheidender Teil eines Unternehmenszusammenschlusses ist. Dies gelte zumindest für den Fall, dass eine Verbesserung der Bedingungen nicht auszuschließen ist, wenn die Minderheit gegen die Maßnahme stimmten.[345] Der Supreme Court hat jedoch diesen Ansatz verworfen und entschieden, dass keine Kausalität vorliegt, wenn die Stimmen der außenstehenden Aktionäre für die Zustimmung zur Transaktion nicht notwendig sind.[346] Etwas anderes gilt lediglich dann, wenn die Aktionäre durch ihre Zustimmung zu der Transaktion ihnen vom einzelstaatlichen Gesellschaftsrecht gewährte Rechte verlieren. Nach einzelstaatlichem Gesellschaftsrecht kann es beispielsweise sein, dass ein Aktionär durch seine Zustimmung das Recht verliert, seine Aktien zu einem gerichtlich überprüfbaren Preis zurückzugeben (appraisal right).[347] In diesem Fall kann ein getäuschter Aktionär Schadensersatz gemäß Rule 14a-9 verlangen.[348]

---

[345] *Cole v. Schenley*, 563 F.2d 35 (2d Cir. 1977). Vgl. auch *Barnett v. Anaconda Co.*, 238 F.Supp. 766 (S.D.N.Y. 1965). Insgesamt sehr streitig.

[346] *Virginia Bankshares v. Sandberg*, 501 U.S. 1083 (1991).

[347] Zum appraisal right vgl. *Merkt*, US-amerikanisches Gesellschaftsrecht, Rn. 975 ff.

[348] Diese Frage wurde in *Virginia Bankshares v. Sandberg*, 501 U.S. 1083 (1991) ausdrücklich offen gelassen. Wie hier *Wilson v. Great American Industries, Inc.*, 979 F.2d 924 (2d Cir. 1992). Vgl. auch *Howing Co. v. Nationwide Corp.*, 972 F.2d 700, 709-710 (6th Cir. 1992), cert. denied, 507 U.S. 1004, 113 S.Ct. 1645 (1993).

Eine weitere Frage ist, ob auch solche Aktionäre Klage erheben können, die die Erteilung der erbetenen Stimmrechtsvollmacht abgelehnt haben. Teilweise wurde die Klageberechtigung dieser Aktionäre mit dem Hinweis verneint, dass es an der Kausalität zwischen den fehlerhaften Angaben und dem Schaden fehle.[349] Dieser Ansatz wurde jedoch in neueren Entscheidungen verworfen. Danach ist ein Aktionär auch dann klagebefugt, wenn er keine Vollmacht erteilt hat, da er auch dadurch geschädigt werden kann, dass andere Aktionäre aufgrund der Täuschung Vollmachten gegeben haben.[350]

c. *Verschulden*

Weder § 14 (a) Securities Exchange Act noch Rule 14a-9 sehen vor, dass der Beklagte schuldhaft gehandelt haben muss. Es herrscht jedoch Einigkeit, dass eine verschuldensunabhängige Haftung für fehlerhafte Angaben in den Unterlagen zur Einwerbung von Vollmachtsstimmrechten dem Willen des Gesetzgebers widersprechen würde.[351] Die Instanzgerichte sind der Ansicht, dass für einen Anspruch aus Rule 14a-9, anders als für einen Anspruch aus § 10b-5, einfache Fahrlässigkeit hinsichtlich irreführender Angaben in den Unterlagen zur Einwerbung von Vollmachtsstimmrechten ausreicht. [352] Vorsätzliches oder rücksichtsloses Handeln ist nicht erforderlich. Dies gilt zumindest für die Haftung von inside directors und officers. Teilweise wird dieser Maßstab aber auch auf outside directors angewandt.[353]

Officers und directors haften also schon dann, wenn sie bei Anwendung der erforderlichen Sorgfalt hätten erkennen können, dass die Unterlagen falsche oder irreführende Informationen enthalten. Bei der Frage des Sorgfaltsmaßstabs finden die Position und der Verantwortungsbereich des jeweiligen officer oder director Berücksichtigung.[354]

---

[349] Vgl. *Gaines v. Haughton*, 645 F.2d 791 (9th Cir. 1981).

[350] Vgl. *Cowin v. Bresler*, 741 F.2d 410 (D.C.Cir. 1984).

[351] Vgl. zum Beispiel *Shidler v. All American Life & Financial Corp.*, 775 F.2d 917 (8th Cir. 1985).

[352] Vgl. nur *Gerstle v. Gamble-Skogmo, Inc.*, 478 F.2d 1281 (2d Cir. 1973). Der Supreme Court hat sich zur Frage, welcher Verschuldensmaßstab bei Ansprüchen gemäß Rule 14a-9 Abwendung findet, bisher nicht geäußert.

[353] Vgl. *Wilson v. Great American Industries, Inc.*, 855 F.2d 987 (2d Cir. 1988) und *Gould v. American-Hawaiian Steamship Co.*, 535 F.2d 761, 777-778 (3d Cir. 1976). Wohl anders in einem obiter dictum *Gerstle v. Gamble-Skogmo, Inc.*, 478 F.2d 1281, 1300-1301 (2d Cir. 1973). Für die Haftung von „outside accountants" ist zumindest grob fahrlässiges Handeln erforderlich. Vgl. *Adams v. Standard Knitting Mills*, 623 F.2d 422 (6th Cir. 1980).

[354] *Gould v. American-Hawaiian Steamship Co.*, a.a.O.

d. Verjährung

Ansprüche sind innerhalb von zwei Jahren nach Aufdeckung der Fehlinformation, spätestens jedoch fünf Jahre nach Ausgabe der Unterlagen über die Einwerbung von Vollmachten, gerichtlich geltend zu machen.[355]

e. Rechtsfolge

Wird nun nachgewiesen, dass die Unterlagen zur Einwerbung der Vollmachten irreführende Angaben enthalten, stellt sich die Frage nach dem angemessenen Rechtsbehelf. Es kommen drei verschiedene Rechtsbehelfe in Betracht.
Zunächst kann das Gericht die Durchführung der Transaktion, über die abgestimmt wurde, vorläufig untersagen, den Beklagten zur Verteilung korrigierter Informationen verurteilen und eine erneute Durchführung der Abstimmung verlangen. Dieser vorläufige Rechtsbehelf kommt insbesondere in den Fällen in Betracht, in denen die Durchführung der Transaktion vollendete Tatsachen schaffen würde und eine spätere Rückabwicklung praktisch nicht möglich ist, wie zum Beispiel im Fall einer Verschmelzung.
Was aber geschieht, wenn die Transaktion bereits durchgeführt wurde, eine vorläufige Untersagung der Transaktion also nicht mehr in Betracht kommt? Das Gericht kann dann in bestimmten Fällen die Rückabwicklung der Transaktion anordnen. Allerdings berechtigt der Nachweis eines Normenverstoßes nicht ohne weiteres zu diesem Rechtsbehelf. Ein Unternehmenszusammenschluss kann beispielsweise nicht rückgängig gemacht werden, solange nicht feststeht, dass diese Rückabwicklung im besten Interesse aller Aktionäre ist.[356] Im Falle eines Unternehmenszusammenschlusses wird dies angesichts der hohen Kosten in den wenigsten Fällen der Fall sein. Etwas anderes kann jedoch beispielsweise für die Wahl der directors gelten. Hier kann das Gericht anordnen, dass die Wahl zu wiederholen ist, wenn die eingeworbenen Stimmrechtsvollmachten mit Hilfe fehlerhafter Informationsmaterialien erlangt wurden.[357]

In den übrigen und für diese Arbeit bedeutsamen Fällen werden die Kläger auf Schadensersatz verwiesen. Jedoch obliegt es den Klägern nachzuweisen, dass sie tatsächlich einen Schaden erlitten haben. Im Fall eine Verschmelzung

[355] 28 U.S.C. 1658 (geändert durch § 804 Sarbanes-Oxley Act). Vgl. dazu oben S. 97 f. Vor Erlass des Sarbanes-Oxley Act galt eine Frist von einem Jahr nach Aufdeckung der Fehlinformationen und drei Jahren nach Ausgabe der Unterlagen. Vgl. zur alten Rechtslage *Westinghouse Elec. Corp. v. Franklin*, 789 F.Supp. 1314 (D.N.J 1992) und *Hazen*, Securities Regulation, Band 2, S. 580.
[356] Vgl. *Mills v. Electric Auto-Lite*, 552 F.2d 1239 (7th Cir. 1977).
[357] *Gladwin v. Medfield*, 540 F.2d 1266 (5th Cir. 1976)

müssten die Kläger etwa nachweisen, dass durch den Zusammenschluss der Wert ihres Investments oder potentielle Gewinnaussichten geschmälert wurden. Dies wäre zum Beispiel der Fall, wenn im Zeitpunkt der Einwerbung der Vollmachten die Aktie ihres Unternehmens $ 20 wert gewesen wäre, sie aber aufgrund der Verschmelzung Aktien der neuen Gesellschaft im Wert von $ 15 erhalten hätten. Stellt sich jedoch heraus, dass die bei einer Verschmelzung gebotene Gegenleistung angemessen war, hat der Kläger keinen Schaden erlitten und ihm steht somit auch kein Anspruch aus Rule 14a-9 zu, obgleich er nicht über alle wesentlichen Umstände des Zusammenschlusses informiert war.[358]

Noch schwieriger wird es für die Kläger, einen Schaden nachzuweisen, wenn irreführende Informationen im Zusammenhang mit der Wahl der directors herausgegeben wurden. Bereichert sich der aufgrund der fehlerhaften Angaben gewählte director nun auf Kosten der Gesellschaft und führt dies auch zu einem Wertverlust der Aktien, mag der einzelne Aktionär zwar argumentieren, dass die irreführenden Angaben und damit auch die Wahl des directors seinen Schaden verursacht habe. Denn wäre dieser director nicht gewählt worden, hätten seine Aktien auch nicht an Wert verloren. Jedoch werden derartige Ansprüche wegen mangelnder Kausalität abgelehnt. Der erforderliche Kausalzusammenhang zwischen den fehlerhaften Angaben in den Unterlagen und dem Schaden ist in solchen Fällen nicht gegeben.[359]

Im Ergebnis ist es für Aktionäre also schwierig, im Falle fehlerhafter Informationen im Zusammenhang mit der Einwerbung von Stimmrechtsvollmachten einen Eigenschaden nachzuweisen. Typischerweise werden mit einem auf Rule 14a-9 gestützten Rechtsbehelf daher einstweilige Unterlassungsverfügungen und nicht Schadensersatzleistungen erwirkt.[360] Gelingt doch einmal der Nachweis eines Schadens, haften sowohl die Gesellschaft bzw. deren Rechtsnachfolgerin als auch die handelnden officers und directors. Jede Person haftet entsprechend ihrem Verschuldensanteil. Eine gesamtschuldnerische Haftung kommt nur in Fällen vorsätzlichen Handelns in Betracht (§ 21 D (f) Securities Exchange Act).[361]

---

358 *Mills v. Electric Auto-Lite*, 552 F.2d 1239 (7th Cir. 1977).

359 *Cary/Eisenberg*, Corporations, S. 360-361.

360 *Knepper/Bailey*, Liability, S. 472. Aber auch wenn der Kläger nicht in der Lage ist, einen Schaden nachzuweisen, kann er trotzdem Ersatz seiner Anwaltskosten verlangen. *Mills v. Electric Auto-Lite*, 552 F.2d 1239 (7th Cir. 1977). Vgl. auch *Amalgamated Clothing and Textile Workers v. Wal-Mart Stores, Inc.*, 54 F.3d 69 (2d Cir. 1995).

361 Vgl. dazu schon oben S. 96.

2. *Haftung im Zusammenhang mit öffentlichen Übernahmeangeboten (§14 (e) Securities Exchange Act)*

Besonders hohe Haftungsrisiken für directors und officers ergeben sich im Zusammenhang mit öffentlichen Übernahmeangeboten. Im Vordergrund stehen in diesen Fällen Klagen wegen einer Verletzung der sich aus dem einzelstaatlichen Gesellschaftsrecht ergebenden Treuepflicht.[362] Allerdings findet sich auch im Kapitalmarktrecht des Bundes eine Vorschrift, die dem Schutz der Aktionäre in diesen Fällen dient. Gemäß § 14 (e) Securities Exchange Act ist es rechtswidrig, im Zusammenhang mit öffentlichen Übernahmeangeboten unwahre Angaben zu machen, wesentliche Informationen zu unterdrücken oder sonstige täuschende Handlungen zu begehen. Diese Norm ist durch den Williams Act im Jahre 1968 in den Securities Exchange Act eingefügt worden.[363] Der Williams Act regelt Übernahmeangebote. Sein Ziel ist der Schutz der Investoren, indem unter anderem Minimalanforderungen an die Offenlegung von Informationen gestellt werden. Es soll sichergestellt werden, dass die Aktionäre, denen ein öffentliches Übernahmeangebot[364] unterbreitet wird, darüber auf der Basis ausreichender Informationen und ohne übermäßigen Zeitdruck entscheiden können.[365]

Auch § 14 (e) Securities Exchange Act ist nicht ausdrücklich als Anspruchsgrundlage formuliert. Jedoch deutete der Supreme Court in dem Fall *Piper v. Chris-Craft*[366] an, dass den Aktionären der Zielgesellschaft ein Individualklagerecht gemäß dieser Vorschrift zustehe, da der Williams Act zu ihren Gunsten erlassen wurde.[367] Folgt man der Begründung aus der *Piper-*

---

[362] Siehe näher dazu unten S. 131 ff.

[363] Act of July 29, 1968, zur Änderung von 15 U.S.C. §§ 78 m und 78 n.

[364] Auch wenn § 14 (e) Securities Exchange Act ausdrücklich von Übernahmeangeboten spricht, findet sich weder im Securities Exchange Act noch in den aufgrund dieses Gesetzes erlassenen Regeln der SEC eine Definition dieses Begriffes. Auch an einer exakten Definition durch die Gerichte fehlt es. Klar ist nur, dass Käufe am freien Markt (vgl. *Chromalloy Am. Corp. v. Sun Chem. Corp.*, 474 F.Supp. 1341 (8th Cir. 1979); *Kennecott Copper Corp. v. Curtis-Wright Corp.*, 584 F.2d 1195 (2d Cir. 1978)) sowie Käufe aufgrund von Verhandlungen zwischen den einzelnen Parteien (vgl. *Wellman v. Dickinson*, 475 F.Supp. 783 (S.D.N.Y. 1979); *S-G Sec., Inc. v. Fuqua Inv. Co.*, 466 F.Supp. 1114 (D. Mass. 1978)) nicht als Übernahmeangebote im Sinne des Williams Act angesehen werden, es sei den es liegen ähnliche äußere Umstände vor, wie sie auch beim „klassischen" Übernahmeangebot zu finden sind.

[365] Vgl. *Rondeau v. Mosinee Paper Corp.*, 422 U.S. 49, 58 (1975).

[366] 430 U.S.1 (1977).

[367] Der Supreme Court entschied diese Frage jedoch nicht ausdrücklich. In dem konkreten Fall ging es um die Frage, ob ein Bieter Schadensersatz verlangen kann, wenn die Gegenseite im Kampf um die Kontrolle irreführende Angaben macht. Dies wurde verneint.

Entscheidung, können lediglich die Aktionäre der Zielgesellschaft[368] Schadensersatzansprüche gemäß § 14 (e) Securities Exchange Act geltend machen, nicht aber Aktionäre der Bietergesellschaft.
Als Anspruchsgegner kommen hier einmal die Bietergesellschaft bzw. deren Management, aber auch die eigene Gesellschaft bzw. deren Verwaltungsmitglieder in Betracht.

a. *Ansprüche gegen das Management der Bietergesellschaft*

Zunächst ist zwischen Aktionären, die das Übernahmeangebot angenommen, und solchen, welche die Offerte abgelehnt haben, zu unterscheiden.[369] Haben die Aktionäre ihre Aktien auf der Basis von irreführenden Informationen durch den Bieter eingetauscht,[370] ist der Nachweis eines Schadens im Regelfall schwer zu führen. Denn wenn die Aktionäre ihre Aktien einreichen, erhalten sie einen Preis, der erheblich über dem Preis liegt, zu dem das Papier vor dem Angebot gehandelt wurde. Ein durch irreführende Angaben verursachter Schaden dürfte in diesen Fällen daher praktisch kaum nachweisbar sein.[371] Umgekehrt gilt, dass Aktionäre, die ihre Aktien nicht verkauft haben, kaum behaupten können, dies habe an irreführenden Aussagen des Managements des Bieters gelegen. Denn dem Bieter wird daran gelegen sein, die Aktionäre der Zielgesellschaft von der Qualität des Angebots zu überzeugen. In der Praxis werden zudem die Aktionäre, die ihre Aktien nicht freiwillig verkauft haben, häufig gezwungen, zu dem selben Preis zu verkaufen, wie jene, die freiwillig verkauft haben (cashed out).[372] Ein Anspruch gegen die officers und directors der Bietergesellschaft kommt daher nicht in Betracht.

---

[368] In dem Fall *Kalmanovitz v. G. Heileman Brewing Co., Inc.*, 769 F.2d 152 (3d Cir. 1985), entschied der Third Circuit, dass ein nicht erfolgreicher Bieter, der gleichzeitig Aktionär der Zielgesellschaft war, keinen Schadensersatz gemäß § 14 (e) Securities Exchange Act verlangen kann. Das Gericht entschied, dass in derartigen Fällen für die Klagebefugnis die Stellung des Klägers als Bieter entscheidend sei. Dass er gleichzeitig bereits Aktionär der Zielgesellschaft war, sei unbeachtlich.

[369] § 14 (e) Securities Exchange Act sieht anders als Rule 10b-5 kein Transaktionserfordernis vor. Statt dessen wird schlicht auf den Zusammenhang mit einem Übernahmeangebot abgestellt („in connection with any tender offer"). Es ist also nicht erforderlich, dass der Anspruchssteller seine Aktien auch eingetauscht hat. Er ist auch anspruchsbefugt, wenn er die Papiere aufgrund einer falschen Information gehalten hat.

[370] Vgl. *Plaine v. McCabe*, 797 F.2d 713 (9th Cir. 1986).

[371] Ein Schaden läge allenfalls dann vor, wenn der wahre Wert des Papiers über dem Marktpreis nach Abgabe des Übernahmeangebots (regelmäßig also über der Summe aus Marktpreis vor Abgabe des Angebots und Prämie) liegt. Der Bieter müsste durch eine Fehlinformation die Bewertung der Aktie durch den Markt also so erheblich beeinflussen, dass die durch die Fehlbewertung entstandene Differenz zum wahren Wert der Aktie nicht durch die Prämie gedeckt wird.

[372] Siehe *Jennings/Marsh/Coffee/Seligman*, Securities Regulation, S. 981.

b. *Ansprüche gegen das Management der Zielgesellschaft*

Ihr eigenes Management können die Aktionäre der Zielgesellschaft nicht mit der Begründung in Anspruch nehmen, dieses habe mittels irreführender Informationen die Bietergesellschaft zur Rücknahme des Übernahmeangebots veranlasst. Denn die Aktionäre hatten in diesem Fall nie die Möglichkeit, ihre Aktien zu verkaufen und konnten somit nicht auf die irreführenden Informationen vertrauen.[373]

In Bezug auf die Zielgesellschaft bzw. deren Management ist § 14 (e) Securities Exchange Act somit lediglich dann anwendbar, wenn das Übernahmeangebot zwar nicht zurückgezogen wurde, die Aktionäre jedoch aufgrund der irreführenden Informationen seitens des Managements ihre Aktien nicht eingetauscht haben und der Preis der Aktie später sinkt. In diesen Fällen könnte der Aktionär der Zielgesellschaft eine Klage gemäß § 14 (e) Securities Exchange Act mit der Behauptung erheben, dass er im Vertrauen auf die falschen Angaben des Managements das Angebot der Bietergesellschaft nicht angenommen habe.[374]

c. *Das Erfordernis einer Irreführung*

Die Antibetrugsvorschrift des § 14 (e) Securities Exchange Act ist ähnlich weit formuliert wie § 10 (b) Securities Exchange Act. Sie ist vom Supreme Court allerdings eng ausgelegt worden. Dies hat dazu geführt, dass nunmehr Ansprüche häufig auf das einzelstaatliche Gesellschaftsrecht gestützt werden.[375]

Eine der für diese Untersuchung wichtigsten Einschränkungen bezieht sich auf die Anwendung verschiedener Techniken zur Abwehr einer feindlichen Übernahme durch die directors und officers der Zielgesellschaft. In dem Fall *Schreiber v. Burlington Northern, Inc.*,[376] entschied der Supreme Court, dass Verteidigungsmaßnahmen, die den Marktpreis der Aktien der Zielgesellschaft beeinflussen und dadurch Bieter abhalten oder die Möglichkeit einer Übernahme zumindest erschweren, nur dann an § 14 (e) Securities Exchange Act zu messen sind, wenn diese Maßnahmen nicht vollständig offengelegt werden. Denn § 14 (e) Securities Exchange Act sieht vor, dass eine Täuschung oder eine ähnliche Handlung vorliegen muss. Das heißt, dass die Aktionäre durch die Beeinflussung des Preises in irgendeiner Weise getäuscht worden sein müssen. Der

---

[373] *Lewis v. McGraw*, 619 F.2d 192 (2d Cir. 1980); *Panter v. Marshall Field*, 646 F.2d 271 (7th Cir. 1981). Vgl. auch *Knepper/Bailey*, Liability, S. 560.

[374] *Jennings/Marsh/Coffee/Seligman*, Securities Regulation, S. 982.

[375] *Knepper/Bailey*, Liability, S. 559.

[376] 472 U.S. 1.

Supreme Court entschied, dass vollständig offengelegte Maßnahmen das Merkmal der Täuschung nicht erfüllen können. Damit legt der Supreme Court das Tatbestandsmerkmal der Täuschung in § 14 (e) Securities Exchange Act genauso aus wie in § 10 (b) Securities Exchange Act. Vor dieser Entscheidung sind einige untere Instanzen davon ausgegangen, dass bestimmte Verteidigungsmaßnahmen nach § 14 (e) Securities Exchange Act verboten sind, auch wenn keine Täuschung vorliegt.[377]

Nunmehr müssen die Aktionäre, die gegen von den directors angewandte Verteidigungsmaßnahmen vorgehen wollen, Ansprüche gemäß den einzelstaatlichen Gesellschaftsrechten geltend machen.

d. Weitere Anspruchsvoraussetzungen

Neben dem Nachweis einer Täuschung oder der Unterdrückung von Tatsachen muss der Anspruchsteller zudem darlegen, dass sich diese Handlungen auf eine wesentliche Tatsache beziehen (1), dass der Beklagte zumindest grob fahrlässig gehandelt (2) und dass der Kläger zudem auf die Aussagen des Beklagten vertraut hat (3).

(1) Eine Tatsache im Sinne von § 14 (e) Securities Exchange Act ist dann wesentlich, wenn ein vernünftiger Aktionär ihr bei der Entscheidung, ob er das Übernahmeangebot annehmen soll oder nicht, Bedeutung zumisst. Diese Definition von „Wesentlichkeit" entspricht der im Zusammenhang mit Rule 10b-5 und Rule 14a-9 gebrauchten.[378] Der Supreme Court hat sich zur Frage der Wesentlichkeit im Zusammenhang mit § 14 (e) Securities Exchange Act bisher noch nicht geäußert. Allerdings wird diese Definition von den Instanzgerichten verwandt.

Wesentliche Tatsachen in diesem Sinne sind beispielsweise die finanziellen Umstände der Bietergesellschaft. Besonders wenn diese einen Aktientausch plant, das heißt einen Tausch der Aktien der zu übernehmenden Gesellschaft gegen Aktien der Bietergesellschaft, sind die finanziellen Gegebenheiten für den Aktionär wesentlich, um den Wert der als Gegenleistung angebotenen Aktien bestimmen zu können. Aber auch für den Fall, dass die Bietergesellschaft plant, die Aktien zu kaufen, sind deren finanzielle Umstände für den Aktionär der Zielgesellschaft wesentlich, denn von ihnen hängt es ab, ob jene in der Lage ist, die erforderliche Geldsumme aufzubringen. Wesentliche Tatsachen sind auch die zukünftigen Pläne der Bietergesellschaft. So ist für die Aktionäre durchaus entscheidend, ob sie zum Beispiel plant, das Vermögen der Zielgesellschaft zu veräußern oder das Management auszutauschen. Auch die Frage, ob die Bieter-

---

[377] Vgl. zum Beispiel *Mobil Corp. v. Matathon Oil Co.*, 669 F.2d 366 (6th Cir. 1981).

[378] Siehe dazu oben S. 40 ff.

gesellschaft erwartet, Kontrolle über die Zielgesellschaft auszuüben, ist eine wesentliche Tatsache im Sinne von § 14 (e) Securities Exchange Act.

(2) Zur Frage, welcher Verschuldensmaßstab im Rahmen von § 14 (e) Securities Exchange Act gilt, hat sich der Supreme Court bisher ebenfalls nicht geäußert. Die meisten unteren Gerichte haben sich jedoch auf den Standpunkt gestellt, dass der Beklagte zumindest rücksichtslos (recklessness) gehandelt haben muss.[379] Damit wird der gleiche Verschuldensmaßstab angewandt wie auch im Rahmen von Rule 10b-5.[380]

(3) Zudem muss der Kläger im Regelfall nachweisen, dass er auf die fehlerhaften Angaben des Beklagten vertraut hat (reliance). Etwas anderes gilt lediglich im Fall der Nichtangabe wesentlicher Tatsachen. In diesem Fall hat es wenig Sinn zu verlangen, dass der Kläger auf die Nichtangabe wesentlicher Tatsachen vertraut hat.

Die Ansprüche müssen innerhalb von zwei Jahren nach Aufdeckung der Tatsachen, die die Verletzung begründen, und spätestens fünf Jahre nach der Rechtsverletzung geltend gemacht werden.[381]

3. Das Verhältnis der verschiedenen bundesrechtlichen Vorschriften zueinander

Die Generalklausel der Rule 10b-5 verschafft geschädigten Aktionären in einer Vielzahl von Fällen einen Schadensersatzanspruch wegen fehlerhafter Informationen und umfasst auch Gestaltungen, die zugleich von spezielleren Normen des Kapitalmarktrechts des Bundes umfasst werden. Es stellt sich daher die Frage nach dem Konkurrenzverhältnis insbesondere zwischen Rule 10b-5 und anderen Vorschriften. Generell gilt, dass Rule 10b-5 neben den spezielleren Anspruchsgrundlagen des Kapitalmarktrechts Anwendung findet. Letztere sind also keineswegs abschließend und die Gerichte greifen häufig auf die General-

---

379 Siehe zum Beispiel *Smallwood v. Pearl Brewing Co.*, 489 F.2d 579, 606 (5th Cir. 1974); *Indiana Nat'l Bank v. Mobil Oil Corp.*, 578 F.2d 180, 184 FN 8 (7th Cir. 1978); *Orlett v. Cincinnati Microwave, Inc.*, 953 F.2d 224, 228 (6th Cir. 1990).

380 So *Orlett v. Cincinnati Microwave, Inc.*, 953 F.2d 224, 228 (6th Cir. 1990); *Indiana National Bank v. Mobil Oil Corp.*, 578 F.2d 180, 184 (7th Cir. 1978). Vgl. auch *Clark*, Corporate Law, S. 565.

381 28 U.S.C. 1658 (geändert durch § 804 Sarbanes-Oxley Act). Dazu oben S. 97. Vor Erlass der Sarbanes-Oxley Act im Jahre 2002 fand sich keine ausdrückliche gesetzliche Regelung der Verjährung von auf § 14 (e) Securities Exchange Act gestützte Ansprüche. Es wurde allgemein von einer Frist von einem Jahr nach Aufdeckung der Tatsachen und drei Jahren nach Verletzungshandlung ausgegangen. Vgl. zur alten Rechtslage *Hazen*, Securities Regulation, Band 2, S. 580.

klausel zurück, selbst wenn dadurch Voraussetzungen der Spezialvorschriften umgangen werden.
In *SEC v. National Securities*[382] hat der Supreme Court entschieden, dass Rule 10b-5 auch auf die Fehldarstellung von Tatsachen in Materialien zur Einwerbung von Stimmrechtsvollmachten Anwendung findet, obwohl es mit § 14 Securities Exchange Act bzw. Rule 14a-9 speziellere Vorschriften für diese Fälle gibt. Zudem hat das Gericht entschieden, dass eine Schadensersatzklage gemäß Rule 10b-5 auch wegen irreführender Darstellungen in der Registrierungserklärung, die gemäß dem Securities Act eingereicht wurde, erhoben werden kann, obgleich für derartige Fälle § 11 Securities Act vorgesehen ist.[383] Diesen Ansatz ausbauend haben untere Instanzen entschieden, dass eine Schadensersatzklage gemäß Rule 10b-5 auch wegen irreführender Darstellungen in Dokumenten der laufenden Publizität gemäß dem Securities Exchange Act erhoben werden kann, obgleich es auch hier mit § 18 Securities Exchange Act eine speziellere Vorschrift gibt.[384]

IV. Haftung nach dem Recht der Einzelstaaten

Ein Aktionär ist nicht darauf beschränkt, Schadensersatzansprüche gemäß dem Börsen- und Kapitalmarktrecht des Bundes geltend zu machen. Er hat auch die Möglichkeit, seine Klage auf das Börsenrecht des jeweiligen Einzelstaates zu stützen (sogenannte „blue sky laws“[385]) oder eine Klage unter dem common law zu erheben.
Aufgrund der Rechtsfigur der pendent jurisdiction ist es möglich, Ansprüche gemäß einzelstaatlichem Recht nicht nur vor den Gerichten des jeweiligen Staates, sondern gemeinsam mit Ansprüchen aus dem Kapitalmarktrecht des Bundes auch vor Bundesgerichten geltend zu machen.

1. Börsenrecht

Jeder Staat hat eigene Gesetze erlassen, die Wertpapiertransaktionen regeln. Diese blue sky laws fristen jedoch im Vergleich zu dem Börsen- und Kapitalmarktrecht des Bundes ein Schattendasein. Lediglich wenn die Geltendmachung

---

[382] 393 U.S. 453 (1969).
[383] *Herman & McLean v. Huddleston*, 459 U.S. 375 (1983).
[384] Siehe *Ross v. A.H. Robins*, 607 F.2d 545 (2d Cir. 1979).
[385] Dieser Begriff taucht in einer frühen gerichtlichen Endscheidung auf, in der der Zweck der einzelstaatlichen Gesetze damit umschrieben wurde, dass sie spekulative Schemata verhindern sollen, die den Anlegern „das Blaue vom Himmel“ versprechen. *Hall v. Geiger-Jones*, 242 U.S. 539 (1917).

von Ansprüchen gemäß den Bundesgesetzen erschwert wird, wird verstärkt auf die Anspruchsgrundlagen der einzelstaatlichen Gesetze zurückgegriffen.[386]

a. *Die Entwicklung des Uniform Securities Act*

Bereits im Jahre 1956 haben die Commissioners on Uniform State Laws einen Uniform Securities Act (USA) vorgeschlagen, der von den Einzelstaaten übernommen werden sollte. Der USA nahm dabei Rücksicht auf die bereits vorhandenen staatlichen Gesetze.[387] Mehr als 30 Staaten haben zumindest einige der Vorschriften des USA übernommen. Jedoch weisen die Börsen- und Kapitalmarktrechte der Einzelstaaten trotz der Bemühungen um Vereinheitlichung immer noch große Unterschiede auf. Gründe dafür sind, dass einige der in ökonomischer Hinsicht bedeutsamsten Staaten, wie New York, California, Illinois und Texas, überhaupt keine der Vorschriften des USA übernommen haben. Auch haben alle Staaten, die Vorschriften des USA übernommen haben, wesentlichen Änderungen vorgenommen. Und schließlich werden hinsichtlich des Wortlauts identische Vorschriften durch die jeweiligen Gerichte und Verwaltungsbehörden der Einzelstaaten unterschiedlich interpretiert.[388] Trotzdem hat der USA zu einem sehr viel einheitlicheren Bild geführt, als es vorher bestand. Diese Entwicklung wurde auch von der North American Securities Administrators Association (NASAA)[389] begleitet, die von Zeit zu Zeit Erklärungen zur Handhabung bestimmter materiellrechtlicher und prozessualer Fragen abgibt und andeutet, inwieweit die einzelnen Mitglieder diesen Richtlinien folgen.

Ursprünglich hatten die einzelstaatlichen blue sky laws eine andere Zielrichtung als das Kapitalmarkrecht des Bundes. Geht es diesem darum sicherzustellen, dass die Anleger mit allen für sie wesentlichen Informationen versorgt werden,

---

386 Dies war zum Beispiel der Fall, als die Voraussetzungen von Rule 10b-5 durch die Rechtsprechung verschärft wurden. Vgl. *Loss/Seligman*, Fundamentals, S. 877. Auch nach Erlass des Private Securities Litigation Reform Act im Jahre 1995, mit dem die Voraussetzungen für eine gemäß dem Kapitalmarktrecht des Bundes erhobene Gruppenklage verschärft wurden, wurden vermehrt Klagen gemäß dem einzelstaatlichen Kapitalmarktrecht erhoben. Vgl. *Jennings/Marsh/Coffee/Seligman*, Securities Regulation, 1999 Supplement, S. 82.

387 Er ist in vier Teile untergliedert: (1) Verbotene Praktiken (§§ 101 und 102 USA), (2) Vorschriften über die Registrierung von Wertpapierhändlern (§§ 201 bis 204 USA), (3) Vorschriften über die Registrierung von Wertpapieren (§§ 301 bis 306 USA) und (4) Definitionen, Ausnahmen, Verwaltungs- und Haftungsvorschriften (§§ 401 bis 419 USA). Den Einzelstaaten steht es frei, einen oder mehrere der ersten drei Teile sowie die entsprechenden Vorschriften des vierten Teils zu übernehmen.

388 Vgl. *Ratner*, Securities Regulation, S. 301.

389 Dies ist eine Vereinigung von Mitarbeitern der Wertpapier-Regulierungsbehörden auf einzelstaatlicher Ebene.

versuchten die Kapitalmarktrechte der Einzelstaaten, die Angemessenheit und Fairness der Transaktion zu regeln.[390] Es ging also weniger um Offenlegung als vielmehr um eine inhaltliche Kontrolle. Seit den 80er Jahren rücken die Einzelstaaten jedoch mehr und mehr von diesem Ansatz ab und folgen der „disclosure philosophy“ des Bundesrechts.[391] Im Jahre 1985 verbreiteten die Commissioners daraufhin einen überarbeiteten Uniform Securities Act (Revised Uniform Securities Act), um die Überprüfung der Fairness von Transaktionen aufgrund einzelstaatlicher Vorschriften noch weiter zurück zu drängen.[392] Allerdings haben nur wenige Staaten Vorschriften des Revised Uniform Securities Act übernommen, so dass der ursprüngliche Uniform Securities Act weiterhin das vorherrschende Modell ist.[393]

b. Haftungsvorschriften

Vor der Übernahme des Uniform Securities Act durch mehr als dreißig Staaten bestanden in keinem Einzelstaat Haftungsvorschriften im Zusammenhang mit dem Wertpapierhandel.[394] Das traditionelle Wertpapierrecht der Einzelstaaten ging vielmehr vom Prinzip der Anfechtbarkeit aus. Verstöße gegen kapitalmarktrechtliche Verhaltenspflichten führten zur Anfechtbarkeit der Transaktion. In Fällen, die heute von Prospekthaftungsansprüchen erfasst werden, war der Käufer berechtigt, die Transaktion rückgängig zu machen und den Kaufpreis herauszuverlangen.[395] Die Arten der Normverstöße, die zu einer Rückabwicklung des Kaufes führen konnten, waren zum einen Verstöße gegen reine Verfahrensvorschriften, zum anderen aber auch Verstöße gegen die Registrierungspflicht oder die Verletzung wettbewerbsrechtlicher Normen. Folglich bestand für jeden Emittenten das Risiko, dass ein bloßer Verstoß gegen

---

[390] Dies gilt immer noch für die Kapitalmarktrechte in Kalifornien, Texas und Massachusetts.

[391] Vgl. *Jennings/Marsh/Coffee/Seligman*, Securities Regulation, S. 108.

[392] Außerdem hatten die Änderungen den Zweck, (1) die Lizenzierungs- und Registrierungsvorschriften auf den neusten Stand zu bringen und dabei die neueren Entwicklungen auf bundes- und einzelstaatlicher Ebene zu berücksichtigen, (2) den Registrierungsprozess für gut eingeführte Emittenten zu beschleunigen und (3) die Zuständigkeiten der Wertpapierregulierungsbehörden der Einzelstaaten zu stärken.

[393] Eine weitere einschneidende Regelung brachte der National Securities Markets Improvement Act aus dem Jahre 1996. Damit wurden bedeutende Gebiete des Wertpapierrechts dem Regelungsbereich des einzelstaatlichen Gesetzgebers entzogen. Insbesondere sind Aktien, die an der New York Stock Exchange, der American Stock Exchange oder der NASDAQ gehandelt werden, von den Registrierungsvorschriften der Einzelstaaten ausgenommen. Vgl. § 18 Securities Act. Dies gilt jedoch nicht für die Haftungsvorschriften. *Jennings/Marsh/Coffee/Seligman*, Securities Regulation, S. 1448.

[394] *Jennings/Marsh/Coffee/Seligman*, Securities Regulation, S. 1448.

[395] *Loss/Seligman*, Fundamentals, S. 879.

Verfahrensvorschriften allen Käufern in diesem Staat ein absolutes Recht auf Rückgabe des Kaufpreises gab, wenn die Aktie an Wert verlor.[396]
Der Uniform Act hat sich vom Anfechtbarkeitsprinzip entfernt und sieht für bestimmte Fälle nunmehr eine Haftungsvorschrift vor. Nach § 410 (a) Uniform Securities Act[397] kann der Käufer Schadensersatz verlangen, wenn ihm Wertpapiere mit Hilfe unrichtiger oder irreführender Angaben verkauft wurden.[398] Gemäß § 410 (b) USA können auch die officers und directors des Verkäufers haftbar gemacht werden.[399] Officers und directors haften unabhängig davon, ob sie in irgendeiner Form am Verkauf der Wertpapiere beteiligt waren, es sei denn, sie können nachweisen, dass sie von den haftungsbegründenden Umständen keine Kenntnis hatten und auch bei Anwendung der erforderlichen Sorgfalt nicht hätten haben können.[400] § 410 Uniform Securities Act greift allerdings nur für Transaktionen am Primärmarkt, nicht für solche am Sekundärmarkt. Erforderlich ist, dass die Aktien aufgrund der fehlerhaften Information unmittelbar vom Emittenten erworben wurden. Haftbar gemacht werden können nur der Emittent als Verkäufer sowie dessen officers und directors. Bei der Ausgabe von Aktien werden jedoch häufig Investmentbanken als „underwriter" eingeschaltet, die zumindest im Falle eines „firm commitment underwriting" die Aktien von der ausgebenden Gesellschaft kaufen und erst dann am Markt platzieren. Somit tritt nicht die Gesellschaft als Verkäuferin auf, so dass diese und damit auch deren officers und directors in vielen Fällen nicht unmittelbar haften. Statt dessen kommt eine Haftung der Investmentbank in Betracht, die dann ggf. bei der Gesellschaft und deren officers und directors Regress nehmen kann.

Für am Primärmarkt geschädigte Anleger erscheint eine Klage nach dem Kapitalmarktrecht der Einzelstaaten, gestützt auf eine dem § 410 Uniform Securities Act entsprechende Norm, auf den ersten Blick erfolgversprechender zu sein als eine auf Rule 10b-5 gestützte Klage. Denn § 410 Uniform Securities Act sieht eine verschuldensunabhängige Haftung der officers und directors vor, während Rule 10b-5 den Nachweis zumindest rücksichtslosen Handelns verlangt. Die officers und directors entgehen einer Haftung nur dann, wenn sie nachweisen, sorgfältig gehandelt und von der Fehlinformation keine Kenntnis

---

[396] Die Durchsetzbarkeit derartiger Ansprüche wurde in den meisten Staaten dadurch gewährleistet, dass die Emittenten oder Händler eine Schuldverschreibung als Sicherheit für eventuelle Ersatzforderungen hinterlegen mussten.
[397] Vgl. auch die ähnliche Regelung des § 605 Revised Uniform Securities Act.
[398] Daneben besteht ein Recht auf Rückabwicklung des Kaufes bzw. ein Anspruch auf Schadensersatz im Wesentlichen nur noch für den Fall, dass gegen zwingende Vorschriften über die Registrierung von Aktien verstoßen wurde.
[399] Vgl. auch § 605 (d) Revised Uniform Securities Act.
[400] Rule 410 (b) Uniform Securities Act. Vgl. auch *Taylor v. Perdition Minerals Group, Ltd.*, 766 P.2d 805 (Supreme Court of Kansas, 1988);*Arnold v. Dirrim*, 398 N.E.2d 426, 433-34 (Ind. App. 1979); *Rzopka v. Farm Estates Inc.*, 269 N.W.2d 270 (Mich.App. 1978)

gehabt zu haben. Dem Vorteil dieser Beweislastumkehr stehen jedoch durchaus auch Nachteile einer auf das einzelstaatliche Kapitalmarktrecht gestützten Klage gegenüber.

Zunächst ist die „fraud on the market doctrine“ bei den Gerichten der Einzelstaaten nicht allgemein anerkannt,[401] so dass die Kausalität in vielen Fällen schwierig nachzuweisen ist. Außerdem sind durch den 1998 erlassenen Securities Litigation Uniform Standards Act[402] auf das Kapitalmarktrecht oder das common law der Einzelstaaten gestützte Gruppenklagen für unzulässig erklärt worden, wenn damit Schadensersatz wegen fehlerhafter Information oder Irreführung im Zusammenhang mit dem Kauf oder Verkauf von Wertpapieren verlangt wird (§ 28 (f) Securities Exchange Act). Zwar bleiben Klagen von Einzelpersonen zulässig; durch das Verbot der Gruppenklage treten Schadensersatzansprüche gemäß einzelstaatlichem Kapitalmarktrecht jedoch praktisch noch weiter in den Hintergrund. Der Erlass des Securities Litigation Uniform Standards Act diente der Vereinheitlichung des Standards für Gruppenklagen. Denn aufgrund der Verschärfung der Voraussetzungen einer auf Rule 10b-5 gestützten Gruppenklage[403] wurden zunehmend Klagen vor den Gerichten der Einzelstaaten erhoben.[404] Um hier eine einheitliche Rechtsentwicklung zu gewährleisten, sollen Gruppenklagen wegen Verletzung kapitalmarktrechtlicher Verhaltenspflichten nur noch vor den Gerichten des Bundes erhoben werden können.

2. *Haftung nach common law*

Das common law bietet eine Reihe möglicher Anspruchsgrundlagen. Sie sind jedoch ein stumpfes Schwert in der Hand geschädigter Anleger. Denn im Allgemeinen sind die Voraussetzungen dieser Ansprüche schwerer nachzuweisen als die der Ansprüche des Börsen- und Kapitalmarktrechts. Nicht zuletzt diese Grenzen der Anwendbarkeit der Ansprüche des common law auf die Fälle des Handelns mit Wertpapieren führten zum Erlass des Securities Act im Jahre 1933 und des Securities Exchange Act im Jahre 1934. Die Schwächen des common law hinsichtlich des Anlegerschutzes sollten dadurch überwunden werden.[405] Umgekehrt hatte aber auch die Existenz von spezialgesetzlichen Schutzregeln zugunsten der Anleger zur Folge, dass die Anspruchsgrundlagen

---

[401] Vgl. *Jennings/Marsh/Coffee/Seligman*, Securities Regulation, 1999 Supplement, S. 82.

[402] Dazu *Hamilton/Trautmann*, Securities Litigation Uniform Standards Act.

[403] Mit dem Private Securities Litigation Reform Act wurde u.a. das Erfordernis eines „lead plaintiff“ eingeführt, „safe harbour provisions“ geschaffen und die Verhängung von Strafen im Falle von „strike suits“ ermöglicht.

[404] Vgl. *Hamilton*, Corporations, S. 935; *Knepper/Bailey*, Liability, S. 463.

[405] Vgl. *Rosenberg v. Hano*, 121 F.2d 818, 819 (3rd Cir. 1941); *Basic Inc. v. Levinson*, 485 U.S. 244 Fn. 22.

des common law für Fälle des Wertpapierhandels nicht weiterentwickelt wurden.[406]
Im folgenden soll dennoch kurz auf mögliche Anspruchsgrundlagen des common law und deren Grenzen eingegangen werden. Dadurch kann die Bedeutung des Regelungskonzepts des amerikanischen Kapitalmarktrechts besser ermessen werden. Dies gilt insbesondere vor dem Hintergrund, dass auch im deutschen Recht mit Ausnahme der §§ 37 b und c WpHG bisher keine spezialgesetzlichen Anspruchsgrundlagen für durch fehlerhafte Informationen seitens des Vorstands geschädigte Anleger vorhanden sind, so dass sich für das deutsche Recht die Frage der Übertragbarkeit der zugrunde liegenden Gedanken auf den allgemeinen zivilrechtlichen Haftungsrahmen stellt.

Als Grundlage von Ansprüchen wegen allgemeiner Informationspflichtverletzungen kommen zunächst die vertraglichen Rechtsmittel „breach of warranty" und „recission" in Betracht. Beide setzen jedoch voraus, dass zwischen Anspruchssteller und Anspruchsgegner vertragliche Beziehungen bestehen.[407] Die officers und directors treten jedoch nicht als Verkäufer der Aktien in unmittelbare Rechtsbeziehung zum Anleger. Wer seine Aktien über die Börse oder am freien Markt erwirbt, hat zudem noch nicht einmal einen Anspruch gegen die Gesellschaft selbst, obgleich deren Information seine Kaufentscheidung beeinflusst hat.[408]

Ähnlich wie das deutsche Recht ist auch das U.S.-amerikanische Recht zurückhaltend bei Gewährung von Schadensersatz für reine Vermögensschäden außerhalb vertraglicher Beziehungen.[409] Das Deliktsrecht dient in erster Linie dem Schutz absoluter Rechte, wie der körperlichen Unversehrtheit und des Eigentums. Ein Grund für diese Restriktion ist die Furcht vor unabsehbaren Haftungsfolgen.[410] Trotzdem sind im amerikanischen Recht deliktische Anspruchsgrundlagen für Fälle entwickelt worden, in denen es um Fehlinformationen geht. Dies sind die action for deceit und die action for misrepresentation.

---

[406] Vgl. *Assmann*, Prospekthaftung, S. 145. Anders war dies beispielsweise in Fällen der Berufshaftung.
[407] Vgl. nur *Jennings/Marsh/Coffee/Seligman*, Securities Regulation, S. 1447.
[408] Hinzukommt, dass im Falle des Verkaufs typischerweise keine Garantie bezüglich der Qualität oder des Wertes der Aktie gegeben wird, so dass ein auf breach of warranty gestützter Anspruch schon aus diesem Grund ausscheidet. Für den Anspruch aus recission ist zudem erforderlich, dass der Kläger nachweißt, dass er gerechtfertigterweise auf eine fehlerhafte wesentliche Tatsache vertraut hat. Insoweit sind die Anforderungen höher als bei einem Anspruch gemäß Rule 10b-5.
[409] Vgl. *Henderson/Pearson*, Tort Process, S. 645.
[410] Vgl. *Barbelins A/S v. M/V Donau*, 761 F.2d 50 (1st Cir. 1988).

Ein auf die Rechtsfigur des deceit gestützter Anspruch erfordert keine direkte Rechtsbeziehung zwischen Anspruchssteller und Anspruchsgegner. Allerdings ist der Nachweis erforderlich, dass gerade der Anspruchssteller durch die fehlerhafte Erklärung beeinflusst werden sollte und beeinflusst wurde.[411] Außerdem muss der Nachweis geführt werden, dass die fehlerhafte Information kausal für die Kaufentscheidung war und sich der Anspruchssteller darauf verlassen hat.[412] Weitere Voraussetzungen sind, dass der Beklagte vorsätzlich[413] gehandelt hat und dem Kläger dadurch ein Schaden entstanden ist.[414] Zudem kann das bloße Nichtmitteilen wesentlicher Tatsachen grundsätzlich noch keine Haftung aufgrund der action for deceit begründen, selbst wenn dies vorsätzlich erfolgt ist. Denn die action for deceit selbst begründet keine Aufklärungspflichten.[415]

Aus der action for deceit, die grundsätzlich vorsätzliches Handeln voraussetzt, ist die tort action for misrepresentation entwickelt worden. Sie ist ein Spezialfall des tort of deceit. In den meisten Staaten ist anerkannt, dass diese fahrlässiges Handeln ausreichen lässt.[416] Im Übrigen gelten weitgehend die gleichen Voraussetzungen wie bei der action for deceit. Eine Haftung für negligent misrepresentation hat sich für jene Fälle durchgesetzt, in denen die fehlerhafte Erklärung in einer nicht von gegensätzlichen Parteiinteressen geprägten

---

[411] Vgl. *Jennings/Marsh/Coffee/Seligman*, Securities Regulation, S. 1447. So wurde in *Peek v. Gurney*, L.R. 6 H.L. 377, 403 (1873) eine auf die Unrichtigkeit eines Vertriebsprospekts gestützte Klage mit der Begründung abgewiesen, der Kläger habe seine Papiere nicht von der Gesellschaft, sondern auf dem freien Markt erworben, und der Vertriebsprospekt richte sich ausschließlich an Personen, die die Aktien direkt von der Gesellschaft erwerben.

[412] Vgl. *Mirkin v. Wasserman*, 5 Cal. 4th 1082 (1993). Die fraud on the market doctrine gilt also anders als in Fällen der Rule 10b-5 nicht. Eine Anwendung derselben auf Fälle der action for deceit bzw. der action for misrepresentation wurde vom Supreme Court of California mit der Begründung abgelehnt, dies wäre eine zu weitgehende rechtspolitische Entscheidung, die mit anderen Entscheidungen der Legislative, z.B. hinsichtlich von Verjährungsfristen, nicht in Einklang zu bringen sei. So verjährten Ansprüche gemäß Rule 10b-5 zum Zeitpunkt der Entscheidung des Supreme Court of California nach einem Jahr, während Ansprüche aufgrund von deceit innerhalb von vier Jahren geltend zu machen sind. Auch in anderen Staaten wird die fraud on the market theory, soweit ersichtlich, nicht angewandt.

[413] In Bezug auf die Unrichtigkeit der Information genügt in den meisten Staaten grobe Fahrlässigkeit. Allerdings muss der Anspruchsgegner beabsichtigen, dass der Anspruchssteller auf die Information vertraut. Vgl. *Solomon/Schwartz/Bauman/Weiss*, Corporations, S. 910.

[414] Zu den Voraussetzungen einer action for deceit vgl. *Zuckerman v. Franz*, 573 F.Supp. 351, 354 (S.D.Fla. 1983); *Shores v. Sklar*, 647 F.2d 462, 468 (5th Cir. 1981). Vgl auch *Keeton*, Law of Torts, S. 728; *Kionka*, Torts, S. 467. Zu den Parallelen und Unterschieden zwischen der action for deceit und den Rechtsbehelfen der Federal Securities Laws vgl. *Loss/Seligman*, Securities Regulation, Bd. VII, S. 3424.

[415] Gleiches gilt für den Fall der negligent misrepresentation. Vgl. *Loss/Seligman*, Fundamentals, S. 873.

[416] Vgl. auch Restatement of Torts (Second), § 552.

Auskunfts- oder Beratungssituation abgegeben wurde.[417] Der Haftung für negligent misrepresentation unterliegen Erklärungen, die im direkten Zusammenhang mit der Ausübung eines Berufes stehen.[418] Eine direkte finanzielle Gegenleistung ist nicht erforderlich.[419] Auch der Rechtsbehelf der negligent misrepresentation wird insoweit eingeengt, als der Umfang der möglichen Anspruchssteller, die in keiner direkten Rechtsbeziehung zum Schädiger stehen, beschränkt wird. Eine Haftung wegen negligent misrepresentation besteht nur dem gegenüber, der die Auskunft zur Grundlage einer wesentlichen Entscheidung machen soll, ohne dass jedoch direkte vertragliche Beziehungen zwischen Anspruchssteller und Anspruchsgegner gefordert wären. Ursprünglich waren aber nur Personen anspruchsbefugt, die der Schädiger kannte und für welche die Informationen bestimmt waren.[420] Später wurde der Kreis der möglichen Anspruchssteller insoweit erweitert, als auch Personen geschützt werden, von denen der Schädiger im Zeitpunkt der schädigenden Handlung keine Kenntnis hatte und er auch nicht über Einzelheiten der Transaktion, in deren Zusammenhang die Informationen benutzt wurden, informiert war. Allerdings muss die Personengruppe hinreichend bestimmbar sein.[421] Nun könnte man in dem Fall, in dem Aktionäre aufgrund fehlerhafter Information zum Kauf bzw. Verkauf ihrer Anteile veranlasst werden, durchaus eine hinreichend bestimmbare Anzahl von Personen annehmen. Denn die Anzahl der Personen ist durch die Zahl der Anteile begrenzt. Für Fälle der Vorstandshaftung gegenüber Aktionären hat die negligent misrepresentation bisher allerdings keine Rolle gespielt. Dies mag daran liegen, dass aufgrund der spezialgesetzlichen Regelungen in den Securities Laws dafür kein Bedürfnis mehr besteht.[422] Außerdem bieten auf Rule 10b-5 gestützte Ansprüche immer noch Vorteile hinsichtlich des Kausalitätsnachweises (fraud on the market doctrine).[423] Die Ausweitung der Einstandspflichten für fehlerhafte Information in Fällen von Auskünften kommt jedoch für Fälle der Berufshaftung

---

[417] *Assmann*, Prospekthaftung, S. 139.

[418] Vgl. § 552 (1) Restatement (Second) of Torts: „One who, in the course of his business, profession or employment ... supplies false information for the guidance of others in their business transactions, is subject to liability for pecuniar loss caused to them by their justifiable reliance upon the information, if he fails to exercise reasonable care or competence in obtaining or communication the information."

[419] Restatement of Torts, Anm. c zu § 552.

[420] Vgl. *Kionka*, Torts, S. 477.

[421] Vgl. Restatement of Torts (Second), § 552.

[422] Allerdings würden auf das common law gestützte Ansprüche für den Kläger auch durchaus Vorteile in Gestalt längerer Verjährungsfristen bieten. Außerdem könnte er punitive damages verlangen, was nach den Federal Securities Laws nicht möglich ist. Zudem ist der Nachweis einfacher Fahrlässigkeit ausreichend. Auch gilt die Begrenzung der Klagebefugnis auf Käufer bzw. Verkäufer von Aktien nicht. Vgl. *Mirkin v. Wasserman*, a.a.O.

[423] Vgl. *Mirkin v. Wasserman*, a.a.O., Fn. 2.

entscheidende Bedeutung zu. Insbesondere Klagen gegen Wirtschaftprüfer wegen der sorgfaltswidrigen Erteilung von Testaten werden hierauf gestützt.[424]

[424] Vgl. *Ultramares Corp. v. Touche*, 255 N.Y. 170 (1933); *Bily v. Arthur Young & Company*, 834 P.2d 754 (Supreme Court of California, 1992); *Credit Alliance Corp. v. Arthur Andersen & Co.*, 65 N.Y. 2d 536 (1985); *Security Pac. Bus. Credit, Inc. v. Peat Marwick Main & Co.*, 79 N.Y. 2d 695 (1992).

§ 4 Haftung wegen der Verletzung gesellschaftsrechtlicher Treue- und Sorgfaltspflichten

Informationspflichten der Verwaltung gegenüber den Aktionären gründen sich im U.S.-amerikanischen Recht in erster Linie auf das Kapitalmarktrecht des Bundes. Nun findet sich im Recht der Einzelstaaten eine weitere Quelle für Informationspflichten der Verwaltung, nämlich die gegenüber den Aktionären bestehende fiduciary duty des Gesellschaftsrechts.[425] Das für das amerikanische Gesellschaftsrecht sehr bedeutsame Konzept der Treuepflichten ist ursprünglich entwickelt worden, um die Pflichten eines Treuhänders zu beschreiben, der das Vermögen anderer Personen verwaltet. Dieses Konzept ist dann von den Gerichten auf die Pflichten von officers und directors einer Gesellschaft übertragen worden. Mit der wachsenden Bedeutung der corporation im amerikanischen Wirtschaftsleben ist die Analogie zwischen dem Recht der Treuhand und der Stellung von officers und directors mehr und mehr gelöst worden.[426] Geblieben ist jedoch der grundlegende Gedanke, dass den Leitungsorganen einer corporation dieser und den Aktionären gegenüber durchsetzbare Pflichten zukommen. Mit Blick auf das deutsche Recht interessant ist der Befund, dass Pflichten nicht nur gegenüber der Gesellschaft und damit der Gesamtheit der Aktionäre bestehen können, sondern durchaus auch gegenüber dem einzelnen Aktionär, zumindest soweit dessen wirtschaftliches Interesse an der Teilhabe am Gesellschaftsvermögen betroffen ist.[427]

I. Grundlagen

Aufgrund ihrer Stellung haben Verwaltungsmitglieder vielfältige Einflussmöglichkeiten auf das in der Gesellschaft gebundene Vermögen der Aktionäre. Treuepflichten im U.S.-amerikanischen Recht dienen allgemein dazu, aus der Stellung der officers und directors resultierende Missbrauchsgefahren zu kontrollieren. Sie sollen Anreize dafür schaffen, das Vermögen der Gesellschaft

---

[425] Als Quelle von Informationspflichten hat die fiduciary duty vor allem im Recht des Staates Delaware Bedeutung erlangt. Die folgenden Ausführungen basieren daher im Wesentlichen auf dem Recht dieses Staates.

[426] Der entscheidende Grund dafür ist, dass ein Treuhänder die Aufgabe hat, das ihm anvertraute Vermögen zu erhalten und zu unterhalten und somit kein unternehmerisches Risiko einzugehen. Von den Leitungsorganen einer Gesellschaft wird hingegen erwartet, dass sie im Interesse der Gesellschaft unternehmerische Risiken eingehen. Vgl. *Hamilton*, Nutshell, S. 378.

[427] Vgl. *Hamilton*, Nutshell, S. 379

so zu verwalten, dass daraus höchstmögliche Gewinne für die Aktionäre erwirtschaftet werden.[428]

Traditionell werden die Treuepflichten im amerikanischen Recht in Sorgfaltspflichten (duty of care) und Loyalitätspflichten (duty of loyalty) unterteilt. Hinzu kommt die duty of disclosure[429], die gemeinhin als Hybride verstanden wird, welche Elemente sowohl der duty of care als auch der duty of loyalty enthält.[430]

Der Anwendungsbereich der fiduciary duty variiert von Fall zu Fall. Die duty of loyalty findet in Fällen Anwendung, in denen es um Geschäfte der Verwaltungsmitglieder mit der Gesellschaft (self dealing) geht, in denen Verwaltungsmitglieder an die Gesellschaft herangetragene Geschäftschancen für sich selbst nutzen oder in denen directors und officers mit der Gesellschaft in Wettbewerb treten.[431] Gemeinsam ist diesen Fällen, dass Eigeninteressen der Verwaltungsmitglieder berührt werden. Diese Interessen stehen im Gegensatz zu den Interessen der Gesellschaft. Die meisten Gesellschaftsrechte regeln Teilbereiche der duty of loyalty.[432] Diese Regelungen haben zum Ziel, die Angemessenheit solcher Transaktionen zu überwachen, wenn sie nicht schon von vornherein verboten sind. Dabei werden an die Angemessenheit hohe Anforderungen gestellt. Und mittels eines auf die Verletzung der duty of loyalty gestützten Schadensersatzanspruchs kann nicht nur der entstandene Schaden ersetzt verlangt werden, sondern auch Herausgabe des Gewinns.[433]

Weniger scharf sind die Restriktionen, wenn Eigeninteressen der Verwaltungsmitglieder nicht berührt sind. Officers und directors sind zwar verpflichtet, die Geschäfte der Gesellschaft sorgfältig zu führen (duty of care). Sanktionen sind jedoch nur in Fällen der grob fahrlässigen Missachtung dieser Pflicht vorgesehen.[434] Die in diesen Fällen anwendbare business judgement rule verfolgt das Ziel, die Kosten für die Überwachung der Unternehmensführung zu reduzieren und dabei die Verwaltung nicht übermäßig von der Eingehung unternehmerischer Risiken abzuschrecken.[435]

---

428 Zur Diskussion um die Maximierung des Stockholder Value im amerikanischen Recht vgl. *Mitchell*, 70 Tex.L.Rev. 579 ff. (1992).

429 Diese wird teilweise auch als duty of (complete) candor bezeichnet.

430 Vgl. *Cinerama, Inc. v. Technicolor, Inc.*, 663 A.2d 1156, 1166 (Del. 1995).

431 Vgl. zu diesen Fallgestaltungen *Hamilton*, Nutshell, S 398.

432 Vgl. § 8.60 bis 8.31 MBCA.

433 *Shepherd*, Law of Fiduciaries, S. 37-38.

434 Vgl. zum Beispiel *Smith v. Van Gorkom*, 488 A.2d 858, 873 (Del. 1985). *Dooley*, 47 Bus.Law. 461, 471-472 (1992).

435 Vgl. *Easterbrook/Fischel*, Economic Structure, S. 94-100.

II. Die gesellschaftsrechtliche Pflicht zur Offenlegung von Informationen

Das Verhältnis der Verwaltungsmitglieder zu den Aktionären wird häufig lediglich unter dem Aspekt betrachtet, welche Befugnisse der Verwaltung einzuräumen sind und wie deren Einflussmöglichkeiten auf die Rechte der Aktionäre kontrolliert werden können. Denn schließlich verwalten die Manager das Vermögen der Aktionäre, diese sind Inhaber des Residualanspruchs. Die Verantwortlichkeit des Managements liegt darin, sorgfältig mit dem ihm anvertrauten Vermögen umzugehen (duty of care) und ihre Eigeninteressen hinter das Gesellschaftsinteresse zurückzustellen (duty of loyalty). Die duty of disclosure des Gesellschaftsrechts des Staates Delaware rückt nun eine weitere Funktion der Verwaltung in das Blickfeld, nämlich die der Beratung und Information der Aktionäre. In bestimmten Fällen muss die Verwaltung Stellungnahmen abgeben und den Aktionären Rat erteilen.[436] Dass gerade der Verwaltung diese Pflicht auferlegt wird, hat auch Sinn, denn diese ist aufgrund ihrer genauen Kenntnis der Gesellschaft am besten in der Lage, die Aktionäre mit den erforderlichen Informationen zu versorgen. Darüber hinaus sind aber auch Fälle denkbar, in denen die Verwaltung freiwillig eine Entscheidung der Aktionäre herbeiführen will.

1. Entwicklung der duty of disclosure

Die fiduciary duty of disclosure wird auf zwei verschiedene Quellen gestützt. Teilweise wurde auf § 144 des Delaware General Corporation Law aus dem Jahre 1953 zurückgegriffen.[437] Diese Vorschrift, die eine gesamtschuldnerische Haftung von officers und directors für Schäden aufgrund der Verbreitung falscher schriftlicher Informationen über die Lage der Gesellschaft vorsah,[438]

---

436 Dies ist der Fall bei Transaktionen, die fundamentale Interessen der Aktionäre betreffen, wie Verschmelzungen (vgl. Model Bus. Corp. Act Ann. § 11.03), Satzungsänderungen (vgl. Model Bus. Corp. Act Ann. § 10.03 (b)), Verkauf wesentlicher Vermögensbestandteile der Gesellschaft (vgl. Model Bus. Corp. Act § 12.02 (b)), Auflösung (Model Bus. Corp. Act § 14.02 (b)) oder öffentliche Angebote zum Erwerb eigener Aktien.

437 Vgl. *Solomon/Schwartz/Bauman/Weiss*, Corporations, S. 886; *Brown*, Corporate Disclosure, § 9.03 [4], 9-28; *Pease*, 14 Del.J.Corp.L. 445, 448 (1989). Ursprünglich fand sich diese Regelung in 21 Del.Laws 273, § 21 (1899) bevor sie dann in 8 Del. Code Ann. § 144 (1953) eingefügt wurde. Kritisch hierzu *Hamermesh*, 49 Vand.L.Rev. 1087, 1104 (1996).

438 Der Wortlaut der Vorschrift lautete: „If the directors or officers of any corporation organized under the provision of this chapter, shall knowingly cause to be published or give out any written statement or report of the condition or business of the corporation that is false in any material respect, the officers and directors causing such report or statement to be published, or given out, or asserting thereto, shall be jointly and severally, individually liable for any loss or damage therefrom." Ähnliche Vorschriften fanden sich in Kalifornien (§ 316

wurde im Jahre 1967 aufgehoben,[439] was die Gerichte jedoch nicht daran hinderte, die Grundsätze dieser Vorschrift als allgemeine Rechtsgrundsätze des common law auch in späteren Entscheidungen noch anzuwenden.[440] Als weitere Quelle werden Grundsätze des common law über die Einwerbung von Stimmrechtsvollmachten (solicitation of proxies) genannt.[441] Directors unterliegen bei der Einwerbung von Stimmrechtsvollmachten auch nach dem Recht der Einzelstaaten bestimmten Offenlegungspflichten.[442] Diese Offenlegungspflichten haben jedoch seit einer Änderung der Securities Acts im Jahre 1964, die die Anwendung der im Kapitalmarkrecht des Bundes vorgesehenen Regeln über die Einwerbung von Stimmrechtsvollmachten auch auf nicht an einer Börse gelisteten Gesellschaften vorsehen, keine praktische Bedeutung mehr. Trotzdem wird eine fiduciary duty of disclosure zumindest im Gesellschaftsrecht des Staates Delaware von den Gerichten anerkannt. Directors und officers müssen wesentliche Informationen gegenüber den Aktionären offen legen.[443] Diese Pflicht ist ausschließlich eine Pflicht der officers und directors. Sie wird nicht als Pflicht der Gesellschaft selbst eingeordnet.[444]

Cal.Civ. Code aus dem Jahre 1874) und Illinois (§ 21 Ill.Rev.Stat. ch. XXXII aus dem Jahre 1872).

[439] Der Grund für die Aufhebung war, dass der Schutz der Aktionäre über diese Vorschrift nach dem Erlass der Securities Laws nicht mehr notwendig war und in der Praxis auf die Vorschrift auch nicht mehr zurückgegriffen wurde. Vgl. *Hamermesh*, 49 Vand.L.Rev. 1087, 1108 (1996), aber auch *Hall v. John S. Isaacs & Sons Farms*, 146 A.2d 602, 609-610. Dies galt auch für ähnliche Vorschriften in anderen Einzelstaaten. Lediglich Arizona (§ 10-1631 Ariz.Rev.Stat.) und Ohio (§ 1701.93 Ohio Rev. Code Ann.) haben ähnliche Regelungen beibehalten. Die Nachfolgeregelungen sehen lediglich strafrechtliche Sanktionen, keine Schadensersatzansprüche vor (vgl. § 1.29 Model Business Corporation Act). Ihre Anwendbarkeit beschränkt sich auf bei der Registrierungsbehörde einzureichende Dokumente und ist nicht auf sonstige Veröffentlichungen anwendbar.

[440] Vgl. *Marhart, Inc. v. Calmat Co.*, 18 Del.J.Corp.L., 740, 743 (Del.Chanc. 1992); *Kelly v. Bell*, 254 A.2d 62, 71 (Del.Ch. 1969), aff'd 266 A.2d 878 (Del. 1970).

[441] *Pease*, a.a.O., S. 448. Kritisch wiederum *Hamermesh*, 49 Vand.L.Rev. 1087, 1108 (1996).

[442] Vgl. *Willoughby v. Port*, 182 F.Supp. 496, 499 (S.D.N.Y. 1960) sowie die übrigen bei *Hamermesh*, 49 Vand.L.Rev. 1087, 1108 Fn. 87 und 88 (1996) genannten Entscheidungen.

[443] Vgl. *Stroud v. Grace*, 606 A.2d 75, 84 (Del. 1992); *Marhart, Inc. v. Calmat Co.*, 18 Del.J.Corp.L. 330, 336 (Del. Chanc. 1992); *Arnold v. Society for Savings Bancorp., Inc.*, 878 A.2d 533 (Del. Chanc. 1996). Weitere Nachweise bei *Hamermesh*, 49 Vand.L.Rev. 1087, 1093 Fn. 18 bis 25 (1996).

[444] *In re Dataproducts Corp. Shareholder Litig.*, 1991 WL 165301 (Del.Ch. 1991). Vgl. dazu *Solomon/Schwartz/Bauman, Weiss*, Corporations, S. 888 sowie *Hamermesh*, 49 Vand.L.Rev. 1087, 1165 sowie Fn. 355 (1996). Vgl. auch *Gaffin v. Teledyne, Inc.*, 611 A.2d 467 (Del. 1992).

Die duty of disclosure ist jedoch kein einheitlicher Standard, der für alle Fälle gleichermaßen angewandt werden kann. Oben wurde bereits erwähnt, dass sie als hybride Pflicht verstanden wird, die sowohl Elemente der duty of loyalty als auch Element der duty of care enthält.
Die fiduciary duty of loyalty findet dann Anwendung, wenn Verwaltungsmitglieder Ressourcen der Gesellschaft zu ihrem eigenen Vorteil nutzen. Derartige Eigengeschäfte können sich die Verwaltungsmitglieder allerdings von den Gesellschaftern unter Umständen genehmigen lassen und so einer gerichtlichen Überprüfung entziehen. Eine Genehmigung setzt jedoch voraus, dass die Aktionäre vollständig und richtig über alle wesentlichen Bedingungen der Transaktion informiert werden.[445] Die Verwaltungsmitglieder müssen alle für die Entscheidung der Aktionäre wesentlichen Informationen offen legen. Tun sie dies nicht, ist die Genehmigung unwirksam und die Verwaltungsmitglieder können haftbar gemacht werden.[446] Die restriktive Handhabung der der duty of loyalty unterfallenden Fälle setzt sich also bei der duty of disclosure fort, wenn Eigeninteressen im Spiel sind. Nun sind derartige Fälle, in denen Verwaltungsmitglieder mit der Gesellschaft Geschäfte tätigen, für die vorliegende Arbeit nicht weiter von Interesse. Denn zum einen wird die duty of disclosure in solchen Fällen häufig dazu gebraucht, der Einrede der directors, die Aktionäre hätten der in Rede stehenden Transaktion zugestimmt, so dass sie nicht haftbar gemacht werden können, entgegenzutreten.[447] Zum andern kann in solchen Fällen ein Schaden nur auf Seiten der Gesellschaft eintreten. Die Aktionäre können also allenfalls reflexartig geschädigt werden.[448] Mithin muss die Gesellschaft ihren Schaden bei den Mitgliedern der Verwaltung geltend machen.[449]

[445] Vgl. *Wolf v. Frank*, 477 F.2d 467, 477 (5th Cir. 1973); *Gaynor v. Buckley*, 318 F.2d 432, 435 (5th Cir. 1963). Siehe auch § 216 (2) Restatement (Second) of Trusts: „The consent of the beneficiary does not preclude him from holding the trustee liable for a breach of trust, if ... the beneficiary, when he gave his consent, did not know of ... the material facts which the trustee knew or should have known ....“

[446] Vgl. *Scott/Fratcher*, Law of Trusts, § 170, S. 312.

[447] Vgl. *Gerlach v. Gillam*, 139 A.2d 593.

[448] Ein Fallgruppe, in der ein Eigenschaden im Vermögen des Aktionärs eintritt und auf Seiten des Verwaltungsmitglieds ein eigenes Interesse an der Transaktion gegeben ist, ist die des Insiderhandels. Auch hier ist der Insider verpflichtet, aufgrund der duty of disclosure alle wesentlichen Informationen offen zu legen. Vgl. *Lynch v. Vickers Energy Corp*, 383 A.2d 278 (Del. 1977). Aber auch die Fälle des Insiderhandels sind für die vorliegende Arbeit nicht weiter zu berücksichtigen. Siehe oben S. 23.

[449] Man könnte allenfalls noch daran denken, den Aktionären einen eigenen Schadensersatzanspruch auf Leistung in das Gesellschaftsvermögen zuzugestehen. Aber auch ein derartiger Anspruch steht außerhalb des Themas dieser Arbeit.

Spielen Eigeninteressen keine Rolle, ist die Gefahr einer Haftung der Verwaltungsmitglieder wesentlich geringer. Die duty of disclosure spielt in solchen Fällen dann eine Rolle, wenn Verwaltungsmitglieder den Aktionären Empfehlungen in Bezug auf Abstimmungen oder andere Verhaltensweisen, wie den Verkauf ihrer Aktien, geben. Die Mitglieder der Verwaltung verfügen über weitaus größere Kenntnisse und Einblicke in die Gesellschaft als die einzelnen Aktionäre. Diese verlassen sich daher notwendigerweise weitgehend auf die Empfehlungen der Verwaltung in Bezug auf Abstimmungen u.ä. Auch in solchen Fällen obliegt dem Management die Pflicht, für die Entscheidung der Aktionäre wesentliche Informationen offen zu legen, soweit vorhersehbar ist, dass die Aktionäre auf die Empfehlungen der Verwaltung vertrauen.[450] Haben die directors jedoch kein eigenes, persönliches Interesse an der Entscheidung der Aktionäre, sind sie lediglich verpflichtet, bei der Zusammenstellung und der Präsentation der entscheidungserheblichen Informationen sorgfältig zu handeln. Sorgfaltsmaßstab ist dabei das Verhalten eines umsichtigen Managements bei der Verwaltung des Unternehmens der Gesellschaft. Ähnlich wie die directors im Falle der Anwendbarkeit der duty of care - wenn also kein Eigeninteresse ihrerseits gegeben ist - nicht für das Ergebnis ihrer Geschäftsentscheidung haftbar gemacht werden können, haften sie im Falle der Anwendbarkeit der duty of disclosure und der Abwesenheit von Eigeninteressen nicht für die Vollständigkeit der veröffentlichten Informationen.[451] Allerdings müssen die directors hinsichtlich des Verfahrens bei der Beschaffung der Information sorgfältig gehandelt haben.

Die Entscheidung, in der die duty of disclosure erstmals auf derartige Fälle angewandt wurde, ist *Smith v. Van Gorkom*. Diese Entscheidung, die in der Praxis für große Aufregung gesorgt hat, wird zumeist als ein Fall der duty of care behandelt. Der Delaware Supreme Court stützte seine Entscheidung jedoch nicht nur auf die duty of care, sondern auch auf Erwägungen betreffend der duty of disclosure.

In *Smith v. Van Gorkom*[452] wurden die directors einer Publikumsgesellschaft zur Zahlung von Schadensersatz an die Aktionäre verurteilt, weil jene ohne ausreichende Informationsgrundlage den Zusammenschluss mit einer anderen Gesellschaft empfohlen hatten. In diesem Fall ging es um die Fusion der Trans

---

[450] Vgl. *Balotti/Finkelstein*, Delaware Law, 22-23 ff.; *Block/Barton/Radin*, Business Judgement Rule, S. 107 ff.

[451] So etwa, wenn ein Angestellter es unterlässt, wesentliche Informationen weiterzugeben und den directors kein Auswahlverschulden anzulasten ist. Vgl. *American Law Institute*, Principles, § 4.01 (b), S. 170-172.

[452] 488 A.2d 858 (Del. 1985).

Union mit einer Gesellschaft, deren Eigentümer der „takeover"-Spezialist Pritzker war. Van Gorkom, der chairman und chief executive officer der Trans Union Corp., der selbst 65 000 Trans Union Aktien hielt, bot Pritzker Trans Union für $ 55 pro Aktie an (Gesamtpreis 1,1 Mrd. $). Der Aktienkurs an der New Yorker Börse lag zu diesem Zeitpunkt zwischen $ 29 und $ 38. Ein anderes Angebot wurde ebenso wenig eingeholt wie ein Gutachten über den Wert des Unternehmens. Pritzker nahm das Angebot an. Die Fusion sollte im Wege eines „cash-out merger"[453] erfolgen. Van Gorkom berief eine außerordentliche Board Sitzung ein, ohne die directors vorher über den Zweck der Sitzung aufzuklären. Nach einem zwanzigminütigen mündlichen Bericht und einer etwa zweistündigen Diskussion stimmten die Board-Mitglieder der Transaktion zu, ohne die Vereinbarung mit Pritzker auch nur gelesen zu haben. Die Aktionäre von Trans Union stimmten später der Fusion mit einer Mehrheit von 69,9 % zu. Der Delaware Supreme Court urteilte, dass die directors ihre Treuepflicht gegenüber den Aktionären von Trans Union verletzt hatten. Eine Verletzung der Treuepflicht wurde erstens darin gesehen, dass sie sich nicht ausreichend über die Umstände informiert hatten, welche für die Empfehlung zur Zustimmung zum Zusammenschluss von Bedeutung waren. Denn die directors hatten keine Anstrengung unternommen, den materiellen Wert des Unternehmens zu ermitteln. Insbesondere stützte der board seine Entscheidung ausschließlich auf den mündlichen Bericht Van Gorkoms. Schriftliche Informationen gab es nicht. Zudem war der board vor der Sitzung nicht ausreichend über den Gegenstand der Beratung informiert worden. Zweitens wurde darin eine Treuepflichtverletzung gegenüber den Aktionären gesehen, dass der board diese nicht ausreichend informiert hatte. Aufgrund ihrer Treuepflicht gegenüber den Aktionären sind die directors verpflichtet, diese mit allen für die Transaktion wesentlichen Informationen zu versorgen. Insbesondere die Tatsache, dass der board keine ausreichenden Informationen über den Wert des Unternehmens besaß, hätte den Aktionären mitgeteilt werden müssen.
Wegen der unzureichenden Information der Aktionäre schließt auch die Zustimmung der Hauptversammlung zum Zusammenschluss die Haftung der directors nicht aus. Der Anspruch der Aktionäre wurde im Wege der class action geltend gemacht. Der Schadensersatz sollte in der Höhe gezahlt werden, um den der wahre Wert von Trans Union den von Pritzker gezahlten Preis von $ 55 pro

[453] Bei einer solchen zweistufigen Übernahme wird zunächst allen Aktionären ein Übernahmeangebot unterbreitet. Hat auf dieser ersten Stufe der Übernahmeinteressent eine Mehrheitsbeteiligung erworben, können die verbleibenden Minderheitsaktionäre im Wege eines freezout aus der Gesellschaft gedrängt werden. Zu diesem Zweck werden diese gezwungen, ihre Anteile gegen eine Barzahlung zu veräußern. Vgl. *Merkt*, U.S.-amerikanisches Gesellschaftsrecht, Rn. 1031.

Aktie überstieg. Im Rahmen eines Vergleichsverfahrens wurde der Betrag auf $ 23,5 Millionen festgelegt.[454]

Die Entscheidung in *Smith v. Van Gorkom* ist wegweisend für die Bestimmung des Inhalts und der Reichweite der business judgement rule.[455] Besondere Bedeutung kommt der Einhaltung bestimmter formaler Regeln im Entscheidungsprozeß zu (schriftliche Informationen, unabhängige Gutachten). Die Richtigkeit des Inhalts der Entscheidung der directors wurde nicht in Frage gestellt. Die Überprüfung der Sorgfalt bezog sich lediglich auf die Entscheidungsfindung. Ob die gebotenen $ 55 pro Aktie tatsächlich angemessen waren, hätte bei der Beachtung der Formalien keine Rolle gespielt. Für die vorliegende Arbeit bedeutsamer ist jedoch die Erkenntnis, dass der Vorstand im Rahmen derartiger Zusammenschlüsse Pflichten gegenüber den Aktionären hat, bei deren Verletzung er diesen gegenüber zur Schadensersatzleistung verpflichtet ist.

Im Anschluss an die Entscheidung in *Smith v. Van Gorkom* dehnten die Gerichte die Anwendbarkeit der fiduciary duty of disclosure auf Fälle aus, in denen directors öffentliche Erklärungen abgaben, die geeignet waren, die Entscheidung der Aktionäre über den Verkauf ihrer Aktien zu beeinflussen.[456] In *Weinberger v. Rio Grande Industries, Inc.*,[457] verklagten die Aktionäre beispielsweise die directors ihrer Gesellschaft mit der Behauptung, diese hätten im Zusammenhang mit einem öffentlichen Übernahmeangebot einer anderen Gesellschaft fehlerhafte Angaben gemacht. Im Falle eines Übernahmeangebots eines Dritten sind die directors der Zielgesellschaft nach amerikanischem Kapitalmarktrecht verpflichtet, eine Stellungnahme zu diesem Angebot abzugeben.[458] Das Gericht entschied nun, dass durch die Nichtbekanntgabe wesentlicher Informationen in diesem Bericht die directors ihre Informationspflicht gegenüber den Aktionären verletzt hatten.[459] Und schließlich wurde die Anwendbarkeit der duty of disclosure völlig von dem Übernahmekontext gelöst und entschieden, dass die Pflicht zur vollständigen und richtigen Information der Aktionäre schon dann eingreift, wenn die directors überhaupt Erklärungen über den Zustand der

---

[454] *Knepper/Bailey*, Liability of Corporate Officers and Directors, § 14-1, S. 591.

[455] Vgl. *Merkt*, US-amerikanisches Gesellschaftsrecht, Rz. 691(S. 404) m.w.N.

[456] Die Kriterien, die an die Entscheidungserheblichkeit gestellt werden, entsprechen denen der „materiality" in den Securities Laws. *Rosenblatt v. Getty Oil Co.*, 493 A.2d 929, 944 (Del. 1985); *Stroud*, 606 A.2d at 84. Vgl. *Solomon/Schwartz/Bauman/Weiss*, Corporations, S. 890 f.

[457] 519 A.2d 116 (Del. Chanc. 1986).

[458] § 14 (b) (4) Securities Exchange Act, Schedule 14D-9.

[459] Ähnlich auch *Zirn v. VLI Corp.*, 18 Del.J.Corp.L. 803, 813 (Del. Chanc. 1992). Allerdings besteht keine Verpflichtung der directors der Zielgesellschaft, fehlerhafte Angaben der Bietergesellschaft zu korrigieren, vgl. *Citron v. Fairchild Camera and Instrument Corp.*, 569 A.2d 53, 70 (Del. 1989).

Gesellschaft abgeben.[460] Damit besteht eine Pflicht der directors, die Aktionäre sorgfältig zu informieren, auch außerhalb sog. „Beratungssituationen". In *Kahn v. Roberts*[461] hatte der Delaware Court of Chancery allerdings noch entschieden, dass irreführende Informationen im Jahresabschluss der Gesellschaft vom Kapitalmarktrecht des Bundes erfasst werden, gesellschaftsrechtliche Ansprüche daher nicht in Betracht kämen. In der Revisionsentscheidung nahm der Delaware Supreme Court zu dieser Frage nicht mehr Stellung, weil er die in Rede stehende Information schon nicht für „wesentlich" hielt. Jedoch hielt er in einem obiter dictum fest: „Notably, the Court has never stated that full disclosure is required only when seeking shareholder action".[462] In *Malone v. Brincat*[463] stellte der Delaware Supreme Court dann klar: „Delaware law also protects shareholders who receive false communications from directors even in the absence of a request for shareholder action. When the directors are not seeking shareholder action, but are deliberately misinforming shareholders about the business of the corporation, either directly or by a public statement, there is a violation of fiduciary duty. That violation may result in ... a cause of action for damages." Ein Kausalitätserfordernis besteht in Fällen der Verletzung von Treuepflichten seitens der Verwaltung nicht.[464]

Ein Schadensersatzanspruch der Aktionäre in solchen Fällen ist jedoch an weitere Voraussetzungen geknüpft. Hintergrund ist der Gedanke, dass, wenn das Management an der Transaktion kein eigenes unmittelbares Interesse hat, kein Bedürfnis für eine strikte, verschuldensunabhängige Haftung besteht.[465] Voraussetzung einer Haftung in diesen Fällen ist daher zumindest grob fahrlässiges Handeln.[466] Dieser Einschränkung beim Verschuldensmaßstab bedarf es, da die sonst in Fällen der Verletzung von Sorgfaltspflichten eingreifende

---

[460] *Marhart, Inc. v. Calmat Co.* 18 Del.J.Corp.L. 330, 336. In diesem Fall verklagten die Aktionäre ihre directors im Wege der class action auf Schadensersatz, weil diese in einer Presseerklärung die Auswirkungen einer Restrukturierungsmaßnahme zur Verhinderung einer Übernahme zu positiv darstellten.

[461] 21 Del.J.Corp.L. 674, 689 (1996). Ebenso *Uni-Marts, Inc. v. Stein*, Nos. 14,713 & 14,893, 1996 Del.Ch. LEXIS 95, 21 (Del.Ch. 1996).

[462] *Kahn v. Roberts*, 679 A.2d 460, 467 (Del. 1996).

[463] 722 A.2d 5,14 (Del. 1998). In diesem Fall hatten die directors die Einnahmen der Gesellschaft im Jahresanschluss zu hoch ausgewiesen.

[464] *In re Tri-Star Pictures, Inc.*, 634 A.2d 319, 327 Fn. 10 (Del. 1993). Vgl. auch *Smith v. Van Gorkom*, 488 A.2d 858 (Del. 1985) und *Weinberger v. UOP, Inc.*, 457 A.2d 701, 701 (Del. 1983).

[465] Vgl. *Smith v. Van Gorkom*, 488 A.2d 873; *Flechter*, Law of Private Corporations, § 1037, S. 44.

[466] Vgl. *Smith v. Van Gorkom*, a.a.O. *Hamermesh*, 49 Vand.L.Rev. 1087, 1168. Schuldhaftes Handeln ist aber lediglich für Ansprüche auf Schadensersatz erforderlich, nicht wenn Ansprüche auf Unterlassung der Transaktion geltend gemacht werden. Vgl. *Lacos Land Co. v. Arden Group, Inc.*, 517 A.2d 271 (Del. Chanc. 1986).

business judgement rule in Fällen der Verletzung der duty of disclosure nicht greift. Denn die Versorgung der Aktionäre mit Information ist keine Frage der Geschäftsführung der Gesellschaft und die business judgement rule[467] soll nur dazu dienen, vor Haftung im Zusammenhang mit solchen Geschäftsführungsmaßnahmen zu schützen.[468]
Zudem kann ein Anspruch regelmäßig nur auf eine aktive Fehldarstellung von Tatsachen gestützt werden.[469] Eine Haftung wegen Unterlassens kommt nur in Betracht, wenn die directors gegenüber den Aktionären Empfehlungen abgeben, um diese zu einem bestimmten Verhalten, beispielsweise einer Stimmabgabe oder dem Verkauf ihrer Aktien zu bewegen.[470] Ist dies nicht der Fall, sind die directors nicht verpflichtet, Informationen zu veröffentlichen. Dies gilt sogar dann, wenn die zurückgehaltene Information so wesentlich ist, dass sie geeignet wäre, Aktionäre vom Zukauf weiter Aktien oder zum Verkauf ihrer Aktien zu veranlassen. Grund dafür ist, dass bezüglich vertraulicher Geschäftsinformationen ein Geheimhaltungsinteresse seitens der Gesellschaft bestehen mag.[471] Außerdem umfasst die duty of disclosure nicht die Pflicht, den Markt über erhebliche Umstände im Bereich der Gesellschaft zu informieren.[472] Es geht lediglich um die Information der Aktionäre der Gesellschaft, wenn von diesen eine Zustimmung zu einer Transaktion oder der Verkauf ihrer Aktien erwartet wird.
Die officers und directors haften allerdings auch dann, wenn sie den Aktionären eine Frage freiwillig zur Entscheidung vorlegen. Für eine Haftung ist also nicht erforderlich, dass eine Vorlagepflicht besteht. Eine Haftung wird sogar für solche Fälle angenommen, in denen eine Entscheidung der Aktionäre gar nicht in Rede stand, die (fehlerhafte) Erklärung also lediglich deren allgemeiner Information diente.[473]

---

[467] Vgl. § 141 (a) Del.C.
[468] *In re Anderson, Clayton Shareholders' Litig.*, 519 A.2d 669, 675 (Del.Ch. 1986).
[469] Vgl. schon *Marhart, Inc. v. Calmat Co.* 18 Del.J.Corp.L. 330, 336.
[470] *Raskin v. Birmingham Steel Corp.*, 1990-1991 Fed.Secur.L.Rptr (CCH) ¶ 95,668 (Del.Chanc. 1990). In diesem Fall ging es um die Frage, ob die directors verpflichtet waren, negative finanzielle Entwicklungen der Gesellschaft zu veröffentlichen, die geeignet waren, die Wahrscheinlichkeit der Durchführung einer vorher vereinbarten Verschmelzung mit einer anderen Gesellschaft zu reduzieren.
[471] Ähnlich ist die Begründung im Kapitalmarkrecht des Bundes. Auch dort bedarf es für eine Haftung wegen Unterlassens einer Pflicht zu Information. Vgl. *Brown*, Corporate Disclosure, § 3.01 Rn. 3-3.
[472] *Raskin v. Birmingham Steel Corp.*, 1990-1991 Fed.Secur.L.Rptr (CCH) Nr. 95,668, Nr. 98,131 (Del.Chanc. 1990).
[473] *Kahn v. Roberts*, 1994 WL 70118, (Del. Chanc. 1994), aff'd 1996 WL 438724 (Del. 1996); *Ciro, Inc. v. Gold*, 816 F.Supp. 253, 266 (D.Del. 1993); *Marhart, Inc. v. Calmat Co.*, 18 Del.J.Corp.L. 330, 336 (Del. Chanc. 1992).

Außerdem kann lediglich Ersatz des entstandenen Schadens verlangt werden; Gewinne werden nicht abgeschöpft.[474] Eine solchermaßen eingeschränkte Haftung wird in diesen Fällen als ausreichend angesehen, um Anreize zu sorgfältigem Verhalten zu schaffen.[475] Einer Ausweitung der Haftung in diesen Fällen wird mit dem Argument entgegengetreten, dass eine solche Personen davon abschrecke, den Posten eines director wahrzunehmen.[476]
Eine weitere Einschränkung der Haftung ergibt sich daraus, dass die Treuepflicht nur den aktuellen Aktionären gegenüber besteht. Potentielle Aktionäre, die etwa im Vertrauen auf die falschen Angaben der Verwaltung Aktien der Gesellschaft erst erworben haben, haben keinen Schadensersatzanspruch gegen die Verwaltungsmitglieder.[477]

III. Loyalitätspflichten gegenüber den Aktionären

Die duty of loyalty besteht in erster Linie gegenüber der Gesellschaft. Die Verwaltungsmitglieder sind verpflichtet, ihre eigenen Interessen hinter die Interessen der Gesellschaft zurückzustellen. Loyalitätspflichten unmittelbar gegenüber den einzelnen Aktionären bestehen nur im Falle des Insiderhandels, der für diese Arbeit nicht weiter von Interesse ist.

IV. Sorgfaltspflichten gegenüber den Aktionären (insbesondere in Übernahmesituationen)

Dass im einzelstaatlichen Gesellschaftsrecht den directors Sorgfaltspflichten nicht nur gegenüber der Gesellschaft, sondern auch gegenüber den Aktionären zukommen, wurde bereits in dem oben geschilderten Fall *Smith v. Van Gorkom* deutlich. Geben die directors gegenüber den Aktionären eine Empfehlung ab, müssen sie bei der Erstellung dieser Empfehlung sorgfältig handeln. Insbesondere sind sie verpflichtet, sich alle wesentlichen Informationen zu besorgen und diese bei ihrer Entscheidungsfindung zu berücksichtigen. Zwar unterliegt das Ergebnis nicht der richterlichen Kontrolle, wohl aber das Verfahren, auf welchem die directors zu ihrer Empfehlung an die Aktionäre kommen.

---

474 *Cinerama*, 663 A.2d, 1148. Vgl. auch *American Law Institute*, Principles, § 7.18 (a).
475 *Hamermesh*, 49 Vand.L.Rev. 1087, 1102.
476 *Fletcher*, Law of Private Corporations, § 1037, S. 42; *Balotti/Hanks*, 48 Bus.Law. 1337, 1342 (1993).
477 *Manhart, Inc. v. Calmat Co.*, 18 Del.J.Corp.L. 740, 743 (Del. Chanc. 1992); *Anadarko Petroleum Corp. v. Panhandle Eastern Corp.*, 545 A.2d 1171 (Del. 1988).

Insbesondere in den Fällen der Abwehr von Übernahmeangeboten durch den Vorstand kennt das U.S.-amerikanische Recht eine persönliche Haftung der Board-Mitglieder wegen Verletzung ihrer Sorgfaltspflichten.
Häufig wird gegen Maßnahmen des Vorstands im Falle von Übernahmeangeboten im Wege einer Unterlassungsklage vorgegangen, die auf die Verletzung von Vorschriften des Williams Act, insbesondere § 14 (e) Securities Exchange Act, oder auf die Verletzung von Sorgfalts- bzw. Loyalitätspflichten gestützt wird. Hat jedoch das Management ein Übernahmeangebot bereits erfolgreich abgewehrt, kommt eine Unterlassungsklage zu spät. Häufig ist in solchen Fällen ein Rückgang des Aktienkurses der Gesellschaft zu verzeichnen.[478] Daher werden vielfach Schadensersatzklagen gegen die Verwaltungsmitglieder mit der Begründung erhoben, dass die Verwaltungsmitglieder das Übernahmeangebot nicht deshalb abgewehrt haben, weil dies im besten Interesse der Aktionäre war, sondern schlicht um ihre Position in der Gesellschaft zu erhalten. Denn im Falle eines erfolgreichen Übernahmeangebotes müssen die officers und directors durchaus befürchten, ihre Stellung zu verlieren.
Schadensersatzansprüche der Aktionäre sieht zunächst die bereits erwähnte Vorschrift des § 14 (e) Securities Exchange Act vor. Aber auch gemäß dem einzelstaatlichen Gesellschaftsrecht kann eine Haftung der officers und directors in solchen Situationen bestehen. Der board kann nach amerikanischem Recht Abwehrmaßnahmen gegen Übernahmeangebote vornehmen, wenn dies im Interesse der Gesellschaft, der Aktionäre oder anderer Gruppen, an deren Schutz die Gesellschaft ein Interesse hat, liegt. Sind diese Voraussetzungen nicht erfüllt, kann die Abwehrmaßnahme gerichtlich untersagt werden. Eine Haftung des Vorstands kommt aber erst dann in Betracht, wenn darüber hinaus gegen die business judgement rule verstoßen wurde.[479] In früheren Entscheidungen haben die Gerichte in Delaware auch in Übernahmesituationen die business judgement rule ohne weiteres angewandt. Um eine persönliche Haftung zu vermeiden, musste der board lediglich nachweisen, dass er ausreichend informiert war und zudem nachvollziehbar davon ausgegangen ist, dass die Entscheidung im besten Interesse der Gesellschaft lag.[480]
Als Beispiel mag die Entscheidung in *Panter v. Marshall Field & Co.*[481] dienen. In diesem Fall wehrte das Management erfolgreich ein Übernahmeangebot der Carter Hawley Hale (CHH) ab. Diese betrieb eine Kaufhauskette. Das Management von Marshall Field & Co. verfolgte unter anderem ein Expansionsprogramm und kaufte verschiedene Kaufhäuser. Dadurch kamen die von Marshall Field & Co. betriebenen Kaufhäuser in direkten Wettbewerb mit

[478] Vgl. *Hamilton*, Corporations, S. 1028.
[479] *American Law Institute*, Principles, § 6.02.
[480] *American Law Institute*, a.a.O., § 4.01 (c).
[481] 646 F.2d 271 (7th Cir. 1981), cert. denied, 454 U.S. 1092 (1981).

den von CHH betriebenen. CHH zog das Übernahmeangebot daraufhin zurück, weil wettbewerbsrechtliche Probleme zu befürchten waren. Der Kurs von Marshall Field & Co. fiel daraufhin von $ 34 auf $ 19 pro Aktie. Die Kläger behaupteten nun, dass das vom Management betriebene Expansionsprogramm wirtschaftlich unsinnig gewesen sei und nur dazu gedient habe, die Gesellschaft für den Bieter unattraktiv zu machen. Das Gericht entschied jedoch, dass in dem Fall die business judgement rule anzuwenden sei und sich das Management darauf berufen könne.

Von dieser einfachen Vorgehensweise ist man nunmehr abgerückt. Denn die Anwendung der business judgement rule kommt nach allgemeinen Grundsätzen nur dann in Betracht, wenn die directors an der in Rede stehenden Entscheidung kein persönliches Interesse haben (disinterested directors). Ist dies nicht der Fall, wird die Transaktion vollumfänglich auf ihre Angemessenheit überprüft. Denn dann greift die duty of loyalty ein. Nun könnte bereits darin, dass das Organmitglied nach einer erfolgreichen Übernahme um seine Stellung fürchten muss, ein derartiges persönliches Interesse liegen. Grundsätzlich sollen die Motive der directors jedoch nicht erforscht werden, da die Fälle, in denen directors eine Übernahme abwehren, um ihre Stellung zu erhalten, nicht von denen unterschieden werden können, in denen directors im Interesse der Aktionäre handeln.[482] Die Anwendbarkeit der business judgement rule kann demgemäss nicht mit der Begründung verneint werden, der director habe ein persönliches geldwertes Interesse an der Entscheidung über eine Abwehrmaßnahme, sei es aufgrund seiner Stellung oder sei es, weil er selbst Aktien der zu übernehmenden Gesellschaft hält.[483] In den ersten Entscheidungen aus den 80er Jahren zur Frage der Anwendbarkeit der business judgement rule in Fällen von Übernahmen wurde dieser Ansicht weitgehend gefolgt.[484]
In einer Reihe von Entscheidungen seit 1985 wendet der Delaware Supreme Court die business judgement rule nicht mehr ohne weiteres in Fällen von Übernahmen an.[485] Um in den Genuss des Schutzes des business judgement rule zu kommen, müssen die directors nunmehr nachweisen, dass sie nachvollziehbare Gründe dafür hatten, dass von dem Übernahmeversuch eine Gefahr für die Gesellschaft und die Interessen der Aktionäre ausging (1). Außerdem darf die Reaktion der directors im Verhältnis zu der Bedrohung nicht unverhältnismäßig

[482] *American Law Institute*, a.a.O., § 6.02 (S. 408).
[483] *American Law Institute*, a.a.O., § 6.02 (S. 409).
[484] Siehe aber schon die dissenting opinion in *Panter v. Marshall Field & Co.*, 646 F.2d 271, 299 (7th Cir. 1981).
[485] Vgl. ausführlich *Knepper/Bailey*, Liability, § 14. Aber auch in anderen Staaten sind die Gerichte der Ansicht des Delaware Supreme Court gefolgt. Vgl. *Hanson Trust PLC v. ML SCM Acquisition, Inc.*, 781 F.2d 264 (2d Cir. 1986); *Dynamics Corp. of America v. CTS Corp.*, 805 F.2d 705 (7th Cir. 1986).

sein (2) und die directors müssen nachweisen, dass sie aufgrund einer umfassenden Information und Beratung tätig geworden sind (3).[486]

(1) Das erste Erfordernis, der Nachweis einer Gefahr für die Interessen der Aktionäre bzw. der Gesellschaft, bedeutet, dass die directors darlegen müssen, dass sie nicht lediglich tätig geworden sind, um ihre eigene Position in der Gesellschaft zu erhalten.[487] Anerkannte Gefahren für die Aktionäre liegen beispielsweise vor, wenn der gebotene Preis zu niedrig ist, der Übernahmeversuch zu einem Zeitpunkt erfolgt, in dem der Preis der Aktie ungewöhnlich niedrig ist, oder auch, wenn eine sogenannte „two-tier front-loaded offer"[488] vorliegt. Aber auch Gefahren für die Gesellschaft bzw. deren Gläubiger oder Arbeitnehmer sind anerkannt, beispielsweise wenn der begründete Verdacht besteht, dass der Bieter die Gesellschaft liquidieren oder wesentliche Teile ausgliedern wird.[489]

(2) Zudem darf die Abwehrmaßnahme im Verhältnis zur Bedrohung nicht unverhältnismäßig sein. Das heiß, die Abwehrmaßnahme muss für die Aktionäre einen Vorteil bringen.[490] Dies ist nicht der Fall, wenn die Abwehrmaßnahme von vorneherein jegliche Übernahmeversuche verhindert. Unverhältnismäßig wäre beispielsweise auch der Rückkauf der Aktien des Bieters zu einem überhöhten Preis und dem anschließenden Abschluss eines Standstill-Agreement mit diesem.

(3) Dritte Voraussetzung, um in den Genuss des Schutzes der business judgement rule zu kommen, ist, dass die directors ihre Entscheidung hinsichtlich der Übernahme auf einer ausreichenden Informationsgrundlage getroffen haben. In der oben dargestellten Entscheidung *Smith v. Van Gorkom* stellte der Delaware Supreme Court klar, dass die Pflicht der directors, sich vor einer jeden Entscheidung angemessen zu informieren, auch im Fall einer Stellungnahme zu

---

[486] Zu diesen Voraussetzungen vgl. *Unocal Corp. v. Mesa Petroleum Co.*, 493 A.2d 946 (Del. 1985) und *Mran v. Household International, Inc.*, 500 A.2d 1346 (Del. 1985).

[487] Vgl. *Unocal Corp. v. Mesa Petroleum Co.*, 493 A.2d 946, 954 (Del. 1985).

[488] Ein solches Übernahmeangebot besteht aus zwei Schritten. In einem ersten Schritt bietet der Käufer einen hohen Barpreis für die ersten getauschten Aktien, bis er im Regelfall die Mehrheit an der Zielgesellschaft hält. In einem zweiten Schritt verschmilzt er dann die Zielgesellschaft auf sich selbst. Die übrigen Aktionäre der Zielgesellschaft, die ihre Aktien nicht im ersten Schritt verkauft haben, erhalten dann einen niedrigeren Preis als die, die das erste Angebot angenommen haben. Auf diese Weise wird auf die Aktionäre der Zielgesellschaft Druck ausgeübt, schon das erste Angebot anzunehmen. Solche öffentlichen Angebote sind allerdings durch den Williams Act verboten.

[489] Vgl. *Knepper/Bailey*, Liability, S. 516; *Clark*, Corporate Law, S. 587.

[490] Vgl. *Revlon, Inc. v. MacAndrews & Forbes Holdings, Inc.*, 506 A.2d 173 (Del. 1986).

einem Übernahmeangebot gilt.[491] Die bloße Überzeugung der directors, die Gegenleistung sei angemessen, die im Übrigen gerichtlich nicht überprüfbar ist, genügt nicht. Erforderlich ist der Nachweis, dass die directors über alle wesentlichen Umstände informiert waren.[492] In praktischer Hinsicht wird den directors empfohlen, den Rat unabhängiger Experten, wie Investmentbankern, Wirtschaftsprüfern und Rechtsanwälten zu suchen. Vereinbarung und Dokumente sollten den directors rechtzeitig vor der Entscheidung zur Verfügung gestellt werden. Außerdem sollten die im Zusammenhang mit einem Übernahmeangebot veranlassten Schritte dokumentiert werden.[493]

Sind die oben genannten Voraussetzungen nicht erfüllt, greift der Schutz der business judgement rule nicht und die directors müssen, um einer Haftung zu entgehen, den Nachweis führen, dass die Transaktion angemessen war.[494]

Die oben genannten Regeln gelten für die Abwehr eines feindlichen Übernahmeangebotes. Andere Pflichten greifen in Fällen, in denen das Management bereit ist, auf ein Übernahmeangebot einzugehen. Diese Fälle sind aus haftungsrechtlichen Gesichtspunkten weit weniger dramatisch, da die Schadenssummen nicht so hoch sind, wie bei erfolgreich abgewehrten feindlichen Übernahmeversuchen. Die directors sind verpflichtet, den höchstmöglichen Verkaufspreis zu erzielen. Das bedeutet, dass alle Bieter gleich zu behandeln sind. Dies stellte der Delaware Supreme Court in dem Fall *Revlon, Inc. v. MacAndrews & Forbes Holding*, Inc. klar.[495] In diesem Fall versuchte Pantry Pride die Revlon, Inc. mittels eines feindlichen Übernahmeangebots ($ 45 pro Aktie) zu erwerben. Das Management setzte sich zunächst mittels verschiedener Verteidigungsmaßnahmen (u.a. poison pill) zur Wehr, da der gebotene Preis zu niedrig war, und suchte nach einem sogenannten „white knight". Forstmann Little stellte sich schließlich zu Verfügung und Pantry Pride und Forstmann steigerten ihre Gebote, bis Forstmann schließlich ein Angebot in Höhe von $ 57,25 abgab. Das vorhergehende Gebot von Pantry Pride betrug $ 56,25, war nach dem erklärten Willen von Pantry Pride jedoch nicht das letzte Angebot. Die directors von Revlon stimmten nicht nur dem Angebot von Forstmann zu, sondern gaben diesem zudem eine sogenannte „crown jewels

---

[491] Vgl. vorher schon *Aronson v. Lewis*, 473 A.2d 805, 812 (Del. 1984); *Kaplan v. Centrex Corp.*, 284 A.2d 119, 124 (Del.Ch. 1971).

[492] Vgl. auch *Cede & Co. v. Technicolor, Inc.*, 634 A.2d 345 (Del. 1993) und *Paramount Communications, Inc., v. QVC Network, Inc.*, 637 A.2d 34 (Del. 1994).

[493] Vgl. *Knepper/Bailey*, Liability, S. 515.

[494] Vgl. *Cede & Co. v. Technicolor, Inc.*, 634 A.2d 345 (Del. 1993).

[495] *Revlon, Inc. v. MacAndrews & Forbes Holdings, Inc.*, 506 A.2d 173 (Del. 1986).

option"[496], vereinbarten, keine Verhandlungen mit anderen Parteien mehr zu führen, und einigten sich auf eine Vertragsstrafe in Höhe von $ 25 Millionen. Außerdem gaben die directors von Revlon Forstmann Informationen über den finanziellen Status der Gesellschaft, welche Pantry Pride nicht zur Verfügung gestellt wurden. Als Grund für die Bevorzugung Forstmanns wurde angegeben, dass dieser den Schutz von Inhabern von Schuldverschreibungen zugesagt habe, die Revlon ausgegeben hatte und deren Inhaber drohten, Revlon und die directors zu verklagen, falls sie nicht besonders geschützt würden.

Gegen die ursprünglichen Verteidigungsmaßnahmen hatte der Delaware Supreme Court keine Einwendungen. Das Gericht entschied aber, dass, sobald die directors sich entschieden hatten, die Gesellschaft zu veräußern, jene verpflichtet waren, den besten Preis für die Aktionäre zu erzielen. Die sogenannten „look-ups" zugunsten von Forstmann, die letztlich zu einem Ende der Auktion führten, waren pflichtwidrig und die directors daher persönlich haftbar. Der Schutz der Inhaber der Schuldverschreibungen vermochte nach Ansicht des Gerichts die Maßnahmen der directors nicht zu rechtfertigen. Denn die directors sind lediglich gegenüber den Aktionären verpflichtet, nicht gegenüber Schuldverschreibungsinhabern. In einem anschließenden Schadensersatzprozess einigten sich die Parteien schließlich auf eine Schadensersatzleistung in Höhe von $ 20 Millionen.[497]

---

[496] Danach erwarb Forstmann das Recht, zwei Tochtergesellschaft von Revlon für einen Preis, der $ 100 bis 175 Millionen unter dem Marktpreis lag, zu erwerben, falls ein anderer Bieter mehr als 40 % der Aktien von Revlon erwerben sollte.

[497] Ursprünglich ging es um eine Unterlassungsklage. Angaben hinsichtlich des Schadensersatzes bei *Knepper/Bailey*, Liability, S. 522.

§ 5 Zusammenfassung und weiteres Vorgehen

Der Überblick über das U.S.-amerikanische Recht hat gezeigt, dass eine Reihe von Fallgestaltungen denkbar ist, in denen Verwaltungsmitglieder einer Gesellschaft die Aktionäre aufgrund ihrer Stellung schädigen können. Das U.S.-amerikanische Recht lässt die Aktionäre in diesen Fällen nicht schutzlos, sondern gewährt ihnen Schadensersatzansprüche, mit denen sie ihre Eigenschäden direkt von den Verwaltungsmitgliedern ersetzt verlangen können. Diese Ansprüche können dabei im Wesentlichen auf zwei verschiedene Rechtsgebiete gestützt werden, die sich weitgehend unabhängig voneinander entwickelt haben. Dies sind zum einen das Börsen- und Kapitalmarktrecht des Bundes und zum anderen das einzelstaatliche Gesellschaftsrecht.

I. Grundsätze einer kapitalmarktrechtlichen Haftung für Falschinformationen

Eine der praktisch wichtigsten Fallgruppen, in denen Aktionäre Eigenschäden aufgrund von Handlungen „ihrer“ officers und directors erleiden können, ist die der fehlerhaften Information. Hier stehen Schadensersatzansprüche gestützt auf das Kapitalmarktrecht im Vordergrund. Publizität bei der Emission von Aktien wird durch die im Securities Act von 1933 geregelte Prospektpflicht erreicht. Die Haftungsregeln der §§ 11 und 12 Securities Act sollen für die Richtigkeit der Prospektangaben sorgen.[498] Der Schutz der Anleger am Primärmarkt sollte also schon nach der Konzeption des Gesetzgebers vorrangig durch Prospekthaftungsansprüche bewerkstelligt werden.
Einen anderen Weg ging der historische Gesetzgeber beim Schutz der Anleger am Sekundärmarkt. Hier sollte der Anlegerschutz vorrangig mittels Überwachung der Gesellschaften durch die mit dem Securities Exchange Act von 1934 neu geschaffene SEC erreicht werden. Die Gerichte entschieden jedoch, dass das Prinzip der full and fair disclosure allein durch Überwachungsmaßnahmen seitens der SEC nicht zu erreichen ist. In *J.I. Case Co. v. Borak*[499] stellte der Supreme Court klar, dass es einer Ergänzung durch zivilrechtliche Schadensersatzansprüche der einzelnen Aktionäre bedurfte. Das Kapitalmarkrecht des Bundes stellt eine Reihe von individuellen Anspruchsgrundlagen zur Verfügung. Die wichtigste Norm in diesem Zusammenhang ist die Generalklausel der Rule 10b-5, die von der SEC aufgrund der Ermächtigung in § 10 b Securities Exchanges Act erlassen wurde.[500] Daneben sind noch zu

[498] Dazu oben S. 53 ff.
[499] 377 U.S. 426 (1964). Dazu oben S. 36 ff.
[500] Dazu oben S. 66 ff.

nennen: Rule 14a-9[501], die speziell in Fällen falscher Angaben in den Unterlagen zur Einwerbung von Vollmachtsstimmrechten gilt, § 14 e Securities Exchange[502] für Übernahmesituationen sowie § 18 Securities Exchange Act[503] für fehlerhafte Angaben im Rahmen der Regelpublizität. Der Funktionenschutz des Kapitalmarktes in den USA wird damit zu einem großen Teil dem individuellen Anleger überlassen. Grund dafür ist insbesondere die Erkenntnis, dass ein gleichwertiger Schutz mittels Überwachung durch staatliche Einrichtungen nicht gewährleistet werden kann. Für diesen Funktionenschutz ist sowohl die materiellrechtliche Ausgestaltung der Anspruchsgrundlagen als auch ihre prozessuale Durchsetzbarkeit (class action) bedeutsam.[504]
Mit Blick auf die materiellen Anspruchsvoraussetzungen lässt sich eine Reihe von Problemfeldern bestimmen, die bei allen Anspruchsgrundlagen auftreten.

1. Zunächst gilt, dass eine Haftung der Verwaltungsmitglieder nur dann in Betracht kommt, wenn falsche Informationen herausgegeben wurden und diese für einen durchschnittlichen, vernünftigen Anleger entscheidungserheblich sind (materiality).[505] Dieser Grundsatz gilt auch bei sich entwickelnden Sachverhalten.[506] Hier kann eine Offenlegung nicht schlicht mit der Begründung versagt werden, der jeweilige Sachverhalt habe sich noch nicht mit hinreichender Wahrscheinlichkeit realisiert. Bei der Beurteilung der Frage der Entscheidungserheblichkeit ist in diesen Fällen vielmehr darauf abzustellen, welche Auswirkungen der Sachverhalt auf die Gesellschaft hat und mit welcher Wahrscheinlichkeit er eintreten wird. Bedeutsam für den Kapitalmarkt sind auch Prognosen. Eine Haftung für fehlerhafte Prognosen[507] kommt dann nicht in Betracht, wenn diese hinreichend als solche gekennzeichnet und mit entsprechenden Warnungen versehen sind. Vom Haftungsausschluss umfasst sind auch die den Prognosen zugrunde liegenden Annahmen.

2. Verletzungshandlung kann zunächst die aktive Fehldarstellung erheblicher Tatsachen sein. Für Rule 10b-5 ist unerheblich, ob diese Fehldarstellung schriftlich oder mündlich erfolgt.[508] Jede Fehldarstellung – außerhalb von

---

[501] Dazu oben S. 100 ff.
[502] Dazu oben S. 107 ff.
[503] Dazu oben S. 98 f.
[504] Vgl. *Assmann*, in: *Assmann/Schütze*, Handbuch, § 1 Rn. 33. Zur Frage der prozessualen Durchsetzbarkeit mit Hilfe der class action vgl. etwa die Beiträge in *Basedow* (Hrsg.), Bündelung gleichgerichteter Interessen, sowie *Eichholtz*, Class Action. Zuletzt *Hess*, AG 2003, 113 ff. m.w.N. sowie *Hess/Michailidou*, WM 2003, 2318 ff. Vgl. auch *v. Bar*, Gutachten; *Haß*, Gruppenklage, und *Koch*, Kollektiver Rechtsschutz.
[505] Dazu oben S. 40 ff.
[506] Dazu oben S. 46 ff.
[507] Dazu oben S. 48 ff.
[508] Dazu oben S. 66 ff.

Prognosen als in die Zukunft gerichtete Erklärungen – kann damit potentiell zu einer Haftung führen. Werden Informationen herausgegeben, müssen diese vollständig und richtig sein, unabhängig davon, ob die Offenlegung freiwillig oder aufgrund einer gesetzlichen Pflicht erfolgt ist. Für Prospekthaftungsansprüche gemäß § 11 Securities Act gilt, dass die falschen Angaben im Prospekt selbst enthalten sein müssen.[509]
Eine Haftung wegen Unterlassens kommt nur in Betracht, wenn auch eine Pflicht zur Veröffentlichung der wesentlichen Tatsache besteht.[510] Eine solche Pflicht kann sich zum einen aus den gesetzlichen Publizitätspflichten (z.B. Jahresabschluss, Quartalsberichte) ergeben. So sind die Aktionäre etwa dann umfassend zu informieren, wenn die Verwaltung Vollmachtsstimmrechte einwirbt (proxy solicitation). Zum anderen besteht eine Offenlegungspflicht aber auch dann, wenn ursprünglich herausgegebene Informationen sich im Nachhinein als falsch herausstellen (duty to correct).

3. Anspruchsbefugt sind ausschließlich Personen, die am Markt tätig geworden sind, also nur solche, die ihre Aktien entweder ge- oder verkauft haben.[511] Diese Haftungsbegrenzung wird mit der Furcht vor missbräuchlichen Klagen und der Gefahr eines unübersehbaren Haftungsrisikos begründet.
Das Erfordernis des am Markt Tätigwerdens gilt allerdings nur für den Anspruchssteller. Der Anspruchsgegner muss keineswegs Aktien ge- oder verkauft haben.
Für Prospekthaftungsansprüche gemäß § 11 Securities Act ist zusätzlich erforderlich, dass die erworbene Aktie von dem fehlerhaften Prospekt erfasst war (tracing requirement).[512]

4. Ein wichtiger praktischer Problembereich ist der der Kausalität.[513] Grundsätzlich muss der Kläger nachweisen, dass er aufgrund der Fehlinformation seine Aktien ge- bzw. verkauft hat. Da dieser Nachweis in der Praxis nur sehr schwer zu erbringen ist, haben U.S.-amerikanische Gerichte die sogenannte „fraud-on-the-market-Theorie“ entwickelt. Diese führt im Ergebnis dazu, dass zugunsten des Anspruchsstellers vermutet wird, dass er die Aktien im Vertrauen auf die fehlerhafte Information erworben hat. Allerdings ist diese Vermutung widerlegbar. Dem Beklagten steht es frei nachzuweisen, dass der

509 Dazu oben S. 54 ff. Die umfassendere Haftungsvorschrift des § 12 Securities Act, die etwa auch mündliche Äußerungen umfasst, sieht für den Regelfall nur eine Haftung der Gesellschaft nicht auch eine Haftung der officers und directors vor. Vgl. oben S. 63 ff.
510 Dazu oben S. 70 ff.
511 Dazu oben S. 76 ff.
512 Dazu oben S. 56 f.
513 Dazu oben S. 80 ff.

Kläger die Aktien nicht im Vertrauen auf die Fehlinformation erworben hat, etwa weil er Kenntnis von deren Unrichtigkeit hatte.
In Fällen, in denen den Aktionären Angelegenheiten zur Entscheidung vorgelegt werden, müssen diese ebenso wenig einen vollen Kausalitätsnachweis erbringen. In diesen Fällen der proxy solicitation (Rule 14a-9) müssen die Aktionäre vielmehr nur darlegen, dass die proxy solicitation für die jeweilige Entscheidung notwendig war.[514] Der Nachweis, dass die fehlerhafte Information tatsächlich ursächlich für das Abstimmungsergebnis war, ist nicht erforderlich.
Das Kausalitätserfordernis entfällt vollständig bei Prospekthaftungsansprüchen gemäß § 11 Securities Act.[515]

5. Verschuldensmaßstab ist regelmäßig „rücksichtsloses" Verhalten („recklessness").[516] Einfache Fahrlässigkeit reicht für eine Haftung nicht aus. Eine Haftung für fehlerhafte Prognosen – einschließlich der diesen zugrunde liegenden Annahmen – setzt gar vorsätzliches Handeln voraus.[517]
Etwas anderes gilt jedoch für Fälle der proxy solicitation (Rule 14a-9). Hier reicht fahrlässiges Handeln aus.[518]
Anspruchsgrundlagen, die kein Verschuldenserfordernis vorsehen (etwa § 11 Securities Act[519] und § 18 Securities Exchange Act[520]), erlauben den Beklagten, sich auf die Sorgfaltseinrede zu berufen (due diligence defense).[521] In diesen Fällen muss der Kläger also nicht nachweisen, dass der Beklagte zumindest grob fahrlässig gehandelt hat. Jedoch entgeht dieser einer Haftung, wenn er nachweisen kann, dass er im guten Glauben an die Richtigkeit der Information gehandelt hat und dieses Vertrauen gerechtfertigt war.

6. Der Nachweis der haftungsausfüllenden Kausalität ist für den Kläger im Regelfall unproblematisch zu erbringen. Hat der Beklagte eine kapitalmarktrechtliche Informationspflicht verletzt, führt dies im Regelfall zu einer fehlerhaften Bewertung der Gesellschaft und damit zu einem Schaden des am Markt tätigen Anlegers. Bei der Berechnung des Schadens werden andere Faktoren, die den Preis der Aktie ebenfalls beeinflusst haben, wie allgemeine Marktgegebenheiten bzw. branchenspezifische Besonderheiten, herausgerechnet.[522]

---

[514] Dazu oben S. 102 ff.
[515] Dazu oben S. 58.
[516] Dazu oben S. 87 ff.
[517] Dazu oben S. 50 f. und S. 91
[518] Dazu oben S. 104.
[519] Diese Vorschrift regelt die Prospekthaftung. Vgl. dazu oben S. 54 ff.
[520] Diese Vorschrift regelt die Haftung für fehlerhafte Angaben in bei der SEC einzureichenden Unterlagen, wie etwa Jahres- und Quartalsberichte oder auch Ad-hoc-Mitteilungen. Dazu oben S. 98 f.
[521] Dazu oben S. 59 ff. und S. 98.
[522] Dazu oben S. 92 ff.

Für Fälle der Prospekthaftung gemäß § 11 Securities Act entfällt das Erfordernis der haftungsausfüllenden Kausalität. Hier muss der Beklagte nachweisen, dass der Kursverlust nicht auf die fehlerhaften Angaben im Prospekt zurückzuführen ist.[523]

7. Neben den verantwortlichen officers und directors haftet auch die Gesellschaft, der das Verschulden ihrer Organe zugerechnet wird.[524] Im Regelfall haften alle Beteiligten entsprechend ihrem Verschuldensanteil. Eine gesamtschuldnerische Haftung kommt nur in Fällen vorsätzlichen Handelns in Betracht.

8. Gesetzlich ausdrücklich geregelte Ansprüche verjähren innerhalb eines Jahres nach Bekanntwerden der Verletzungshandlung, spätestens jedoch nach drei Jahren.[525] Für die sogenannten „implied rights of action" hat der Sarbanes-Oxley Act eine neue Verjährungsregelung eingeführt, aufgrund derer Ansprüche innerhalb von zwei Jahren nach Bekanntwerden der Verletzungshandlung, spätestens jedoch innerhalb von fünf Jahren geltend gemacht werden müssen.[526]

II. Gesellschaftsrechtliche Haftung für Falschinformationen

1. Die Unzulänglichkeiten des common law bei der Sicherstellung der Information der Anleger haben in den dreißiger Jahren zum Erlass der Securities Laws des Bundes geführt.[527] Trotz der Bedeutung von Information für die Aktionäre insbesondere im Rahmen der proxy solicitation gab es vor dem Erlass des Securities Exchanges Act im Jahre 1934 in den Einzelstaaten nahezu keine rechtliche Handhabe gegen officers und directors, die Beschlüsse der Aktionäre herbeiführten, ohne diese vorher über wesentliche Tatsachen hinsichtlich des Beschlussgegenstandes informiert zu haben.[528] Allerdings hat sich auch das

---

[523] Dazu oben S. 61 f.

[524] Vgl. dazu oben etwa S. 54 f. (§ 11 Securities Act) und S. 96 (Rule 10b-5).

[525] Vgl. dazu oben S. 59 (§ 11 Securities Act) sowie S. 98 (§ 18 Securities Exchange Act).

[526] Vgl. dazu oben S. 96 f. (Rule 10b-5), S. 105 (Rule 14a-9) und S. 111 (§ 14 (e) Securities Exchange Act).

[527] Vgl. *Seligman*, The Transformation of Wall Street; *Cohen*, 28 Geo.Wash.L.Rev. 119, 125 (1959). Eine andere Erklärung bieten *Easterbrook/Fischel*, The Economic Structure of Corporate Law, 285-300. Als Hauptgrund für die Entwicklung einer bundesgesetzlichen Generalklausel gegen Irreführungen im Zusammenhang mit dem zwischenstaatlichen Handel von Wertpapieren sehen sie die Schaffung einer einheitlichen Zuständigkeit der (Bundes-) Gerichte, die Bündelung von Prozessen und somit die Verhinderung der Aufsplittung von Prozessen auf mehrere Staaten. Außerdem wenden sie sich allgemein gegen die Schaffung vereinheitlichter, gesetzlich geregelter Standards für die Veröffentlichung von Informationen über die Gesellschaft.

[528] *Aranow/Einhorn*, 28 Geo.Wash.L.Rev. 306, 306 (1959).

common law in der Zwischenzeit weiterentwickelt. So wurde eine tort action for misrepresentation entwickelt, die zu einer Art Berufshaftung in Auskunfts- und Beratungssituationen fortentwickelt wurde.[529] Nicht erforderlich für einen derartigen Anspruch ist, dass der Geschädigte in einer direkten Rechtsbeziehung zum Schädiger steht, solange der geschützte Personenkreis für den Anspruchsgegner erkennbar ist. Bisher haben derartige Ansprüche im Zusammenhang mit fehlerhaften Informationen am Kapitalmarkt allerdings keine Rolle gespielt. Angesichts der detaillierten spezialgesetzlichen Regelungen in den Securities Laws dürfte dafür auch kein Bedürfnis bestehen.

2. Die ausreichende und richtige Information der Aktionäre sicherzustellen, ist jedoch nicht nur ein Anliegen des Kapitalmarktrechts, sondern auch des einzelstaatlichen Gesellschaftsrechts. So sieht das Gesellschaftsrecht des Staates Delaware eine duty of disclosure der Verwaltungsmitglieder vor.[530] Diese Pflicht besteht anerkanntermaßen ausschließlich im Interesse der aktuellen Aktionäre.[531] Die duty of disclosure greift zunächst in Fällen, in denen den Aktionären eine Frage zur Entscheidung vorgelegt wird. Dies gilt unabhängig davon, ob eine Entscheidung der Aktionäre über die betreffende Maßnahme zwingend erforderlich ist oder nicht. Entscheiden sich die directors, die Aktionäre um Zustimmung zu einer Maßnahme zu bitten, sind sie verpflichtet, alle für die Aktionäre entscheidungserheblichen Informationen offen zu legen.[532] Sind sie dazu nicht bereit – und sei es aufgrund schützenswerter Gesellschaftsinteressen –, muss die Maßnahme unterbleiben, sofern die Zustimmung der Aktionäre zwingend erforderlich ist.
Aber selbst wenn die Aktionäre nicht um eine Entscheidung gebeten werden, greift nach verbreiteter Ansicht die duty of disclosure ein.[533] Allerdings kommt eine Haftung wegen Unterlassens nur in Betracht, wenn den Aktionären eine Maßnahme zur Entscheidung vorgelegt wird oder die Aktionäre auf andere Weise zu einer Handlung, etwa dem Verkauf ihrer Aktien, veranlasst werden sollen. Ist dies nicht der Fall, ist die Verwaltung aufgrund einzelstaatlichen Gesellschaftsrechts nicht verpflichtet, selbst wesentliche Informationen zu veröffentlichen.
Welcher Verschuldensmaßstab gilt, hängt davon ab, ob die vorlegenden Verwaltungsmitglieder ein eigenes Interesse an der Entscheidung der Aktionäre haben. Bestehen derartige Eigeninteressen, haften sie schon für einfache

[529] Zur Ähnlichkeit der action for misrepresentation und der duty of disclosure vgl. *Hamermesh*, 49 Vand.L.Rev. 1087, 1163.
[530] Dazu oben S. 123 ff.
[531] Dazu oben S. 131.
[532] Gleiches gilt im Übrigen auch bei Rule 14a-9 (Haftung bei der Einwerbung von Stimmrechtsvollmachten).
[533] Dazu oben S. 128 f.

Fahrlässigkeit. In solchen Fällen sind die officers und directors nicht schützenswert. Bestehen keine Eigeninteressen, kommt eine Haftung nur im Falle grob fahrlässigen Handelns in Betracht.[534]

III. Sonstige Vorstandspflichten gegenüber den Aktionären

Im Gesellschaftsrecht des Staates Delaware ist anerkannt, dass der Vorstand nicht nur Treuepflichten gegenüber der Gesellschaft, sondern auch gegenüber den einzelnen Aktionären hat. Verletzt er diese im Interesse der Aktionäre bestehenden Pflichten und entsteht diesen daraus ein Eigenschaden, haften die Verwaltungsmitglieder unmittelbar gegenüber den Aktionären.[535] Dies gilt nicht nur in Fällen der Verletzung der duty of disclosure, sondern auch in anderen Fällen. So greift etwa in Übernahmesituationen die duty of care auch unmittelbar zugunsten der Aktionäre. Die Treuepflicht der Verwaltungsmitglieder unmittelbar gegenüber den Aktionären bildet den Maßstab ihres Handelns. Wehrt der Vorstand etwa ein (feindliches) Übernahmeangebot ab, muss er, um einer Haftung zu entgehen, nachweisen, dass von dem Übernahmeversuch eine Gefahr für die Interessen der Gesellschaft und Aktionäre ausging (qualified business judgement rule). Im Falle von Handlungs- bzw. Beschlussempfehlungen an die Aktionäre muss nachgewiesen werden, dass diese aufgrund einer ausreichenden Informationsbasis ausgesprochen wurden.[536]

IV. Fortgang der Untersuchung

Der Überblick über das U.S.-amerikanische Recht gibt das folgende Untersuchungsprogramm vor. Zunächst soll analysiert werden, wie das deutsche Recht die Information des Kapitalmarkts sicherstellt. Haftungsvorschriften spielen dabei – soviel kann hier schon vorweggenommen werden – nur eine untergeordnete Rolle, wenn man von der Prospekthaftung sowie den neuen §§ 34 b und c WpHG einmal absieht. Gänzlich fehlt es gar an spezialgesetzlich geregelten direkten Ansprüchen der Aktionäre gegenüber den Vorstandsmitgliedern wegen falscher Information. Daher ist zu untersuchen, ob das deutsche Recht mit Blick auf den Schutz der Aktionäre lückenhaft ist und ob bestehende Lücken ggf. durch Anwendung allgemeiner Rechtsgrundsätze geschlossen werden können. Die sich in diesem Zusammenhang stellenden Probleme sind durch die Darstellung des U.S.-amerikanischen Rechts vorgezeichnet.

---

[534] Dazu oben S. 129 f.

[535] Dazu oben S. 131 ff.

[536] Vgl. den Fall *Smith v. Van Gorkom*, 488 A.2d 858 (Del. 1985). Dazu oben S. 126 ff.

2. Teil: Deutsches Recht

Im deutschen Recht sind, anders als im U.S.-amerikanischen, nur für wenige spezielle Fälle Vorschriften vorgesehen, die eine Haftung des Vorstands unmittelbar gegenüber den Aktionären vorsehen.[537] Insbesondere in Fällen der Verletzung von Informationspflichten sieht das deutsche Recht keine spezialgesetzlichen Anspruchsgrundlagen vor, die eine unmittelbare persönliche Haftung von Vorstandsmitgliedern gegenüber den Aktionären regeln. Allerdings wird natürlich auch im deutschen Recht nicht verkannt, dass der Information der Anleger für einen funktionierenden Kapitalmarkt entscheidende Bedeutung zukommt. Im folgenden wird daher dargestellt, wie der Schutz der Anleger vor fehlerhaften Informationen im deutschen Recht gewährleistet wird (§ 6). Anschließend sollen exemplarisch weitere Fälle untersucht werden, in denen der Vorstand aufgrund seiner Stellung in der Gesellschaft in der Lage ist, Aktionären unmittelbare Schäden zuzufügen (§ 7). Schließlich ist zu fragen, ob das deutsche Recht die Aktionäre in derartigen Fällen angemessen schützt und ob Schutzlücken ggf. durch direkte Schadensersatzansprüche der Aktionäre gegen die Mitglieder des Vorstands nach amerikanischem Vorbild geschlossen werden können (§ 8).

[537] Zum Beispiel § 117 AktG, siehe dazu unten S. 209 ff.

§ 6 Kapitalmarktrechtliche Publizität und ihre Überwachung

Eines der zentralen Anliegen auch des deutschen Kapitalmarktrechts ist der Schutz der Anleger. Dieser wird in erster Linie durch Information sichergestellt. Im Falle der erstmaligen Emission von Aktien soll der Käufer mit Hilfe des Prospekts vollständig und wahrheitsgetreu über die zu kaufenden Wertpapiere informiert werden, so dass er sich selbst ein Bild von deren Risiken und Chancen machen kann.[538] Der Emissionsvorgang ist auch im deutschen Recht umfassend geregelt. Dies ist nicht weiter verwunderlich, ist doch im Zusammenhang mit der Emission von Wertpapieren die Gefahr einer Übervorteilung der Anleger besonders groß. Denn die an der Emission beteiligten Parteien können sich aufgrund ihres Informationsvorsprungs auf Kosten der Anleger bereichern, ohne dass redliche Emittenten die Möglichkeit haben, sich von unredlichen abzuheben. Als Sanktionsmittel hat auch der deutsche Gesetzgeber hier unter anderem Haftungsvorschriften in Form der Prospekthaftung gewählt (dazu unter I.).

Allerdings sind die Anleger auch später auf eine ausreichende Informationsversorgung angewiesen, um eine Entscheidung über Eintritt, Austritt oder Verbleib in der Gesellschaft treffen zu können. Die laufende Information der Anleger erfolgt im deutschen Recht durch den Konzern- bzw. Jahresabschluss, Zwischenberichte und Ad-hoc-Mitteilungen (dazu unter II.). Haftungsansprüche für fehlerhafte Informationen in diesen Unterlagen waren dem deutschen Recht bisher unbekannt.[539] Statt dessen wird in extremen Fällen mit strafrechtlichen Sanktionen gearbeitet. Dies mag daran liegen, dass das Schädigungspotential in dieser Situation nicht auf den ersten Blick ersichtlich ist. Denn diejenigen, die einen Informationsvorsprung besitzen, können sich nicht mehr ohne weiteres auf Kosten der Anleger bereichern, sieht man einmal von dem Sonderfall des Insiderhandels ab. In den hier in Rede stehenden Fällen wird der Schaden des einen Investors durch einen Gewinn beim anderen Investor ausgeglichen.[540] Anreize, Investoren zu übervorteilen, sind somit nicht offensichtlich. Jedoch darf man dabei nicht aus dem Blick verlieren, dass für den Erhalt der Funktionsfähigkeit und Effizienz der Kapitalmärkte entscheidend ist, dass die Anleger sorgfältig informiert werden. Eine sorgfaltswidrige, fehlerhafte Information der Marktteilnehmer führt zu Effizienzverlusten, die von den Investoren mit Abschlägen bewertet werden und die Finanzierungskosten der Unternehmen somit erhöhen.

---

[538] *Claussen*, Bank- und Börsenrecht, S. 278 f.
[539] Vgl. jetzt aber §§ 37 b und c WpHG n.F. Siehe dazu unten S. 191 ff.
[540] Vgl. dazu näher unten S. 246.

I. Prospekthaftung

Im Kapitalmarktrecht liegt der Schwerpunkt der Regulierung bei der Emission von Aktien. Die rechtliche Strukturierung des Emissionsvorganges wird geradezu als Herzstück einer jeden kapitalmarktrechtlichen Regelung angesehen.[541]

1. Die börsengesetzliche Prospekthaftung

Durch die Prospekthaftung soll das Vertrauen des Publikums auf die im Prospekt gemachten Angaben bzw. auf die daraus resultierende sogenannte Anlagestimmung geschützt werden. Der Prospekt hat aber nicht nur den Zweck, den individuellen Anleger zu schützen, sondern er dient darüber hinaus als Mittel zur Information der Öffentlichkeit und als präventives Instrument der Produktsicherung. Die §§ 44 bis 48 BörsG sollen sicherstellen, dass der für die Zulassung zum amtlichen Handel erforderliche Prospekt über den Emittenten und das Wertpapier vollständig und wahrheitsgemäß informiert.[542]

Hinsichtlich der Beurteilung der Rechtsnatur der börsengesetzlichen Prospekthaftung herrscht Streit. Für die praktische Anwendung kommt diesem Streit jedoch kaum Bedeutung zu. Teilweise werden die §§ 44, 45 BörsG als besondere deliktsrechtliche Normen angesehen.[543] Dem wird entgegengehalten, dass das Deliktsrecht den Ersatz reiner Vermögensschäden nur unter den engen Voraussetzungen der §§ 823 Abs. 2 und 826 BGB vorsieht. Mit diesen Vorschriften ist die Prospekthaftung nicht vergleichbar. Andere sehen in der Prospekthaftung eine gesetzlich geregelte Vertragshaftung.[544] Diese Einordnung sieht sich jedoch dem Argument ausgesetzt, dass sich eine vertragliche Beziehung zwischen Prospektverantwortlichem und Anleger kaum überzeugend konstruieren lässt. Dies zeigt sich auch darin, dass nicht nur der Erstbesitzer der Aktien anspruchsberechtigt ist, sondern jeder, der die Wertpapiere in der Folgezeit erwirbt. Herrschend ist wohl die Einordnung der Prospekthaftung als

---

[541] Vgl. *Assmann*, in: *Assmann/Schütze*, Handbuch, § 1 Rn 71.

[542] Die börsengesetzliche Prospekthaftung ist durch das Dritte Finanzmarktförderungsgesetz vom 1.4.1998 in wesentlichen Teilen neu geregelt worden. Der Gesetzgeber hat damit auf die verbreitete Kritik an der alten Regelung reagiert. Das Vierte Finanzmarktförderungsgesetz vom 1. Juli 2002 mit dem u.a. das Börsengesetz neu gefasst wurde, hat in Bezug auf die Prospekthaftung im Wesentlichen nur zu einer Änderung der Paragraphennummerierung geführt. Einzige inhaltliche Änderung war die Verlängerung der Verjährungsfrist von sechs Monaten auf nunmehr ein Jahr (§ 46 BörsG).

[543] *Assmann*, Prospekthaftung, S. 252 ff.

[544] *Köndgen*, AG 1983, 85 ff.

gesetzlich geregelter Tatbestand der Vertrauenshaftung.[545] Zwar fehlt es an einem rechtsgeschäftlichen Kontakt der Parteien, jedoch begründet die besondere Teilnahme am rechtsgeschäftlichen Verkehr die Vertrauenshaftung. Auch die bürgerlich-rechtliche Prospekthaftung wird von der Rechtsprechung als Tatbestand der Vertrauenshaftung eingeordnet.

Voraussetzung der börsengesetzlichen Prospekthaftung ist, dass für die Beurteilung des Wertes des Wertpapiers wesentliche Angaben im Prospekt unrichtig dargestellt werden.

a. Haftungsverpflichtete

Die Ersatzpflicht trifft die Personen, die für den Prospekt die Verantwortung übernommen haben oder von denen der Erlass „ausgeht" (§ 44 Absatz 1 Satz 1 Nr. 1 und 2 BörsG).[546]
Zu den Prospektverantwortlichen zählen der Emittent[547] sowie die emissionsbegleitenden Kreditinstitute (§ 30 Absatz 2 BörsG, § 13 Absatz 1 BörsZulVO). Weiterhin haften die Personen, die im Prospekt als Prospektverantwortliche aufgeführt sind. Gemäß § 14 BörsZulVO übernehmen diese Personen die Verantwortung für Richtigkeit und Vollständigkeit des Prospekts. Regelmäßig zeichnen Mitglieder des Vorstands jedoch nicht als Prospektverantwortliche.
Allerdings haften nicht nur die für den Prospekt Verantwortlichen, sondern auch diejenigen, von denen der Prospekt ausgeht. Damit sind die eigentlichen Urheber des Prospekts angesprochen. Die Nr. 2 des § 44 Absatz 1 Satz 1 BörsG bringt zum Ausdruck, dass im Rahmen der Haftung nicht lediglich auf formelle Kriterien wie die Unterschrift abgestellt wird. Nicht nur der Ersteller des Prospekts ist dessen Urheber. Es sollen auch Fälle erfasst werden, in denen Personen vorgeschoben werden, obgleich das eigentliche Interesse an den fehlerhaften Angaben im Prospekt bei einer anderen, dahinterstehenden Person liegt. Eine persönliche Haftung von Vorstandsmitgliedern im Rahmen der zweiten Alternative kommt also dann in Betracht, wenn das Vorstandsmitglied ein persönliches Interesse daran hat, dass der Prospekt mit unvollständigen oder

---

[545] *Siol*, Bankrechts-Handbuch, § 45 Rn. 25; *Schwark*, BörsG, §§ 45, 46 Rn. 2; *Coing*, WM 1980, 206; *Claussen*, Bank- und Börsenrecht, S. 488.
[546] Der Wortlaut der Nr. 2 wurde unverändert von der alten Fassung der Vorschrift übernommen. Hingegen spricht § 44 Absatz 1 Satz 1 Nr. 1 BörsG nunmehr von Personen, die die Verantwortung für den Prospekt übernommen haben. In der alten Fassung wurde noch von Personen, die den Prospekt erlassen haben, gesprochen. Diese Änderung hat jedoch lediglich klarstellende Bedeutung. Eine inhaltliche Änderung war nicht bezweckt. Vgl. BR-Drucks. 605/97, S. 78; *Sittmann*, NZG 1998, 490, 493.
[547] Zu dem mit der Schadensersatzpflicht des Emittenten verbundenen Problem der grundsätzlich unzulässigen Einlagenrückgewähr (§ 57 Abs. 1 AktG) vgl. zum Beispiel *Schwark*, FS Raisch, 1995, S. 269 ff.

unrichtigen Angaben erlassen wird.[548] Der Vorstand ist haftbar, wenn er aufgrund eines eigenen geschäftlichen Interesses an der Emission darauf hinwirkt, dass der Prospekt mit unrichtigen oder unvollständigen Angaben veröffentlicht wird.[549]
Die Möglichkeit, Vorstandsmitglieder persönlich für fehlerhafte Prospekte verantwortlich zu machen, besteht also nur dann, wenn sie durch Unterschrift auf dem Prospekt die Verantwortung für diesen übernommen haben oder wenn ein Vorstandsmitglied ein persönliches Interesse an der Ausgabe eines fehlerhaften Prospekts hat.[550] Anders als im U.S.-amerikanischen Recht reicht die bloße Stellung als Mitglied des Vorstands für eine Haftung nicht aus.[551]

Die gemäß § 44 BörsG in Anspruch genommenen Personen haften, wie im U.S.-amerikanischen Recht auch, als Gesamtschuldner (§ 44 Abs. 1 Satz 1 BörsG).

b. Weitere Anspruchsvoraussetzungen

Die börsengesetzliche Prospekthaftung ist anwendbar auf Börsenzulassungsprospekte, Unternehmensberichte (§ 55 BörsG), Verkaufsprospekte (§ 13 VerkProspG) und Emissionsprospekte des Neuen Marktes (§ 90 Abs. 3 BörsO Frankfurt). Gemäß der Regelung des § 44 Abs. 4 BörsG gelten die Vorschriften über die Prospekthaftung nunmehr auch für schriftliche Darstellungen, die einen Prospekt ersetzen (vgl. § 45 Abs. 1 und § 45 a Abs. 1 Nr. 3 bis 5 BörsZulVO).

Von der Prospekthaftung erfasst werden nicht nur die aufgrund des Prospekts zum Börsenhandel zugelassenen Papiere, sondern auch nicht unterscheidbare andere Wertpapiere desselben Emittenten (vgl. § 44 Abs. 1 S. 3 BörsG). Grundsätzlich wird die Haftung also auf die jeweilige Emission begrenzt. Dies soll die Emissionskosten gering halten und die Bereitschaft zur Unterstützung von Risikokapital fördern. Jedoch greift diese Haftungsbegrenzung nur, wenn die Stücke aus der Neuemission von anderen Altemissionen unterscheidbar sind. Dem Emittenten wird im Ergebnis also ein Wahlrecht eingeräumt. Kennzeichnet er die Neuemission, beispielsweise durch eine gesonderte Wertpapierkennummer, kann er seine Prospektverantwortlichkeit auf die Neuemission begrenzen. Tut er dies nicht, zum Beispiel mit Rücksicht auf die Liquidität der Emission, haftet er auch, wenn die gelieferten Stücke aus Altemissionen stammen.

---

548 Vgl. *Schwark*, BörsG, § 45, 46, Rn. 7.
549 *Hübner*, Managerhaftung, S. 96.
550 Im letzteren Fall haftet auch die Gesellschaft über § 31 BGB. Vgl. BGHZ 98, 148, 151 ff. und *Schwark*, BörsG, § 45, 46 Rn 7 Fn. 20. Weitergehend möglicherweise BGHZ 123, 106, 110.
551 *Hübner*, Managerhaftung, S. 96. Zum amerikanischen Recht siehe oben S. 54 f.

Mit dieser Neuregelung wurde eine Lücke im Anlegerschutz geschlossen, da nach alter Rechtslage ein Aktionär, der Stücke aus einer Altemission geliefert bekam, keinen Prospekthaftungsanspruch geltend machen konnte. Diese Differenzierung hatte wenig Sinn, da es häufig vom Zufall abhängt, ob Stücke aus der Neuemission oder Altaktien geliefert werden. In diesem Punkt geht die deutsche Regelung teilweise weiter als die U.S.-amerikanische. Diese sieht ein striktes tracing-requirement vor und verlangt den Nachweis, dass die Aktien des Geschädigten tatsächlich aus der Neuemission stammen.[552]

Weitere Haftungsvoraussetzung ist, dass die fehlerhaften oder unvollständigen Tatsachen für die Beurteilung des Wertes der Wertpapiere wesentlich sind.[553] Wesentlich in diesem Sinne sind nicht nur die in der BörsZulVO angeführten Angaben, sondern alle Informationen, die für eine sachliche Anlageentscheidung von Bedeutung sind.[554] Die Prospekthaftung greift zudem nur bei nachweislich unrichtigen oder unvollständigen Angaben in den Verkaufspapieren ein. Sind Bilanzzahlen oder Umsatzprognosen nicht falsch, sondern lediglich zu optimistisch, sind die Erfolgsaussichten einer Klage gering.

Voraussetzung der Prospekthaftung ist zudem, dass das entgeltliche Erwerbsgeschäft nach Veröffentlichung des Prospekts und innerhalb von sechs Monaten nach der erstmaligen Einführung der Papiere abgeschlossen wurde. Hintergrund der sechsmonatigen Frist ist, dass gemäß der Regelung des § 45 Abs. 2 Nr. 1 BörsG ein ursächlicher Zusammenhang zwischen dem Prospekt und dem Erwerb der Wertpapiere vermutet wird. Ein derartiger Zusammenhang kann aber nur solange angenommen werden, wie die durch die Angaben im Prospekt erzeugte Anlagestimmung andauert. Je älter der Prospekt ist, desto weniger spielen die darin enthaltenen Angaben eine Rolle bei der Anlageentscheidung. Es treten dann andere Informationen in den Vordergrund. Eine Begrenzung des Haftungsrisikos der Prospektverantwortlichen ist auch deswegen angezeigt, weil nicht nur der gegenwärtige Inhaber der Papiere, sondern auch frühere Inhaber Prospekthaftungsansprüche geltend machen können. Eine ähnliche, wenngleich kompliziertere Regelung findet sich auch im amerikanischen Recht. Dort muss der Anspruchssteller die Ursächlichkeit des fehlerhaften Prospekts für seine Kaufentscheidung solange nicht nachweisen, bis der Emittent eine Gewinn- und

---

[552] Zur Kritik an dieser Regelung siehe oben S. 56 f.

[553] Die nach der alten Rechtslage bestehende Unterscheidung zwischen Wesentlichkeit (im Falle der Unvollständigkeit der Angaben) und Erheblichkeit (im Falle von fehlerhaften Angaben) ist damit aufgegeben worden. Schon nach alter Rechtslage war diese Unterscheidung entbehrlich, da in beiden Fällen das Gleiche gemeint war.

[554] Vgl. zur Wesentlichkeit von Informationen im amerikanischen Recht oben S. 40 ff.

Verlustrechnung veröffentlicht hat, welche einen Zeitraum von 12 Monaten beginnend mit dem Wirksamwerden der Registrierungserklärung umfasst.[555]

Der Anspruch verjährt innerhalb eines Jahres ab dem Zeitpunkt, zu dem der Erwerber von der Mangelhaftigkeit des Prospekts Kenntnis erlangt. Der Anspruchgegner muss die positive Kenntnis sowie den Zeitpunkt der Kenntniserlangung beweisen. Bloßes „Kennenmüssen" genügt also nicht. In jeden Fall tritt die Verjährung jedoch spätestens drei Jahre nach Veröffentlichung des Prospekts ein (§ 46 BörsG).[556] Im amerikanischen Recht gilt für Prospekthaftungsansprüche ebenfalls eine Verjährungsfrist von einem Jahr ab Kenntniserlangung bzw. eine absolute Frist von drei Jahren.[557]

c. *Verschulden und due diligence*

Wie auch im U.S.-amerikanischen Recht ist die Prospekthaftung verschuldensunabhängig ausgestaltet, das heißt, der Anspruchssteller muss ein Verschulden der Prospektverantwortlichen nicht nachweisen. Allerdings besteht auch im deutschen Recht die Möglichkeit der Exkulpation. Gemäß § 45 Abs. 1 BörsG haftet ein Prospektverantwortlicher dann nicht, wenn er nachweist, dass er die Unrichtigkeit der Angaben im Prospekt nicht gekannt hat und die Unkenntnis nicht auf grober Fahrlässigkeit beruht. Dies gilt sowohl für den Fall der Unrichtigkeit als auch für den Fall der Unvollständigkeit des Prospekts.[558] Auf diese Exkulpationsmöglichkeit kann sich, anders als im U.S.-amerikanischen Recht,[559] auch der Emittent selbst berufen. Vielfach wird gefordert, den Verschuldensmaßstab auf leichte Fahrlässigkeit auszudehnen.[560] Diesen Forderungen ist der Gesetzgeber im Rahmen der Neuregelung der Prospekthaftung im Dritten Finanzmarktförderungsgesetz jedoch nicht nachgekommen, um das Ziel der Förderung der Bereitschaft zur Unterstützung von Risikokapital nicht zu gefährden.[561]
Um dem Vorwurf grober Fahrlässigkeit zu entgehen, müssen die Prospektverantwortlichen die Angaben im Prospekt in gewissem Umfang selbst prüfen (due diligence). Auf die Angaben Dritter dürfen sie dabei nur begrenzt

---

[555] Vgl. zu dieser Regelung oben S. 58 f.
[556] Gegenüber der alten Regelung wurde die Verjährungsfrist von fünf auf drei Jahre verkürzt. Dadurch soll das Risiko für die Prospektverantwortlichen begrenzt werden.
[557] Siehe oben S. 59.
[558] Die alte Regelung differenzierte in Bezug auf das Verschulden noch zwischen unrichtigem und unvollständigem Prospekt. Bei Unrichtigkeit war, wie jetzt auch, zumindest grobe Fahrlässigkeit bei Unvollständigkeit jedoch bösliches Verschweigen oder bösliches Unterlassen erforderlich.
[559] Siehe oben S. 59.
[560] Siehe *Schäfer*, BörsG, §§ 45, 46 a.F. Rn 96.
[561] Vgl. *Schäfer*, BörsG, § 45 n.F. Rn 33. Vgl auch *Grundmann*, WM 1996, 985, 989.

vertrauen. Da Vorstandsmitglieder die Angaben im Prospekt aus eigener Kenntnis machen, während etwa Emissionsbegleiter auf deren Angaben angewiesen sind, treffen Vorstandsmitglieder – wie im Übrigen auch den Emittenten – im Regelfall strengere Prüfungspflichten als die Emissionsbegleiter, wenn jene denn ausnahmsweise einmal als Haftungsverpflichtete in Betracht kommen.[562]

Der Anspruchsverpflichtete muss nachweisen, dass er die erforderliche Sorgfalt eingehalten hat. Diese Beweislastumkehr rechtfertigt sich daraus, dass die zu beurteilenden Umstände ausschließlich in der Sphäre des Anspruchsgegners liegen. Ohne eine Beweislastumkehr wäre es für die Anspruchssteller nahezu unmöglich, ein Verschulden der Prospektverantwortlichen nachzuweisen. Sie ist daher geboten.[563]

d. Ausschluss der Haftung

Eine Haftung ist gemäß § 45 Abs. 2 BörsG in folgenden Fällen ausgeschlossen: wenn keine Kausalität zwischen dem Prospekt und dem Erwerb der Papiere besteht (Nr. 1); wenn sich die fehlerhaften Angaben im Prospekt nicht negativ auf den Börsenpreis des Wertpapiers ausgewirkt haben (Nr. 2); wenn der Anspruchsteller die Papiere in Kenntnis des Prospektmangels erworben hat (Nr. 3); und schließlich, wenn der Prospektmangel durch eine rechtzeitige Berichtigung geheilt wurde (Nr. 4).

In der Nr. 1 ist die haftungsbegründende Kausalität geregelt. Aufgrund der ausdrücklichen Regelung besteht eine Beweislastumkehr zugunsten des Klägers. Der Beklagte muss also dartun und beweisen, dass zwischen dem fehlerhaften Prospekt und dem Erwerb der Aktien kein kausaler Zusammenhang besteht.[564]

Auch Nr. 2 regelt einen Aspekt der haftungsausfüllenden Kausalität. Führt der fehlerhafte Prospekt nicht zu einer Minderung des Börsenpreises, fehlt es an der Ursächlichkeit des Prospekts für den Schaden des Anspruchsstellers. Die Regelung bürdet nun den Prospektverantwortlichen die Beweislast für das Vorliegen dieser rechtsvernichtenden Einwendung auf. Denn der Emittent und die Emissionshelfer haben am ehesten die Möglichkeiten zu beurteilen, ob die Papiere zutreffend bewertet wurden und die fehlerhaften Angaben im Prospekt zu einer Börsenpreisminderung führten. Zu beachten ist, dass die Einwendung

---

[562] Vgl. noch *Elben*, RIW 1998, 108 zur gleichzeitigen Privatplatzierung in den USA.

[563] Im alten Recht war diese Beweislastumkehr nicht ausdrücklich geregelt. Sie wurde von den Gerichten jedoch aus den §§ 282, 285 BGB a.F. (nunmehr § 280 Abs. 1 S. 2 BGB) hergeleitet. Diese Rechtsprechung hat der Gesetzgeber nun mit der Neuregelung des § 46 Abs. 1 BörsG in Gesetzesform gegossen. Vgl. *Sittmann*, NZG 1998, 490, 494.

[564] Die alte Regelung sah eine derartige Beweislastumkehr nicht vor. Jedoch operierten die Gerichte mit einem Anscheinsbeweis, indem der ursächliche Zusammenhang zwischen Prospekt und Erwerb vermutet wurde. Für die Praxis bringt die Neuregelung in dieser Hinsicht also keine Änderung.

des § 45 Abs. 2 Nr. 2 BörsG nur zum Zuge kommt, wenn die fehlerhaften Angaben in keiner Weise zur Minderung des Börsenpreises beigetragen haben. Es reicht also nicht aus, dass auch andere Umstände zur Minderung beigetragen haben. Die praktische Bedeutung dieser Vorschrift ist daher gering. Denn eine fehlerhafte Angabe, die nicht wenigstens mitursächlich für die Minderung des Börsenpreises war, dürfte schon nicht als „wesentliche“ Angabe einzustufen sein.[565] Dies entspricht der Regelung im amerikanischen Recht.[566]
Der Anspruch des Erwerbers entfällt gemäß Nr. 3, wenn er die Unrichtigkeit des Prospektes kannte.[567] Grob fahrlässige Unkenntnis reicht nicht aus.
Der Gefahr einer Haftung kann der Prospektverantwortliche durch eine Berichtigung der fehlerhaften Angaben gemäß § 45 Abs. 2 Nr. 4 BörsG begegnen, sofern diese vor Abschluss des Erwerbsgeschäfts erfolgt. Der Erwerber muss keine Kenntnis von dieser Berichtigung erlangen. Dies ist insofern gerechtfertigt, als er schon keine Kenntnis vom Prospekt überhaupt haben muss. Die Berichtigung kann im Rahmen des Jahresabschlusses, des Zwischenberichts, einer Ad-hoc-Mitteilung oder in einer vergleichbaren Form erfolgen. Jedenfalls muss die Berichtigung deutlich gestaltet sein. Zwar verlangt der Gesetzgeber nicht, dass auf die Fehler im Prospekt ausdrücklich hingewiesen wird, da dies einer Aufforderung gleichkäme, Prospekthaftungsansprüche geltend zu machen. Jedoch muss der Leser ohne aufwendige Nachforschungen erkennen können, dass die Berichtigung vom Prospekt abweichende Angaben enthält. Ob diese Gratwanderung in der Praxis gelingen kann, ist durchaus fraglich. Denn vom verständigen Leser wird die Berichtigung in jedem Fall als Aufforderung verstanden werden, Prospekthaftungsansprüche zu erheben, unabhängig davon, ob ausdrücklich auf den Fehler im Prospekt hingewiesen wird oder nicht. Dies gilt natürlich nur insofern, als er die Wertpapiere vor der Bekanntgabe der Berichtigung erworben hat.

e. *Rechtsfolge*

Der Wertpapiererwerber kann Rücknahme der Papiere verlangen (§ 44 Abs. 1 BörsG) oder, wenn er nicht mehr im Besitz derselben ist, Schadensersatz (§ 44 Abs. 2 BörsG).[568] Im ersten Fall kann der Erwerber vom Haftungsverpflichteten die Erstattung des Erwerbspreises sowie der mit dem Erwerb verbundenen üblichen Kosten, wie Maklercourtage und Provisionen, verlangen. Der Erwerbspreis darf jedoch den ersten Ausgabepreis bzw. den ersten nach der Einführung der Wertpapiere gebildeten Börsenpreis nicht übersteigen. Die Erstattung des Erwerbspreises bzw. des Ausgabepreises erfolgt Zug um Zug gegen die

[565] Vgl. *Sittmann*, NZG 1998, 490, 492.
[566] Siehe oben S. 42 ff.
[567] Zur entsprechenden Regelung des § 11 (a) Securities Act siehe oben S. 59.
[568] Nach der alten Regelung war der Ersatz des negativen Interesses vorgesehen.

Rückgabe der Wertpapiere.[569] Hat der Erwerber die Papiere bereits weiterveräußert, kann er die Differenz zwischen dem auf den Ausgabepreis begrenzten Erwerbspreis und Veräußerungspreis zuzüglich der mit Erwerb und Veräußerung verbundenen üblichen Kosten verlangen.[570]

Bei der Berechnung des Anspruchs ist auch ein eventuelles Mitverschulden des Anspruchsstellers zu berücksichtigen (§ 254 BGB). Das Mitverschulden kann sich jedoch nicht auf die Kenntnis der Unrichtigkeit des Prospekts beziehen. Diesbezüglich gilt die Spezialregelung des § 45 Abs. 2 Nr. 3 BörsG, wonach selbst grob fahrlässige Unkenntnis unschädlich ist.[571] Das Mitverschulden kann sich jedoch auf andere Umstände beziehen. Veräußert der Aktionär seine Papiere etwa zu einem geringeren als dem erzielbaren Börsenpreis, verstößt er gegen die ihm obliegende Schadensminderungspflicht und der Anspruch ist entsprechend zu kürzen. Bei der Bestimmung des Veräußerungspreises ist in diesem Fall also nicht der tatsächlich erzielte Preis, sondern der Preis, der an der Börse hätte erzielt werden können, anzusetzen. Ein Mitverschulden des Anspruchstellers liegt ggf. auch dann vor, wenn dieser die Wertpapiere in Kenntnis seines Anspruchs länger als nötig hält und der Kurs in der Folgezeit aufgrund des Prospektmangels sinkt.[572]

2. Die allgemeine zivilrechtliche Prospekthaftung

Gemäß § 1 VerkProspG unterliegen Wertpapiere bei ihrem erstmaligen öffentlichem Angebot im Inland einem Prospektzwang mit der Folge, dass für den Prospekt die spezialgesetzliche Haftung des § 13 VerkProspG in Verbindung mit den §§ 44 ff. BörsG gilt. Für die allgemeine Prospekthaftung ist insoweit kein Raum.[573] Allerdings wird in der Literatur diskutiert, ob vertriebs-

[569] Muss der Emittent seine eigenen Aktien zurücknehmen oder Schadensersatz gemäß § 45 Abs. 2 BörsG leisten, könnte dies gegen die aktienrechtlichen Vorschriften der Kapitalerhaltung, insbesondere gegen die Verbote der Einlagenrückgewähr (§ 57 AktG) und des Erwerbs eigener Aktien (§§ 71 ff. AktG) verstoßen. Der Gesetzgeber sieht die börsengesetzliche Prospekthaftung in dieser Hinsicht als vorrangige Spezialregelung an (zur Neuregelung vgl. BR-Drucks. 605/97 S. 78). Dieser Frage ist hier nicht weiter nachzugehen.

[570] Dies stellt eine wesentliche Verbesserung gegenüber der alten Regelung dar. Denn nach dieser entfiel die Aktivlegitimation mit der Aufgabe des Besitzes an den Wertpapieren.

[571] *Schäfer*, BörsG, § 45 Rn. 42.

[572] Allerdings ist ihm eine angemessene Zeit zur Abwägung einzuräumen. Auch eine Kursbeobachtungspflicht kann ihm nur in Grenzen auferlegt werden. Näher dazu *Sittmann*, NZG 1998, 490, 495.

[573] Vgl. dazu *Assmann*, in: *Assmann/Schütze*, § 7 Rn. 243 ff. Zur Abgrenzung der bürgerlichrechtlichen Prospekthaftung von der wertpapierrechtlichen Prospekthaftung des § 13 VerkProspG vgl. auch *Eyles*, in: *Vortmann*, Prospekthaftung und Anlageberatung, § 2 Rn. 2, 22 f.

bezogene Werbeveröffentlichungen außerhalb eines solchen Prospekts über die Grundsätze der allgemeinen zivilrechtlichen Prospekthaftung[574] erfasst werden können.[575] Diese gilt es daher im folgenden darzustellen.

Die bürgerlich-rechtliche Prospekthaftung wurde im Zusammenhang mit Emissionen auf dem sogenannten grauen Kapitalmarkt entwickelt. Dabei ging es hauptsächlich um Fälle, in denen in der Rechtsform der Kommanditgesellschaft oder der GmbH & Co. KG betriebene Abschreibungs- bzw. Bauherrengesellschaften unrichtige oder unvollständige Angaben in ihren Werbeprospekten machten. Anlass der Entwicklung der bürgerlichrechtlichen Prospekthaftung waren Schadensersatzklagen von Kommanditisten wegen Verlusts ihrer Einlagen aufgrund der Insolvenz dieser Gesellschaften. Die bürgerlichrechtliche Prospekthaftung ist ein Vertrauenstatbestand, der durch eine Weiterentwicklung des Rechtsinstituts der culpa in contrahendo (c.i.c.) entstand. Die am grauen Kapitalmarkt kursierenden Prospekte werden als Instrument zur Erfüllung vorvertraglicher Aufklärungspflichten gesehen. Prospekt im Sinne der allgemein zivilrechtlichen Prospekthaftung ist dabei jede an den Markt gerichtet schriftliche Erklärung. Die Aufklärungspflicht wird konkretisiert durch das Erfordernis der Richtigkeit und Vollständigkeit des Emissionsprospekts. Unrichtig ist ein Prospekt, wenn wesentliche Angaben falsch dargestellt sind. Unvollständigkeit liegt vor, wenn wesentliche Angaben im Prospekt fehlen. Dabei ist auf den Gesamteindruck des Prospekts abzustellen.

a. *Haftungsverpflichtete*

Der Kreis der Verantwortlichen im Rahmen der allgemein-zivilrechtlichen Prospekthaftung bestimmt sich ähnlich dem der spezialgesetzlich geregelten Prospekthaftungstatbestände. Auch für jene reicht der bloße verbandsrechtliche Status als Vorstandsmitglied für eine Haftung nicht aus. Vielmehr muss ein darüber hinausgehender Haftungsgrund vorliegen.

Einer solcher kann einmal an ein typisiertes Vertrauen der Anleger auf die Richtigkeit und Vollständigkeit der im Prospekt gemachten Angaben anknüpfen (Prospekthaftung im engeren Sinne) oder an die Inanspruchnahme persönlichen Vertrauens (Prospekthaftung im weiteren Sinne).
Die Prospekthaftung im engeren Sinne knüpft an das typisierte Vertrauen der Anleger auf die Richtigkeit und Vollständigkeit des Prospekts an. Der Prospekt hat den potentiellen Anlegern ein zutreffendes Bild der angebotenen Beteiligung

---

[574] Die Begriffe „allgemeine zivilrechtliche Prospekthaftung“ und „bürgerlichrechtliche Prospekthaftung“ werden im folgenden synonym gebraucht.
[575] Vgl. *Groß*, Kapitalmarktrecht, § 48 BörsG Rn. 4; *Hauptmann*, in: *Vortmann* (Hrsg.), Prospekthaftung, § 3 Rn. 75.

zu vermitteln. Alle für die Anlageentscheidung wesentlichen Informationen sind den potentiellen Investoren im Prospekt mitzuteilen. Werden in diesem Sinne erhebliche Umstände von den Prospektverantwortlichen schuldhaft unrichtig oder unvollständig dargestellt, hat der geschädigte Anleger einen Anspruch auf Ersatz der getätigten Aufwendungen Zug um Zug gegen Rückgabe der Wertpapiere. Gemäß den Grundsätzen der allgemeinen zivilrechtlichen Prospekthaftung hat für die Vollständigkeit und Richtigkeit der Prospekte jeder einzustehen, der durch von ihm in Anspruch genommenes Vertrauen auf die Kaufentscheidung des Anlegers Einfluss genommen hat. Im Ergebnis handelt es sich um die Verantwortlichkeit des Erlassers des Prospekts und des Prospektveranlassers im Sinne der börsenrechtlichen Terminologie. Erlasser des Prospekts ist zunächst die Gesellschaft selbst. Daneben zählen aber auch die Personen zu den Prospekt-Erlassern, die aufgrund einer Unterschrift, Namensangabe oder ähnlichem den Eindruck erwecken, ihnen sei der Prospekt inhaltlich zuzuschreiben. Zu den Prospektveranlassern zählen die Leitungsgruppe und die maßgeblichen Hintermänner. Daneben haften nach den Grundsätzen der Prospekthaftung im weiteren Sinne auch die Personen, die für die Richtigkeit und Vollständigkeit der in einem Prospekt gemachten Angaben die Gewähr übernehmen und so einen zusätzlichen, auf ihrer Person beruhenden Vertrauenstatbestand schaffen.

Bloßes Organhandeln für eine Körperschaft kann also, wenn nicht daneben noch andere vertrauensbegründende Umstände vorliegen, nicht zu einer Eigenhaftung der Organsperson als „Sachwalter“ führen.[576] Eine Eigenhaftung kommt nach den allgemeinen Grundsätzen der aus der Rechtsfigur der culpa in contrahendo entwickelten Sachwalterhaftung nur dann in Betracht, wenn das Vorstandsmitglied entweder Partei oder Quasi-Partei, also vom dem Geschäft materiell Betroffener ist, oder wenn er eigenes Vertrauen in Anspruch nimmt, welches das Vertrauen auf die Gesellschaft in den Hintergrund treten lässt. So kommt eine Haftung beispielsweise dann in Betracht, wenn das Vorstandsmitglied gleichzeitig Mehrheitsgesellschafter oder Gründer der AG ist, denn dann ist das Mitglied des Vorstands wirtschaftlich Betroffener. Eine Haftung aufgrund der Inanspruchnahme eigenen Vertrauens (Prospekthaftung im weiteren Sinn) erscheint jedoch schwierig zu begründen, denn im Regelfall nimmt ein Vorstandsmitglied Vertrauen nicht für sich persönlich in Anspruch, sondern für die vertretene Gesellschaft.[577]

---

[576] *Köndgen*, AG 1983, 120, 120.
[577] *Köndgen*, AG 1983, 120, 121.

b. Der Prospektbegriff

Die für die Praxis sehr bedeutsame allgemeine zivilrechtliche Prospekthaftung reicht wesentlich weiter als die Prospekthaftung nach dem Börsengesetz. Jedoch geht die Haftung aufgrund des Börsengesetzes der allgemeinen Prospekthaftung vor.[578] Das bedeutet, dass Börsenzulassungsprospekte, Unternehmensberichte, Verkaufsprospekte, Emissionsprospekte des Neuen Marktes sowie schriftliche Darstellung im Sinne des § 44 Abs. 4 BörsG nicht der allgemeinen zivilrechtlichen Prospekthaftung unterliegen. Greift die spezialgesetzliche Prospekthaftung im Einzelfall nicht, stellt sich die Frage, ob die Grundsätze der allgemeinen zivilrechtlichen Prospekthaftung Anwendung finden können. Jedenfalls Anwendung finden diese auf (freiwillig herausgegebene) Prospekte, mit denen zum Erwerb von Aktien außerhalb des Anwendungsbereichs des §§ 1 ff. VerkProspG geworben wird.[579]

Ob die allgemeine zivilrechtliche Prospekthaftung darüber hinaus auch Publikationen erfasst, die neben den gesetzlich geforderten verwandt werden, ist umstritten. Die Rechtsprechung jedenfalls lehnt die Anwendung auf derartige schriftliche Werbeträger außerhalb des Prospekts ab.[580] Dagegen wenden sich Stimmen im Schrifttum mit der Begründung, dass auf diese Weise ein haftungsrechtlicher Freiraum geschaffen werde, der sachlich kaum zu begründen sei.[581] Der Prospektbegriff im Zusammenhang mit der bürgerlichrechtlichen Prospekthaftung sei daher weiter zu fassen. Prospekt in diesem Sinne ist schon jede marktbezogene schriftliche Erklärung, die für die Beurteilung der Aktie wesentliche Angaben enthält.[582] Nach einer engeren Auffassung im Schrifttum wird unter einem Prospekt ein schriftlicher Bericht verstanden, der Angaben enthält, die einem unbestimmten Kreis von Personen als Grundlage für die

---

[578] *Baumbach/Hopt*, § 45 BörsG, Rn. 2.

[579] Vgl. BGH, WM 1993, 1787, zust. *Assmann*, WuB I G 9.-1.94. Vgl. auch *ders.*, in: *Assmann/Schütze*, Handbuch., § 7 Rn. 96. Krit. *Jasper*, WiB 1994, 78, 79. Allerdings wird im Freiverkehr in der Praxis regelmäßig kein Prospekt veröffentlicht, wenn nicht die Prospektpflicht gemäß §§ 1 ff. VerkProspG eingreift. Vgl. *Schäfer*, BörsG, § 45 Rn. 32.

[580] Dies gilt insbesondere für Bezugsaufforderungen. Vgl. BGH WM 1982, 867 ff. Zust. *Schwark*, BörsG, §§ 45, 46 Rn. 9. A.A. etwa *Assmann*, in: *Assmann/Schütze*, Handbuch, § 7 Rn. 49. Das Problem ist zwar durch die Einführung einer Pflicht zur Veröffentlichung eines Verkaufsprospekts beim erstmaligen öffentlichen Angebot von Aktien (§ 1 VerkProspG) und einer Prospekthaftung im Falle fehlerhafter Angaben im Verkaufsprospekt (§ 13 VerkProspG in Verbindung mit §§ 44 bis 47 BörsG) entschärft worden, jedoch besteht immer noch die Möglichkeit, neben dem Verkaufsprospekt und dem Zulassungsprospekt andere Werbemaßnahmen beispielsweise in Form von Zeichnungs- und Bezugsaufforderungen zu nutzen. Vgl. zu diesem Problemkreis *Assmann*, in: *Assmann/Schütze*, Handbuch, § 7 Rn. 49 und 200.

[581] *Assmann*, in: *Assmann/Schütze*, Handbuch, § 7 Rn. 50.

[582] *Assmann*, in: *Assmann/Schütze*, Handbuch, § 7 Rn. 57.

Beurteilung von Vermögensanlagen dienen soll.[583] Im Ergebnis sind beide Definitionen nicht weit voneinander entfernt. Denn nach beiden Ansichten fallen Einzelangaben nicht unter den Prospektbegriff. Auch unter den Vertretern der weiten Definition herrscht Einigkeit darüber, dass nicht jede Einzelangabe als unvollständig angesehen werden darf, weil nicht alle Informationen enthalten sind. Vielmehr ist auf den Einzelfall abzustellen und je nach Art der Information zu beurteilen, welche Maßstäbe hinsichtlich ihrer Vollständigkeit anzulegen sind.

Nach Auffassung eines Teils der Literatur können Bezugsaufforderungen, Werbeanzeigen oder unter Umständen gar Serienbriefe somit als Prospekte im Sinne der allgemeinen zivilrechtlichen Prospekthaftung angesehen werden, wenn diese marktbezogen sind.[584] Auf diese Weise soll verhindert werden, dass die Emittenten auf andere Werbemittel ausweichen, die ebenso wirksam wie der Werbeprospekt sind.[585] Insoweit kann es keinen Unterschied machen, ob die fehlerhafte Information schon im Prospekt selbst enthalten ist oder in zusätzlichen Werbeträgern. Ob solchermaßen verbreitete Informationen irreführend sind, beurteilt sich nach dem Gesamteindruck. Teilweise wird gefordert, solche Werbemaßnahmen nur dann zuzulassen, wenn sie den Hinweis enthalten, dass der Anleger umfassende schriftliche Unterrichtungsmöglichkeiten kostenlos erhalten kann.[586]

Doch auch eine solchermaßen erweiterte Prospekthaftung vermag nicht alle Fälle der Falschinformation am Primärmarkt zu erfassen. [587] Insbesondere die mündliche Darstellung falscher Tatsachen wird von der Prospekthaftung nicht erreicht. Denn ein Schriftstück ist jedenfalls erforderlich, um die dogmatischen Grenzen der zivilrechtlichen Prospekthaftung nicht zu überschreiten. Auch die Versuche, auf der Grundlage der allgemeinen zivilrechtlichen Prospekthaftung eine kapitalmarktrechtliche Haftung für die Verletzung publikumsbezogener Emittentenpflichten zu begründen, haben sich hieran zu orientieren.[588]. Gleiches gilt für Einzelinformationen. Keine Anwendung findet die allgemeine zivilrechtliche Prospekthaftung ferner, wenn der gesetzlichen Prospektpflicht nicht

---

583 *Siol*, in: *Schimansky/Bunte/Lwowski*, Bankrechts-Handbuch, § 45 Rn. 47.
584 Zu E-mails und Internetangeboten vgl. *Eyles*, in: *Vortmann* (Hrsg.), Prospekthaftung, § 2 Rn. 59.
585 Vgl. *Assmann*, in: *Assmann/Schütze*, Handbuch., § 7 Rn. 57.
586 *Assmann*, a.a.O.
587 Zur Frage, ob auch Zwischenberichte oder Ad-hoc-Mitteilungen von der bürgerlichrechtlichen Prospekthaftung umfasst werden, siehe unten S. 206 ff.
588 Vgl. *Schäfer*, BörsG, § 45, 46 Rn. 24 m.w.N.

nachgekommen wird, etwa wenn entgegen der gesetzlichen Verpflichtung des VerkProspG ein Verkaufsprospekt nicht veröffentlicht wird.[589]

Die Anknüpfung der Haftung an das Vorliegen eines Prospektes im deutschen Recht führt dazu, dass in einer Reihe von Fällen, in denen durch die Gesellschaft bzw. ihre Vorstandsmitglieder im Zusammenhang mit der Emission von Aktien fehlerhafte Informationen verbreitet werden, dem Investor, der aufgrund dieser Informationen tätig geworden ist, kein Rechtsbehelf an die Hand gegeben ist. Im Falle vorsätzlichen Handelns kann lediglich mit einem Anspruch gemäß § 823 Abs. 2 BGB in Verbindung mit § 264 a StGB oder gemäß § 826 BGB geholfen werden. Anders ist dies in den USA. Dort kommen Schadensersatzansprüche auch dann in Betracht, wenn fehlerhafte Informationen außerhalb eines Prospektes gegeben werden. Für falsche Angaben im Prospekt ist § 11 Securities Act der statthafte Rechtsbehelf. Werden die falschen Angaben außerhalb des Prospekts gemacht, liegen beispielsweise Einzelinformationen vor, die gerade keinen Prospekt im Sinne des deutschen Rechts darstellen, kommt eine Haftung gemäß Rule 10b-5 in Betracht. In Deutschland ist eine Haftung in solchen Fällen nach den Grundsätzen der bürgerlichrechtlichen Prospekthaftung ausgeschlossen. Ebenso ist eine Haftung wegen fehlerhafter mündlicher Informationen im deutschen Recht ausgeschlossen, während im U.S.-amerikanischen Recht die Gesellschaft in diesem Fall gemäß § 12 (a) (2) Securities Act und die Vorstandsmitglieder gemäß Rule 10b-5 zur Verantwortung gezogen werden können.

c. *Die Unrichtigkeit des Prospekts*

Eine Prospekthaftung kommt nur dann in Betracht, wenn für die Beurteilung der Wertpapiere wesentliche Angaben im Prospekt oder diesem gleichzustellende Werbemittel unrichtig oder unvollständig wiedergegeben sind. Maßstab sind dabei die Verständnismöglichkeiten eines „durchschnittlichen" Anlegers,[590] der zwar mit der gebräuchlichen Schlüsselsprache nicht vertraut ist,[591] jedoch eine Bilanz lesen kann und zudem den Prospekt und die Anlagen sorgfältig liest[592]. Der Anleger darf darauf vertrauen, dass ihm alle für seine Entscheidung wesentlichen Umstände richtig und vollständig mitgeteilt werden. Beurteilungszeitpunkt ist der Zeitpunkt der Herausgabe des Prospekts. Umstände, die für die

---

[589] Hier kann nur mit allgemeinen zivilrechtlichen Ansprüchen, wie § 826 BGB oder § 823 Abs. 2 BGB in Verbindung mit einem Schutzgesetz geholfen werden. Vgl. *Assmann*, in: *Assmann/Schütze*, Handbuch, § 7 Rn. 54.

[590] So die Ansicht des BGH. Die im Schrifttum vertretenen Ansichten reichen vom „Fachmann" bis zum „Laien".

[591] BGH, WM 1982, 862, 863.

[592] BGH, WM 1992, 901, 904.

Anlageentscheidung wesentlich sind, sind solche, die objektiv zu den wertbildenden Faktoren der Aktie gehören und von einem durchschnittlichen Anleger bei seiner Entscheidung berücksichtigt werden.[593] Darüber hinaus muss auch der vermittelte Gesamteindruck der Vermögens-, Ertrags- und Liquiditätslage der Gesellschaft richtig sein.[594] Damit werden nicht nur Tatsachen, sondern auch Erläuterungen, Schlussfolgerungen und gar Prognosen über die zukünftige Entwicklung des Unternehmens in die Kontrolle miteinbezogen. Werturteile müssen kaufmännisch vertretbar und wenigstens in ihrem Tatsachenkern richtig sein.[595]

II. Laufende Offenlegungspflichten und ihre Durchsetzung

Auch nach Abschluss der Emission sind die Anleger auf eine ausreichende Informationsversorgung angewiesen, um eine Entscheidung über Eintritt, Austritt oder Verbleib in der Gesellschaft treffen zu können. Die laufende Information der Anleger erfolgt im deutschen Recht durch den Konzernabschluss, Zwischenberichte und Ad-hoc-Mitteilungen.

1. Handelsrechtliche Rechnungslegung

Wichtige Informationsquelle für den Kapitalmarkt ist zunächst der Konzernabschluss.[596] Die §§ 290 ff. HGB verfolgen den Zweck, die Abschlüsse der einzelnen Konzernunternehmen zusammenzufassen, um so über die Lage des Konzerns im Ganzen zu informieren.[597] Durch die Konsolidierung der Einzelabschlüsse wird erreicht, dass konzerninterne Geschäftsvorgänge außer Ansatz bleiben. Dies ist deshalb erforderlich, weil es im Konzern vielfältige Möglichkeiten gibt, Vermögen und Liquidität zwischen den beteiligten Unternehmen zu

---

[593] Vgl. *Assmann*, in: *Assmann/Schütze*, Handbuch, § 7 Rn. 66.

[594] Vgl. BGH, WM 1982, 862, 863.

[595] Vgl. BGH, WM 1992, 901, 904; BGH, WM 1982, 862, 865. Näher dazu *Assmann*, in: *Assmann/Schütze*, Handbuch, § 7 Rn. 67 ff.

[596] Dieser besteht aus der Konzernbilanz, der Konzern-Gewinn- und Verlustrechnung, dem Konzernanhang sowie in bestimmten Fällen außerdem aus einer Kapitalflussrechnung, einer Segmentberichterstattung und einem Eigenkapitalspiegel (§ 297 Abs. 1 HGB).

[597] Neben dieser Informationsfunktion kommt dem Konzernabschluss nach deutschem Recht noch die Funktion zu, die Entscheidungsträger im Konzern mit den relevanten Rechnungslegungsdaten zu versorgen sowie alle Güterbewegungen und Zahlungsvorgänge im Unternehmen vollständig und richtig zu erfassen. Vgl. *Claussen/Scherrer*, in: Kölner Kommentar, Vorb. § 290 HGB, Rn. 9 f. Der Konzernabschluss dient jedoch weder dem Gläubigerschutz, noch kommt ihm eine Funktion bei der Gewinnverteilung zu. Vgl. im einzelnen *Claussen/Scherrer*, a.a.O., Rn. 11 ff.

verschieben, so dass Einzelabschlüsse regelmäßig wenig aussagekräftig sind.[598] Die Konzernrechnungslegung dient also dazu, den Anlegern ein den tatsächlichen Verhältnissen entsprechendes Bild der Vermögens-, Finanz- und Ertragslage des Konzerns (§ 297 Abs. 2 Satz 2 HGB) zu verschaffen.

Zielt der Konzernabschluss in erster Linie auf die Information des Kapitalmarktes ab, gilt dies für den Einzelabschluss[599] in der Praxis – wegen der bei Publikumsgesellschaften meist gegeben Konzernstruktur – nur eingeschränkt. Der Einzelabschluss ist in erster Linie zum einen bedeutsam für die Gewinnermittlung und als Grundlage für den Ausschüttungsbeschluss, zum anderen – wegen des Maßgeblichkeitsprinzips – als Basis für die Steuerbilanz. Aufzustellen ist er vom gesetzlichen Vertreter, bei der Aktiengesellschaft also vom Vorstand. Es soll ein den tatsächlichen Verhältnissen entsprechendes Bild der Vermögens-, Finanz- und Ertragslage der Gesellschaft vermittelt werden (vgl. § 264 Abs. 2 HGB). Die mit der bilanzrechtlichen Publizität verfolgten Ziele sind aber auch eine generelle Rechenschaftslegung und Information.[600] Den aktuellen[601] und potentiellen[602] Aktionären als Adressaten der externen

---

[598] *Kübler*, Gesellschaftsrecht, S. 267.

[599] Der Jahresabschluss besteht aus der Bilanz (§ 242 Abs. 1 HGB) und der Gewinn- und Verlustrechnung (§ 242 Abs. 2 HGB). Für Kapitalgesellschaften wird der Jahresabschluss um einen Anhang sowie einen Lagebericht erweitert (§ 264 Abs. 1 HGB).

[600] *Glöckle*, Zukunftsbezogene Publizität, S. 115 m.w.N.

[601] Der Jahresabschluss ist als Informationsquelle hauptsächlich für den Aktionär gedacht. Die Möglichkeit für den Aktionär, auf diesem Wege Informationen zu erlangen, ergibt sich keineswegs bloß zufällig. Vielmehr ist er Hauptadressat der Rechnungslegung und die Rechnungslegungsvorschriften dienen in erster Linie dem Aktionärsschutz und keineswegs ausschließlich dem Schutz der Gläubiger. Vgl. *Claussen/Korth*, in: Kölner Kommentar, § 264 HGB Rn. 14. Vgl. noch *Glöckle*, Zukunftsbezogene Publizität, S. 116 m.w.N. Dass Hauptzweck der Rechnungslegungsvorschriften die Information der Aktionäre ist, ergibt sich schon daraus, dass diese über die Gewinnverwendung (§ 174 AktG) sowie über die Entlastung von Vorstand und Aufsichtsrat zu entscheiden haben (§ 120 AktG). Dies ist ohne die entsprechenden Informationen schlechterdings unmöglich. Außerdem ist die aktienrechtliche Rechnungslegung Basis für die Bewertung der Aktie am Markt und damit mitbestimmend für den Wert des Aktionärsvermögens. Vgl. *Kübler*, Gesellschaftsrecht, S. 260. Darin sehen *Claussen/Korth*, Kölner Komm., § 264 HGB Rn. 14, gar die rechtsdogmatische Erklärung dafür, dass die Aktionäre die einzige Adressatengruppe sind, die ihren Informationsanspruch einklagen können (§ 132 AktG).

[602] Bei allen Publikumsgesellschaften sind nicht nur die vorhandenen Anteilseigner, sondern auch die Anleger als potentielle Aktionäre an möglichst genauer Information über die künftig zu erwartenden Ausschüttungen interessiert, da durch diese der Marktwert des Unternehmens beeinflusst wird. *Kübler*, a.a.O., S. 260. Ebenso *Claussen/Korth*, a.a.O. Daher sehen die §§ 325 ff. HGB auch Offenlegungspflichten in Bezug auf den Jahresabschluss für Kapitalgesellschaften vor, so dass auch dem Einzelabschluss eine – zumindest theoretische – Anlegerschutzfunktion nicht abgesprochen werden kann. Die Anlegerschutzfunktion der

Rechnungslegungsinstrumente sollen kontinuierlich Informationen zur Verfügung gestellt werden, nicht nur um die Geschäftsführung kontrollieren zu können, sondern auch um eine informierte Entscheidung hinsichtlich des Beitritts, Verbleibs oder Austritts aus der Gesellschaft treffen zu können.

Der Informationszweck des Konzern- und des Jahresabschlusses kann allerdings nur dann erreicht werden, wenn sichergestellt wird, dass vollständige und richtige Angaben gemacht werden. Dies soll nach geltendem Recht durch die Prüfung der Abschlüsse durch Abschlussprüfer und Aufsichtsrat, Straf- und Bußgeldvorschriften sowie durch die Möglichkeit, eine Anfechtungs- oder Nichtigkeitsklage zu erheben, gewährleistet werden.
Konzern- und Jahresabschlüsse werden durch die Abschlussprüfung eines Wirtschaftsprüfers (§§ 316 ff HGB) kontrolliert. Die Prüfung durch das Registergericht ist auf die formellen Aspekte der Vollzähligkeit der eingereichten Unterlagen und der ordnungsgemäßen Bekanntmachung beschränkt (§ 329 HGB). Daneben tritt die strafrechtliche Sanktion des § 331 HGB. Danach wird mit Geld- oder Freiheitsstrafe bestraft, wer als Vorstandsmitglied die Verhältnisse der Gesellschaft im Konzern- bzw. Jahresabschluss oder Lagebericht unrichtig wiedergibt oder verschleiert. Die Tatbestandsverwirklichung setzt vorsätzliches Handeln voraus. § 332 HGB weitet die Strafbarkeit auf Abschlussprüfer und deren Gehilfen aus, wenn diese über das Ergebnis der Prüfung eines Abschlusses unrichtige Angaben machen, im Prüfungsbericht erhebliche Umstände verschweigen oder einen inhaltlich unrichtigen Bestätigungsvermerk erteilen. Außerdem besteht gemäß § 334 HGB für bestimmte Fälle eine Sanktionsmöglichkeit in Form eines Bußgeldes. Gemäß § 10 OWiG ist für eine Verletzung jedoch vorsätzliches Handeln erforderlich. Zudem ist die Haftung auf 25.000 Euro begrenzt. Für den Fall der Nichtaufstellung der erforderlichen Berichte kann das Registergericht gemäß § 335 HGB ein Zwangsgeld festsetzen. Und schließlich kann gegen Vorstandsmitglieder, die der Offenlegungspflicht bzgl. des Jahresabschlusses (§ 325 HGB) nicht nachkommen, gemäß § 335 a HGB ein Ordnungsgeld verhängt werden.
Der Konzern- und Jahresabschluss einschließlich Lagebericht ist zudem vom Aufsichtsrat zu prüfen (§ 171 Abs. 1 AktG). Dieser hat über das Ergebnis der Prüfung einen schriftlichen Bericht an die Hauptversammlung zu erstatten (§ 171 Abs. 2 AktG). Zudem hat der Aufsichtsrat zu dem Ergebnis der Prüfung der Abschlüsse durch den Abschlussprüfer Stellung zu nehmen und zu erklären, ob er den aufgestellten Abschluss billigt (§ 171 Abs. 2 Sätze 3 bis 5 AktG).[603]

Rechnungslegungsvorschriften ergibt sich zudem aus der Vorschrift des § 20 a Abs. 1 Nr. 1 WpHG, die indirekt auch auf die jährliche Rechnungslegung verweist.

[603] Die Stellungnahmepflicht des Aufsichtsrates zu der Prüfung des Konzernabschlusses durch den Abschlussprüfer ist auf Vorschlag der Regierungskommission Corporate Governance

Als weiteres Mittel, die Einhaltung der Grundsätze ordnungsgemäßer Rechnungslegung zu gewährleisten, sehen die §§ 256, 257 AktG für bestimmte Fälle eine Nichtigkeits- bzw. Anfechtungsklage durch die Aktionäre vor.

Aus zivilrechtlicher Sicht können Verstöße gegen Rechnungslegungsvorschriften Schadensersatzverpflichtungen der Organmitglieder persönlich gegenüber der Gesellschaft gemäß §§ 91, 93 Abs. 2 AktG nach sich ziehen. Ansprüche gemäß § 823 Abs. 2 BGB in Verbindung mit § 264 Abs. 2 HGB können nicht geltend gemacht werden, da letztere Vorschrift kein Schutzgesetz im Sinne des § 823 Abs. 2 BGB darstellt.[604] Die Schaffung eines individuellen Schadensersatzanspruchs wegen Verletzung des § 264 Abs. 2 HGB ist weder erkennbar vom Gesetz erstrebt, noch erscheint ein solcher im Rahmen des haftungsrechtlichen Gesamtsystems als tragbar.[605] Denn Folge wäre eine Haftung der Vorstandsmitglieder schon für leichte Fahrlässigkeit (§ 823 Abs. 2 Satz 2 BGB). Eine solch weitgehende Haftung für Fehlinformationen gegenüber den Aktionären bzw. gegenüber dem Kapitalmarkt ist dem deutschen Recht jedoch fremd.[606] Als Schutzgesetz zugunsten der Aktionäre anerkannt ist allerdings § 331 HGB.[607] Haben diese durch eine vorsätzlich begangene Straftat gemäß § 331 HGB einen Vermögensschaden erlitten, können sie vom Täter – in Betracht kommen auch Vorstandsmitglieder – Schadensersatz verlangen. Ein Anspruch gemäß § 823 Abs. 2 BGB in Verbindung mit § 400 AktG[608] wird dagegen regelmäßig nur im Zusammenhang mit vorsätzlich falschen Angaben im Konzernabschluss in Betracht kommen. Denn aufgrund der Subsidiaritäts-

---

durch das Transparenz- und Publizitätsgesetz vom 19.7.2002 (BGBl. I S. 2681) in das AktG eingefügt worden. Vgl. *Baums* (Hrsg.), Bericht, Rn. 274. Auch die Einführung der Billigung des Konzernabschlusses durch den Aufsichtsrat und die Möglichkeit der Feststellung durch die Hauptversammlung (§ 173 AktG n.F.) – falls der Aufsichtsrat den Konzernabschluss nicht billigt – durch das TransPuG beruhen auf einem Vorschlag der Kommission. Vgl. *Baums*, a.a.O. Nach alter Rechtslage bestand eine Stellungnahmepflicht und die Möglichkeit der Billigung durch Aufsichtsrat oder Hauptversammlung nur für den Einzel- nicht für den Konzernabschluss.

604 *Claussen/Korth*, in: Kölner Kommentar, § 264 HGB Rn. 50; *Adler/Düring/Schmaltz*, § 264 Rn. 141. A.A. *Budde/Karig*, in: Beck'scher Bilanz-Kommentar, § 264 Rn. 59.

605 Zu diesen Voraussetzungen eines Schutzgesetzes im Sinne von § 823 Abs. 2 BGB vgl. nur BGH, DB 1976, 1665.

606 Zur Frage des Verschuldensmaßstabs im Falle fehlerhafter Informationen gegenüber dem Kapitalmarkt sowie den Aktionären siehe noch unten S. 296 ff. Entsprechendes gilt im Übrigen für § 297 Abs. 2 HGB.

607 *Quedenfeld*, in: Münchener Kommentar HGB, § 331 Rn. 2 m.w.N.; *Budde/Hense*, in: Beck'scher Bilanz-Kommentar, § 331 Rn. 40.

608 Auch diese Vorschrift ist ein Schutzgesetz im Sinne des § 823 Abs. 2 BGB zugunsten der Aktionäre. Vgl. *Fuhrmann*, in: *Geßler* u.a., AktG, § 400 Rn. 3; *Otto*, in: Großkommentar AktG, § 400 Rn. 4; *Geilen*, in: Kölner Kommentar AktG (1. Auflage), § 400 Rn. 4 m.w.N.

klausel des § 400 Abs. 1 Nr. 1 AktG ist diese Vorschrift nicht auf falsche Angaben im Einzelabschluss anwendbar.[609]
Darüber hinaus können Verstöße gegen die Aufstellungsgrundsätze einen wichtigen Grund für den Aufsichtsrat darstellen, die Bestellung zum Mitglied des Vorstands zu widerrufen (§ 84 Abs. 3 AktG).[610]

Eine Haftung der Vorstandsmitglieder wegen falscher Angaben im Konzern- bzw. Jahresabschluss ist also auf Fälle vorsätzlichen Handelns beschränkt. Ob dies zum Schutz der Aktionäre bzw. Anleger[611] ausreicht, ist insbesondere aus rechtsvergleichender Perspektive zweifelhaft.[612] Bedenken ergeben sich zudem daraus, dass sich auch die sonstigen oben dargestellten Möglichkeiten zur Durchsetzung ordnungsmäßiger Rechnungslegung in der Praxis nicht immer als effizient erweisen.[613] Verschärft wird diese Problematik noch dadurch, dass bei Verstößen gegen – insbesondere für den Konzernabschluss wichtige – Rechnungslegungs-Standards[614] im deutschen Recht derzeit noch eine „Enforcement"-Lücke besteht.[615]

2. Zwischenberichtspublizität

Neben der handelsrechtlichen Rechnungslegung kommt der kapitalmarktrechtlichen Publizität in Gestalt der Zwischenberichts- und Ad-hoc-Publizität entscheidende Bedeutung für die Information der Aktionäre zu. Den Aktionären und dem sonstigen Anlagepublikum sollen die Informationen zur Verfügung gestellt werden, die diese für ihre Kauf- oder Verkaufsentscheidungen

---

[609] Für nicht publizitätspflichtige Jahresabschlüsse gilt allerdings § 400 Abs. 1 Nr. 1 AktG nicht § 331 Nr. 1 HGB. *Vgl.* Otto, in: Großkommentar, § 400 Rn. 33.

[610] Zur Haftung gemäß § 826 BGB siehe unten § 6 III 2. Zu umfassenderen Vorschlägen hinsichtlich einer Organhaftung siehe § 8.

[611] Zweifelhaft ist überdies, ob die potentiellen Aktionäre überhaupt einen Schadensersatzanspruch gemäß § 823 Abs. 2 BGB in Verbindung mit § 331 HGB bzw. § 400 AktG geltend machen können. Die Literatur zur Frage der Schutzgesetzqualität dieser Straftatbestände hält jedenfalls soweit ersichtlich nur die aktuellen Aktionäre für anspruchsbefugt. Vgl. dazu die Nachweise in Fn. 607 und 608.

[612] Zum U.S.-amerikanischen Recht vgl. oben § 3 II (§ 18 Securities Exchange Act und Rule 10b-5).

[613] Vgl. *Baums* (Hrsg.), Bericht, Rn. 277.

[614] Deutscher Rechnungslegungsstandard (DRS), International Accounting Standards (IAS), United States – Generally Accepted Accounting Principles (US-GAAP). Vgl. dazu statt vieler *Claussen/Scherrer*, Kölner Kommentar AktG, Vorb. § 290 HGB, Rn. 41 ff. mit umfangreichen Nachweisen.

[615] Vgl. dazu den Bericht der Regierungskommission Corporate Governance, *Baums* (Hrsg.), Bericht, Rn. 277 f. Umfassend *Tielmann*, Durchsetzung ordnungsmäßiger Rechnungslegung; *dies.*, Durchsetzung ordnungsmäßiger Rechnungslegung, DB 2001, 1625 ff.

benötigen.[616] Ebenso wie bei der Konzernbilanz steht hier der Gedanke des Anlegerschutzes im Vordergrund. Anderen Zwecken, wie zum Beispiel dem des Gläubigerschutzes, kommt allenfalls nachrangige Bedeutung zu. Der Grund hierfür liegt darin, dass die Funktionsfähigkeit und Effizienz von Kapitalmärkten entscheidend von deren Transparenz abhängt.[617] Das heißt, dass mit Hilfe gesetzlicher Regelungen sichergestellt werden soll, dass keine Informationsdefizite und Informationsasymmetrien bei den Marktteilnehmern auftreten.

Die nunmehr in § 40 BörsG geregelte Zwischenberichtspflicht[618] ist eingeführt worden, um den Anleger schon vor Erscheinen des Jahresabschlusses mit ausreichenden Informationen über die Entwicklung der Gesellschaft zu informieren. Der mindestens halbjährlich zu veröffentlichende Zwischenbericht soll dem Investor ein den tatsächlichen Verhältnissen entsprechendes Bild der Finanzlage und des allgemeinen Geschäftsgangs der Gesellschaft in den ersten sechs Monaten des Geschäftsjahres vermitteln (§ 40 Abs. 2 BörsG i.V.m. § 53 ff. BörsZulVO). In der Praxis veröffentlichen börsennotierte Gesellschaften häufig Vierteljahresberichte,[619] wobei einer dieser Berichte immer das

[616] *Schwark*, ZGR 1976, 294; *Wiedemann*, BB 1975, 1591, 1593.

[617] So ist Zweck der Zwischenberichtspublizität der Anlegerschutz und damit gleichzeitig auch der Schutz der Funktion des Kapitalmarktes. Durch möglichst weitgehende Transparenz soll die Allokationseffizienz der Märkte erhöht werden. Aufgrund seiner Informationsfunktion für die Anleger leistet der Zwischenbericht aber auch einen Beitrag zur Stärkung der Kontrollrechte der Aktionäre (Kontrollfunktion), ermöglicht Prognosen hinsichtlich der zukünftigen Entwicklung des Unternehmens (Prognosefunktion) und fungiert als Bindeglied in der Reihe der Jahresabschlüsse (Verbindungsfunktion). Vgl. im einzelnen *Dahl*, Zwischenberichterstattung, S. 47 ff.

[618] Im BörsG a.F. war die Zwischenberichtspublizität in § 44 b geregelt. Durch das Vierte Finanzmarktförderungsgesetz vom 1. Juli 2002 ist das Börsengesetz neu gefasst worden und die Zwischenberichtspflicht in § 40 BörsG n.F. geregelt worden. Eine inhaltliche Änderung war damit nicht verbunden.

[619] Vgl. *Kümpel*, in: *Assmann*, WpHG, § 15 Rn. 4; *Hamann*, in: *Schäfer*, § 44 b BörsG, Rn. 13. In der Regel sind börsennotierte Gesellschaften zur Veröffentlichung eines Quartalsberichtes verpflichtet. § 50 Abs. 3 BörsG sieht vor, dass die Börsenordnung für Teilbereiche des geregelten Marktes zusätzliche Voraussetzungen für einen ordnungsgemäßen Börsenhandel vorsehen kann. Für den Prime Standard des geregelten Marktes regelt § 78 der Börsenordnung für die Frankfurter Wertpapierbörse die Pflicht des Emittenten, drei Quartalsbericht pro Geschäftsjahr aufzustellen. Gemäß § 63 der Börsenordnung gilt gleiches für im Prime Standard des amtlichen Marktes notierte Unternehmen. An U.S.-amerikanischen Börsen notierte amerikanische Unternehmen müssen gemäß § 13 (a) (2) Securities Exchange Act Quartalsberichte abliefern (siehe dazu oben S. 29 f.). Ausländische Gesellschaften haben in der Regel die Möglichkeit, Halbjahresabschlüsse einzureichen (vgl. *Hayn/Waldersee*, IAS/US-GAAP/HGB, S. 290; *Williams*, GAAP-Guide, chapter 26 (26.01)). Vgl. Form 10-Q für U.S.-Gesellschaften und Form 6-K für ausländische Gesellschaften sowie Accounting Principle Board Opinion No. 28 (1973). Auch IAS 34.1 schreibt die Veröffentlichung von

Geschäftshalbjahr umfassen muss.[620] Auch freiwillige Quartalsberichte müssen als (zusätzliche) Zwischenberichte inhaltlich den börsenrechtlichen Anforderungen genügen.

a. Inhalt

Die inhaltliche Ausgestaltung der Zwischenberichte ist aufgrund der Ermächtigung des § 40 Abs. 2 BörsG in der Börsenzulassungs-Verordnung (§§ 53 bis 62 BörsZulVO) geregelt worden. Entgegen dem Wortlaut des § 40 BörsG ist nicht ein den tatsächlichen Verhältnissen entsprechendes Bild der Finanzlage zu vermitteln, sondern es ist die wirtschaftliche Lage des Unternehmens darzustellen. Denn eine vollständige Darstellung der Finanzlage würde vom Umfang her dem Charakter des Zwischenberichts als Kurzbericht widersprechen.[621] Daneben ist der allgemeine Geschäftsgang des Unternehmens darzustellen (§ 40 BörsG). Diese Darstellung ist vergangenheitsorientiert und am historischen Ablauf der Berichtsperiode orientiert. Die Darstellung der wirtschaftlichen Lage ist dagegen stichtagsbezogen, enthält aber auch prospektive Elemente. Als Eckdaten der Erfolgsrechnung muss der Zwischenbericht mindestens Angaben über den Betrag der Umsatzerlöse sowie das Ergebnis vor oder nach Steuern enthalten. Es ist weder eine Zwischenbilanz noch eine vollständige Erfolgsrechnung nötig. Weitergehende, freiwillige Angaben sind jedoch möglich. Bei der Erstellung der Zahlenangaben gelten die für die Rechnungslegung entscheidenden handelsrechtlichen Vorschriften entsprechend (vgl. § 54 Abs. 1 BörsZulVO). Der Zwischenbericht muss auch Prognosen für das laufende Geschäftsjahr enthalten (vgl. § 55 S. 4 BörsZulVO). Diese sind aus der Sicht der Adressaten wichtig für eine Einschätzung des zu erwartenden Jahresergebnisses sowie der Kurserwartung. Derartige Prognosen sind obligatorisch, soweit hinlängliche Grundlagen für eine vernünftig begründbare Prognose bestehen.[622] Die Grundlagen bzw. die Prämissen der Prognosen sind ebenfalls mitzuteilen, um dem Anleger eine Beurteilung der Verlässlichkeit derselben zu ermöglichen.[623]

Zwischenberichten vor. Nicht geregelt ist allerdings, ob Quartals- oder Halbjahresberichte zu veröffentlichen sind. Eine solche Regelung bleibt den nationalen Rechnungslegungsgremien vorbehalten. Vgl. *Cairns*, International Accounting Standards, 41.5 (S. 1011). Auch der Deutsche Corporate Governance Kodex empfiehlt in Nr. 7.1.1 die Veröffentlichung von Zwischenberichten, ohne jedoch deren vierteljährliche Aufstellung zu verlangen. Vgl. zudem die Empfehlungen der Regierungskommission Corporate Governance, *Baums* (Hrsg.), Bericht, Rn. 269 ff.

[620] *Dahl*, Zwischenberichterstattung, S. 18.

[621] *Dahl*, Zwischenberichterstattung, S. 98 f., *Henes*, Zwischenberichtspublizität, S. 50.

[622] Vgl. *Dahl*, Zwischenberichterstattung, S. 246.

[623] Vgl. *Dahl*, Zwischenberichterstattung, S. 249. A.A. *Hamann*, in: *Schäfer*, BörsG, § 44 b Rn. 60.

Über die gemäß §§ 53 ff. BörsZulVO zwingend erforderlichen Angaben hinaus muss der Zwischenbericht auch solche Angaben enthalten, die erforderlich sind, um die Finanzlage bzw. den Geschäftsgang der Gesellschaft richtig wiederzugeben.[624] Entscheidend ist dabei, ob die Angaben für einen Anleger bei der Beurteilung des Wertes der Gesellschaft wesentlich sind.[625]

Zur halbjährlichen Zwischenberichterstattung sind gemäß § 40 Abs. 1 BörsG Emittenten zum amtlichen Handel zugelassener Aktien verpflichtet. Gesellschaften, die im Prime Standard des amtlichen oder des geregelten Marktes gelistet sind, haben Quartalsberichte zu veröffentlichen.[626] Gesellschaften, deren Aktien im geregelten Markt (General Standard) oder im Freiverkehr gehandelt werden, unterliegen nicht der Pflicht, einen Zwischenbericht aufzustellen.
Der Zwischenbericht ist innerhalb von zwei Monaten nach dem Ende des Berichtszeitraumes zu veröffentlichen (§ 61 Abs. 1 BörsZulVO).[627] Nach § 61 Abs. 3 BörsZulVO kommt eine Verlängerung dieser Frist nur in Betracht, wenn der Emittent darlegen kann, dass ihm die Einhaltung dieser Frist aus nicht vorhersehbaren Gründen nicht möglich ist oder dass andere Gründe vorliegen, die auch nach Würdigung der Interessen des Publikums eine Verlängerung rechtfertigen. Die Veröffentlichung kann entweder in einem überregionalen Börsenpflichtblatt, im Bundesanzeiger oder als Druckschrift, die dem Publikum auf Verlangen kostenlos zur Verfügung gestellt wird, erfolgen (§ 61 Abs. 1 BörsZulVO).

Nach der Schutzklausel des § 60 BörsZulVO kann der Emittent von seiner Berichtspflicht hinsichtlich einzelner Angaben befreit werden, wenn dies im Interesse der Öffentlichkeit liegt oder wenn andernfalls dem Emittenten ein erheblicher Schaden droht. Die Befreiung erteilt die Zulassungsstelle auf Antrag. Sie steht im Ermessen der Zulassungsstelle, wobei diese die Schutzinteressen des Emittenten gegenüber den Informationsinteressen der Anleger abzuwägen hat.

---

[624] Vgl. *Dahl*, Zwischenberichterstattung, S. 103; *Köster*, S. 99; *Busse von Colbe/Reinhard*, S. 8.
[625] Vgl. die Formulierung in § 45 Abs. 1 BörsG. Siehe *Hamann*, in: *Schäfer*, BörsG, § 44 b Rn. 23.
[626] Dazu oben Fn. 619.
[627] Abweichend davon empfiehlt der Deutsche Corporate Governance Kodex in Nr. 7.1.2 Satz 2, Zwischenberichte binnen 45 Tagen nach Ende des Berichtszeitraumes öffentlich zugänglich zu machen. Gemäß § 63 Abs. 8 der Börsenordnung für die Frankfurter Wertpapierbörse sind Quartalsberichte unverzüglich nach Fertigstellung spätestens jedoch innerhalb von zwei Monaten nach Ende des Berichtszeitraumes zu veröffentlichen,

b. Durchsetzung

Für Zwischenberichte gemäß § 40 BörsG (§§ 53 ff. BörsZulVO) ist eine zwingende Kontrolle nicht vorgesehen. Die Zwischenberichterstattung wird zwar von der Zulassungsstelle überwacht. Jedoch garantiert diese rein formale Kontrolle nicht, dass der Zwischenbericht auch inhaltlich richtig ist, dass er also ein den tatsächlichen Verhältnissen entsprechendes Bild der wirtschaftlichen Lage des Unternehmens vermittelt. Die Prüfung des Berichts durch einen Abschlussprüfer ist nicht zwingend vorgesehen.[628] Vielfach lassen Unternehmen den Zwischenbericht jedoch freiwillig prüfen. Für diesen Fall sieht § 54 Abs. 3 BörsZulVO vor, dass der Bestätigungsvermerk einschließlich zusätzlicher Bemerkungen sowie Einschränkungen oder seine Versagung vollständig wiederzugeben sind. Allerdings ist der angesprochene Bestätigungsvermerk im Regelfall lediglich eine Bescheinigung und keine Bestätigung im Sinne des § 322 Abs. 1 HGB. Denn ein Bestätigungsvermerk in diesem Sinne darf nur erteilt werden, wenn entsprechend den handelsrechtlichen Vorschriften geprüft wurde. Diese setzen aber einen Zwischenabschluss einschließlich Lagebericht voraus, was die börsenrechtlichen Vorschriften nicht verlangen. Der Umfang der Prüfung erstreckt sich entgegen dem Wortlaut des § 54 Abs. 3 BörsZulVO nicht nur auf die Zahlenangaben, sondern gleichfalls auf die Erläuterungen, die Beurteilung der Entwicklung der Geschäftstätigkeit und die Erläuterungen zu den Aussichten für das laufende Geschäftsjahr. Denn andernfalls wäre die Aussagekraft des „Bestätigungsvermerks" erheblich gemindert. Die Prüfung erstreckt sich also auf alle Pflichtbestandteile des Zwischenberichts.[629]
Die freiwillige Prüfung kann analog § 319 Abs. 1 HGB nur von Wirtschaftsprüfern oder Wirtschaftsprüfungsgesellschaften vorgenommen werden. Diese haben dabei die Grundsätze der ordnungsgemäßen Durchführung von Abschlussprüfungen zu beachten.

Für den Fall unrichtiger Angaben im Zwischenbericht kann eine Geldbuße verhängt werden (vgl. § 62 Abs. 1 Nr. 4 BörsG). Auch die Veröffentlichung eines unvollständigen Zwischenberichts kann als Ordnungswidrigkeit geahndet

---

[628] Die Quartalsberichte der im Prime Standard des Amtlichen Marktes bzw. Geregelten Marktes notierten Unternehmen können gemäß § 63 Abs. 7 der Börsenordnung für die Frankfurter Wertpapierbörse einer prüferischen Durchsicht unterzogen werden. Im U.S.-amerikanischen Recht besteht gleichfalls keine Prüfungspflicht für Zwischenberichte (Regulation S-X, Rule 10-01 (a) (1)). Jedoch sieht Regulation S-X, Rule 10-01 (d) eine prüferische Durchsicht („review") der in den Quartalsberichten gemäß Form 10-Q (inländische Gesellschaften) enthaltenen Bilanz vor. Vorgesehen ist also keine der Jahresabschlussprüfung vergleichbare umfassende Prüfung, sondern lediglich eine Plausibilitätskontrolle. Vgl. auch den Vorschlag der Regierungskommission Corporate Governance, *Baums* (Hrsg.), Bericht, Rn. 288 f.

[629] Vgl. *Dahl*, Zwischenberichterstattung, S. 38.

werden (§ 62 Abs. 1 Nr. 4 BörsG). Gleich es gilt, wenn der Bericht nicht, nicht rechtzeitig oder nicht in der vorgeschriebenen Form veröffentlicht wird.

In zivilrechtlicher Hinsicht kommen Schadensersatzansprüche gegen die Organmitglieder gestützt auf § 823 Abs. 2 BGB in Verbindung mit der Verletzung eines Schutzgesetzes, aufgrund § 826 BGB[630] oder aufgrund der Grundsätze über die allgemeine zivilrechtliche Prospekthaftung[631] in Betracht.[632] Schutzgesetz im Sinne des § 823 Abs. 2 BGB ist allerdings nicht § 40 BörsG.[633] Denn dieser dient – wie auch § 15 WpHG[634] – dem Schutz der Funktionsfähigkeit des Kapitalmarktes insgesamt, nicht dem Schutz des einzelnen Anlegers.[635] Aus dem Gesetzgebungsverfahren ergibt sich nicht, dass der Gesetzgeber einen solchen Individualschutz bezweckt hat.[636] Zudem erscheint eine Haftung der Vorstandsmitglieder für Falschinformationen in Zwischenberichten schon im Falle leicht fahrlässigen Handelns im Rahmen des haftungsrechtlichen Gesamtsystems für Fehlinformationen untragbar.[637] Schutzgesetz zugunsten der Aktionäre ist jedoch § 400 AktG. Haben diese durch eine vorsätzlich begangene Straftat gemäß § 400 AktG einen Vermögensschaden erlitten, können sie vom Täter – in Betracht kommen auch Organmitglieder – Schadensersatz verlangen.[638]

---

630 Zu dieser allgemeinen deliktsrechtlichen Vorschrift im Zusammenhang mit fehlerhaften Kapitalmarktinformationen siehe unten § 6 III 2.

631 Zu diesem in der Literatur vertretenen Ansatz, der nicht auf fehlerhafte Angaben im Zwischenbericht beschränkt ist, sondern auch falsche Angaben in Ad-hoc-Mitteilungen erfasst, siehe unten § 6 III 3.

632 Umfassendere Ansätze in Bezug auf eine Haftung der Organmitglieder gegenüber den Aktionären (gestützt auf § 823 Abs. 1 BGB oder wegen Verletzung von Treuepflichten) werden unten in § 8 dargestellt.

633 *Schwark*, BörsG, § 44 Rn. 14; *Groß*, WM 2002, 477, 483. A.A. *Schäfer*, ZIP 1987, 953, 956; *Siebel/Gebauer*, WM 2001, 173, 188 f.

634 Dazu sogleich im Text.

635 Siehe oben S. 164 f.

636 *Groß*, WM 2002, 477, 483.

637 Vgl. die entsprechende Argumentation bei § 264 Abs. 2 HGB oben S. 163 f.

638 Vgl. *Fuhrmann*, in: *Geßler* u.a., AktG, § 400 Rn. 14. Zweifelhaft ist allerdings, ob potentielle Aktionäre einen Schadensersatzanspruch gemäß § 823 Abs. 2 BGB in Verbindung mit § 400 AktG geltend machen können. Die Literatur zur Schutzgesetzqualität dieser Norm hält – soweit ersichtlich – nur die aktuellen Aktionäre für anspruchsbefugt. Vgl. die Nachweise in Fn. 608.

3. *Ad-hoc-Publizität*

Neben dem Zwischenbericht dient die Ad-hoc-Publizität des § 15 WpHG[639] der Ergänzung der regelmäßig zu veröffentlichenden Jahresabschlüsse und Lageberichte.[640] Sie soll den Kapitalanleger über wichtige Unternehmensereignisse, die zwischen Jahresabschluss und Zwischenbericht eintreten, informieren.[641] Nach dieser Vorschrift ist der Emittent von an einer inländischen Börse zugelassenen Wertpapieren verpflichtet, unverzüglich eine neue Tatsache zu veröffentlichen, die aufgrund ihrer Auswirkung auf die Vermögens- und Finanzlage oder den allgemeinen Geschäftsverlauf des Emittenten geeignet ist, den Börsenpreis des Wertpapiers erheblich zu beeinflussen.

Die Ad-hoc-Publizität hat eine doppelte Zielrichtung. Sie ist zum einen kapitalmarktrechtliche Informationspflicht und zum anderen insiderrechtliche Präventivmaßnahme.[642] Mit Hilfe der Ad-hoc-Publizität soll die Transparenz der Märkte erhöht werden.[643] Kursrelevante Tatsachen sollen zeitnah in den Markt gegeben werden, um so sicherzustellen, dass die Aktien zu angemessenen Preisen gehandelt werden. Die Ad-hoc-Publizität soll helfen, Informationsasymmetrien zu beseitigen, damit die Funktionsfähigkeit des Kapitalmarktes insgesamt erhöhen[644] und das Vertrauen der Anleger in die Institution „Börse" stärken[645].

---

639 Während die Vorgängervorschrift, § 44 a BörsG a.F., weitgehend „totes" Recht geblieben ist, kommt der in § 15 WpHG neu gefassten Ad-hoc-Publizität in der Praxis nunmehr eine ungleich größere Bedeutung zu. Sie hat zu einer grundlegenden Änderung der Informationspraxis der Emittenten beigetragen, was sich nicht zuletzt in der großen Anzahl jährlich veröffentlichter Ad-hoc-Meldungen zeigt. Zur praktischen Bedeutung des § 44 a BörsG a.F. vgl. *Pellens*, AG 1991, 63; *Schwark*, NJW 1987, 2041, 2045; *Hopt*, ZGR 1991, 17, 50; *Heidmeier*, AG 1992, 110; *Kümpel*, in: *Assmann/Schneider*, WpHG, § 15 Rn. 11 f.; *Pellens/Fülbier*, in: *Baetge* (Hrsg.), Insiderrecht, S. 23, 32; *dies.*, DB 1994, 1381, 1385; *Geibel*, in: *Schäfer*, BörsG, § 15 WpHG Rn. 13. Zur praktischen Bedeutung des § 15 WpHG siehe *Wittich*, AG 1997, 1, 4; *Wölk*, AG 1997, 73, 74 ff. sowie die Jahresberichte der BaFin. Vgl. auch die empirische Untersuchung von *Nowak*, ZBB 2001, 449 ff.

640 Begr. RegE, BT-Drucks. 10/4296, S. 16. Vgl. auch *Assmann*, ZGR 1994, 494, 527 Fn. 130 und *Baumbach/Hopt*, HGB, § 44a BörsG Rn. 1. Ferner *Wölk*, AG 1997, 73, 76; *Möllers*, ZGR 1997, 334, 344.

641 Aus dem Blickwinkel der Regelpublizität liegt also eine „Vorabveröffentlichung" vor. Vgl. *Hirte*, Die Ad-hoc-Publizität, in: *Hadding/Hopt/Schimansky*, Das Zweite Finanzmarktförderungsgesetz, S. 47, 51.

642 Vgl. *Kümpel*, in: *Assmann/Schneider*, WpHG, § 15 Rn. 19.

643 Bericht des Finanzausschusses des Deutschen Bundestages, BT-Drucks. 12/7918, S. 102.

644 Bericht des Finanzausschusses des Deutschen Bundestages, BT-Drucks. 12/7981, S. 96. Vgl auch *Schwark*, NJW 1987, 2042, 2045; *Pellens*, AG 1991, 62, 68; *Hopt*, ZHR 159 (1995), 135, 147; *Pananis*, WM 1997, 460.

645 *Claussen*, Bank- und Börsenrecht, S. 327.

Neben der Ergänzung der Regelpublizität dient die Ad-hoc-Publizität aber auch als Präventivmaßnahme zur Bekämpfung des Insiderhandels.[646] Das Publikum soll durch die zeitnahe Veröffentlichung relevanter Informationen geschützt und die Anleger sollen so vor Schäden aufgrund der Zurückhaltung für die Beurteilung der Aktie wichtiger Informationen bewahrt werden.[647] Denn die frühzeitige Veröffentlichung von Insidertatsachen entzieht dem Insiderhandel den Boden.[648] Die Ad-hoc-Publizität soll damit eine gleiche Information aller Anleger sicherstellen und eine korrekte Preisbildung ermöglichen.[649]

Im folgenden wird die Ad-hoc-Publizität umfassend dargestellt. Zwar – soviel sei bereits hier vorweggenommen – kommt eine unmittelbare Haftung der Vorstandsmitglieder wegen Verletzung der Ad-hoc-Publizität unmittelbar gegenüber den Aktionären nach bisher herrschender Meinung nicht in Betracht. Allerdings stehen irreführende Ad-hoc-Mitteilungen im Zentrum der bisherigen Diskussion um die Einführung einer generellen Haftung wegen fehlerhafter Information des Kapitalmarktes. Anhand der Ad-hoc-Publizität lässt sich eine Vielzahl von Problemkreisen aufzeigen, die auch bei einer Haftung der Vorstandsmitglieder wegen fehlerhafter Kapitalmarkinformationen unmittelbar gegenüber den Aktionären relevant werden. Auf die im Rahmen der Ad-hoc-Publizität geführte Diskussion kann dann später verwiesen werden. Eine eingehendere Betrachtung derselben rechtfertigt sich zudem daraus, dass durch das 4. Finanzmarktförderungsgesetz nunmehr eine Haftung der Gesellschaft gegenüber den Anlegern wegen irrführender oder verspäteter Ad-hoc-Mitteilungen eingeführt wurde (§§ 37 b und c WpHG), die eine Reihe weiterer Zweifelsfragen aufgeworfen hat. Zudem kann die Gesellschaft in diesen Fällen Regress bei ihren Vorstandsmitgliedern nehmen, so dass diese letztlich die Verantwortung für fehlerhafte Ad-hoc-Mitteilungen tragen.

a. Verhältnis von Regel- und Ad-hoc-Publizität

Sowohl die Regelpublizität als auch die Ad-hoc-Publizität dienen der Information der Marktteilnehmer. Dies wirft die Frage nach dem Verhältnis von handelsrechtlicher Regelpublizität und Ad-hoc-Publizität auf. Teilweise wird

---

646 Das erklärt auch die Stellung der Ad-hoc-Publizität im unmittelbaren Anschluss an die insiderrechtlichen Verbotstatbestände im WpHG. Vgl. auch Begr. RegE 2. FFG, BT-Drucks. 12/6679, S. 48, sowie *Geibel*, in: *Schäfer*, § 15 WpHG Rn. 4.

647 Kritisch *Schneider*, DB 1993, 1429 ff.

648 Bericht des Finanzausschusses des Deutschen Bundestages, BT-Drucks. 12/7918, S. 96. Zur Ad-hoc-Publizität als Instrument zur Bekämpfung des Insiderhandels vgl. auch Begr. RegE 2. FFG, BT-Drucks. 12/6679, S. 48 sowie *Hopt*, ZGR 1991, 17, 50; *ders.*, ZHR 159 (1995), 135, 147; *Assmann*, ZGR 1994, 494, 528.

649 Vgl. Bericht des Finanzausschusses des Deutschen Bundestages, BT-Drucks. 12/7918, S. 96, 102. Siehe auch *Pananis*, WM 1997, 460 und *Hopt*, ZHR 159 (1995), 135, 147.

vertreten, dass Tatsachen, die im Jahresabschluss und im Lagebericht zu veröffentlichen sind, nicht der Ad-hoc-Publizität unterfielen, da sie im Rahmen der Regelpublizität ohnehin zu veröffentlichen seien.[650] Dies widerspricht jedoch dem Sinn und Zweck des § 15 WpHG. Denn die Ad-hoc-Publizität soll die Information der Marktteilnehmer über für ihre Entscheidungen wichtige Daten gerade zwischen den Stichtagen der Regelpublizität ermöglichen.[651] Daher sind alle für die Beurteilung der zugelassenen Wertpapiere wichtigen Tatsachen unverzüglich nach ihrem Eintreten zu veröffentlichen.[652] Der Emittent darf mit der Veröffentlichung solcher Daten also nicht bis zur nächsten periodischen Publizität warten.[653] Andernfalls könnte die Ad-hoc-Publizität ihre gewünschten Wirkungen auch nicht entfalten, da wegen des Tatbestandsmerkmals „Auswirkungen auf die Vermögens- oder Finanzlage" gerade auch buchungspflichtige Tatsachen der Ad-hoc-Publizität unterfallen, die eben auch im Rahmen der Regelpublizität zu veröffentlichen sind. Umgekehrt ist aber der Anwendungsbereich der Ad-hoc-Publizität auch nicht auf solche Tatsachen beschränkt, die auch der Regelpublizität unterfallen.[654]

b. Publizitätspflichtige Tatsachen

Die Ad-hoc-Publizitätspflicht des § 15 WpHG und damit auch die Haftungsvorschriften der §§ 37 b und c WpHG n.F. beziehen sich nur auf Tatsachen. Um den Tatsachenbegriff des § 15 WpHG rankt sich eine Vielzahl von Problemen. So wird in der Literatur anhand der Auslegung des Begriffs „Tatsache" erörtert, ob nur äußere oder auch innere Tatsachen publizitätspflichtig sind; ob auch Prognosen dem Tatsachenbegriff unterfallen; es wird nach kognitiven und voluntativen, nach Einzel- und Gesamttatsachen differenziert; es wird gefragt, wann eine Tatsache eingetreten ist bzw. wann sie zu publizieren ist. Die Unsicherheit im Zusammenhang mit der Auslegung des Tatsachenbegriffs lässt sich auf zwei Problemfelder zurückführen. Zum einen ist die Frage des Verhältnisses der in § 13 WpHG legaldefinierten Insidertatsache zur publizitäts-

---

[650] *Bruns*, in: *Baetge*, Insiderecht, S. 107, 110. Vgl. auch die missverständliche Begründung des Gesetzgebers, wonach sich § 15 WpHG nicht auf solche Tatsachen beziehen soll, die bereits im Rahmen der Jahresabschlüsse, Lageberichte und Zwischenberichte darzustellen sind, Ges.-Entw. BT-Drucks. 12/6679, S. 48.

[651] Vgl. *Pellens*, AG 1991, 62, 63; *Baumbach/Hopt*, HGB, 29. Aufl. 1995, § 44 a BörsG Rn. 1.

[652] So die Begründung RegE 2. FFG, BT-Drucks. 12/6679, S. 16.

[653] Siehe Bekanntmachung des damaligen Bundesaufsichtsamtes für den Wertpapierhandel zum Verhältnis von Regelpublizität und Ad-hoc-Publizität vom 9.7.1997, abgedruckt bei *Kümpel/Ott*, Kapitalmarktrecht, Kz. 615/3. Vgl. auch *Geibel*, in: *Schäfer*, BörsG, § 15 WpHG Rn. 8 m.w.N.

[654] *Cahn*, ZHR 162 (1998), 1, 27 ff.

pflichtigen Tatsache[655] des § 15 WpHG unklar. Zum anderen bestehen die Auslegungsprobleme schlicht deswegen, weil Probleme anderer Tatbestandsmerkmale, wie beispielsweise der Zeitpunkt der Veröffentlichungspflicht, mit der Auslegung des Tatsachenbegriffs vermengt werden. Im folgenden soll der Versuch unternommen werden, unter Heranziehung der Erfahrungen des amerikanischen Rechts einige Schneisen in das Dickicht dieser Probleme zu schlagen.

Nach der im HGB und im StGB verwendeten Definition sind Tatsachen nur solche konkreten vergangenen oder gegenwärtigen Geschehnisse oder Zustände, die sinnlich wahrnehmbar in die Wirklichkeit getreten und damit dem Beweis zugänglich gemacht sind.[656] Dieses Verständnis der Tatsache wirft jedoch aus publizitätsrechtlicher Sicht einige Fragen auf. Zunächst sind Tatsachen von bloßen Meinungen und Werturteilen abzugrenzen, die nicht publiziert werden müssen und für deren Fehlerhaftigkeit der Emittent somit auch nicht einzustehen hat (dazu unter aa.). Eng damit verknüpft ist die Frage, ob auch Prognosen und Vorhersagen dem Tatsachenbegriff unterfallen (dazu unter bb.). Dabei ist zu bedenken, dass für den Kapitalmarkt gerade solche von Unternehmensseite herausgegebenen Prognosen über die künftige wirtschaftliche Entwicklung der Gesellschaft hohe Bedeutung für die Bewertung des Unternehmens haben.

aa. Abgrenzung von bloßen Werturteilen

Der Gegenbegriff zu „Tatsache" ist „Meinung". Grundsätzlich fallen Meinungen und Werturteile nicht unter den Tatsachenbegriff des WpHG.[657] Dem Tatsachenbegriff unterfallen lediglich Fakten im Sinne von Zahlen und Vorgängen. Meinungsäußerungen und persönliche Auffassungen, zum Beispiel hinsichtlich der allgemeinen wirtschaftlichen Entwicklung des Unternehmens oder Marktentwicklungen, sind demnach keine Tatsachen. Etwas anderes soll jedoch gelten, wenn Vorstandsmitglieder oder ähnliche der Gesellschaft nahestehende Personen ihre Meinung über dieselbe äußern. Nach dieser Ansicht sind Werturteile und Meinungen dann Tatsachen im Sinne des § 15 WpHG, wenn sie auf einer überzeugenden Beurteilung wirtschaftlicher Fakten und ausreichender

---

[655] Der Begriff stammt von *Kümpel*, in: *Assmann/Schneider*, WpHG, § 15 Rn. 45. Zur Unterscheidung von schlichten publizitätspflichtigen und qualifizierten Insidertatsachen vgl. auch *Kümpel*, AG 1997, 66, 67. Weiter differenzierend *Jürgens/Rapp*, Die Bank 1995, 96, 98. Die von diesen weiter vorgenommene Differenzierung in externe Tatsachen und kursbeeinflussende Tatsachen fußt jedoch nicht auf dem Begriff der Tatsache, sondern auf den weiteren Tatbestandsmerkmalen der Kursbeeinflussung sowie des Eintritts im Tätigkeitsbereich des Emittenten.

[656] *Kümpel*, in: *Assmann/Schneider*, WpHG, § 15 Rn. 44. Vgl. auch *Fürhoff/Wölk*, WM 1997, 449, 450.

[657] Vgl. BT-Drucks. 12/6679, S. 46.

Berufs- und Lebenserfahrung basieren.[658] Dies überzeugt nicht. Richtig ist zwar, dass Meinungsäußerungen über die Gesellschaft seitens deren Vorstands ein höherer Stellenwert zukommt als Äußerungen anderer Personen. Dies macht eine Meinung jedoch noch nicht zur Tatsache. Als solche müsste sie dem Beweis zugänglich sein, was bei einer Meinungsäußerung auch eines Vorstandsmitglieds nicht der Fall ist. Wollte man Werturteile und Meinungsäußerungen von Vorstandsmitgliedern unter den Tatsachenbegriff subsumieren, würden sich zudem vor dem Hindergrund der nunmehr eingeführten Haftung für unterlassene Ad-hoc-Mitteilungen (§ 37 b WpHG) erhebliche Abgrenzungsschwierigkeiten stellen.
Meinungsäußerungen und Motive sind daher keine Tatsachen im Sinne der Vorschriften über die Ad-hoc-Publizität. Wenn jedoch die Meinung eines Vorstandsmitglieds bzw. anderer im Unternehmen tätiger Personen entgegen § 15 Abs. 1 Satz 4 WpHG in einer Ad-hoc-Mitteilung veröffentlicht wird, ist für die Frage der Haftung gemäß § 37 c WpHG sorgsam zu prüfen, ob mit dieser Meinungsäußerung nicht auch eine Erklärung über Tatsachen verbunden ist. Als Beispiel mag dafür der oben zum U.S.-amerikanischen Recht[659] dargestellte Fall *Virginia Bankshares, Inc. v. Sandberg*[660] dienen.

Von reinen Meinungsäußerungen abzugrenzen sind sogenannte innere Tatsachen. Diese unterfallen nach herkömmlichem Verständnis dem Tatsachenbegriff, soweit sie dem Beweis zugänglich sind und zu äußeren Erscheinungen in Beziehung treten.[661] Denn nach ganz herrschender Meinung sind nicht nur alle konkreten vergangenen Geschehnisse oder Zustände der Außenwelt (äußere Tatsachen), sondern auch solche des menschlichen Innenlebens (innere Tatsachen) Tatsachen im Sinne des Gesetzes.[662] Somit unterfallen auch Geschehnisse oder Zustände des unternehmerischen Innenlebens, wie Planungen, Konzepte und Strategien, dem Tatsachenbegriff des § 15 WpHG. Dem widerspricht ein Teil der Literatur mit unterschiedlichen Argumenten.[663] Zunächst wird der Einwand vorgebracht, dass der Emittent ein durchaus schützenswertes Eigeninteresse an der (vorläufigen) Geheimhaltung bestimmter Tatsachen habe. Dies ist in einigen Fällen sicher nicht von der Hand zu weisen, zumal auch Konkurrenten von den Informationen profitieren könnten. Jedoch ist das Problem keines der Auslegung des Tatsachenbegriffs. Für bestimmte

---

658 *Kümpel*, in: *Assmann/Schneider*, WpHG, § 15 WpHG Rn. 44.
659 Seite 40 ff.
660 501 U.S. 1083 (1991).
661 Vgl. *Pananis*, WM 1997, 460, 462; *Schander/Lucas*, DB 1997, 2109, 2110. Ebenso schon *Edginton v. Fitzmaurice*, 29 Law Rep. 459, 483 (Ch. 1884). Vgl. für das Strafrecht *Dreher/Tröndle*, StGB, § 186 Rn. 1.
662 Vgl. für das Strafrecht *Cramer*, in: *Schönke/Schröder*, StGB, § 263.
663 *Pellens/Fülbier*, in: *Baetge*, Insiderrecht, S. 23, 27; *Wittich*, AG 1997, 1, 2. Zum Vergleich mit dem Tatsachenbegriff des § 13 WpHG vgl. *Volk*, BB 1999, 66, 69.

Tatsachen, wie Planungen hinsichtlich einer Übernahme, mag ein begründetes Interesse an einer Geheimhaltung bestehen. Dies ist jedoch im Wege einer Befreiung von der Veröffentlichungspflicht durch die Bundesanstalt für Finanzdienstleistungsaufsicht gemäß § 15 Abs. 1 S. 2 WpHG zu berücksichtigen, nicht im Wege einer Verkürzung des Tatbestands. Weiter wird gegen eine Veröffentlichungspflicht in Bezug auf innere Tatsachen eingewandt, dass die Anleger durch dann ggf. erforderliche Korrekturmeldungen verunsichert würden. Dies ist jedoch eine Frage des Inhalts der Veröffentlichung. Aus dieser muss natürlich hervorgehen, dass es sich lediglich um eine Planung oder ein Konzept handelt. Der Markt ist dann durchaus in der Lage, die Realisierungswahrscheinlichkeit und damit die Auswirkung auf den Wert des Unternehmens zu beurteilen. Dies führt zu einem weiteren Einwand des Schrifttums gegen den hier vertretenen weiten Tatsachenbegriff. Teilweise wird nämlich auf die Realisierungswahrscheinlichkeit eines Vorhabens bzw. Planes abgestellt. Dies ist jedoch keine Frage des Tatsachenbegriffs, sondern eine Frage der Eignung zur Kursbeeinflussung.[664]
Innere Tatsachen, wie Planungen, Konzepte und Strategien sind also Tatsachen im Sinne des § 15 WpHG. Damit ist aber noch nicht gesagt, dass auch eine Pflicht zur Veröffentlichung besteht. Dies setzt voraus, dass auch die anderen Tatbestandsmerkmale der Vorschrift erfüllt sind.

bb.Prognosen

Werturteile, insbesondere Meinungsäußerungen, unterfallen – wie oben dargestellt – nicht dem Tatsachenbegriff. Ein Sonderfall einer Meinungsäußerung ist eine Äußerung über zukünftige Tatsachen, eine Prognose also. In der Literatur wird vertreten, dass eine Prognose dann eine Tatsache im Sinn der Vorschriften über die Ad-hoc-Publizität ist, wenn eine solche auf einer überzeugenden Beurteilung wirtschaftlicher Fakten und ausreichender Berufs- und Lebenserfahrung basiert.[665] Damit kann beispielsweise die Einschätzung des Vorstands hinsichtlich einer bevorstehenden Insolvenz des Unternehmens oder hinsichtlich der Ertragsentwicklung durchaus eine Tatsache im Sinne der Ad-hoc-Publizität sein, zumindest wenn sie von den Marktteilnehmern als solche behandelt wird.[666] Angesprochen ist damit die Frage, ob nicht auch eine fundierte Prognose der Ad-hoc-Publizität unterfallen sollte.

---

664 So auch *Pananis*, WM 1997, 460, 462.
665 Vgl. *Fürhoff/Wölk*, WM 1997, 449, 450; *Claussen*, DB 1994, 27, 30; *Pananis*, WM 1997, 460, 462; *Schleifer/Kliemt*, DB 1995, 2214, 2215.
666 Vgl. *Caspari*, in: *Baetge*, Insiderrecht, 65, 68; *Pananis*, WM 1997, 460, 462; *Kümpel*, in: *Kümpel/Ott*, Kapitalmarktrecht, Rz. 065, S. 70; *Assmann*, WM 1997, 1337, 1340; *Happ*, JZ 1994, 240, 242.

In der Literatur wird teilweise danach differenziert, ob die Äußerung von einer kapitalmarktunerfahrenen Person oder vom Vorstand des Unternehmens gemacht wurde.[667] Dieser Ansicht kann man entgegenhalten, dass nicht einzusehen ist, warum eine Meinungsäußerung zur Tatsachenbehauptung werden soll, nur weil sie ein Mitglied des Vorstands getätigt hat.[668] Denn eine Prognose ist eine schlichte Meinungsäußerung über die Zukunft und nicht über vergangene oder gegenwärtige Geschehnisse oder Zustände. Auch ist es keineswegs so, dass solche Aussagen der Geschäftsleitung auf dem Kapitalmarkt wie Tatsachen behandelt würden.[669] Zuzugeben ist allerdings, dass der Vorstand hinsichtlich unternehmensspezifischer Faktoren besser in der Lage ist, die Wahrscheinlichkeit deren Eintritts zu beurteilen, als der Kapitalmarkt. Daher berücksichtigt der Markt Prognosen seitens der Gesellschaft bei der Bewertung derselben, da davon ausgegangen werden kann, dass Vorstandsmitglieder tiefe Einblicke in unternehmerische Vorgänge haben und daher in der Lage sind, begründete Prognosen abzugeben. Dies gilt allerdings nur hinsichtlich solcher Faktoren, die vom Management beeinflusst werden können. Die Wahrscheinlichkeit des Eintritts exogener Faktoren, die auf die Unternehmensentwicklung Einfluss haben, wird das Management kaum besser beurteilen können, als der Kapitalmarkt.[670] Insofern ist nicht danach zu differenzieren, wer die Prognose abgibt, sondern auf welche Faktoren sich diese bezieht.

Probleme ergeben sich jedoch im Zusammenhang mit § 37 b WpHG. Ordnet man Prognosen des Managements hinsichtlich unternehmensspezifischer Faktoren als „Tatsachen" im Sinne der Ad-hoc-Publizität ein, muss man nunmehr gegenwärtigen, dass Aktionäre auf § 37 b WpHG gestützte Schadensersatzklagen mit der Begründung erheben, unternehmensinterne Prognosen seien nicht veröffentlich worden, obgleich diese geeignet waren, den Börsenpreis der Aktien erheblich zu beeinflussen. Dies lässt eine Klageflut befürchten und war vom Gesetzgeber so wohl nicht beabsichtigt. § 37 b WpHG ist somit insoweit einschränkend auszulegen, als dass nicht veröffentlichte unternehmensinterne Prognosen nicht von dieser Vorschrift erfasst werden.

Im Übrigen sind Prognosen seitens des Vorstands hinsichtlich unternehmensspezifischer Faktoren als Tatsachen im Sinne der Ad-hoc-Publizität einzuordnen. Zu bedenken ist allerdings, dass der Vorstand nicht

---

[667] Vgl. *Kümpel*, in: *Assmann/Schneider*, WpHG, § 15 Rn. 44; *Caspari*, in: *Baetge*, Insiderrecht, 65, 68.

[668] So auch *Klitzing*, S. 87, der eine Prognosepublizität allerdings mit dem Hinweis auf die Formulierung „eingetreten ist" in § 15 WpHG ablehnt.

[669] So aber *Cramer*, FS Triffterer, 323, 333. Vgl. auch *Deutsche Börse AG*, Insiderhandelsverbote, S. 32.

[670] Diese Differenzierung zwischen exogenen Faktoren und solchen, auf die das Management Einfluss hat, findet sich bei *Baums*, ZHR 167 (2003), 139, 162 ff.

schon für das bloße Nichteintreten der Prognose haftbar gemacht werden kann. Die tatsächliche Entwicklung mag sich von der Prognose entfernen, ohne dass ein Verschuldensvorwurf zu erheben ist.[671] Allerdings müssen Prognosen jedenfalls durch Tatsachen ausreichend gestützt und kaufmännisch vertretbar sein.[672] Zu prüfen ist zudem, ob mit der Prognose nicht gleichzeitig fehlerhafte Tatsachen publiziert werden oder ob nicht Tatsachen hätten publiziert werden müssen, um keinen unrichtigen Gesamteindruck zu vermitteln.

Vor dem Hintergrund der Entwicklungen im U.S.-amerikanischen Recht[673] fragt sich jedoch, ob die Haftung für fehlerhafte Prognosen aus rechtspolitischer Sicht nicht einzuschränken ist.[674] Dem Ziel der Ad-hoc-Publizität zu gewährleisten, dass die Marktteilnehmer umfassend und richtig über die Gesellschaft informiert werden, dient auch die Veröffentlichung von Prognosen. Prognosen seitens des Managements über die zukünftige Entwicklung des Unternehmens können für die Marktteilnehmer durchaus nützlich sein und die Transparenz der Kapitalmärkte erhöhen. Gerade prognostische Aussagen des Vorstands haben für den Kapitalmarkt eine hohe Bedeutung.[675] Die Marktteilnehmer legen Wert auf eine Bewertung der Aussichten des Unternehmens und des unternehmerischen Umfelds durch den Vorstand. Jene haben dadurch die Möglichkeit, das Unternehmen quasi durch die Brille der Manager zu sehen. In diesem Zusammenhang gilt es zu bedenken, dass Haftungsvorschriften kaum geeignet sein werden, die Veröffentlichung von Prognosen seitens des Managements zu fördern. Dies zeigt auch der Blick in das U.S.-amerikanische Recht. Denn dort müssen zwar sowohl der Jahresbericht (Form 10 K) als auch die Quartalsberichte (Form 10 Q) Stellungnahmen des Managements enthalten (MD&A). Damit wird der Markt kontinuierlich mit Einschätzungen von Entwicklungen, Trends und sonstigen Unsicherheiten durch die Verwaltung versorgt, deren Auswirkungen auf die wirtschaftliche Entwicklung der Gesellschaft noch nicht feststehen.[676] Allerdings sind in Bezug auf eine Haftung für fehlerhafte Prognosen einschließlich fehlerhafter Annahmen neuerdings weitreichende Ausschlusstatbestände geschaffen worden.[677] Diese haben gerade den Zweck, die

[671] *Baums*, ZHR 167 (2003), 139, 163. Vgl. auch *Glöckle*, Zukunftsbezogene Publizität, S. 41 m.w.N.
[672] Vgl. BGH, NJW 1982, 2823, 2826; *Assmann*, in: Assmann/Schütze, Handbuch, § 7 Rn. 87 ff. m.w.N.
[673] Siehe dazu oben S. 48 ff.
[674] Dazu *Baums*, ZHR 167 (2003), 139, 164.
[675] Dies ist auch der Grund warum *Gehrt*, Ad-hoc-Publizität, S. 121, 122, zumindest „fundierte" Prognosen der Ad-hoc-Publizität des § 15 WpHG unterwerfen will.
[676] Vgl. *In the Matter of Caterpillar, Inc.*, SEC Exch. Act Rel. No. 30532 (vom 31. März 1992).
[677] Siehe oben S. 49 ff.

Verwaltung vor einer Inanspruchnahme zu schützen und sie so zur Abgabe von Prognosen zu ermutigen.

c. Eignung zur Kursbeeinflussung

Eine Publizitätspflicht tritt erst dann ein, wenn die Tatsache geeignet ist, den Börsenpreis der Aktie erheblich zu beeinflussen. [678] Dies entspricht dem Kriterium der „materiality" im U.S.-amerikanischen Recht. Das Kursbeeinflussungspotential beurteilt sich nach der allgemeinen Lebenserfahrung kapitalmarkterfahrener Personen.[679] Bei der Beurteilung der Kursrelevanz ist auch die Volatilität, dass heißt der übliche Kursschwankungsbereich des Wertpapiers, zu berücksichtigen. Bei Aktien mit einer geringen Schwankungsbreite ist die Erheblichkeitsschwelle eher erreicht als bei solchen mit einer hohen Volatilität.[680] Letztlich kommt es aber auf die Sichtweise der Marktteilnehmer an.[681] Den Unternehmen wird empfohlen, durch kontinuierliche Information der Öffentlichkeit über die geschäftliche Entwicklung die Zahl der Ad-hoc-Mitteilungen zu reduzieren. Denn so kann der Markt bereits frühzeitig Informationen über den Geschäftsverlauf verwerten und der Eintritt von Tatsachen, die eine Ad-hoc-Publizitätspflicht auslösen, reduziert sich.[682]

aa. Sich entwickelnde Sachverhalte

Nun treten kursbeeinflussende Sachverhalte in der Unternehmenswirklichkeit in den seltensten Fällen plötzlich auf, sondern sie entwickeln sich über einen längeren Zeitraum. Eine plötzlich auftretende Tatsache, wie zum Beispiel die Aufdeckung von Bilanzfälschungen oder ein Großfeuer, ist, wenn sie für das Unternehmen von so großer Bedeutung ist, dass sie geeignet ist, den Kurs der Aktie zu beeinflussen, unverzüglich zu veröffentlichen. Bei sich entwickelnden

[678] Die Deutsche Börse AG hat in Zusammenarbeit mit den Spitzenverbänden der deutschen Wirtschaft einen Katalog kursbeeinflussender Tatsachen zusammengestellt. Vgl. *Deutsche Börse AG*, Insiderhandelsverbote und Ad-hoc-Publizität nach dem Wertpapierhandelsgesetz, abgedruckt bei *Kümpel/Hammen/Ekkenga*, Kapitalmarktrecht, Band 2, Rz. 810. Dieser Katalog ist jedoch nicht abschließend. Vielmehr muss der Vorstand im Einzelfall entscheidend, welche Tatsachen aufgrund des § 15 WpHG veröffentlicht werden sollen. Jedenfalls dazu gehören beispielweise der Abschluss von Beherrschungs- und Gewinnabführungsverträgen, Dividendenvorschläge, Veräußerungen im unternehmerischen Kernbereich, Inanspruchnahme genehmigten Kapitals (§ 204 AktG) oder sonstige beabsichtigte Kapitalmaßnahmen.

[679] Begr. RegE 2. FFG, BT-Drucks. 12/6679, S. 48.

[680] *Wittich*, AG 1997, 1, 3.

[681] *Fürhoff/Wölk*, WM 1997, 449, 455; *Hopt*, ZHR 1995, 135, 155; *Kümpel*, WM 1996, 653, 656; *Burgard*, ZHR 162 (1998), 51, 69; *Cahn*, ZHR 162 (1998), 1, 17.

[682] Vgl. *Kümpel*, in: *Assmann/Schneider*, WpHG, § 15 Rn. 69 c; *Fürhoff/Wölk*, WM 1997, 449, 455; *Wölk*, AG 1997, 73, 80; *Hopt*, ZGR 1997, 1, 25.

Sachverhalten, wie beispielsweise einem Beteiligungserwerb oder auch einem erheblichen Umsatzrückgang, stellt sich dagegen die Frage, wann eine Veröffentlichung vorzunehmen ist. Denn eine derartige Tatsache ist erst dann kursrelevant, wenn sie einen bestimmten Realisierungsgrad erreicht hat.[683]

Einen bestimmten Zeitpunkt, an den man anknüpfen kann, findet man in den Fällen, in denen Beschlüsse von Organen der Gesellschaft erforderlich sind. Häufig sind Beschlüsse mehrerer Organe, beispielsweise des Vorstands und des Aufsichtsrats, nötig. Als Grundregel wird hier teilweise vertreten, dass eine Publizitätspflicht erst mit dem Beschluss des Aufsichtsrats entstehe.[684] Stehe beispielsweise im Falle der Ausnutzung genehmigten Kapitals der Zustimmungsbeschluss des Aufsichtsrats noch aus, könne sich die Kapitalerhöhung (noch) nicht auf die Vermögens- oder Finanzlage der Gesellschaft auswirken. Ein Beschluss des Vorstands reiche hier nicht. Erst mit Beschluss des Aufsichtsrats trete also eine Publizitätspflicht ein.[685] Es ist jedoch zweifelhaft, ob eine solche schematische Anknüpfung die hier auftretenden Probleme löst. Dies verkennt auch die geschilderte Auffassung nicht grundsätzlich und wendet das Kriterium des Aufsichtsratsbeschlusses nicht auf alle Fallgestaltungen an. So gelte etwas anderes, wenn die Durchführung einer Emission noch von einer bestimmten Marktsituation abhängig gemacht wird. Dann reiche auch der Beschluss des Aufsichtsrats nicht aus, eine Ad-hoc-Publizitätspflicht auszulösen.[686] Umgekehrt könne schon vor dem Beschluss des Aufsichtsrats eine Publizitätspflicht eintreten, wenn dessen Ermessen weitgehend reduziert ist.[687]
Damit erweist sich die Anknüpfung an einen bestimmten Beschluss als wenig hilfreich. § 15 WpHG sieht vor, dass eine Tatsache wegen ihrer Auswirkungen auf die Vermögens- oder Finanzlage des Emittenten geeignet sein muss, kursbeeinflussende Wirkungen zu entfalten. Ob dies der Fall ist, ist letztlich eine Entscheidung der Marktteilnehmer. Deren Entscheidung muss bei der

---

683 Vgl. zu dieser Problematik *Wittich*, AG 1997, 1, 2; *Fürhoff/Wölk*, WM 1997, 449, 450. *Caspari*, in: *Baetge*, Insiderrecht, S. 65, 69; *Geibel*, in: *Schäfer*, BörsG, § 15 WpHG Rn. 33. Vielfach wird diese Problematik unter der Frage diskutiert, ob eine Tatsache im Sinne des § 15 WpHG vorliegt. Siehe z.B. *Happ/Semler*, ZGR 1998, 116 ff.

684 Vgl. *Deutsche Börse AG*, Insiderhandelsverbote, S. 32.

685 Dies bezieht sich wohlgemerkt nur auf die Ad-hoc-Publizitätspflicht. Eine solche zu verneinen, bedeutet nicht, dass nicht ggf. schon in dem Vorstandsbeschluss eine Insidertatsache zu sehen ist, bei der sich eine vorsorgliche Veröffentlichung empfehlen könnte. Vgl. *Hopt*, ZHR 159 (1995), 135, 152; *Burgard*, ZHR 162 (1998), 51, 83, *Cahn*, ZHR 162 (1998), 1, 22, 25.

686 Vgl. *Kümpel*, in: *Assmann/Schneider*, WpHG, § 15 Rn. 49.

687 *Kümpel*, in: *Assmann/Schneider*, WpHG, § 15 Rn. 50 a, nennt als Beispiel den Fall, dass nur die außerordentlichen Erträge aus dem Verkauf einer Tochtergesellschaft einen akut drohenden Insolvenzantrag verhindern können. In Zweifelsfällen besteht die Möglichkeit der Abstimmung über die Vorgehensweise mit der BaFin.

Beurteilung der Publizitätspflicht antizipiert werden. Der Markt allerdings wird die Auswirkungen eines Sachverhalts auf ein Unternehmen nicht lediglich danach beurteilen, ob noch ein Zustimmungsbeschluss eines Gesellschaftsorgans erforderlich ist, sondern die Marktteilnehmer werden auch die Wahrscheinlichkeit bewerten, mit der ein solcher Beschluss zu erwarten ist. Zudem wird der Markt die wirtschaftliche Bedeutung für das Unternehmen zu bemessen suchen. Die Eignung zur Kursbeeinflussung hängt also letztlich davon ab, mit welcher Wahrscheinlichkeit der Beschluss gefasst wird und welche Auswirkung dieser dann für das Unternehmen hat.[688]

Demnach kann bereits dem Vorstandsbeschluss eine kursbeeinflussende Wirkung zukommen, wenn die Umsetzung der Maßnahme hinreichend wahrscheinlich ist.[689] Welcher Grad von Wahrscheinlichkeit vorliegen muss, ist im einzelnen umstritten.[690] Zu bedenken ist bei dieser Frage jedoch, dass die Marktteilnehmer auch den Grad der Wahrscheinlichkeit des Eintritts eines Ereignisses bereits bei der Bewertung des Unternehmens berücksichtigen. Ein hoher Grad an Wahrscheinlichkeit wird zu einem größeren Kursausschlag führen als ein niedriger Grad. Ob dieser Kursausschlag dann „erheblich“ im Sinne des § 15 WpHG ist, hängt von der wirtschaftlichen Bedeutung der Entscheidung für das Unternehmen ab. Ist die wirtschaftliche Bedeutung des Beschlusses für das Unternehmen sehr groß, kann schon eine geringe Wahrscheinlichkeit genügen, um eine erhebliche Kursrelevanz zu bejahen. Ist die wirtschaftliche Bedeutung jedoch als nicht sonderlich groß einzustufen, bedarf es schon eines hohen Wahrscheinlichkeitsgrads des Entritts des Ereignisses. Es ist also bei der Beurteilung der Publizitätspflicht nicht lediglich auf den Grad der Wahrscheinlichkeit abzustellen, sondern die wirtschaftliche Bedeutung der Entscheidung für das Unternehmen ist als Faktor mit zu berücksichtigen.

---

688 Dies entspricht der Probality/Magnitude-Formel des U.S.-amerikanischen Rechts. Vgl. *Gruson/Wiegmann*, AG 1995, 173, 178, 180; *Pananis*, WM 1997, 460, 464; *Schander/Lucas*, DB 1997, 2109, 2110; *Burgard*, ZHR 162 (1998), 69, 70. Kritisch *Feldhaus*, Finanz Betrieb, 7-8/2001, 442, 444.

689 Vgl. *Pananis*, WM 1997, 460, 463; *Burgard*, ZHR 162 (1998), 51, 57; *Caspari*, in: *Baetge*, Insiderrecht, S. 65, 77; *Wittich*, AG 1997, 1, 3. Allgemein zur Vorrangstellung des § 15 WpHG gegenüber dem Aktienrecht *Hirte*, in: *Hadding/Hopt/Schimansky*, Das Zweite Finanzmarktförderungsgesetz, S. 91. Für eine Veröffentlichungspflicht wegen der schon nach dem Vorstandsbeschluss bestehenden Gefahr des Insiderhandels *Kiem/Kotthoff*, DB 1995, 1999, 2002 f. Vgl. dazu auch *Schander/Lucas*, DB 1997, 2109, 2110.

690 Das Spektrum reicht von einer an mit Sicherheit grenzenden Wahrscheinlichkeit (*Kümpel*, in: *Kümpel/Ott*, Kapitalmarktrecht, Rz. 065, S. 68) über ein hohe Wahrscheinlichkeit (*Caspari*, in: *Baetge*, Insiderrecht,., S. 77), eine ganz überwiegende Wahrscheinlichkeit (*Pananis*, WM 1997, 460, 464) bis hin zur überwiegenden Wahrscheinlichkeit (*Führhoff/Wölk*, WM 1997, 449, 453). Vgl. auch *Burgard*, ZHR 162 (1998), 51, 68; *Cahn*, ZHR 162 (1998), 1, 26; *Happ/Semler*, ZGR 1998, 116, 130.

Insgesamt ist dem Vorstand in Fällen mehrstufiger Entscheidungen bei der Frage, wann ein Sachverhalt zu veröffentlichen ist, ein Ermessensspielraum zuzugestehen. Denn letztlich kann nur aus unternehmerischer Sicht beurteilt werden, mit welcher Wahrscheinlichkeit eine Realisierung zu erwarten ist.[691] In bestimmten Fällen kann jedoch aufgrund allgemeiner Lebenserfahrung erwartet werden, dass sich ein Vorhaben verwirklicht. Verabschiedet der Vorstand beispielsweise den Jahresabschluss schon vor der Billigung durch den Aufsichtsrat, kann von einer kursrelevanten Auswirkung auf die Vermögens- oder Finanzlage des Unternehmens ausgegangen werden.[692] Da im Regelfall zudem von einer Billigung durch den Aufsichtsrat ausgegangen werden kann, muss der Vorstand, wenn er keine Ad-hoc-Mitteilung herausgibt, nachprüfbar darlegen, warum im konkreten Fall nicht von einer Billigung durch den Aufsichtsrat ausgegangen werden konnte.[693]

Liegt kein konkreter Anhaltspunkt, wie beispielsweise ein Beschluss, vor, ist die Frage, in welchem Stadium eine sich erst herauskristallisierende Tatsache zu veröffentlichen ist, noch schwieriger zu beantworten. Der Gesetzgeber ging davon aus, dass Ereignisse, deren Konsequenzen noch nicht feststehen, weil deren Wirksamkeit noch durch andere Umstände aufgehoben werden kann oder noch Gegenmaßnahmen möglich sind, keine Tatsachen darstellen, die Auswirkungen auf die Vermögens- oder Finanzlage oder den allgemeinen Geschäftsverlauf im Sinne des § 15 WpHG haben.[694] Denn bei der Frage nach dem Inhalt und der Reichweite der Publikationspflicht ist deren Zweck als Ergänzung der Regelpublizität zu berücksichtigen. Die Unternehmen sollen nicht gezwungen werden, selbst erarbeitete Wettbewerbvorsprünge vorzeitig bekannt zu geben bzw. für alle Entwicklungen Befreiungen von der Publizitätspflicht bei der Bundesanstalt für Finanzdienstleistungsaufsicht beantragen zu müssen. Noch nicht abgeschlossene Entwicklungs- und Entscheidungsprozesse, deren Auswirkungen auf die Vermögens- oder Finanzlage noch nicht feststehen, unterliegen nicht der Vorschrift des § 15 WpHG. Zwar kann es sich bei solchen Tatsachen bereits um Insidertatsachen handeln, jedoch sind die publizitätspflichtigen Tatsachen in § 15 WpHG enger zu fassen als der Begriff der Insidertatsachen.[695] Gleiches gilt für Planungen, Konzepte, Strategien und

[691] *Pananis*, WM 1997, 460, 464; *Kiem/Kotthoff*, DB 1995, 1999, 2003 f.; *Wölk*, AG 1997, 73, 78.

[692] Vgl. *Fürhoff/Wölk*, WM 1997, 449, 454.

[693] *Kümpel*, in: *Assmann/Schneider*, WpHG, § 15 Rn. 50 c. Wenn der Jahresabschluss sich noch in der Aufstellung befindet, werden in der Praxis häufig zunächst Eckdaten veröffentlicht.

[694] Begr. RegE 2. FFG, BT-Drucks. 12/6679, S. 48.

[695] *Pananis*, WM 1997, 460.

vorbereitende Maßnahmen,[696] sobald sie nicht alsbald zum Tragen kommen. Droht beispielsweise eine Insolvenz wegen einer kurz bevorstehenden Zahlungsunfähigkeit des Unternehmens, hängt die Publizitätspflicht dieser Tatsache davon ab, ob Gegenmaßnahmen, wie die Abstimmung eines Sanierungskonzeptes mit den Gläubigern, kurzfristig durchführbar sind und der Emittent über ausreichende Möglichkeiten verfügt, auf den weiteren Verlauf Einfluss zu nehmen. Liegen diese Voraussetzungen nicht vor, kann den berechtigten Interessen des Emittenten an einer Geheimhaltung ggf. auch durch eine Freistellung durch die Bundesanstalt für Finanzdienstleistungsaufsicht (BaFin) geholfen werden.[697]

bb. Einzel- und Gesamttatsachen

Die Ad-hoc-Publizität des § 15 WpHG stellt im Regelfall auf die kursbeeinflussende Einzeltatsache ab. Da eine Einwirkung auf die Vermögens- oder Finanzlage gegeben sein muss, unterliegen grundsätzlich nur solche Tatsachen einer Veröffentlichungspflicht, die auch gleichzeitig nach den Grundsätzen ordnungsmäßiger Buchführung buchungspflichtig sind (vgl. § 264 Abs. 2 HGB).[698] Bei einem kursrelevanten Ertragssprung oder einer kontinuierlichen Verschlechterung der Ergebnisse, die vielfältige Ursachen haben und mithin nicht unbedingt auf ein einzelnes Ereignis zurückgeführt werden können, fehlt es daher regelmäßig an einer Tatsache im Sinne des § 15 WpHG.[699] Denn derartige Ergebnisänderungen werden erst mit der Aufstellung des Jahresabschlusses bzw. des Zwischenberichts verbucht. Etwas anderes gilt aber dann, wenn die Ertragsänderung auf ein einzelnes Ereignis rückführbar ist. Dieses muss dann veröffentlicht werden.[700] Etwas anderes gilt auch dann, wenn ein Sachverhalt zwar durch verschiedene, nicht publizitätspflichtige Einzeltatsachen hervorgerufen wird, dieser abschließende Sachverhalt jedoch vom Gesetzgeber gesondert behandelt wird. So beruht die Zahlungsunfähigkeit oder auch ein Verlust in Höhe der Hälfte des Grundkapitals (§ 92 Abs. 1 AktG)[701] regelmäßig auf verschiedenen Ursachen. Der Gesetzgeber hat die Auswirkungen dieser Ursachen jedoch als regelungsbedürftig angesehen, so dass auch eine Ad-hoc-Publizitätspflicht besteht.[702] Gleiches gilt für erhebliche Abweichungen des Geschäftsergebnisses vom Vorjahr. Eine derartige Tatsache ist sofort nach ihrer

---

[696] Vgl. *Heidmeier*, AG 1992, 110, 111; *Wittich*, AG 1997, 1, 2.
[697] Vgl. *Kümpel*, in: *Assmann/Schneider*, WpHG, § 15 Rn. 53.
[698] Vgl. Bericht des Finanzausschusses des Deutschen Bundestages, BT-Drucks. 12/7918, S. 96.
[699] Vgl. *Hopt*, ZHR 159 (1995), 135, 153.
[700] Vgl. *Heidmeier*, AG 1992, 110, 113; *Hopt*, a.a.O.
[701] Vgl. dazu *Burgard*, ZHR 162 (1998), 1, 74.
[702] Vgl. *Kümpel*, in: *Assmann/Schneider*, WpHG, § 15 Rn. 53 c.

Feststellung bekannt zu geben.[703] Denn der Gesetzgeber behandelt auch einen solchen Sachverhalt als kursrelevante Einzeltatsache, da § 54 BörsZulVO vorsieht, dass im Zwischenbericht Vergleichszahlen für das Vorjahr anzugeben sind. Weicht das Ergebnis des Jahresabschlusses von dem Ergebnis des Vorjahres und von den bisherigen Prognosen der Geschäftsleitung in kurserheblicher Weise ab, stellt dies eine ad-hoc-publizitätspflichtige Tatsache dar und ist spätestens mit der Aufstellung des Jahresabschlusses durch den Vorstand zu veröffentlichen.[704] Zwar bedarf der Jahresabschluss[705] der Billigung durch den Aufsichtsrat, jedoch kann auch dieser das wirtschaftliche Gesamtergebnis nicht ändern. Er kann lediglich noch die bilanzielle Darstellung beeinflussen.[706]

d. Auswirkungen auf die Vermögens- oder Finanzlage bzw. den Geschäftsverlauf

Die Eignung zur Kursbeeinflussung muss gemäß § 15 WpHG auf der Auswirkung auf die Vermögens- oder Finanzlage oder auf den allgemeinen Geschäftsverlauf des Emittenten beruhen. Ergibt sich die Kursrelevanz aus anderen Ursachen, so besteht keine Veröffentlichungspflicht.[707] Bei der Auslegung dieser Rechtsbegriffe kann auf die Vorschriften des Bilanzrechts zurückgegriffen werden.[708] Der Ad-hoc-Publizität unterliegen somit in jedem Fall buchungspflichtige Tatsachen, soweit sie geeignet sind, den Kurs der Aktie zu beeinflussen. Daneben sind aber auch Tatsachen publizitätspflichtig, die zwar nicht buchungspflichtig sind, die aber in den Anhang (§ 284 ff. AktG) aufzunehmen sind.[709] Tatsachen, die üblicherweise in den Lagebericht aufgenommen werden, unterfallen nur dann der Ad-hoc-Publizitätspflicht, wenn

703 Vgl. Bekanntmachung des (damaligen) Bundesaufsichtsamtes vom 9.7.1996, abgedruckt in: *Kümpel/Ott*, Kapitalmarktrecht, Rz. 615/3.

704 *Deutsche Börse AG*, Insiderhandelsverbote, S. 33; Bekanntmachung des damaligen Bundesaufsichtsamtes vom 9.7.1996, abgedruckt in: *Kümpel/Ott*, Kapitalmarktrecht, Rz. 615/3. Vgl. auch *Wittich*, AG 1997, 1, 3.

705 Auch der Konzernabschluss bedarf jetzt der Billigung durch den Aufsichtsrat (§ 173 AktG n.F.). Siehe dazu oben Fn. 603.

706 Vgl. *Fürhoff/Wölk*, WM 1997, 449, 454. Wegen besonders gelagerter Sachverhalte, in denen mit der Veröffentlichung bis zur Entscheidung des Aufsichtsrates gewartet werden kann, vgl. *Kümpel*, AG 1997, 66, 70; *Kümpel*, in: *Kümpel/Ott*, Kapitalmarktrecht, Rz. 615/3, S. 5. Für eine Publizitätspflicht erst ab Billigung durch den Aufsichtsrat *Happ/Semler*, ZGR 1/1998, 116, 126, 134; *Cahn*, ZHR 162 (1998), 1, 24, 25; *Burgard*, ZHR 162 (1998), 1, 78.

707 *Kümpel*, in: *Assmann/Schneider*, WpHG, § 15 Rn. 57 a.

708 Bericht des Finanzausschusses des Deutschen Bundestages, BT-Drucks. 12/7918, S. 96. Vgl. aber auch *Hopt*, ZHR 159 (1995), 135, 150 sowie *Pellens/Fülbier*, DB 1994, 1381, 1384.

709 Zum Beispiel das Ausscheiden des Vorstandssprechers. Vgl. *Fürhoff/Wölk*, WM 1997, 449, 452.

es sich um Pflichtangaben handelt.[710] In den Lagebericht müssen die Tatsachen aufgenommen werden, die erforderlich sind, um ein dem Geschäftsverlauf und der Lage der Gesellschaft entsprechendes Bild zu vermitteln. Darüber hinaus soll der Lagebericht gemäß § 289 Abs. 2 Nr. 1 HGB auch auf Vorgänge von besonderer Bedeutung eingehen, die nach dem Schluss des Geschäftsjahres eingetreten sind.[711] Freiwillige Angaben im Lagebericht unterfallen nicht der Ad-hoc-Publizitätspflicht. Dies sind insbesondere Sachverhalte, die der informativen Selbstdarstellung der Gesellschaft dienen.

Die Auswirkungen auf die Vermögens- oder Finanzlage bzw. den Geschäftsverlauf müssen im Zeitpunkt des Eintritts der Tatsache jedoch noch nicht feststehen. Denn die Ad-hoc-Publizität enthält durchaus vorausschauende Elemente.[712] Es reicht aus, dass sich die Tatsache erst in der Zukunft auf die wirtschaftliche Lage des Unternehmens auswirkt.[713] Denn aus der Sicht der Marktteilnehmer ist zu bedenken, dass diese die zukünftigen Aussichten des Unternehmens, den Erwartungswert, bewerten. Dies kann zu entsprechenden Kurssteigerungen führen, obgleich die Auswirkungen eines Ereignisses auf die zukünftige Vermögens- oder Finanzlage bzw. den Geschäftsverlauf eines Unternehmens noch nicht feststeht. So wird die Anmeldung eines Patents regelmäßig erst in der Zukunft zu Umsatzsteigerungen führen. Trotzdem können sich schon in diesem Zeitpunkt die Erwartungen der Marktteilnehmer ändern und zu Kurssteigerungen führen. Aufgrund des Zwecks der Ad-hoc-Publizität, eine angemessene Preisbildung zu ermöglichen, entsteht die Publizitätspflicht etwa bereits mit der Anmeldung eines Patents, wenn es zu diesem Zeitpunkt hinreichend wahrscheinlich ist, dass es zu Auswirkungen auf die Vermögens- oder Finanzlage kommen wird. Für kursrelevante Gerichtsverfahren gilt gleiches.[714]

e. *Tätigkeitsbereich des Emittenten*

Weiterhin muss die kursbeeinflussende Tatsache im Tätigkeitsbereich des Emittenten eingetreten sein. Das Tatbestandsmerkmal „Tätigkeitsbereich“ ist

---

[710] Bericht des Finanzausschusses des Deutschen Bundestages, BT-Drucks. 12/7918, S. 96. Zur Abgrenzung von Pflichtangaben und freiwilligen Angaben vgl. *Adler/Düring/Schmaltz*, HGB, § 289 Rn. 12, 14.

[711] Beispiele für Vorgänge von besonderer Bedeutung sind nach *Küting/Weber*, HGB, § 289 Rn. 35, die Branche betreffende wirtschaftliche oder politische Ereignisse, wie Exportvorschriften, Abweichungen von den im Jahresabschluss erwähnten Trends, wie Marktumschwung oder Umsatzrückgänge, Erwerb oder Veräußerungen von Beteiligungen, Kapitalmaßnahmen, Begründung von Abhängigkeitsverhältnissen etc.

[712] *Fürhoff/Wölk*, WM 1997, 449, 453. Vgl. auch *Schander/Lucas*, DB 1997, 2109, 2110.

[713] *Deutsche Börse AG*, Insiderhandelsverbote, S. 36.

[714] Vgl. *Fürhoff/Wölk*, WM 1997, 449, 454.

extensiv auszulegen.[715] So fallen sowohl der in- als auch der ausländische Tätigkeitsbereich des Emittenten unter § 15 WpHG.[716] Auch Tatsachen, die bei mit dem Emittenten verbundenen Unternehmen aufgetreten sind, fallen unter diese Vorschrift. Denn die Ad-hoc-Publizität soll sicherstellen, dass dem Markt alle wesentlichen Daten für die Bewertung des Unternehmens zur Verfügung stehen. Eine zutreffende Beurteilung muss auch den Konzernzusammenhang, in dem der Emittent steht, berücksichtigen.[717]

Nicht in den „Tätigkeitsbereich des Emittenten" fallen jedoch sogenannte Marktdaten. Dabei handelt es sich um Tatsachen, die nicht aus der unternehmerischen Sphäre des Emittenten stammen. Dies sind beispielweise Daten über die allgemeine Inflations- oder Zinsentwicklung, die Ratings der verschiedenen Rating-Agenturen[718] oder auch wesentliche Veränderungen der Aktionärsstruktur[719]. Ein weiteres Beispiel sind Übernahmen.[720] Handelt es sich um eine sogenannte „feindliche Übernahme" (hostile takeover), ist der kursrelevante Sachverhalt, also das Angebot zur Übernahme der Aktien, nicht in der Sphäre der Zielgesellschaft entstanden, sondern allein durch die Bietergesellschaft initiiert worden. Außerdem erlangt die Zielgesellschaft im Zweifel selbst erst nach der Veröffentlichung des Angebots durch die Bietergesellschaft Kenntnis von diesem. Die Zielgesellschaft ist also nicht zu einer Ad-hoc-Mitteilung verpflichtet.[721] Allerdings ist die Bietergesellschaft dann zu einer Ad-hoc-Mitteilung verpflichtet, wenn sich das Angebot auf den Kurs ihrer eigenen Aktien auswirkt.[722]

Etwas anderes gilt bei einem „friendly takeover". Hier sind sowohl die Bietergesellschaft als auch die Zielgesellschaft zu einer Ad-hoc-Mitteilung verpflichtet. Die Pflicht besteht zu dem Zeitpunkt, wenn die Übernahmevereinbarung mit dem Vorstand der Bietergesellschaft abgeschlossen wurde und die Zustimmung des Aufsichtsrats der Zielgesellschaft wahrscheinlich ist.[723]

---

[715] *Wölk*, AG 1997, 73, 77; *Götz*, DB 1995, 1949, 1952; *Pellens*, AG 1991, 62, 65; *Peltzer*, ZIP 1994, 746, 750.

[716] *Fürhoff/Wölk*, WM 1997, 449, 451.

[717] Vgl. *Fürhoff/Wölk*, WM 1997, 449, 451; *Burgard*, ZHR 162 (1998), 51, 96; *Cahn*, ZHR 162 (1998), 1, 30.

[718] Allerdings dürften einer Veränderung der Bewertung durch die Rating-Agenturen im Regelfall Veränderungen in der Sphäre des Emittenten vorausgegangen sein, die der Ad-hoc-Publizität unterfallen.

[719] *Deutsche Börse AG*, WM 1994, 2038, 2048; *Caspari*, in: *Baetge*, Insiderrecht, S. 65, 71.

[720] Siehe *Hopt*, ZHR 159 (1995), 135, 153 Fn. 75; *Fürhoff/Wölk*, WM 1997, 449, 452; *Happ/Semler*, ZGR 1/1998, 116, 140.

[721] *Deutsche Börse AG*, Insiderhandelsverbote, S. 35; *Schander/Lucas*, DB 1997, 2109, 2112.

[722] *Deutsche Börse AG*, Insiderhandelsverbote, S. 35; *Schander/Lucas*, DB 1997, 2109, 2111.

[723] *Kümpel*, in: *Assmann/Schneider*, WpHG, § 15 Rn 40; *Caspari*, in: *Baetge*, Insiderrecht, 65, 77. A.A. *Hopt*, ZHR 159 (1995), 133, 153 Fn. 75, der eine Publizitätspflicht dann annimmt, wenn die Zielgesellschaft zu dem Übernahmeangebot eine Entscheidung getroffen hat.

f. Nicht öffentlich bekannt

Weitere Voraussetzung der Ad-hoc-Publizitätspflicht ist, dass die betreffende Tatsache nicht schon öffentlich bekannt ist. Öffentlich bekannt ist eine Tatsache, wenn von ihr eine unbestimmte Anzahl von Personen Kenntnis hat oder haben könnte.[724] Dies ist insbesondere dann der Fall, wenn darüber bereits in den öffentlichen Medien berichtet worden ist.[725] Eine Tatsache ist jedoch nicht schon dann öffentlich bekannt, wenn beispielsweise ein Gericht in einer öffentlichen Sitzung ein kursrelevantes Urteil verkündet oder wenn der Vorstand Informationen im Rahmen einer Hauptversammlung oder im Rahmen eines Gesprächs mit Finanzanalysten oder Journalisten bekannt gibt.[726]

Dieses Problem dürfte sich jedoch selten stellen, da publizitätspflichtige Tatsachen unverzüglich zu veröffentlichen sind, der Vorstand also nicht bis zur Hauptversammlung oder zu dem Gespräch mit den Analysten warten darf.[727] Im Übrigen genügt es aber, dass sogenannte Bereichsöffentlichkeit hergestellt wird und die publizitätspflichtige Tatsache in einem überregionalen Börsenpflichtblatt oder einem elektronisch betriebenen Informationsverbreitungssystem veröffentlicht wird.[728] Auf diese Weise wird erreicht, dass die Information in den Markt gelangt und dort verarbeitet wird.[729]

g. Üblichkeit der Kennzahlen und Verbot überflüssiger Angaben

Schon bei der Beurteilung der Ad-hoc-Publizitätspflicht a.F. war unstreitig, dass diese dem Anlegerpublikum einen verlässlichen Einblick in die Vermögens- und

---

Zweifelnd *Fürhoff/Wölk*, WM 1997, 449, 452. Vgl. auch *Assmann*, AG 1994, 196, 237, 253 und *Geibel*, in: *Schäfer*, BörsG, § 15 WpHG Rn. 41 ff.

724 *Wittich*, AG 1997, 1, 3.

725 *Fürhoff/Wölk*, WM 1997, 449, 451.

726 Vgl. Deutsche Börse AG, Insiderhandelsverbot, S. 34; *Assmann*, AG 1994, 1996, 242; *Caspari*, ZGR 1994, 530, 538; *Cramer*, FS Triffterer, 323, 330.

727 Vgl. *Benner-Heinacher*, DB 1995, 765, 766; *Kümpel*, WM 1994, 2137, 2138; *Hirte*, in: *Hadding/Hopt/Schimansky*, Das Zweite Finanzmarktförderungsgesetz, S. 58.

728 Die EG-Börsenzulassungsrichtlinie, Schema C Ziff. 5 lit. A, Schema D A. Ziff. 4 lit. a), die durch § 15 WpHG umgesetzt wurde, fordert dagegen, dass die Tatsache einer breiten Öffentlichkeit bekannt sein muss. Vgl. dazu *Fürhoff/Wölk*, WM 1997, 449, 451; *Immenga*, ZBB 1995, 197, 202; *Hirte*, in: *Hadding/Hopt/Schimansky*, a.a.O., S. 65, 74; *Assmann*, AG 1994, 237, 252; *Hopt*, ZHR 159 (1995), 135, 154; *ders.*, ZGR 1997, 1, 24.

729 Allerdings werden so zunächst lediglich die professionellen Marktteilnehmer erreicht, was zu einer Benachteiligung der Privatanleger führen kann. Diese Problematik wird jedoch durch die Nutzbarmachung des Internet entschärft, da dort die entsprechenden Informationen zeitnah abgerufen werden können. Vgl. *Wölk*, AG 1997, 73, 76; *Deutsche Börse AG*, Insiderhandelsverbote, S. 41.

Finanzlage sowie den Geschäftsverblauf des Emittenten gewähren soll.[730] Die Informationen dürfen daher nicht kontraproduktiv und damit geeignet sein, die Anleger bei der Bewertung der wirtschaftlichen Situation des Unternehmens irrezuführen.[731] Um dies sicherzustellen, hat der Gesetzgeber mit dem 4. Finanzmarktförderungsgesetz die Ad-hoc-Publizität des § 15 WpHG in Teilbereichen geändert. Zunächst müssen die im Rahmen der Veröffentlichung genutzten Kennzahlen im Verkehr üblich sein und zudem einen Vergleich mit den zuletzt veröffentlichten Kennzahlen ermöglich (§ 15 Abs. 1 Satz 2 WpHG). Kennzahlen in diesem Sinne sind beispielsweise der Jahresüberschuss, Gewinn/Verlust pro Aktie oder Gewinn vor Zinsen und Steuern.[732] § 15 Abs. 1 Satz 2 WpHG soll sicherstellen, dass die Adressaten der Ad-hoc-Mitteilung ein klares Bild der neu eingetretenen Tatsachen erhalten. Es soll verhindert werden, dass der Emittent etwaige negative Mitteilungen dadurch verschleiert und für den Adressaten unkenntlich macht, dass er etwa nicht übliche Kennzahlen verwendet, mit denen der Geschäftsverkehr nicht vertraut ist, oder dass er die Kennzahlen wechselt und damit deren Vergleichbarkeit erschwert.

Der neue § 15 Abs. 1 Satz 3 WpHG dient ebenfalls der Klarheit der Ad-hoc-Mitteilung. Danach dürfen Angaben, die nicht der Ad-hoc-Publizität unterfallen, weder als selbständige Ad-hoc-Mitteilung noch als Bestandteil einer anderen Ad-hoc-Mitteilung veröffentlicht werden. Der Gesetzgeber hat mit dieser Vorschrift auf die vielfach zu beobachtende Praxis reagiert, Ad-hoc-Mitteilungen als Werbemaßnahmen zu missbrauchen. Es soll sichergestellt werden, dass der Anleger nicht mit überflüssigen Informationen belastet wird, die den Blick auf das Wesentliche verstellen.[733] Unter dem Gesichtspunkt der Transparenz ist erforderlich, dass die Anleger über alle marktrelevanten Informationen verfügen und wesentliche Informationen ohne größere Schwierigkeiten erkennen können. Die Vorschrift ist jedoch insoweit einschränkend auszulegen, als dass Informationen, die für sich genommen zwar unwesentlich sind, für das Verständnis der Ad-hoc-Mitteilung jedoch entscheidend, auch in diese aufgenommen werden können und müssen. Andernfalls würde dem Transparenzgebot nicht Genüge getan.

h. Pflicht zur Korrektur

Der neu eingefügte § 15 Abs. 1 Satz 4 WpHG stellt nunmehr klar, dass fehlerhafte Ad-hoc-Mitteilungen unverzüglich zu berichtigen sind. Die Berichtigung hat gleichfalls in Form einer Ad-hoc-Mitteilung zu erfolgen. Dies

---

730 Vgl. *Hopt*, WM 1985, 793, 801; *ders.*, ZGR 1980, 225, 242; *Pananis*, WM 1997, 460, 464.

731 *Happ/Semler*, ZGR 1998, 116, 123, 141; *Cahn*, ZHR 162 (1998), 1, 25. Vgl. Beispiel bei *Kümpel*, in: *Assmann/Schneider*, WpHG, § 15 Rn 73 ff.

732 Vgl. Gesetzesbegründung, BT-Drucksache 14/8017, S. 87.

733 Vgl. Gesetzesbegründung, BT-Drucksache 14/8017, S. 87.

gilt selbst dann, wenn die Voraussetzungen für eine solche im Übrigen nicht (mehr) vorliegen.
Mit Blick auf das amerikanische Recht stellt sich die Frage, ob der Emittent verpflichtet ist, Gerüchten im Wege der Ad-hoc-Mitteilung entgegenzutreten bzw. dazu Stellung zu beziehen. Gerüchte sind keine Tatsachen im Sinn des § 15 WpHG und sind zudem nicht dem Tätigkeitsbereich des Emittenten zuzuordnen[734]. Eine Richtigstellung kann ggf. jedoch dann gefordert werden, wenn das Gerücht aus der Sphäre des Emittenten stammt, beispielsweise durch missverständliche Äußerungen von Seiten des Unternehmens verursacht wurde.[735]

i. Ausnahmen von der Publizitätspflicht

Eine Ausnahme von der Veröffentlichungspflicht besteht nach § 15 Abs. 1 S. 2 WpHG dann, wenn eine Veröffentlichung der Tatsache geeignet ist, dem Emittenten zu schaden. Die Bundesanstalt für Finanzdienstleistungsaufsicht (BaFin) entscheidet in diesen Fällen über die Veröffentlichung. Der Gesetzgeber hat sich also in diesen Fällen bei der Abwägung der Interessen des Unternehmens, negative Meldungen möglichst spät zu veröffentlichen, und den Interessen der Anleger, möglichst früh und umfassend informiert zu werden, zugunsten der Unternehmensinteressen entschieden. Die Publizitätspflicht wird durch den Befreiungsantrag vorübergehend, das heißt bis zur Entscheidung durch die BaFin, aufgeschoben, nicht aber aufgehoben. Die Bundesanstalt nimmt in diesen Fällen eine Interessenabwägung vor. Dabei ist zu berücksichtigen, dass, solange die Tatsache nicht bekannt gemacht wurde, sich fehlerhafte Marktpreise bilden. Dies soll jedoch gerade durch die Ad-hoc-Publizitätspflicht verhindert werden.[736] Eine Befreiung kommt also nur dann in Betracht, wenn das Interesse des Emittenten an der Geheimhaltung schutzwürdiger erscheint als das Interesse des Anlegerpublikums an der Veröffentlichung. In der Praxis wird dies überwiegend angenommen, wenn der Emittent in seiner Existenz bedroht ist und wenn ein Sanierungskonzept umgesetzt werden soll, das durch eine frühzeitige Veröffentlichung gefährdet wäre.[737] Zu denken wäre auch an den Fall, dass durch eine frühzeitige Veröffentlichung erhebliche Wettbewerbsnachteile drohen, etwa wenn nach der Entdeckung einer Rohstoffquelle die betreffenden Grundstücke noch zu erwerben sind.[738] Voraussetzung ist jedoch, dass die Suspension nur von

---

[734] *Hopt*, ZHR 159 (1995), 135, 153.
[735] *Geibel*, in: *Schäfer*, BörsG, § 15 WpHG Rn. 34.
[736] Vgl. Bericht des Finanzausschusses des Deutschen Bundestages, BT-Drucks. 12/7918, S. 96, 102.
[737] Vgl. *Wittich*, AG 1997, 1, 4; *Fürhoff/Wölk*, WM 1997, 449, 458.
[738] Vgl. *Schwark*, BörsG, § 44 a BörsG, Rn. 9.

kurzfristiger Dauer ist und hinreichende Erfolgsaussichten dafür bestehen, dass innerhalb dieses Zeitraums die kritische Situation beseitigt ist.[739] Überwiegt das Interesse des Emittenten an einer Suspension, ist das Ermessen der BaFin auf Null reduziert.[740]

In der Praxis kommt es regelmäßig auf eine ausreichende Begründung des Suspensionsantrags durch den Emittenten an. Denn die BaFin wird wegen der Eilbedürftigkeit regelmäßig keine Möglichkeit haben, den Sachverhalt von sich aus zu prüfen.[741] Wird dem Suspensionsantrag stattgeben, besteht auch keine Informationspflicht gegenüber der Börsengeschäftsführung.[742]

j. Sanktionen

In Fällen der Ad-hoc-Publizität des § 15 WpHG ist eine vorhergehende Kontrolle nicht vorgesehen. Statt dessen erfolgt eine nachträgliche Überwachung durch die BaFin. Diese überwacht die Einhaltung der Vorschriften über die Ad-hoc-Publizität und verfügt über Auskunftsrechte und Ermittlungsbefugnisse (§ 15 Abs. 5 WpHG).[743] Daneben haben geschädigte Anleger neuerdings die Möglichkeit, Schadensersatz von der Gesellschaft gemäß §§ 37 b und c WpHG zu verlangen.

aa. Öffentlich-rechtliche Sanktionen

Im Falle der Verletzung der Ad-hoc-Publizitätspflicht kommen zunächst öffentlich-rechtliche Sanktionsmöglichkeiten in Betracht. Wer vorsätzlich die gebotene Ad-hoc-Mitteilung nicht, nicht richtig, nicht vollständig, nicht in der vorgeschriebenen Form oder nicht rechtzeitig publiziert, kann mit einer Geldbuße bis zu eineinhalb Millionen Euro belegt werden (§ 39 Abs. 2 Nr. 2 a) i.V.m. Abs. 3 WpHG).[744] Im Falle leichtfertigen Handelns beträgt der

[739] Vgl. Deutsche Börse AG, Insiderhandelsverbote, S. 46 sowie *Wölk*, AG 1997, 73, 79.

[740] *Cahn*, WM 1998, 272, 274.

[741] *Fürhoff/Wölk*, WM 1997, 449, 458.

[742] Vgl. *Kümpel*, in: *Assmann/Schneider*, WpHG, § 15 Rn. 82 ff.

[743] Rechtsbehelfe gegen Maßnahmen der BaFin nach § 15 Abs. 5 WpHG haben keine aufschiebende Wirkung (§ 15 Abs. 5 S. 3 i.V.m. § 16 Abs. 7 WpHG, § 80 Abs. 2 Nr. 3 VwGO), da die BaFin in die Lage versetzt werden soll, unklare Sachverhalte schnellstmöglich aufzuklären.

[744] Ebenfalls mit einer Geldbuße von bis zu eineinhalb Millionen Euro kann geahndet werden, wenn vor der gesetzlich zugelassenen Veröffentlichungsform eine öffentliche Bekanntgabe der publizitätspflichtigen Tatsache in anderer Weise erfolgt (§ 39 Abs. 2 Nr. 3 i.V.m. § 15 Abs. 3 S. 2, § 39 Abs. 4 WpHG). Für die Fälle der Verletzung der Informationspflicht gegenüber den betroffenen inländischen Börsen (§ 15 Abs. 2 S. 1 WpHG) ist ein Bußgeld bis zu zweihunderttausend Euro vorgesehen (§ 39 Abs. 2 Nr. 1 b) i.V.m. Abs. 4 WpHG). Mit einer Geldbuße bis zu fünfzigtausend Euro wird bestraft, wer die vorgeschriebene Übersendung der Veröffentlichung an die BaFin oder an die Geschäftsführung der

Bußgeldsatz höchstens siebenhundertfünfzigtausend Euro (§ 17 Abs. 2 OWiG). Eine bloß fahrlässige Pflichtverletzung genügt nicht.[745] Bei der Bemessung der Höhe des Bußgeldrahmens hat der Gesetzgeber berücksichtigt, dass diese Ordnungswidrigkeitstatbestände im Regelfall vermögende börsennotierte Gesellschaften sowie deren Vorstände betreffen.[746]

Die Ordnungswidrigkeitstatbestände richten sich in erster Linie gegen die Vorstandsmitglieder der Gesellschaft.[747] Diese sind gemäß § 130 OWiG verpflichtet, Aufsichtsmaßnahmen zu treffen, um Verstöße des Emittenten gegen § 15 WpHG zu verhindern.[748] Allerdings ist im Falle der Verhängung einer Geldbuße zwischen der Verantwortung des einzelnen Vorstandsmitglieds im Rahmen der Geschäftsverteilung sowie der Gesamtverantwortung des Vorstands insgesamt zu unterscheiden.[749] Hinsichtlich der Ad-hoc-Publizität besteht eine Organisationspflicht des Vorstands dahingehend, Vorkehrungen zu treffen, die einen ausreichenden Informationsfluss bezüglich potentiell publizitätspflichtiger Tatsachen sowie eine unverzügliche Erfassung, Bewertung und ggf. gesetzmäßige Veröffentlichung gewährleisten. Trifft der Vorstand solchermaßen geeignete organisatorische Maßnahmen, kommt eine persönliche Haftung der Vorstandsmitglieder im Regelfall nicht in Betracht.[750] Nebenfolge einer Ordnungswidrigkeit der verantwortlichen Vorstandsmitglieder ist, dass auch gegen die Gesellschaft selbst eine Geldbuße verhängt werden kann (§ 30 OWiG).[751]

Stellt die Verletzung der Ad-hoc-Publizitätspflicht zugleich eine verbotene Kurs- oder Marktpreismanipulation gemäß § 20 a WpHG dar, liegt außerdem eine Ordnungswidrigkeit gemäß § 39 Abs. 1 Nr. 1 und 2 WpHG vor. In

---

betreffenden Börsen nicht oder nicht rechtzeitig vornimmt (§ 39 Abs. 1 Nr. 4 i.V.m. § 15 Abs. 4, § 39 Abs. 4 WpHG).

[745] *Schäfer*, BörsG, § 15 WpHG Rn. 157 f.

[746] Im Zuge der Änderung der Ad-hoc-Publizität ist das Bußgeld von einhunderttausenden Deutsche Mark (§ 90 Abs. 4 BörsG a.F.) auf nunmehr eineinhalb Millionen Euro angehoben worden. Vgl. Bericht des Finanzausschusses des Deutschen Bundestages, BT-Drucks. 12/7918, S. 96.

[747] *Meier*, Gesetz über die Ordnungswidrigkeiten, 1994, § 30 Rn. 3.

[748] Dass zu dem in § 130 OWiG angesprochenen Pflichtenkreis auch die Ad-hoc-Publizität gehört, ist unstreitig. Vgl. *Kümpel*, in: *Assmann/Schneider*, WpHG, § 15 Rn 172; *Assmann*, AG 1994, 237, 257.

[749] Vgl. *Deutsche Börse AG*, Insiderhandelsverbote, S. 48.

[750] Eine Haftung käme allenfalls dann noch in Betracht, wenn der Vorstand sich im konkreten Fall gegen eine Veröffentlichung entscheidet, obgleich die im Unternehmen für die Ad-hoc-Mitteilungen verantwortlichen Personen sich für eine Veröffentlichung entschieden haben. Vgl. *Kümpel*, in: *Assmann/Schneider*, WpHG, § 15 Rn. 178.

[751] Vgl. *Schäfer*, BörsG, § 15 WpHG Rn. 159 ff.

extremen Fällen kommt auch der Straftatbestand des § 38 Abs. 1 Nr. 4 WpHG (Freiheitsstrafe bis zu fünf Jahren) in Betracht.

Als weitere Sanktionsmöglichkeit kommt der Widerruf der Zulassung der Wertpapiere des Emittenten durch die Zulassungsstelle in Betracht (§ 43 BörsG). Dies ist als ultima ratio jedoch nur bei nachhaltigen Verstößen gegen die Ad-hoc-Publizitätspflicht möglich. Zu den Pflichten des Emittenten aus der Zulassung (vgl. § 43 d BörsG) gehört auch die Pflicht aus § 15 WpHG.[752]

bb. Schadensersatzansprüche

(1) Alte Rechtslage

§ 15 Abs. 6 S. 1 WpHG a.F. sah vor, dass ein Emittent nicht wegen Verstoßes gegen die Ad-hoc-Publizitätspflicht in Anspruch genommen werden konnte. § 15 WpHG a.F. diente lediglich der Sicherung der Funktionsfähigkeit des Kapitalmarktes.[753] Nicht die Individualinteressen des einzelnen Anlegers sollten geschützt werden, sondern ausschließlich die Interessen des Anlegerpublikums, also die der Gesamtheit der potentiellen Anleger.[754] Da die Ad-hoc-Publizität damit ausschließlich im öffentlichen Interesse bestand, wurde § 15 WpHG a.F. nicht als Schutzgesetz im Sinne des § 823 Abs. 2 BGB angesehen.[755] Dies stellte § 15 Abs. 6 S. 1 WpHG a.F. ausdrücklich klar.[756] Grund war, dass nicht abzuschätzen war, in welchem Umfang Anleger Schadensersatzansprüche wegen der Verletzung von Ad-hoc-Publizitätspflichten geltend machen würden.[757] Außerdem sah man die Sanierung von Emittenten gefährdet, wenn diese auch noch Schadensersatzansprüche geschädigter Anleger zu begleichen hätten.[758] Zudem bestand die Befürchtung, dass Emittenten in großem Maße Befreiung von der Ad-hoc-Publizitätspflicht beantragen würden, um einer Haftung zu entgehen. Eine Flut von Befreiungsanträgen hätte das damalige Bundesaufsichtsamt für den Wertpapierhandel (BAWe) personell jedoch überfordert und der Funktion der Ad-hoc-Publizität, eine schnellstmögliche

[752] Vgl. *Schäfer*, BörsG, § 15 WpHG Rn. 162. Daher war die Ad-hoc-Publizität früher auch in § 44 a BörsG, mithin im Zusammenhang mit den Zulassungspflichten der § 44, 44 b und 44 c BörsG, geregelt. Vgl. auch *Schwark*, BörsG, § 44 d Rn. 2.
[753] Bericht des Finanzausschusses des Deutschen Bundestages, BT-Drucks. 12/7918, S. 102.
[754] A.A. *Gehrt*, Ad-hoc-Publizität, S. 23 ff.
[755] *Gehrt*, a.a.O.
[756] Anders die wohl herrschende Ansicht für die Regelung des § 44 a BörsG a.F. Vgl. *Assmann*, ZGR 1994, 494, 529 Fn. 136 m.w.N..
[757] Bericht des Finanzausschusses des Deutschen Bundestages, BT-Drucks. 12/7918, S. 102.
[758] Vgl. *Kumpel*, in: *Assmann/Schneider*, WpHG, § 15 Rn. 189.

Veröffentlichung von kursrelevanten Informationen zu gewährleisten, widersprochen.[759]

Ausdrücklich nicht ausgeschlossen waren jedoch zivilrechtliche Ansprüche, die auf anderen Rechtsgrundlagen beruhen (§ 15 Abs. 5 S. 2 WpHG a.F.). Mithin konnten und können im Falle der Verletzung des allgemeinen Betrugstatbestandes des § 263 StGB Schadensersatzansprüche in Verbindung mit § 823 Abs. 2 BGB geltend gemacht werden. Auch ein Anspruch aus § 826 BGB kann im Falle einer vorsätzlichen und sittenwidrigen Schädigung geltend gemacht werden. Der Haftungsausschluss des § 15 Abs. 6 S. 1 WpHG wurde nicht auch auf diese Fälle ausgedehnt, da dies mit den Grundsätzen der Rechtsordnung nicht vereinbar gewesen wäre und zudem eine sachlich nicht zu rechtfertigende Bevorzugung des Emittenten gegenüber anderen Unternehmen dargestellt hätte.[760] Im Regelfall nicht in Betracht kommt ein Anspruch gemäß § 823 Abs. 2 BGB in Verbindung mit § 400 AktG. Letztere Vorschrift ist zwar ein Schutzgesetz zugunsten der Aktionäre,[761] jedoch werden Ad-hoc-Mitteilungen regelmäßig außerhalb der Hauptversammlung veröffentlicht und beziehen sich in der Regel auf Einzelereignisse, geben also keinen Überblick über den Vermögensstand der Gesellschaft.[762]

(2) Schadensersatzanspruch wegen fehlerhafter Ad-hoc-Mitteilung (§ 37 c WpHG n.F.)

Das Vierte Finanzmarktförderungsgesetz sieht eine Schadensersatzpflicht des Emittenten für fehlerhafte Ad-hoc-Mitteilungen vor.[763] Eine Haftung von Mitgliedern des Vorstands ist in diesem Zusammenhang nicht eingeführt worden.[764] Allerdings kann der Emittent ggf. seinerseits Regress bei den Vorstandsmitgliedern nehmen, die ihre Pflichten verletzt haben (§ 93 Abs. 2 AktG). §§ 37 b Abs. 6 und 37 c Abs. 6 WpHG verhindern, dass solche Ansprüche im Voraus ermäßigt oder erlassen werden.

---

[759] Da auch das frühere Bundesaufsichtsamt für den Wertpapierhandel die ihm zugewiesenen Befugnisse demzufolge ausschließlich im öffentlichen Interesse (§ 4 Abs. 2 WpHG) wahrnahm, kam im Falle einer fehlerhaften Überwachung der Ad-hoc-Publizität keine Haftung wegen Amtspflichtverletzung gemäß § 839 BGB in Betracht. Denn es fehlte an einer den Anlegern gegenüber bestehenden Amtspflicht. Vgl. *Kümpel*, in: *Assmann/Schneider*, WpHG, § 15 Rn. 16.

[760] Bericht des Finanzausschusses des Deutschen Bundestages, BT-Drucks. 12/7918, S. 102.

[761] Vgl. die Nachweise oben in Fn. 608.

[762] Vgl. dazu näher unten S. 170 f.

[763] Dazu etwa *Maier-Reimer/Webering*, WM 2002, 1857 ff.; *Veil*, ZHR 167 (2003), 365 ff.; *Möllers/Leisch*, NZG 2003, 112 ff.; *Fleischer*, NJW 2002, 2977, 2979 ff.

[764] Kritisch dazu *Reichert/Weller*, ZRP 2002, 49 ff.

Ersatz seines Schadens kann der Anleger verlangen, welcher aufgrund vermeintlich positiver Informationen seine Papiere „zu teuer“ gekauft hat bzw. derjenige, der aufgrund vermeidlich negativer Informationen seine Aktien „zu günstig“ veräußert hat.

(a) Voraussetzungen

Voraussetzung einer solchen Haftung der Gesellschaft ist zunächst, dass unwahre Tatsachen in einer Mitteilung über kursbeeinflussende Tatsachen veröffentlicht wurden. Der Tatsachenbegriff entspricht dem des § 15 WpHG. Die Veröffentlichung muss in einer Ad-hoc-Mitteilung erfolgt sein. Angesichts des klaren Wortlauts des § 37 c WpHG fällt die Mitteilung unwahrer Tatsachen in anderen Medien, wie Pressemitteilungen, oder auch die mündliche Äußerung einer unwahren Tatsache, beispielsweise in Interviews oder in der Hauptversammlung, nicht unter diese Vorschrift.

Wie auch bei der Vorschrift des § 15 WpHG greift die Haftung nur bei einem Emittenten, dessen Wertpapiere zum Handel an einer inländischen Börse zugelassen sind. Die Tatsache muss im Tätigkeitsbereich des Emittenten eingetreten und darf nicht bereits öffentlich bekannt sein. Zudem muss die Tatsache wegen ihrer Auswirkung auf die Vermögens- oder Finanzlage oder den allgemeinen Geschäftsverlauf der Gesellschaft geeignet sein, den Kurs der Aktie erheblich zu beeinflussen.

Anders als im U.S.-amerikanischen Recht[765] trifft die Haftung nach § 37 c WpHG nur den Emittenten, nicht aber die Vorstandsmitglieder. Dies steht im Einklang mit der Vorschrift des § 15 WpHG, nach der die Ad-hoc-Publizitätspflicht den Emittenten selbst trifft. Dementsprechend sollen auch die Folgen der Pflichtverletzung nur diesen treffen. Der Vorstand haftet damit weiterhin nur aufgrund allgemeiner Regeln.[766] Darüber hinaus besteht aber eine Regressmöglichkeit der Gesellschaft gemäß § 93 Abs. 2 AktG (vgl. § 37 c Abs. 6 WpHG), falls diese gemäß § 37 c WpHG in Anspruch genommen wird.

Mit Blick auf das U.S.-amerikanische Recht ist die Frage zu stellen, was das Merkmal „Erwerb“ bzw. „Veräußerung“ im Zusammenhang mit §§ 37 b und c WpHG bedeutet. Dort kommt eine Haftung gemäß Rule 10b-5 wegen einer Falschinformation auch etwa in Fällen von Verschmelzungen in Betracht (sogenannte forced seller doctrine).[767] Dies ist im deutschen Recht anders zu beurteilen. Hier sind die Rechtsbehelfe des Verschmelzungsverfahrens

[765] Siehe oben S. 96 (Rule 10b-5).
[766] Siehe oben S. 191 f.
[767] Siehe oben S. 78.

vorrangig. „Erwerb" bzw. „Veräußerung" im Sinne der §§ 37 b und c WpHG meint ausschließlich den freiwilligen Kauf bzw. Verkauf der Papiere.

Weitere Haftungsvoraussetzung ist vorsätzliches oder zumindest grob fahrlässiges Handeln.[768] § 37 c Abs. 2 WpHG sieht zudem eine Umkehr der Beweislast im Hinblick auf das Verschulden vor. Diese Beweislastverteilung entspricht dem Grundsatz, dass derjenige die Einhaltung des Sorgfaltsmaßstabs nachweisen muss, der einen von außen nicht einsehbaren Verantwortlichkeitsbereich beherrscht.[769]

Der Anspruch verjährt innerhalb eines Jahres, nachdem der Anspruchssteller von der Unrichtigkeit der Tatsache Kenntnis erlangt hat, spätestens jedoch drei Jahre nach Veröffentlichung

(b) Anspruchsberechtigte

Wie auch im U.S.-amerikanischen Recht[770] können lediglich die Personen Schadensersatzansprüche geltend machen, die auch tatsächlich am Markt tätig geworden sind, die also Aktien entweder ge- oder verkauft haben.
§ 37 c Abs. 1 WpHG n.F. sieht zwei verschiedene Handlungsalternativen vor. Schadensersatzansprüche kann zum einen der Aktionär geltend machen, der die Aktien nach der Veröffentlichung der unwahren Tatsache erwirbt und zum Zeitpunkt des Bekanntwerdens der Unrichtigkeit noch Inhaber derselben ist (Nr. 1).[771] Zum anderen kann derjenige einen Anspruch geltend machen, der die Aktie vor der Veröffentlichung der unwahren Tatsache erworben hat und sie vor dem Bekanntwerden der Unrichtigkeit wieder veräußert (Nr. 2).
Die erste Alternative behandelt den Fall, in dem positive aber unwahre Informationen über die Gesellschaft veröffentlicht werden, der Preis der Aktie also über einen bestimmten Zeitraum hinweg künstlich überhöht ist. Zwischen der Veröffentlichung der unwahren (positiven) Tatsache und dem Bekanntwerden der Unrichtigkeit derselben ist der Preis des Wertpapiers im Vergleich zum „wahren" Wert zu hoch. § 37 c Abs. 1 Nr. 1 WpHG beschreibt nun den einzigen Fall, in dem in dieser Konstellation dem Aktionär überhaupt ein zurechenbarer Schaden entstehen kann, nämlich wenn er die Aktie nach der Veröffentlichung der unwahren Tatsache erworben hat und er in dem Zeitpunkt, in dem die Unrichtigkeit der Tatsache öffentlich bekannt wurde, noch Inhaber der Wertpapiere gewesen ist (§ 37 c Abs. 1 Nr. 1 WpHG). In allen anderen

[768] Im U.S.-amerikanischen Recht wird in diesen Fällen nur für rücksichtsloses Verhalten (recklessness) gehaftet. Siehe oben S. 87 ff.
[769] Gesetzesbegründung, BT-Drucksache 14/8017, S. 93.
[770] Siehe oben S. 76 ff.
[771] Kritisch hierzu *Fleischer*, Gutachten, S. F 106.

Konstellationen kann dem Aktionär im Falle einer unrichtigen positiven Information kein zurechenbarer Schaden entstanden sein.
Hat er die Wertpapiere vor der Veröffentlichung der unwahren Information ge- und wieder verkauft, ist ihm kein Schaden entstanden, weil der Preis der Aktie noch nicht von der unwahren Angabe beeinflusst war. Gleiches gilt für den Fall, dass er das Papier nach Bekanntwerden der Unrichtigkeit kauft und wieder verkauft bzw. hält, da zu diesem Zeitpunkt der Preis nicht mehr von der unwahren Information beeinflusst ist. Hat der Aktionär in dem Zeitraum zwischen Veröffentlichung der unwahren Information und dem Bekanntwerden der Unrichtigkeit derselben seine Aktien ge- und verkauft, ist ihm auch kein Schaden entstanden, da der Preis sowohl im Zeitpunkt des Kaufs als auch im Zeitpunkt des Verkaufs von der Fehlinformation beeinflusst und damit künstlich überhöht war. Der Aktionär hat die Papiere also zu teuer gekauft, aber auch wieder zu teuer verkauft, so dass ihm aus dieser Transaktion kein Schaden entstanden sein kann, der kausal auf der unwahren Information beruht. In dem Fall, in dem der Investor die Papiere vor der Veröffentlichung der unwahren Tatsache gekauft und erst nach Bekanntwerden der Unrichtigkeit wieder verkauft hat, war der Preis der Papiere weder beim Kauf noch beim Verkauf von der unwahren Information beeinflusst. Sowohl der Kauf- als auch der Verkaufspreis entsprachen dem „wahren“ Wert der Aktie. Zwar mag in solchen Fällen ein Schaden, etwa in Form weiterer Kursverluste, entstanden sein. Dieser Schaden beruht jedoch nicht auf der ursprünglichen falschen Information.[772] Der Aktionär erleidet diesen Schaden nur deshalb, weil er seine Aktie aufgrund der Fehlinformation nicht rechtzeitig veräußert hat. Gegen solche Schäden, die entweder auf Drittursachen beruhen oder auch im Falle rechtmäßigen Vorstandshandelns eingetreten wären, will § 37 c Abs. 1 WpHG jedoch nicht schützen.[773] Sinn und Zweck der Vorschrift ist lediglich, die Schäden zu ersetzen, die unmittelbar auf der fehlerhaften Ad-hoc-Mitteilung beruhen.

---

[772] Allerdings mag ein Teil der Kursverluste aufgrund eines mit der Fehlinformation verbundenen Reputationsverlustes entstanden sein und insoweit direkt auf der Fehlinformation beruhen. Der Teil des Schadens, der dem Reputationsverlust aufgrund einer Falschmitteilung zurechenbar ist, dürfte sich in der Praxis jedoch kaum berechnen lassen.

[773] Als Beispiel mag folgender Fall dienen: Aktionär A erwirbt eine Aktie der Gesellschaft G zum Preis von 90. In der Folgezeit sinkt der Kurs der Aktie auf 80, so dass A sich zum Verkauf des Papiers entschließt. Zu diesem Zeitpunkt veröffentlicht der Vorstand der Gesellschaft jedoch eine falsche (positive) Ad-hoc-Mitteilung, so dass A von seinen Verkaufsabsichten Abstand nimmt und die Aktie hält. Der „wahre Wert“ der Aktie zu diesem Zeitpunkt beträgt 65. Später stellt sich heraus, dass die Ad-hoc-Mitteilung falsch war und A kann die Aktie nunmehr nur noch zu 40 veräußern. Der Schaden des A in Höhe von 40 setzt sich aus zwei Komponenten zusammen. Ein Teil des Schadens (in Höhe von 15) beruht unmittelbar auf der fehlerhaften Information. Dieser Schaden wäre jedoch auch eingetreten, wenn der Vorstand die falsche positive Ad-hoc-Meldung nicht veröffentlicht hätte, denn der Markt hätte den Preis des Papiers entsprechend früher angepasst (Einwand des rechtmäßigen

Hat der Investor die Aktie vor Veröffentlichung der unwahren Tatsache gekauft und nach Veröffentlichung, aber noch vor Bekanntwerden der Unrichtigkeit wieder verkauft, ist ihm auch kein auf der Unwahrheit der Tatsache beruhender Schaden entstanden, da er die Papiere sogar zu einem künstlich überhöhten Preis und daher mit Gewinn verkaufen konnte. Denn der Markt ging im Zeitpunkt des Verkaufs immer noch von der Richtigkeit der Informationen aus.
Es bleibt der in § 37 c Abs. 1 Nr. 1 beschriebene Fall. Hier ist dem Investor aufgrund der unwahren Behauptung einer positiven Tatsache ein Schaden entstanden, da er die Papiere zu einem Zeitpunkt erworben hat, als der Preis noch aufgrund der unwahren Tatsachenbehauptung künstlich überhöht war. Mit Bekanntwerden der Unrichtigkeit ist dem Investor dann ein Schaden entstanden, da der Wert des Papiers dann wieder dem „wahren“ Wert entspricht.

Im Falle der Veröffentlichung eine unwahren negativen Tatsache, die also zu einer Senkung des Aktienkurses führt, muss der Anspruchssteller die Papiere vor der Veröffentlichung der unwahren Tatsachen erworben haben und vor dem Bekanntwerden der Unrichtigkeit der Tatsache dieselben wieder veräußert haben (§ 37 c Abs. 1 Nr. 2 WpHG). Für die übrigen denkbaren Fälle gilt das oben Gesagte entsprechend. Liegen Kauf und Verkauf der Papiere jeweils in den Zeiträumen vor Veröffentlichung der unwahren Tatsache, nach Bekanntwerden der Unwahrheit oder zwischen Veröffentlichung und Bekanntwerden, kann dem Investor kein auf der Fehlinformation beruhender Schaden entstanden sein, da der Preis der Aktien noch nicht bzw. nicht mehr von der unwahren Tatsachenbehauptung beeinflusst war oder der Markt sowohl im Zeitpunkt des Kaufs als auch in dem des Verkaufs noch von der Richtigkeit der Angaben ausging. Auch in dem Fall, in dem der Kauf vor Veröffentlichung und der Verkauf nach Bekanntwerden erfolgte, war der Preis der Aktie weder beim Kauf noch beim Verkauf von der Fehlinformation beeinflusst. Hat der Investor nach Veröffentlichung der unwahren negativen Tatsache gekauft und nach Bekanntwerden der Unrichtigkeit der Tatsache wieder verkauft, ist ihm aufgrund der Fehlinformation gar ein Gewinn entstanden. Im Falle der Veröffentlichung einer unwahren negativen Tatsache ist ein auf der Fehlinformation beruhender Schaden lediglich für den in § 37 c Abs. 1 Nr. 2 WpHG genannten Fall denkbar, nämlich wenn der Anspruchssteller die Aktie vor Veröffentlichung der unwahren negativen Tatsache erworben und vor dem Bekanntwerden der Unrichtigkeit wieder veräußert hat.

Alternativverhaltens). Der restliche Schaden (in Höhe von 25) beruht auf Drittursachen, nicht auf der Falschinformation.

(c) Ausnahmen

Kannte der Aktionär im Zeitpunkt des Erwerbs bzw. im Zeitpunkt des Verkaufs der Aktie die Unrichtigkeit der Tatsache, steht ihm kein Schadensersatzanspruch gegen den Emittenten zu. Die Ausnahmevorschrift des § 37 c Abs. 3 WpHG differenziert zwischen den Fällen, in denen Aktien aufgrund der fehlerhaften Informationen erworben wurden (1. Alternative), und Fällen, in denen die Papiere aufgrund fehlerhafter Informationen verkauft wurden (2. Alternative). Im ersten Fall haftet der Emittent dann nicht, wenn der Dritte die Unrichtigkeit der Tatsache im Zeitpunkt des Erwerbs kannte. Im Falle der Veräußerns der Wertpapiere haftet der Emittent nur, wenn der Dritte im Zeitpunkt der Veräußerung die Unrichtigkeit der Tatsache nicht kannte.
Abs. 3 stellt damit eine Sonderregelung des Mitverschuldens (§ 254 BGB) dar. Abzustellen ist auf positive Kenntnis des Anspruchsstellers. Selbst grob fahrlässige Unkenntnis führt in Anlehnung an die Vorschriften über die Prospekthaftung (§ 43 BörsG) nicht zu einem Ausschluss oder einer Minderung des Anspruchs.

(d) Schadensberechnung

Sind die Voraussetzungen des § 37 c WpHG erfüllt, ist der Emittent dem Anleger zum Ersatz des Schadens verpflichtet, der dadurch entsteht, dass er auf die Richtigkeit der Tatsache vertraut hat. Der Anleger ist so zu stellen, als ob der Emittent seine Pflichten ordnungsgemäß erfüllt hätte,[774] also die richtige Information veröffentlicht worden wäre (bzw. gar keine Information, wenn nichts ad hoc zu vermelden war).[775]
Der Vertrauensschaden ermittelt sich im Falle des § 37 c Abs. 1 Nr. 1 WpHG aus der Differenz zwischen dem Preis, zu dem der Geschädigte die Aktie erworben hat, und dem tatsächlichen Wert des Papiers im Zeitpunkt des Kaufs. Im Falle des § 37 c Abs. 1 Nr. 2 WpHG ermittelt sich der Schaden aus der Differenz zwischen Verkaufspreis und wahrem Wert des Papiers im Zeitpunkt des Verkaufs.
Problematisch ist hierbei die Bestimmung des wahren Wertes der Aktien im Zeitpunkt des Kaufs bzw. Verkaufs. Einen Anhaltspunkt bietet der Kurs der Aktien, den diese nach Richtigstellung der Falschinformation erreichten. Dabei ist dem Markt ein angemessener Zeitraum zur Kurskorrektur zu geben. Herauszurechnen sind die Preisveränderungen, die nicht auf die Fehlinformation

[774] Gesetzesbegründung, BT-Drucksache 14/8017, S. 94.

[775] Der Geschädigte ist also nicht so zu stellen, wie er stünde, wenn die fehlerhafte Information richtig gewesen wäre. Dies entspricht den allgemeinen Grundsätzen der Auskunftshaftung. Vgl. Palandt-*Heinrichs*, Vor § 249 Rn. 18 m.w.N. Vgl. zum ersatzfähigen Schaden *Möllers/Leisch*, BKR 2002, 1071 ff. m.w.N.

zurückzuführen sind. Somit sind die Kurssituation am Aktienmarkt, branchenspezifische sowie unternehmensspezifische Faktoren bei der Ermittlung des wahren Wertes der Aktie zu berücksichtigen. Entsprechend den Verfahren im U.S.-amerikanischen Recht ist bei der Herausrechnung der preisbeeinflussenden Faktoren, die in keinem Zusammenhang mit der fehlerhaften Ad-hoc-Mitteilung stehen, auf Markt- und Branchenindizes zurückzugreifen sowie die Volatilität der Aktie selbst zu berücksichtigen.[776] Im Übrigen kommt dem Richter § 287 ZPO zur Hilfe.

(3) Schadensersatz wegen unterlassener Ad-hoc-Mitteilung (§ 37 b WpHG n.F.)

§ 37 b WpHG ist das Pendant zu § 37 c WpHG für den Fall, dass die unverzügliche Veröffentlichung kursbeeinflussender Tatsachen unterlassen wird. Die allgemeinen Anspruchsvoraussetzungen entsprechen denen des § 37 c WpHG. Unterschiede ergeben sich lediglich in Bezug auf die Tathandlung. Hier regelt § 37 b WpHG den Fall, dass eine veröffentlichungsbedürftige potentiell kursbeeinflussende Tatsache nicht oder zu spät veröffentlicht wird.
Der Anleger, der nach dem Zeitpunkt, zu dem eine Veröffentlichung einer publizitätspflichtigen Tatsache hätte erfolgen müssen, die den Aktienkurs negativ beeinflusst, Aktien des Emittenten erwirbt und im Zeitpunkt des Bekanntwerdens der Tatsache die Papiere noch hält, hat diese zu teuer erworben. Ihm steht gemäß § 37 b Abs. 1 Nr. 1 WpHG ein Schadensersatzanspruch zu. Der Anleger, der Aktien des Emittenten zu billig verkauft, weil der Emittent eine den Kurs potentiell positiv beeinflussende Tatsache nicht unverzüglich veröffentlicht hat, kann seinen Schaden gemäß § 37 b Abs. 1 Nr. 2 WpHG ersetzt verlangen, wenn er bereits vor Eintritt der Tatsache Inhaber der Papiere war. Der Anleger ist jeweils so zu stellen, wie er stünde, wenn der Emittent seine Pflichten ordnungsgemäß erfüllt hätte.[777]
Diese Haftung für unterlassene Ad-hoc-Mitteilungen geht über die Haftung im U.S.-amerikanischen Recht hinaus. Dort wird keineswegs in allen Fällen für eine unterlassene unverzügliche Veröffentlichung wesentlicher kursbeeinflussender Tatsachen gehaftet. Eine Haftung kommt nur in Betracht in Fällen, in denen eine Veröffentlichungspflicht in den Securities Laws bzw. den dazu erlassenen Rules and Regulations der SEC statuiert ist. Eine generelle Pflicht, wesentliche Tatsachen unverzüglich zu veröffentlichen, findet sich darin nicht. § 13 a (1) Securities Exchange Act in Verbindung mit Rule 13a-11 und Form 8-K (current report) legt die Ad-hoc-Publizitätspflichten abschließend fest. Danach sind lediglich Veränderungen in der Kontrollstruktur der Unternehmen, der Erwerb oder die Veräußerung bedeutender Vermögensgegenstände oder Insolvenzanträge unverzüglich öffentlich bekannt zu machen. Zwar sehen die

---

[776] Vgl. dazu das U.S.-amerikanische Recht, oben S. 92 ff.
[777] Gesetzesbegründung, BT-Drucksache 14/8017, S. 93.

verschiedenen Börsen Ad-hoc-Publizitätspflichten in wesentlich weiterem Umfang vor,[778] jedoch kann aufgrund deren Verletzung kein Schadensersatz verlangt werden.[779]
Vor dem Hintergrund des U.S.-amerikanischen Rechts ist nicht unzweifelhaft, ob ein Bedürfnis nach einer solch weitreichenden Haftung für unterlassene Ad-hoc-Mitteilungen besteht, wie sie § 37 b WpHG vorsieht. Immerhin gilt es bei der Frage, welche Informationen zu veröffentlichen sind, auch die berechtigten Interessen der Gesellschaft – und damit der Gesamtheit der Aktionäre – an einer Geheimhaltung zu berücksichtigen. Dies kann allerdings, wie schon bisher, im Rahmen der Befreiungsmöglichkeit von der Ad-hoc-Publizität durch die BaFin erfolgen.

III. Kapitalmarktrechtliche Informationspflichten, allgemeines Deliktsrecht und Prospekthaftung

Die bisherige Untersuchung hat ergeben, dass im deutschen Recht der Schutz der Aktionäre vor sorgfaltswidrigem Handeln der Vorstandsmitglieder in erster Linie durch strafrechtliche bzw. ordnungswidrigkeitsrechtliche Bestimmungen erfolgt. Ausnahmen bilden die Prospekthaftung sowie die Haftung wegen fehlerhafter bzw. unterlassener Ad-hoc-Mitteilungen gemäß den neuen §§ 37 b und c WpHG. Insoweit haftet jedoch ausschließlich die Gesellschaft, nicht das einzelne Vorstandsmitglied. Eine Haftung der Vorstandsmitglieder unmittelbar gegenüber den Aktionären kommt grundsätzlich lediglich in Fällen vorsätzlicher, fehlerhafter Angaben im Konzern- bzw. Jahresabschluss oder Zwischenbericht aufgrund § 823 Abs. 2 BGB in Verbindung mit der Verletzung eines strafrechtlichen Schutzgesetzes[780] in Betracht. Im folgenden ist zu prüfen, ob auf § 823 Abs. 2 BGB auch im Zusammenhang mit fehlerhaften Ad-hoc-Mitteilungen zurückgegriffen werden kann (dazu unter 1.). Als weitere allgemeine deliktsrechtliche Vorschrift zum Schutz der Anleger bzw. Aktionäre im Falle fehlerhafter Informationen gegenüber dem Kapitalmarkt bzw. im Zusammenhang mit falschen Angaben im Jahresabschluss, Zwischenbericht oder in Ad-hoc-Mitteilungen ist § 826 BGB in Betracht zu ziehen (dazu unter 2.). Schließlich stellt sich die Frage, ob es auch unterhalb der Schwelle spezieller Schutzgesetze sowie des § 826 BGB eine Möglichkeit gibt, zu Schadensersatzansprüchen wegen Verstoßes gegen die Regel- oder Ad-hoc-Publizitätspflicht zu gelangen. In der Literatur wird in diesem Zusammenhang teilweise auf die Grundsätze der allgemeinen zivilrechtlichen Prospekthaftung zurückgegriffen (dazu unter 3.). Des weiteren wird in der Literatur eine Haftung

[778] Vgl. etwa §§ 201.00 ff. New York Stock Exchange Listed Company Manual.
[779] Siehe oben S. 71.
[780] Insbesondere § 331 HGB bzw. § 400 AktG. Siehe dazu oben S. 163 und S. 169.

der Organmitglieder gegenüber den Aktionären wegen Eingriffs in die Mitgliedschaft gemäß § 823 Abs. 1 BGB sowie wegen Verletzung von Treuepflichten diskutiert. Diese beiden Ansätze beschränken sich jedoch nicht auf Informationspflichtverletzungen, sondern erfassen auch andere Pflichtverletzungen und werden daher im Zusammenhang mit Vorschlägen für eine umfassende Vorstandshaftung dargestellt.[781]

1. Fehlerhafte Ad-hoc-Mitteilungen und § 823 Abs. 2 BGB

Im Zusammenhang mit den hohen Kursverlusten, die Anleger am Neuen Markt hinnehmen mussten, wurde vielfach der Missbrauch von Ad-hoc-Mitteilungen zu Zwecken der Werbung für die Unternehmen beklagt. Der Vorwurf beschränkte sich allerdings nicht nur auf übertrieben optimistische Darstellungen der Geschäftschancen, sondern umfasste auch falsche Angaben, die auf diese Weise veröffentlicht wurden. Eine Reihe von Anlegern hat – bisher erfolglos – versucht, ihre Schäden von den Vorstandsmitgliedern der betroffenen Gesellschaften mittels Haftungsklagen ersetzt zu bekommen. Die Entscheidungen in den Infomatec-Fällen[782] dürften nur den Beginn der haftungsrechtlichen Aufarbeitung der Ereignisse am Neuen Markt darstellen.

Gestützt wurden die Ansprüche der geschädigten Anleger unter anderem auf § 823 Abs. 2 BGB in Verbindung mit der Verletzung eines Schutzgesetzes.[783] Als Gesetz zum Schutze der Anleger kommt zunächst § 15 Abs. 1 WpHG in Betracht. Danach ist der Emittent börsennotierter Wertpapiere verpflichtet, nicht öffentlich bekannte, kursrelevante Tatsachen unverzüglich zu veröffentlichen. Verpflichtet wird die Gesellschaft. Allerdings muss der Vorstand im Rahmen seiner Organisationsverantwortung sicherstellen, dass diese Verpflichtung der Gesellschaft erfüllt wird.[784] Zivilrechtliche Schadensersatzansprüche sind allerdings nach herrschender Meinung[785] durch § 15 Abs. 6 WpHG ausgeschlossen,

---

[781] Unten § 8 III und IV.

[782] LG München, ZIP 2001, 1814 ff. (Infomatec I); LG Augsburg, ZIP 2001, 1881 ff., aufgehoben durch OLG München, ZIP 2002, 1727 (Infomatec II); LG Augsburg, Az. 3 O 157/01 (Infomatec III); LG Augsburg, ZIP 2002, 530 ff. (Infomatec IV). Dazu *Möllers/Leisch*, BKR 2001, 78 ff.; *Thümmel*, DB 2001, 2331 ff.; *Rodewald/Siems*, BB 2001, 2437 ff.; *Rützel*, AG 2003, 69 ff.; *Fuchs/Dühn*, BKR 2002, 1063 ff.; *Pluskat*, Finanz Betrieb 4/2002, 235 ff. Vgl. auch *Reichert/Weller*, ZRP 2002, 50, 53 f.

[783] Zur Reichweite des § 823 Abs. 2 BGB im Zusammenhang mit Falschangaben im Konzern- bzw. Jahresabschluss sowie in Zwischenberichten vgl. schon oben S. 163 f. und 169.

[784] Vgl. *Thümmel*, DB 2001, 2331, 2332 m.w.N.

[785] Vgl. OLG München, ZIP 2002, 1989, 1994; LG München I, ZIP 2001, 1814, 1815 (Infomatec I); AG München, WM 2002, 594, 595 (EM.TV); *Geibel*, in: *Schäfer* (Hrsg.), BörsG, § 15 WpHG Rn. 149; *Groß*, WM 2002, 477, 482; *Gruson/Wiegmann*, AG 1995, 173,

so dass also auch eine Haftung in Verbindung mit § 823 Abs. 2 BGB nicht in Betracht kommt.[786] Daran hat sich auch durch das Vierte Finanzmarktförderungsgesetz nichts geändert.[787] Denn § 15 Abs. 6 WpHG wurde lediglich insoweit eingeschränkt, als der Emittent nur unter den Voraussetzungen der §§ 37 b und c WpHG haftbar gemacht werden kann. § 15 WpHG dient auch weiterhin allein dem öffentlichen Interesse.[788] Die Verpflichtung zur Ad-hoc-Publizität dient nach dem Willen des Gesetzgebers allein dem Schutz der Funktionsfähigkeit der Wertpapiermärkte.[789] Unberührt bleiben lediglich Schadensersatzansprüche, die auf anderer rechtlicher Grundlage beruhen.[790]

Auch § 20 a WpHG (Verbot von Kurs- und Marktpreismanipulationen)[791] ist kein Schutzgesetz im Sinne des § 823 Abs. 2 BGB. Für die Vorgängervorschrift des § 88 BörsG war dies weitgehend anerkannt.[792] Das 4. Finanzmarkt-

---

176; *Reichert/Weller*, ZRP 2002, 49, 53; *v. Klitzing*, Ad-hoc Publizität, S. 220; *Thümmel*, DB 2001, 2331, 2332; *Krause*, ZGR 2002, 799, 816; *Rieckers*, BB 2002, 1213, 1215.

[786] Der Wille des Gesetzgebers ist insoweit eindeutig. Vgl. Finanzausschuss des Deutschen Bundestages, BT-Drucks. 12/7918, S. 19. Zur rechtspolitischen Kritik siehe *Krause*, ZGR 2002, 799, 808 ff.

[787] So im Ergebnis auch *Abram*, ZBB 2003, 41, 46.

[788] Vgl. BT-Drucks. 12/7918, 102. Vgl. Begründung zum Gesetzentwurf der Bundesregierung zum 4. Finanzmarktförderungsgesetz v. 14.11.2001, S. 251.

[789] *Reichert/Weller*, ZRP 2002, 49, 53 m.w.N. Zwar lassen sich der individuelle Anlegerschutz und der Schutz der Funktionsfähigkeit des Kapitalmarktes nicht voneinander trennen (vgl. dazu *Hopt*, ZHR 159 (1995), 135, 159), da der individuelle Anlegerschutz das Mittel bildet, den Zweck der Funktionsfähigkeit des Kapitalmarktes zu erreichen. Dies ändert jedoch nichts daran, dass es dem Gesetzgeber frei steht zu regeln, dass eine bestimmte Norm nur ein generelles, nicht auch ein individuelles Schutzanliegen verfolgt. Vgl. *Krause*, ZGR 2002, 799, 812.

[790] Ein Teil der Literatur versucht den Ausschlusstatbestand des § 15 Abs. 6 WpHG in personeller Hinsicht einzuschränken mit der Folge, dass diese Vorschrift nur für die Gesellschaft und nicht für die Vorstandsmitglieder gilt. § 15 Abs. 1 WpHG sei somit ein Schutzgesetz zu Lasten der Organmitglieder. Vgl. *Gehrt*, Ad-hoc-Publizität, S. 208. In diese Richtung auch *Hopt*, ZHR 159 (1995), 135, 161. Dieser Ansicht kann jedoch nicht gefolgt werden. Kann man dem Folgeproblem, dass die Gesellschaft gemäß § 31 BGB für ihre Organe einzustehen hat, ggf. noch mit einer teleologischen Reduktion des § 31 BGB begegnen, erscheint schon die Vorstellung eines „gespaltenen" Schutzgesetzes konstruiert. Entscheidend ist zudem der Wille des Gesetzgebers, der § 15 Abs. 1 WpHG alleine dem Schutz der Funktionsfähigkeit der Wertpapiermärkte zu dienen bestimmt hat. Da diese Vorschrift somit nicht dem Individualschutz dient, kommt ihr schon keine Schutzgesetzqualität zu – auch nicht mit Blick auf die Organmitglieder. Vgl. *Krause*, ZGR 2002, 799, 815 f.

[791] Zur Neuregelung des § 20 a WpHG vgl. *Möller*, WM 2002, 309 ff; *Hutter/Leppert*, NZG 2002, 649, 651 ff.

[792] Vgl. LG Augsburg, ZIP 2002, 530, 531 (Infomatec IV); *Thümmel*, DB 2001, 2331, 2332; *Reichert/Weller*, ZRP 2002, 49, 53; *Ledermann*, in: *Schäfer* (Hrsg.), BörsG, § 88 BörsG, Rn. 1; *Schwark*, BörsG, § 88 Rn. 1; *Kümpel*, in: *Assmann/Schneider*, WpHG, § 15 Rn. 186;

förderungsgesetz dürfte hier keine Änderung gebracht haben.[793] Denn Schutzzweck der Norm ist nach wie vor die Zuverlässigkeit und Wahrheit der Preisbildung an den Börsen im Interesse der Funktionsfähigkeit der Kapitalmärkte.[794] Der Schutz der Anleger erfolgt nur mittelbar[795] und nicht gezielt, ist somit lediglich Rechtsreflex.[796]

Als Schutzgesetz im Sinne des § 823 Abs. 2 BGB anerkannt ist jedoch § 400 AktG.[797] Diese Vorschrift stellt die unrichtige Wiedergabe der Verhältnisse der Gesellschaft in Darstellungen oder Übersichten über den Vermögensstand sowie in Vorträgen oder Auskünften in der Hauptversammlung unter Strafe. Ihr Nutzen für Schadensersatzansprüche im Zusammenhang mit fehlerhaften Ad-hoc-Mitteilungen ist jedoch begrenzt. Denn Tatmittel müssen entweder Vorträge bzw. Auskünfte in der Hauptversammlung oder Darstellungen bzw. Übersichten über den Vermögensstand der Gesellschaft sein. Ad-hoc-Mitteilungen werden aber regelmäßig außerhalb der Hauptversammlung publiziert und beziehen sich in der Regel auf Einzelereignisse, geben also keinen Überblick über den Vermögensstand der Gesellschaft.[798]

Krause, ZGR 2002, 799, 816; *Groß*, WM 2002, 477, 484. A.A LG Augsburg, ZIP 2001, 1881, 1883 (Infomatec II).

[793] So im Ergebnis auch *Abram*, ZBB 2003, 41, 46.

[794] Vgl. *Abram*, ZBB 2003, 41, 46; *Groß*, WM 2002, 477, 484; *Möller*, WM 2002, 309, 313.

[795] Vgl. die Gesetzesbegründung, BGBl. I 1986, S. 721.

[796] Vgl. *Schwark*, BörsG, § 88 Rn. 1.

[797] Vgl. etwa *Otto*, in: Großkommentar AktG, § 400 Rn. 4; *Geilen*, in: Kölner Kommentar AktG, § 400 Rn. 4; *Fuhrmann*, in: *Geßler* u.a., AktG, § 400 Rn. 3.

[798] *Reichert/Weller*, ZRP 2002, 49, 54; *Thümmel*, DB 2001, 2331, 2332; *Krause*, ZGR 2002, 799, 819. A.A. die Regierungskommission Corporate Governance, *Baums* (Hrsg.), Bericht, Rn. 184. Begründet wird die Ansicht der Kommission damit, dass sich das Tatbestandsmerkmal der „Darstellung“ in § 400 AktG nicht auf den „Vermögensstand“ der Gesellschaft beziehe. Vielmehr beziehe sich das Merkmal „Vermögensstand“ nur auf die „Übersichten“. Ob diese Auslegung allerdings dem Sinn und Zweck der Vorschrift gerecht wird, ist zweifelhaft. Zu folgen ist der Kommission insoweit, als der Zusatz „über den Vermögensstand“ nicht die „Vorträge oder Auskünfte in der Hauptversammlung“ betrifft. Es ist jedoch nicht ersichtlich, warum der Gesetzgeber vorsätzlich falsche Angaben in „Übersichten“ nur dann hätte unter Strafe stellen wollen, wenn diese sich auf den Vermögensstand der Gesellschaft beziehen, während die Strafbarkeit vorsätzlich falscher Angaben in „Darstellungen“ keiner solchen Einschränkung unterliegen soll. Der Zusatz „über den Vermögensstand“ ist nur aus sprachlichen Gründen hinter das Merkmal „Übersichten“ eingefügt worden. Immerhin ist auch der Zusatz „in der Hauptversammlung“ lediglich hinter „Auskünfte“, nicht auch hinter „Vorträge“ eingefügt worden. Im Ergebnis wie hier *Otto*, in: Großkommentar AktG, § 400 Rn. 36; *Fuhrmann*, in: *Geßler* u.a., AktG, § 400 Rn. 15; *Geilen*, in: Kölner Kommentar AktG, § 400 Rn. 47 f. Demnach kommen als Tatgegenstand zwar Zwischenberichte, nicht aber Ad-hoc-Mitteilungen in Betracht. Zur vergleichbaren Problematik bei § 264 a StGB siehe sogleich im Text.

Zudem muss nachgewiesen werden, dass die Vorstandsmitglieder vorsätzlich gehandelt haben. Zwar ist eine Täuschungs- oder Schädigungsabsicht nicht erforderlich, wohl aber Vorsatz bezüglich der unrichtigen Darstellung.

Der Nachweis vorsätzlichen Handelns muss auch geführt werden, wenn der Anspruch auf § 823 Abs. 2 BGB in Verbindung mit § 263 Abs. 1 StGB[799] gestützt wird. Dabei muss sich der Vorsatz auch auf den Schaden beziehen. Zudem muss den handelnden Personen die Absicht nachgewiesen werden, für sich oder die Gesellschaft einen rechtswidrigen Vermögensvorteil zu erlangen. Dies dürfte in der Praxis kaum gelingen, da es typischerweise das Ziel des Vorstands ist, eine Verbesserung der Aktienkurse und nicht eine Verschlechterung derselben herbeizuführen.[800] Zudem ist erforderlich, dass die Schädigung des Opfers und die vom Täter angestrebte Bereicherung „stoffgleich" sind, also auf derselben Verfügung beruhen.[801] Damit ist ein Betrug nur bei unmittelbaren Geschäften zwischen den Parteien denkbar. Bei über den Börsenhandel abgewickelten Transaktionen kommt ein Betrug nicht in Betracht.[802] Regelmäßig wird auch ein Anspruch gemäß § 823 Abs. 2 BGB in Verbindung mit § 264 a StGB[803] (Kapitalanlagebetrug) ausscheiden. Denn letztere Vorschrift erfordert, dass vorsätzlich falsche Angaben „im Zusammenhang mit dem Vertrieb von Wertpapieren" gemacht werden. Der erforderliche Zusammenhang setzt voraus, dass die Tathandlung sich zeitlich und sachlich auf den Vertrieb der Wertpapiere, also auf eine auf die Veräußerung der Papiere gerichtet Tätigkeit durch die Gesellschaft bzw. die Vorstandsmitglieder selbst, bezieht.[804] Dieses Tatbestandsmerkmal dürfte nur in außergewöhnlichen Fällen erfüllt sein.[805] Zudem ist wie auch bei § 400 AktG erforderlich, dass die fehlerhaften Angaben in Darstellungen oder Übersichten über den Vermögensstand der Gesellschaft enthalten sind. Der Zusatz „über den Vermögensstand" bezieht sich nicht nur auf das Merkmal „Übersichten", sondern auch auf die „Darstellungen".[806] Das Tatbestandsmerkmal der „Darstellungen" ergänzt

---

799 Zur Schutzgesetzqualität dieser Vorschrift vgl. BGH 57, 137; BGH, ZfS 2002, 375.

800 Vgl. *Thümmel*, DB 2001, 2331, 2332.

801 BGHSt 34, 379, 391; *Cramer*, in: *Schönke/Schröder*, StGB, § 263 Rn. 59.

802 LG München I, ZIP 2001, 1814, 1817 (Infomatec I); LG Augsburg, ZIP 2002, 530 (Infomatec IV); *Krause*, ZGR 2002, 799, 817.

803 Diese Vorschrift ist Schutzgesetz im Sinne des § 823 Abs. 2 BGB. Vgl. BGH, NJW 1992, 241; *Fischer*, in: *Tröndle*, StGB, § 264 a Rn. 3; *Cramer*, in: *Schönke/Schröder*, StGB, § 264 a Rn. 1.

804 Vgl. *Cramer*, in: *Schönke/Schröder*, StGB, § 264 a Rn. 16.

805 Vgl. dazu auch LG München I, ZIP 2001, 1814, 1818 (Infomatec I); *Groß*, WM 2002, 477, 484; *Krause*, ZGR 2002, 799, 818.

806 Vgl. *Schmid*, in: *Müller-Gugenberger/Bieneck* (Hrsg.), Wirtschaftsstrafrecht, § 27 Rn. 109 (S. 624); *Cramer*, in: *Schönke/Schröder*, StGB, § 264 a Rn. 21; *Fischer*, in: *Tröndle*, StGB, § 264 a Rn. 9. Zur vergleichbaren Problematik bei § 400 AktG siehe oben Fn. 798.

lediglich die Vermögensübersichten hinsichtlich der Verbreitungsart.[807] Vom Begriff der „Darstellungen" sind somit nur Angaben über den Vermögensstand umfasst, die eine „gewisse Vollständigkeit"[808] aufweisen. Mit Hilfe von Ad-hoc-Mitteilungen werden jedoch regelmäßig Einzeltatsachen publiziert; sie beziehen sich also nicht auf den Vermögensstand in seiner Gesamtheit.[809] Außerdem ist für die Tatbestandsverwirklichung vorsätzliches Handeln erforderlich. Der Vorsatz muss sich darauf erstrecken, dass die Angaben für die Anleger erheblich und zudem falsch sind.[810]

2. § 826 BGB

Weitere allgemein anerkannte Anspruchsgrundlage für Eigenschäden der Aktionäre, die im Zusammenhang mit den Schadensersatzklagen wegen fehlerhafter Ad-hoc-Mitteilungen eine Rolle gespielt hat, ist § 826 BGB.[811] Das Vorliegen der Voraussetzungen dieser Norm dürfte jedoch in vielen Fällen kaum nachzuweisen sein, zumal eine Sittenwidrigkeit der Schädigung der Anleger nicht schon aus einem Verstoß gegen § 15 WpHG hergeleitet werden kann.[812] Zudem sind bei der Beurteilung der Sittenwidrigkeit auch die Beweggründe des Schädigers zu berücksichtigen, also zum Beispiel die Überzeugung des Vorstands, Gesellschaftsinteressen zu wahren. Diese können aber unter Umständen den Interessen des Aktionärs entgegenstehen, wie zum Beispiel im Fall der falschen Information vor dem Beschluss über eine Kapitalerhöhung. Denn die Zuführung weiteren Kapitals kann durchaus im Interesse der Gesellschaft liegen, nicht immer jedoch im Interesse des einzelnen Aktionärs. Zwar wird teilweise vertreten, dass schon jede bewusste Täuschung prinzipiell

---

[807] *Cramer*, in: *Schönke/Schröder*, StGB, § 264 a Rn. 21.

[808] *Schmid*, in: *Müller-Gugenberger/Bieneck* (Hrsg.), Wirtschaftsstrafrecht, § 27 Rn. 109 (S. 624) m.w.N.

[809] Vgl. auch LG München I, ZIP 2001, 1814, 1818 (Infomatec I); LG Augsburg, ZIP 2002, 530 (Infomatec IV); AG München, WM 2002, 594, 596 (EM.TV); *Krause*, ZGR 2002, 799, 818.

[810] *Cramer*, in: *Schönke/Schröder*, StGB, § 264 a Rn. 36.

[811] LG Augsburg, ZIP 2001, 1881 ff., aufgehoben durch OLG München, ZIP 2002, 17 27 (Infomatec II). Dazu *Möllers/Leisch*, WM 2001, 1648 ff.; *Fuchs/Dühn*, BKR 2002, 1063 ff. sowie *Thümmel*, DB 2001, 2331 ff. Vgl. auch *Krause*, ZGR 2002, 799, 820 ff.; *Kümpel*, in: *Assmann/Schütze*, WpHG, § 15 Rn. 193; *Geibel*, in: *Schäfer* (Hrsg.), BörsG, § 15 WpHG Rn. 155. Zur Haftung wegen unterlassener Ad-hoc-Mitteilungen gemäß § 826 BGB siehe *Möllers*, WM 2003, 2393 ff.

[812] Anerkanntermaßen begründet nicht schon jeder Normverstoß sittenwidriges Handeln. Vgl. *Mertens*, in: Münchener Kommentar BGB, § 826 Rn. 6.

sittenwidrig ist.[813] Dies ist jedoch zweifelhaft. Denn eine solche Interpretation des § 826 BGB führt im Ergebnis dazu, dass dem einschränkende Merkmal der Sittenwidrigkeit in solchen Fällen keine eigenständige Bedeutung mehr zukommt. Sittenwidrigkeit erfordert eine gesteigerte Form der Rechtswidrigkeit;[814] sie liegt nicht schon bei jedem vorsätzlichen Normverstoß vor. Zwar ist ein Organmitglied nicht berechtigt, autonom darüber zu entscheiden, welche Ziele es angeblich legitimieren, den Kapitalmarkt in die Irre zu führen.[815] Dies reicht für sich genommen zur Begründung der Sittenwidrigkeit im Rahmen des § 826 BGB jedoch nicht aus. Vielmehr sind in diesem Zusammenhang auch die Beweggründe der Organmitglieder für jeden einzelnen Fall zu berücksichtigen.[816]

Somit kommt eine Haftung der Vorstandsmitglieder gemäß § 826 BGB allenfalls in solchen Fällen in Betracht, in denen sie falsche Ad-hoc-Mitteilungen in eigennütziger Absicht herausgeben. Im Falle der bewussten Irreführung Dritter zur Förderung eigennütziger Interessen, etwa bei eigennützigen Insidergeschäften, liegt anerkanntermaßen „Sittenwidrigkeit" vor.[817] Unbeachtlich ist dabei, wie der Dritte getäuscht wird, unmittelbar oder über an die Öffentlichkeit gerichtete Meldungen.[818] Im Falle irreführender Informationen genügt leichtfertiges und gewissenloses Handeln. Angaben „ins Blaue hinein", ohne sich um die Folgen für Dritte zu kümmern, begründen schon das Sittenwidrigkeitsverdikt.[819] Ein solches Vorgehen ist zudem Indiz für einen zumindest bedingten Schädigungsvorsatz.[820] Im Übrigen genügt hinsichtlich des subjektiven Tatbestandes, dass das Organmitglied die Art des Schadens und die generelle Richtung des Schadensverlaufs in Kauf genommen hat.[821]

§ 826 BGB bietet durch fehlerhafte Ad-hoc-Mitteilungen geschädigten Aktionären somit nur eingeschränkten Schutz.[822] Das Merkmal der „Sittenwidrigkeit" erweist sich als hohe Hürde, die in vielen Fällen kaum

---

[813] Vgl. BGH, WM 1974, 153; *Thomas*, in: *Palandt*, BGB, § 826 Rn. 26; *Krause*, ZGR 2002, 799, 823. Im Ergebnis auch LG Augsburg, ZIP 2001, 1881, 1883 (Infomatec II); *Möllers/Leisch*, WM 2001, 1648, 1652.

[814] Vgl. *Larenz/Canaris*, Schuldrecht, Bd. II/2, S. 451.

[815] *Krause*, ZGR 2002, 799, 823. Vgl. auch *Möllers/Leisch*, WM 2001, 1648, 1654.

[816] Im Ergebnis ebenso *Thümmel*, DB 2001, 2331, 2332 f. Zurückhaltend auch LG München I, ZIP 2001, 1814, 1818 (Infomatec I); LG Augsburg, ZIP 2002, 530, 531 (Infomatec IV); *Reichert/Weller*, ZRP 2002, 49, 53.

[817] Vgl. *Mertens*, a.a.O., § 823 Rn. 175.

[818] *Krause*, ZGR 2002, 799, 822. Im Ergebnis auch *Möllers/Leisch*, WM 2001, 1648, 1652 ff.

[819] *Mertens*, a.a.O., § 823 Rn. 42, 175 f. Vgl. auch BGH, ZIP 1989, 1455, 1458.

[820] *Krause*, ZGR 2002, 799, 823 m.w.N.

[821] Vgl. *Mertens*, a.a.O., § 823 Rn. 63.

[822] Vgl. auch *Holzborn/Foelsch*, NJW 2003, 932, 939.

genommen werden kann. Außerdem wird grob fahrlässiges Verhalten des Vorstands von dieser Vorschrift nicht erfasst.
Im Zusammenhang mit falschen Angaben im Jahres- bzw. Konzernabschluss oder im Zwischenbericht dürfte § 826 BGB neben § 823 Abs. 2 BGB in Verbindung mit § 331 HGB bzw. § 400 AktG keine Rolle spielen, da erstere Vorschrift mit dem Erfordernis der Sittenwidrigkeit des Handelns höhere Anforderungen an eine Haftung stellt.

3. Die allgemeine zivilrechtliche Prospekthaftung

Die bisherigen Überlegungen haben gezeigt, dass die §§ 826 und 823 Abs. 2 BGB geschädigten Anlegern nur eingeschränkten Schutz bieten. Teilweise wird der Versuch unternommen, diese Schutzlücken durch Rückgriff auf die Prospekthaftungstatbestände zu schließen.[823] Eine analoge Anwendung des § 44 BörsG kommt allerdings angesichts dessen eindeutigen Wortlauts nicht in Betracht. Denn diese Vorschrift spricht von Prospekten, aufgrund derer die Wertpapiere des Emittenten zum Börsenhandel zugelassen sind. § 44 Abs. 4 BörsG stellt einem solchen Prospekt eine schriftliche Darstellung gleich, auf Grund deren Veröffentlichung der Emittent von der Pflicht zur Veröffentlichung eines Prospekts befreit wurde. Sonstige Erklärungen fallen daher gerade nicht unter § 44 BörsG.[824]
Jedoch wird teilweise ein Rückgriff auf die Grundsätze der allgemeinen zivilrechtlichen Prospekthaftung in Betracht gezogen.[825] Eine solche Haftung würde allenfalls zu einer Haftung der Gesellschaft selbst führen. Vorstandsmitglieder können aufgrund dieser Grundsätze nicht persönlich in Anspruch genommen werden.[826] Der Ausdehnung der Grundsätze über die bürgerlichrechtliche Prospekthaftung auch auf Fälle der Regel- bzw. Ad-hoc-Publizität stehen jedoch gewichtige Bedenken gegenüber. Denn die bürgerlichrechtliche Prospekthaftung

[823] Vgl. etwa zuletzt *Braun/Rotter*, BKR 2003, 918 ff. m.w.N.
[824] Vgl. *Hamann*, in: *Schäfer* (Hrsg.), BörsG, § 45, 46 BörsG a.F. Rn. 29; *Schwark*, BörsG, § 44 Rn. 12; *Krause*, ZGR 2002, 799, 826.
[825] Für falsche Angaben in Zwischenberichten vgl. etwa *Hamann*, in: *Schäfer* (Hrsg.), BörsG, §§ 45, 46 a.F. Rn. 29; *Schwark*, BörsG, § 44 Rn. 11 ff.; *Hauptmann*, in: *Vortmann* (Hrsg.), Prospekthaftung, § 3 Rn. 140; *Assmann*, in: *Assmann/Schütze*, Handbuch, § 7 Rn. 50; *Glöckle*, Zukunftsbezogene Publizität, S. 187 m.w.N. A.A. *Groß*, WM 2002, 477, 479 ff; wohl auch *Schwark*, BörsG, § 44 b Rn. 18 und § 44 Rn. 12 f. In Bezug auf falsche Angaben in Ad-hoc-Mitteilungen vgl. *Hamann*, in: *Schäfer* (Hrsg.), BörsG, §§ 45, 46 a.F. BörsG Rn. 30; *Hauptmann*, in: *Vortmann* (Hrsg.), Prospekthaftung, § 3 Rn. 79. Für die grundsätzliche Anwendbarkeit der zivilrechtlichen Prospekthaftung auf fehlerhafte Ad-hoc-Mitteilungen *Krause*, ZGR 2002, 799, 828 f., der jedoch letztlich einen entsprechenden Schadensersatzanspruch wegen § 15 Abs. 6 WpHG verneint.
[826] Siehe oben S. 155 f.

setzt das Vorliegen eines Prospekts voraus. Auch Versuche, auf der Grundlage der allgemeinen zivilrechtlichen Prospekthaftung eine kapitalmarktrechtliche Haftung für die Verletzung publikumsbezogener Informationspflichten zu begründen, haben sich am Prospektbegriff zu orientieren.[827] Wesensmerkmal des Prospekts im Sinne der Prospekthaftung ist, dass er als Werbeinstrument dient, mithin potentielle Anleger zur Investition in die Gesellschaft anregen soll. Der Zwischenbericht oder auch Ad-hoc-Mitteilungen sollen jedoch Anleger nicht dazu verleiten, Aktien von der Gesellschaft zu kaufen. Sie werden lediglich in Erfüllung gesetzlicher Publizitätsvorschriften erstellt. Es liegt keine Werbe- oder Vertriebssituation vor, wie sonst in Fällen der bürgerlichrechtlichen Prospekthaftung.[828] Ein Zwischenbericht bzw. Ad-hoc-Mitteilungen entfalten keine größere Werbewirkung als etwa Jahresabschluss und Lagebericht. Und für fehlerhafte Angaben im Jahresabschluss wird eine zivilrechtliche Prospekthaftung – soweit ersichtlich – nicht vertreten.[829] Zu bedenken ist auch, dass in den Fällen der Prospekthaftung regelmäßig der Prospekt die wichtigste Informationsquelle für den Anleger darstellt, wohingegen der Zwischenbericht oder die Ad-hoc-Mitteilung allein dem Anleger keine umfassende Beurteilungsgrundlage bietet. Bedenken ergeben sich auch daraus, dass für börsennotierte Unternehmen in den §§ 44 ff. BörsG Sonderregelungen über die Prospekthaftung bestehen, so dass schon aus diesem Grunde die Anwendung der bürgerlichrechtlichen Prospekthaftung ausscheiden muss.[830] Zudem wird im Rahmen der zivilrechtlichen Prospekthaftung grundsätzlich für jedes Verschulden gehaftet.[831] Eine solch weitgehende Haftung für Fehlinformationen gegenüber dem Kapitalmarkt ist dem deutschen Recht jedoch fremd[832] und auch aus rechtsvergleichender Perspektive kaum vertretbar.[833]

Der Anwendbarkeit der Grundsätze über die bürgerlich-rechtliche Prospekthaftung auf Zwischenberichte oder Ad-hoc-Mitteilungen stehen also gewichtige Bedenken gegenüber. Zwar mag eine Haftung des Emittenten bzw. der Vorstandsmitglieder für fehlerhafte Angaben im Zwischenbericht oder in Ad-

---

827 Vgl. *Schäfer*, BörsG, §§ 45, 46 Rn. 24 m.w.N.

828 *Köndgen*, AG 1983, 85, 89. Vgl. auch *Wiedemann*, Gesellschaftsrecht, S. 505 sowie *Groß*, WM 2002, 477, 479 f. Ablehnend *Krause*, ZGR 2002, 799, 829.

829 Vgl. *Groß*, WM 2002, 477, 480 Fn. 33.

830 Vgl. *Assmann*, AG 1996, 508, 512 sowie BGH, ZIP 1986, 14, 18 f. Kritisch hierzu *Krause*, ZGR 2002, 799, 827.

831 Vgl. BGHZ 71, 284, 291; 79, 337, 345; *Assmann*, Prospekthaftung, S. 366; *Köndgen*, AG 1983, 128.

832 Siehe dazu auch unten S. 296 f.

833 So erfordert eine Haftung gemäß Rule 10b-5 rücksichtsloses Verhalten. Siehe oben S. 87 ff. Im Zusammenhang mit einer Haftung gemäß § 18 Securities Exchange Act kann sich der Beklagte auf seinen guten Glauben an die Richtigkeit der Information berufen. Zudem muss der Kläger im Falle von § 18 Securities Exchange Act den Nachweis führen, dass er die Aktien im Vertrauen auf die irreführenden Angaben erworben hat. Vgl. dazu im einzelnen oben S. 98 ff.

hoc-Mitteilungen im Zusammenhang mit einer umfassenden Haftung für falsche Kapitalmarktinformationen wünschenswert sein; eine solche Haftung kann jedoch nicht mittels Anpassung der zivilrechtlichen Prospekthaftung in Einzelfällen erreicht werden. Dies zeigt auch der Blick in das U.S.-amerikanische Recht. Fehlerhafte Angaben in Quartalsberichten (§ 13 (a) (2) Securities Exchange Act) oder Ad-hoc-Mitteilungen gemäß § 13 (a) (1) Securities Exchange Act sind gemäß der ausdrücklichen Haftungsnorm des § 18 Securities Exchange Act schadensersatzbewehrt. Auch kommt die Generalklausel der Rule 10b-5 zur Anwendung. Auf die Prospekthaftungsansprüche der §§ 11 und 12 Securities Act wird dagegen nicht zurückgegriffen.

§ 7 Weitere Fallgruppen

Anders als das U.S.-amerikanische Recht sieht das deutsche Recht für die Verletzung kapitalmarktrechtlicher Informations- und Offenlegungspflichten – außerhalb vorsätzlichen Handelns – keine Schadensansprüche der Aktionäre gegen die Verwaltungsmitglieder vor. Im folgenden sollen weitere Fallgestaltungen untersucht werden, in denen Vorstandsmitglieder aufgrund ihrer Stellung gegenüber den Aktionären diese unmittelbar schädigen können. Es soll der Frage nachgegangen werden, wie das deutsche Recht solche Fälle behandelt und ob die Aktionäre angemessen geschützt sind. Die Untersuchung des U.S.-amerikanischen Rechts hat ergeben, dass dort Pflichten des Vorstands unmittelbar gegenüber den Aktionären anerkannt sind und diese bei Verletzung jener Pflichten die Vorstandsmitglieder auf Schadensersatz in Anspruch nehmen können. Dies gilt zumindest für Fälle im Zusammenhang mit öffentlichen Übernahmen und für Fälle, in denen der Vorstand den Aktionären Handlungsempfehlungen gibt. Daher soll zunächst auf die im Interesse der Aktionäre bestehenden Vorstandspflichten im Zusammenhang mit Übernahmeangeboten eingegangen werden (dazu unter II.). Im Anschluss daran werden die Pflichten der Vorstandsmitglieder im Zusammenhang mit dem neu geschaffenen Deutschen Corporate Governance Kodex erörtert (dazu unter III.). In der Literatur wird bereits eine persönliche Haftung von Vorstandsmitgliedern, die ihren im Kodex niedergelegten Pflichten nicht nachkommen, diskutiert. Außerdem ist auf Pflichten des Vorstands im Zusammenhang mit der Ausnutzung von genehmigtem Kapital einzugehen (dazu unter IV.). Schließlich sind Fallgestaltungen zu untersuchen, die das Vermögensrecht (dazu unter V.) sowie den aktienrechtlichen Auskunftsanspruch (dazu unter VI.) betreffen. Zuvor soll jedoch ein Überblick über die spezialgesetzlichen Anspruchsgrundlagen gegeben werden, die eine unmittelbare Haftung des Vorstands gegenüber den Aktionären regeln (dazu unter I.).

Aufgabe der nachfolgenden Ausführungen ist nicht, alle denkbaren Fallgestaltungen zu untersuchen, in denen Vorstandsmitglieder die Aktionäre unmittelbar schädigen können. Vielmehr sollen exemplarisch einschlägige Fallgestaltungen erörtert und die bisher diskutierten Lösungsvorschläge zusammengetragen werden.

I. Gesetzlich geregelte Fälle der unmittelbaren Vorstandshaftung

Für bestimmte Fälle sieht das Aktienrecht eine Haftung des Vorstands für Eigenschäden der Aktionäre ausdrücklich vor. Eine Haftung des Vorstands ist zunächst für eine vorzeitige Aktienausgabe vorgesehen (§§ 41 Abs. 4 Satz 3, 191 Satz 3, 197 Satz 3 AktG). Gibt der Vorstand Aktien vor der Eintragung der

Gesellschaft oder vor der Eintragung einer Kapitalerhöhung aus, so sind die Vorstandsmitglieder den Inhabern der Aktien als Gesamtschuldner zum Schadensersatz verpflichtet. Dabei ist der Schaden zu ersetzen, den die Inhaber durch ihr Vertrauen in die Gültigkeit der Urkunden erlitten haben, einschließlich des entgangenen Gewinns.

Eine weitere Fallgruppe bilden die konzernrechtlichen Ansprüche der §§ 317 Abs. 1 Satz 2, 318 Abs. 1 AktG. Danach haften die Vorstandsmitglieder einer abhängigen Gesellschaft gegenüber deren Aktionären persönlich, wenn sie es pflichtwidrig unterlassen haben, eine nachteilige Maßnahme des herrschenden Unternehmens, mit dem kein Beherrschungsvertrag besteht, in dem Bericht über die Beziehungen der Gesellschaft zu verbundenen Unternehmen aufzunehmen. Zum Ersatz des Schadens unmittelbar gegenüber den Aktionären sind die Vorstandsmitglieder insoweit verpflichtet, als deren Schaden über den Schaden der Gesellschaft und somit den Reflexschaden hinausgeht.

Weiterhin ist die Haftung gemäß § 117 Abs. 1 Satz 2, Abs. 2 Satz 1 AktG zu nennen. Nach § 117 Abs. 1 Satz 1 AktG haften Personen, die unter Benutzung ihres Einflusses auf die Gesellschaft den Aktionären einen Schaden zufügen, der über den Schaden der Gesellschaft hinausgeht. Die hier in Rede stehenden Vorstandsmitglieder haften in diesem Fall gemäß § 117 Abs. 2 AktG. Voraussetzung dafür, dass ein Aktionär einen Schaden geltend machen kann, ist, dass er in seiner Eigenschaft als Aktionär und nicht ausschließlich als Drittgläubiger betroffen ist. Eine Beeinträchtigung von Vermögensinteressen, die weder gesellschafts- noch mitgliedschaftsbezogen sind, reicht nicht aus. Ein Aktionär ist jedoch als solcher betroffen, wenn seine Gläubigerstellung in einem inneren Zusammenhang zu seiner Gesellschafterstellung steht, etwa weil er der Gesellschaft ein Darlehen zur Überbrückung von Zahlungsschwierigkeiten gewährt hat.[834]

Auch im Umwandlungsgesetz ist eine persönliche Haftung der Vorstandsmitglieder gegenüber den Aktionären vorgesehen. Jene sind zum Ersatz des Schadens verpflichtet, den die Anteilseigner des übertragenden Rechtsträgers im Falle der Verschmelzung erleiden (§ 25 Abs. 1 Satz 1 UmwG). Die Haftung tritt nicht ein, wenn die Organmitglieder ihre Sorgfaltspflichten bei der Prüfung der Vermögenslage der beteiligten Rechtsträger und beim Abschluss des Verschmelzungsvertrages beachtet haben (§ 25 Abs. 1 Satz 2 UmwG). Die

---

[834] *Schwennicke*, in: *Geibel/Süßmann*, WpÜG, § 27 Rn. 48, will § 117 AktG auch für Fälle einer fehlerhaften Stellungnahme gemäß § 27 WpÜG fruchtbar machen. Insoweit kommt eine Haftung des Vorstands allerdings nur für den Sonderfall in Betracht, dass ein Vorstandsmitglied ein anderes Mitglied der Verwaltung veranlasst, zum Schaden der Aktionäre zu handeln.

Vorschrift des § 25 UmwG gilt entsprechend für die Spaltung (§ 125 UmwG) sowie den Formwechsel (§ 205 UmwG).

II. Übernahmesituationen

Das neu geschaffene Wertpapiererwerbs- und Übernahmegesetz (WpÜG) soll nach dem Willen des Gesetzgebers Rahmenbedingungen für öffentliche Übernahmeangebote in Deutschland schaffen, die den Anforderungen der globalen Finanzmärkte angemessen Rechnung tragen und den Finanzplatz Deutschland im internationalen Wettbewerb weiter stärken. Im Zusammenhang mit Übernahmeangeboten gerät der Vorstand vielfach in einen Konflikt zwischen seinen Eigeninteressen, dem Interesse der Aktionäre und dem der sonstigen Stakeholders.[835] Im Interesse der Aktionäre hat der Gesetzgeber dem Vorstand im WpÜG besondere Verhaltenspflichten auferlegt. Dies ist einmal die Pflicht, sich im Zusammenhang mit einem Übernahmeangebot neutral zu verhalten, und zum anderen die Pflicht zur Stellungnahme gegenüber den Aktionären der Zielgesellschaft.

1. Handlungen des Vorstands der Zielgesellschaft

Der umstrittenste Punkt in der Diskussion im Rahmen des Gesetzgebungsverfahrens bezog sich auf die Verhaltenspflichten des Vorstands. Sollte der Vorstand berechtigt sein, eigenmächtig Maßnahmen zu ergreifen, die geeignet sind, den Erfolg des Übernahmeangebotes zu vereiteln?[836] Grundproblem von Abwehrmaßnahmen der Verwaltung der Zielgesellschaft ist der Interessengegensatz zwischen Vorstand und Aktionären.[837] Während dem Vorstand im Falle des Erfolges eines Übernahmeangebots der Verlust seiner Position droht, bringt dem Aktionär ein solches Angebot Vorteile, da er seine Aktien über dem Marktpreis veräußern kann.[838]

---

835 *Röh*, in: *Haarmann* u.a., WpÜG, § 33 Rn. 2.

836 Die Uneinigkeit über die Frage der Neutralitätspflicht des Vorstandes führte schließlich sogar zum Scheitern einer europäischen Übernahmerichtlinie. Vgl. Gemeinsamer Standpunkt des Rates der Europäischen Union im Hinblick auf den Erlass der Richtlinie des Europäischen Parlamentes und des Rates auf dem Gebiet des Gesellschaftsrechts betreffend Übernahmeangebote (1995/0341 COD vom 19.06.2000), abgedruckt in WM 2000, Sonderbeil. Nr. 2, S. 32 ff. Vgl. dazu *Wackerbarth*, WM 2001, 1741 ff., *Land*, DB 2001, 1707 ff.

837 Vgl. dazu etwa *Kirchner*, WM 2000, 1821 ff.

838 *Kübler*, in *Semler/Vollhard*, Arbeitshandbuch für Unternehmensübernahmen, Bd. 1, § 3 Rn. 95. Vgl. dazu schon die Ausführungen zum amerikanischem Recht, oben S. 133 ff.

Schon vor Erlass des WpÜG ging die überwiegende Ansicht in der Literatur von einer Neutralitätspflicht des Vorstands aus.[839] § 33 WpÜG gießt diesen Ansatz nunmehr in Gesetzesform und schreibt eine grundsätzliche Neutralitätspflicht[840] des Vorstands im Falle eines Übernahmeangebots vor.[841] Nach Abgabe eines Angebots durch den Bieter darf der Vorstand der Zielgesellschaft außerhalb des ordentlichen Geschäftsbetriebs keine Handlungen mehr vornehmen, die den Erfolg des Angebots verhindern könnten. Dieser Grundsatz wird jedoch weitgehend eingeschränkt. Ausnahmen gelten für Handlungen, denen den Aufsichtsrat der Gesellschaft zugestimmt hat, und für die Suche nach einem konkurrierenden Angebot („white knight"). Außerdem kann die Hauptversammlung den Vorstand zu Abwehrhandlungen ermächtigen. Zulässig ist zudem, dass der Vorstand sich gegen das Angebot des Bieters ausspricht (§ 27 WpÜG).

Die weitgehendeste Einschränkung erfährt das sogenannte „Neutralitätsgebot" durch die Möglichkeit, Abwehrmaßnahmen zu ergreifen, denen der Aufsichtsrat der Zielgesellschaft zugestimmt hat (§ 33 Abs. 1 Satz 2 Fall 3 WpÜG). Diese Möglichkeit ist im Rahmen der Beratungen des Finanzausschusses in das Gesetz eingefügt worden.[842] Ob es gerechtfertigt ist, dem (mitbestimmten) Aufsichtsrat

---

839 Die Begründungen waren vielfältig. Der Gleichbehandlungsgrundsatz wurde ebenso angeführt wie Treuepflichtgedanken oder der Hinweis auf die aktienrechtliche Kompetenzordnung. Vgl. nur *Hopt*, in: GK AktG, 4. Aufl. 1999, § 93 Rn. 122; *Assmann/Bozenhardt*, in: *Assmann u.a.*, Übernahmeangebote, 1990, S. 112 f. *Winter/Harbarth*, ZIP 2002, 1, 6 ff.

840 Der Begriff „Neutralitätspflicht" ist im Zusammenhang mit Übernahmesituationen missverständlich. Denn die Verwaltung ist nicht verpflichtet, gegenüber einem Übernahmeangebot eine neutrale Haltung einzunehmen. Sie hat sich vielmehr eine eigene Meinung über das Angebot zu bilden und diese gemäß § 27 WpÜG zu artikulieren. Vgl. *Baums*, in: *Rosen/Seifert*, Übernahme börsennotierter Unternehmen, S. 165, 177 zum gleichfalls missverständlichen Begriff der „Stillhaltepflicht". De lege lata ist der Begriff „Neutralitätspflicht" schon in Anbetracht der Zulässigkeit von Verwaltungsmaßnahmen zur Abwehr von Übernahmeangeboten, denen der Aufsichtsrat zugestimmt hat, problematisch. Da die hier dargestellte Problematik in der Literatur allerdings vielfach unter diesem Stichwort diskutiert wird (vgl. *Röh*, in: *Haarmann* u.a., Öffentliche Übernahmeangebote, § 33 Rn. 3; *Hirte/Schander*, in: *Rosen/Seifert*, Übernahme börsennotierter Unternehmen, S. 341, 348 m.w.N.; *Kirchner*, AG 1999, 481 ff.), wird der Begriff im folgenden auch hier verwandt. Gemeint ist damit keine Neutralitätspflicht im engeren Sinne. Es geht vielmehr schlicht um die Frage, in welchem Umfang der Vorstand im Rahmen seiner Geschäftsleitungskompetenz befugt ist, durch eigenmächtige Maßnahmen den Erfolg eines Übernahmeangebots zu verhindern.

841 Vgl. zur Neutralitätspflicht des Vorstands nach dem WpÜG *Winter/Harbarth*, ZIP 2002, 1 ff. Vgl. auch *Thoma*, NZG 2002, 105, 110 f.

842 Beschlussempfehlung und Bericht des Finanzausschusses, BT-Drucks. 14/7477, S. 29 und 74.

oder auch der Aktionärsmehrheit ein derartig weites Eingriffsrecht in das Eigentum des Aktionärs zuzubilligen, ist nicht Thema dieser Arbeit und braucht hier nicht weiter diskutiert zu werden.[843]

b. Schadensersatzansprüche der Aktionäre

Zu beantworten ist jedoch die Frage, ob dem einzelnen Aktionär in solchen Fällen ein Schadensersatzanspruch zusteht, in denen der Vorstand einen Übernahmeversuch vereitelt, ohne dazu vom Aufsichtsrat oder der Hauptversammlung ermächtigt worden zu sein.

Wie in den USA stehen dem Vorstand auch in Deutschland zahlreiche Abwehrmaßnahmen gegen Übernahmeangebote zur Verfügung.[844] Eine Möglichkeit für den Vorstand, feindliche Übernahmen abzuwehren, ist beispielsweise die Veränderung der Kapitalstruktur der Zielgesellschaft durch Ausgabe eines nicht unerheblichen Teils von Aktien der Gesellschaft. Zwar wird der Bieter sein Gebot bereits so formulieren, dass es sich auch auf während des Übernahmeverfahrens emittierte junge Aktien erstreckt (vgl. § 32 WpÜG). Jedoch führt die Erhöhung der Zahl der Aktien in aller Regel dazu, dass sich die Übernahme für den Bieter verteuert und dieser ggf. die zum Kontrollerwerb nunmehr erforderlichen Mittel nicht mehr aufbringen kann.[845] Durch eine Kapitalerhöhung unter Ausschluss des Bezugsrechts der Altaktionäre und die Ausgabe der jungen Aktien an der Verwaltung wohlgesonnene, verkaufsunwillige Dritte kann der im Streubesitz befindliche prozentuale Anteil des Grundkapitals so weit verringert werden, dass allein dessen Erwerb dem Bieter nicht mehr den zur Kontrollerlangung erforderlichen Anteilsbesitz verschafft.[846] Zudem wird der dem Bieter ggf. bereits zustehende Anteilsbesitz dadurch verwässert.

Auch durch den Erwerb eigener Aktien mag der Erfolg eines Übernahmeangebots verhindert werden. Erfolgt der Rückerwerb durch die Zielgesellschaft in größerem Umfang (allerdings im Rahmen des § 71 AktG), kann es in manchen Fällen – durch die gesteigerte Nachfrage – zu einer Kurssteigerung der Aktie kommen, der Sekundärmarkt verengt sich und die Übernahme wird erschwert.[847] Dadurch kann das ursprüngliche Übernahmeangebot an Attraktivität verlieren. Somit würde der Bieter zu Nachbesserungen gezwungen

---

[843] Kritisch *Winter/Harbarth*, ZIP 2002, 1, 9.

[844] Vgl. *Assmann/Bozenhardt*, in: *Assmann u.a.*, Übernahmeangebote, S. 1, 115 ff; *Hirte*, in: Kölner Kommentar WpÜG, § 33 Rn. 58 ff.

[845] *Hirte*, in: Kölner Kommentar WpÜG, § 33 Rn. 60.

[846] *Assmann/Bozenhardt*, a.a.O., S. 127.

[847] *Buddenbrock*, in: *Rosen/Seifert*, Übernahme börsennotierter Unternehmen, S. 277, 280. *Hirte*, in: Kölner Kommentar WpÜG, § 33 Rn. 61. Im Falle des Rückerwerbs eigener Aktien steigt der Kurs dann und solange, wie der Markt mit einem Erwerb zu einem günstigen Kurs rechnen kann und vor allem das Rückerwerbsprogramm der Verwaltung positiv bewertet. Letzteres ist bei Antitakeover-Maßnahmen allerdings nicht unbedingt der Fall.

und die Übernahme verteuert. Außerdem kann auch auf diese Weise der Anteil der Aktien, die sich im Streubesitz befinden, so weit verringert werden, dass allein deren Erwerb dem Bieter nicht mehr die erstrebte Kontrolle über die Zielgesellschaft ermöglicht.[848]
Andere Möglichkeiten für den Vorstand, ein Übernahmeangebot zu verhindern, sind Fälle, in denen die Zielgesellschaft durch bestimmte Transaktionen für den Bieter schlicht unattraktiv gemacht wird. Als Beispiel mag der im U.S.-amerikanischen Teil dargestellte Fall *Panter v. Marshall Field & Co.*[849] dienen, in dem der Vorstand der Zielgesellschaft durch Zukauf anderer Unternehmen, die im Wettbewerb mit dem Bieter standen, kartellrechtliche Probleme schuf, die dazu führten, dass der Bieter von seinem Angebot Abstand nahm. Ein anderes Beispiel ist die Veräußerung von „crown jewels", wobei für den Bieter besonders wichtige Unternehmensteile der Zielgesellschaft veräußert werden. In Betracht kommt auch die aus dem U.S.-amerikanischen Recht bekannte sogenannte „pac man defense", wobei die Zielgesellschaft Anteile an der Bietergesellschaft erwirbt.[850] Weitere Antitakeover-Maßnahmen sind etwa die Vereinbarung von sogenannten change-of-control- bzw. material-adverse-change-Klauseln. Danach steht die Verlängerung von für die Unternehmenstätigkeit wesentlichen Verträgen unter der Bedingung, dass sich der Gesellschafterkreis nicht wesentlich verändert.[851]

All diese Fälle[852] stehen natürlich – auch unabhängig von § 33 WpÜG – unter dem Vorbehalt der Pflichtmäßigkeit eines solchen Vorgehens der Verwaltung (§ 93 AktG). Das heißt, der Vorstand muss nachvollziehbar dartun können, dass die konkrete Maßnahme im Interesse des Unternehmens lag und nicht dazu diente, ihm etwa seine eigene Stellung zu erhalten. Hier geht es jedoch um die Frage, welche Sanktionsmöglichkeiten im Falle einer Pflichtverletzung bestehen. Insbesondere ist zu fragen, ob den in solchen Fälle aufgrund des pflichtwidrigen Handelns des Vorstands geschädigten Aktionäre ein unmittelbarer Schadensersatzanspruch gegen die Vorstandsmitglieder zusteht.

Ein Verstoß gegen die Neutralitätspflicht durch den Vorstand kann zunächst mit einem Bußgeld bis zu einer Million Euro geahndet werden (§ 60 Abs. 1 Nr. 8,

---

[848] Eingehend *Assmann/Bozenhardt*, a.a.O., S. 132 f.; *Hirte*, in: Kölner Kommentar WpÜG, § 33 Rn. 61.
[849] 646 F.2d 271 (7th Cir. 1981). Siehe oben S. 132 f.
[850] Vgl. dazu *Buddenbrock*, in: *Rosen/Seifert*, Übernahme börsennotierter Unternehmen, S. 277, 281.
[851] Vgl. *Hirte*, in: Kölner Kommentar WpÜG, § 33 Rn. 59.
[852] Vgl. zu weiteren denkbaren Abehrmaßnahmen etwa die Zusammenstellung bei *Hirte*, in: Kölner Kommentar WpÜG, Rn. 58 ff.

Abs. 3 WpÜG).[853] Fraglich ist, ob daneben auch Schadensersatzansprüche der Aktionäre in Betracht kommen. Insbesondere bei der Abwehr feindlicher, für die Aktionäre günstiger Übernahmeangebote kann es zu Eigenschäden der Aktionäre kommen. In einem derartigen Fall wird nicht die Gesellschaft geschädigt, sondern ausschließlich der einzelne Aktionär, da ihm die Annahme eines für ihn günstigen Übernahmeangebots verwehrt wird. Allerdings lehnt die herrschende Meinung in der Literatur Schadensersatzansprüche der geschädigten Aktionäre gestützt auf § 823 Abs. 2 BGB in Verbindung mit § 33 WpÜG ab.[854]

Ein solcher Anspruch setzt voraus, dass es sich bei der Vorschrift des § 33 WpÜG um ein Schutzgesetz im Sinne des § 823 Abs. 2 BGB handelt. Schutzgesetz in diesem Sinne ist jede Rechtsnorm, die den Schutz eines anderen bezweckt. Die Norm darf nicht nur dem Schutz der Allgemeinheit dienen, sondern sie muss gerade zum Schutz einzelner Personen oder Personenkreise bestimmt sein. Entscheidend bei der Beurteilung, ob eine Norm diese Voraussetzungen erfüllt, ist der Wille des Gesetzgebers bei Erlass der Norm. Die Schaffung eines individuellen Schadensersatzanspruchs muss erkennbar vom Gesetz erstrebt werden oder doch zumindest im Rahmen des haftpflichtrechtlichen Gesamtsystems tragbar erscheinen. Nach dem Willen des Gesetzgebers dient das Neutralitätsgebot zwar nicht lediglich der Sicherstellung eines fairen und geordneten Übernahmeverfahrens im Allgemeinen. Vielmehr soll durch die Regelung des § 33 Abs. 1 Satz 1 WpÜG „den Adressaten eines Übernahmeangebots, d.h. den Aktionären, ermöglicht werden, in Kenntnis der Sachlage selbst über ein Übernahmeangebot zu entscheiden".[855] Allerdings hat der Gesetzgeber nicht ausdrücklich klargestellt, dass ein Schadensersatzanspruch wegen Verletzung der Neutralitätspflicht in Betracht kommen soll. Auch spricht die ausdrückliche Regelung anderer Haftungstatbestände (§ 12 WpÜG)[856] dafür, dass der Gesetzgeber im Zusammenhang mit Übernahmen gerade nicht auf allgemeine deliktsrechtliche Vorschriften zurückgreifen wollte. Damit kommt eine auf § 823 Abs. 2 BGB gestützte Haftung der Vorstandsmitglieder nicht in Betracht.

---

853 Allgemein zu den Sanktionsmöglichkeiten nach dem WpÜG *Möller*, AG 2002, 170, 174 ff.

854 *Schwennicke*, a.a.O.; *Winter/Harbarth*, ZIP 2002, 1, 16. A.A. *Röh*, in: *Haarmann* u.a., WpÜG, § 33 Rn. 2.

855 Regierungsbegründung, BT-Drucks. 14/7034, S. 57.

856 Zur Haftung des Bieters für die Richtigkeit und Vollständigkeit der Angebotsunterlage nach § 12 WpÜG vgl. *Assmann*, AG 2002, 153 ff.

2. *Pflicht zur Stellungnahme*

a. Inhalt und Sanktionierung

Neben der Neutralitätspflicht sieht das WpÜG als weitere im Interesse der Aktionäre bestehende Pflicht vor, dass der Vorstand der Zielgesellschaft eine begründete Stellungnahme zu dem Erwerbs- bzw. Übernahmeangebot des Bieters abgibt (§ 27 WpÜG).[857] Zweck dieser Vorschrift ist sicherzustellen, dass alle Aktionäre der Zielgesellschaft über ausreichende Informationen verfügen, um über die Annahme des Angebots entscheiden zu können.[858] Zu den für die Entscheidungsfindung wesentlichen Informationen gehört auch die Beurteilung des Angebots durch die Verwaltung.[859] Denn schließlich ist diese über die Situation der Gesellschaft bestens informiert und kann den Aktionären daher wertvolle Informationen für ihre Entscheidung liefern.[860] Mit dieser Stellungnahme kommt der Vorstand zugleich seiner gesellschaftsrechtlichen Verpflichtung zur Wahrnehmung der Interessen der Aktionäre nach. Schon vor Erlass des § 27 WpÜG war unstreitig, dass der Vorstand berechtigt und verpflichtet ist, zu einem Übernahmeangebot Stellung zu nehmen.[861]
Diese Pflicht zur Stellungnahme umfasst zugleich die Pflicht zur Informationsbeschaffung, da andernfalls eine begründete Stellungnahme nicht möglich ist.[862]
§ 27 Abs. 1 Satz 2 WpÜG schreibt einen Kanon von Angaben vor, den die Stellungnahme in jedem Fall enthalten muss. So muss der Vorstand insbesondere auf die Art und Höhe der Gegenleistung, die voraussichtlichen Folgen eines erfolgreichen Angebots für die Gesellschaft und deren Arbeitnehmer, die vom Bieter verfolgten Ziele sowie die Absicht der Mitglieder des Vorstands, das Angebot anzunehmen, soweit diese selbst Aktien der Gesellschaft halten, eingehen.

Als Sanktion für Verstöße gegen die Pflicht zur Stellungnahme sieht § 60 WpÜG die Verhängung eines Bußgelds durch die BaFin vor. Erfolgt die Veröffentlichung der Stellungnahme des Vorstands nicht unverzüglich (§ 27 Abs. 3 S. 1 WpÜG), nicht richtig, nicht vollständig, nicht in der vorgeschriebenen Weise oder überhaupt nicht, kann gemäß § 60 Abs. 1 Nr. 1 b), Abs.

---

[857] Dazu etwa Hopt, ZHR 166 (2002), 383, 418 ff.
[858] Vgl. auch § 3 Abs. 2 WpÜG.
[859] Regierungsbegründung, BT-Drucks. 14/7034, S. 52.
[860] *Zinser*, NZG 2001, 391, 395.
[861] Vgl. die Nachweise bei *Maier-Reimer*, ZHR 165 (2001), 258, 262 Fn. 24 und *Haarmann*, WpÜG, § 25 Rn. 12. Vgl. auch *van Aubel*, Vorstandspflichten, S. 32.
[862] *Haarmann*, WpÜG, § 27 Rn. 15.

3 WpÜG ein Bußgeld bis zu fünfhunderttausend Euro verhängt werden.[863] Bußgeldbewehrt sind also das Unterlassen der Abgabe einer Stellungnahme sowie Fehler bei der Veröffentlichung, nicht jedoch inhaltliche Fehler der Stellungnahme.

b. Schadensersatzansprüche

Für den Fall, dass der Vorstand in seiner Stellungnahme falsche Informationen verbreitet, sind keine ausdrücklichen Sanktionen im WpÜG vorgesehen. Insoweit wird in der Literatur eine persönliche Haftung der Vorstandsmitglieder diskutiert. Als Anspruchsgrundlagen kommen insbesondere die von der Rechtsprechung entwickelten Grundsätze über die Prospekthaftung sowie die Vorschrift des § 823 Abs. 2 BGB in Betracht.

aa. Allgemeine zivilrechtliche Prospekthaftung

Wie bereits oben dargestellt, hat die Rechtsprechung für Publikumskommanditgesellschaften, Bauherrenmodelle und ähnliche Anlagearten eine Haftung für die Vollständigkeit und Richtigkeit von Prospekten entwickelt.[864] Stimmen in der Literatur wollen die dort entwickelten Grundsätze auch für falsche Angaben in der Stellungnahme gemäß § 27 WpÜG fruchtbar machen.[865] Dem stehen jedoch gewichtige Bedenken entgegen. Um die dogmatischen Grenzen der allgemeinen zivilrechtlichen Prospekthaftung nicht zu verwischen, ist nämlich zum einen Voraussetzung derselben, dass ein Prospekt vorliegt. Auch Versuche, auf der Grundlage der allgemeinen zivilrechtlichen Prospekthaftung eine kapitalmarktrechtliche Haftung für die Verletzung publikumsbezogener Informationspflichten zu begründen,[866] haben sich hieran zu orientieren.[867] Zum anderen richten sich auf Prospekthaftungsgrundsätze gestützte Ansprüche im Regelfall gegen die Gesellschaft, nicht gegen deren Verwaltungsmitglieder.

Prospekt im Sinne der zivilrechtlichen Prospekthaftung ist jede marktbezogene, das heißt an eine unbestimmte Zahl von Personen gerichtete, schriftliche Erklärung, die für die Beurteilung der Anlage erhebliche Angaben enthält oder

---

[863] Für den Fall der nicht rechtzeitigen Unterrichtung des Betriebsrates vgl. § 60 Abs. 1 Nr. 2 c) WpÜG, für den Fall der nicht rechtzeitigen Übersendung eines Beleges über die Veröffentlichung vgl. § 60 Abs. 1 Nr. 5 WpÜG.

[864] Vgl. *Baumbach/Hopt*, HGB, 30. Aufl. 2000, Anhang § 177 a Rn. 59 ff.

[865] *Röh*, in: *Haarmann u.a.*, WpÜG, § 27 Rn. 49.

[866] So begründet *Röh*, a.a.O., die Anwendung der Grundsätze über die allgemeine zivilrechtliche Prospekthaftung gerade damit, dass im Interesse eines rechtlich gebotenen Kapitalanlegerschutzes auf eine wahrheitsgemäße und vollständige Aufklärung des Rechtsverkehrs über das Risiko möglicher Anlagen hingewirkt werden muss.

[867] Vgl. *Schäfer*, BörsG, §§ 45, 46 Rn. 24 m.w.N.

zumindest einen entsprechenden Eindruck erwecken soll.[868] Der Prospekt ist im Wesentlichen ein Werbeinstrument, mit dem potentielle Anleger zur Investition in die Gesellschaft gewonnen werden sollen. Daher werden die Grundsätze über die Prospekthaftung auch in solchen Fällen angewandt, in denen auf andere Werbemittel, die ebenso wirksam wie ein Prospekt sind, ausgewichen wird.[869] In den Fällen des § 27 WpÜG soll die Stellungnahme des Vorstandes die Aktionäre jedoch nicht dazu verleiten, Aktien einer Gesellschaft zu erwerben. Dies wäre überhaupt nur denkbar, wenn die Bietergesellschaft tatsächlich eigene Aktien als Gegenleistung anbieten würde. Zudem müsste eine positive Stellungnahme des Vorstands der Zielgesellschaft vorliegen, da andernfalls gerade keine werbeähnliche Aussage vorliegt. So verblieben, selbst wenn man eine Anwendung der zivilrechtlichen Prospekthaftungsgrundsätze im Ansatz befürworten würde, immer noch erhebliche Schutzlücken. Außerdem ist es kaum plausibel, zwischen den Fällen, in denen der Vorstand eine fehlerhafte positive Erklärung abgibt, und den in praktischer Hinsicht wesentlich bedeutsameren Fällen, in denen eine falsche negative Erklärung abgeben wird, zu unterscheiden. Und schließlich ist es im Grundsatz höchst zweifelhaft, ob die Stellungnahme des Vorstands der Zielgesellschaft überhaupt als Werbeaussage zugunsten der Bietergesellschaft verstanden werden kann. Denn diese ist eine selbständige Pflicht, die dem Vorstand der Zielgesellschaft auferlegt wird. Die Stellungnahme dient nicht zur Einwerbung von Eigenkapital zugunsten der Bietergesellschaft. Mithin liegt keine Werbesituation vor, wie sie in den Fällen der Prospekthaftung regelmäßig anzutreffen ist.

Gegen die Anwendbarkeit der Grundsätze der allgemeinen zivilrechtlichen Prospekthaftung spricht zudem, dass es sich bei der Stellungnahme gemäß § 27 WpÜG nicht um eine marktbezogene Erklärung handelt, die sich an eine unbestimmte Zahl von Personen richtet.[870] Die Stellungnahme richtet sich vielmehr ausschließlich an die Aktionäre der Zielgesellschaft. Sie dient diesen als Entscheidungshilfe für die Frage, ob sie ihre Anteile an den Bieter veräußern bzw. tauschen sollen, nicht für die Frage, ob sie am Markt tätig werden sollen. Dass die Verwaltung im Falle von Inhaberaktien die Aktionäre nicht kennt und zudem der Kreis der Anteilsinhaber bei Publikumsgesellschaften einem ständigen Wechsel unterworfen ist, ändert daran nichts.[871]

Dass in den Fällen des § 27 WpÜG die Grundsätze der zivilrechtlichen Prospekthaftung nicht recht passen, zeigt auch der Umstand, dass bloßes Handeln als Organ einer Körperschaft für eine persönliche Einstandspflicht der Vorstandsmitglieder im Rahmen der Prospekthaftung regelmäßig nicht

---

[868] *Assmann*, in: *Assmann/Schütze*, Handbuch, § 7 Rn. 57; *Siol*, in: Bankrechts-Handbuch, Bd. I, 2001, § 45 Rn. 47.

[869] Vgl. *Assmann*, in: *Assmann/Schütze*, Handbuch, § 7 Rn. 57.

[870] A.A. *Röh* a.a.O.

[871] So aber *Röh*, a.a.O.

ausreicht.[872] Eine Haftung kommt nur in Betracht, wenn das Vorstandsmitglied entweder als Partei oder Quasi-Partei materiell betroffen ist oder eigenes Vertrauen in Anspruch nimmt, das über das Vertrauen hinausgeht, welches man einem Vorstandsmitglied gewöhnlich entgegenbringt. Nun ist die Pflicht zur Stellungnahme nach dem Wortlaut des § 27 WpÜG eine solche des Vorstands, so dass dieser zweifellos „Veranlasser" derselben ist. Dies hat aber zur Folge, dass ein Vorstandsmitglied haftbar gemacht werden kann, obgleich es weder ein materielles Interesse an der Transaktion hat, noch ein besonderes eigenes Vertrauen in Anspruch nimmt. Eine solche Haftung würde den Grundsätzen der Prospekthaftung widersprechen.
Mithin haften die Vorstandsmitglieder den Aktionären nicht nach den Grundsätzen der zivilrechtlichen Prospekthaftung für falsche Stellungnahmen gemäß § 27 WpÜG.[873]

bb.§ 823 Abs. 2 BGB

Außerdem wird diskutiert, ob § 27 WpHG als Schutzgesetz im Sinne des § 823 Abs. 2 BGB qualifiziert werden kann, so dass die Aktionäre auf diesem Wege ihren Schaden von den Vorstandsmitgliedern ersetzt verlangen können. Einer Vorschrift kommt Schutzgesetzqualität im Sinne des § 823 Abs. 2 BGB zu, wenn sie – neben dem Schutz der Allgemeinheit – gerade auch dazu dienen soll, den einzelnen oder einen bestimmten Personenkreis zu schützen. Entscheidend ist dabei nicht die tatsächliche Wirkung der Norm, sondern der Wille des Gesetzgebers. Es ist daher zu fragen, ob der Gesetzgeber bei Erlass des Gesetzes gerade den Rechtsschutz, wie er wegen der behaupteten Verletzung in Anspruch genommen wird, zugunsten von Einzelpersonen oder eines bestimmten Personenkreises gewollt oder zumindest mitgewollt hat.[874] Wird ein Schadensersatzanspruch nicht erkennbar vom Gesetz erstrebt, so muss er aber zumindest im Rahmen des haftpflichtrechtlichen Gesamtsystems tragbar sein.[875]
Ausweislich der Gesetzesbegründung dient § 27 WpHG der Schaffung von Transparenz für die Beteiligten eines Angebotsverfahrens.[876] Mit der Stellungnahme komme der Vorstand zugleich seiner gesellschaftsrechtlichen Verpflichtung zur sachgerechten Wahrnehmung der in der Gesellschaft zusammentreffenden Interessen der Aktionäre, der Arbeitnehmer sowie der Allgemeinheit nach.[877] Dass der Gesetzgeber eine Haftung von Vorstands-

[872] *Köndgen*, AG 1983, 120, 120.
[873] Im Ergebnis ebenso *Schwennicke*, in: *Geibel/Süßmann*, WpÜG, § 27 Rn. 51, allerdings mit abweichender Begründung. A.A. *Röh*, a.a.O.; wohl auch *Hopt*, FS Lutter, S. 1361, 1399; *Becker*, ZHR 165 (2001), 280, 284 f. und *Merkt*, ZHR 165 (2001), 224, 246.
[874] BGHZ 40, 306; *Palandt/Thomas*, § 823 Rn. 141.
[875] BGH, DB 1976, 1665.
[876] Regierungsbegründung, BT-Drucks. 14/7034, S. 52.
[877] Regierungsbegründung, a.a.O.

mitgliedern für falsche Stellungnahmen gewollt hätte, lässt sich der Gesetzesbegründung allerdings nicht entnehmen. Gegen eine Anwendung der allgemeinen Deliktsvorschrift des § 823 Abs. 2 BGB spricht zudem, dass der Gesetzgeber für den Fall einer fehlerhaften Angebotsunterlage mit § 12 WpÜG eine ausdrückliche Haftungsnorm in das WpÜG eingefügt hat, mithin sich auch in diesen Fällen nicht auf allgemeine Vorschriften des Deliktsrechts verlassen hat. Hinzu kommt, dass eine solch weitgehende Haftung, wie sie über § 823 Abs. 2 BGB zu erreichen wäre, im Zusammenhang mit dem haftungsrechtlichen Gesamtsystem für Falschinformationen nicht tragbar erscheint. Denn eine Haftung schon für einfache Fahrlässigkeit ist dem Haftungskonzept des WpÜG fremd, da auch § 12 WpÜG zumindest grob fahrlässiges Handeln erfordert. Darüber hinaus steht eine Haftung für einfache Fahrlässigkeit im Widerspruch zum Haftungskonzept bei der Verletzung kapitalmarktbezogener Informationspflichten. So setzt eine Haftung gemäß § 823 Abs. 2 BGB für Kapitalanlagebetrug (§ 264 a StGB) oder unrichtige Darstellungen über den Vermögensstand der Gesellschaft (§ 400 Abs. 1 Nr. 1 AktG) vorsätzliches Handeln voraus. Und §§ 37 b und c WpHG n.F. sehen eine Haftung (des Emittenten) für falsche oder unterlassene Ad-hoc-Mitteilungen nur in Fällen grober Fahrlässigkeit bzw. Vorsatz vor.[878] Daher ist § 27 WpÜG kein Schutzgesetz im Sinne des § 823 Abs. 2 BGB.[879]

In Betracht kommt allerdings eine Haftung gemäß § 823 Abs. 2 BGB in Verbindung mit § 400 Abs. 1 Nr. 1 AktG, soweit die Stellungnahme gemäß § 27 WpÜG falsche Darstellungen oder Übersichten über den Vermögensstand der Zielgesellschaft enthält und der Vorstand diesbezüglich vorsätzlich gehandelt hat.[880] Gleichfalls ist eine Haftung gemäß § 826 BGB denkbar. Praktisch dürfte der Nachweis einer vorsätzlichen sittenwidrigen Schädigung jedoch schwer zu führen sein.

III. Deutscher Corporate Governance Kodex

Am 26. Februar 2002 hat die Regierungskommission Deutscher Corporate Governance Kodex einen Verhaltenskodex für die Vorstände und Aufsichtsräte deutscher börsennotierter Aktiengesellschaften vorgelegt. § 161 AktG, der durch

---

[878] Vgl. auch den Bericht der Regierungskommission Corporate Governance, *Baums* (Hrsg.), Bericht, Rn. 186, der de lege ferenda die Außenhaftung von Vorstandsmitgliedern auf Fälle von Vorsatz und grober Fahrlässigkeit beschränken will. Ebenso *Fleischer*, NJW-Beilage 23/2002, S. 37, 40.

[879] Ebenso *Schwennicke*, in: *Geibel/Süßmann*, WpÜG, § 27 Rn. Rn. 47. A.A. *Röh*, in: *Haarmann u.a.*, WpÜG, § 27 Rn. 53.

[880] Zu § 400 AktG im Zusammenhang mit Falschinformationen siehe schon oben S. 163, 192, 202.

das Transparenz- und Publizitätsgesetz in das Aktiengesetz eingefügt wurde, sieht eine Verpflichtung von Vorstand und Aufsichtsrat börsennotierter Gesellschaften vor, einmal im Jahr eine Erklärung abzugeben, ob dem Kodex entsprochen wurde und zukünftig entsprochen werden wird. Die Einhaltung der Kodex-Regeln ist also nicht verbindlich, Abweichungen sind zulässig, bedürfen jedoch der Offenlegung.[881]

Mit dem Kodex wird eine doppelte Zielsetzung verfolgt.[882] Zum einen sollen die Anleger darüber informiert werden, welche Grundsätze für die Leitung und Überwachung deutscher Aktiengesellschaften gelten. Daher finden sich im Kodex eine Reihe von Vorschriften, die lediglich bereits geltendes Recht wiedergeben. Daneben dient der Kodex dazu, Verhaltensregeln festzuschreiben, die der Verbesserung der Corporate Governance dienen und deren Befolgung von börsennotierten Unternehmen erwartet wird.[883]

1. Verhaltenspflichten im Interesse des einzelnen Aktionärs

Hinsichtlich der Problematik der Haftung von Vorstandsmitgliedern gegenüber ihren Aktionären stellt sich zunächst die Frage, welche Pflichten denselben im Interesse der einzelnen Aktionäre auferlegt werden. Diese Problematik stellt sich allerdings nur im Hinblick auf den Empfehlungsteil. Soweit das geltende Recht jeweils lediglich wiedergegeben wird, ergeben sich keine Besonderheiten, da der Kodex insoweit die Rechtsstellung der Aktionäre nicht verbessern, sondern lediglich informieren will. Keine Probleme ergeben sich auch hinsichtlich der im Kodex gegebenen Anregungen.[884] Von den Anregungen kann ohne weiteres, insbesondere ohne Offenlegung, abgewichen werden. Sie sind lediglich eine Art Denkanstöße für die Unternehmensleitung.[885] Im Hinblick auf den Empfehlungsteil verfolgt der Kodex das Ziel, zur Verbesserung der Leitung und Überwachung börsennotierter Gesellschaften beizutragen. Im Zentrum der Empfehlungen des Kodex steht die Verbesserung der Überwachungstätigkeit des Aufsichtsrats. Demgegenüber enthält der Abschnitt über den Vorstand[886] lediglich drei Empfehlungen. Diese betreffen die Zusammensetzung des Vorstands (Ziff. 4.2.1), die Offenlegung der Vergütung der Vorstandsmitglieder (Ziff. 4.2.4) sowie die Offenlegung von Interessenkonflikten der Mitglieder des Vorstands gegenüber dem Aufsichtsrat (Ziff. 4.3.4).

---

[881] Model des comply or explain.

[882] Vgl. dazu *Ulmer*, ZHR 166 (2002), 150 ff.

[883] Sprachlich sind diese Empfehlungen durch die Verwendung des Wortes „soll" gekennzeichnet. Vgl. Präambel DCGK.

[884] Diese sind sprachlich durch die Verwendung der Begriffe „sollte" oder „kann" gekennzeichnet. Vgl. Präambel DCGK.

[885] So *Ulmer*, ZHR 166 (2002), 150, 154.

[886] Abschnitt 4 des Kodex.

Der Abschnitt über Interessenkonflikte der Vorstandsmitglieder (Abschnitt 4.3) berührt die Loyalitätspflichten derselben gegenüber der Gesellschaft.[887] Schadensersatzansprüche der einzelnen Aktionäre kommen in derartigen Fallgestaltungen von vornherein nicht in Betracht. Denn zum einen bestehen diese Pflichten gegenüber der Gesellschaft und zum anderen wird nur diese aufgrund einer Verletzung eben dieser Pflichten durch den Vorstand unmittelbar[888] geschädigt, so dass der Gesellschaft ein Anspruch zusteht, nicht dem einzelnen Aktionär.[889]

Der Kodex sieht aber auch eine Reihe von Informationspflichten vor. Solche Informationspflichten bestehen im Interesse der Kapitalmarktteilnehmer, das heißt im Interesse der aktuellen und potentiellen Aktionäre. Die Regeln über die Informationspflichten lassen sich in materielle (Was soll veröffentlicht werden?) und formelle Anforderungen (Auf welche Weise hat die Veröffentlichung zu erfolgen?) unterteilen. In formeller Hinsicht ist beispielsweise geregelt, dass die gesetzliche Pflicht zur Auslage und Übermittlung von Berichten und Unterlagen zur Hauptversammlung durch eine Pflicht zur Veröffentlichung auf den Internet-Seiten der Gesellschaft ergänzt wird (vgl. Nr. 2.3.1). Auch wird empfohlen, die Verfolgung der Hauptversammlung über moderne Kommunikationsmedien zu ermöglichen (Nr. 2.3.4).[890] In materieller Hinsicht sieht der Kodex eine Offenlegungspflicht hinsichtlich des Handelns von Vorstandsmitgliedern in Aktien der Gesellschaft vor (Nr. 6.6). Im Kern geht es dabei um die Verhinderung von Insiderhandel. Zudem soll die Vergütung der Vorstandsmitglieder im Anhang zum Konzernabschluss veröffentlicht werden. Auch wird empfohlen, dass Tatsachen, die Finanzanalysten mitgeteilt wurden, auch den Aktionären zur Verfügung gestellt werden (Nr. 6.3), und dass Informationen, die im Ausland veröffentlicht wurden, auch im Inland bekannt gemacht werden (Nr. 6.5). Die dargestellten Informationspflichten treffen den Vorstand nicht etwa die Gesellschaft. Denn der Vorstand hat eine Entsprechenserklärung im Sinne des § 161 AktG abzugeben. Diese Erklärung ist nicht etwa nur für die Vergangenheit, sondern gleichfalls für die Zukunft abzugeben. Eine solche in die Zukunft gerichtete Erklärung kann der Vorstand jedoch nur für eigene Handlungen abgeben. Daher ist davon auszugehen, dass die Pflichten aus dem Kodex auch den Vorstand selbst treffen sollen.

---

[887] Loyalitätspflichten gegenüber den einzelnen Aktionären kommen lediglich in den Fälle in Betracht, in denen der Vorstand in Aktien der Gesellschaft handelt. Diese Fälle sind in Abschnitt 4.3 des Kodex nicht angesprochen.

[888] Der Schaden der Aktionäre ist in diesen Fällen lediglich reflexartig vermittelt. Vgl. dazu oben S. 20 f.

[889] Zu Schadensersatzansprüchen der Gesellschaft vgl. *Berg/Stöcker*, WM 2002, 1569, 1575 ff.

[890] Weitere formelle Regelungen sind beispielsweise Nr. 6.4, 6.7, 6.8.

Neue Regelungen, die Sorgfaltspflichten der Vorstandsmitglieder gegenüber den einzelnen Aktionären betreffen, enthält der Kodex nicht. In Bezug auf Übernahmeangebote wird lediglich die gesetzlich bereits geregelte Pflicht des Vorstands, ohne Ermächtigung der Hauptversammlung bzw. Zustimmung des Aufsichtsrates keine Handlung außerhalb des gewöhnlichen Geschäftsbetriebes vorzunehmen, die den Erfolg des Angebots verhindern könnte (Nr. 3.7), erwähnt. Es ist also festzustellen, dass im Vergleich zum geltenden Recht die Empfehlungen des Kodex bezüglich der Pflichten des Vorstands keine wesentlich weitergehenden Anforderungen stellen als das geltende Recht.[891]

2. *Ersatzansprüche geschädigter Aktionäre*

In der Literatur wurde bereits verschiedentlich diskutiert, ob Aktionäre wegen der Nichtbefolgung einzelner oder aller Kodex-Empfehlungen Schadensersatzansprüche gegen die Mitglieder Vorstands gelten machen können.[892] Als Anspruchsgrundlagen für einen Schadensersatzanspruch der Aktionäre gegen die Vorstandsmitglieder wegen einer fehlerhaften Erklärung gemäß § 161 AktG werden insbesondere Ansprüche aus § 823 Abs. 2 BGB, aus culpa in contrahendo (nunmehr §§ 280 Abs. 1, 311 Abs. 3 BGB) sowie aus allgemeiner und spezieller Prospekthaftung in Erwägung gezogen.[893]

a. *§ 823 Abs. 2 BGB*

Ansprüche aus § 823 Abs. 2 BGB in Verbindung mit dem Kodex scheiden schon aus dem Grunde aus, dass der Kodex kein Schutzgesetz im Sinne dieser Vorschrift ist.[894] Denn die Empfehlungen des Kodex sind keineswegs verbindlich, wie für ein Schutzgesetz erforderlich. Von ihnen kann abgewichen werden, solange diese Abweichung offengelegt wird. Dem Empfehlungs-Teil

---

[891] Vgl. zu dieser Einschätzung auch *Ulmer*, ZHR 166 (2002), 150, 156. Vielfach wiederholt der Kodex bzgl. der Vorstandspflichten schlicht die gesetzliche Regelung. So beispielsweise bei der Frage der Ad-hoc-Publizitätspflicht (Nr. 6.1) oder der Pflicht zur Stellungnahme des Vorstands im Fall eines Übernahmeangebots (Nr. 3.7).

[892] Vgl. etwa *Abram*, ZBB 2003, 41 ff; *Berg/Stöcker*, WM 2002, 1569 ff. Zur Frage der Haftung der Vorstandsmitglieder der Gesellschaft gegenüber vgl. *Lutter*, ZHR 166 (2002), 523 ff.

[893] Zu den umfassenderen Ansätzen aus § 823 Abs. 1 BGB, Treuepflichten und Vertragspflichten der Organmitglieder zugunsten der Aktionäre siehe unten, S. 253 ff. Zu einer Haftung der Vorstandsmitglieder gemäß § 823 Abs. 1 BGB im Falle einer fehlerhaften Entsprechenserklärung vgl. auch *Abram*, ZBB 2003, 41, 44 f.; *Berg/Stöcker*, WM 2002, 1569, 1578; *Seibt*, AG 2002, 249, 255.

[894] Zur Rechtsnatur des Kodex *Ulmer*, ZHR 166 (2002), 150, 158 ff.; *Seibt*, AG 2002, 249, 250; *Berg/Stöcker*, WM 2002, 1569, 1570 f.

des Kodex kommt also keine Schutzgesetzqualität zu.[895] Gleiches gilt für die im Kodex enthaltenen Anregungen.[896] Für den Teil, der zwingendes Gesetzesrecht wiederholt, gelten die allgemeinen Regeln. Es kommt also darauf an, ob die zugrunde liegende Gesetzesnorm als Schutzgesetz im Sinne des § 823 Abs. 2 BGB qualifiziert werden kann.[897]

Problematischer ist jedoch die Frage, ob ggf. § 161 AktG ein Schutzgesetz im Sinn des § 823 Abs. 2 BGB ist.[898] Schutzgesetz ist jede Rechtsnorm, die den Schutz eines anderen bezweckt. Die Norm muss also zumindest neben dem Schutz der Allgemeinheit auch dem Schutz des einzelnen bzw. eines Personenkreises dienen.[899] Ob eine Norm auch dem Schutz des einzelnen zu dienen bestimmt ist, beurteilt sich nach dem beim Erlass des Gesetzes vom Gesetzgeber intendierten Inhalt und Zweck. Die Schaffung eines individuellen Ersatzanspruches muss also erkennbar vom Gesetz erstrebt sein oder doch zumindest im Rahmen des haftpflichtrechtlichen Gesamtsystems tragbar erscheinen.[900]

Der Kodex dient der Information der Anleger über die Grundsätze der Unternehmensleitung und –kontrolle in der Gesellschaft. Eine „gute" Corporate Governance ist für die Anlageentscheidung der Investoren durchaus von Bedeutung, sie wird mit höheren Kursen belohnt. § 161 AktG will nun sicherstellen, dass die aktuellen und potentielle Aktionäre vollständig und richtig über die Corporate Governance informiert sind, diese somit angemessen im Aktienpreis Berücksichtigung finden kann. Man könnte sich somit auf den Standpunkt stellen, dass § 161 AktG dem Schutz der am Markt tätigen aktuellen und potentiellen Aktionäre dient. Deren Vermögen soll dadurch geschützt werden, dass sie alle Informationen erhalten, die sie für die Beurteilung des Wertes der Aktie benötigen. Nach den oben dargestellten Grundsätzen ist der geschützte Personenkreis auf die Aktionäre begrenzt, die ihre Aktien aufgrund der Fehlinformation über die Einhaltung der Kodex-Empfehlungen zu einem unangemessen hohen Preis gekauft haben.

Allerdings ist nicht erkennbar, dass es der Wille des Gesetzgebers war, den solchermaßen geschädigten Käufern einen individuellen Schadensersatzanspruch an die Hand zu geben. Der Regierungsbegründung zum Transparenz- und Publizitätsgesetz ist nicht zu entnehmen, dass die Entsprechenserklärung gemäß § 161 AktG auch dem Schutz des Anleger-

---

[895] So im Ergebnis auch *Ulmer*, ZHR 166 (2002), 150, 168; *Abram*, ZBB 2003, 41, 45; *Seibt*, AG 2002, 249, 256; *Berg/Stöcker*, WM 2002, 1569, 1578.

[896] Diese verpflichten die Vorstandsmitglieder nicht.

[897] So im Ergebnis auch *Abram*, ZBB 2003, 41, 45; *Berg/Stöcker*, WM 2002, 1569, 1578.

[898] Dafür *Hopt* in: *Hommelhoff/Lutter/Schmidt/Schön/Ulmer* (Hrsg.), Corporate Governance, S. 27, 52.

[899] Vgl. nur BGH, NJW 1992, 242; *Palandt/Thomas*, § 823 Rn. 141.

[900] BGHZ 46, 23.

vermögens zu dienen bestimmt ist.[901] Auch erscheint eine solche weitgehende Haftung, wie sie über § 823 Abs. 2 BGB zu erreichen wäre, im Hinblick auf das haftungsrechtliche Gesamtsystem für Falschinformation des Kapitalmarktes nicht tragbar.[902] Denn bei Anwendung des § 823 Abs. 2 BGB würde schon in Fällen leichter Fahrlässigkeit gehaftet werden. Dass dies zu weit ginge, zeigt sich schon darin, dass der Gesetzgeber im 4. Finanzmarktförderungsgesetz eine Haftung (allerdings der Gesellschaft) für fehlerhafte Ad-hoc-Mitteilungen erst für den Fall grober Fahrlässigkeit eingeführt hat. Eine Haftung der Gesellschaft oder ihrer Organmitglieder für falsche Angaben in Zwischen- oder Jahresberichten ist erst gar nicht vorgesehen. Und die §§ 400 AktG oder 264 a StGB greifen nur bei vorsätzlichem Handeln.

Auch ein Rückgriff auf anerkannte Schutzgesetze vermag die Lücken im Schutz des Anlegers vor fehlerhaften Erklärungen gemäß § 161 AktG nicht zu schließen.[903] Insoweit kommt ein Rückgriff auf § 20a Abs. 1 WpHG oder § 15 Abs. 1 Satz 1 WpHG von vornherein nicht in Betracht, da diesen Normen die notwendige Schutzgesetzeigenschaft fehlt.[904] Aber auch anerkannte Schutzgesetze, wie § 331 HGB, § 400 AktG, § 263 StGB oder § 264a StGB, vermögen nur in außergewöhnlichen Fällen zu helfen. Zunächst erfordern all diese Strafbestimmungen vorsätzliches Handeln. Zudem greift § 331 Nr. 1, 2 HGB regelmäßig nicht, da die Erklärung gemäß § 161 AktG nicht im Jahresabschluss wiederholt werden muss. Es genügt vielmehr, dort darüber zu informieren, dass sie abgegeben wurde.[905] § 400 Abs. 1 Nr. 1 AktG greift nur für den Fall, dass vorsätzlich falsche Angaben in Darstellungen oder Übersichten über den Vermögensstand sowie in Vorträgen oder Auskünften in der Hauptversammlung gemacht werden.[906] Die Anwendbarkeit des § 263 Abs. 1 StGB dürfte regelmäßig daran scheitern, dass es am unmittelbar verursachten Vermögensschaden fehlt.[907] Bei § 264a StGB schließlich stellt sich das Problem, dass ein Zusammenhang mit dem Vertrieb von Wertpapieren oder einem Angebot zur Erhöhung der Einlage auf Anteile erforderlich ist. Außerdem muss die Falsch-

---

901 Ebenso *Berg/Stöcker*, WM 2002, 1569, 1579; *Seibt*, AG 2002, 249, 256; *Abram*, ZBB 2003, 41, 45. Anders *Hopt*, in: Hommelhoff/Lutter/Schmid/Schön/Ulmer (Hrsg.), Corporate Governance, 2002, S. 27, 52.

902 So im Ergebnis auch *Berg/Stöcker*, WM 2002, 1569, 1579. A.A. *Abram*, ZBB 2003, 41, 45.

903 Gleiches gilt für § 826 BGB. Vgl. dazu oben S. 204 ff. sowie ausführlich *Abram*, ZBB 2003, 41, 47 ff.

904 Zu § 20a WpHG siehe oben S. 201 f., zu § 15 WpHG siehe oben S. 200 f. Zum Ganzen auch *Abram*, ZBB 2003, 41, 46 ff.

905 Dazu im einzelnen *Abram*, ZBB 2003, 41, 46 sowie *Berg/Stöcker*, WM 2002, 1569, 1579.

906 Dazu im einzelnen *Berg/Stöcker*, WM 2002, 1569, 1579; *Abram*, ZBB 2003, 41, 47.

907 Dazu im einzelnen *Abram*, ZBB 2003, 41, 46; *Rieckers*, BB 2002, 1213, 1216. Vgl. auch die oben auf S. 203 f. erörterten Argumente.

information in Prospekten, Darstellungen oder Übersichten über den Vermögensstand enthalten sein.[908]

b. *Sachwalterhaftung*

Eine weitere in Betracht zu ziehende Anspruchsgrundlage ist die Sachwalterhaftung aus culpa in contrahendo (§ 280 Abs. 1 Satz 1 in Verbindung mit § 311 Abs. 3 BGB).[909] Voraussetzung einer solchen Haftung ist jedoch, dass der Sachwalter ein eigenes wirtschaftliches Interesse an dem Vertragsschluss hat oder er ein besonderes persönliches Vertrauen in Anspruch nimmt.[910] Die Vorstandsmitglieder haben in der Regel jedoch nur ein mittelbares Interesse am Erfolg der Gesellschaft. Das gilt selbst dann, wenn ihnen Provisionen oder andere erfolgsbezogene Anreize etwa in Form von Aktienoptionen in Aussicht gestellt wurden.[911] Die Vorstandsmitglieder werden also nicht gleichsam in eigener Sache tätig, verfolgen somit regelmäßig kein besonderes wirtschaftliches Eigeninteresse, das über ihre Geschäftsführerstellung hinaus geht.[912]

Auch nehmen die Vorstandsmitglieder im Regelfall kein besonderes persönliches Vertrauen in Anspruch. Ein Geschäftsleiter, der in dieser Eigenschaft auftritt, nimmt in der Regel nur das normale Verhandlungsvertrauen in Anspruch.[913] Er übernimmt keine darüber hinausgehende Gewähr für Seriosität und Vertragstreue.[914] Auch wenn der Vorstand die Entsprechenserklärung gemäß § 161 AktG abgibt, handelt er lediglich als Organ der Gesellschaft und kommt seinen gesetzlich geregelten Organpflichten nach. Ein besonderes persönliches Vertrauen bzgl. der Richtigkeit der Erklärung übernehmen die Vorstandsmitglieder damit nicht.

c. *Prospekthaftung*

Als Anspruchsgrundlage für einen Schadensersatzanspruch der geschädigten Anleger wird außerdem die bürgerlichrechtliche Prospekthaftung in Betracht gezogen. Insoweit sollen die Anleger Schadensersatzansprüche mit der Begründung geltend machen können, sie hätten ihre Anlageentscheidung im Vertrauen auf die Richtigkeit der Entsprechenserklärung getroffen und infolge

---

[908] Vgl. dazu etwa *Abram*, ZBB 2003, 41, 47.

[909] Diese Anspruchsgrundlage ist von der der zivilrechtlichen Prospekthaftung abzugrenzen. Letztere basiert auf dem Gedanken des typisierten Anlegervertrauens. Vgl. dazu sogleich im Text.

[910] Vgl. zu diesen Voraussetzungen BGHZ 56, 81, 84; *Palandt/Heinrichs*, § 311 Rn. 53.

[911] Vgl. BGH 126, 181, 183 f.; *Palandt/Heinrichs*, § 311 Rn. 53.

[912] *Berg/Stöcker*, WM 2002, 1569, 1580; *Abram*, ZBB 2003, 41, 43.

[913] Vgl. BGHZ 126, 181, 189; *Abram*, ZBB 2003, 41, 43; *Palandt/Heinrichs*, § 311 Rn. 55.

[914] Vgl. *Berg/Stöcker*, WM 2002, 1569, 1580; *Abram*, ZBB 2003, 41, 43.

der später offengelegten Unrichtigkeit Vermögensschäden wegen eines Kursrückgangs erlitten.[915] Dabei wird von der Voraussetzung ausgegangen, dass die Befolgung der Kodex-Empfehlungen vom Kapitalmarkt mit Wertsteigerungen der Aktien honoriert wird. Werden die Empfehlungen dann entgegen den ursprünglichen Ankündigungen doch nicht befolgt, haben die Aktionäre dementsprechend Schäden in Form von Kursrückgängen zu befürchten.
Wie bereits oben dargestellt, hat die Rechtsprechung für Publikumskommanditgesellschaften, Bauherrenmodelle und ähnliche Anlagearten eine Haftung für die Vollständigkeit und Richtigkeit von Prospekten entwickelt.[916] Anknüpfungspunkt ist dabei ein typisiertes Vertrauen. Wie schon im Zusammenhang mit einer Haftung wegen falscher Angaben in einer Stellungnahme gemäß § 27 WpÜG diskutiert, setzt die bürgerlichrechtliche Prospekthaftung das Vorliegen eines Prospekts voraus. Auch Versuche, auf der Grundlage der allgemeinen zivilrechtlichen Prospekthaftung eine kapitalmarktrechtliche Haftung für die Verletzung publikumsbezogener Informationspflichten zu begründen, haben sich am Prospektbegriff zu orientieren.[917] Andernfalls würden deren dogmatische Grenzen verwischt.
Prospekt im Sinne der zivilrechtlichen Prospekthaftung ist jede marktbezogene, dass heißt an eine unbestimmte Zahl von Personen gerichtete, schriftliche Erklärung, die für die Beurteilung der Anlage erhebliche Angaben enthält oder zumindest einen entsprechenden Eindruck erwecken soll.[918] Der Prospekt ist im Wesentlichen ein Werbeinstrument, mit dem potentielle Anleger zur Investition in die Gesellschaft angeregt werden sollen. In den Fällen des § 161 AktG soll die Entsprechenserklärung des Vorstandes die Aktionäre jedoch nicht dazu verleiten, Aktien einer Gesellschaft zu erwerben.[919] Der Vorstand kommt mit der Abgabe der Erklärung lediglich seiner gesetzlich normierten Pflicht nach.[920] Es liegt keine Werbe- oder Vertriebssituation vor, wie sonst in Fällen der bürgerlichrechtlichen Prospekthaftung.[921] Eine Entsprechenserklärung im Sinne des § 161 AktG entfaltet keine größere Werbewirkung als andere in den

---

[915] Vgl. *Ulmer* ZHR 166 (2002), 150, 169.

[916] Vgl. *Baumbach/Hopt*, HGB, 30. Aufl. 2000, Anhang § 177 a Rn. 59 ff.; *ders.*, in: 50 Jahre Bundesgerichtshof, Festgabe aus der Wissenschaft, 2000, S. 497, 525 ff.

[917] Vgl. *Schäfer*, BörsG, §§ 45, 46 Rn. 24 m.w.N.

[918] *Assmann*, in: *Assmann/Schütze*, Handbuch, 2. Aufl. 1997, § 7 Rn. 57; *Siol*, in: Bankrechts-Handbuch, Bd. I, 2001, § 45 Rn. 47.

[919] *Groß*, WM 2002, 477, 480; *Berg/Stöcker*, WM 2002, 1569, 1581; *Seibt*, AG 2002, 249, 256 f. A.A. *Ulmer*, ZHR 166 (2002), 150, 168 f.; *Schüppen*, ZIP 2002, 1269, 1273; wohl auch Begründung RegE TransPuG, BT-Drucks. 14/8769, S. 21 f. Unentschieden *Abram*, ZBB 2003, 41, 44.

[920] Unrichtige Angaben im Zusammenhang mit obligatorischen Veröffentlichungen hat die Rechtsprechung bisher der bürgerlichrechtlichen Prospekthaftung nicht unterworfen. Vgl. BGH, WM 1982, 867; LG Augsburg, ZIP 2002, 530 f.; OLG München, ZIP 2002, 1727. Vgl. dazu *Abram*, ZBB 2003, 41, 44; *Groß*, WM 2002, 477, 480.

[921] Vgl. auch *Berg/Stöcker*, WM 2002, 1569, 1581.

Kapitalmarkt gegebenen (positiven) Informationen. Eine mittelbare Wirkung reicht für die bürgerlichrechtliche Prospekthaftung nicht aus, da ihr andernfalls auch andere schriftliche Aussagen, wie Ad-hoc-Mitteilungen oder falsche Angaben im Jahresabschluss, unterfallen müssten, was bisher nach der Rechtsprechung nicht der Fall ist. Zu bedenken ist auch, dass in den Fällen der Prospekthaftung regelmäßig der Prospekt die wichtigste Informationsquelle für den Anleger darstellt, wohingegen die Entsprechenserklärung alleine dem Anleger keine umfassende Beurteilungsgrundlage bietet.[922] Bedenken ergeben sich auch daraus, dass für börsennotierte Unternehmen in den §§ 44 ff. BörsG Sonderregelungen über die Prospekthaftung existieren, so dass schon aus diesem Grunde die Anwendung der bürgerlichrechtlichen Prospekthaftung ausscheiden muss.[923] Zudem richten sich auf Prospekthaftungsgrundsätze gestützte Ansprüche im Regelfall gegen die Gesellschaft nicht gegen deren Verwaltungsmitglieder. Auch wäre es ungereimt, im Zusammenhang mit § 161 AktG eine Haftung schon für leichte Fahrlässigkeit zu begründen, was bei Anwendung der bürgerlichrechtlichen Prospekthaftung der Fall wäre, während eine Haftung für fehlerhafte Ad-hoc-Mitteilungen gemäß §§ 37 b und c WpHG auf grobe Fahrlässigkeit beschränkt ist.[924] Der Anwendbarkeit der Grundsätze über die bürgerlichrechtliche Prospekthaftung in Fällen einer fehlerhaften Entsprechenserklärung gemäß § 161 AktG stehen im Ergebnis also gewichtige Bedenken gegenüber.[925]

Die spezialgesetzliche Prospekthaftung[926] greift allenfalls in den Fällen, in denen die Entsprechenserklärung in einem der jeweiligen Prospekte veröffentlicht wird.[927] Eine Haftung der Vorstandsmitglieder kommt allerdings in diesen Fällen regelmäßig nicht in Betracht.[928]

---

922 Vgl. BGHZ 115, 213, 218; *Abram*, ZBB 2003, 41, 44; *Berg/Stöcker*, WM 2002, 1569, 1581 m.w.N.

923 *Berg/Stöcker*, a.a.O.

924 Vgl. *Seibt*, AG 2002, 249, 257; *Groß*, WM 2002, 477, 480; *Abram*, ZBB 2003, 41, 44; *Berg/Stöcker*, WM 2002, 1569, 1581.

925 Ebenso *Abram*, ZBB 2003, 41, 44; *Berg/Stöcker*, WM 2002, 1569, 1580; *Groß*, WM 2002, 477, 479 f.

926 §§ 44 ff. BörsG, 54 BörsG, 20 KAGG a.F., 12 AuslInvestmG a.F. (jetzt § 127 InvG), 13 VerkProspG.

927 Zur Anwendbarkeit des § 44 BörsG für den Fall, dass eine fehlerhafte Entsprechenserklärung gemäß § 161 AktG in einem Börsenprospekt enthalten ist vgl. *Abram*, ZBB 2003, 41, 43 sowie *Berg/Stöcker*, WM 2002, 1569, 1582. In diesem Fall dürfte es sich um eine für die Beurteilung der Aktie wesentliche Angabe im Sinne des § 44 Abs. 1 Satz 1 BörsG handeln.

928 Siehe oben S. 148 f.

IV. Rechtswidriger Bezugsrechtsausschluss

Eine weitere Fallgruppe, in der die Gefahr einer unmittelbaren Schädigung der Aktionäre durch Vorstandshandeln besteht, ist die des rechtswidrigen Bezugsrechtsausschlusses.

1. Grundlagen

Wird das Grundkapital einer Aktiengesellschaft erhöht, muss einem Aktionär auf Verlangen ein seinem Anteil am bisherigen Grundkapital entsprechender Anteil an den neuen Aktien zugeteilt werden (§ 186 Abs. 1 AktG).[929] Dieses jedem Aktionär zustehende Bezugsrecht gibt ihm die Möglichkeit, seine Beteiligungsquote an der Gesellschaft zu erhalten und eine Verwässerung seines Anteilswertes zu verhindern. Dem solchermaßen geschützten Interesse des einzelnen Aktionärs am Erhalt seines Besitzstandes tritt jedoch das wirtschaftliche Interesse der Gesellschaft gegenüber, in bestimmten Fällen das Bezugsrecht der Altaktionäre auszuschließen.[930]
Die materiellrechtlichen Voraussetzungen eines Bezugsrechtsausschlusses sind im Gesetz nicht geregelt. Die §§ 186 Abs. 3 und 4 AktG sehen lediglich einige Verfahrensregeln vor, wie etwa die ordnungsgemäße Bekanntmachung oder einen Bericht des Vorstands. In sachlicher Hinsicht ist ein Bezugsrechtsausschluss nur dann wirksam, wenn er im Interesse der Gesellschaft liegt und dieses höher zu bewerten ist als das Interesse des Aktionärs am Erhalt seiner Rechtsposition.[931] Unter diesen Voraussetzungen kann das Bezugsrecht der Aktionäre durch Beschluss der Hauptversammlung gemäß § 186 Abs. 3 AktG ausgeschlossen werden. Gegen einen solchen Beschluss kann dann jeder Aktionär im Wege der Anfechtungsklage vorgehen (§ 243 Abs. 1 AktG). Eine solche Anfechtungsklage kann gemäß § 255 Abs. 2 AktG auch darauf gestützt werden, dass der Ausgabebetrag der neuen Aktien unangemessen niedrig ist. Mit

---

929 Werden die jungen Aktien zunächst von einer Bank übernommen, ist den Aktionären gemäß § 186 Abs. 5 AktG ein mittelbares Bezugsrecht dergestalt einzuräumen, dass die Bank die Verpflichtung übernimmt, die Aktien den Aktionären anzubieten.

930 Vgl. für den Fall der Sachkapitalerhöhung § 183 AktG. In der Praxis werden im Wege des genehmigten Kapitals geschaffene Aktien häufig als „Akquisitionswährung" bei Unternehmensübernahmen genutzt. Zur Problematik der Aktie als Akquisitionswährung siehe *Kirchner/Sailer*, NZG 2002, 305 ff.

931 Vgl. die Nachweise bei *Habersack*, Mitgliedschaft, S. 260 Fn. 9. Vgl. auch die Neuregelung des § 186 Abs. 3 S. 4 AktG, der einen Ausschluss des Bezugsrechts insbesondere dann für zulässig erklärt, wenn die Kapitalerhöhung 10 % des Grundkapitals nicht übersteigt und der Ausgabepreis den Börsenpreis nicht wesentlich unterschreitet. Mit dieser Regelung wurde Forderungen von Seiten der Unternehmenspraxis nach Erleichterung des Bezugsrechtsausschlusses nachgekommen.

Hilfe der Anfechtungsklage können sich die Aktionäre also nicht nur gegen den Verlust ihrer Quote, sondern auch gegen die Verwässerung ihres Anteilswertes schützen.[932]
Nun ist der Ausschluss des Bezugsrechts durch Beschluss der Hauptversammlung hier nicht weiter von Interesse.[933] Allerdings kann auch der Vorstand von der Hauptversammlung ermächtigt werden, das Bezugsrecht auszuschließen (§ 203 Abs. 2 AktG). Ist ein solcher Ausschluss sachlich nicht gerechtfertigt, kann ein Aktionär dagegen nicht im Wege der Anfechtungsklage vorgehen, da kein Beschluss der Hauptversammlung, sondern ein solcher des Vorstands vorliegt.[934] Stattdessen kann der Aktionär nach der herrschenden Lehre eine Unterlassungs- bzw. Feststellungsklage gegen die Gesellschaft erheben und seine Ansprüche mit Hilfe einer einstweiligen Verfügung (auf Unterlassung der Eintragung im Handelsregister) sichern.[935]

2. *Ansprüche der Aktionäre gegen die Gesellschaft*

In vielen Fällen werden die Aktionäre jedoch nicht rechtzeitig über den Ausschluss ihres Bezugsrechts durch den Vorstand informiert werden. Der BGH hat in der Entscheidung *Siemens/Nold* die Anforderungen an den Inhalt des Vorstandsberichts beim genehmigten Kapital mit Bezugsrechtsausschluss (§§ 203 Abs. 2 S. 2 i.V.m. § 186 Abs. 4 S. 2 AktG) erheblich reduziert.[936] Nunmehr reicht im Zeitpunkt des Beschlusses der Hauptversammlung die abstrakte Umschreibung des Vorhabens, welches mit Hilfe des Bezugsrechtsausschlusses finanziert werden soll, aus.[937] Die Hauptversammlung prüft nur

---

932 Vgl. *Habersack*, Mitgliedschaft, S. 260. Siehe auch *Bayer*, ZHR 163 (1999), 505 ff.

933 Hier stellt sich allenfalls die generelle Frage, ob der Vorstand dann haftbar gemacht werden kann, wenn er rechtswidrige Beschlüsse der Hauptversammlung ausführt. Dazu unten S. 319 f.

934 Vgl. *Lutter*, in: Kölner Kommentar, § 203 Rn. 44; *ders.*, BB 1991, 864.

935 Nachweise bei *Habersack*, Mitgliedschaft, S. 269 Fn. 52.

936 Vor der *Siemens/Nold*-Entscheidung wurde eine konkrete Begründung gefordert. Die Erwerbsmöglichkeiten, die im Hauptversammlungsbeschluss in Aussicht genommen wurden, mussten konkret feststehen, um der Hauptversammlung eine endgültige Abwägung der Gesellschafts- und Aktionärsinteressen sowie der Verhältnismäßigkeit von Mittel und Zweck zu erlauben. Vgl. BGHZ 71, 40, 46 f. (*Kali und Salz*); BGHZ 83, 319 ff. (*Holzmann*); BGHZ 125, 239 ff. (*Deutsche Bank*). Ein an diesen Voraussetzungen zu messender Vorstandsbericht setzte eine fortgeschrittene Planung voraus und widersprach häufig den Geheimhaltungsinteressen der Gesellschaft. Vgl. *Cahn*, ZHR 164, 113, 115.

937 In der *Siemens/Nold*-Entscheidung wurde die Formulierung „...Ferner soll die Gesellschaft die Möglichkeit haben, in geeigneten Einzelfällen Beteiligungen gegen Überlassung von Stammaktien der AG erwerben zu können..." für ausreichend erachtet (zitiert nach *Kindler*, ZGR 1998, 35 f.). Grund für die Änderung der Rechtsprechung war, dass sich die bisherigen Anforderungen als zu streng und unpraktikabel erwiesen hatten. Den Gesellschaften war die

abstrakt, ob die Maßnahme im Gesellschaftsinteresse gerechtfertigt ist. Im Zeitpunkt der Entscheidung des Vorstands über den Ausschluss des Bezugsrechts prüft dieser dann in eigener Verantwortung, ob aus unternehmerischer Sicht der Ausschluss des Bezugsrechts im konkreten Fall im Interesse der Gesellschaft liegt. Um eine Unterlassungsklage bzw. einen Unterlassungsantrag im Verfahren des einstweiligen Rechtsschutzes jedoch ausreichend begründen zu können, bedürfen die Aktionäre hinreichender Informationen über die Pläne des Vorstands. Bei geheimhaltungsbedürftigen Vorhaben verfügen die Aktionäre in der Regel jedoch nicht über die erforderlichen Informationen. Zudem muss der Vorstand erst in der nächsten auf die Durchführung der Kapitalerhöhung folgenden Hauptversammlung über sein Vorgehen Bericht erstatten.[938] Eine Unterlassungsklage dürfte in der Praxis daher zu spät kommen.[939]

Denn ist die Kapitalerhöhung bereits im Handelsregister eingetragen, entsteht das Mitgliedschaftsrecht in der Person des Dritten. Der gemäß § 187 Abs. 1 AktG nichtige Zeichnungsvertrag mit dem Dritten wird durch die Eintragung des Kapitalerhöhungsbeschlusses ins Handelsregister (§§ 184, 189 AktG) geheilt, so dass eine Rückabwicklung gemäß § 812 Abs. 1 BGB nicht in Betracht kommt.[940] Die herrschende Lehre gesteht dem geschädigten Altaktionär in diesen Fällen einen Schadensersatzanspruch gegen die Gesellschaft wegen Verletzung des Bezugsrechts zu.[941] Gestützt wird dieser Anspruch auf §§ 280,

---

Flexibilität genommen, um rasch auf Möglichkeiten zur Erweiterung des Unternehmens zu reagieren.

938 BGHZ 136, 133, 140. Wegen der Verkürzung der Berichtspflicht in der *Siemens/Nold*-Entscheidung wird in der Literatur teilweise allerdings gefordert, dass der Vorstand vor Ausnutzung des Kapitalerhöhungsbeschlusses die Aktionäre schriftlich über den Bezugsrechtsausschluss und dessen Gründe informiert. Vgl. *Hüffer*, Aktiengesetz, § 203 Rn. 36 f. m.w.N.; *Meilicke/Heidel*, DB 2000, 2358 ff. In der *Siemens/Nold*-Entscheidung erwähnt der BGH jedoch eine solche Pflicht zur Vorabberichterstattung nicht. Der Vorstand hat über die Einzelheiten seines Vorgehens vielmehr erst auf der nächsten Hauptversammlung zu berichten. Vgl. *Vollhard*, AG 1998, 397, 402; *Krieger*, in: Münchener Handbuch des Gesellschaftsrechts, Band. 4, § 58 Rn. 44 ff. Die Regierungskommission Corporate Governance hat jetzt vorgeschlagen, eine Pflicht des Vorstands zur zeitnahen (auch nachträglichen) schriftlichen Berichterstattung über die Nutzung des genehmigten Kapital unter Ausschluss des Bezugsrechts einzuführen. Vgl. *Baums* (Hrsg.), Bericht, Rn. 230.

939 Vgl. *Cahn*, ZHR 164, 113, 118.

940 *Lutter*, in: Kölner Kommentar, § 186 Rn. 41. Zum Institut der sogenannten fehlerhaften Gesellschaft vgl. *K. Schmidt*, Gesellschaftsrecht, § 6, insbesondere § 6 IV 3 (Fehlerhafte Kapitalveränderungen).

941 *Hüffer*, AktG, § 203 Rn. 38; *Lutter*, in: Kölner Kommentar, § 203 Rn. 47 und § 186 Rn. 41. A.A. *Hirte*, Bezugsrechtsausschluß, S. 123, 238 ff., 251, der von einem Ausgleichsanspruch gegen den Mehrheitsaktionär, dem der rechtswidrige Bezugsrechtsausschluss zuzurechnen ist, ausgeht.

Verletzt ist das Bezugsrecht allerdings nur dann, wenn der bezugsberechtigte Anspruchsteller auch tatsächlich nicht beliefert wird. Erhält er die ihm aufgrund des Bezugsrechts zustehenden

276, 249 BGB, also auf die Unmöglichkeit der Erfüllung der Bezugsansprüche der Aktionäre sowie teilweise auf § 823 Abs. 2 BGB in Verbindung mit § 186 AktG.[942] Die Gesellschaft kann dann ihrerseits gemäß § 93 Abs. 2 AktG beim Vorstand Regress nehmen.[943]
Der Schaden des Altaktionärs besteht in der Differenz zwischen den Aufwendungen, die bei Ausübung des Bezugsrechts entstanden wären, und den Kosten einer anderweitigen Beschaffung der Aktien, etwa über die Börse.[944]

3. Kritik an der Regresslösung

Eine solche Lösung sieht sich jedoch einer Reihe praktischer Probleme ausgesetzt. Zu bedenken ist, dass der Altaktionär, der eine Schadensersatzklage gegen seine Gesellschaft wegen Verletzung des Bezugsrechts erhebt, seinen Schaden nicht vollständig ersetzt bekommt. Denn jede Leistung der Gesellschaft an ihn hat er anteilig selbst zu tragen, da sich der Vermögensverlust auf Seiten der Gesellschaft reflexartig auch in seinen Anteilen niederschlägt. Dagegen kann man nun einwenden, dass die Gesellschaft einen Regressanspruch gegen den Vorstand gemäß § 93 Abs. 2 AktG erlangt. Ein solcher Anspruch ist jedoch in der Praxis schwer durchsetzbar. Geltend zu machen ist er vom Aufsichtsrat. An der Entscheidung über den Ausschluss des Bezugsrechts wirkt dieser jedoch gemäß § 204 Abs. 1 S. 2 AktG mit, so dass auch der Aufsichtsrat sich ggf. schadensersatzpflichtig macht (§ 116 AktG). Nun kann man schwerlich erwarten, dass der Aufsichtsrat Ersatzansprüche der Gesellschaft geltend macht, wenn seine eigene Verantwortlichkeit ebenfalls in Rede steht. Auch die Regelung des § 147 AktG hat sich hier als unzureichend erwiesen. Selbst die Neufassung des § 147 Abs. 3 AktG wird nach allgemeiner Ansicht wenig praktische Bedeutung erlangen.[945] Und eine actio pro socio ist im Aktienrecht unzulässig.[946] Darüber hinaus trägt die Gesellschaft im Falle der Regresslösung

---

Anteile, kann er in Fällen, in denen die Belieferung Dritter mit Aktien erfolgt, die von den übrigen gesetzlich Bezugsberechtigten nicht abgerufen wurden, oder in denen eine bloße Überzeichnung vorliegt, keine Ansprüche geltend machen. Zu diesen Fallgestaltungen vgl. *Lutter*, in: Kölner Kommentar, § 186 Rn. 39, 40. Im Falle der Überzeichnung kommt den Inhabern des gesetzlichen Bezugsrechts der Vorrang vor anderen Personen zu, mit denen ebenfalls Zeichnungsverträge abgeschlossen wurden.

[942] *Lutter*, in: Kölner Kommentar, § 186 Rn. 41.

[943] *Hüffer*, AktG, § 203 Rn. 38; *Lutter*, a.a.O.

[944] *Lutter*, in: Kölner Kommentar, § 186 Rn. 41.

[945] Zur Kritik an der Neuregelung vgl. *Ulmer*, ZHR 163 (1999), 290,292 ff.; *Krieger*, ZHR 163 (1999), 343, 351; *Sünner*, ZHR 163 (1999), 364, 369 f.; *Baums*, Gutachten, S. 244 ff. mit weiteren Nachweisen.

[946] Allgemeine Ansicht. Vgl. nur *K. Schmidt*, Gesellschaftsrecht, S. 643; *Hüffer*, AktG, § 147 Rn. 5.

das Insolvenzrisiko. Ein weiteres Problem ist, dass bei der Regresslösung ggf. zwei Klagen zu erheben sind, eine des Aktionärs gegen die Gesellschaft und eine der Gesellschaft gegen den Vorstand. Dies führt zu zusätzlichen Kosten.

Diese Probleme vermeidet *Habersack*, indem er dem einzelnen Aktionär einen Anspruch auf Unterlassung und ggf. Schadensersatz unmittelbar gegen den Vorstand gemäß §§ 823 Abs. 1, 1004 BGB zugesteht.[947] Diese Ansicht beruht darauf, dass in der Verletzung des Bezugsrechts gleichzeitig eine gemäß § 823 Abs. 1 BGB sanktionierte Verletzung der Mitgliedschaft des einzelnen Aktionärs gesehen wird. Auf diese Ansicht, deren Ansatz nicht auf die Problematik des rechtswidrigen Bezugsrechtsausschlusses beschränkt bleibt, ist später noch näher einzugehen.[948]

Die oben geschilderten Probleme könnten auch vermieden werden, wenn man § 186 Abs. 1 AktG als Schutzgesetz im Sinne des § 823 Abs. 2 BGB verstünde. Denn auch dann stünden den Aktionären Ersatzansprüche direkt gegen die Mitglieder des Vorstands zu. Diese Konsequenz wird jedoch von denen, die sich für eine Anwendung des § 823 Abs. 2 BGB im Verhältnis Aktionär-Gesellschaft aussprechen, nur vereinzelt gezogen.[949] Außerdem ist die Schutzgesetzqualität des § 186 Abs. 1 AktG durchaus zweifelhaft. Denn diese Vorschrift gestaltet das Sonderrechtsverhältnis zwischen Mitglied und Gesellschaft näher aus und bezweckt nicht den Schutz des allgemeinen Rechtsverkehrs. Derartige für Sonderrechtsverhältnisse geltende Normen kommen als Schutzgesetze im Sinne des § 823 Abs. 2 BGB nicht in Betracht.[950]

V. Vermögensrechte

Auf die Vermögensrechte der Aktionäre hat der Vorstand einer Aktiengesellschaft wenig Einfluss. Fälle, in denen der Vorstand Einfluss auf das Vermögensrecht nehmen kann, ergeben sich insbesondere im Zusammenhang mit der Bildung von Rücklagen (vgl. § 58 Abs. 2 AktG). Der Aktionär hat einen Anspruch auf die sich aus der festgestellten Bilanz ergebende Dividende (§ 58 Abs. 4 AktG). Dieser Anspruch richtet sich gegen die Gesellschaft. Voraussetzung des Dividendenanspruchs ist allerdings, dass ein Gewinnverwendungsbeschluss gefasst wird. Diesen hat die Hauptversammlung zu fassen (§ 174 Abs. 1 AktG). Der Anspruch des Aktionärs aus § 58 Abs. 4

[947] *Habersack*, Mitgliedschaft, S. 269. Ihm folgend *Cahn*, ZHR 164, 113 ff.
[948] Siehe S. 252 ff.
[949] *Lutter* bejaht dies wohl für den Fall, dass der Vorstand „ungewöhnlich leichtfertig an der bestehenden Rechtslage vorbei" agiert; *ders.*, in: Kölner Kommentar AktG, § 186 Rn. 41.
[950] *Martens*, FS Steindorff, 1990, 151, 167 f.

AktG konkretisiert sich im Anspruch gegen die Gesellschaft auf Fassung eines Gewinnverwendungsbeschlusses. Dieser Anspruch kann von jedem Aktionär im Wege der Klage gegen die Gesellschaft durchgesetzt werden.[951] Die Hauptversammlung ihrerseits ist jedoch an den festgestellten Jahresabschluss gebunden (§ 174 Abs. 1 S. 2 AktG). Und sie muss insbesondere eine vom Vorstand getroffene Entscheidung über die Bildung von Rücklagen (§ 58 Abs. 2 AktG) hinnehmen. Vorstand und Aufsichtsrat können bis zu 50 % des Jahresüberschusses in Gewinnrücklagen einstellen.[952] Dadurch sollen die Selbstfinanzierungsinteressen der Gesellschaft gegenüber den Ausschüttungsinteressen der Aktionäre geschützt werden.[953] Es stellt sich nun die Frage, ob der Vorstand bei der Entscheidung über die Gewinnrücklagen pflichtwidrig handeln kann. Dies ist im einzelnen umstritten. *Lutter* entnimmt der Regelung des § 58 Abs. 2 S. 1 AktG die Vermutung, dass bis zu der gesetzlich geregelten 50 %-Grenze die Rücklagenbildung im Interesse der Gesellschaft liegt.[954] Eine solche Vermutung soll jedoch dann nicht mehr bestehen, wenn der Vorstand durch die Satzung ermächtigt ist, einen höheren Betrag in die Rücklage einzustellen. *Hefermehl/Bungeroth* gehen jedoch davon aus, dass es den Interessen der Aktionäre eher entspricht, Gewinne auszuschütten, als in Rücklagen einzustellen. Denn auf diese Weise bleibt dem Aktionär die Entscheidung darüber belassen, ob er sein finanzielles Engagement in der Gesellschaft verstärken will.[955] Durch eine umfangreiche Rücklagendotierung würden alle Aktionäre zur Wiederanlage eines Großteils ihrer Erträge gezwungen.

Nun hat der Gesetzgeber durch die Regelung des § 58 Abs. 2 AktG sicherlich bereits eine Interessenbewertung dahin vorgenommen, dass den Interessen der Gesellschaft bis zur 50 %-Grenze ein Vorrang vor den Ausschüttungsinteressen der Aktionäre gebührt. Man kann jedoch nicht soweit gehen, darin bereits eine unwiderlegbare Vermutung für die Rechtmäßigkeit der Rücklagenbildung zu sehen.[956] Eine derart formale Sichtweise wird dem Rechtsgedanken des § 58 Abs. 2 AktG nicht gerecht. Denn die Bildung von Gewinnrücklagen ist eine Ermessensentscheidung des Vorstands. Dieses Ermessen hat er pflichtgemäß auszuüben und im Rahmen der Ermessensausübung eben auch die Interessen der Aktionäre zu berücksichtigen. In der Praxis dürften die Fälle jedoch selten sein, in denen man eine Ermessenreduzierung auf Null annehmen kann und der Vorstand verpflichtet ist, weniger als 50 % des Jahresüberschusses in die

---

[951] Herrschende Meinung. Vgl. *Lutter*, in: Kölner Kommentar, § 58 Rn. 90.
[952] Etwas anderes gilt lediglich für den Ausnahmefall, dass die Hauptversammlung den Jahresabschluss feststellt. Vgl. § 58 Abs. 1 AktG und § 173 AktG.
[953] Vgl. *Lutter*, in: Kölner Kommentar, § 58 Rn. 4 ff.
[954] *Lutter*, in: Kölner Kommentar, § 58 Rn. 34.
[955] In *Geßler u.a*, AktG, § 58 Rn. 55.
[956] *Adler/Düring/Schmaltz*, § 58 Rn. 63.

Gewinnrücklage einzustellen. Solche extremen Fälle mögen vorliegen, wenn Vorstand und Mehrheitsaktionär kollusiv zusammenwirken, um die Minderheit „auszuhungern“ bzw. sie zum Verkauf ihrer Aktien zu bewegen, und nach vernünftiger kaufmännischer Beurteilung eine Rücklagenbildung in dieser Höhe nicht notwendig ist.[957] Will der Vorstand die 50 %-Grenze jedoch aufgrund einer Ermächtigung in der Satzung überschreiten, bedarf es des Nachweises übergeordneter Interessen der Gesellschaft, die eine Rücklagenbildung in Höhe der Hälfte des Überschusses als nicht ausreichend erscheinen lassen.[958]

Allerdings kommen Schadensersatzansprüche gegen die Vorstandsmitglieder, selbst wenn diese pflichtwidrig gehandelt haben, nicht in Betracht. Insoweit mangelt es schon an einem Schaden auf Seiten der Aktionäre. Denn der nicht ausgeschüttete Betrag wächst anteilig ihrer Beteiligung an der Gesellschaft zu. Eventuelle weitergehende Schäden fallen nicht in den Schutzbereich der verletzten Pflicht. Im Einzelfall mag hier mit einem Anspruch gegen die Gesellschaft auf Ausschüttung der einbehaltenen Gewinne geholfen werden.

VI. Aktienrechtliche Informationspflichten

Nicht nur die oben dargestellten kapitalmarktrechtlichen Informationsmöglichkeiten stehen dem Aktionär zur Verfügung, um Informationen über seine Gesellschaft zu erlangen. Auch das Aktienrecht sieht Informationspflichten des Vorstands bzw. der Gesellschaft vor.[959] Zunächst steht jedem Aktionär ein Auskunftsrecht zu (dazu unter 1.) Daneben bestehen besondere Informationspflichten für Fälle, in denen eine Entscheidung der Hauptversammlung gesetzlich vorgeschrieben ist (dazu unter 2.). Und schließlich verlangt die Rechtsprechung für den Fall, dass der Vorstand der Hauptversammlung freiwillig eine Geschäftsführungsmaßnahme vorlegt, eine umfassende Information der Aktionäre (dazu unter 3.).

---

[957] Vgl. *Adler/Düring/Schmaltz*, § 58 Rn. 65.

[958] Vgl. *Geßler/Hefermehl/Kropff*, AktG, § 58 Rn. 58. Unter Berücksichtigung steuerlicher Gesichtspunkte wurde eine Haftung der Vorstands- und Aufsichtsratsmitglieder – allerdings gegenüber der Gesellschaft – diskutiert. Aufgrund der unterschiedlichen Besteuerung von einbehaltenen und ausgeschütteten Gewinnen konnten mit Hilfe des sogenannten Schütt-Aus-Hol-Zurück-Verfahrens steuerliche Vorteile erzielt werden. Wurde dies nicht durchgeführt, lag ggf. ein Schaden der Gesellschaft bzw. der Aktionäre vor. Durch Abschaffung des Anrechnungsverfahrens und der damit verbundenen faktischen Abschaffung des Schütt-Aus-Hol-Zurück-Verfahrens dürfte sich diese Problematik erledigt haben. Vgl. zum alten Recht *Lutter*, in: Kölner Kommentar, § 58 Rn. 34; *Hefermehl/Bungeroth*, in: *Geßler u.a.*, AktG, § 58 Rn. 56. Vgl. auch *Hüffer*, AktG, § 58 Rn. 10.

[959] Ausführlich zu den Informations- und Auskunftsrechten des Aktionärs *Groß*, AG 1997, 97 ff.

1. Der Auskunftsanspruch gemäß § 131 AktG

Jedem Aktionär steht ein Auskunftsrecht zu. Gemäß § 131 AktG kann der Aktionär Auskunft hinsichtlich der Angelegenheiten der Gesellschaft verlangen. Das aktienrechtliche Informationsrecht ist mitgliedschaftsrechtliches Grundrecht,[960] ermöglicht es dem Aktionär doch erst die Mitwirkung an der Willensbildung des Verbands. Das Recht ist in der Hauptversammlung auszuüben und richtet sich gegen die Gesellschaft. Diese bedient sich zur Erfüllung des Auskunftsanspruchs des Vorstands. Gegenstand des Auskunftsrechts sind die Angelegenheiten der Gesellschaft, etwa bilanzierungsfähige Daten, Geschäftsverbindungen, Planungen etc. § 131 Abs. 3 AktG zählt abschließend die Fälle auf, in denen der Vorstand die Auskunft verweigern darf.

Geschützt wird das aktienrechtliche Auskunftsrecht zunächst über § 132 AktG. Das dort geregelte Auskunftserzwingungsverfahren ist als Streitverfahren der Freiwilligen Gerichtsbarkeit ausgestaltet. In der Praxis spielt das Verfahren gemäß § 132 AktG allerdings keine große Rolle, da es zumeist zu spät kommt.[961] Bedeutsamer sind Anfechtungsklagen wegen Verletzung des Informationsrechts.[962] Es wird allgemein davon ausgegangen, dass der Aktionär einen Beschluss der Hauptversammlung sofort mit der Begründung anfechten kann, der Vorstand habe eine Auskunft in der Hauptversammlung zu Unrecht verweigert. Die Vorfrage der Informationsrechtsverletzung muss nicht zunächst in einem Verfahren gemäß § 132 AktG geklärt werden.[963] Und schließlich kommt nach herrschender Lehre ein Anspruch auf Schadensersatz wegen eines mit dem Schaden der Gesellschaft nicht identischen Eigenschadens in Betracht.[964] Der Anspruch richtet sich gegen die Gesellschaft und basiert auf einer Verletzung des mitgliedschaftlichen Rechtsverhältnisses. Ein Anspruch aus § 823 Abs. 2 BGB in Verbindung mit § 131 AktG wird demgegenüber überwiegend abgelehnt.[965]

Dem Anspruch gegen die Gesellschaft und einer möglichen Regresslösung stehen die oben im Zusammenhang mit dem Bezugsrechtsausschluss bereits dargestellten Bedenken gegenüber.[966] In der Praxis dürften Schadensersatzansprüche im Zusammenhang mit einer Verletzung der Auskunftspflicht

---

[960] *Wiedemann*, Gesellschaftsrecht, § 7 II 2 a aa.

[961] Vgl. *K. Schmidt*, Gesellschaftsrecht, S. 854.

[962] Vgl. *Baums*, Gutachten , S. F 134.

[963] *Baums*, Gutachten, S. F 134; *K. Schmidt*, Gesellschaftsrecht, S. 854 m.w.N.; *Habersack*, Mitgliedschaft, S. 341.

[964] *Zöllner*, in: Kölner Kommentar, § 131 Rn. 102. Nachweise zum Recht der GmbH bei *Habersack*, Mitgliedschaft, S. 342 Fn. 288.

[965] Vgl. *Hüffer*, AktG, § 131 Rn. 44. A.A. *Eckardt*, in: Geßler/Hefermehl/Eckardt/Kropff, AktG, § 131 Rn. 172. Nachweise zum Recht der GmbH bei *Habersack*, a.a.O.

[966] Siehe oben S. 232 f.

jedoch keine große Rolle spielen. Denn der Blick in das U.S.-amerikanische Recht hat gezeigt, dass Auskunftspflichtverletzungen nur selten zu einem feststellbaren Schaden beim Aktionär führen.[967]

2. *Weitere Berichtspflichten*

Im Zusammenhang mit grundlegenden Maßnahmen sieht das Gesetz zusätzlich umfassende Berichtspflichten vor. An anderer Stelle erwähnt wurde bereits der Bericht des Vorstands zur Begründung eines Bezugsrechtsausschlusses sowie des vorgesehenen Ausgabebetrages (§ 186 Abs. 4 S. 2 AktG).[968] Darüber hinaus sieht das Umwandlungsgesetz im Falle von Umstrukturierungsmaßnahmen eine umfassende Berichtspflicht des Vorstands (§ 8 UmwG) vor. § 293 a AktG regelt, dass der Vorstand im Falle des Abschlusses eines Unternehmensvertrages einen ausführlichen Bericht zu erstatten hat. Für den Fall der Eingliederung sehen die §§ 319 Abs. 3 und 320 Abs. 4 AktG einen Eingliederungsbericht des Vorstands vor. § 179 a Abs. 2 Satz 4 AktG regelt die Verpflichtung des Vorstands, den Übertragungsvertrag betreffend die Übertragung des gesamten Gesellschaftsvermögens in der Hauptversammlung zu erläutern. Und schließlich ergibt sich eine Informationspflicht aus den vom BGH entwickelten *Holzmüller*-Grundsätzen. Legt der Vorstand Maßnahmen von grundlegender Bedeutung im Sinne der *Holzmüller*-Doktrin der Hauptversammlung vor, muss der Vorstand nicht nur analog § 124 Abs. 2 Satz 2 AktG das Unternehmenskonzept sowie die wesentlichen Einzelschritte seiner Durchführung und bei einem Vertrag dessen wesentlichen Inhalt bei Einberufung der Hauptversammlung bekannt machen.[969] Der Vorstand muss darüber hinaus in solchen Fällen einen schriftlichen Bericht verfassen, der von der Einberufung an in den Geschäftsräumen der Gesellschaft zur Einsicht auszulegen und jedem Aktionär auf Verlangen zuzusenden ist.[970] Sind diese Berichte fehlerhaft, kommt eine Anfechtung der daraufhin ergangenen Beschlüsse der Hauptversammlung in Betracht.[971]

---

967 Siehe oben S. 106.

968 Siehe oben S. 230 f.

969 OLG München, AG 1995, 232, 233; LG Frankfurt a.M., NZG 1998, 113, 115; *Hüffer*, AktG; § 124 Rn. 11; *Lutter/Leinekugel*, ZIP 1998, 805, 814; *Krieger*, in: Münchener Handbuch des Gesellschaftsrechts, Band 4, Aktiengesellschaft, § 69 Rn. 11.

970 LG Frankfurt a.M., NZG 1998, 113, 115; *Lutter/Leinekugel*, ZIP 1998, 805, 814; *Krieger*, in: Münchener Handbuch des Gesellschaftsrechts, Band 4, Aktiengesellschaft, § 69 Rn. 11. A.A. *Hüffer*, AktG, § 119 Rn. 19.

971 Vgl. *Baums* Gutachten, S. F 130. Eine Heilung fehlerhafter Berichte durch mündliche Berichtigung in der Hauptversammlung ist nur in engen Grenzen möglich, vgl. dazu *Preisenberger*, Heilbarkeit fehlerhafter Vorstandsberichte, S. 118 ff.

3. *Freiwillige Vorlage durch den Vorstand*

Legt der Vorstand freiwillig eine Geschäftsführungsmaßnahme den Aktionären zur Entscheidung vor, ist er gleichfalls zur umfassenden Information derselben verpflichtet. „Wenn der Vorstand gemäß § 119 Abs. 2 AktG in einer Geschäftsführungsangelegenheit die Entscheidung der Hauptversammlung verlangt, so muss er ihr auch die Informationen geben, die sie für eine sachgerechte Willensbildung benötigt."[972] Andernfalls kann die Hauptversammlung in einen umfassenden Meinungsbildungsprozess nicht eintreten, mithin keine sachgerechte Entscheidung fällen. Das den Aktionären nach § 119 Abs. 2 AktG eingeräumte Stimmrecht umfasst daher notwendigerweise das Recht auf vorherige Erteilung der für die Entscheidung erforderlichen Informationen.[973] Hintergrund ist, dass der Vorstand mit Einholung der Zustimmung der Hauptversammlung seine Verantwortung für die betroffene Geschäftsführungsmaßnahme abgibt. Denn gemäß § 93 Abs. 4 S. 1 AktG ist die Haftung des Vorstands gegenüber der Gesellschaft für eine Geschäftsführungsmaßnahme dann ausgeschlossen, wenn diese auf einem gesetzmäßigen Hauptversammlungsbeschluss beruht. Wenn der Vorstand aber auf diese Weise seine Verantwortung an die Hauptversammlung abgeben kann, muss er auch alle ihm zur Verfügung stehenden Informationen weitergeben.[974] Bei unzureichender Information ist der Beschluss der Hauptversammlung gemäß § 243 Abs. 1 AktG anfechtbar.[975]

---

[972] BGHZ 146, 288 Leitsatz a) – *Altana/Milupa*. Dazu *Henze*, BB 2002, 893. 895: „Wer A sagt muss auch B sagen." A.A. *Mülbert*, in: Großkommentar AktG, § 119 Rn. 51; *Groß*, AG 1996, 111, 115; *ders.*, AG 1997, 97, 101. Begründet wird diese Gegenansicht unter anderem damit, dass die Hauptversammlung völlig frei sei, eine Entscheidung wegen ungenügender Informationen zu verweigern. Allerdings lässt sich ex ante nicht immer ersehen, ob die gegebene Information vollständig ist.

[973] OLG München, AG 1996, 327.

[974] Vgl. *Schockenhoff*, NZG 2001, 921, 923. Dass der Vorstand den Aktionären auch bei freiwilliger Vorlage von Geschäftsführungsmaßnahmen gemäß § 119 Abs. 2 AktG die für eine sachgerechte Willensbildung erforderlichen Informationen geben muss, steht nach der Entscheidung des BGH außer Frage. Fraglich bleibt jedoch, auf welche Weise der Vorstand die Aktionäre informieren muss. Reicht eine (mündliche) Information in der Hauptversammlung oder greifen weitere Bekanntmachungs-, Auslegungs- und Übersendungs- oder Berichtspflichten analog §§ 124 Abs. 2 S. 2, 179 a Abs. 2, 293 a, 293 f AktG? Zu dieser Frage vgl. BGHZ, a.a.O.; *Tröger*, ZHR 165 (2002), 593, 597 ff.

[975] BGHZ 146, 288, 291 – *Altana/Milupa*.

§ 8 Vorschläge für eine umfassende Vorstandshaftung

Nachdem exemplarisch dargestellt wurde, in welchen Fällen die Gefahr besteht, dass Vorstandsmitglieder die Aktionäre unmittelbar schädigen können, und welche Schutzlücken gerade im Vergleich mit dem U.S.-amerikanischen Recht bestehen, gilt es, den Versuch zu unternehmen, diesen durch die Weiterentwicklung allgemeiner Rechtsgrundsätze abzuhelfen und ein einheitliches Konzept der Vorstandshaftung vorzustellen. Dazu sollen zunächst die Schutzdefizite des deutschen Rechts nochmals zusammenfassend dargestellt werden (dazu unter I.). Eng verknüpft mit der Frage nach den Schutzdefiziten ist die Frage, welche Ziele mit einer unmittelbaren Haftung der Vorstandsmitglieder verfolgt werden (dazu unter II.). Schließlich sind die allgemeinen Rechtsinstitute zu erörtern, die einen Schutz der Aktionäre im Verbandsinnenverhältnis zu gewährleisten vermögen (dazu unter III. bis V.).

I. Schutzlücken im deutschen Recht

Die Darstellung des deutschen Rechts hat gezeigt, dass im Vergleich zum U.S.-amerikanischen Recht die persönliche Haftung der Vorstandsmitglieder gegenüber den Aktionären nur eine untergeordnete Rolle spielt. Zwar sieht auch das deutsche Recht in einigen Fällen vor, dass Aktionäre ihre Eigenschäden direkt gegenüber den Vorstandsmitgliedern geltend machen können. Diese spezialgesetzlichen Regelungen decken jedoch bei weitem nicht alle Fälle ab, in denen Vorstandsmitglieder durch pflichtwidriges Handeln „ihre" Aktionäre schädigen können, wie der Vergleich mit dem U.S.-amerikanischen Recht verdeutlicht. Teilweise wird in Deutschland mit einem Anspruch gegen die Gesellschaft geholfen. Diese kann dann Regress beim Vorstand nehmen.

Zur Sicherstellung der Richtigkeit von Informationen im Rahmen der Emissionspublizität setzt allerdings auch das deutsche Recht weitgehend Haftungsbestimmungen ein. Im Falle unwahrer Angaben in einem Emissionsprospekt steht dem Aktionär ein Ersatzanspruch gegen die Gesellschaft zu. Im amerikanischen Recht kann dieser Anspruch auch gegen die Mitgliedern des Vorstands geltend gemacht werden. Werden jedoch Informationen im Rahmen der Emission von Aktien außerhalb eines Prospekts gegeben, kann der Aktionär, der aufgrund dieser falschen Angaben Aktien erwirbt, im deutschen Recht seinen Schaden nicht ersetzt verlangen. Dies gilt sowohl für schriftliche Einzelangaben außerhalb des Prospekts als auch für mündliche. Anders regelt dies das amerikanische Recht, welches für derartige Fälle in § 12 Securities Act eine Haftung der Gesellschaft und in Rule 10b-5 gar eine Haftung der Vorstandsmitglieder persönlich vorsieht.

Größere Schutzlücken zeigen sich bei Falschinformationen am Sekundärmarkt. Im Falle fehlerhafter mündlicher Angaben kommt ein Schadensersatzanspruch mit Ausnahme von § 826 BGB, der eine vorsätzliche und sittenwidrige Schädigung vorsieht, nicht in Betracht. In den USA werden die Investoren über Rule 10b-5 geschützt. Und auch im Falle von schriftlichen Fehlinformationen sieht das deutsche Recht einen Schadensersatzanspruch grundsätzlich nicht vor. Dies gilt unabhängig davon, ob die fehlerhafte Information in einer der gesetzlich vorgesehenen Unterlagen (Jahresabschluss, Zwischenbericht, Ad-hoc-Mitteilung) oder freiwillig, etwa in Form von Presseerklärungen, erfolgt. Eine Ausnahme ist jetzt für fehlerhafte Ad-hoc-Mitteilungen eingeführt worden (§§ 37 b und c WpHG). Der Anspruch besteht gegenüber der Gesellschaft. Diese kann jedoch bei den Vorstandsmitgliedern Regress nehmen.
Teilweise wird versucht, mit den Grundsätzen der allgemeinen zivilrechtlichen Prospekthaftung zu helfen. Eine derartige Lösung sieht sich jedoch dem Problem ausgesetzt, dass zumindest ein Schriftstück vorliegen muss, so dass für mündliche Fehlinformationen immer noch Schutzlücken verbleiben. Zudem greifen die Grundsätze der bürgerlichrechtlichen Prospekthaftung nur in Fällen, in denen eine Vertriebs- oder Werbesituation vorliegt. Dies ist gerade am Sekundärmarkt jedoch häufig nicht der Fall.
Ein wirksamer Schutz der Aktionäre kann auch über § 823 Abs. 2 BGB nicht gewährleistet werden. Denn zunächst muss der Aktionär nachweisen, dass die verletzte Norm Schutzgesetz im Sinne des § 823 Abs. 2 BGB ist. Dies ist häufig zweifelhaft und im Wesentlichen nur für § 400 AktG und § 263 StGB allgemein anerkannt. Außerdem greifen diese Tatbestände nur im Falle vorsätzlichen Handelns. Und schließlich stellen sich für den geschädigten Aktionär weitere Beweisprobleme, etwa bei der Frage des Nachweises der Kausalität.

Es zeigt sich also, dass insbesondere in Fällen fehlerhafter oder unvollständiger Information des Kapitalmarkts im deutschen Recht erhebliche Schutzlücken bestehen. Anders als im U.S.-amerikanischen Recht können in vielen Fallgestaltungen weder die Gesellschaft noch die Vorstandsmitglieder persönlich zur Verantwortung gezogen werden. Der Schutz der Aktionäre wird im deutschen Recht statt dessen weitgehend durch strafrechtliche Bestimmungen und teilweise durch das Recht der Ordnungswidrigkeiten gewährleistet. Eine solche Lösung lässt die Aktionäre aber dann schutzlos, wenn Vorstandsmitglieder nicht vorsätzlich, sondern bloß fahrlässig gehandelt haben. Außerdem entfalten diese Vorschriften nur dann eine spürbare Abschreckungswirkung, wenn sie auch tatsächlich durchgesetzt werden.

Aber auch in Fällen außerhalb kapitalmarktrechtlicher Informationspflichtverletzungen stellt sich die Frage, wie die Aktionäre vor pflichtwidrigem Vorstandshandeln angemessen geschützt werden können. Nahe bei den kapitalmarktrechtlichen Informationspflichtverletzungen liegen hier Fälle, in denen der Vorstand fehlerhafte Auskünfte im Zusammenhang mit Übernahmen (§ 27 WpÜG), sonstigen Berichtspflichten oder dem Anspruch gemäß § 131 AktG herausgibt oder eine falsche Entsprechenserklärung gemäß § 161 AktG abgibt. In Rede stehen aber auch Fälle, in denen der Vorstand etwa eine Übernahme unter Verstoß gegen § 33 WpÜG abwehrt oder das Bezugsrecht der Aktionäre bei genehmigtem Kapital rechtswidrig ausschließt. Teilweise wird versucht, Fälle der fehlerhaften Auskunft durch Rückgriff auf die Grundsätze der allgemeinen Prospekthaftung zu lösen.[976] Diese passen für die hier in Rede stehenden Fälle jedoch nicht, da regelmäßig keine typische Werbe- bzw. Vertriebssituation vorliegt und der Vorstand lediglich seiner gesetzlichen Informationspflicht nachkommt. Andere Fälle werden unter Rückgriff auf § 823 Abs. 2 BGB zu lösen versucht.[977] Dem steht jedoch häufig entgegen, dass die Schutzgesetzqualität der verletzten Norm zumeist zweifelhaft ist. Außerdem hängt eine solche Lösung von der Zufälligkeit ab, ob die verletzte Verhaltenspflicht gesetzlich normiert wurde. In anderen Fällen wird mit einem Anspruch gegen die Gesellschaft selbst geholfen.[978] Doch auch dies ist nicht unproblematisch. Immerhin trägt in diesen Fällen dann die Gesellschaft das Risiko der Uneinbringlichkeit der Forderung.

Ein einheitlicher Weg, wie die Fälle zu lösen sind, in denen der Vorstand die Aktionäre unmittelbar schädigt, zeichnet sich also nicht ab. Erstaunlicherweise finden sich mit der Regresslösung und der – teilweise sogar spezialgesetzlich geregelten – Möglichkeit der unmittelbaren Inanspruchnahme der Vorstandsmitglieder gar zwei vom Ansatz her verschiedene Konzepte, ohne dass Argumente für die unterschiedliche Behandlung der Fälle geliefert werden. Allerdings sind in der Literatur bereits anhand verschiedener Fallgestaltungen umfassende Konzepte für eine einheitliche Vorstandshaftung vorgelegt worden.[979] Diese gilt es im folgenden auf ihre Tauglichkeit für die hier in Rede stehenden Fälle zu untersuchen, um ggf. unter Rückgriff auf allgemeine Rechtsgrundsätze eine einheitliche Lösung zu finden.

---

[976] So etwa bei einer fehlerhaften Stellungnahme gemäß § 27 WpÜG oder bei einer falschen Entsprechenserklärung gemäß § 161 AktG.

[977] So etwa bei Verstößen gegen §§ 27, 33 WpÜG oder im Falle der Abgabe einer falschen Entsprechenserklärung gemäß § 161 AktG.

[978] So etwa bei Verletzung des Bezugsrechts im Falle genehmigten Kapitals oder des Auskunftsanspruchs gemäß § 131 AktG.

[979] Für Treuepflichten: *van Aubel*, Vorstandspflichten, S. 128 ff. (insbesondere bei Übernahmeangeboten); *Rhein*; Interessenkonflikte, S. 173 ff. (insbesondere beim Management Buy-out). Für einen umfassenden Schutz über § 823 Abs. 1 BGB *Habersack*, Mitgliedschaft, S. 171 ff. Vgl. auch für das Vereinsrecht *Helms*, Schadensersatzansprüche, S. 125 ff. (Vertrag mit Schutzwirkung zugunsten Dritter).

II. Ziel der Vorstandshaftung

Zunächst sind jedoch die Ziele einer unmittelbaren Vorstandshaftung darzustellen. Denn, so ist zu bedenken, es handelt sich in den hier diskutierten Fällen um reine Vermögensschäden auf Seiten der Aktionäre, die sowohl nach deutschem als auch nach U.S.-amerikanischem Recht keineswegs immer ersetzt werden.[980] Zudem vermag die bloße Tatsache, dass das U.S.-amerikanische Recht eine Vorstandshaftung unmittelbar den Aktionären gegenüber vorsieht, deren Einführung in Deutschland nicht zu rechtfertigen. Dies gilt umso mehr, als auch in den USA immer wieder erhebliche Kritik an den Haftungsvorschriften laut wird und diese gerade in den letzten Jahren zu einer Milderung der Vorstandshaftung geführt hat.[981]

1. Anreizwirkung des Haftungsrechts

Als Rechtfertigung für eine Haftung der Vorstandsmitglieder könnte man zunächst anführen, dass diese den Aktionären schuldhaft einen Schaden zugefügt haben und diesen ausgleichen müssen. Es wäre dann nur konsequent, die Vorstandsmitglieder für alle Schäden, die sie den Aktionären zufügen, haften zu lassen. Allein die bloße Tatsache, dass jene einen Schaden verursacht haben, vermag eine Haftung allerdings nicht zu rechtfertigen. Weder im deutschen noch im amerikanischen Recht ist Ersatz für alle schuldhaft verursachten Schäden zu leisten. So werden bloße Vermögensschäden, und um solche handelt es sich in den hier in Rede stehenden Fällen, im Bereich des Deliktsrechts sogar nur in Ausnahmefällen ersetzt.

Die Aufgabe des Haftungsrechts besteht jedoch nicht nur darin, dem Geschädigten einen Ausgleich für den erlittenen Schaden zu verschaffen. Diese Funktion wird zwar insbesondere im Deliktsrecht immer wieder in den Vordergrund gerückt,[982] sie kann jedoch auch aus ökonomischer Perspektive nicht als alleinige Begründung für eine Schadensersatzhaftung dienen. Denn der Ausgleich eines Schadens führt letztlich lediglich zu einer Umverteilung. Der Schaden wird nicht ungeschehen gemacht, sondern von einer Person auf die andere verlagert. Die durch die Umverteilung verursachten Kosten führen gesamtwirtschaftlich betrachtet zu einem Nettowohlfahrtsverlust.[983] Denn zu

---

[980] Vermögensschäden werden regelmäßig nur im Rahmen vertraglicher Beziehungen ersetzt. Dies gilt für das deutsche wie für das U.S.-amerikanische Recht gleichermaßen.

[981] Insbesondere durch den Erlass des Private Securities Litigation Reform Act im Jahre 1996. Vgl. etwa unten S. 91.

[982] Vgl. *Larenz*, Schuldrecht, § 27 I; *Mertens*, in: Münchener Kommentar, Vor § 823 ff. Rn. 41, 44. Siehe aber auch *Kötz*, Deliktsrecht, Rn. 36 ff.

[983] *Schäfer/Ott*, Ökonomische Analyse, S. 114.

den Kosten, die das schädigende Ereignis verursacht hat, kommen nun noch andere Kosten, wie die der Rechtsdurchsetzung, hinzu.

Dagegen kann man auch nicht einwenden, dass eine derartige gesamtwirtschaftliche Betrachtung dem einzelnen geschädigten Aktionär wenig helfe. Denn dieser weiß ex ante nicht, ob er später zur Gruppe der Geschädigten zählen wird. Daher wird er sich aus der Sicht ex ante gegen eine Umverteilung des Schadens aussprechen, wenn diese lediglich Kosten verursacht, aber keine weiteren Vorteile bringt. Insbesondere wird er nicht daran interessiert sein, dass das Management Ressourcen „seines Unternehmens" dafür aufwendet, um die aufgrund der Haftungsvorschriften sich bildenden Sorgfaltsmaßstäbe erfüllen zu können. Er mag schließlich auch zum Gewinner der durch die falsche Information verursachten Transaktion werden, wenn er beispielsweise nach einer unwahren positiven Tatsachenbehauptung seine Aktie zu einem künstlich überhöhten Preis verkaufen kann. Außerdem ist zu bedenken, dass die am Aktienmarkt tätigen Personen häufig nicht nur einmalig dort tätig werden, sondern mehrmalige Transaktionen tätigen. Es kann über einen längeren Zeitraum also durchaus sein, dass der bei der einen Transaktion auf Kosten des Verkäufers geschädigte Käufer bei der nächsten Transaktion – nun etwa seinerseits in der Position eines Verkäufers – von einem fehlerhaften Verhalten seitens des Vorstands profitiert. Über einen längeren Zeitraum betrachtet, würden sich also in diesem Modell die Gewinne und Verluste der Beteiligten die Waage halten. Eventuelle Haftungsansprüche würden dieses Gleichgewicht stören und tatsächlich auch für den Einzelnen lediglich höhere Kosten (u.a. für die Rechtsdurchsetzung) verursachen. Aber auch für die übrigen Fälle der Sorgfaltspflichtverletzung – in denen es nicht um Falschinformationen geht – gilt, dass die Aktionäre nur dann ein Interesse am Ersatz ihrer daraus resultierenden Schäden haben, wenn die Vermeidungskosten unter den durch die Sorgfaltspflichten entstandenen Kosten liegen.[984]

Sinn einer Haftung der Vorstandsmitglieder wegen fehlerhafter Information oder sonstiger Sorgfaltspflichtverletzungen ist also nicht primär, den geschädigten Aktionären ihren Vermögensschaden zu ersetzen, sondern es sollen Anreize geschaffen werden, sorgfältig zu handeln.[985] Zudem geht es darum, Fehlanreize zu korrigieren. Denn sowohl in der Krise der Gesellschaft als auch dann, wenn der Vorstand plant, eigene Anteile an der Gesellschaft zu veräußern, oder bei Aktienoptionen, die an die Kursentwicklung der Aktien der Gesellschaft

---

[984] Ob ein Vertrauen auf pflichtgemäßes Handeln anderer schützenswert ist, hängt von der Schadenshöhe im Schadensfalle, der Wahrscheinlichkeit des Schadenseintritts sowie der Höhe der Vermeidungskosten ab. Vgl. *Schäfer/Ott*, Ökonomische Analyse, S. 276.

[985] Zu Anreizmechanismen im Kapitalmarktrecht vgl. etwa *Kalss*, Anlegerinteressen, S. 15 ff.; *Köndgen*, in: FS Druey, S. 791, 793 ff.

anknüpfen, hat der Vorstand durchaus starke Anreize zur Fehlinformation des Kapitalmarktes.[986]

Ein Einwand, der einer präventiven Wirkung des Haftungsrechts entgegengehalten wird, ist, dass Schäden nur von planenden Organisationseinheiten verhindert werden können, nicht aber von spontan handelnden Individuen, deren Verhalten durch Gewohnheit und feste Reaktionsmuster geprägt ist. Diese Auffassung wird jedoch durch empirische Studien nicht gestützt.[987] Vielmehr deuten diese Studien darauf hin, dass Individuen sehr wohl auf eine Änderung der Anreizstrukturen reagieren. Dies gilt schon für so allgemeine Gebiete wie das Unfallrecht, wo man doch eine Anreizwirkung auf den ersten Blick vielleicht verneinen könnte. Umso mehr gilt dies in den hier in Rede stehenden Fällen. Denn der Vorstand wird die Informationen, die an die Öffentlichkeit gelangen, nicht spontan herausgeben. Dahinter steht vielmehr eine Organisationseinheit, die die Informationen aufbereitet und darüber entscheidet, welche Informationen an die Öffentlichkeit gelangen. Sicherlich sind auch Fälle denkbar, in denen ein Vorstandsmitglied mehr oder weniger unbedacht Informationen an die Öffentlichkeit gibt, deren Bekanntgabe vorher so nicht geplant war. Aber auch in diesen Fällen ist die Bekanntgabe von Informationen in Bezug auf die Spontaneität der Handlung doch weit von einem Unfall entfernt. Das Problem, dass es sich bei Unfällen um Spontanhandlungen handelt, tritt hier also weniger deutlich zu Tage.[988]
Ein weiterer Einwand, der gegen die Präventivfunktion des Haftungsrechts vorgebracht wird, ist, dass Versicherungslösungen hinsichtlich der Anreizwirkung eine neutralisierende Wirkung haben. Auf den ersten Blick erscheint dieses Argument nicht unschlüssig. Wer für den von ihm verursachten Schaden sowieso nicht aufzukommen hat (außer im Falle vorsätzlichen Handelns), mag weniger sorgfältig agieren als jemand, der den gesamten Schaden zu ersetzen hat. Dieses Problem lässt sich jedoch durch die Vereinbarung eines Eigenbehalts lösen.[989] Auch der Deutsche Corporate Governance Kodex empfiehlt, dass im Falle des Abschlusses von D&O-Versicherungen für die Vorstandsmitglieder ein angemessener Selbstbehalt vereinbart werden soll.[990]

---

[986] Vgl. dazu näher *Baums*, ZHR 167 (2003), 139, 174 f.
[987] *Schäfer/Ott*, Ökonomische Analyse, S. 114 f.
[988] Im Übrigen spricht schon die Existenz und der Umfang des heutigen Haftungsrechts dafür, dass diesem auch durchaus eine verhaltenssteuernde Wirkung zukommt. Andernfalls wäre eine Versicherungslösung, die dem Geschädigten seinen Schaden ersetzt, wirtschaftlicher, da die bei der Umverteilung des Schadens entstehenden Kosten eingespart würden.
[989] Dazu *Baums*, ZHR 167 (2003), 139, 176. Gegen einen Eigenbehalt *Easterbrook/Fischel*, Economic Structure, S. 340. Zur Problematik der D&O-Versicherung siehe unten, S. 324 ff.
[990] Nr. 3.8. Zwar bezieht sich diese Ziffer nur auf die Haftung gegenüber der Gesellschaft, für eine Haftung gegenüber den Aktionären sollte aber Gleiches gelten.

Es bleibt also festzuhalten, dass die Normierung von Verhaltensanforderungen sich stets auch an künftige potentielle Schädiger wendet und diese veranlassen soll, Vorkehrungen zur Abwehr eines möglichen Schadens zu treffen.[991]

2. *Kostenminimierung*

Nun ist eine derartige Verhaltenssteuerung kein Selbstzweck. Sie dient vielmehr dazu, Kosten, die im Zusammenhang mit schädigenden Ereignissen auftreten, zu verhindern. Weitgehend anerkannt ist, dass der Markt eine „freiwillige" genügende Informationsproduktion nicht garantieren kann.[992] Durch die Falschinformation einzelner Unternehmen werden zudem negative externe Effekte für redliche Unternehmen hervorgerufen, die gar zu einem Versagen des Marktes führen können. Dieses Marktversagensproblem rechtfertigt die Regulierung des Kapitalmarktes.[993] Die Fragen, ob gerade das Haftungsrecht effektive Anreize zu schaffen vermag oder ob andere Anreizmechanismen effizienter sind,[994] sind damit allerdings noch nicht entschieden. Die Antworten auf diese Fragen bedürfen letztlich empirischer Fundierung, die im Rahmen dieser Arbeit nicht geleistet werden kann. Folgende Überlegungen mögen jedoch Ansatzpunkte bieten:

Ziel des Schadensrechts ist es, Kosten insgesamt zu minimieren. Es ist allerdings zu bedenken, dass auch Vorkehrungen, die zur Abwehr eines Schadens getroffen werden, Kosten verursachen. Liegen die Kosten für die Abwehr von Schäden gesamtwirtschaftlich betrachtet höher als die durch die Schäden verursachten Kosten, hat es keinen Sinn, den Eintritt dieser Schäden zu verhindern. In einem solchen Fall ist die Hinnahme von Schäden gesamtwirtschaftlich nützlich. Davon ausgehend sind die Kosten, die ohne eine gesetzliche Regelung entstehen, denen, die mit einer gesetzlichen Regelung entstehen, gegenüberzustellen. Nach *Calabresi* verursacht jedes schädigende

---

[991] Zur Präventivfunktion von Aktionärsklagen vgl. *Ulmer*, ZHR 163 (1999), 290, 306 f. Vgl. auch *Cahn*, ZHR 164, 113, 119.

[992] Vgl. dazu *Meier-Schatz*, Wirtschaftsrecht, S. 161 ff. Weitere Nachweise bei *Köndgen*, in: FS Druey, S. 791, 794 Fn. 18.

[993] Zu den ökonomischen Grundlagen der Regulierung des Kapitalmarktes vgl. *Romano*, Advantage of Competitive Federalism, S. 12 ff.; *Easterbrook/Fischel*, Economic Structure, S. 286 ff.; *Merkt*, Unternehmenspublizität, S. 207 ff. Weitere Nachweise zur Literatur bei *Baums*, ZHR 167 (2003), 139, 144 Fn. 24; *ders.*, Giurisprudenza Commerciale 2003, S. 53 ff.; *Köndgen*, FS Druey, S. 791, 793 ff.

[994] Zu den Defiziten der bisher zur Verfügung stehenden Sanktionsmechanismen vgl. aber schon oben S. 239 ff. sowie *Köndgen*, in: FS Druey, S. 791 ff. (zur Ad-hoc-Publizität) und *Baums*, ZHR 167 (2003), 139, 144 f.

Ereignis drei Arten von Kosten.[995] Zunächst sind dies die primären Kosten. Darunter ist der Wert aller Schäden bei den Opfern zu verstehen. Daneben können sekundäre Kosten entstehen, wenn nicht für eine Streuung des Schadens gesorgt ist. Und schließlich entstehen aufgrund der Abwicklung des Schadensfalls tertiäre Kosten.

Zunächst gilt es die Frage zu beantworten, welche Kosten entstehen, wenn die Aktionäre durch sorgfaltswidriges Vorstandshandel geschädigt werden. Die Fälle der Informationspflichtverletzungen am Sekundärmarkt weisen im Vergleich zu den übrigen Fällen der Sorgfaltspflichtverletzung hier einen aus ökonomischer Sicht entscheidenden Unterschied auf. Dem Verlust des Geschädigten steht nämlich ein gleich hoher Gewinn auf Seiten des Vertragspartners gegenüber, der bei richtiger Information durch den Vorstand nicht entstanden wäre. Gibt der Vorstand fehlerhafte Informationen heraus und erwirbt der Käufer die Aktien des Unternehmens aufgrund dieser Information zu einem überhöhten Preis, erleidet er zwar einen Schaden. Diesem Schaden steht jedoch ein gleich hoher Gewinn auf Seiten des Verkäufers gegenüber. Auf den ersten Blick handelt es sich gesamtwirtschaftlich betrachtet also um ein Nullsummenspiel.[996] Entschließt sich ein Käufer beispielsweise aufgrund einer fehlerhaften Information des Vorstandes, die zu einer Kurssteigerung (von EURO 20 auf EURO 30) geführt hat, Aktien der Gesellschaft zu erwerben und fallen die Kurse nach Bekanntgabe der wahren Gegebenheiten wieder (auf EURO 20), so entspricht der Verlust (von EURO 10) auf Seiten des Käufers genau dem Gewinn des Verkäufers. Hätte der Verkäufer die Aktien gehalten, wäre ihm durch die bloße Fehlinformation kein Schaden entstanden. Der gesamtwirtschaftliche Schaden besteht jedoch darin, dass eine möglicherweise ineffiziente Transaktion zustande gekommen ist. Darin liegen die primären Kosten. Die Aktien sind nicht in die Hände desjenigen gelangt, der die Ressourcen bei richtiger Bewertung am effizientesten hätte nutzen können. Daneben kann auch das Vertrauen aller Marktteilnehmer in die Effizienz der Aktienmärkte so stark erschüttert werden, dass die Gefahr besteht, dass sich jene vom Markt zurückziehen. Die Aktionäre als potentiell Geschädigte wiederum werden das Risiko ihrer Schädigung beim Erwerb der Anteile berücksichtigen, so dass sich die Finanzierungskosten der Unternehmen erhöhen. Für die Unternehmen entstehen zusätzliche Kosten zudem dadurch, dass sie durch kostspieliges signalling verlorenes Anlegervertrauen zurückgewinnen müssen.[997]

Diesen Effizienzverlusten und den Kosten, die durch den Vertrauensverlust entstehen, sind nun die Kosten gegenüber zu stellen, die im Falle der Schaffung

---

995 *Calabresi*, Costs of Accidents, S. 26 ff.

996 Vgl dazu *Schäfer/Ott*, Ökonomische Analyse, S. 282.

997 Vgl. zu den Schäden noch *Fleischer*, Gutachten, S. F 100 m.w.N.

von Individualansprüchen der Aktionäre entstehen. Dies sind zunächst Anwalts- und Gerichtskosten, aber auch die Opportunitätskosten der Parteien. Neben solchen sogenannten tertiären Kosten fallen zudem sekundäre Kosten an. Diese Kosten entstehen bei fehlender Schadensstreuung. Dem Konzept der sekundären Kosten liegt der Gedanke zu Grunde, dass der soziale Schaden im Falle primärer Schadenskosten im Allgemeinen höher ist, wenn der Gesamtschaden von einer Person zu tragen ist, als wenn er auf mehrere Personen verteilt wird. Dies hängt mit dem Gesetz des abnehmenden Grenznutzens des Einkommens zusammen. Der Nutzen eines Haushalts steigt zwar mit zunehmendem Einkommen, aber nur unterproportional. Daraus folgt, dass der soziale Schaden größer ist, wenn ein Vorstandsmitglied den primären Schaden alleine trägt, als wenn der Schaden gemeinsam von den Aktionären getragen wird. Das Nichtexistieren einer Haftungsregelung kann also durchaus sozial nützlich sein. Wenn keine Haftungsregeln bestehen, funktioniert die Gemeinschaft der Aktionäre quasi als Versicherer für den Vorstand. Die Gemeinschaft der Aktionäre ist wenigstens im Falle einer Publikumsgesellschaft unter dem Gesichtspunkt des sozialen Schadens der bessere Risikoträger im Vergleich zu den Vorstandsmitgliedern. Allerdings kann man die Vorteile dieser Quasi-Versicherungslösung im Falle von Haftungsvorschriften auch durch eine echte Versicherungslösung erzielen, nämlich dann, wenn die Vorstandsmitglieder im Rahmen einer D&O-Versicherung gegen derartige Schäden abgesichert werden. Darauf ist später noch näher einzugehen. Gelingt eine solche Versicherungslösung, werden auch im Falle der Einführung einer Haftungsregelung sekundäre Kosten vermieden, während die Vorteile der Anreizwirkung erhalten bleiben.

Das oben Gesagte gilt jedenfalls für den Fall, dass aktiv falsche Informationen in den Markt gegeben werden. Für den Fall, dass für die Entscheidung der Marktteilnehmer wesentliche Informationen nicht veröffentlicht werden, also eine Haftung des Managements wegen Unterlassens in Rede steht, entstehen weitere Kosten. Zum einen verursacht die Generierung der Information Kosten. Diese dürften allerdings als eher gering einzuschätzen sein, da das Management aufgrund seiner Position über alle wesentlichen Informationen verfügt.[998] Es könnten aber auch externe Kosten dadurch entstehen, dass beispielsweise Wettbewerber Informationen über die Gesellschaft erlangen, dieser also ein Wettbewerbsvorteil genommen wird.[999] Über eine Haftung wegen des Unterlassens der Veröffentlichung wesentlicher Informationen ist daher gesondert nachzudenken. Insbesondere sollten die diesbezüglichen Veröffentlichungspflichten klar geregelt werden.

---

[998] Die Gesellschaft ist der „cheapest cost avoider". Dazu *Köndgen*, in: FS Druey, S. 791, 796 sowie *Baums*, ZHR 167 (2003), 139, 143.
[999] Vgl. etwa *Köndgen*, in: FS Druey, S. 791, 797.

Sozial sinnvoll ist die Einführung einer Haftungsregelung für falsche Informationen bzw. sonstige Sorgfaltspflichtverletzung der Vorstandsmitglieder nur, wenn die Kosten der Rechtsdurchsetzung im Falle der Existenz solcher Haftungsvorschriften geringer sind als die Effizienzverluste, welche ohne Haftungsregelung entstehen. Ob dies der Fall ist, ist – wie erwähnt – eine empirische Frage, die hier nicht beantwortet werden kann. Bei einer rechtspolitischen Entscheidung ist diese Prämisse jedoch im Hinterkopf zu behalten.[1000]

3. *Übermaßhaftung*

Kommt man also unter Berücksichtigung der oben dargestellten Prämissen zu dem Ergebnis, dass eine Vorstandshaftung in diesen Fällen generell wünschenswert ist und gesamtwirtschaftlich betrachtet Vorteile bringt, stellt sich die Frage, wie eine solche Haftung ausgestaltet sein muss, um ihrerseits möglichst wenig Kosten zu verursachen. Wie bereits erwähnt, kreieren Haftungsvorschriften Rechtsdurchsetzungskosten. Haftungsvorschriften können jedoch auch noch unter dem Gesichtspunkt der Übermaßhaftung Kosten verursachen, die es zu vermeiden gilt. Die aufgrund des Verhaltens des Vorstands entstandenen Effizienzverluste entsprechen nicht dem persönlichen Verlust des Geschädigten. Sie können höher oder niedriger sein. Entsprechen sich beide, ist dies nur zufällig. Sind die Effizienzverluste niedriger als der persönliche Verlust der geschädigten Aktionäre insgesamt, führt eine Vollkompensation des Geschädigten zu einer Übermaßhaftung und somit möglicherweise zu einer übermäßigen Abschreckung.[1001] Dies hat zur Folge, dass der potentielle Schädiger einen aus ökonomischer Sicht zu hohen Schadensvermeidungsaufwand betreibt. Dabei ist jedoch zwischen den Fällen zu unterscheiden, in denen Sorgfaltspflichten präzise definiert werden, und solchen, in denen es an einer genauen Beschreibung mangelt. Im ersten Fall ist es unerheblich, ob als Schadensersatz der gesellschaftliche Schaden oder der beim Geschädigten eingetretene Schaden zu ersetzen ist. Denn dem potentiellen Schädiger ist das erforderliche Sorgfaltsniveau von vornherein bekannt. Hat er den beim Geschädigten eingetretenen (höheren) Schaden zu ersetzen, führt dies lediglich dazu, dass er einen besonders starken Anreiz hat, den Sorgfaltsmaßstab einzuhalten. Da dieser jedoch bekannt ist, führt dies nicht dazu, dass der potentielle Schädiger übermäßige Sorgfaltsaufwendungen tätigt. Dies ist anders, wenn der Sorgfaltsmaßstab nicht von vornherein bekannt ist. Denn dann kann

---

[1000] Für die Einführung einer Schadensersatzpflicht *de lege ferenda* zur Beseitigung der oben dargestellen Sanktionsdefizite etwa *Köndgen*, in: FS Druey, S. 791, 804 ff. (bzgl. der Ad-hoc-Publizität); *Baums*, ZHR 167 (2003), 139 ff., jeweils mit weiteren Nachweisen.
[1001] *Schäfer/Ott*, Ökonomische Analyse, S. 282.

der potentielle Schädiger nicht vorhersehen, welches Verhalten von den Gerichten als sorgfaltswidrig eingestuft wird. Das heißt – anders als im ersten Fall –, er muss in seine Kalkulation auch die Wahrscheinlichkeit mit einbeziehen, dass die Gerichte sein Verhalten als sorgfaltswidrig einstufen. Dies kann dazu führen, dass er aus ökonomischer Sicht übermäßig hohe Aufwendungen für die Schadensvermeidung tätigt.

Es ist also wünschenswert, die Sorgfaltsstandards im vorhinein präzise zu bestimmen. Dies ist jedoch angesichts der Komplexität der Fälle nicht immer möglich. Daher ist eine Haftungsbegrenzung beim Verschuldensmaßstab vorzunehmen. Das U.S.-amerikanische Recht beschränkt eine Schadensersatzhaftung der Vorstandsmitglieder im Fall der fehlerhaften Information der Aktionäre etwa auf rücksichtsloses Verhalten. Würde man den Vorstand selbst für leicht fahrlässig verursachte Vermögensschäden haftbar machen, bestünde die Gefahr einer Überabschreckung und übermäßiger Investitionen in die Fehlervermeidung. Dies ist nicht nur gesamtwirtschaftlich betrachtet nicht wünschenswert. Auch der einzelne Aktionär kann an einer derartigen Regelung kein Interesse haben. Denn es ist zu bedenken, dass der Aktionär ex ante nicht weiß, ob er zu den „Gewinnern" oder den „Verlieren" der Transaktion zählen wird. Er wird also nicht daran interessiert sein, dass das Management übermäßig hohe Kosten auf Seiten der Gesellschaft verursacht, um einen nicht präzise bestimmten Sorgfaltsmaßstab einzuhalten. Eine entsprechende Haftungsbegrenzung auf grob fahrlässiges Handeln wäre daher auch im deutschen Recht vorzunehmen und findet sich bereits in den gesetzlichen geregelten Fällen der Haftung der Gesellschaft für Falschinformationen.[1002] Zudem dürfte in der Praxis die Gesellschaft eine D&O-Versicherung zugunsten ihrer Vorstandsmitglieder abschließen, so dass insoweit keine negativen Effekte zu befürchten sind.[1003] Lässt sich der Sorgfaltsmaßstab selbst jedoch schon hinreichend präzisieren, bedarf es unter dem Gesichtspunkt der Übermaßhaftung schon vornherein keiner Einschränkung beim Verschuldensmaßstab.

4. Regresslösung, Direktansprüche oder „zweispuriger" Ansatz?

Fälle, in denen Vorstandsmitglieder Aktionäre unmittelbar schadigen, werden im deutschen Recht überwiegend mittels Ansprüchen der Aktionäre gegen die Gesellschaft gelöst. Das U.S.-amerikanische Recht sieht dagegen zudem unmittelbare Ansprüche gegen die Vorstandsmitglieder selbst vor. Allerdings geht auch das deutsche Recht nicht davon aus, dass letztlich die Gesellschaft und damit die Gesamtheit der Aktionäre den Schaden zu tragen hat. Vielmehr

[1002] Vgl. etwa §§ 37 b und c WpHG aber auch § 45 Abs. 1 BörsG. Vgl. zudem § 12 WpÜG.
[1003] Vgl. *Baums*, ZHR 167 (2003), 139, 176.

wird angenommen, dass die Gesellschaft Regressansprüche gegen die verantwortlichen Vorstandsmitglieder geltend machen kann. Deutlich wird dies beispielsweise im Zusammenhang mit der Einführung einer Haftung der Gesellschaft für falsche bzw. unterlassene Ad-hoc-Mitteilungen. So regeln §§ 37 b Abs. 6 und 37 c Abs. 6 WpHG ausdrücklich, dass Ansprüche der Gesellschaft gegen Vorstandsmitglieder nicht im vorhinein ermäßigt oder erlassen werden dürfen. Der Gesetzgeber geht also davon aus, dass eine Regressmöglichkeit der Gesellschaft gemäß § 93 Abs. 2 AktG besteht. Auch in Fällen des rechtswidrigen Bezugsrechtsausschlusses sowie einer Verletzung des aktienrechtlichen Auskunftsrechtes wird ein Regressanspruch der Gesellschaft angenommen.

Andererseits finden sich im Aktien- und Umwandlungsgesetz Sondertatbestände (§§ 117 Abs. 2, 318 AktG; §§ 25, 125, 176 ff., 205 UmwG),[1004] die den Aktionären in Fällen, in denen sie unmittelbar durch Handeln des Vorstands geschädigt werden, einen direkten Ersatzanspruch gegen die Mitglieder des Vorstands einräumen. Teilweise kann auch mit einer deliktsrechtlichen Haftung gemäß § 823 Abs. 2 BGB geholfen werden, was aber insofern problematisch ist, als eine solche Haftung voraussetzt, dass der Gesetzgeber eine Verhaltenspflicht der Verwaltungsmitglieder zum Schutze der Aktionäre ausdrücklich normiert haben muss. Verstöße gegen andere Pflichten, die nicht ausdrücklich im Interesse der Aktionäre normiert wurden, die aber gleichwohl zu einem Eigenschaden auf Seiten derselben führen, können somit allenfalls gegenüber der Gesellschaft geltend gemacht werden oder bleiben gar völlig sanktionslos.[1005]

Somit finden sich für die hier in Rede stehenden Fälle im deutschen Recht de lege lata zwei Lösungsansätze: Einmal wird den Aktionären ein direkter Ersatzanspruch gegen die Vorstandsmitglieder zugestanden. Der andere Ansatz ist ein Anspruch gegen die Gesellschaft, wobei diese dann bei den Vorstandsmitgliedern Regress nehmen kann. Das U.S.-amerikanische Kapitalmarktrecht sieht dagegen eine „zweispurige" Lösung vor. In Fällen fehlerhafter Kapitalmarktinformationen haben die Anleger sowohl einen direkten Anspruch gegen die Gesellschaft als auch gegen die directors. Gesellschaft und directors haften regelmäßig gesamtschuldnerisch. Auch in Deutschland wird eine solche zweispurige Lösung im Zusammenhang mit der Einführung einer Haftung wegen Falschinformation des Sekundärmarktes erwogen. Da sich das Thema dieser Arbeit auf die Haftung des Vorstands beschränkt, sollen die Vor- und Nachteile der jeweiligen Ansätze hier nicht umfassend dargestellt werden.

[1004] Dazu oben S. 209 ff.
[1005] *Baums*, Gutachten, S. F 232.

Insoweit sei auf die umfassenden Darstellungen in der Literatur verwiesen.[1006] Im folgenden soll lediglich ein kurzer Überblick über die Thematik gegeben werden.

Ansatzpunkt der Regresslösung ist einerseits, dass die eigenständige juristische Person Aktiengesellschaft nicht übergangen werden soll. Andererseits hat eine Haftung der Gesellschaft gegenüber der Managerhaftung zudem den Vorteil, dass die Gesellschaft zur Zahlung hoher Schadensersatzsummen eher in der Lage ist als die Vorstandsmitglieder.[1007] Der Vorstand wird grundsätzlich als Organ der Gesellschaft tätig, so dass diese zunächst im Regelfall für das schädigende Verhalten ihrer Organmitglieder einzustehen hat. Im Grundsatz ist an diesem Ansatzpunkt nichts auszusetzen. Er korreliert mit der Erkenntnis, dass die Haftung der Vorstandsmitglieder nach Vertragsgrundsätzen bzw. eine organschaftliche Haftung derselben in erster Linie gegenüber der juristischen Person besteht (§ 93 AktG). Damit ist das Fehlverhalten von Managern Teil jenes Risikos, das mit dem Anteilseigentum einhergeht.[1008] Dies hat insoweit Sinn, als es um die Verwaltung der in der Gesellschaft zusammengefassten Vermögenswerte geht. Der Gesellschaft kommt das Handeln der Vorstandsmitglieder zugute. Dementsprechend muss sie auch für deren Fehlverhalten einstehen. Zudem mögen die Interessen der Gesellschaft, das heißt die Interessen der Gesamtheit der Aktionäre, und die Interessen einzelner Mitglieder nicht immer parallel laufen, so dass die Pflichtenanbindung an die Gesellschaft insoweit folgerichtig ist, als der einzelne Aktionär sich der Mehrheitsmacht unterworfen hat. Und schließlich dient die vorrangige Haftung der Gesellschaft auch dem Schutz der Vorstandsmitglieder, da diese im Falle der Haftung gegenüber der Gesellschaft in den Genuss des Schutzes der business judgement rule kommen.
Die Haftung der Gesellschaft erweist sich zudem gegenüber einer Managerhaftung unter dem Gesichtspunkt des Ausgleichs erlittener Vermögensschäden als vorteilhafter. Immerhin dürfte die Gesellschaft eher in der Lage sein, hohe Schadensersatzsummen aufzubringen, wenngleich D&O-Versicherungen hier zu einem Ausgleich führen können.[1009] Allerdings erweist sich dies zugleich als Nachteil der Regresslösung, wenn die Gesellschaft insolvent ist. Denn der Schadensersatzanspruch der Gesellschaft gemäß § 93 AktG gehört in der Insolvenz zur Masse und kommt daher primär den Gläubigern der Gesellschaft und nicht den Aktionären zugute.

[1006] Siehe *Fleischer*, Gutachten, S. F 96 ff; *Baums*, ZHR 167 (2003), 139, 165 ff.
[1007] Dazu sogleich im Text.
[1008] *Fleischer*, Gutachten, S. F 100.
[1009] *Fleischer*, Gutachten, S. F 99. Zur D&O-Versicherung siehe noch unten S. 324 ff.

Hat eine Haftung der Gesellschaft für Falschinformation des Primärmarktes vor dem Hintergrund Sinn, dass dieser die Transaktion ummittelbar zugute kommt, da sie die Leistung erhält, gilt dies für Falschinformation des Sekundärmarktes nicht in gleicher Weise. Hier ist der Emittent nicht unmittelbar beteiligt; der Anleger wird nicht in eine Beteiligung „hinein gelockt". Selbst die Tatsache, dass die Pflicht, Jahresabschlüsse, Zwischenberichte und Ad-hoc-Mitteilungen herauszugeben, den Emittenten trifft, vermag auch eine Haftung desselben nicht zu rechtfertigen. Denn die Pflichtpublizität wird dem Emittenten nur deshalb auferlegt, weil er die notwendigen Informationen am kostengünstigsten zur Verfügung stellen kann, die höheren Informationskosten der übrigen Beteiligten daher eingespart werden.[1010] Bedenken gegen eine Haftung der Gesellschaft in diesen Fällen können sich daraus ergeben, dass es nicht um die Verwaltung des der Gesellschaft zur Verfügung gestellten Kapitals geht, sondern um die Beteiligung des einzelnen Anlegers/Aktionärs. Das der Beteiligung als solche innewohnende Risiko ist von dem unternehmerischen Risiko, das sich durch den Betrieb des Unternehmens der Gesellschaft ergibt, zu unterscheiden. Die Aktionäre haben sich nur insofern zu einer Risikogemeinschaft zusammengeschlossen, als es um die gemeinsame Zweckverfolgung, um den Betrieb des Unternehmens geht. Nur zur Verfolgung dieses Zwecks haben sie das Verbandsvermögen zur Verfügung gestellt. Damit soll das Verbandsvermögen auch nur für Schäden haften, die gerade aus der Verfolgung dieses Zwecks entstehen, in denen sich also das unternehmerische Risiko, welches von den Aktionären gemeinsam getragen werden soll, verwirklicht hat. Verwirklicht sich jedoch das der Beteiligung innewohnende individuelle Risiko, soll das Verbandsvermögen nicht haften. In den hier in Rede stehenden Fällen sind die Interessen des Verbandes zumindest nicht unmittelbar betroffen. Betroffen ist lediglich das Interesse jedes einzelnen Anlegers am Schutz seines Vermögens. Das Risiko der Beteiligung wird daher auf die übrigen Aktionäre verlagert und damit „vergesellschaftet. De lege ferenda steht es dem Gesetzgeber natürlich frei, die Interessen der „unschuldigen" übrigen Aktionäre hinten anzustellen. Auch die Literatur geht davon aus, dass sich Bedenken gegen eine Schadensersatzhaftung des Emittenten unter dem Gesichtspunkt des Schutzes der übrigen Aktionäre allenfalls dann ergeben, wenn alle Aktionäre durch die Verwaltung gleichermaßen geschädigt sind.[1011] Dies ist hier regelmäßig nicht der Fall, da ein Schadensersatzanspruch nur zugunsten der Anleger besteht, die aufgrund der Fehlinformation eine nachteilige Transaktion getätigt haben. Das Risiko des Anlegers aufgrund einer Fehlinformation in seinem Vermögen geschädigt zu werden, wird als Teil des mit dem Anteilseigentum verbundenen allgemeinen Risikos betrachtet.[1012] Auch die Interessen der Fremdkapitalgeber stehen einem

[1010] Vgl. *Baums*, ZHR 167 (2003), 139, 165 f.
[1011] Vgl. *Baums*, ZHR 167 (2003), 139, 166 f.
[1012] So *Fleischer*, Gutachten, S. F 100.

Anspruch gegen die Gesellschaft zumindest insoweit nicht entgegen, als diese den Anspruch aus dem freien Vermögen befriedigen kann.[1013]

Der Vorteil einer direkten Organaußenhaftung ist ihre nicht unbeträchtliche Präventivwirkung.[1014] Insbesondere in der Krise des Unternehmens oder vor einem geplanten Anteilsverkauf bei erheblichem eigenen Anteilsbesitz der Verwaltung bestehen für die Verwaltungsmitglieder Anreize zur Fehlinformation des Kapitalmarktes.[1015] Diese würden durch eine direkte Managerhaftung beseitigt. Zwar ist nicht zu verkennen, dass auch eine „Regresslösung" die erwünschte Anreizwirkung entfalten kann, ein direkter Anspruch der Anleger hat jedoch den Vorteil, dass er den Verwaltungsmitgliedern ihre Pflichten deutlich vor Augen hält und den Aktionären auch in den Fällen der Insolvenz der Gesellschaft hilft. Eine „zweispurige" Lösung, nach der Gesellschaft und Manager gesamtschuldnerisch haften, vermag die geschilderten Vorteile der Regresslösung und die der direkten Ansprüche zu verbinden.

III. Anspruch aus § 823 Abs. 1 BGB

Von verschiedenen Seiten ist vorgeschlagen worden, den Schutz der Mitgliedschaft auch im Verbandsinnenverhältnis über § 823 Abs. 1 BGB zu gewährleisten. Dies setzt eine Einordnung der Mitgliedschaft in der Aktiengesellschaft als sonstiges Recht im Sinne dieser Vorschrift voraus. Der BGH hat dies in der *Schärenkreuzer*-Entscheidung jedenfalls für Beeinträchtigungen der Mitgliedschaft „in ihrem Kern" angenommen.[1016]

1. Die Mitgliedschaft als subjektives Recht

Allerdings ist zunächst zu klären, was unter dem Begriff „Mitgliedschaft" zu verstehen ist. Nach der klassischen Definition meint Mitgliedschaft die Stellung einer Person infolge ihrer Zugehörigkeit zu einem Verband.[1017] Vielfach wird mit „Mitgliedschaft" aber auch das gesamte Rechtsverhältnis zwischen Mitglied und Verband, also die Summe aller Rechte, die einer Person als Mitglied eines

1013 Zu den Interessen der Fremdkapitalgeber vgl. ausführlich *Baums*, ZHR 167 (2003), 139, 167 ff.

1014 *Fleischer*, Gutachten, S. F 102.

1015 Dazu *Baums*, ZHR 167 (2003), 139, 171 ff.

1016 BGHZ 110, 323, 334. Dazu *Götz/Götz*, JuS 1995, 106 ff; *Hadding*, FS Kellermann, S. 91 ff.

1017 *Lutter*, AcP 180 (1980), 84, 86.

Verbands zustehen, und aller Pflichten, die sie ihm gegenüber zu erfüllen hat, bezeichnet.[1018] Diese Definitionen der Mitgliedschaft als Rechtsstellung und als Rechtsverhältnis schließen sich gegenseitig aus. Denn wenn die Mitgliedschaft einerseits die Stellung einer Person *infolge* der Zugehörigkeit zu einem Verband (und somit infolge des zum Verband bestehenden Rechtsverhältnisses) bezeichnet, kann sie nicht zugleich eben dieses Rechtsverhältnis sein.[1019] Allerdings sollte man die Unterschiede nicht überbewerten. Sie sind terminologischer Natur.[1020] Einerseits beruht die Mitgliedschaft auf einer privatrechtlichen Sonderverbindung, die durch Gründungsvertrag oder Beitrittsvertrag entsteht.[1021] Andererseits ist die Mitgliedschaft nicht nur Rechtsverhältnis, sondern als Gegenstand verselbständigt.[1022] Denn sie kann Objekt eines Rechtsverhältnisses sein, über das der Berechtigte kraft des Rechtsverhältnisses Macht hat.[1023] Insoweit ist die Mitgliedschaft eine einheitliche Rechtsposition, welche alle Rechtsbeziehungen des Gesellschafters aufgrund seiner Rechtsstellung als Gesellschafter in sich aufnimmt. Daher ist sie als solche übertragbar, was für die Aktiengesellschaft keiner näheren Erläuterung bedarf. Die Bündelung aller Rechte und Pflichten des Mitglieds in einem selbständigen Gegenstand macht die konkrete Mitgliedschaft marktfähig und leicht beherrschbar.[1024] Mit dem einheitlichen Begriff „Mitgliedschaft" werden also unterschiedliche Dinge benannt: einmal die Rechtsstellung des Mitglieds und zum anderen das Rechtsverhältnis zum Verband. Um hier begriffliche Klarheit zu schaffen, wird das Rechtsverhältnis im Folgenden als Mitgliedschaftsverhältnis bezeichnet. Der Begriff „Mitgliedschaft" soll lediglich die Stellung des Mitglieds bezeichnen.

Es stellt sich nun die Frage, ob die Mitgliedschaft als solche oder das davon abzugrenzende Mitgliedschaftsverhältnis denn subjektives Recht ist. An dieser Stelle kann nicht auf den umfangreichen Meinungsstreit über die Merkmale und Funktionen des subjektiven Rechts eingegangen werden.[1025] Es wird jedoch im folgenden an allgemeine anerkannte Grundsätze angeknüpft. Im Gegensatz zum objektiven Recht verschafft das subjektive Recht der einzelnen Person eine Berechtigung, über deren Ausübung sie selbst entscheiden kann.[1026] Seine Funktion besteht im Wesentlichen in der Sicherung einer selbstbestimmten Freiheitssphäre. Dabei sind die Erscheinungsformen subjektiver Rechte sehr

---

[1018] *Lutter*, AcP 180 (1980), 84, 101.
[1019] Vgl. *Helms*, Schadensersatzansprüche, S. 5.
[1020] *K. Schmidt*, JZ 1991, 157, 158.
[1021] *Lutter*, AcP 180 (1980), 84, 97.
[1022] *Habersack*, Mitgliedschaft, S. 39.
[1023] *Lutter*, AcP 180 (1980), 84, 99.
[1024] *Lutter*, AcP 180 (1980), 84, 100.
[1025] Vgl. dazu *Larenz/Wolf*, Allg. Teil, S. 270.
[1026] *Larenz/Wolf*, Allg. Teil, S. 270.

vielfältig. Sie reichen von Herrschaftsrechten und Persönlichkeitsrechten hin zu Forderungsrechten und Gestaltungsrechten.

Bei der Frage, ob die Mitgliedschaft ein subjektives Recht ist, ist die Trennung von Mitgliedschaftsverhältnis und Mitgliedschaft als solcher zu berücksichtigen. Für die Einordnung des Mitgliedschaftsverhältnisses als subjektives Recht scheint die Antwort klar zu sein. Denn ein Rechtsverhältnis ist nicht zugleich ein Recht, sondern nur der Ursprung für Rechte.[1027] Da mithin zwischen subjektivem Recht und Rechtsverhältnis zu unterscheiden ist, kann das Mitgliedschaftsverhältnis als Rechtsverhältnis nicht zugleich subjektives Recht sein.[1028] Gegen diese Dogmatik ist in jüngster Zeit von *Habersack* vorgebracht worden, dass der Gegensatz zwischen subjektivem Recht und Rechtsverhältnis keineswegs denknotwendig sei. Vielmehr sei jedes subjektive Recht zugleich Rechtsverhältnis, da beide die gleichen Strukturen aufweisen und eine rechtlich gestaltete Beziehung zwischen mehreren Subjekten darstellten.[1029] Die geltende Rechtsordnung kenne durchaus „komplexe Rechtsverhältnisse", die zwar subjektive Rechte als Einzelelemente beinhalten, jedoch zugleich selbst subjektive Rechte seien.[1030] Als Beispiel hierfür wird das Eigentum angeführt. Allerdings ist bei einem Vergleich mit dem mitgliedschaftlichen Rechtsverhältnis zu berücksichtigen, dass dieses schuldrechtlicher Natur ist, sich also lediglich gegen die daran beteiligten Rechtssubjekte richtet. Das mit dem Eigentum verbundene Rechtsverhältnis gewährt aber ein Recht im Verhältnis zu allen anderen.[1031] Die allgemeine Pflicht, das Eigentum zu achten, gibt dem Berechtigten noch keine konkreten Befugnisse gegen eine Person. Erst wenn diese Pflicht verletzt wird oder verletzt zu werden droht, ergeben sich bestimmte Ansprüche. Vorher liegt lediglich ein latentes Rechtsverhältnis vor. Im Gegensatz dazu ist das Mitgliedschaftsverhältnis bereits konkretisiert. Als weiteres Beispiel für die Gleichstellung von Rechtsverhältnis und subjektivem Recht werden die beschränkt dinglichen Rechte angeführt, bei denen neben dem dinglichen Recht ein „konkretes und aktualisiertes" Rechtsverhältnis zwischen dem Inhaber des beschränkt dinglichen Rechts und dem Eigentümer bzw. Besteller des Rechts besteht.[1032] Es bestünden keine Bedenken dagegen, die Gesamtstellung des Nießbrauchers oder Pfandgläubigers als subjektives Recht anzusehen, obwohl in diesen Fällen neben dem dinglichen Recht ein konkretes Schuldverhältnis besteht (vgl. §§ 1020 ff., 1041 ff., 1214 f. BGB). Auch dies kann jedoch nicht dazu führen, die herkömmliche Trennung zwischen

[1027] *Enneccerus/Nipperdey*, Allg. Teil I § 71 I 4 (S. 428); *Medicus*, Allg. Teil, Rn. 59.
[1028] So *Hadding*, a.a.O.
[1029] *Habersack*, Mitgliedschaft, S. 66.
[1030] *Habersack*, Mitgliedschaft, S. 68.
[1031] *Larenz/Wolf*, Allg. Teil, S. 256.
[1032] *Habersack*, Mitgliedschaft, S. 71.

subjektivem Recht und Rechtsverhältnis aufzuheben und damit das Rechtsverhältnis zum subjektiven Recht zu erheben. Denn die Rechtsstellung als Nießbraucher oder Pfandgläubiger erschöpft sich nicht in der Innehabung des Rechts, sondern umfasst weitere Rechtsbeziehungen.[1033] Es ist also auch in diesen Fällen zwischen dem Schuldverhältnis und dem subjektiven Recht zu trennen.[1034] Das dingliche Recht wird lediglich durch das zugrundeliegende Rechtsverhältnis inhaltlich gefüllt.[1035] Es ist mit diesem nicht identisch. Es besteht also kein Anlass, die herkömmliche Trennung von subjektivem Recht und Rechtsverhältnis aufzuheben. Ein Rechtsverhältnis kann nicht zugleich subjektives Recht sein. Damit kann auch das Mitgliedschaftsverhältnis als Rechtsverhältnis zwischen Verband und Mitglied und ggf. auch zwischen den Mitgliedern untereinander nicht als subjektives Recht qualifiziert werden. Allerdings zeigen die Ausführungen von *Habersack*, dass die Verbindung von Rechtsstellung und dinglichem Recht der Annahme eines dinglichen Rechts nicht entgegensteht.

Es bleibt die Frage, ob denn die Mitgliedschaft als solche subjektives Recht ist. Nach Auffassung von *Hadding* kennzeichnet die Mitgliedschaft die Stellung als Beteiligter des Rechtsverhältnisses zwischen Mitglied und Verband sowie zwischen den Mitgliedern untereinander, die ihrerseits Grundlage von Rechten und Pflichten ist.[1036] Wenn man die Mitgliedschaft in diesem Sinne lediglich als die Summe aller aus dem Mitgliedschaftsverhältnis resultierender Rechte versteht, kann man sie kaum als subjektives Recht ansehen. Zwar steht außer Frage, dass die einzelnen aus dem Mitgliedschaftsverhältnis resultierenden Rechte subjektive Rechte sind. Jedoch gilt dies nicht für die bloße Rechtsposition aus dem Mitgliedschaftsverhältnis. Denn auch die Summe aller Rechte aus einem Kaufvertrag, etwa die Rechtsstellung des Käufers, ist in ihrer Gesamtheit nicht subjektives Recht. Lediglich die einzelnen aus dem Kaufvertrag resultierenden Rechte sind subjektive Rechte, nicht aber die Summe aller Rechte aus dem Rechtsverhältnis. Allerdings ist die Mitgliedschaft nicht die bloße Summe aller Rechte aus dem Mitgliedschaftsverhältnis. Sie ist etwas anderes als die reine Rechtsstellung des Mitglieds. Die Mitgliedschaft ist als solche ein in sich geschlossenes Rechtsinstitut und nicht bloß ein Bündel einzelner subjektiver Rechtsverhältnisse.[1037] Denn sie ist Teilhabe an einem Verband, an einer organisatorisch verselbständigten Gemeinsphäre. Wie ein

[1033] *Larenz*, a.a.O., S. 266.
[1034] vgl. BGHZ 95, 144, 147: „Die nähere gesetzliche Ausgestaltung der Rechtsbeziehungen zwischen dem Berechtigten und dem Verpflichteten aus einer Dienstbarkeit rechtfertigt die Annahme, dass *neben* dem dinglichen Recht zwischen den Beteiligten ein gesetzliches Schuldverhältnis besteht, aus dem sich Recht und Pflichten ergeben."
[1035] Vgl. *Petzoldt*, in: Münchener Kommentar, Vor § 1030, Rn 13.
[1036] Vgl. *Hadding*, FS Reinhardt, S. 249 ff.; *ders.*, FS Steindorff, S. 31 ff.
[1037] *K. Schmidt*, Gesellschaftsrecht, S. 549; *ders.*, JZ 1991, 157, 158.

dingliches Recht nur in Bezug auf eine Sache gedacht werden kann, kann Mitgliedschaft nur in Bezug auf einen Verband, eine rechtlich geordnete Gruppe von Personen, verstanden werden[1038]. Ebenso wie das dingliche Pfandrecht von dem daneben bestehenden gesetzlichen Schuldverhältnis zwischen Eigentümer und Pfandrechtsinhaber getrennt werden kann und jenes gerade nicht die Rechtsstellung des Pfandrechtsinhabers im gesetzlichen Schuldverhältnis darstellt, ist die Mitgliedschaft aufgrund des ihr innewohnenden organisationsrechtlichen Elements nicht bloße Rechtsstellung, sondern subjektives Recht.

2. Die Mitgliedschaft als sonstiges Recht im Sinne des § 823 Abs. 1 BGB

Ist die so verstandene Mitgliedschaft also subjektives Recht, ist weiter zu fragen, ob sie denn auch ein sonstiges Recht im Sinne des § 823 Abs. 1 BGB ist. Die Auslegung des Begriffs „sonstiges Recht" war von Entstehung des § 823 BGB an Gegenstand heftiger Auseinandersetzungen. Während man teilweise davon ausging, jedes rechtlich geschützte Interesse werde davon umfasst[1039], hat man den Anwendungsbereich in der Folgezeit auf absolute Rechte beschränkt. Der Entstehungsgeschichte lassen sich keine sicheren Anhaltspunkte dafür entnehmen, was der damalige Gesetzgeber unter einem sonstigen Recht verstand.[1040] Jedoch legt der Wortlaut der Vorschrift immerhin nahe, dass es sich bei den sonstigen Rechten um solche handeln muss, die den ausdrücklich genannten Rechtsgütern und Rechten vergleichbar sind. Charakteristisch für sonstige Rechte ist, dass sie absolut, das heißt gegenüber jedermann, geschützt sind, wie ein Vergleich mit den in § 823 Abs. 1 BGB ausdrücklich genannten Rechten und Rechtsgütern zeigt. Ein gegenüber jedermann geschütztes Recht ist durch seinen Zuweisungsgehalt und seine Ausschlussfunktion gekennzeichnet.[1041] Für das in § 823 Abs. 1 BGB genannte Eigentum werden Zuweisungsgehalt und Ausschlussfunktion in § 903 S. 1 BGB deutlich. Danach kann der Eigentümer mit der Sache nach Belieben verfahren (Zuweisungsgehalt) und andere von jeder Einwirkung ausschließen (Ausschlussfunktion).

Wie der Eigentümer kann auch das Mitglied über die Mitgliedschaft verfügen und sie verwerten. Das Mitglied kann also mit der Mitgliedschaft nach Belieben verfahren. Ihre Nutzung ist allein dem Mitglied als Berechtigtem zugewiesen. Wie auch der Eigentümer ist das Mitglied lediglich durch Gesetz und die Rechte Dritter in seiner Verfügungs- und Verwendungsbefugnis über die Mitgliedschaft

---

[1038] *Lutter*, AcP 180 (1980), 84, 88.
[1039] Vgl. *Fabricius*, AcP 160 (1961), 273, 274.
[1040] Vgl. die Darstellung bei Staudinger-*Hager*, § 823 Rn. 73.
[1041] *Mertens*, in: Münchener Kommentar, § 823 Rn. 123.

eingeschränkt. Daher weist die Mitgliedschaft den erforderlichen Zuweisungsgehalt auf.[1042]
Dies reicht jedoch für die Annahme eines sonstigen Rechts nicht aus. Vielmehr muss die Mitgliedschaft auch eine Ausschlussfunktion aufweisen. Hier drängt sich eine Parallele zur vergleichbaren Problematik des deliktsrechtlichen Schutzes von Forderungen auf.[1043] Zwar bestehen Forderungen ausschließlich in der schuldrechtlichen Sonderbeziehung zwischen Gläubiger und Schuldner, jedoch ist diese als Vermögensgegenstand dem Gläubiger – und nur ihm – rechtlich zugeordnet und besitzt in dieser Hinsicht also Ausschlussfunktion.[1044] Ebenso liegt die Zuständigkeit zur Ausübung der mit der Mitgliedschaft verbundenen Befugnisse ausschließlich beim betreffenden Mitglied. Nach herrschender Lehre werden obligatorische Forderungen allerdings wegen ihres relativen Charakters nicht als „sonstige Rechte" im Sinne von § 823 Abs. 1 BGB aufgefasst. Dies ist richtig, wenn man beispielsweise den Kaufpreisanspruch betrachtet, der unzweifelhaft nur gegenüber dem Käufer besteht. Ein differenziertes Bild ergibt sich jedoch, wenn man die Forderungszuständigkeit mit ins Blickfeld nimmt. Zieht jemand mit Wirkung gegenüber dem Gläubiger die Forderung ein oder verfügt er in anderer Weise über sie (vgl. §§ 407, 2367 BGB), stellt sich die Interessenlage nicht anders dar, als in den Fällen, in denen eine fremde Sache an einen gutgläubigen Erwerber veräußert wird.[1045] Auch die Mitgliedschaft als Teilhabe an einem Verband begründet zunächst nur Ansprüche gegen diesen. Wenn allerdings dem Mitglied die Mitgliedschaft widerrechtlich entzogen wird, ist nicht ersichtlich, warum dieser Fall anders behandelt werden soll, als der des Entzugs eines sonstigen Gegenstandes. Denn nur dem Mitglied ist die Mitgliedschaft rechtlich zugewiesen, so dass sie in dieser Hinsicht Zuweisungsgehalt und Ausschlussfunktion aufweist.[1046]

3. Sozialtypische Offenkundigkeit

Mit der Annahme eines Herrschaftsrechtes (Zuweisungsgehalt und Ausschlussfunktion) ist der Deliktsschutz des § 823 Abs. 1 BGB prinzipiell eröffnet. Hinsichtlich des Schutzbereiches ist allerdings eine Beschränkung erforderlich, da andernfalls der enumerative Ansatz des § 823 Abs. 1 BGB leer liefe. Die Rechtsgüter und subjektiven Rechte des § 823 Abs. 1 BGB zeichnen sich dogmatisch nicht nur durch Zuweisungsgehalt und Ausschlussfunktion aus. Sie

---

[1042] *Larenz/Canaris*, SchuldR II 2 § 76 II 4 e (S. 394); *Helms*, Schadensersatzansprüche, S. 78 m.w.N.
[1043] Vgl. dazu etwa *Medicus*, FS Steffen, S. 333 ff.
[1044] *Larenz/Canaris*, a.a.O., S. 397.
[1045] *Larenz/Canaris*, a.a.O.
[1046] *Hüffer*, ZHR 161 (1997), 867, 869.

sind außerdem „verkörpert“ oder doch zumindest von „sozialtypischer Offenkundigkeit“, wodurch der potentielle Schädiger die Gefahr einer Verletzung grundsätzlich leichter als bei anderen Gütern oder Interessen erkennen und demgemäss besser vermeiden kann.[1047] Diese Erkennbarkeit ist dem Deliktsrecht grundsätzlich nicht fremd. § 823 Abs. 2 BGB greift auf gesetzliche Verhaltensnormen in anderen Bereichen zurück, so dass auch hier die Erkennbarkeit eines Normenverstoßes für den potentiellen Schädiger gewährleistet ist. § 826 BGB knüpft an ein rechtsethisches Minimum an, dessen Respektierung von jedermann erwartet werden kann. Der sozialtypischen Offenkundigkeit kommt also die Aufgabe der Begrenzung des Schutzbereiches des sonstigen Rechts zu. Entscheidend nach der Lehre von der sozialtypischen Offenkundigkeit ist, ob ein Recht vorliegt, dessen Rechtsgut, also das Interesse des Berechtigten an dem Gegenstand, auf den sich das Recht bezieht, sozialtypisch offenkundig ist.[1048] Die Begrenzung des Schutzbereiches mit Hilfe der „sozialtypischen Offenkundigkeit“ muss auch für das Verhältnis zwischen Vorstand und Aktionär gelten. Andernfalls würden Sachverhalte, die eine bloße Vertragsverletzung darstellen, zugleich zur unerlaubten Handlung gemacht. Bei der Bestimmung des Schutzbereiches der Mitgliedschaft ist zu bedenken, dass das Verbandsrecht die Schutzposition erst schafft. Die Satzung bestimmt Grund und Grenzen des Mitgliedschaftsrechts.[1049] Die Schutzposition ist somit nicht, wie beispielsweise im Falle des Eigentums, bereits vorgegeben. Rechte, die erst durch Gesellschaftsvertrag bzw. Satzung ausgeformt und erlangt werden, gehen nur auf die damit durch Rechtsgeschäft geschaffene Sonderordnung zurück und weisen deshalb nicht die von § 823 Abs. 1 BGB vorausgesetzte Offenkundigkeit für jedermann voraus.[1050]

Das heißt im Ergebnis: Jedes absolute Recht genießt Substanzschutz. Wer ein solches vernichtet oder es dem Berechtigten rechtswidrig und schuldhaft entzieht, verstößt gegen § 823 Abs. 1 BGB. Dies gilt auch für die Beseitigung der Mitgliedschaft.[1051] Soweit es um die Vernichtung des Rechts selbst geht, bedarf es keiner Begrenzung des Schutzbereichs. Denn der Dritte handelt bewusst und zweckgerichtet. In Fällen der unberechtigten Ausschließung (§ 64 AktG)[1052] oder im Fall der unberechtigten Pfandveräußerung[1053] ist daher eine Haftung nach § 823 Abs. 1 BGB zu bejahen. In Fällen, in denen die

[1047] *Larenz/Canaris*, a.a.O., S. 355.
[1048] *Fabricius*, AcP 160 (1961), 273, 291 f., 336.
[1049] *Zöllner*, ZGR 1988, 392, 430.
[1050] *Hüffer*, ZHR 161 (1997), 867, 871.
[1051] *K. Schmidt*, JZ 1991, 157, 159 m.w.N.; *Hüffer*, ZHR 161 (1997), 867, 873.
[1052] Der Schaden des Aktionärs liegt in diesen Fällen in dem Vorenthalten der Dividende sowie in den Kosten der Rechtverfolgung. Vgl zum Ganzen *Habersack*, Mitgliedschaft, S. 247 ff.
[1053] RGZ 120, 274, 278.

Mitgliedschaft nicht in ihrem rechtlichen Bestand selbst beeinträchtigt wird, kommt ein Anspruch aus § 823 Abs. 1 BGB nicht in Betracht.[1054] Zwar gilt als allgemeines deliktsrechtliches Prinzip, dass das Deliktsrecht nicht lediglich den Bestand des absoluten Rechts schützt, sondern auch das dadurch dem Rechtsinhaber zugeordnete Vermögenssubstrat, sei es als Herrschaftsmacht und Einflussspielraum, sei es als Wertzuweisung.[1055] In den meisten Fällen wird der rechtliche Bestand des absoluten Rechts durch den deliktischen Eingriff auch gar nicht angetastet (etwa lässt der Diebstahl einer Sache das Eigentum daran unberührt). Insoweit ist der Schutz des § 823 Abs. 1 BGB umfassend. Allerdings ist der Schutzbereich des betreffenden Rechts begrenzt.[1056] Unter dem Gesichtspunkt der sozialtypischen Offenkundigkeit ist die Erkennbarkeit des Rechts erforderlich. Rechte des Mitglieds, die erst durch die Satzung ausgestaltet werden, sind nicht für jedermann offenkundig. Zudem würde andernfalls die Entscheidung des Gesetzgebers gegen eine allgemeine deliktsrechtliche Vermögenshaftung unterlaufen. So stellen Fälle der Falschinformation der Aktionäre bezüglich ihr Vermögen betreffende Entscheidungen oder etwa die Vereitelung von Veräußerungschancen im Zusammenhang mit einer Übernahme eine bloße Entwertung des Vermögens dar. Solche reinen Vermögensschäden werden von § 823 Abs. 1 BGB nicht erfasst.[1057] Auch die bloße Entwertung eines Mitgliedschaftsrechts, etwa durch einen rechtswidrigen Bezugsrechtsausschluss, bedeutet keine Verletzung des Mitgliedschaftsrechts, sondern stellt eine bloße Beeinträchtigung des in der Aktie gebundenen Vermögens dar.[1058] Bei diesen Fällen handelt es sich vielmehr um typische Verletzungen der körperschafts- und vertragsrechtlichen Pflichten der Vorstandsmitglieder.[1059] Die Mitgliedschaft gehört daher ebenso wie die Forderung zu den Rechten, die man nur dadurch verletzen kann, dass man über sie verfügt und so in die Rechtszuständigkeit des Berechtigten eingreift.[1060]

Als Gegenargument gegen einen umfassenden weitergehenden deliktischen Schutz der Mitgliedschaft mag man auch noch bedenken, dass Pflichten zur Schadensvorsorge deliktsrechtlich betrachtet an die Eröffnung einer Gefahrenquelle im allgemeinen Verkehr anknüpfen. Im Falle von schädigendem Vorstandshandeln gegenüber den Aktionären geht es jedoch nicht um die

---

[1054] So die herrschende Lehre. Vgl. *Hopt*, Großkommentar AktG, § 93 Rn. 471; *ders.*, FS Mestmäcker, S. 909, 924 f. Vgl. dazu auch *Reuter*, AcP 197 (1997), 322, 328 f. sowie *ders.*, Festschrift Lange, S. 707, 725.

[1055] *Mertens*, FS Fischer, S. 469.

[1056] *Larenz/Canaris*, a.a.O., S 376.

[1057] Vgl. *Baums*, Gutachten, S. F 233.

[1058] Vgl. *Hopt*, Großkommentar AktG, § 93 Rn. 471. A.A. *Habersack*, Mitgliedschaft, S. 262 m.w.N.

[1059] Vgl. *Hopt*, Großkomm. AktG, § 93 Rn. 473.

[1060] *Stoll*, AcP 162 (1963), 203, 212; *Wiedemann*, Übertragung, S. 24, 39.

Eröffnung von Gefahrenquellen für die Mitglieder. Die Gefahr der Schädigung durch Vorstandsmitglieder resultiert vielmehr aus deren Stellung als solcher. Anknüpfungspunkt ist also ein gesteigerter sozialer Kontakt im Rahmen einer Marktbeziehung. Aus einer solchen Beziehung resultierende Pflichten sind typischerweise vertraglicher Natur.[1061]

§ 823 Abs. 1 BGB greift also nur ein, wenn der Gesellschafter ganz oder teilweise um die Mitgliedschaft selbst gebracht wird, so dass nicht alle Fälle, in denen der Vorstand die Aktionäre schädigt, über das Deliktsrecht gelöst werden können. Doch auch wenn man den von § 823 Abs. 1 BGB umfassten Schutzbereich der Mitgliedschaft weiter fasst, als oben angenommen, verbleiben Schutzlücken. Denn auch dann würden Fälle, in denen der Vorstand die Aktionäre aufgrund falscher Informationen dazu verleitet, ihre Aktien zu verkaufen, nicht zu einem Anspruch aus § 823 Abs. 1 BGB führen.[1062] Auch die Verleitung des Eigentümers zur Übertragung des Eigentums oder zur Weggabe der Sache ist keine Eigentumsverletzung. Der Angriff richtet sich hier nicht gegen das Eigentum als solches, sondern nur gegen die Entscheidungsfreiheit und das Vermögen des Eigentümers.[1063] Dieselben Erwägungen gelten für die genannten Fälle der fehlerhaften Information.

IV. Haftung wegen der Verletzung von Treuepflichten

Es ist allerdings zu fragen, ob die Aktionäre in den hier in Rede stehenden Fällen nicht auf eine andere Anspruchsgrundlage zurückgreifen können. Die Analyse des U.S.-amerikanischen Rechts hat ergeben, dass den directors und officers dort Treuepflichten nicht nur gegenüber der Gesellschaft, sondern auch gegenüber den einzelnen Aktionären obliegen. Verletzen Mitglieder der Verwaltung solche gegenüber den Aktionären bestehende Pflichten, können sie von diesen auf Schadensersatz in Anspruch genommen werden.
Dem deutschen Recht mangelt es an einem der U.S.-amerikanischen Treuhand (trust) vergleichbaren Leitmodell fremdnütziger Vermögensverwaltung.[1064] In der Literatur werden allerdings solche treuhänderischen Beziehungen zwischen Verwaltung und Anteilseignern teilweise anerkannt.[1065] Dafür spricht immerhin, dass der Vorstand sich an dem auf die Aktionärsinteressen zurückgehenden Gesellschaftsinteresse zu orientieren hat. Die Aktionärsinteressen sind damit

[1061] Vgl. *Schäfer/Ott*, Ökonomische Analyse, S. 155.
[1062] *Baums*, Gutachten, S. F 233. A.A. *Habersack*, Mitgliedschaft, S. 341 ff.
[1063] *Larenz/Canaris*, a.a.O., S. 391.
[1064] *Rhein*, Interessenkonflikt, S. 74 m.w.N.
[1065] So *van Aubel*, Vorstandspflichten, S. 128 ff., *Rhein*, Interessenkonflikt, S. 59 ff. Vgl. auch *Hopt*, FS Mestmäcker, S. 909, 921 f.

letztlich Richtschnur des Vorstandshandelns.[1066] Nun bezieht sich dies in erster Linie auf das Interesse der Aktionäre in ihrer Gesamtheit. Jedoch spricht einiges dafür, auch die mitgliedschaftlich vermittelten Individualinteressen der Aktionäre, etwa in Gestalt von Investitions- und Partizipationsinteressen, fiduziarischen Bindungen zu unterwerfen. Dies gilt um so mehr, als der Vorstand aufgrund seiner organschaftlich vermittelten Machtstellung erheblich auf die individuellen Interessen der Aktionäre einwirken kann.
Allerdings sind im deutschen Recht Treuepflichten zwischen Vorstand und einzelnen Aktionären bisher nicht allgemein anerkannt.[1067] Zudem bestehen Treuepflichten nur gegenüber den aktuellen Aktionären. Potentielle Aktionäre, etwa Anleger, die sich auf der Basis fehlerhafter Informationen zu einem Aktienkauf entschließen, werden als lediglich künftige Verbandsmitglieder nicht durch organschaftliche Treuebindungen geschützt und können demnach keine Ansprüche geltend machen.[1068] Eines Rückgriffs auf das im deutschen Recht bisher nicht allgemein anerkannte Institut der Treuepflichten bedarf es in den hier behandelten Fällen dann nicht, wenn schon mit den allgemeinen Grundsätzen des Vertragsrechts geholfen werden kann und somit schon die herkömmlichen Haftungsinstrumentarien in der Lage sind, einen angemessenen Schutz der Aktionäre zu gewährleisten. Daher stellt sich im folgenden zunächst die Frage, ob dem Aktionär in den oben beispielhaft genannten Fällen evtl. vertragliche Ansprüche gegen den Vorstand zustehen.

V. Vertragliche Ansprüche

Direkte Vertragsbeziehungen zwischen den Vorstandsmitgliedern und den einzelnen Aktionären bestehen nicht.[1069] Rechtsgeschäftliche Sonderverbindungen bestehen lediglich zwischen dem Mitglied und der Gesellschaft einerseits und zwischen Vorstand und Gesellschaft andererseits. Daraus hat der BGH gefolgert, dass vertragliche Ersatzansprüche zwischen Mitglied und Verband nicht bestehen könnten.[1070] In der Tat geht das BGB im Regelfall davon aus, dass bei einem Schuldverhältnis für die Beteiligten Rechte und Pflichten nur untereinander, das heißt ohne Berücksichtigung von Drittinteressen, bestehen. Der Grundsatz der Privatautonomie erfordert, dass jeder seine Vertragspartner selbstbestimmt wählen kann.[1071] Allerdings ermöglicht das allgemeine Rechtsinstitut des Vertrags mit Schutzwirkung zugunsten Dritter

[1066] Nachweise bei *Rhein*, Interessenkonflikt, S. 64.
[1067] Vgl. die Nachweise bei *Rhein*, Interessenkonflikt, S. 173 ff.
[1068] Dies bestätigt auch der Blick in das U.S.-amerikanische Recht, oben S. 131, 142.
[1069] BGHZ 110, 323, 334; BGHZ 83, 122, 134; *Habersack*, Mitgliedschaft, S. 202 f.
[1070] BGHZ 110, 323, 334.
[1071] *Neuner*, JZ 1999, 126, 126.

dem Geschädigten, vertragliche Ersatzansprüche gegen den Schädiger geltend zu machen, ohne dass eine Sonderverbindung zwischen beiden besteht.

1. Anwendbarkeit des Vertrags mit Schutzwirkung für Dritte

Der BGH hat in einer Entscheidung zum Vereinsrecht ausgeführt, dass das „die Grundlage eines quasi-vertraglichen Schadensersatzanspruchs bildende Mitgliedschaftsverhältnis mit den aus ihm entspringenden Treue- und Förderpflichten ... nur zwischen dem Vereinsmitglied und dem Verein ... nicht zwischen dem einzelnen Mitglied und den Vereinsorganen" bestehe.[1072] Dies ist zweifellos richtig. Direkte Vertragsbeziehungen zwischen den Vorstandsmitgliedern und den einzelnen Aktionären bestehen nicht.[1073] Fraglich ist jedoch, ob die Folgerung des BGH, dass aus diesem Grunde vertragliche Ansprüche gegen die Mitglieder des Verwaltungsorgans nicht in Betracht kommen, zwingend ist. Für das Vereinsrecht nimmt auch ein Teil der Literatur an, dass eine Haftung der Organe für pflichtwidrige Geschäftsführung nur gegenüber dem Verein in Betracht kommt.[1074] Allerdings sind schutzpflichtenbegründende Sonderrechtsbeziehungen im Gesellschaftsrecht zumindest nicht generell ausgeschlossen. Denn nach höchstrichterlicher Rechtsprechung kann in der GmbH & Co. KG der GmbH-Geschäftsführervertrag drittschützende Wirkung zugunsten der KG entfalten.[1075] Im Folgenden soll daher untersucht werden, ob dieser Ansatz für die Vorstandshaftung gegenüber den Aktionären fruchtbar gemacht werden kann. In den USA wird jedenfalls eine solche Sonderbeziehung, allerdings auf der Basis von Treuepflichten, angenommen.

Zunächst ist für das Aktienrecht festzustellen, dass diesem der Gedanke, dass Aktionäre ihren Eigenschaden unmittelbar gegenüber den Verwaltungsmitgliedern geltend machen können, nicht fremd ist. Denn gemäß § 117 Abs. 1 Satz 2, Abs. 2 Satz 1 AktG haften auch diese gegenüber den Aktionären für den Fall der schädigenden Einflussnahme eines Dritten auf die Verwaltung, soweit die Vorstandsmitglieder ihre Pflichten verletzt haben. In diesem Fall haben sie den Aktionären den Schaden zu ersetzen, der über den Schaden, der ihnen durch die Schädigung der Gesellschaft zugefügt wurde (Reflexschaden), hinausgeht. Auch das Umwandlungsgesetz sieht eine persönliche Haftung der Vorstands-

---

[1072] BGHZ 110, 323, 334 – „Schärenkreuzer".
[1073] BGHZ 110, 323, 334; BGHZ 83, 122, 134; *Habersack*, Mitgliedschaft, S. 202 f.
[1074] Soergel-*Hadding*, § 27 Rn. 23; *RGRK-Steffen*, § 27 Rn. 7. Vgl. *Helms*, Schadensersatzansprüche, S. 129.
[1075] Vgl. BGHZ 75, 321; BGHZ 76, 326, 337 f.; BGH, NJW 1982, 2689. Dazu *Grunewald*, BB 1981, 581 ff.; *K.Schmidt*, Gesellschaftsrecht, § 56 IV 3 b); *ders.*, GmbH-Rdsch. 1984, 279 ff.; *Hüffer*, ZGR 1981, 354 ff. Vgl. auch *Reinfeld*, Haftung, S. 75 ff.

mitglieder gegenüber den Aktionären vor (§ 25 UmwG). Nun wird teilweise die Ansicht vertreten, bei § 117 AktG handele es sich um eine deliktsrechtliche Norm.[1076] Richtig ist dies für Abs. 1 dieser Vorschrift. Denn immerhin richtet sich dieser an einen unbegrenzten Personenkreis. Der Einordnung des § 117 Abs. 2 AktG als deliktsrechtlicher Norm begegnen jedoch Zweifel.[1077] Denn demnach haften die Vorstandsmitglieder nur, wenn sie unter Verletzung „ihrer Pflichten" gehandelt haben. Bei diesen Pflichten handelt es sich um solche, die aus ihrer Organstellung erwachsen bzw. im Anstellungsvertrag mit der Gesellschaft begründet sind.[1078] Es werden also keine allgemeinen Verhaltensanforderungen an einen mehr oder weniger unbegrenzten Personenkreis gestellt, sondern es wird an das vertragliche Verhältnis zwischen Vorstandsmitglied und Gesellschaft angeknüpft.

Grundsätzliche Bedenken gegen die Anwendbarkeit der Grundsätze des Vertrags mit Schutzwirkung für Dritte auf das Verhältnis der Geschäftsführung zur Körperschaft ergeben sich also nicht. Auch spricht die Heterogenität der Mitgliederinteressen[1079] nicht gegen die Anerkennung von Schadensersatzansprüchen der Aktionäre unmittelbar gegenüber den Vorstandsmitgliedern. Denn es geht hier nicht um eine Bindung an unterschiedliche Geschäfts- oder Anlageinteressen, sondern um konkreten Vermögensschutz.[1080]

Im Folgenden soll daher untersucht werden, ob die von der Rechtsprechung aufgestellten Grundsätze zum Vertrag mit Schutzwirkung zugunsten Dritter auch im Verhältnis Vorstand-Aktionäre erfüllt sind und so eine Schutzpflichten begründende Sonderrechtsbeziehung nach diesen Grundsätzen angenommen werden kann. Anknüpfungspunkt für den Drittschutz ist dabei das Organverhältnis.[1081] Eine solche Sonderbeziehung würde der ambivalenten Stellung

---

[1076] Vgl. BGHZ 129, 136, 160; *Hüffer*, AktG, § 117 Rn. 2; *Mertens*, in: Kölner Kommentar AktG, § 117 Rn. 9.

[1077] Vgl. *Kropff*, in: Geßler u.a., AktG, § 117 Rn. 5; *Helms*, Schadensersatzansprüche, S. 130.

[1078] Auf die Streitfrage, ob Anstellungs- und Organverhältnis ein einheitliches Rechtsverhältnis bilden oder ob von zwei getrennten, wenngleich verbundenen Rechtsverhältnissen auszugehen ist, braucht in diesem Zusammenhang nicht weiter eingegangen zu werden. Vgl. dazu *Baums*, Geschäftsleitervertrag, S. 211 ff.; *K.Schmidt*, Gesellschaftsrecht, § 14 III 2.

[1079] Vgl. dazu *Mülbert*, Aktiengesellschaft, S. 125 ff.

[1080] Die Frage nach mitgliedschaftlichen Herrschafts- und Mitwirkungsrechten liegt außerhalb des Themas dieser Arbeit.

[1081] Unerheblich für diese Arbeit ist dabei, ob Anstellungs- und Organverhältnis ein einheitliches Rechtsverhältnis bilden oder ob von zwei getrennten, wenngleich verbundenen Rechtsverhältnissen auszugehen ist. Vgl. dazu *Baums*, Geschäftsleitervertrag, S. 211 ff.; *K. Schmidt*, Gesellschaftsrecht, § 14 III 2. Die Frage, ob die Pflichten der Vorstandsmitglieder gesetzlicher oder vertraglicher Natur sind, ist hier ebenfalls nicht zu diskutieren. Zum Streitstand *Baums*, a.a.O.; *Rhein*, Interessenkonflikt, S. 205 Fn. 931.

der Vorstandsmitglieder angemessen Rechnung tragen. Diese sind nicht nur Organ der Gesellschaft, sondern zugleich „Treuhänder" der Anteilseigner, deren Vermögen sie verwalten.[1082]

2. *Voraussetzungen des Vertrags mit Schutzwirkung für Dritte*

Nach der Rechtsprechung des BGH kann ein am Vertrag nicht Beteiligter, aber von dessen Risiken betroffener Dritter dann Schadensersatzansprüche gegen eine Vertragspartei wegen der Verletzung von Schutzpflichten geltend machen, wenn der Vertrag nach seinem Sinn und Zweck den Einschluss des Dritten in seinen Schutzbereich erfordert und der Gläubiger die ihm geschuldete Sorge erkennbar auch auf den Dritten bezieht, für den er seinerseits Verantwortung trägt.[1083] Damit sind die Voraussetzungen, unter denen die Grundsätze des Vertrags mit Schutzwirkung zugunsten Dritter Anwendung finden, genannt. Sie werden gemeinhin unter den Stichworten Leistungsnähe, schutzwürdiges Interesse des Vertragsgläubigers an der Einbeziehung des Dritten in den Schutzbereich des Vertrags sowie Erkennbarkeit für den Schuldner diskutiert. Teilweise wird zudem noch gefordert, dass der Dritte auch schutzbedürftig ist.

a. Leistungsnähe

Das Kriterium der Leistungsnähe meint, dass der Dritte typischerweise mit der geschuldeten Leistung in Berührung kommt.[1084] Das heißt, dass er den Gefahren einer Schlechtleistung ebenso stark ausgesetzt sein muss wie der Hauptgläubiger.[1085] An einer Leistungsnähe fehlt es im Allgemeinen dann, wenn es sich aus der Sicht des Schuldners um eine rein zufällige Schadensverlagerung handelt.[1086]

Nun wird der Vorstand in erster Linie im Interesse der Gesellschaft tätig. Er ist deren Wohl verpflichtet. Dies zeigt sich in all jenen Fällen, in denen durch eine Handlung des Vorstands die Gesellschaft geschädigt wird und die Aktionäre lediglich einen Reflexschaden erleiden. Hier hat die Gesellschaft ein primäres Interesse an der Ersatzleistung. Die Aktionäre werden dagegen nur mittelbar geschädigt. Ihr Schaden wird durch die Leistung an die Gesellschaft ausgeglichen. Andererseits zeigt das Beispiel der Informationspflichtverletzung, dass dem Vorstand auch durchaus Pflichten auferlegt werden, die in erster Linie

---

[1082] Dazu *Wiedemann*, Gesellschaftsrecht, S. 241; *ders.*, WM 1975, Beil. 4, S. 26; *Ballerstedt*, Kapital, S. 178 ff.; *Mestmäcker*, Verwaltung, S. 212; *Baums*, Geschäftsleitervertrag, S. 209 ff.

[1083] BGHZ 75, 321, 323.

[1084] BGHZ 49, 350, 354.

[1085] Soergel-*Hadding*, Anh. § 328 Rn. 16.

[1086] *Neuner*, JZ 1999, 126, 129.

im Interesse der Aktionäre bestehen. In solchen Fällen ist der Aktionär der Gefahr einer Schlechtleistung sogar noch stärker ausgesetzt als die Gesellschaft als Hauptgläubigerin. Jener wird in erster Linie geschädigt. Das Interesse der Gesellschaft als selbständiger juristischer Person an einer wahrheitsgemäßen Information ihrer Aktionäre ist allenfalls ein mittelbares. Denn besteht die Gefahr, dass die Aktionäre nicht vollständig und richtig informiert werden, werden diese beim Erwerb der Aktien Risikoabschläge vornehmen, so dass sich die Finanzierungskosten der Gesellschaft erhöhen. Dennoch sind von einer Informationspflichtverletzung des Vorstands in erster Linie die Aktionäre betroffen. Deren Schaden kann vollständig nur durch Leistung an sie persönlich ausgeglichen werden. Der Schutz der Gesellschaft erfolgt lediglich reflexartig, da der Vorstand aufgrund der drohenden Haftung sorgfältig auf eine korrekte Information der Aktionäre achten wird. Fehlleistungen des Vorstands wirken sich in den hier in Rede stehenden Fällen zwangsläufig stets und in erster Linie zum Nachteil der Aktionäre aus. Diese sind auf die Sorgfalt und Gewissenhaftigkeit des Vorstands angewiesen.

Es bleibt also festzuhalten, dass es auch im deutschen Recht einerseits Pflichten des Vorstands gibt, die in erster Linie im Interesse der Gesellschaft bestehen. Diese Gruppe macht den überwiegenden Teil der Vorstandspflichten aus. Anderseits finden sich aber auch Vorstandspflichten, die vorrangig im Interesse der Aktionäre bestehen. Die drittschützende Wirkung von Vorstandspflichten lässt sich nicht pauschal beurteilen. Vielmehr ist nach den einzelnen Pflichten zu differenzieren.[1087] Indizwirkung kommt dabei der Frage zu, ob auf Seiten der Aktionäre ein Eigenschaden oder ein Reflexschaden vorliegt. Im ersteren Fall liegt es nahe, der verletzten Vorstandspflicht auch drittschützende Wirkung beizumessen. Im Rahmen dieser Arbeit können nicht alle Vorstandspflichten auf ihre drittschützende Wirkung hin analysiert werden. Unter 3. werden jedoch einige Fallgruppen behandelt, in denen eine schutzpflichtenbegründende Sonderrechtsbeziehung nach den Grundsätzen des Vertrags mit Schutzwirkung für Dritte zwischen Vorstand und Aktionären angenommen werden kann. Zuvor sollen jedoch noch die übrigen genannten Voraussetzungen des Vertrags mit Schutzwirkung für Dritte dargestellt werden.

b. Interesse der Gesellschaft an der Einbeziehung

Weiterhin ist ein schutzwürdiges Interesse der Gesellschaft an der Einbeziehung der Aktionäre in den Schutzbereich des Organschaftsverhältnisses mit dem Vorstand erforderlich. Lange Zeit wurde gefordert, dass der Vertragspartner des Schädigers für das „Wohl und Wehe“ des geschädigten Dritten verantwortlich sein muss. Es war also ein Rechtsverhältnis mit personenrechtlichem Einschlag

[1087] So auch für das Vereinsrecht *Helms*, Schadensersatzansprüche, S. 135.

zwischen Drittem und dem Vertragspartner des Schädigers erforderlich. Bei dieser Fallgruppe[1088] geht es um den Ersatz des Integritätsinteresses Dritter, um eine Ergänzung der unzureichenden deliktischen Haftung des Schädigers also. Hier sollen Personen geschützt werden, die einer Schlechterfüllung oder der Verletzung von Nebenpflichten ebenso ausgesetzt sind wie der Vertragspartner selbst.
Diese Voraussetzung eines personenrechtlichen Einschlags ist vom BGH jedoch im Zusammenhang mit seiner Rechtsprechung zur Berufshaftung aufgeben worden.[1089] Damit konnte sich eine zweite Fallgruppe entwickeln. Diese umfasst den Schutz Dritter vor reinen Vermögensschäden. Hier rechtfertigt sich die Haftung des Schädigers gegenüber Dritten aus der vertraglichen Vereinbarung mit dem Hauptgläubiger. Bei dieser Fallgruppe geht es also nicht um Integritätsschutz, sondern um den Schutz der Vermögensinteressen des Dritten. In diesen Fällen reicht eine vertragliche Rechtsbeziehung vielfach aus. Insbesondere wenn die Leistung bestimmungsgemäß auch dem Dritten zugute kommen soll, können auch lediglich vertragliche Beziehungen zwischen Drittem und Hauptgläubiger ein schutzwürdiges Interesse des letzteren an der Einbeziehung des Dritten begründen.[1090]
Ob eine Leistung des Vorstands nicht nur der Gesellschaft, sondern auch den einzelnen Aktionären zugute kommen soll, lässt sich nicht pauschal bestimmen. Ähnlich wie bei der Frage der Leistungsnähe ist vielmehr auf die einzelne Vorstandspflicht abzustellen und zu fragen, in wessen Interesse diese besteht. Die Analyse einzelner Pflichten soll beispielhaft unter 3. erfolgen.

c. *Erkennbarkeit*

Weitere Voraussetzung eines Vertrags mit Schutzwirkung für Dritte ist, dass für den Schuldner erkennbar ist, dass die verletzte Pflicht auch im Interesse des Dritten besteht. Die Voraussetzung der Erkennbarkeit dient der Eingrenzung des Haftungsrisikos. Die Haftung soll nur auf einen bestimmbaren Kreis erkennbarer Adressaten ausgedehnt werden. Nicht erforderlich ist, dass der geschützte Personenkreis dem Schuldner namen- oder zahlenmäßig bekannt ist.

[1088] Vgl. v. *Caemmerer*, FS Wieacker, S. 311 f.
[1089] Vgl. BGH, WM 1987, 257, 259 (Haftung eines Steuerberaters); BGH, WM 1986, 711 (Haftung eines Wirtschaftsprüfers); BGH, NJW 1986, 581, 582 (Haftung eines Rechtsanwalts). Damit ist der BGH Anregungen aus der Wissenschaft gefolgt. Vgl. *Musielak*, Haftung, S. 32 ff.; *Honsell*, JuS 1976, 621, 627. Vgl. auch *Hopt*, AcP 183 (1983), 608, 627 f. und *Grunewald*, AcP 187 (1987), 285, 293 f. Zur Dritthaftung des Wirtschaftsprüfers aufgrund der Rechtsfigur des Vertrages mit Schutzwirkung für Dritte vgl. auch *Feddersen*, WM 1999, 105, 107 ff. sowie *Hopt*, FS Mestmäcker, S. 909, 917 f. Siehe auch BGH, WM 1998, 440 ff. (Haftung eines Sachverständigen gegenüber Dritten wegen schuldhaft falschem Gutachten). Kritisch dazu *Kiss*, WM 1999, 117 ff.
[1090] BGHZ 91, 227, 233 f.; *Gottwald*, in: Münchener Kommentar, § 328 Rn. 127.

Entscheidend ist lediglich, dass der geschützte Personenkreis nach objektiven Kriterien abgrenzbar ist.[1091] Dies ist hier der Fall. Der Aktionärskreis einer Aktiengesellschaft mag zwar sehr viele Personen umfassen, er ist jedoch ohne weiteres bestimmbar. Zudem wird der geschützte Personenkreis noch durch das Kriterium des Tätigwerdens am Markt weiter eingegrenzt.[1092] Und für den Vorstand ist ohne weiteres erkennbar, dass Pflichten, die die Individualinteressen der Aktionäre schützen, auch in deren Interesse bestehen.
Unschädlich ist auch, dass sich die personelle Zusammensetzung des Aktionärskreises laufend ändert. Denn in den Schutzbereich eines Vertrags können auch solche Personen einbezogen werden, für die die Schutzwirkung im Zeitpunkt des Vertragsabschlusses noch nicht relevant war. Daher ist es unschädlich, dass auch nach Begründung des Organschaftsverhältnisses weitere Personen in die Gesellschaft aufgenommen werden bzw. sich der Aktionärskreis ändert.

d. Schutzbedürftigkeit der Aktionäre

Für das Vorliegen eines Vertrags mit Schutzwirkung zugunsten Dritter wird teilweise außerdem gefordert, dass der Dritte auch schutzbedürftig ist.[1093] Die Schutzbedürftigkeit wird dann verneint, wenn der Dritte bereits vertragliche Ansprüche gegen seinen Vertragsgläubiger hat.[1094] Ob den geschädigten Aktionären Ansprüche gegen ihre Gesellschaft selbst zustehen, ist jedoch fraglich.

aa. Anspruch gegen die Gesellschaft

Grundsätzlich muss sich die Aktiengesellschaft das Fehlverhalten ihres Vorstands gemäß §§ 31, 278 BGB zurechnen lassen. Dies gilt jedoch nach herrschender Meinung jedenfalls dann nicht, wenn die Organmitglieder eigene Pflichten gegenüber den Gesellschaftern missachtet haben.[1095] Eine Haftungsüberleitung setzt nämlich voraus, dass die verletzte Pflicht auch eine solche der Gesellschaft ist und nicht ausschließlich vom Vorstand geschuldet wird. Der Vorstand wird nach außen als Organ der Gesellschaft tätig, im Innenverhältnis, den Aktionären gegenüber, jedoch als Amtsträger des Verbands. Und als solcher hat er nicht nur Sorgfaltspflichten gegenüber der Gesellschaft, sondern auch gegenüber den Aktionären. Diese Sorgfaltspflicht im Innenverhältnis schuldet

---

[1091] BGH, NJW 1984, 355.
[1092] Siehe dazu unten S. 287 ff.
[1093] Kritisch zu diesem Kriterium *Helms*, Schadensersatzansprüche, S. 139 ff. Ebenfalls ablehnend *Neuner*, JZ 1999, 126, 129.
[1094] BGHZ 70, 327, 329 f.
[1095] *Habersack*, Mitgliedschaft, S. 211, *Martens*, ZGR 1972, 254, 286. Weitere Nachweise bei *Rhein*, Interessenkonflikt, S. 158 Fn. 683.

nicht der Verband selbst, sondern ausschließlich das einzelne Vorstandsmitglied. Dem Aktionär tritt in diesen Fällen nicht die Gesellschaft, sondern ein einzelner Funktionsträger gegenüber, so dass eine Zurechung gemäß § 31 BGB unterbleiben muss.[1096]

Eine Zurechnung des Verhaltens der Vorstandsmitglieder kann also allenfalls dann erfolgen, wenn dadurch zugleich eine der Gesellschaft gegenüber dem Mitglied obliegende Pflicht verletzt wird,[1097] wenn also die Gesellschaft für Organverschulden im eigenen Pflichtenkreis einzustehen hat.[1098] Nun hat der Gesetzgeber bestimmte Pflichten auch als solche der Gesellschaft definiert. So ist diese etwa selbst verpflichtet, einen Jahresabschuss zu erstellen oder Zwischenberichte und Ad-hoc-Mitteilungen herauszugeben. Nun wäre es verkürzt zu sagen, diese Pflicht beschränke sich lediglich auf die Erstellung der Berichte. Vielmehr muss auch der Inhalt der Berichte richtig sein. In solchen Fällen sind Gesellschaft und Aktionär gleichermaßen daran interessiert, dass der Vorstand seine Pflichten erfüllt. Im Fall eines Fehlverhaltens verletzt der Vorstand nicht nur eine eigene Pflicht gegenüber den Aktionären, auch die Gesellschaft verletzt ihre gegenüber den Aktionären bestehende Pflicht.

Ein Anspruch der Aktionäre gegen die Gesellschaft auf Schadensersatz wegen Verletzung des Mitgliedschaftsverhältnisses kann jedoch nicht ohne weiteres bejaht werden. Zwar hat der BGH für das Vereinsrecht einen solchen Anspruch ähnlich der positiven Vertragsverletzung angenommen,[1099] jedoch könnte im Aktienrecht anderes gelten. Ein Anspruch gegen die Gesellschaft setzt voraus, dass dieser das Verhalten des Vorstands in den hier in Rede stehenden Fällen zugerechnet werden kann. Damit ist die Frage aufgeworfen, ob die §§ 31, 278 BGB auch im Innenverhältnis zwischen Gesellschaft, Vorstand und Aktionär anwendbar sind.[1100] Gegen eine solche Haftungsüberleitung und damit gegen

---

[1096] Vgl. *Beuthien*, DB 1969, 1781, 1782; *Martens*, ZGR 1972, 254, 286. Siehe auch *Kowalski*, Gesellschafts- und Gesellschafterschaden, S. 221 Fn. 14.

[1097] Dass der Aktionär auch Dritter im Sinne des § 31 BGB sein kann, ist nunmehr allgemein anerkannt. Vgl. *Rhein*, Interessenkonflikt, S. 154.

[1098] Davon zu unterscheiden ist die Haftungsüberleitung auf den Verband bei schädigendem Verhalten eines Verwaltungsmitglieds, durch das dieses selbst schadensersatzpflichtig wird. Eine Haftungsüberleitung ist in diesen Fällen, in denen das Organmitglied primär haftet, nach den soeben im Text dargestellten Grundsätzen ausgeschlossen.

[1099] BGHZ 101, 323, 327; 90, 92, 95.

[1100] Zur Geltung des § 31 BGB auch im rechtsgeschäftlichen Bereich vgl. die Nachweise bei *Habersack*, Mitgliedschaft, S. 210 Fn. 104. Unerheblich ist allerdings, ob man die Zurechung des pflichtwidrigen Vorstandshandelns auf § 278 BGB oder § 31 BGB stützt. Der darüber geführte Streit hat in praktischer Hinsicht keine Auswirkungen. Vgl. *Kleindiek*, Deliktshaftung, S. 274 ff. Zur deliktischen Außenhaftung von Vorstandsmitgliedern vgl. auch noch *Grunewald*, ZHR 157 (1993), 451 ff. und *Medicus*, ZGR 1998, 570 ff. sowie *ders.*, FS Lorenz, S. 155 ff.

eine Haftung des Verbandes in diesen Fällen werden in erster Linie zwei Argumente angeführt. Das erste betrifft die Interessen der Gläubiger an der Erhaltung des Haftkapitals der Gesellschaft (dazu sub bb.), das zweite die Interessen der Mitgesellschafter (dazu sub cc.). Unter dem Stichwort der „Vergesellschaftung" des individuellen Schadens eines Gesellschafters wird gefragt, ob das Verbandsvermögen zum Ersatz solcher Schäden zur Verfügung steht. Im Kern geht es beiden Argumenten um den Konflikt der Haftung der Gesellschaft gegenüber den Aktionären mit der Sicherung und Zweckbindung des Gesellschaftsvermögens. Gesetzlicher Ausgangspunkt ist dabei das Verbot der Einlagenrückgewähr (§ 57 AktG).

Zu unterscheiden ist in diesem Zusammenhang zwischen der Haftung gegenüber dem – etwa im Rahmen einer Kapitalerhöhung – „eingeworbenen" Aktionär und der Haftung wegen fehlerhafter Kapitalmarktinformationen gegenüber Anlegern, die am Sekundärmarkt tätig geworden sind und zum Erwerb einer (voll eingezahlten) Aktie verleitet wurden. Insbesondere im Zusammenhang mit Prospekthaftungsansprüchen wird in Rechtsprechung und Literatur diskutiert, ob die Gesellschaft als Erlasser eines Prospekts gemäß den §§ 44, 45 BörsG in Anspruch genommen werden kann oder ob dem die aktienrechtlichen Grundsätze über die Kapitalerhaltung entgegenstehen. Der Gesetzgeber hat im Rahmen der Neuregelung der Prospekthaftung im Dritten Finanzmarktförderungsgesetz klargestellt, dass die Prospekthaftung gegenüber den §§ 57, 71 ff. AktG eine abschließende Spezialregelung darstellt, so dass die Gesellschaft dem klagenden Aktionär das Verbot der Einlagenrückgewähr nicht entgegenhalten kann.[1101] Dies gilt jedoch nicht für den hier in Rede stehenden Anspruch des Aktionärs wegen Verletzung des Mitgliedschaftsverhältnisses. Vor der Klarstellung durch den Gesetzgeber hat das Reichsgericht die Ansicht vertreten, dass die börsengesetzliche Prospekthaftung nur dann durchgreife, wenn die Aktien nicht durch Zeichnung oder in Ausübung eines Bezugsrechts, sondern im Wege eines gewöhnlichen Verkehrsgeschäfts erworben werden.[1102] Grund für die Differenzierung zwischen dem Erwerb durch Zeichnung oder Ausübung eines Bezugsrechts einerseits und durch Verkehrs- bzw. Umsatzgeschäft andererseits ist, dass es sich bei der Prospekthaftung im Kern um einen kapitalmarkrechtlichen Anspruch handelt und nicht um einen auf der Position als Gesellschafter fußenden.[1103] Auch dieses Argument kann für die

[1101] Gesetzesbegründung zum Dritten Finanzmarktförderungsgesetz, BR-Drucksache 605/97, S. 78.

[1102] RGZ 71, 97, 98 ff.; 88, 271, 272 ff.; 146, 84, 87 ff. Weitere Nachweise bei *Schwark*, Festschrift Raisch, S. 270 ff. Zustimmend *ders.*, a.a.O., S. 287 f.; *ders.*, BörsG, §§ 45, 46 Rn. 8; *Assmann*, in: *Assmann/Schütze*, Kapitalanlagerecht, § 7 Rn. 202. A.A. wohl *Lutter*, in: Kölner Kommentar, § 71 Rn. 69. Vermittelnd *Harmann*, in: *Schäfer*, WpHG u.a., §§ 45, 46 a.F. BörsG, Rn. 48.

[1103] Vgl. *Schwark*, Festschrift Raisch, S. 287.

hier in Rede stehenden Fälle nicht fruchtbar gemacht werden, denn hier geht es um eine in der Mitgliedschaft wurzelnde Anspruchsgrundlage. Im Ergebnis kann daher dahinstehen, ob man den Konflikt der Haftung der Gesellschaft für ihre Organe gegenüber ihren Aktionären mit der Zweckbindung des Gesellschaftsvermögens allein durch die formale Abgrenzung zwischen originärem und derivativem Erwerb bewältigen kann,[1104] oder ob nicht doch eine wertende Abwägung der widerstreitenden Interessen notwendig ist. Denn die Stimmen in der Literatur, die der Prospekthaftung – und jetzt auch der Haftung gemäß §§ 37 b und c WpHG[1105] – den Vorrang gegenüber § 57 AktG einräumen, stützen sich sämtlich auf Anlegerschutzerwägungen.[1106] Derartige Erwägungen greifen in den hier in Rede stehenden Fällen schon deshalb nicht, weil es um den Schutz der Mitgliedschaft vor schädigenden Handlungen der Organmitglieder geht. Anlegerschutz aufgrund spezialgesetzlicher, kapitalmarktrechtlicher Haftungstatbestände steht nicht in Rede. Schon das Reichsgericht hat den Schadensersatzanspruch eines Klägers (Aktionärs), der aufgrund wissentlich falscher Angaben von Vorstandsmitgliedern weitere Aktien der Gesellschaft durch Kaufgeschäft mit dritten Aktionären erworben hatte, mit der Begründung abgelehnt, der Kläger wolle sein Beteiligungsrisiko zum Nachteil der Gläubiger auf die Gesellschaft abwälzen.[1107] Kauft der Aktionär aufgrund falscher Informationen weitere Anteile an der Gesellschaft hinzu und wird der Schaden beim Käufer, dem eine entsprechende Vermögensmehrung beim Verkäufer gegenübersteht, durch eine Schadensersatzleistung der Gesellschaft ausgeglichen, liegt bei wertender Betrachtung ein Fall der Einlagenrückgewähr so nahe, dass das Ausschüttungsverbot eingreifen muss. Entsprechendes gilt für den Fall, dass der Aktionär seine Beteiligung veräußert.[1108]

Das Verbot der Einlagenrückgewähr gilt daher grundsätzlich gegenüber jedem Aktionär, ohne Rücksicht darauf, ob er je selbst eine Einlage geleistet oder die Aktie nur am Sekundärmarkt erworben hat.[1109] Für aus der Gesellschafterposition fließende Ansprüche kann nicht zwischen Verkehrsgeschäften und Erwerb durch Einlageleistung unterschieden werden, so dass das Verbot der Einlagenrückgewähr in den hier in Rede stehenden Fällen grundsätzlich greift. Zu prüfen bleibt jedoch noch, wie weit der Kapitalerhaltungsgrundsatz reicht.

[1104] Kritisch hierzu etwa LG Frankfurt/M., ZIP 1998, 641, 645; *Renzenbrink/Holzner*, BKR 2002, 434, 436 f.

[1105] Dazu *Renzenbrink/Holzner*, BKR 2002, 434 ff.; *Keusch/Wankerl*, BKR 2003, 744 ff.

[1106] Vgl. *Schwark*, FS Raisch, S. 281 ff. sowie den Überblick bei *Renzenbrink/Holzner*, BKR 2002, 434, 437.

[1107] RGZ 92, 29.

[1108] Vgl. *Rein*, Interessenkonflikt, S. 156 f.

[1109] Vgl. *Lutter*, in: Kölner Kommentar, § 57 Rn. 12; *Schwark*, Festschrift Raisch, S. 275.

bb. Entgegenstehende Gläubigerinteressen

Der Schadensersatzanspruch des einzelnen Aktionärs gegen die Gesellschaft sieht sich zunächst vor dem Hintergrund der Interessen der Gläubiger dem Einwand des Verbots der Einlagenrückgewähr (§ 57 AktG) ausgesetzt. Denn ein solcher Anspruch schmälert das den Gläubigern der Aktiengesellschaft zur Verfügung stehende Haftungskapital.[1110] Dies ist insofern problematisch, als in den hier in Rede stehenden Fällen der geschädigte Aktionär gerade in seiner Stellung als Aktionär geschädigt wurde und mithin der Gesellschaft nicht wie jeder Dritte gegenübertritt. Denn er macht den Schadensersatzanspruch nicht als einfacher Gläubiger der Gesellschaft, sondern als deren Aktionär geltend. Insbesondere wenn der Aktionär geltend macht, er sei durch falsche Angaben des Vorstands zur Zeichnung von Aktien veranlasst worden, wird das Problem offensichtlich. Denn es wäre hier widersprüchlich, dem geschädigten Aktionär einerseits die Anfechtung der Zeichnungserklärung und den Anspruch aus § 812 BGB mit der Begründung zu versagen, die Aufbringung und Erhaltung des Grundkapitals müsse im Interesse der Gläubiger gewahrt sein, andererseits jedoch dem Aktionär einen Schadensersatzanspruch, gleich aus welcher Anspruchsgrundlage, zuzugestehen.[1111] Im Ergebnis geht es darum, den Grundsätzen über den fehlerhaften Beitritt zu einer Kapitalgesellschaft[1112] auch hinsichtlich der vermögensmäßigen Folgen Geltung zu verschaffen.[1113] Der Grundsatz der Kapitalaufbringung und Kapitalerhaltung kann in diesen Fällen auch nicht durch den vielleicht wertlosen Rückgriffsanspruch der Gesellschaft gegen den Vorstand gewahrt werden. In derartigen Fällen, in denen ein Anspruch gegen die Aktiengesellschaft im Widerspruch zur gläubigerschützenden Funktion des Gesellschaftsvermögens steht, kann sich der Aktionär allenfalls an die Vorstandsmitglieder persönlich halten. Grundsätzlich gilt, dass der Grundsatz der Kapitalerhaltung dann zu einer Rückzahlungssperre führt, wenn die Auszahlung an den Aktionär mit Rücksicht auf dessen Mitgliedschaft erfolgt. Tritt der Aktionär der Gesellschaft jedoch wie jeder Drittgläubiger gegenüber, greift das Verbot der Einlagenrückgewähr nicht, wenn der Aktionär auch tatsächlich wie jeder Dritte behandelt wird.[1114] Nun erfolgt eine Schadens-

---

[1110] Vgl. zur Garantiefunktion des gebundenen Kapitals, die den Ausschluss der persönlichen Haftung der Gesellschafter legitimiert, *K.Schmidt*, Gesellschaftsrecht, § 18 IV 2; *Wiedemann*, Gesellschaftsrecht, § 10 IV 1b; *Kübler*, Gesellschaftsrecht, S. 153 f. Zur Kritik an diesem Konzept vgl. *Assmann*, in: Großkommentar AktG, Einl., Rn 480 ff.; *Kübler*, Aktie, § 7; *Schön*, ZHR 166 (2002), 1 ff.

[1111] RGZ 54, 128; RGZ 88, 187, 188 ff. *Baums*, Der Geschäftsleitervertrag, S. 234. Vgl. dazu auch *Schwark*, FS Raisch, S. 269, 270 ff.

[1112] Vgl. dazu etwa *Lutter*, Kapital, S. 83 ff.; *Zöllner*, AG 1993, 68, 75 ff.

[1113] *Habersack*, Mitgliedschaft, S. 215.

[1114] Vgl. etwa *Hefermehl/Bungeroth*, in: Geßler/Hefermehl/Eckardt/Kropff, AktG, § 57 Rn. 15 ff.

ersatzleistung an den Aktionär wegen Verletzung mitgliedschaftlicher Rechte immer causa societatis.[1115] Denn der Aktionär ist als solcher und nicht als Drittgläubiger betroffen.

Entscheidend für die Frage, ob die Gesellschaft dem geschädigten Aktionär haftet, ist die Reichweite des Prinzips der Kapitalaufbringung und Vermögensbindung. Daher kann man dem Schadensersatz fordernden Aktionär das Prinzip der Kapitalbindung jedenfalls dann nicht entgegenhalten, wenn der Ersatzanspruch ohne Beeinträchtigung der gesetzlich geschützten Interessen der Gläubiger erfüllt werden kann.[1116] Denn auch die Gesellschaft ist nicht gehindert, etwa Gewinnrücklagen aufzulösen, sie damit dem Bilanzgewinn zuzuführen und dann im Wege eines Gewinnverwendungsbeschlusses an die Aktionäre auszuschütten.[1117] Kann dagegen der Anspruch nur aus dem im Interesse der sonstigen Verbandsgläubiger gebundenen Vermögen, also aus dem Grundkapital zuzüglich gesetzlicher Rücklagen, erfüllt werden, steht der Gesellschaft ein vorübergehendes Leistungsverweigerungsrecht zu. Gläubigerinteressen können somit den Ausschluss der Zurechnung des pflichtwidrigen Vorstandshandelns nicht für alle Fälle rechtfertigen.[1118]

cc. Entgegenstehende Interessen der Mitgesellschafter

Eine andere Frage ist, inwieweit schutzwürdige Interessen der Mitgesellschafter durch die Haftung der Gesellschaft berührt werden und eine Haftung der Gesellschaft ggf. aus diesem Grunde nicht in Betracht kommt. Zweck des aus §§ 57 Satz 1, 58 Abs. 5 AktG resultierenden Prinzips der Vermögensbindung ist keineswegs nur der Schutz der Gläubiger der Gesellschaft. Zwar ist der Grundsatz der Kapitalerhaltung notwendiges Gegenstück zum Ausschluss der Haftung der Aktionäre, gleichzeitig dient dieser Grundsatz jedoch auch dem Schutz der gegenwärtigen Aktionäre. Insbesondere müssen die nicht

---

1115 *Habersack*, Mitgliedschaft, S. 216.

1116 *Baums*, a.a.O., S. 238; *Habersack*; a.a.O., S. 217. Wohl auch *K.Schmidt*, Gesellschaftsrecht, § 21 V 4. Für die Fälle der Prospekthaftung vgl. *Schwark*, FS Raisch, S. 269, 288 ff. Vgl. auch *Zöllner/Winter*, ZHR 158 (1994), 59, 77 f.; *Reichert/Weller*, ZRP 2002, 49, 56.

1117 *Habersack*, Mitgliedschaft, S. 217; *Baums*, ZHR 167 (2003), 139, 168.

1118 Anders die gesetzgeberische Entscheidung bei der Neufassung der Prospekthaftung (§ 44 BörsG). Der Gesetzgeber geht von einer völligen Gleichbehandlung der Prospekthaftungsansprüche mit sonstigen Gläubigeransprüchen aus. Vgl. BR-Drucks. 605/97, S. 78. Zur entsprechenden Problematik bei §§ 37 b und c WpHG vgl. *Renzenbrink/Holzner*, BKR 2002, 434 ff und *Maier-Reimer/Webering*, WM 2002, 1857, 1863. Aus rechtspolitischer Sicht dagegen für einen völligen Ausschluss eines jeden Schadensersatzanspruches gegen die Gesellschaft (im Falle fehlerhafter Information des Kapitalmarktes) die Regierungskommission Corporate Governance, *Baums* (Hrsg.), Bericht, S. 201. Zustimmend *Abram*, ZBB 2002, 41, 58; *Rieckers*, BB 2002, 1213, 1220. Ablehnend *Baums*, ZHR 167 (2003), 139, 168 f.

partizipierenden Aktionäre vor verdeckten Gewinnausschüttungen geschützt werden. Zudem dient dieser Grundsatz dazu, die Kompetenz der Hauptversammlung, über die Gewinnverwendung zu entscheiden, zu wahren.[1119] Dass der Kapitalerhaltungsgrundsatz nicht ausschließlich gläubigerschützenden Charakter hat, zeigt sich insbesondere darin, dass beispielsweise Gewinnrücklagen aufgelöst und an die Aktionäre ausgeschüttet werden können. Rücklagen der Gesellschaft, die über die gemäß § 150 AktG zu bildenden hinausgehen, stehen zur Disposition der Aktionäre. Eine Haftung der Gesellschaft ist unproblematisch in den Fällen, in denen der Aktionär nicht als solcher, sondern wie jeder andere Dritte auch betroffen wird. Ist die Schädigung also von der Mitgliedschaft unabhängig, hätte jeder gesellschaftsfremde Dritte ebenso geschädigt werden können, wird das Verschulden der Organe der Gesellschaft zugerechnet.[1120] Allgemein anerkannt ist wohl auch, dass für den Fall, dass ein einzelner Aktionär einen Reflexschaden davon trägt, eine Haftungsüberleitung auf die Gesellschaft nicht in Betracht kommt. Denn sonst würde das Gesellschaftsvermögen ein zweites Mal gemindert.[1121]

Hier geht es jedoch weder um Fälle, in denen der Aktionär reflexartig geschädigt wird, noch um Fälle, in denen er wie jeder Dritte geschädigt wird. Vielmehr erleidet er gerade aufgrund seiner Stellung als Aktionär einen unmittelbaren Schaden. Ob in solchen Fällen die Pflichtverletzung des Organmitglieds der Gesellschaft über § 31 BGB zugerechnet werden kann, ist umstritten. Namentlich *Wiedemann* hat sich gegen eine solche „Vergesellschaftung“ des individuellen Schadens der Verbandsmitglieder gewandt.[1122] Der dahinter stehende Gedanke ist, dass das wirtschaftliche Risiko der Beteiligung nicht auf die anderen Aktionäre verlagert werden darf. Dieses wirtschaftliche Risiko, das der Beteiligung als solcher innewohnt, ist von dem unternehmerischen Risiko, das sich durch den Betrieb des Unternehmens der Gesellschaft ergibt, zu unterscheiden. Die Aktionäre haben sich nur insofern zu einer Risikogemeinschaft zusammengeschlossen, als es um die gemeinsame Zweckverfolgung, um den Betrieb des Unternehmens geht. Nur zur Verfolgung dieses Zwecks haben sie das Verbandsvermögen zur Verfügung gestellt. Damit soll das Verbandsvermögen auch nur für Schäden haften, die gerade aus der Verfolgung dieses Zwecks entstehen, in denen sich also das unternehmerische Risiko, welches von den Aktionären gemeinsam getragen werden soll, verwirklicht hat. Verwirklicht sich jedoch das der Beteiligung innewohnende individuelle Risiko, soll das Verbandsvermögen nicht haften. Individuelle

[1119] *Hüffer*, AktG, § 57 Rn. 1.
[1120] Vgl. *Kowalski*, Gesellschafts- und Gesellschafterschaden, S. 219 Fn. 9 m.w.N.
[1121] Vgl. *Habersack*, Mitgliedschaft, S. 212; *Kowalski*, Gesellschafts- und Gesellschafterschaden, S. 222.
[1122] *Wiedemann*, Gesellschaftsrecht, S. 241.

Schäden eines Mitglieds dürfen nicht vergesellschaftet werden, da andernfalls der Schaden anteilig von den Mitgesellschaftern zu tragen wäre.[1123] Zwar hat die Gesellschaft regelmäßig ihrerseits einen Ersatzanspruch gegen die Vorstandsmitglieder, jedoch sollte das Risiko der Uneinbringlichkeit von den geschädigten Aktionären und nicht von der Gesellschaft getragen werden.[1124] Zudem hat eine Regresslösung vor dem Hintergrund, den Vorstand zu sorgfältigem Handeln zu veranlassen, wenig Sinn. Sie würde bloß Mehrkosten verursachen. Damit müssen sich die geschädigten Aktionäre in den hier in Rede stehenden Fällen an die Vorstandsmitglieder selbst halten. Ein Anspruch gegen die Gesellschaft ist ihnen versagt.[1125]

dd. Ergebnis

Den Aktionären steht in den hier in Rede stehenden Fällen der Eigenschäden somit regelmäßig kein Anspruch gegen die Gesellschaft zu,[1126] da dieser das Handeln des Vorstands nicht zugerechnet werden kann. Diese sind somit schutzbedürftig.[1127]
Nun steht den Aktionären allerdings im Falle der fehlerhaften Ad-hoc-Mitteilung ein Anspruch gemäß §§ 37 b bzw. c WpHG gegen die Gesellschaft zur Seite. Solche spezialgesetzlichen Anspruchsgrundlagen könne jedoch nicht

---

[1123] A.A. *Habersack*, Mitgliedschaft, S. 211 ff. Hinzu kommt, dass im Falle einer Haftung der Gesellschaft auch der geschädigte Aktionär selbst letztlich einen Teil des Schadens zu tragen hat. Er erleidet insofern einen weiteren Schaden – der ihm persönlich nicht ersetzt wird –, als dass durch den Schadensersatzanspruch der Wert des Gesellschaftsvermögens und damit reflexartig auch der Wert seiner Beteiligung sinkt. Siehe *Horn*, FS Ulmer, S. 827. Vgl. dazu auch *Baums*, ZHR 167 (2003), 139, 167.

[1124] Vgl. *Baums* Geschäftsleitervertrag, S. 235; *Winter*, Treuebindungen, S. 93; *Rhein*, Interessenkonflikt, S, 157. Zur Durchsetzung der Haftung gegenüber den persönlich verantwortlichen Organmitgliedern vgl. *Baums*, Gutachten, S. F 224, F 239 ff.

[1125] Dies gilt im Übrigen auch für ehemalige Aktionäre, etwa solche, die aufgrund fehlerhafter Informationen ihre Aktien veräußert haben und dadurch geschädigt wurden. Denn insoweit ist auf den Zeitpunkt des schädigenden Ereignisses abzustellen. Vgl. *Rhein*, Interessenkonflikt, S. 156.

[1126] Aus rechtspolitischer Sicht im Ergebnis ebenso (für Fälle der fehlerhaften Information des Kapitalmarktes) die Regierungskommission Corporate Governance, *Baums* (Hrsg.), Bericht, 201. Zustimmend *Horn*, FS Ulmer, S. 827; *Rieckers*, BB 2002, 1213, 1220; *Abram*, ZBB 2002, 41, 58. Kritisch auch *Maier-Reimer/Webering*, WM 2002, 1857, 1863 sowie *Hutter/Leppert*, NZG 2002, 649, 654 (jeweils zu §§ 37 b und c WpHG). A.A. *Baums*, ZHR 167 (2003), 139, 165 ff.

[1127] Einer Entscheidung der Frage, ob das Kriterium der Schutzbedürftigkeit geeignetes Mittel ist, eine Ausuferung des Vertrages mit Schutzwirkung für Dritte zu verhindern, bedarf es daher nicht. Kritisch hierzu beispielsweise *Helms*, Schadensersatzansprüche, S. 139 ff. m.w.N. Ebenfalls ablehnend *Neuner*, JZ 1999, 126, 129.

dazu führen, die Schutzbedürftigkeit des Dritten zu verneinen. Dies kommt allenfalls bei inhaltsgleichen vertraglichen Ansprüchen in Betracht.[1128]

3. Pflichtverletzungen (Fallgruppen)

Nachdem also im Aktienrecht die Grundsätze über den Vertrag mit Schutzwirkung für Dritte zwischen Vorstand und einzelnem Aktionär grundsätzlich Anwendung finden,[1129] bleibt die Frage zu beantworten, welchen Vorstandspflichten denn solche drittschützende Wirkung zukommt. Ausgeklammert wurden bisher lediglich die Fälle, in denen der einzelne Aktionär durch die Schädigung der Gesellschaft in seinem Vermögen reflexartig geschädigt wird. In solchen Fällen besteht die verletzte Pflicht ausschließlich im Interesse der Gesellschaft. Der einzelne Aktionär hat gegenüber dem Vorstand keinen auf die Verletzung ihm gegenüber bestehender Pflichten gestützten Anspruch. Umgekehrt kommt dem Eigenschaden eines Aktionärs in den Fällen, in denen der Vorstand ihn im Rahmen seiner Vorstandstätigkeit unmittelbar schädigt, eine Indizwirkung dafür zu, dass die verletzte Pflicht auch im Interesse des einzelnen Aktionärs besteht.[1130]

Für die hier in Rede stehenden Fälle liefert die deutsche Rechtsprechung bisher wenig Anschauungsmaterial. Lediglich die zur Frage der persönlichen Einstandspflicht von Vorstandsmitgliedern wegen fehlerhafter Ad-hoc-Mitteilungen ergangenen Urteile bilden hier eine Ausnahme.[1131] Fallbeispiele liefert jedoch die Rechtsprechung der U.S.-amerikanischen Gerichte. Im ersten Teil der Arbeit wurde gezeigt, dass dort Aktionäre „ihre" Vorstände in einer Reihe von Fällen persönlich wegen Sorgfalts- bzw. Informationspflichtverletzungen in Anspruch nehmen können. Am Beispiel dieser Fallgestaltungen soll im Folgenden für das deutsche Recht näher analysiert werden, wie verbandsinterne Konflikte mit Hilfe einer schutzpflichtenbegründenden Sonderbeziehung zwischen Aktionär und Vorstand gelöst werden können. Begrenzt wird diese Aufgabe zunächst dadurch, dass lediglich zum Schadensersatz verpflichtende Pflichtverletzungen behandelt werden. Es geht also lediglich um Fälle, in denen Aktionäre durch pflichtwidriges Vorstandshandeln geschädigt werden. Doch selbst unter dieser Einschränkung erheben die folgenden beispielhaft dargestellten Fallgestaltungen keinen Anspruch auf Vollständigkeit. Schon Raumgründe gebieten eine gewisse Beschränkung.

[1128] Vgl. BGHZ 129, 136, 169.; BGHZ 70, 327, 328. Vgl. auch BGH, NJW 1993, 655, 656.

[1129] Dies räumt auch *Habersack*, Mitgliedschaft, S. 207, ein.

[1130] Ähnlich *Helms*, Schadensersatzansprüche, S. 135.

[1131] LG München, ZIP 2001, 1814 ff. (Infomatec I); LG Augsburg, ZIP 2001, 1881 ff., aufgehoben durch OLG München, ZIP 2002, 17 27 (Infomatec II); LG Augsburg, Az. 3 O 157/01 (Infomatec III); LG Augsburg, ZIP 2002, 530 ff. (Infomatec IV).

Zudem können Inhalt und Reichweite von Vorstandspflichten gegenüber den Aktionären vor dem Hintergrund der Entwicklung des Gesellschaftsrechts und dessen praktischer Anwendung nicht vollständig erfasst werden. Das gegen Kompetenzübergriffe des Vorstands in der „Holzmüller-Entscheidung entwickelte Abwehrrecht der Aktionäre mag hierfür als Beispiel dienen.

a. Informationspflichtverletzungen

Eine erste Fallgruppe, der gerade im U.S.-amerikanischen Recht eine besondere Bedeutung zukommt, bilden die Fälle der Informationspflichtverletzungen. Die Darstellung des amerikanischen Rechts hat gezeigt, dass den Aktionären dort auch außerhalb kapitalmarktrechtlicher Spezialvorschriften ein Schadensersatzanspruch unmittelbar gegenüber den Verwaltungsmitgliedern zusteht, wenn diese fehlerhafte Informationen erteilen, die geeignet sind, die Entscheidung der Aktionäre hinsichtlich gesellschaftsrechtlicher Maßnahmen oder auch hinsichtlich des Kaufes oder Verkaufes von Aktien zu beeinflussen.[1132] Rechtsgrundlage ist die gesellschaftsrechtliche fiduciary duty of disclosure. Für das deutsche Recht gilt es daher zu untersuchen, ob sich ein entsprechender Anspruch auf der Basis der Organpflichten mit Schutzwirkung zugunsten Dritter begründen lässt. Bisher wird die Bedeutung des mitgliedschaftlichen Informationsrechtes im deutschen Recht vor allem darin gesehen, dem Aktionär die Ausübung seines Stimmrechts oder die Ausübung von Anfechtungsbefugnissen oder Minderheitenrechten zu ermöglichen. Wie aber sind die Fälle zu behandeln, in denen der Vorstand etwa „seine“ Aktionäre zu einer weiteren Kapitalerhöhung auffordert und dabei grob fahrlässig oder gar vorsätzlich die Finanzlage der Gesellschaft zu positiv darstellt?

aa. Gegenüber den Aktionären bestehende Informationspflichten

Grundsätzlich zu unterscheiden ist zwischen gegenüber den Aktionären bestehenden Informationspflichten und solchen, die gegenüber dem Kapitalmarkt bestehen. Erstere dienen dazu, die Aktionäre über die Angelegenheiten der Gesellschaft zu informieren. Dabei mag der Vorstand den Aktionären in bestimmten Fällen Handlungsempfehlungen in Bezug auf die Erweiterung ihrer Beteiligung oder den Verkauf ihrer Aktien geben oder die Aktionäre im Zusammenhang mit einem Hauptversammlungsbeschluss beraten (dazu sub (1)). In anderen Fällen geht es um die Erfüllung gesetzlich vorgeschriebener Berichtspflichten (dazu sub (2)). Der Vorstand mag die Aktionäre aber auch lediglich freiwillig über die Angelegenheiten der Gesellschaft informieren, ohne Ratschläge zu erteilen (dazu sub (3)). Die gegenüber dem Kapitalmarkt bestehenden Informationspflichten in Gestalt der Ad-hoc- und Zwischen-

[1132] Siehe oben S. 123 ff.

berichtspublizität oder auch der Konzernrechnungslegung haben zur Aufgabe, den Anleger über sein Investment zu informieren. In diesem Fall dienen die Informationen als Entscheidungshilfe bei der Frage, ob in die betreffende Gesellschaft investiert oder ob die Aktie verkauft werden soll (dazu sub (4)). Schließlich gilt es die Frage zu beantworten, ob den Vorstand neben der Pflicht zur sorgfältigen Informationserteilung auch eine aktive Offenlegungspflicht trifft (dazu sub (5)).

(1) Pflicht zur sorgfältigen Informationserteilung im Zusammenhang mit Empfehlungen

Eine Pflicht zur sorgfältigen Informationserteilung ist jedenfalls in solchen Fällen anzunehmen, in denen der Vorstand den Aktionären ein bestimmtes Verhalten empfiehlt. In Betracht kommt insoweit zunächst ein bestimmtes Abstimmungsverhalten im Zusammenhang mit einem Beschluss der Hauptversammlung.[1133] Denkbar sind aber auch Empfehlungen hinsichtlich der Erweiterung der Beteiligung oder auch hinsichtlich des Verkaufs der Aktien. So mag der Vorstand einer geschlossenen Gesellschaft „seine" Aktionäre zu einer weiteren Kapitalerhöhung auffordern und dabei grob fahrlässig etwa die Finanzlage derselben zu günstig darstellen. Denkbar sind auch Fälle, in denen der Vorstand „seinen" Aktionären den Verkauf ihrer Beteiligung empfiehlt, etwa im Zusammenhang mit einem Management-Buyout oder einem sonstigen nicht öffentlichen Angebot zum Erwerb der Papiere.[1134]

Zu bedenken ist, dass die Aktionäre auf die Angaben des Vorstands vertrauen und diese zur Grundlage ihrer Vermögensdisposition machen. Dieses Vertrauen ist rechtlich schützenswert und der Vorstand hat bei der Erteilung von Informationen über die Gesellschaft im Zusammenhang mit Handlungsempfehlungen an die Aktionäre sorgfältig zu handeln. Auch für die Fälle, die unter dem Stichwort „Berufshaftung" zusammengefasst werden, in denen etwa ein Rechtsanwalt oder Steuerberater einem Dritten eine falsche Auskunft gibt, hat der BGH das Vertrauen des Dritten auf die Richtigkeit der Auskunft teilweise als schützenswert erachtet. Vertrauen beispielweise Kreditgeber des Mandanten bei ihrer Entscheidung auf das Testat eines Jahresabschlusses durch den Steuerberater, kommt eine Haftung desselben nach den Grundsätzen des Vertrags mit Schutzwirkung für Dritte in Betracht.[1135] Auch im Falle der Berufshaftung der Wirtschaftsprüfer wird die Einbeziehung des kreditgebenden Dritten

---

[1133] Dazu sogleich.

[1134] Zu den Vorstandspflichten im Zusammenhang mit dem WpÜG im Falle eines öffentlichen Angebots siehe unten S. 305 ff.

[1135] Vgl. BGH, WM 1987, 257, 259. Weitere Nachweise bei *Hirte*, Berufshaftung, S. 46.

in den Schutzbereich des Prüfungsvertrags für möglich gehalten.[1136] Und auch die Pflichten eines Notars können Drittschutz entfalten, wenn die konkrete Amtspflicht dem Schutz eben dieses Dritten dient.[1137] Nach den Grundsätzen des Vertrags mit Schutzwirkung für Dritte zu beurteilende Sorgfaltspflichten in Bezug auf die Richtigkeit erteilter Informationen sind dem deutschen Recht also keineswegs fremd. Zu berücksichtigen ist dabei auch, dass sich Aktionäre und Vorstandsmitglieder durchaus näher stehen als Berufsträger und Dritte, somit im ersten Fall die Anwendung der Grundsätze des Vertrags mit Schutzwirkung für Dritte um so eher in Betracht kommt.[1138]

Auch kommen die Aktionäre mit der Leistung des Vorstands, der Informationserteilung, typischerweise in Berührung. Sie sind der Gefahr einer Schlechtleistung sogar noch stärker ausgesetzt als die Gesellschaft selbst. Denn die Vermögensinteressen der handelnden Aktionäre werden durch die Fehlinformationen unmittelbar berührt. Das Interesse der Gesellschaft ist nur insoweit betroffen, als diese sich der Gefahr ausgesetzt sieht, dass die Aktionäre aufgrund der Möglichkeit von Fehlinformationen Risikoabschläge vornehmen und sich somit die Finanzierungskosten der Gesellschaft erhöhen. Dies ist jedoch lediglich ein mittelbarer Schaden. In erster Linie und unmittelbar geschädigt werden die Aktionäre.

Aus dem oben Gesagten ergibt sich auch das Interesse der Gesellschaft an der Einbeziehung der Aktionäre in den Schutzbereich des mit den Vorstandsmitgliedern geschlossenen Vertrags. Denn gerade Informationen sollen bestimmungsgemäß den Aktionären zugute kommen. Die Gesellschaft kommt mit dieser Vorstandsleistung nicht unmittelbar in Berührung. Das Interesse der Gesellschaft an der Einbeziehung der Aktionäre ergibt sich zudem aus der Gefahr der Erhöhung der Finanzierungskosten der Gesellschaft, falls nicht für einen ausreichenden Schutz der Aktionäre gesorgt wird.

Und schließlich ist für die Vorstandsmitglieder auch erkennbar, dass die Aktionäre in den Schutzbereich des Vertrags mit der Gesellschaft einbezogen werden sollen. Denn die Informationspflichten bestehen in erster Linie in deren Interesse. Durch unsorgfältige Informationserteilung kommen in erster Linie diese zu Schaden. Auch ist der geschützte Personenkreis hinreichend abgrenzbar und für den Vorstand vorhersehbar.[1139]

[1136] *Gottwald*, in: Münchener Kommentar, § 328 Rn. 84; *Hadding*, in: Soergel, BGB, Anhang zu § 328 Rn. 30. Weitere Nachweise bei *Hirte*, Berufshaftung, S. 63 Fn. 47.

[1137] *Hirte*, Berufshaftung, S. 83 m.w.N.

[1138] Für eine Einordnung sogar der Prospekthaftung als Berufshaftung *Lang*, AcP 201 (2001), 451, 564 f. Eine herausgehobene berufliche Stellung von Vorständen verneinend *Möllers/Leisch*, WM 2001, 1648, 1654.

[1139] Zum Kriterium der Erkennbarkeit siehe noch oben S. 267 f.

(2) Pflicht zur sorgfältigen Informationserteilung im Zusammenhang mit Berichten

In bestimmten Fällen ist der Vorstand verpflichtet Berichte vorzulegen.[1140] Diese sind zumeist mit Handlungsempfehlungen verbunden und dienen dazu, der Hauptversammlung eine informierte Entscheidung zu ermöglichen. Der Vorstand mag aber auch freiwillig Informationen herausgeben, um die Aktionäre über die Angelegenheiten der Gesellschaft auf dem Laufenden zu halten. Die Bedeutung des mitgliedschaftlichen Informationsrechts liegt darin, dem Aktionär zu den Informationen zu verhelfen, die er zur Ausübung seiner Mitgliedschaftsrechte benötigt. Dabei geht es in erster Linie um das Stimmrecht, aber auch um Anfechtungsbefugnisse und Minderheitenrechte. Das individuelle Informationsrecht des Aktionärs ist gemäß § 131 AktG auf die Hauptversammlung beschränkt. Es richtet sich nach herrschender Ansicht gegen die Gesellschaft, die diesen Anspruch durch ihre Organe erfüllt. Der Schutz des Informationsrechts wird durch das besondere Erzwingungsverfahren des § 132 AktG gewährleistet. Daneben kann ein von der Hauptversammlung gefasster Beschluss mit der Begründung angefochten werden, die Information sei unrechtmäßig nicht erteilt worden. Schließlich wird teilweise dem Aktionär ein Anspruch gegen den Verband auf Ersatz seines Individualschadens wegen Verletzung seiner mitgliedschaftlichen Rechte zugestanden.[1141] Eine Anfechtungsmöglichkeit besteht auch in Fällen, in denen der Vorstand die ihm gegenüber den Aktionären obliegenden sonstigen Berichtspflichten verletzt.[1142]

Es stellt sich die Frage, ob in diesen Fällen entsprechend den oben dargestellten Grundsätzen auch ein Anspruch auf Schadensersatz gegen die einzelnen Vorstandsmitglieder in Betracht kommt. Ein solcher Anspruch sieht sich zunächst dem praktischen Problem des Nachweises eines Schadens gegenüber. Der Blick ins U.S.-amerikanische Recht[1143] zeigt, dass in vielen Fällen, in denen die Hauptversammlung eine Maßnahme selbst aufgrund falscher Informationen beschließt, ein Individualschaden der Aktionäre kaum feststellbar ist. Denkbar wäre ein Individualschaden etwa in der Fallgestaltung, dass die Aktionäre aufgrund fehlerhafter Informationen einer Verschmelzung zustimmen, das Umtauschverhältnis der Anteile jedoch zu niedrig bemessen ist.[1144] Nun hat der Gesetzgeber für derartige Fälle ein besonderes Spruchstellenverfahren gemäß §§ 15, 305 ff. UmwG vorgesehen. Auf diesem Wege kann ein Ausgleich durch

---

[1140] Siehe oben S. 237 f. Zur Stellungnahmepflicht gem. § 27 WpÜG siehe noch S. 305 ff.

[1141] Nachweise bei *Habersack*, Mitgliedschaft, S. 342 sowie *Rhein*, Interessenkonflikt, S. 145 Fn. 599.

[1142] Zu diesen Berichtspflichten siehe oben S. 237 f.

[1143] Siehe oben S. 100 ff. (Rule 14a-9).

[1144] Vgl. dazu den Fall *Mills v. Electric Auto-Lite* oben S. 102 f.

bare Zuzahlung verlangt werden. Aufgrund ihrer Schadensminderungspflicht (§ 254 BGB) wären die geschädigten Aktionäre jedenfalls verpflichtet, zunächst diesen Rechtsbehelf zu wählen. Ein individueller Schadensersatzanspruch gegen die Vorstandsmitglieder käme also nur in solchen extremen Fällen in Betracht, in denen der Aktionär gerade aufgrund der fehlerhaften Information davon abgehalten wird, seinen Anspruch auf Verbesserung des Umtauschverhältnisses innerhalb der Zweimonatsfrist des § 305 UmwG geltend zu machen.
In anderen Fällen, in denen ein Beschluss der Hauptversammlung erforderlich ist, ist die Anfechtungsklage gegen den betreffenden Beschluss vorrangiger Rechtsbehelf. Der Aktionär verletzt seine Schadensminderungspflicht, wenn er diese nicht erhebt. War eine Anfechtungsklage jedoch nicht möglich, etwa weil die Fehlerhaftigkeit der Informationen erst nach Ablauf der Anfechtungsfrist bekannt wurde, kann eine Schadensersatzklage unmittelbar gegen die Vorstandsmitglieder erhoben werden. Ein Haftungsausschluss analog §§ 117 Abs. 2 S. 3, 318 Abs. 3, 93 Abs. 4 AktG kommt in diesen Fällen nicht in Betracht. Denn es ist allgemein anerkannt, dass, selbst wenn ein gesetzmäßiger Beschluss der Hauptversammlung vorliegt, die Ersatzpflicht des Vorstands dann nicht ausgeschlossen ist, wenn der Vorstand den Beschluss pflichtwidrig durch falsche Informationen herbeigeführt hat.[1145]

(3) Pflicht zur sorgfältigen Informationserteilung außerhalb von Beratungssituationen

Schadensersatzklagen gegen Vorstandsmitglieder dürften somit in Fällen, in denen es um einen Beschluss der Hauptversammlung geht, wenig praktische Bedeutung erlangen. Denn zum einen ist der Nachweis eines Schadens problematisch, zum anderen sind andere Rechtsbehelfe, insbesondere in Gestalt der Anfechtungsklage, vorrangig geltend zu machen.
Es bleibt jedoch noch die Frage zu beantworten, wie die Fälle zu behandeln sind, in denen der Aktionär fehlerhafte Informationen erhält, Informationen also, die etwa für die sachgemäße Ausübung seines Stimmrechts erforderlich sind, er aufgrund dieser Angaben jedoch am Markt tätig wird. Für solche Fälle, in denen der Aktionär aufgrund der fehlerhaften Auskunft oder aufgrund fehlerhafter Berichte seine Aktien veräußert bzw. Aktien hinzu erworben hat, kann im Grundsatz nichts anderes gelten als für fehlerhafte Informationen im Zusammenhang mit Beratungssituationen. Der Aktionär kann die Vorstandsmitglieder aufgrund der Verletzung zu seinem Schutz bestehender Organpflichten persönlich auf Ersatz des ihm entstandenen Schadens in Anspruch nehmen. Dies gilt sowohl für den Aktionär, der seine Beteiligung veräußert, als auch für den, der weitere Anteile hinzuerwirbt. Zwar ist Zweck der gesetzlich geregelten Berichtspflichten, den Aktionären eine Entscheidungs-

[1145] Siehe nur *Hüffer*, AktG, § 93 Rn. 26 m.w.N.

grundlage für einen Hauptversammlungsbeschluss zu bieten. Jedoch dienen die Informationen nicht ausschließlich zur Ausübung des Stimmrechts in der Hauptversammlung, sondern auch zur generellen Information der Aktionäre. Ein Aktionär wird die in der Hauptversammlung zu einem Tagesordnungspunkt gegebenen Informationen auch bei seiner Investitions- bzw. Deinvestitionsentscheidung berücksichtigen. Auch solche Schäden sind vom Schutzzweck der Berichtspflichten umfasst.
Dieses Ergebnis wird durch rechtsvergleichende Betrachtungen bestätigt. So schützt auch das Gesellschaftsrecht des Staates Delaware die Aktionäre nicht nur vor Fehlinformationen in Beratungssituationen, sondern auch in Fällen, in denen eine Entscheidung derselben nicht verlangt wird.[1146]

Die Haftung wegen sorgfaltswidriger Informationserteilung greift auch für den Fall, dass der Vorstand freiwillig Informationen herausgibt, diese jedoch fehlerhaft sind. Dagegen kann man weder einwenden, Nicht-Vertragspartnern würden Vermögensschäden aufgrund der gesetzgeberischen Wertung lediglich unter den Voraussetzungen des § 826 BGB oder des § 823 Abs. 2 BGB in Verbindung mit der Verletzung eines Schutzgesetzes gewährt, noch dass gemäß § 675 Abs. 2 BGB eine Haftung für Rat oder Empfehlung ausgeschlossen ist. Denn der Vorstand ist schon aufgrund seiner organschaftlichen Stellung verpflichtet, bei der Informationserteilung sorgfältig zu handeln. Die gesetzliche Wertung des § 675 Abs. 2 BGB wird im Übrigen auch im Rahmen der sogenannten Berufshaftung nicht anerkannt.[1147]
Die Haftung ist nicht auf schriftliche Informationen begrenzt. Sie greift gleichfalls für mündlich erteilte Informationen. Auch hier muss der Vorstand sorgfältig handeln. Er hat kein Recht, auf diesem Wege unrichtige Informationen über die Gesellschaft zu verbreiten. Eine solche Haftung für mündliche Informationen ist dem deutschen Aktiengesetz im Übrigen keineswegs fremd. So greift § 400 AktG auch in den Fällen, in denen die Verhältnisse der Gesellschaft in Vorträgen oder Auskünften in der Hauptversammlung unrichtig wiedergegeben werden.[1148]

(4) Kapitalmarktrechtliche Informationspflichten

Von großer praktischer Bedeutung, insbesondere in Publikumsgesellschaften, sind die außerhalb der Hauptversammlung bestehenden Informations-

---

[1146] *Marhart, Inc. V. Calmat Co.*, 18 Del.J.Corp.L. 330, 335 (1993) (Del.Ch. 1992). Vgl. auch *Levy v. Stern*, 21 Del.J.Corp.L. 1218, 1221 (1996) (Del.Ch. 1996). Siehe dazu näher oben S. 128 ff. Kritisch zu dieser Rechtsprechung *Hamermesh*, 49 Vand.L.Rev. 1087, 1173 ff.
[1147] *Hirte*, Berufshaftung, S. 413.
[1148] Vgl. dazu *Otto*, in: Großkommentar zum AktG, § 400 Rn. 24; *Fuhrmann*, in: *Geßler/Hefermehl/Eckardt/Kropff*, AktG, § 400 Rn. 14.

möglichkeiten für die Anleger. Dazu zählen insbesondere die oben dargestellten Publizitätspflichten, wie Prospekte, Jahresabschluss, Zwischenberichte und Ad-hoc-Mitteilungen, aber auch Informationen der Gesellschaft, die außerhalb dieser Unterlagen, etwa in Pressemitteilungen, veröffentlicht werden. Nicht die informierte Ausübung von Mitgliedschaftsrechten steht dabei im Vordergrund, sondern die Entscheidung über Austritt oder Verbleib in der Gesellschaft. In diesem Zusammenhang kommt der Richtigkeit und Vollständigkeit der veröffentlichten Informationen entscheidende Bedeutung zu, wie der Blick ins U.S.-amerikanische Recht sowie die Infomatec-Klagen zeigen.

Das Vertrauen der Aktionäre auf die Richtigkeit der vom Vorstand erteilten Informationen ist auch in diesen Fällen schützenswert. Zwar richten sich die Informationen an den Kapitalmarkt, es geht also nicht im engeren Sinne um Aktionärsschutz, sondern um den Schutz der Anleger. Allerdings zählen zum Kreis der Anleger nicht nur die potentiellen Aktionäre, sondern auch die aktuellen. Auch an diese richten sich etwa der Konzern- oder Jahresabschluss, Zwischenberichte und Ad-hoc-Mitteilungen. Daher besteht eine Pflicht des Vorstandes bei Herausgabe solcher Informationen sorgfältig zu handeln. Zwar kann eine Pflicht des Vorstands zur richtigen Information des Kapitalmarktes aus seiner Stellung als Organ der Gesellschaft nicht hergeleitet werden, wohl aber eine Pflicht zur richtigen Information der aktuellen Aktionäre. Informationspflichten, etwa in Gestalt des Konzernabschlusses, der Zwischenberichte und Ad-hoc-Mitteilungen bestehen nicht nur gegenüber dem Markt, sondern auch gegenüber den aktuellen Aktionären. Das Ziel der entsprechenden Vorschriften ist nicht ausschließlich die Regulierung des Kapitalmarktes, sondern diese Regelungen haben auch Einfluss auf das Verhältnis des Vorstands zur Gesellschaft oder den Aktionären. Der Vorstand ist mithin verpflichtet, die aktuellen Aktionäre über die Verhältnisse der Gesellschaft richtig zu informieren. Immerhin sind diese Eigentümer der Gesellschaft und als solche auch berechtigt, Informationen über die Gesellschaft zu erhalten. Der Vorstand ist gegenüber den Aktionären nicht berechtigt, falsche Informationen zu verbreiten.

Nichts anderes gilt im Ergebnis auch für sonstige Publikationen des Vorstands, etwa Pressemitteilungen o.ä. Zwar richten sich auch diese in der Regel an den Kapitalmarkt und nicht nur an die aktuellen Aktionäre.[1149] Aber auch die aktuellen Aktionäre sind Kapitalmarktteilnehmer und somit Adressaten der Erklärung. Gegenüber den aktuellen Aktionären hat der Vorstand die Pflicht,

[1149] Es mögen allerdings Fälle denkbar sein, in denen der Vorstand mit Hilfe einer Pressemitteilung ausschließlich aktuelle Aktionäre beeinflusst. Vgl. aus dem U.S.-amerikanischen Recht *Marhart, Inc. v. Calmat Co.*, 18 Del.J.Corp.L., 330, 337 (Del. Chanc. 1992).

aufgrund seiner Organstellung auch außerhalb gesetzlicher Sondertatbestände richtige Informationen zu erteilen. Im Übrigen steht der Einbeziehung der aktuellen Aktionäre in den Schutzbereich des Organschaftsverhältnisses auch nicht das haftungsbegrenzende Kriterium der „Erkennbarkeit“ entgegen. Denn der Kreis der aktuellen Aktionäre ist hinreichend abgrenzbar und bestimmbar.[1150]

Dieses Ergebnis wird durch einen Blick in das U.S.-amerikanische Recht bestätigt. Hatte der Delaware Court of Chancery in *Malone v. Brincat* noch entschieden, dass in den Fällen, in denen ein Aktionäre aufgrund fehlerhafter Informationen gegenüber dem Kapitalmarkt geschädigt wird, ein gesellschaftsrechtlicher Anspruch gegen die Vorstandsmitglieder aufgrund einer Treuepflichtverletzung nicht in Betracht kommt,[1151] stellte der Delaware Supreme Court in der Revisionsentscheidung klar, dass den Aktionären ein solcher Schadensersatzanspruch in allen Fällen fehlerhafter Informationserteilung zusteht, auch wenn die Informationen öffentlich verbreitet werden.[1152]

(5) Aktive Informationspflichten (Offenlegungspflichten)

Die dargestellten Berichtspflichten gegenüber der Hauptversammlung[1153] sind solche des Vorstands. Die Berichte haben alle für die Entscheidungsfindung der Aktionäre erheblichen Informationen zu erhalten. Andernfalls kommt eine

[1150] Hier stellt sich natürlich u.a. die Frage nach dem Verschuldensmaßstab. Insbesondere ist fraglich, ob eine Haftung schon für leichte Fahrlässigkeit in Betracht kommt, obgleich der Gesetzgeber etwa bei der Prospekthaftung nur eine Haftung für Vorsatz und grobe Fahrlässigkeit vorgesehen hat. Siehe dazu näher unten S. 296 ff.

[1151] *Malone v. Brincat*, 1997 De. Ch. Lexis 158, Del. Ch., C.A. No. 15510.

[1152] *Malone v. Brincat*, 722 A.2d 5, 14 (Del. 1997). Ebenso schon *Marhart, Inc. V. Calmat Co.*, 18 Del.J.Corp.L. 330, 335 (Del. Ch. 1993); *Levy v. Stern*, 21 Del.J.Corp.L. 1218, 1221-1223 (Del. Ch. 1996). Anders noch *Kahn v. Roberts*, 679 A.2d 460 (Del. 1996). Vgl. auch *O'Hare*, 70 U.Cin.L.Rev. 475 ff. sowie *Oesterle*, 20 Cardozo Law Review 135 ff. Kritisch hierzu *Hamermesh*, 49 Vand.L.Rev. 1087, 1173 ff., der davon ausgeht, dass Informationspflichten gegenüber dem Kapitalmarkt nur aufgrund gesetzlicher Sondertatbestände bestehen und daraus eine Pflicht des Vorstands zur richtigen Information der Aktionäre nicht hergeleitet werden kann. Denn Ziel dieser Vorschriften sei ausschließlich die Regulierung des Kapitalmarktes. Auch bestehe keine Pflicht des Vorstands, ein „Segment“ des Kapitalmarktes, nämlich die aktuellen Aktionäre, in die Lage zu versetzen, aufgrund „besserer“ Informationen „bessere“ Kauf- bzw. Verkaufsentscheidungen treffen zu können als potentielle Aktionäre. Richtig ist zwar, dass bestimmte Vorschriften der Regulierung des Kapitalmarktes dienen, jedoch nehmen auch die aktuellen Aktionäre am Kapitalmarkt teil, wenn sie Aktien hinzuerwerben oder verkaufen. Außerdem resultiert die Pflicht zur richtigen Information der Aktionäre nicht aus den jeweiligen kapitalmarktrechtlichen Tatbeständen, sondern aus der Organstellung der Vorstandsmitglieder.

[1153] Siehe auch oben S. 235 ff.

Schadensersatzhaftung der Vorstandsmitglieder gemäß den oben dargestellten Grundsätzen in Betracht. Über die gesetzlich ausdrücklich geregelten Berichtspflichten hinaus ist eine Inanspruchnahme des Vorstands durch die Aktionäre wegen Unterlassens der Veröffentlichung wesentlicher Informationen allerdings ausgeschlossen.[1154] Denn eine solche Haftung setzt nach allgemeinen Grundsätzen eine Rechtspflicht zum Handeln voraus.[1155] Dem Vorstand können grundsätzlich auch keine über die gesetzlichen Publizitätspflichten hinausgehenden Offenlegungspflichten auferlegt werden, da insoweit ein schützenswertes Geheimhaltungsinteresse der Gesellschaft bestehen mag. Daher bleibt die Entscheidung, welche Informationen zu veröffentlichen sind, dem Gesetzgeber vorbehalten. Werden allerdings Informationen herausgegeben, müssen diese vollständig und dürfen nicht irreführend sein. Dafür ist der Vorstand aufgrund seiner Pflicht zur sorgfältigen Informationserteilung gegenüber den Aktionären verantwortlich.

Entsprechendes gilt für die Pflicht zur Veröffentlichung von Jahresabschlüssen, Zwischenberichten und Ad-hoc-Mitteilungen. Zwischenberichte und Ad-hoc-Mitteilungen sind vom „Emittenten" zu veröffentlichen, die Pflicht zur Erstellung des Jahresabschlusses trifft den „Kaufmann". Diese Publizitätspflichten sind also schon kraft Gesetzes solche der Gesellschaft, so dass den Vorstand selbst – zumindest gegenüber den Aktionären – keine Pflicht zur Erstellung solcher Berichte trifft. Schon aus diesem Grunde kommt eine Inanspruchnahme des Vorstands wegen Unterlassens der Veröffentlichung nicht in Betracht. Denn insoweit mangelt es an einer gegenüber den Aktionären bestehenden Handlungspflicht. Eine Pflicht des Vorstands zur Erstellung der Publikationen mag gegenüber der Gesellschaft bestehen, sie besteht jedenfalls nicht gegenüber Dritten. Dies entspricht den allgemeinen Regeln über den Vertrag mit Schutzwirkung für Dritte. Erfüllungsansprüche bestehen nur im Verhältnis zwischen den Parteien. Dritte sind lediglich insoweit in den Schutzbereich mit einbezogen, als Sorgfaltspflichtverletzungen in Rede stehen. Somit ist der Vorstand im Falle des Unterlassens lediglich der Gesellschaft gegenüber verantwortlich. Die Gesellschaft ist dann wiederum aufgrund gesetzlicher Anordnung den Aktionären gegenüber verpflichtet. Dies gilt auch für die Frage, ob der Vorstand für unterlassene Ad-hoc-Mitteilungen von den Aktionären haftbar gemacht werden kann. Der Gesetzgeber hat hier gemäß § 37 b WpHG eine Haftung der Gesellschaft eingeführt. Der Vorstand kann jedoch nicht haftbar gemacht werden, da die Pflicht zur Veröffentlichung von Ad-hoc-Mitteilungen nicht ihn, sondern ausschließlich die Gesellschaft trifft.[1156] Andern-

---

[1154] So auch *Habersack*, Mitgliedschaft, S. 222.

[1155] Vgl. etwa *Soergel/Zeuner*, § 823 Rn. 137.

[1156] Dies entspricht der Lösung des U.S.-amerikanischen Rechts. Auch dort treffen die kapitalmarktrechtlichen Veröffentlichungspflichten nicht den Vorstand selbst, sondern falls stünde gerade im Falle unterlassener Ad-hoc-Mitteilungen zudem eine kaum mehr kanalisierbare Klageflut zu befürchten.

Auch eine Pflicht zur Korrektur falscher Informationen besteht grundsätzlich nicht. Jedenfalls gilt dies für solche Informationen, die von dritter Seite, also nicht durch die Gesellschaft oder deren Verwaltungsmitglieder, in den Markt gegeben wurden. Aber auch in Fällen, in denen schon die Veröffentlichung der falschen Information durch Mitglieder des Vorstands eine Pflichtverletzung darstellte und Haftungsansprüche auslöste,[1157] ist die Pflicht zur Korrektur eine bloße Obliegenheit, die im eigenen Interesse des Schädigers liegt, um seine Haftung zu verringern. Problematisch sind lediglich die Fälle, in denen Informationen im Glauben an deren Richtigkeit herausgegeben wurden bzw. in denen die Informationen im Zeitpunkt der Bekanntgabe richtig waren und erst durch nachfolgende Ereignisse unrichtig wurden. In diesen Fällen wird grundsätzlich eine Pflicht zur Korrektur der fehlerhaften Informationen anzunehmen sein, wenn die Gesellschaft selbst bzw. die Verwaltungsmitglieder die Ursache für die Fehlerhaftigkeit der Informationen gesetzt haben. Dies ist unproblematisch der Fall, wenn Informationen im Glauben an deren Richtigkeit veröffentlich wurden, sich deren Unrichtigkeit sich jedoch im Nachhinein herausstellt. In diesem Fall sind die Aktionäre ebenso schutzwürdig, wie wenn von vorneherein die Unrichtigkeit der Information grob fahrlässig nicht erkannt wurde. Im Übrigen wird auch im Rahmen der Prospekthaftung eine Pflicht zur dauernden Aktualisierung des Prospekts angenommen, um sicherzustellen, dass dieser im Zeitpunkt des Erwerbs alle wesentlichen Angaben enthält.[1158] Aber auch, wenn die Informationen erst durch die nachträgliche Veränderung der äußeren Umstände unrichtig werden und die Gesellschaft selbst Auslöser dieser geänderten Umstände ist, besteht eine Pflicht zur Korrektur. Dies gilt zumindest insoweit, als die Aktionäre immer noch auf die Richtigkeit der ursprünglichen Information vertrauen können und diese immer noch wesentlich für die Entscheidung derselben ist.[1159]

Eine Offenlegungspflicht des Vorstands besteht ausnahmsweise auch in solchen Fällen, in denen der Vorstand ein eigenes Interesse an der Entscheidung der Aktionäre hat. Dies ist etwa in den hier nicht weiter zu behandelnden Fällen des

---

ausschließlich die Gesellschaft. Zur duty of disclosure des Gesellschaftsrechts siehe weiter im Text.

[1157] Dazu ist insbesondere grob fahrlässiges Handeln erforderlich. Siehe dazu unten S. 296 f.

[1158] Sind nach Veröffentlichung des Prospekts wesentliche Änderungen eingetreten, sieht § 52 Abs. 2 BörsZulVO ausdrücklich die Verpflichtung zur Veröffentlichung eines Nachtrags zum Prospekt vor. Vgl. dazu *Assmann*, in: *Assmann/Schütze*, Handbuch, § 7 Rn. 71.

[1159] Vgl. aus dem U.S.-amerikanischen Recht *Weiner v. The Quaker Oats Company*, 129 F.3d 310 (3d Cir. 1997). Dazu oben S. 73 f. Vgl. für die Ad-hoc-Publizität jetzt § 15 Abs. 1 Satz 4 WpHG.

Insiderhandels der Fall (disclose or abstain). Aber auch im Fall eines sogenannten Management Buy-out spielen Eigeninteressen der Verwaltungsmitglieder eine Rolle. Diese verfügen über Kenntnisse, welche eigentlich den Eigentümern zustehen. Sie werden von den Verwaltungsmitgliedern lediglich quasi-treuhänderisch gehalten. Das aufgrund ihrer Position erworbene Wissen dürfen die Verwaltungsmitglieder nicht auf Kosten der Aktionäre ausnutzen. Daher sind sie verpflichtet, solches Wissen offen zu legen, wenn sie die Aktionäre zu einem bestimmten Verhalten, etwa dem Verkauf ihrer Aktien, bewegen wollen. Die Vorstandsmitglieder sind in solchen Fällen also verpflichtet, den Aktionären für deren Entscheidung wesentliche Informationen offen zu legen.[1160]

bb. Weitere Anspruchsvoraussetzungen

Der Anwendungsbereich der Organpflichten mit Schutzwirkung für die Aktionäre erstreckt sich also auf alle vom Vorstand herausgegeben Informationen. Die Pflicht zur sorgfältigen Informationserteilung greift nicht nur in Fällen, in denen der Vorstand den Aktionären Handlungsempfehlungen in Bezug auf die Erweiterung ihrer Beteiligung im Rahmen einer Kapitalerhöhung oder in Bezug auf den Verkauf ihrer Papiere im Zusammenhang mit einem nicht öffentlichen Erwerbsangebot gibt, sondern auch in Fällen, in denen Publikationen oder Mitteilungen zur Information der Marktteilnehmer verbreitet werden. Im folgenden sollen nun die übrigen Voraussetzungen eines Schadensersatzanspruchs gegen die Organmitglieder im Falle unsorgfältiger Informationserteilung erörtert werden, bevor weitere Fallgestaltungen untersucht werden.

(1) Anspruchsberechtigte

In den hier diskutierten Fällen der Informationspflichtverletzung werden nur die aktuellen Aktionäre in den Schutzbereich des Vertrags mit der Gesellschaft einbezogen. Anspruchsberechtigt sind also nur solche Personen, die schon Aktionäre der Gesellschaft sind und entweder aufgrund falscher (positiver) Informationen weitere Aktien erwerben oder aufgrund falscher (negativer) Informationen ihre Beteiligung veräußern. Eine Einbeziehung aller Anleger und damit auch der potentiellen Aktionäre würde dem Kriterium der „Erkennbarkeit" zuwiderlaufen. Organpflichten bestehen nur zugunsten der aktuellen Aktionäre. Eine Pflicht des Vorstands zur richtigen Information des Kapitalmarktes insgesamt lässt sich aus seiner Stellung als Organ der Gesellschaft nicht herleiten. Informationspflichten gegenüber dem Markt bestehen lediglich aufgrund gesetzlicher Sondertatbestände. Potentielle

[1160] So im Ergebnis auch *Rhein*, Interessenkonflikte, S. 215 f.

Aktionäre sind somit nicht anspruchsberechtigt. Dies entspricht der Rechtslage im U.S.-amerikanischen Recht. Auch dort besteht die fiduciary duty of disclosure ausschließlich im Interesse der aktuellen Aktionäre.[1161]

Aufgrund der Beschränkung der Anspruchsbefugnis auf die aktuellen Aktionäre verbleiben im deutschen Recht erhebliche Schutzlücken, die auch mit dem hier vorgestellten Konzept der Organpflichten mit Schutzwirkung für die Aktionäre nicht geschlossen werden können. Der Schutz solcher Investoren, die aufgrund falscher Informationen in eine (erstmalige) Beteiligung hineingelockt werden, muss durch kapitalmarktrechtliche Sondervorschriften gewährleistet werden. Das oben dargestellte U.S.-amerikanische Recht bietet hierzu reichlich Anschauungsmaterial. Für das deutsche Recht sei auf die in der Literatur vorgestellten Vorschläge für eine Verbesserung des Investorenschutzes im Falle von Falschinformation des Sekundärmarktes[1162] verwiesen. Auch der Gesetzgeber hat angekündigt, auf diesem Gebiet tätig werden zu wollen.[1163]

Es bleibt jedoch die Frage zu beantworten, ob es ggf. einer weiteren Einschränkung des Kreises der Anspruchsberechtigen, etwa auf die Aktionäre, die tatsächlich am Markt tätig geworden sind oder die sich tatsächlich an einer Kapitalerhöhung beteiligt bzw. das nicht öffentliche Erwerbsangebot angenommen haben, bedarf. Hier ist zwischen an den Kapitalmarkt gerichtete Informationen und solchen, die sich ausschließlich an die aktuellen Aktionäre richten, zu unterscheiden.
Das U.S.-amerikanische Kapitalmarktrecht sieht vor, dass nur solche Personen anspruchsbefugt sind, die auch tatsächlich am Markt tätig geworden sind.[1164] Auch im deutschen Recht können Aktionäre, die Aktien weder hinzuerworben noch verkauft haben, nicht in den Schutzbereich der Organpflichten einbezogen werden. Zwar wird man nicht sagen können, die nicht am Markt tätig gewordenen Aktionäre hätten die Auskunft des Vorstands nicht zur Grundlage ihrer Vermögensdisposition gemacht. Denn auch die Entscheidung über den Nicht-Verkauf von Anteilen stellt eine Vermögensdisposition dar. Allerdings würde der Einbezug dieser Personen die Haftung der Vorstandsmitglieder uferlos ausdehnen. Zudem müssten dann konsequenterweise auch Aktionäre, die ihre Beteiligung an der Gesellschaft im Vertrauen auf fehlerhafte negative

---

[1161] Siehe oben S. 131.
[1162] Vgl. den von der Regierungskommission Corporate Governance diskutierten Vorschlag, *Baums* (Hrsg.), Bericht, Rn. 186, sowie die beschlossenen Eckpunkte für eine gesetzliche Regelung, a.a.O. Vgl. auch die Beschlüsse des 64. Deutschen Juristentages, Abteilung Wirtschaftsrecht, sowie *Fleischer*, Gutachten, S. F 95 ff. Zuletzt *Baums*, ZHR 167 (2003), 139 ff.
[1163] Vgl. Bundesministerium der Justiz und Bundesministerium der Finanzen, Pressemitteilung Nr. 10/03 vom 25.2.2003.
[1164] Siehe beispielsweise für Rule 10b-5 oben S. 76 ff.

Informationen nicht erweitert haben, in den Schutzbereich einbezogen werden. Der Einbezug all dieser Personen würde dazu führen, dass der Vorstand bei Fehlinformationen regelmäßig allen Aktionären gegenüber – sowohl denen, die am Markt tätig geworden sind, als auch denen, die weder verkauft noch hinzuerworben haben – haftet, er sich somit einem nicht mehr überschaubaren Haftungsrisiko ausgesetzt sieht, das sich auch vor dem Hintergrund der Anreizwirkung des Haftungsrechts nicht rechtfertigen lässt und insoweit nicht notwendig ist. Das Kriterium der Marktbezogenheit des Handelns ist hinreichend genau für eine Differenzierung in dieser Hinsicht.
Ein weiteres Argument gegen eine Einbeziehung von Aktionären, die nicht am Markt tätig geworden sind, ist der Einwand des rechtmäßigen Alternativverhaltens. Denn selbst wenn der Vorstand sorgfältig gehandelt hätte, wäre den Personen, die nicht am Markt tätig wurden, ein Schaden entstanden. Behauptet etwa ein Aktionär, er hätte seine Aktien veräußert, hätte der Vorstand nicht pflichtwidrig zu positive Informationen über die Gesellschaft herausgegeben, wäre zumindest ein Teil des Schadens dem Aktionär auch dann entstanden, wenn der Vorstand rechtzeitig auf die negativen Trends aufmerksam gemacht hätte. Den dadurch entstehenden Kursverlust – der mit Bekanntgabe der Information eingetreten wäre, da die Informationen sofort im Marktpreis verarbeitet werden – hätte der Aktionär auch bei Veräußerung der Aktien in diesem Zeitpunkt tragen müssen. Zwar mag ein darüber hinausgehender Schaden entstanden sein, etwa in Form weiterer Kursverluste, die nicht auf der ursprünglichen falschen Information beruhen. Diese Schäden hat der Aktionär nur deshalb zu tragen, weil er seine Aktien nicht vorher veräußert hat. Gegen solche Schäden, die auf Drittursachen beruhen, will die Pflicht zur sorgfältigen Informationserteilung jedoch nicht schützen. Sie sind dem Vorstand damit nicht zurechenbar.
Entsprechendes gilt für den Fall fehlerhafter negativer Informationen. Behauptet ein Aktionär, er hätte Aktien der Gesellschaft hinzuerworben, wenn der Vorstand nicht pflichtwidrig falsche negative Informationen über die Gesellschaft veröffentlicht hätte, liegt sein Schaden in dem entgangenen Gewinn. Diesen Gewinn hätte er jedoch auch bei pflichtgemäßem Handeln des Vorstands nicht erzielt, da er die Papiere dann zu einem höheren Preis hätte erwerben müssen. Der darüber hinausgehende entgangene Gewinn in Form von ggf. zwischenzeitlich eingetretenen weiteren Kurssteigerungen ist dem Vorstand wiederum nicht zurechenbar, da die Pflicht zur sorgfältigen Informationserteilung nur sicherstellen will, dass im Zeitpunkt der Erteilung der Information der Aktionär in die Lage versetzt wird, das Unternehmen richtig zu bewerten.

Einer solchen Einschränkung der Haftung des Vorstands nur gegenüber am Markt tätigen Aktionären bedarf es in Fällen, in denen Informationen nur für die aktuellen Aktionäre bestimmt sind, nicht. Allerdings dürften Fallgestaltungen, in denen etwa die Aktionäre sich aufgrund fehlerhafter Informationen nicht an einer Kapitalerhöhung beteiligen oder ihre Aktien im Rahmen eines Management Buy-out nicht veräußern, in der Praxis selten sein, da der Vorstand in diesen Fällen regelmäßig ein Interesse an einer Beteiligung der Aktionäre haben wird. Häufiger wird der umgekehrte Fall eintreten, in dem die Aktionäre aufgrund fehlerhafter Informationen eine weitere Beteiligung übernehmen bzw. ihre Aktien im Rahmen eines Management Buy-out veräußern. Dann stellt sich die Frage nach einer Einschränkung der Haftung nur gegenüber handelnden Aktionären nicht. Denkbar mag aber der Fall sein, dass Aktionäre aufgrund fehlerhafter Informationen von der Annahme eines (feindlichen) nicht öffentlichen Übernahmeangebots[1165] abgehalten werden. Hier stellt sich die Frage, ob die nicht tätig gewordenen Aktionäre in diesen Fällen anspruchsberechtigt sind. Die Gründe, die für eine entsprechende Haftungsbegrenzung im Zusammenhang mit kapitalmarktrechtlichen Fehlinformationen sprechen, greifen hier nicht.[1166] Denn gegen eine Ersatzpflicht auch gegenüber nicht handelnden Aktionären kann in diesen Fällen nicht eingewandt werden, diesen wäre auch bei rechtmäßigem Handeln der Vorstandsmitglieder ein Schaden entstanden. Denn anders als bei einer normalen Marktsituation wird der Angebotspreis im Falle eines nicht öffentlichen Angebots bzw. die zu erbringende Einlageleistung von solchen Äußerungen nicht beeinflusst. Wird der Aktionär also etwa durch eine falsche (negative) Information davon abgehalten, seine Aktie zu einem günstigen Übernahmepreis zu veräußern, entsteht ihm ein Schaden in Höhe der Wertdifferenz zwischen Übernahmepreis und dem wahren Wert des Papiers.[1167]

(2) Erheblichkeit der Tatsachen

Nun kann nicht jede fehlerhafte Information durch den Vorstand direkt zu einer Haftung desselben führen. Zunächst ist die Haftung auf falsche Tatsachendarstellungen zu begrenzen. Der Vorstand ist lediglich verpflichtet, richtige Tatsachen über die Gesellschaft zu äußern. Für Meinungsäußerungen oder schlichte Werbeaussagen greift die Haftung nicht. Allerdings ist sorgsam zu prüfen, ob derartige Meinungsäußerungen nicht auch überprüfbare Tatsachen enthalten. Hinsichtlich der Abgrenzung im Einzelfall gelten die oben bei der Ad-

---

[1165] Zur gleichgelagerten Problematik im Falle eines öffentlichen Übernahmeangebots siehe unten S. 310.

[1166] So im Ergebnis auch das Gesellschaftsrecht des Staates Delaware. Vgl. *Hamermesh*, 49 Vand.L.Rev. 1087, 1176.

[1167] In einer echten Marktsituation ist dies anders, da der Aktionäre schon mit Bekanntgabe der (negativen) Information seine Aktien nicht mehr zu dem zunächst höheren Preis verkaufen kann, da der Preis sofort an die neuen Umstände angepasst wird. Daher ändert sich in einem solchen Fall für den Aktionär nichts, wenn er seine Aktie nicht verkauft.

hoc-Publizität dargestellten Kriterien.[1168] Ebenso wenig greift die Haftung für die Äußerung falscher Tatsachen, die nicht dem Tätigkeitsbereich der Gesellschaft zuzuordnen sind, etwa allgemeine Aussagen über wirtschaftliche Rahmenbedingungen darstellen.[1169]

Das U.S.-amerikanische Recht nimmt eine weitere Haftungsbegrenzung beim Kriterium der Erheblichkeit der erteilten (Fehl-) Information für die Entscheidung der Aktionäre vor. Auch dem deutschen Recht ist ein solches Kriterium nicht fremd. Im Zusammenhang mit der Ad-hoc-Publizitätspflicht des § 15 WpHG wird ebenfalls geprüft, ob eine Tatsache geeignet ist, den Börsenpreis der Aktie erheblich zu beeinflussen. Im Ergebnis handelt es sich dabei um die Frage der Zurechnung von Schäden. Denn wenn eine Fehlinformation generell schon nicht geeignet ist, einen vernünftigen Aktionär zum Kauf oder Verkauf seiner Anteile zu bewegen, kann dem Vorstand ein daraus entstehender Schaden nicht zugerechnet werden, selbst wenn im Einzelfall ein Aktionär aufgrund dieser eigentlich unerheblichen Fehlinformation kauft bzw. verkauft. Eine Haftung aufgrund einer Pflichtverletzung greift nur dann, wenn der eingetretene Schaden sich als Verwirklichung gerade derjenigen Gefahr darstellt, die es aufgrund der Pflicht zu verhindern galt.[1170] Es ist nicht Sinn der Pflicht zur sorgfältigen Informationserteilung, „unvernünftige" Aktionäre zu schützen.[1171] Derartige Gefahrpotentiale können nicht vorausgesehen werden. In solchen Fällen entspricht die Zurechung der haftungsbegründenden Pflichtverletzung nicht dem Zweck der verletzten Verhaltenspflicht.
Es bedeutet im Ergebnis keinen Unterschied, ob man hier die Pflicht bereits so eng definiert, dass eine Pflicht zur sorgfältigen Informationserteilung nur für entscheidungserhebliche Tatsachen angenommen wird,[1172] oder ob man Fälle der unerheblichen Informationspflichtverletzung erst im Zusammenhang mit der Zurechung im Rahmen der haftungsbegründenden Kausalität ausscheidet.
Bei der Frage, ob ein vernünftiger Aktionär einer Tatsache Bedeutung für seine Entscheidung beigemessen hätte, ist auf die Sichtweise kapitalmarkterfahrener Personen abzustellen. Bei der Bewertung ist die Falschinformation nicht isoliert zu betrachten, sondern es sind auch bereits öffentlich bekannte Informationen zu

---

[1168] Siehe oben S. 172 ff.
[1169] Vgl. für die Ad-hoc-Publizität oben S. 184 f.
[1170] Vgl. für das Deliktsrecht *Kötz*, Deliktsrecht, Rn. 160. Für vertragliche Pflichtverletzungen kann im Ergebnis nichts anderes gelten. Denn man wird den Vorstand kaum in dem Fall haftbar machen können, in dem er falsche und entscheidungserhebliche Informationen veröffentlicht und ein Aktionär auf dem Weg zur Bank, bei der er den Auftrag zum Verkauf der Wertpapiere erteilen wollte, einen Verkehrsunfall verursacht.
[1171] Hier mögen allerdings unterschiedliche Anlegerinteressen eine Rolle spielen.
[1172] So das U.S.-amerikanische Recht und auch § 15 WpHG.

berücksichtigen. Im Übrigen gelten die oben zur Ad-hoc-Publizität dargestellten Grundsätze.[1173]

(3) Kausalität

Voraussetzung eines Schadensersatzanspruchs wegen fehlerhafter Informationen, sei es im Zusammenhang mit einer Kapitalerhöhung, eines Management Buy-out, anderer „Beratungssituationen" oder hinsichtlich an den Kapitalmarkt gerichteter Informationen, ist, dass jene auch ursächlich für den Schaden geworden sind.

Grundsätzlich hat der Geschädigte den Ursachenzusammenhang zwischen der Vertragsverletzung und dem Schaden als anspruchsbegründende Voraussetzung darzutun und zu beweisen. Nach der allgemeinen Beweislastregel der ZPO, wonach der Kläger alle anspruchsbegründenden Voraussetzungen zu beweisen hat, müsste der geschädigte Aktionär also nachweisen, dass er die Falschinformation erhalten und auf deren Richtigkeit vertraut hat und dass dieses Vertrauen zumindest ein Grund für seine Entscheidung war, etwa seine Beteiligungsquote zu erhöhen oder am Markt tätig zu werden. Diesen Nachweis zu führen, dürfte dem Kläger in den meisten Fällen, in denen die Papiere über einen Markt gehandelt werden, unmöglich sein. Der Blick in das U.S.-amerikanische Recht hat gezeigt, dass den geschädigten Aktionären dort Beweiserleichterungen zugebilligt werden.[1174] So muss der Kläger lediglich nachweisen, dass er die Wertpapiere zu einem Preis gekauft hat, der von der Fehlinformation beeinflusst war, und dass diese Fehlinformation generell geeignet war, Kauf- bzw. Verkaufsentscheidungen von Anlegern zu beeinflussen. Kann er dies nachweisen, wird aufgrund der fraud on the market theory die Ursächlichkeit der Fehlinformation für die Kauf- bzw. Verkaufsentscheidung vermutet. Die Beklagten haben allerdings die Möglichkeit nachzuweisen, dass die fehlerhafte Information den Marktpreis nicht beeinflusst hat oder dass der Kläger im Einzelfall nicht auf die Richtigkeit des Marktpreises vertraut hat, und so die Vertrauensvermutung zu widerlegen. Die fraud on the market theory gründet auf der Vermutung, dass der Preis einer Aktie alle öffentlich bekannten Informationen widerspiegelt, dass die Wertpapiermärkte also effizient sind. Ob diese Vermutung auch für die deutschen Börsen gilt und daher eine entsprechende Kausalitätsvermutung auch für das deutsche Recht aufgestellt werden kann, kann hier nicht weiter untersucht werden.

Allerdings sind auch dem deutschen Recht Beweislastumkehr oder andere Beweiserleichterungen im Zusammenhang mit Aufklärungs- und Beratungs-

---

[1173] Vgl. im einzelnen oben S. 178 ff.
[1174] Siehe oben S. 80 ff.

pflichten durchaus nicht fremd. So taucht im Zusammenhang mit Beratungsfehlern von Rechtsanwälten und Steuerberatern immer wieder die Frage auf, ob der Kläger sich auch an den sorgfältig erteilten Rat gehalten hätte. Die Rechtsprechung bürdet dem Beklagten die Beweislast dafür auf, dass sich der Geschädigte auch an einen korrekten Rat nicht gehalten hätte, der Schaden also gleichfalls bei pflichtgemäßer Beratung entstanden wäre.[1175] Allerdings gilt diese Beweislastregel nur in solchen Fällen, in denen nach allgemeiner Lebenserfahrung bei vertragsgemäßer Leistung des Beraters lediglich ein bestimmtes Verhalten nahegelegen hätte.[1176] Nun lassen sich diese Fälle mit den hier in Rede stehenden nicht ohne weiteres vergleichen. Denn auf die Frage, ob der Kläger bei richtiger Information durch den Vorstand von seiner Kauf- bzw. Verkaufsentscheidung Abstand genommen hätte, kommt es nicht an. Selbst wenn eine korrekte Information an seiner Entscheidung nichts geändert hätte, wäre ihm kein Schaden entstanden, da er die Aktie nicht zu einem künstlich überhöhten Kurs gekauft bzw. zu einem zu niedrigen Kurs verkauft hätte. Der Schaden wäre bei pflichtgemäßer Information jedenfalls nicht entstanden.[1177] Mithin hilft dem beklagten Vorstand der Einwand, der Kläger hätte auch bei richtiger Information nicht anders gehandelt, nicht.

Der Vorstand kann jedoch einwenden, dass der Kläger die Wertpapiere nicht auf Grund der fehlerhaften Information ge- bzw. verkauft habe, etwa weil dieser von der Information keine Kenntnis gehabt habe. Nun könnte man die Frage stellen, ob diesem Einwand nicht wiederum entgegengehalten werden kann, dass es darauf nicht ankommt, weil durch die fehlerhafte Information der Börsenpreis der Aktie beeinflusst wurde, somit jedenfalls der Schaden – wenn auch nicht die Entscheidung über den Kauf bzw. Verkauf – verursacht wurde. Zu bedenken ist jedoch, dass im Vertragsrecht der Schuldner nicht für die Folgen eines Vertragsbruchs schlechthin einzustehen hat, sondern nur für die Einbußen, welche durch den Vertrag geschützte Interessen betreffen.[1178] Zweck der Pflicht des Vorstands zur sorgfältigen Informationserteilung ist nicht schlechthin, eine fehlerhafte Preisbildung an den Börsen zu verhindern. Verhindert werden soll vielmehr, dass aufgrund der fehlerhaften Information Aktien zu künstlich überhöhten Preisen gekauft bzw. zu zu niedrigen Preisen verkauft werden. Geschützt wird also die konkrete Transaktion. Dies setzt somit voraus, dass die fehlerhafte Information auch die konkrete Transaktion beeinflusst hat.

Hinsichtlich dieses Kausalitätsnachweises gelten jedoch auch im deutschen Recht Beweiserleichterungen. Zunächst gilt nicht der strenge Maßstab des § 286

1175 Nachweise bei *Hirte*, Berufshaftung, S. 34 Fn. 172.
1176 BGHZ 123, 311, 315.
1177 So auch *Möllers/Leisch*, WM 2001, 1648, 1661.
1178 *Lange*, Schadensersatz, S. 108.

ZPO, sondern § 287 ZPO. Zwar gilt letztere Vorschrift nur für die haftungsausfüllende Kausalität und die Frage, ob die fehlerhafte Information ursächlich für den Kauf- bzw. Verkaufsentschluss war, ist eigentlich eine solche der haftungsbegründenden Kausalität. Zumindest bei Schadensersatzansprüchen aus § 823 Abs. 1 BGB gehört der Zusammenhang zwischen dem Verhalten des Schädigers und der Rechtsgutsverletzung im Allgemeinen zum konkreten Haftungsgrund und ist nach § 286 Abs. 1 ZPO zu beweisen. Zwar kommt es in Fällen der Informationspflichtverletzung nicht zu einer Rechtsgutsverletzung in diesem Sinne. Die Differenzierung zwischen haftungsbegründender und haftungsausfüllender Kausalität ließe sich jedoch auch hier ohne weiteres vornehmen, da eine Handlung des Geschädigten zwischengeschaltet ist. Bei einem Schadensersatzanspruch aus Vertragsverletzung gehört der Ursachenzusammenhang zwischen der Pflichtverletzung und dem Eintritt des daraus erwachsenen allgemeinen Vermögensschaden nach der Rechtsprechung des BGH jedoch nicht mehr zur haftungsbegründenden, sondern zur haftungsausfüllenden Kausalität.[1179] Die Rechtsprechung betrachtet somit nur die Pflichtverletzung als haftungsbegründend, so dass der gesamte weitere Verlauf zur Haftungsausfüllung gerechnet werden kann.[1180] Dies hat zur Folge, dass für den Nachweis der Kausalität nicht der strenge Maßstab des § 286 ZPO gilt, sondern die in § 287 ZPO geregelten Beweiserleichterungen. Demnach reicht für die richterliche Überzeugung eine überwiegende, allerdings auf gesicherter Grundlage beruhende Wahrscheinlichkeit.

Fraglich ist, ob dem geschädigten Aktionär noch weitere Beweiserleichterungen zuzubilligen sind. Immerhin sieht § 46 Abs. 2 Nr. 1 BörsG für die Fälle der Prospekthaftung gar eine Beweislastumkehr vor.[1181] So muss der Beklagte in diesen Fällen nachweisen, dass der Kläger die Wertpapiere gerade nicht auf Grund des Prospekts erworben hat. Einer analogen Anwendung dieser Vorschrift auf die hier in Rede stehenden Fälle der Falschinformation außerhalb von Prospekten stehen jedoch Bedenken gegenüber. Denn die Prospekthaftung stellt ein Gesamtkonzept dar, aus dem sich nicht einzelne Regelungen im Wege der Analogie herauslösen lassen.[1182]

Allerdings kommt hier eine Beweiserleichterung in Form des Anscheinsbeweises in Betracht, da andernfalls der Nachweis der Kausalität für den geschädigten Aktionär unzumutbar erschwert würde. Der Blick in das U.S.-

---

[1179] BGH, NJW 2000, 2814, 2815; BGH, NJW 1993, 3073, 3076.

[1180] *Hirte*, Berufshaftung, S. 34.

[1181] Für eine entsprechende Regelung in Fällen der Falschinformation des Kapitalmarktes hat sich die Regierungskommission Corporate Governance ausgesprochen. Vgl. *Baums* (Hrsg.), Bericht, Rn. 186. Für eine Beweislastumkehr entsprechend § 282 BGB a.F. *Wiedemann*, Gesellschaftsrecht, S. 241. Vgl. für die Fälle der Berufshaftung auch *Hirte*, Berufshaftung, S. 481 ff.

[1182] *Möllers/Leisch*, WM 2001, 1648, 1660.

amerikanische Recht hat gezeigt, dass die Frage der prozessualen Durchsetzbarkeit der Pflichten eine zentrale Rolle spielt. Wird diese im Prozess über Gebühr erschwert, hat dies im Ergebnis eine Abschaffung des materiellen Rechts zur Folge. Wichtig ist in diesem Zusammenhang die Beweislast.[1183] Ist absehbar, dass eine Haftung regelmäßig an Beweisschwierigkeiten scheitert, bedarf es zur Sicherstellung der Norm einer Beweiserleichterung. Denn Zweck einer Norm ist, dass sie befolgt wird.[1184]

Der Anscheinsbeweis ist eine Form des Indizienbeweises. Er greift bei formelhaften, typischen Geschehensabläufen, das heißt in Fällen, in denen ein bestimmter Sachverhalt feststeht, der nach der Lebenserfahrung auf eine bestimmte Ursache oder einen bestimmten Ablauf hinweist.[1185] Es ist dann Sache desjenigen, der einen vom gewöhnlichen Verlauf abweichenden Gang des Geschehens behauptet, die ernstliche Möglichkeit eines solchen durch konkrete Tatsachen darzulegen. Die bloß vage Möglichkeit eines abweichenden Verlaufs entkräftet den Anscheinsbeweis nicht.

Die Lebenserfahrung spricht grundsätzlich für die Ursächlichkeit entscheidungserheblicher Falschinformationen für die Kauf- oder Verkaufsentscheidung des Aktionärs. Die Rechtsprechung hat dies schon für die Fälle der Prospekthaftung – vor der Neuregelung des § 45 Abs. 2 Nr. 1 BörsG – grundsätzlich anerkannt.[1186] Ausreichend ist, wenn die Falschinformation für die Kauf- bzw. Verkaufsentscheidung mitursächlich war.

Ebenso wie ein Prospekt erzeugen auch sonstige vom Vorstand der Gesellschaft herausgegebenen Informationen eine Anlagestimmung, die eine Kausalitätsvermutung rechtfertigen.[1187] Denn solche (für die Kauf- bzw. Verkaufsentscheidung wesentlichen)[1188] Informationen bestimmen die Einschätzung des Wertes der Aktie mit. Daher rechtfertigt sich eine Kausalitätsvermutung jedenfalls dann, wenn der Kauf bzw. Verkauf der Aktie in ummittelbarem zeitlichem Zusammenhang mit der Informationserteilung steht. Entsprechend § 45 Abs. 1 Satz 1 BörsG a.F. kann man davon ausgehen, das ein solcher Zusammenhang für einen Zeitraum von sechs Monaten nach Veröffentlichung der Falschinformation angenommen werden kann. Der Zeitraum verkürzt sich allerdings, wenn zwischenzeitlich andere wesentliche Ereignisse eintreten, wie etwa eine Korrekturmeldung.[1189]

[1183] Zur sonstigen Frage der Durchsetzbarkeit siehe die Literaturnachweise oben in Fn. 504.

[1184] Vgl. BVerfGE 52, 131, 153 (zur Arzthaftung).

[1185] BGH, NJW 2001, 1140.

[1186] Nachweise bei *Möllers/Leisch*, WM 2001, 1648, 1659 Fn. 121.

[1187] Vgl. dazu auch *Möllers/Leisch*, a.a.O.

[1188] Zu diesem Kriterium, das im Rahmen der Pflichtverletzung zu prüfen ist, vgl. oben S. 290.

[1189] Vgl. § 46 Abs. 2 Nr. 4 BörsG.

(4) Verschulden

Bei der Frage nach dem Verschuldensmaßstab ist zu bedenken, dass in den Fällen der unsorgfältigen Informationserteilung die einzelnen Vorstandsmitglieder regelmäßig zumindest kein unmittelbares eigenes Interesse an der jeweiligen Entscheidung der Aktionäre haben. Es geht hier nicht um Fälle der duty of loyalty, wie beispielsweise beim Insiderhandel. Es besteht daher kein Bedürfnis für eine Haftung schon für einfache Fahrlässigkeit. Dies würde zu einer übermäßigen Abschreckung der Vorstandsmitglieder führen. Daher darf das Haftungsrisiko nicht übermäßig groß sein und ist somit auf grob fahrlässiges Handeln zu beschränken. Die Beschränkung des Verschuldensmaßstabs lässt sich de lege lata damit rechtfertigen, dass im Rahmen der Grundsätze des Vertrages mit Schutzwirkung für Dritte weitgehend anerkannt ist, dass die Haftung gegenüber dem Dritten nicht weiterreichen kann, als die Haftung gegenüber dem Vertragspartner – hier also der Gesellschaft – selbst.[1190] In Fällen der Verletzung von gegenüber der Gesellschaft bestehenden Sorgfaltspflichten kommen die Vorstandsmitglieder in den Genuss des Schutzes der business judgement rule. Auch der BGH geht in der *ARAG/Garmenbeck*-Entscheidung[1191] davon aus, dass dem Vorstand bei der Führung der Geschäfte der Gesellschaft ein weiter Handlungsspielraum zugebilligt werden muss und dass zu diesem Handlungsspielraum neben dem bewussten Eingehen von Risiken grundsätzlich auch die Gefahr von Fehleinschätzungen und Fehlbeurteilungen gehört.[1192] Damit ist die business judgement rule auch für das deutsche Recht grundsätzlich anerkannt. Diese kann in den hier in Rede stehenden Fällen jedoch keine unmittelbare Anwendung finden, da die business judgement rule nur vor Haftung im Zusammenhang mit Geschäftsführungsmaßnahmen schützen soll, die Informationserteilung an Aktionäre jedoch nicht im Zusammenhang mit der Geschäftsführung der Gesellschaft steht. Allerdings rechtfertigt sich die Erhöhung des Haftungsmaßstabs im Falle von Geschäftsführungsmaßnahmen u.a. gerade daraus, dass der Vorstand kein eigenes relevantes Interesse an der Sache hat.[1193]

[1190] Vgl. nur Palandt-*Heinrichs*, § 328 Rn. 20; Soergel-*Hadding*, Anh. § 328 Rn. 21 m.w.N.

[1191] BGHZ 135, 244, 253. Vorinstanzen: OLG Düsseldorf, ZIP 1995, 1183 und LG Düsseldorf, ZIP 1994, 628. Dazu etwa *Horn*, ZIP 1997, 1129 ff. und *Kindler*, ZHR 162 (1998), 101 ff. Vgl. auch *Schiessl*, AG 1999, 442, 448 f.

[1192] Damit ist das unternehmerische Ermessen des Vorstandes einer gerichtlichen Kontrolle weitgehend entzogen. Vgl. *Cahn*, ZHR 164, 132 und *ders.*, ZHR 163, 554, 577 ff.

[1193] Im U.S.-amerikanischen Recht greift die business judgement rule nur, wenn die directors kein eigenes Interesse an der Entscheidung der Aktionäre haben. Vgl. dazu oben S. 121 f. und 131 ff. sowie *Abeltshauser*, Leitungshaftung, S. 132. Besteht ein Interessenkonflikt wird die Entscheidung der directors inhaltlich voll überprüft. Auch für das deutsche Recht wird man wohl eine entsprechende Einschränkung machen müssen. Vgl. *Hopt*, in: Großkommentar AktG, § 93 Rn. 83.

Da ein Interessenkonflikt mithin nicht besteht, bedarf es keiner voll-inhaltlichen Überprüfung der Vorstandsentscheidung. Auch in den hier in Rede stehenden Fällen, besteht regelmäßig kein Interessenkonflikt, so dass eine entsprechende Haftungsbeschränkung einzuführen ist. Denn Haftungsbeschränkungen im Verhältnis zum Vertragsgläubiger gelten – wie erwähnt – auch gegenüber dem Dritten. Der Verschuldensmaßstab der business judgement rule entspricht dem der groben Fahrlässigkeit.[1194] Dieser ist in den hier in Rede stehenden Fällen somit anzuwenden. [1195] Solange der Vorstand also kein unmittelbares eigenes Interesse an der (Fehl-)Information der Aktionäre hat,[1196] haftet er nur für grobe Fahrlässigkeit.

Dies steht im Übrigen im Einklang mit den gesetzlichen Regelungen von Ersatzansprüchen wegen Falschinformationen am Kapitalmarkt. So wird im Falle falscher Ad-hoc-Mitteilung gemäß §§ 37 b und c WpHG ebenfalls nur für grob fahrlässiges Handeln gehaftet. Gleiches gilt für § 12 WpÜG.

Etwas anderes gilt jedoch, wenn Eigeninteressen der Vorstandsmitglieder betroffen sind, wie etwa im Falle eines Management Buy-out. Dann besteht für eine Begrenzung der Haftung auf grob fahrlässiges Verhalten kein Bedürfnis. Vielmehr ist das Management in solchen Fällen schon für einfach fahrlässiges Verhalten verantwortlich. Denn aufgrund seiner Organstellung besitzt der Vorstand weitreichende Kenntnisse über die Verhältnisse der Gesellschaft. Dieses Wissen hält der Vorstand quasi treuhänderisch für die Aktionäre und hat es diesen zur Verfügung zu stellen. Zudem besteht aufgrund der Eigeninteressen die Gefahr, dass die Aktionäre übervorteilt werden.

Hinsichtlich der Beweislast für die persönliche Vorwerfbarkeit der Pflichtverletzung gilt die Beweislastumkehr des § 280 Abs. 1 S. 2 BGB. Steht die objektive Pflichtverletzung fest, muss der Schuldner sein fehlendes Verschulden beweisen.[1197]

[1194] *Merkt*, US-amerikanisches Gesellschaftsrecht, Rn. 688; weitere Nachweise bei *Roth*, S. 45 Fn. 270.

[1195] Ähnliches gilt auch für die Fälle der sog. Berufshaftung. So hat *Hirte* herausgearbeitet, dass das zentrale Unterscheidungsmerkmal zwischen der Haftung gegenüber dem Vertragspartner und der Haftung gegenüber dem Dritten im Rahmen der Berufshaftung das Ausmaß der Pflichtverletzung ist. Gegenüber dem Vertragspartner wird für jeden Fehler gehaftet, während sich die Haftpflicht gegenüber Dritten auf grobe Pflichtverletzungen beschränkt. *Hirte*, Berufshaftung, S. 141.

[1196] Kommen im Verhältnis zur Gesellschaft die Vorstandsmitglieder nur dann in den Genuss des Schutzes der business judgement rule, wenn kein Interessenkonflikt besteht, gilt im Verhältnis zu den Aktionären der Maßstab der groben Fahrlässigkeit gleichfalls nur dann, wenn die Vorstandsmitglieder kein eigenes relevantes Interesse an der Sache haben.

[1197] Vgl für die Berufshaftung *Hirte*, Berufshaftung, S. 481.

(5) Schaden

Nach § 249 BGB kann der Aktionär verlangen, so gestellt zu werden, wie er ohne das schädigende Ereignis stünde. Er ist grundsätzlich also so zu stellen, als hätte er den aufgrund der fehlerhaften Information durchgeführten Kauf bzw. Verkauf nicht getätigt. Der Schädiger ist somit etwa im Falle fehlerhafter positiver Informationen, die den Aktionär zur Erweiterung seiner Beteiligung veranlasst haben, verpflichtet, diesem geleistete Zahlungen Zug um Zug gegen Übertragung der Papiere zu ersetzen.[1198] Der Schaden des Aktionärs liegt in diesen Fällen in der durch die Falschinformation veranlassten vertraglichen Bindung,[1199] unabhängig von der Frage, ob sich nach der Differenzhypothese ein Schaden ermitteln lässt[1200].
Gegen eine solche im Wege der Naturalrestitution vorgenommene Rückabwicklung spricht jedoch, dass auf diesem Wege dem Schädiger das Risiko schwankender Kurse aufgebürdet würde.[1201] Die Pflicht des Vorstands zur sorgfältigen Information der Aktionäre will aber lediglich sicherstellen, dass die Aktionäre in die Lage versetzt werden, eine informierte Entscheidung treffen zu können. Das allgemeine Risiko der Aktie fällt dagegen nicht mehr in den Schutzbereich der verletzten Pflicht.[1202]
Um spätere Kursentwicklungen bei der Schadensberechnung auszublenden, bietet sich eine „Kompensationslösung“[1203] an.[1204] Der Schaden des Aktionärs liegt im Falle des Kaufs der Aktie in der Differenz zwischen dem gezahlten Preis und dem tatsächlichen Wert im Zeitpunkt des Kaufs, im Falle des Verkaufs in der Differenz zwischen dem erzielten Preis und dem tatsächlichen Wert. Schwierigkeiten bereitet die Ermittlung des tatsächlichen Wertes der Aktie im Zeitpunkt des Kaufs bzw. Verkaufs, also des Preises, zum dem die Aktie ohne die Falschinformation gehandelt worden wäre. Wie diese im einzelnen erfolgen kann, kann hier nicht ausführlich dargestellt werden. Die zum U.S.-amerikanischen Recht angestellten Überlegungen können jedoch einen

1198 Vgl. *Assmann*, FS Lange, S. 345, 355. Vgl. für den Fall der Prospekthaftung § 44 Abs. 1 BörsG. Dazu *Fleischer*, BB 2002, 1869, 1870.
1199 Vgl. *Möllers/Leisch*, WM 2001, 1648, 1655; LG Augsburg, BB 2001, 2130. Dazu *Fleischer*, BB 2002, 1869, 1870.
1200 Vgl. dazu *Baums*, ZHR 2003, 139, 185.
1201 Vgl. *Fleischer*, BB 2002, 1869, 1871. Aus rechtspolitischer Sicht vgl. *Baums*, ZHR 2003, 139, 185 ff. Es geht auch nicht um Fälle, in denen Anleger eingeworben werden, wie etwa bei den Prospekthaftungstatbeständen.
1202 Ähnlich für fehlerhafte Kapitalmarktinformationen *Baums* und *Fleischer* jeweils a.a.O. Vgl. auch *Fleischer/Kalss*, AG 2002, 329 ff.
1203 Dazu *Baums*, ZHR 2003, 139, 189 f.
1204 Zum U.S.-amerikanischen Recht (Unterscheidung zwischen „recission“ und „out of pocket damages“) siehe oben S. 92 f. sowie *Fleischer*, BB 2002, 1869, 1872; *Baums*, ZHR 2003, 139, 188 f.

ersten Ansatz bieten.[1205] Ausgangspunkt bei der Berechung des tatsächlichen Wertes ist der Preis der Aktie, zu dem diese gehandelt wird, nachdem die fehlerhafte Information richtig gestellt wurde bzw. auf andere Weise den Markt erreicht hat. Dieser Wert ist um die Einflüsse zu korrigieren, die sich auf den Wert der Aktie zwischen Kauf bzw. Verkauf und Berichtigung der Falschinformation ausgewirkt haben und mit dieser nicht zusammenhängen. Die allgemeinwirtschaftlichen und branchenspezifischen Faktoren lassen sich durch Vergleiche mit entsprechenden Indizes herausrechnen. Firmenspezifische Faktoren können durch einen Vergleich der Kursbewegungen des betroffenen Papiers mit denen vergleichbarer Papiere berücksichtigt werden. Der Schaden ergibt sich dann im Falle des Verkaufs aus der Differenz zwischen dem solchermaßen ermittelten „wahren" Wert und dem Verkaufspreis, im Falle des Kaufs aus der Differenz zwischen „wahrem" Wert und dem gezahlte Kaufpreis. Einen Schaden können nur solche Aktionäre geltend machen, die nach Berichtigung der Falschinformation ge- bzw. verkauft haben. Denn andernfalls haben sie ebenfalls zu einem künstlich überhöhten Preis verkaufen bzw. zu einem zu niedrigen Preis kaufen können, so dass ihnen kein Schaden entstanden ist, die Differenz zwischen „wahrem" Wert und Kauf- bzw. Verkaufspreis also null beträgt.

Hinsichtlich der Beweislast gilt für die Berechnung des Schadens § 287 ZPO. Demnach reicht in Bezug auf die Schadensbemessung für die richterliche Überzeugung eine überwiegende, allerdings auf gesicherter Grundlage beruhende Wahrscheinlichkeit aus.

Im Falle der Übernahme einer weiteren Stammeinlage im Rahmen einer Kapitalerhöhung liegt der Schaden des Aktionärs in der Differenz zwischen der geleisteten Einlage und dem tatsächlichen Wert, im Falle des Verkaufs im Rahmen eines nicht öffentlichen Erwerbsangebots in der Differenz zwischen dem erzielten Preis und dem tatsächlichen Wert. Die Ermittlung des tatsächlichen Wertes der Aktie ist nicht unproblematisch. Jedoch kommt dem Richter auch hier § 287 ZPO zur Hilfe.

b Bezugsrechtsausschluss

Im Zusammenhang mit einem Bezugsrechtsausschluss im Falle genehmigten Kapitals hat der Vorstand aufgrund seiner Stellung in der Gesellschaft weitreichende Möglichkeiten, in Rechte der Aktionäre einzugreifen.[1206] Die herrschende Meinung hilft in diesen Fällen mit Schadensersatzansprüchen gegen die Gesellschaft, die dann ihrerseits beim Vorstand Regress nehmen kann.

[1205] Vgl. dazu oben S. 92 ff.
[1206] Siehe dazu schon oben S. 229 ff.

Nach der hier vertretenen Ansicht kommen jedoch direkte Ansprüche der geschädigten Aktionäre gegen die Vorstandsmitglieder in Betracht. Rechtsgrundlage ist das Organschaftsverhältnis, das Schutzpflichten zugunsten der Aktionäre entfaltet.

Wird das Bezugsrecht eines Aktionärs ausgeschlossen, besteht die Gefahr, dass der Anteilswert eines Aktionärs verwässert wird. Dies ist dann der Fall, wenn die neuen Aktien unter dem Wert der Altaktien ausgegeben werden. Im Ergebnis erhalten die Erwerber der neuen Aktien in diesem Fall etwas auf Kosten der vom Bezugsrecht ausgeschlossenen.
Daneben bedeutet ein Bezugsrechtsausschluss für den Aktionär eine Einbuße seiner Teilhabebefugnisse. Dies kann für ihn insoweit nachteilig sein, als er durch die damit verbundene Minderung seiner Quote Mitgliedschaftsrechte und Einflussmöglichkeiten, wie etwa eine Mehrheit der Stimmrechte oder Sperrminoritäten, verliert. Daneben wird ihm verwehrt, an den Wertsteigerungen des Unternehmens in größerem Umfang zu partizipieren. Und schließlich wird dem Aktionär durch den Bezugsrechtsausschluss die Möglichkeit genommen, verbilligt Aktien des Unternehmens zu erwerben bzw. sein Bezugsrecht zu veräußern.[1207]

aa. Verwässerung

Setzt der Vorstand einen unangemessen niedrigen Ausgabepreis fest, wird der Anteilswert der Altaktionäre dadurch verwässert. Zwar kann die Hauptversammlung zugleich mit der Ermächtigung des Vorstands zum Ausschluss des Bezugsrechts einen (Mindest-) Ausgabekurs festlegen, notwendig ist dies jedoch nicht. Wird seitens der Hauptversammlung kein Ausgabepreis festgelegt, hat der Vorstand diesen festzulegen. Schließt der Vorstand nun das Bezugsrecht der Altaktionäre aus, dürfen die neuen Aktien nicht unter ihrem inneren Wert abgegeben werden.[1208] In diesem Fall sind die Aktionäre nicht über § 255 Abs. 2 AktG geschützt, da kein Hauptversammlungsbeschluss vorliegt. Allerdings nimmt die herrschende Lehre an, dass der Vorstand gegenüber der Gesellschaft gemäß § 93 Abs. 2 AktG haftet, da er bei der Ausgabe von Aktien verpflichtet ist, den am Markt höchstmöglichen Betrag zu erzielen.[1209] Eine Pflichtverletzung wird in solchen Fällen vermutet, in denen der Ausgabepreis unter dem aktuellen Börsenpreis liegt, da die Bedingungen des Marktes für die

---

[1207] Zu den Interessen des Aktionärs vgl. *Cahn*, ZHR 164, 113, 120.
[1208] *Lutter*, in: Kölner Kommentar, § 204 Rn. 11.
[1209] *Lutter*, in: Kölner Kommentar, § 204 Rn. 29; *Mülbert*, Aktiengesellschaft, S. 344 Fn. 802; *Klette*, BB 1968, 1101, 1103. Teilweise wird auch ein Anspruch der Aktionäre auf Leistung ins Gesellschaftsvermögen angenommen, *Cahn* ZHR 163 (1999), 575.

Bestimmung des Ausgabekurses maßgeblich sind.[1210] Fraglich ist jedoch, ob in diesen Fällen überhaupt ein Schaden auf Seiten der Gesellschaft vorliegt. Denn diese hat in jedem Fall einen Vermögenszuwachs erzielt, selbst wenn der Börsenkurs einen höheren Ausgabepreis für die jungen Aktien gerechtfertigt hätte. Ein Schaden im Sinne der Differenzhypothese liegt jedenfalls nicht vor. Der Gesellschaft mag allenfalls ein Schaden in Form von entgangenem Gewinn (§ 252 BGB) entstanden sein. Ein weiteres Problem bei dieser Art von Schadensausgleich über das Gesellschaftsvermögen ist, dass dadurch auch die Neuaktionäre „bereichert" werden. Werden etwa der Gesellschaft durch Ausnutzung genehmigten Kapitals unter Ausschluss des Bezugsrechts der Altaktionäre 20 Mio. Euro zugeführt, obgleich der Börsenkurs der Altaktien einen Emissionspreis von 40 Mio. Euro gerechtfertigt hätte, und gleicht man die fehlenden 20 Mio. Euro durch einen entsprechenden Anspruch der Gesellschaft gegen den Vorstand aus, dann profitieren davon auch anteilig die zu Unrecht begünstigten Neuaktionäre bzw. der Mehrheitsaktionär, der die jungen Aktien erhalten hat.[1211]

Dies zeigt, dass die Pflicht, am Markt den höchstmöglichen Kurs bei der Ausgabe der Aktien zu erzielen, nicht nur gegenüber der Gesellschaft, sondern auch gegenüber den (Alt-) Aktionären besteht. Nur diesen ist ein Schaden im Sinne der Differenzhypothese entstanden. Bei diesem Schaden handelt es sich nicht um einen reinen Reflexschaden. Es ist nicht zunächst das Vermögen der Gesellschaft geschädigt – diese hat gar einen Vermögenszuwachs zu verzeichnen – , sondern ein Schaden im Sinne der Differenzhypothese ist aufgrund des Verwässerungseffektes ausschließlich im Vermögen der (Alt-) Aktionäre entstanden. Dieser Schaden lässt sich auch nicht durch eine Schadensersatzleistung in das Gesellschaftsvermögen beheben, da davon anteilig auch die Neuaktionäre profitieren. Der Fall der Festsetzung eines unangemessen niedrigen Ausgabepreises durch den Vorstand ist also mit Fällen, in denen der Vorstand etwa für die Gesellschaft nachteilige Geschäfte abschließt und dieser so einen Schaden zufügt, nicht vergleichbar. In letzterem Fall sind alle Aktionäre gleichermaßen reflexartig geschädigt, so dass der Schaden über das Gesellschaftsvermögen auszugleichen ist. Im ersten Fall liegt kein Reflex-

---

[1210] Vgl *Mülbert*, Aktiengesellschaft, S. 344 m.w.N. Zu Kritik vgl. noch *Habersack*, Mitgliedschaft, S. 265 f.

[1211] Ist etwa in dem genannten Beispiel Aktionär A mit 100 Aktien (100 %) an der Gesellschaft mit einem Börsenwert von 40 Mio. Euro beteiligt und erhöht nunmehr der Vorstand das Grundkapital um weitere 100 Aktien zu je 200.000 Euro, fließen der Gesellschaft lediglich 20 Mio. Euro zu, obgleich 40 Mio. angemessen gewesen wären. Den Schaden hat hier Altaktionär A, dessen Anteilsbesitz jetzt 50 % des Wertes der Gesellschaft repräsentiert, nunmehr also lediglich 30 Mio. Euro. Gesteht man der Gesellschaft nun einen Anspruch gegen den Vorstand in Höhe der „fehlenden" 20 Mio. Euro zu, dann wird der Neuaktionär um weitere 10 Mio. Euro „bereichert".

schaden vor, denn der der Gesellschaft entgangene Gewinn entspricht nicht dem Schaden der Altaktionäre. Letztere sind somit unmittelbar geschädigt.

Gibt der Vorstand also junge Aktien zu einem unangemessen niedrigen Ausgabepreis aus, haftet er gegenüber den Altaktionären auf Ersatz des diesen entstandenen Schadens nach den Grundsätzen des Vertrages mit Schutzwirkung zugunsten Dritter. Der Schaden besteht in der Wertminderung des Anteils der Altaktionäre.

bb. Verletzung der Teilhabebefugnisse

Das Bezugsrecht soll die Aktionäre nicht nur vor einer Vermögenseinbuße in Form der Verwässerung schützen, sondern auch deren Teilhabe an der Aktiengesellschaft sichern. Denn Folge eines Bezugsrechtsausschlusses ist eine Verschiebung der Stimmrechtsquoten zu Lasten der Altaktionäre. Diese sollen in die Lage versetzt werden, ihre Stimmrechtsquote aufrecht erhalten zu können.

(1) Anforderungen an einen Bezugsrechtsausschluss

In ihrer Teilhabebefugnis können die Aktionäre dadurch verletzt werden, dass der Vorstand die ihm von der Hauptversammlung erteilte Ermächtigung zum Ausschluss des Bezugsrechts missbraucht. Ein Bezugsrechtsausschluss ist nur dann wirksam, wenn er im Interesse der Gesellschaft liegt und dieses höher zu bewerten ist als das Interesse des Aktionärs am Erhalt seiner Rechtsposition.[1212] Die Entscheidung darüber, ob er von der Ermächtigung Gebrauch macht, liegt im Ermessen des Vorstands. Sein Ermessen überschreitet der Vorstand beispielsweise dann, wenn es eines Bezugsrechtsausschlusses zur Durchführung der Transaktion nicht bedarf, weil etwa andere ebenso günstige Finanzierungsmöglichkeiten bestehen.[1213] Oder wenn er die Ermächtigung zur Finanzierung eines Vorhabens nutzt, das von der Ermächtigung nicht gedeckt wird, außerhalb des satzungsmäßigen Unternehmensgegenstandes liegt oder den Interessen der Gesellschaft zuwiderläuft.[1214]
In der Kali und Salz-Entscheidung[1215] hat der BGH die Formel geprägt, dass ein Bezugsrechtsausschluss lediglich dann zulässig ist, wenn die Gesellschaft nach

---

[1212] Vgl. Nachweise bei *Habersack*, Mitgliedschaft, S. 260 Fn. 9. Vgl. auch die Neuregelung des § 186 Abs. 3 S. 4 AktG, der einen Ausschluss des Bezugsrechts insbesondere dann für zulässig erklärt, wenn die Kapitalerhöhung 10 % des Grundkapitals nicht übersteigt und der Ausgabepreis den Börsenpreis nicht wesentlich unterschreitet. Mit dieser Regelung sollte Forderungen von Seiten der Unternehmenspraxis nach Erleichterung des Bezugsrechtsausschlusses nachgekommen werden.
[1213] Zu dieser Fallgestaltung vgl. *Cahn*, ZHR 164, 113, 135.
[1214] *Cahn*, a.a.O.
[1215] BGHZ 71, 40, 46 f.

vernünftigen kaufmännischen Überlegungen ein dringendes Interesse an einem solchen Bezugsrechtsausschluss hat und zu erwarten ist, dass der Nutzen für die Aktionäre die Nachteile in Bezug auf den Verlust der Stimmrechte aufwiegt. Im Holzmann-Urteil[1216] forderte der BGH dann im Zusammenhang mit der Beschlussfassung über genehmigtes Kapital, dass nach der gegenwärtigen Lage der Gesellschaft und dem Stand der Pläne für die Zukunft konkrete Anhaltspunkte dafür gegeben sein müssen, dass es sich als notwendig und im Hinblick auf die Interessen der Aktionäre als vertretbar erweist, das Bezugsrecht auszuschließen. Es muss also ein Interesse der Gesellschaft am Bezugsrechtsausschluss gegeben sein und der Bezugsrechtsausschluss muss im Hinblick auf die beeinträchtigten Aktionärsinteressen verhältnismäßig sein. Der BGH forderte, im Vorstandsbericht an die Hauptversammlung bzgl. der Ermächtigung zum Ausschluss des Bezugsrechts eine konkrete Mittel-Zweck-Abwägung vorzunehmen.[1217] Im Deutsche Bank-Urteil[1218] hat der BGH die Anforderungen an den Ausschluss des Bezugsrechts dann erstmals erleichtert. Der BGH entschied, dass die Zulassung der Aktie einer AG zum Handel an einer ausländischen Börse grundsätzlich im sachlichen Interesse der Gesellschaft liege. Ein Bezugsrechtsausschluss sei gerechtfertigt, wenn der Kreis der Aktionäre durch die Gewinnung von Anlegern im Ausland erweitert werden soll. Dem Vorstand gestand der BGH in der Frage der Beurteilung der Zulässigkeit eines Bezugsrechtsausschlusses einen unternehmerischen Beurteilungsspielraum zu. Der Vorstand müsse gegenüber der Hauptversammlung nicht zu erkennen geben, in welchem genauen Umfang die Gesellschaft an den verschiedenen Börsenplätzen präsent sein solle. Am Erfordernis der Verhältnismäßigkeit hielt der BGH jedoch fest und verwies diesbezüglich auf die Grundsätze der Holzmann-Entscheidung.

In der Siemens/Nold-Entscheidung[1219] gab der BGH dann die im Holzmann-Urteil aufgestellten Grundsätze ausdrücklich auf und hält es nunmehr für ausreichend, dass die Maßnahme, welche unter Ausschluss des Bezugsrechts verfolgt wird, im wohlverstandenen Interesse der Gesellschaft liegt. Dies gilt sowohl für den Fall des Bezugsrechtsausschlusses durch die Hauptversammlung selbst, als auch für den Fall, dass der Vorstand zum Ausschluss des Bezugsrechts ermächtigt wird. Kern der Entscheidung ist, dass zum einen nunmehr ausreichend ist, dass der ermächtigende Hauptversammlungsbeschluss auf einer

[1216] BGHZ 83, 319 ff.

[1217] Diese Kriterien führten dazu, dass sich das genehmigte Kapital in der Praxis beispielsweise für Unternehmensübernahmen wenig eignete. Denn es waren lediglich Ermächtigungen zulässig, die den Ausgabezweck genau bestimmten. Im Falle von Übernahmen besteht jedoch ein weitgehendes Geheimhaltungsinteresse.

[1218] BGHZ 125, 239 ff.

[1219] BGHZ 136, 133 ff. Dazu *Bungert*, BB 2001, 742 ff. und *Hofmeister*, NZG 2000, 713 ff.

nur abstrakten Beschreibung der Maßnahme beruht. Zum anderen ist nunmehr das wohlverstandene Gesellschaftsinteresse Prüfungsmaßstab.

(2) Pflicht im Interesse der Aktionäre

Die Wahrung der Belange der Mitglieder wird mithin der Verwaltung übertragen, die letztlich über die Durchführung der Kapitalerhöhung entscheidet.[1220] Bevor der Vorstand das genehmigte Kapital zur Durchführung einer Transaktion nutzt oder das Bezugsrecht aufgrund der Ermächtigung der Hauptversammlung selbst ausschließt, hat er im Rahmen seines unternehmerischen Ermessens sorgfältig zu prüfen, ob die konkrete Maßnahme der abstrakten Beschreibung im Hauptversammlungsbeschluss entspricht und ob auch im Zeitpunkt des Vollzugs das wohlverstandene Gesellschaftsinteresse noch vorliegt.[1221]
Die Pflicht zur Überprüfung der materiellen Voraussetzungen des Bezugsrechtsausschlusses im Zeitpunkt der Durchführung der Maßnahme besteht im Interesse der Aktionäre. Nur diese können durch eine fehlerhafte Entscheidung des Vorstands geschädigt werden. Damit kommen die Aktionäre typischerweise mit der Leistung des Vorstands in Berührung. Ausschließlich deren Vermögensinteressen werden durch den Bezugsrechtsausschluss berührt. Auch hat die Gesellschaft in diesen Fällen ein Interesse an der Einbeziehung der Aktionäre in den Schutzbereich des mit den Vorstandsmitgliedern bestehenden Organschaftsverhältnisses. Dieses Interesse der Gesellschaft ergibt sich schon daraus, dass die Leistung des Vorstands bestimmungsgemäß auch den Aktionären zugute kommen soll. Zudem ist für die Vorstandsmitglieder erkennbar, dass die Aktionäre in den Schutzbereich des Vertrags mit der Gesellschaft einbezogen werden sollen. Und schließlich ist der Aktionär auch schutzbedürftig. Denn einem Anspruch gegen die Gesellschaft steht entgegen, dass der Schaden des einzelnen Aktionärs nicht vergesellschaftet werden darf.[1222]

(3) Verschulden

Die Entscheidung über die Durchführung der Kapitalerhöhung bzw. den Ausschluss des Bezugsrechts steht im unternehmerischen Ermessen des Vorstands. Insoweit ist ihm ein Ermessensspielraum nach dem Vorbild der business judgement rule zuzugestehen,[1223] der gerichtlich nicht überprüfbar ist. Der Vorstand muss jedoch nachweisen, dass er seine Entscheidung

---

[1220] Vgl. *Hüffer*, AktG, § 203 Rn. 11 a.
[1221] Vgl. BGHZ 136, 133, 139 f.
[1222] Vgl. dazu im einzelnen oben S. 273 ff.
[1223] Vgl. dazu *Abeltshauser*, Leitungshaftung, S. 236.

wohlinformiert getroffen hat und dass überhaupt ein Interesse der Gesellschaft an der Transaktion unter Ausschluss des Bezugsrechts der Aktionäre gegeben war. Kann er ein solches wohlverstandenes Interesse der Gesellschaft nachweisen, erübrigt sich nach den oben dargestellten Grundsätzen die Prüfung der Verhältnismäßigkeit.

(4) Schaden

Der Schaden der Altaktionäre besteht in der Differenz zwischen den Aufwendungen, die bei Ausübung des Bezugsrechts entstanden wären und den Kosten einer anderweitigen Beschaffung der Aktien, etwa über die Börse.[1224] Aufgrund seiner Schadensminderungspflicht ist der Aktionär allerdings verpflichtet, eine Unterlassungsklage gegen die Gesellschaft zu erheben, wenn er rechtzeitig von der Rechtswidrigkeit des Bezugsrechtsausschlusses erfährt.

c. Übernahmesituationen

aa. Pflicht zur Stellungnahme

Nach § 27 WpÜG hat der Vorstand der Zielgesellschaft eine begründete Stellungnahme zu dem Angebot des Bieters zum Erwerb von Wertpapieren abzugeben. Zweck dieser Vorschrift ist sicherzustellen, dass alle Aktionäre der Zielgesellschaft über ausreichende Informationen verfügen, um über die Annahme des Angebots entscheiden zu können.[1225] § 27 Abs. 1 Satz 2 WpÜG enthält Mindestvorgaben. So muss der Vorstand insbesondere auf die Art und Höhe der Gegenleistung, die voraussichtlichen Folgen eines erfolgreichen Angebots für die Gesellschaft und deren Arbeitnehmer, die vom Bieter verfolgten Ziele sowie die Absicht der Mitglieder des Vorstands, das Angebot anzunehmen, soweit sie selbst Aktien der Gesellschaft halten, eingehen.
Ist die Stellungnahme des Vorstands inhaltlich unzutreffend, etwa aus kaufmännischer Sicht unvertretbar,[1226] kann den Aktionären der Zielgesellschaft zum einen dadurch ein Vermögensschaden entstehen, dass sie im Vertrauen auf die Richtigkeit der Angaben ihre Aktien zu billig veräußern. Zum anderen kann ein Eigenschaden auftreten, weil die Aktionäre durch die Falschinformation davon abgehalten wurden, die Papiere zu einem günstigen Übernahmepreis zu veräußern.[1227]

[1224] *Lutter*, in: Kölner Kommentar, § 186 Rn. 41.
[1225] Vgl. auch § 3 Abs. 2 WpÜG.
[1226] Vgl. *Peltzer*, in: Assmann u.a., Übernahmeangebote, 1990, S. 179, 213; *Rümker*, FS Heinsius, 1991, S. 683, 687.
[1227] *Röh*, in: *Haarmann u.a.*, WpÜG, § 27 Rn. 52; *Maier-Reimer*, ZHR 165 (2001), 258, 263.

(1) Pflicht zum Schutz der Aktionäre

Auch in solchen Fällen kommt eine Haftung der Vorstandsmitglieder nach den Grundsätzen des Vertrags mit Schutzwirkung für Dritte in Betracht.[1228] Denn auch in diesen Fällen handelt es sich um eine Sorgfaltspflichtverletzung des Vorstands, die nach den oben dargestellten Grundsätzen zu behandeln ist.
Der Vorstand genießt kraft seiner Organstellung und aufgrund seines überlegenen Wissens über die Verhältnisse der Zielgesellschaft das besondere Vertrauen der Aktionäre.[1229] Gerade deswegen ist er auch zu einer Stellungnahme in Bezug auf die Art und Höhe der Gegenleistung verpflichtet. Denn der Vorstand ist weit besser als insbesondere Kleinaktionäre in der Lage, den Wert der Zielgesellschaft sowie deren zukünftige Geschäfts- und Ertragsaussichten zu beurteilen.[1230] Die Aktionäre sind somit auf eine sachlich richtige Stellungnahme des Vorstands angewiesen.[1231] Gerade der Schutz dieser Personengruppe ist von § 27 WpÜG bezweckt. Denn wie auch in anderen Fällen der Informationserteilung kommen die Aktionäre mit der Leistung des Vorstands typischerweise in Berührung. Regelmäßig werden ausschließlich die Vermögensinteressen der Aktionäre durch die Falschinformation berührt.[1232] Auch hat die Gesellschaft in den Fällen des § 27 WpÜG ein Interesse an der Einbeziehung der Aktionäre in den Schutzbereich des mit den Vorstandsmitgliedern geschlossenen Vertrags. Denn die Leistung, die Stellungnahme des Vorstands also, soll bestimmungsgemäß den Aktionären der Zielgesellschaft zugute kommen. Die Interessen der Gesellschaft werden durch die Stellungnahme gar nicht berührt, da die Änderung des Aktionärskreises deren Interessen nicht betrifft. Somit ist die Pflicht des Vorstands zur Stellungnahme im Rahmen von Erwerbs- und Übernahmeangeboten als Pflicht gegenüber den Aktionären und nicht als Pflicht gegenüber der Gesellschaft zu deuten.[1233]
Schließlich ist für die Vorstandsmitglieder auch erkennbar, dass die Aktionäre in den Schutzbereich des Vertrags mit der Gesellschaft einbezogen werden sollen. Denn die Informationspflichten bestehen in erster Linie in deren Interesse. Durch unsorgfältige Informationserteilung kommen in erster Linie diese zu Schaden, was für den Vorstand erkennbar ist.

[1228] Ebenfalls für eine Haftung der Vorstandsmitglieder gegenüber den Aktionären in diesen Fällen *Hirte*, in: Kölner Kommentar zum WpÜG, § 27 Rn. 27; *Steinmeyer/Häger*, § 27 Rn. 7; *van Aubel*, Vorstandspflichten, S. 136 f., 145.
[1229] *Röh*, in: *Haarmann u.a.*, WpÜG, § 27 Rn. 50.
[1230] Vgl. *Thoma*, NZG 2002, 105, 110; *Zinser*, NZG 2001, 391, 395.
[1231] Vgl. *Rümker*, Festschrift Heinsius, 1991, S. 683, 686.
[1232] Vgl. oben S. 279.
[1233] Ebenso *van Aubel*, Vorstandspflichten, S. 172. A.A. *Assmann/Bozenhardt*, in: Assmann u.a. (Hrsg.), Übernahmeangebot, S. 1, 103; *Mertens*, in: Kölner Kommentar zum AktG, § 76 Rn. 26; *Ebenroth/Daum*, DB 1991, 1157, 1159 f; *Grunewald*, WM 1989, 1233, 1237.

(2) Ausgestaltung der Pflicht

Grundsätzlich kommt eine Haftung des Vorstands gegenüber den Aktionären wegen fehlerhafter Stellungnahmen gemäß § 27 WpÜG somit in Betracht. Im Folgenden soll untersucht werden, wie diese Haftung ausgestaltet ist.

(a) Wesentliche Tatsachen

Ein erstes Problem ergibt sich daraus, dass die Stellungnahme des Vorstands im Rahmen von Erwerbs-, Übernahme- und Pflichtangeboten keine reine Tatsachendarstellung ist, sondern in erster Linie eine Meinungsäußerung des Vorstands. Zudem ist Kern der Stellungnahme die Beurteilung der Angemessenheit der Gegenleistung.[1234] Eine solche basiert auf einer Einschätzung des Wertes und des Potentials der Zielgesellschaft und beinhaltet somit prognostische Elemente.[1235] Eine Haftung wegen Informationspflichtverletzungen kann grundsätzlich nur auf die Behauptung gestützt werden, es seien falsche Tatsachen veröffentlicht worden.[1236] Eine Haftung für reine Meinungsäußerungen kommt nicht in Betracht. Prognosen seitens des Vorstands hinsichtlich unternehmensspezifischer Faktoren sind jedoch entsprechend den oben bei der Ad-hoc-Publizität dargestellten Grundsätzen wie Tatsachen zu behandeln.[1237] Denn der Vorstand verfügt über die relevanten Informationen hinsichtlich gegenwärtiger Planungen und ist weit besser in der Lage als der Aktionär, die Wahrscheinlichkeit der Umsetzung zu beurteilen.[1238] Zu bedenken ist jedoch, dass der Vorstand nicht schon für das bloße Nichteintreten der Prognose haftbar gemacht werden kann. Die tatsächliche Entwicklung mag sich von der Prognose entfernen, ohne dass ein Verschuldensvorwurf zu erheben ist.[1239] Allerdings müssen Prognosen jedenfalls durch Tatsachen ausreichend gestützt und kaufmännisch vertretbar sein.[1240]

Äußern Vorstandsmitglieder im Rahmen ihrer Stellungnahme ihre Meinung, geben sie Prognosen ab oder legen sie ihre Motive offen, ist zudem sorgsam zu prüfen, ob damit nicht gleichzeitig eine Erklärung über Tatsachen verbunden ist. Diese Tatsachenerklärung ist gerichtlich vollständig überprüfbar. So ist die Bewertung, dass der gebotene Preis angemessen ist, eine reine Meinungsäußerung und als solche nicht überprüfbar. Wird jedoch hinzugefügt, dass der

[1234] *Hopt*, FS Lutter, 2000, S. 1361, 1381; *Assmann/Bozenhardt*, S. 105.
[1235] *Maier-Reimer*, ZHR 165 (2001), 258, 262.
[1236] Vgl. zur Ad-hoc-Publizität oben S. 172 ff. Zum U.S.-amerikanischen Recht oben S. 40 ff.
[1237] Dazu oben S. 175 ff.
[1238] Vgl. *Baums*, ZHR 167 (2003), 139, 163.
[1239] *Baums*, ZHR 167 (2003), 139, 163. Vgl. auch *Glöckle*, Zukunftsbezogene Publizität, S. 41 m.w.N.
[1240] Vgl. BGH, NJW 1982, 2823, 2826.

Preis über dem Buchwert der Aktie liegt, ist diese letztere Aussage voll überprüfbar.[1241]

Eine weitere Einschränkung der Haftbarkeit ergibt sich daraus, dass sich die Fehldarstellung auf entscheidungserhebliche Tatsachen beziehen muss. Damit haftet der Vorstand nicht für jede falsche Tatsachenbehauptung, sondern nur für solche, die ein vernünftiger Aktionär bei seiner Entscheidung über die Annahme des Angebots des Bieters berücksichtigt hätte.

(b) Unterlassen

Der Vorstand haftet also jedenfalls für falsche Angaben über Tatsachen im Rahmen einer Stellungnahme gemäß § 27 WpÜG. Fraglich ist jedoch, ob er auch in Fällen des Unterlassens haftbar gemacht werden kann. Dabei ist zwischen den Fällen, in denen überhaupt keine Stellungnahme abgegeben wird, und solchen, in denen im Rahmen einer Stellungnahme entscheidungserhebliche Informationen verschwiegen werden, zu unterscheiden.

In letzterem Fall ergibt sich eine Haftung schon daraus, dass gegen die Pflicht zur sorgfältigen Informationserteilung verstoßen wurde. Ein solcher Fall, in dem wesentliche Informationen in einer Stellungnahme gemäß § 27 WpÜG unterdrückt werden, kann nicht anders behandelt werden als die sonstigen Fälle fehlerhafter und irreführender Informationen. Daher haftet der Vorstand in einem solchen Fall, wenn die Tatsachen nicht schon öffentlich bekannt sind. Ein Konflikt mit der strafbewehrten Geheimhaltungspflicht des Vorstands (§ 404 Abs. 1 AktG) existiert nicht.[1242] Denn der Gesetzgeber hat sich für Transparenz und damit für eine Pflicht zur Offenlegung erheblicher Tatsachen im Zusammenhang mit dem Angebotsverfahren entschieden. Geheimhaltungsinteressen der Gesellschaft müssen demgegenüber zurücktreten.

Fraglich ist, was für den – für die Praxis wohl wenig bedeutsamen – Fall gilt, in dem der Vorstand überhaupt keine Stellungnahme abgibt. § 27 WpÜG richtet sich direkt an den Vorstand, so dass hier eine Haftung für pflichtwidriges Unterlassen in Betracht kommt. Dem kann man auch nicht entgegenhalten, dass § 27 WpÜG lediglich eine Meinungsäußerung seitens des Vorstands verlangt. In der Tat wäre dann eine Haftung für eine vollständig unterlassene Stellungnahme kaum begründbar. Denn es wäre widersprüchlich, den Vorstand nicht für „falsche" Meinungsäußerungen wohl aber für unterlassene Meinungsäußerungen haftbar zu machen.[1243] Jedoch fordert § 27 WpÜG nicht schlicht eine Meinungs-

[1241] Vgl. oben S. 40 f., *Vriginia Bankshares, Inc. v. Sandberg.*
[1242] So aber *Röh*, in: *Haarmann u.a.*, WpÜG, § 27 Rn. 21.
[1243] Insoweit hilft der Ordnungswidrigkeitentatbestand des § 60 WpÜG.

äußerung seitens des Vorstands. Der Gesetzgeber hat in § 27 Abs. 1 Satz 2 WpÜG vielmehr einen Mindestinhalt festgeschrieben. Danach muss der Vorstand im Rahmen seiner Stellungnahme auf die Art und Höhe der Gegenleistung, die Folgen eines erfolgreichen Angebots, die vom Bieter verfolgten Ziele sowie eine evtl. Annahmeabsicht der Vorstandsmitglieder bzgl. des Angebots eingehen. Damit hat die Stellungnahme zwar unverkennbar wertenden Charakter. Denn insbesondere die Stellungnahme zur Höhe der Gegenleistung sowie der voraussichtlichen Folgen eines erfolgreichen Angebots erfordert eine Meinungsäußerung seitens des Vorstands. Allerdings erschöpft sich die Pflicht zur Stellungnahme nicht in der bloßen Meinungsäußerung. Eine Einschätzung seitens des Vorstands macht wenig Sinn, wenn dieser nicht auch gleichzeitig die zu Grunde liegenden Tatsachen mitteilt. Denn andernfalls haben die Aktionäre keine Möglichkeit, den Gehalt der Meinungsäußerung zu überprüfen. Ziel des Gesetzgebers war es, mit Schaffung des § 27 WpÜG für eine erhöhte Transparenz im Zusammenhang mit einem Angebotsverfahren zu sorgen. Dies kann nur erreicht werden, wenn auch Tatsachen veröffentlicht werden. Zudem spricht die Vorschrift des § 27 WpÜG von einer begründeten Stellungnahme. Eine solche Begründung kann nur geliefert werden, indem auf die der Einschätzung zu Grunde liegenden Tatsachen hingewiesen wird. Somit ist der Vorstand im Rahmen seiner Pflicht zur Stellungnahme zu einem Angebot auch zur Veröffentlichung von für die Entscheidung der Aktionäre erheblichen Tatsachen verpflichtet. Gibt der Vorstand die vom Gesetz geforderte Stellungnahme nicht ab, kann er von den Aktionären mit der Begründung auf Schadensersatz in Anspruch genommen werden, er habe es unterlassen, entscheidungserhebliche Tatsachen zu veröffentlichen, deren Kenntnis den Aktionär ggf. zu einer anderen Entscheidung bewogen hätten.

Im Zusammenhang mit der Pflicht zur Stellungnahme ist von Bedeutung, dass diese zugleich die Pflicht zur Informationsbeschaffung umfasst, da andernfalls eine begründete Stellungnahme nicht möglich ist.[1244] Bei der Frage, ob der Vorstand bei Beschaffung der Information pflichtwidrig gehandelt hat, ist allerdings zu berücksichtigen, in welchem Zeitrahmen er seine Stellungnahme abzugeben hat. Das Gesetz sieht eine unverzügliche Veröffentlichung der Stellungnahme nach Übermittlung des Angebots vor. In Anlehnung an die Regelung des § 18 Übernahmekodex kann davon ausgegangen werden, dass die Abgabe der Stellungnahme innerhalb von zwei Wochen noch ausreichend ist.[1245] Bei der Frage der Haftung ist daher zu berücksichtigen, welche Informationen innerhalb dieser Zweiwochenfrist vernünftigerweise beschafft werden konnten. Sind jedoch Verhandlungen zwischen Bieter und Zielgesellschaft vorausgegangen, sind höhere Anforderungen zu stellen.

[1244] *Röh*, in: *Haarmann u.a.*, WpÜG, § 27 Rn. 15.
[1245] *Röh*, in: *Haarmann u.a.*, WpÜG, § 27 Rn. 44.

(3) Anspruchsberechtigte

Eine Haftung kommt nicht nur gegenüber Aktionären in Betracht, die ihre Aktien tatsächlich eingetauscht haben, sondern auch gegenüber solchen, die aufgrund einer negativen Stellungnahme das Angebot nicht angenommen haben.[1246] Denn die Gründe, die sonst für eine Haftungsbegrenzung in diesen Fällen sprechen, greifen hier nicht. Zunächst besteht nicht die Gefahr einer uferlosen Haftung der Vorstandsmitglieder. Denn die Zahl der Ersatzberechtigten ist auch im Falle einer falschen negativen Stellungnahme auf die Aktionäre begrenzt, die ihre Aktien nicht eingetauscht bzw. verkauft haben. Zudem kann man gegen eine Ersatzpflicht auch gegenüber nicht handelnden Aktionären nicht einwenden, ihnen wäre auch bei rechtmäßigem Handeln der Vorstandsmitglieder ein Schaden entstanden. Denn anders als bei einer normalen Marktsituation wird der Angebotspreis in einem Verfahren nach dem WpÜG von solchen Äußerungen nicht beeinflusst. Wird der Aktionär also durch eine falsche (negative) Information davon abgehalten, seine Aktie zu einem günstigen Übernahmepreis zu veräußern, entsteht ihm ein Schaden in Höhe der Wertdifferenz zwischen Übernahmepreis und Marktpreis.[1247]

(4) Kausalität

Die Haftung der Vorstandsmitglieder setzt voraus, dass deren Fehlinformation für den Schaden des Aktionärs kausal geworden ist. Die Annahme bzw. Ablehnung des Angebots muss also auf Grund der falschen Angaben in der Stellungnahme erfolgt sein. Nun wird es dem Aktionär regelmäßig nicht möglich sein, den Nachweis zu führen, dass seine Annahme bzw. Nicht-Annahme des Angebots auf Grund der fehlerhaften Stellungnahme erfolgte. Insoweit liegt eine ähnliche Situation wie auch in den Fällen des § 12 WpÜG vor. Dort wird die Ursächlichkeit der Angebotsunterlage für die Annahmeentscheidung des Aktionärs vermutet.[1248] Die Beweislast für das Fehlen der Kausalität liegt beim Bieter.

[1246] Im Falle sonstiger Informationspflichten ist die Ersatzpflicht insoweit begrenzt, als dass nur solche Aktionäre Schadensersatz verlangen könne, die am Markt tätig geworden sind. Vgl. oben S. 287 ff. Aus dem U.S.-amerikanischen Recht vgl. § 14 (e) Securities Exchange Act; dazu oben S. 107 ff. Aus rechtspolitischer Sicht siehe *Baums*, ZHR 167 (2003), 139, 179.

[1247] In einer echten Marktsituation ist dies anders, da der Aktionäre schon mit Bekanntgabe der (negativen) Information seine Aktien nicht mehr zu dem zunächst höheren Preis verkaufen kann, da der Preis sofort an die neuen Umstände angepasst wird. Daher ändert sich in einem solchen Fall für den Aktionär nichts, wenn er seine Aktie nicht verkauft.

[1248] Dies ergibt sich aus § 12 Abs. 3 Nr. 1 WpÜG. Vgl. auch die Regierungsbegründung, BT-Drucks. 14/7034, S. 43. Vgl. ebenso die Beweislastverteilung im Rahmen der börsengesetzlichen Prospekthaftung, § 46 Abs. 2 Nr. 1 BörsG.

Entsprechend der oben für die allgemeinen Fälle der Informationspflichtverletzung gegenüber den Aktionären gegeben Begründung muss auch hier dem geschädigten Aktionär zumindest eine Beweiserleichterung in Form des Anscheinsbeweises zugestanden werden.[1249] An der Ursächlichkeit der fehlerhaften Stellungnahme fehlt es allerdings dann, wenn der Vorstand rechtzeitig vor der Entscheidung des Aktionärs eine deutlich gestaltete Berichtigung der unrichtigen oder unvollständigen Angaben veröffentlicht.[1250]

(5) Verschulden

Die Frage nach dem Verschuldensmaßstab ist problematisch. Einerseits gilt es zu bedenken, dass in den übrigen Fällen[1251] der fehlerhaften Informationserteilung gegenüber Aktionären der Vorstand regelmäßig nur für grob fahrlässiges Verhalten einzustehen hat.[1252] Andererseits rechtfertigt sich eine Beschränkung der Haftung auf grob fahrlässiges Verhalten in diesen Fällen gerade daraus, dass im Regelfall der Vorstand kein eigenes unmittelbares Interesse an der Entscheidung der Aktionäre hat. Dies mag in Fällen einer feindlichen Übernahme anders sein, da der Vorstand ggf. um seine Position fürchten muss. Man könnte somit daran denken, in Fällen feindlicher Übernahmen den Vorstand schon für fahrlässig gemachte falsche Angaben in seiner Stellungnahme haften zu lassen, jedenfalls solange der Vorstand nicht nachgewiesen hat, dass ein Interessenkonflikt nicht besteht. Gegen eine solche Haftungserweiterung spricht jedoch neben der Einheitlichkeit der Haftung wegen Informationspflichtverletzungen auch, dass selbst der Bieter gemäß § 12 WpÜG nur in Fällen grober Fahrlässigkeit und Vorsatz für falsche Angaben in der Angebotsunterlagen haftet.[1253] Diese Haftungsbegrenzung ist in den hier in Rede stehenden Fällen entsprechend anzuwenden, so dass auch der Vorstand der Zielgesellschaft für fehlerhafte Angaben in seiner Stellungnahme nur im Falle grober Fahrlässigkeit haftet. Allerdings kommt den Aktionären die Beweislastumkehr des § 280 Abs. 1 S. 2 BGB auch in diesen Fällen zur Hilfe.[1254]

(6) Schaden

Bei der Bemessung des Schadens des Aktionärs sind die verschiedenen Fallkonstellationen zu unterscheiden. Hat der Vorstand den Aktionär aufgrund

---

[1249] Vgl. oben S. 292 ff.

[1250] Vgl. auch § 12 Abs. 3 Nr. 3 WpÜG. Auch in diesen Fällen wird die Kenntnis des Aktionärs von der Korrekturmeldung vermutet.

[1251] Siehe oben 296 f.

[1252] Vgl. auch *Hirte*, in: Kölner Kommentar zum WpÜG, § 27 Rn. 27 m.w.N.

[1253] Vgl. *Schwennicke*, in: *Geibel/Süßmann*, WpÜG, § 27 Rn. 52.

[1254] Vgl. dazu schon oben S. 297. Vgl. auch § 12 Abs. 1, 2 WpÜG, der ebenfalls eine Verschuldensvermutung enthält. Ebenso § 46 Abs. 1 BörsG.

einer Fehldarstellung von Tatsachen dazu verleitet, das Erwerbsangebot anzunehmen, und stellt sich nachträglich heraus, dass der vom Bieter gezahlte Preis unangemessen war, liegt der Schaden in der Differenz zwischen dem Wert der Aktie und der erhaltenen Gegenleistung. Hier zeigt sich, dass es in dieser Konstellation in der Praxis häufig an einem Schaden des Aktionärs fehlen wird. Denn im Regelfall liegt der gebotene Preis nicht unerheblich über dem vor dem Angebot gebildeten Marktpreis. Da der Bieter regelmäßig eine Prämie zahlt, dürfte in Fällen, in denen das Angebot angenommen wird, ein Schaden in der Regel zu verneinen sein, da der gezahlte Preis über dem Wert der Aktie liegen wird.
Ein Schaden des Aktionärs dürfte häufiger im umgekehrten Fall zu verzeichnen sein. Hat der Vorstand, gestützt auf falsche Tatsachen, den Aktionären zur Ablehnung des Angebots geraten, ist diesen ein günstiges Angebot entgangen und die Aktionäre können ihren Schaden in Höhe der Prämie, also der Differenz zwischen Angebotspreis und Marktpreis, ersetzt verlangen. Entsprechendes gilt, wenn der Vorstand keine Stellungnahme abgegeben hat und die Aktionäre aufgrund dessen von erheblichen Tatsachen keine Kenntnis erlangen konnten.

bb. Neutralitätspflicht

Eine weitere Verhaltenspflicht, die dem Vorstand der Zielgesellschaft im Zusammenhang mit einer Übernahme durch das WpÜG auferlegt wurde, ist – wie gesehen –[1255] die Neutralitätspflicht (§ 33 WpÜG). Zweck der Regelung des § 33 WpÜG ist, den Aktionären zu ermöglichen, selbst über die Annahme des Übernahmeangebots zu entscheiden.[1256] Daher darf der Vorstand nicht eigenmächtig über den Erfolg desselben entscheiden.
Schon vor Erlass des § 33 WpÜG wurde im Schrifttum überwiegend vertreten, dass der Vorstand im Falle eines Übernahmeangebots einer Neutralitätspflicht unterliegt. Begründet wurde dies damit, dass der Vorstand die Interessen der Gesellschaft zu wahren hat und diese über die seinigen, beispielsweise das Interesse am Erhalt seiner Position in der Gesellschaft, zu stellen hat. Vereitelt der Vorstand einer Zielgesellschaft pflichtwidrig ein Übernahmeangebot und werden die Aktionäre dadurch um die Möglichkeit gebracht, ihre Aktien günstig zu veräußern, kommt eine Schadensersatzhaftung der Vorstandsmitglieder aufgrund der Grundsätze des Vertrages mit Schutzwirkung für Dritte in Betracht.

Die Aktionäre kommen typischerweise mit dem Verhalten des Vorstands in Berührung. Ausschließlich sie werden durch eine Verletzung des Neutralitätsgebotes geschädigt. Der Schutz der Aktionäre vor Schäden, die durch pflicht-

[1255] Siehe oben S. 211 ff.
[1256] Siehe Gesetzesbegründung S. 57.

widriges Vorstandshandeln verursacht werden, liegt auch im Interesse der Gesellschaft. Denn eine „gute Corporate Governance“ wird vom Kapitalmarkt honoriert und die Finanzierungskosten für die Gesellschaft sinken. Der Aktionärskreis einer Aktiengesellschaft ist auch hinreichend abgrenzbar und für den Vorstand erkennbar. Mithin bestehen an der grundsätzlichen Anwendbarkeit der Grundsätze über den Vertrag mit Schutzwirkung für Dritte in den hier in Rede stehenden Fällen keine Bedenken.
Man kann auch nicht einwenden, § 33 Abs. 1 WpÜG begründe eine übernahmerechtliche Organpflicht des Vorstands, die dieser lediglich der Gesellschaft im Rahmen ordnungsmäßiger Geschäftsführung schulde.[1257] Denn nach dem erklärten Willen des Gesetzgebers dient das Neutralitätsgebot dem Zweck, den Aktionären der Zielgesellschaft als den Adressaten des Übernahmeangebots zu ermöglichen, selbst über die Annahme des Angebots zu entscheiden. Es werden also nicht die Organpflichten des Vorstands gegenüber der Gesellschaft modifiziert,[1258] sondern der Gesetzgeber erkennt vielmehr an, dass der Vorstand auch den Aktionären die Erfüllung von Sorgfaltspflichten schuldet. Die Interessen der Gesellschaft werden von einem Wechsel der Aktionäre nicht berührt. In Rede stehen vorrangig die Interessen der Aktionäre an der Veräußerung ihrer Beteiligung. Die Neutralitätspflicht ist also keine Pflicht gegenüber der Gesellschaft, sondern gegenüber den Aktionären.[1259]

Damit bleibt die Frage zu beantworten, wann der Vorstand sich gegenüber den Aktionären pflichtwidrig verhält. Aufgrund der Regelung des § 33 WpÜG darf der Vorstand nach Veröffentlichung der Entscheidung zur Abgabe eines Angebots grundsätzlich keine Maßnahmen mehr ergreifen, die den Erfolg des Angebots verhindern könnten. Der Gesetzgeber hat jedoch weitreichende Ausnahmen von diesem Grundsatz vorgesehen. So darf der Vorstand der Zielgesellschaft trotz Vorliegens eines Übernahmeangebots Handlungen vornehmen, die auch ein ordentlicher und gewissenhafter Geschäftsleiter einer nicht von einer Übernahme betroffenen Gesellschaft vorgenommen hätte.[1260] Auch ist die Suche nach einem konkurrierenden Angebot zulässig. Darüber hinaus sind Handlungen zulässig, denen der Aufsichtsrat oder die Hauptversammlung der Zielgesellschaft zugestimmt hat. Und schließlich hat der Vorstand die Möglichkeit, eine negative Stellungnahme im Sinne des § 27 WpÜG abzugeben.

[1257] Vgl. *Schwennicke*, a.a.O., § 33 Rn. 88.
[1258] So aber *Schwennicke*, a.a.O. Wohl auch *Steinmeyer/Häger*, WpÜG, § 33 Rn. 46.
[1259] A.A. *Schwennicke*, a.a.O.
[1260] Darunter fallen ausweislich der Gesetzesbegründung nicht nur solche, die der Fortführung des Tagesgeschäfts dienen, sondern auch solche, die der Verfolgung einer bereits eingeschlagenen Unternehmensstrategie dienen. Damit sind auch Maßnahmen mit außergewöhnlichem Charakter zulässig. Vgl. dazu *Winter/Harbarth*, ZIP 2002, 1, 6 ff.

Hält der Vorstand diese Vorsaussetzungen für eine Abwehrmaßnahme allerdings nicht ein, haftet er gegenüber den Aktionären.

Der Vorstand haftet schon für einfache Fahrlässigkeit.[1261] Für eine Begrenzung der Haftung etwa auf grob fahrlässiges Handeln besteht kein Bedürfnis.[1262] Denn nach dem Willen des Gesetzgebers hat der Vorstand das Neutralitätsgebot zu beachten. Ein Ermessen ist ihm nicht eingeräumt.[1263] Zudem spricht gegen eine Beschränkung der Haftung auf grob fahrlässiges Verhalten, dass in Fällen von Übernahmeangeboten durchaus die Gefahr eines Interessenkonflikts zwischen Vorstand und Aktionären bestehen mag.[1264] Denn jener muss im Falle einer erfolgreichen Übernahme ggf. den Verlust seiner Position gegenwärtigen. Dieser besonderen Situation trägt im Übrigen auch das U.S.-amerikanische Recht Rechnung. Danach unterliegen unternehmerische Entscheidungen grundsätzlich der business judgement rule. Der besonderen Situation im Falle feindlicher Übernahmen, d. h. dem möglicherweise bestehenden Interessenkonflikt zwischen Vorstand und Aktionären, trägt das U.S.-amerikanische Recht dadurch Rechnung, dass der Vorstand erst in den Genuss des Schutzes der business judgement rule kommt, wenn er seinerseits nachgewiesen hat, dass er nicht lediglich zum Erhalt seiner eigenen Position tätig wurde und dass seine Entscheidung auf einer ausreichenden Informationsgrundlage beruht.[1265] Zudem hat der Vorstand im deutschen Recht immer die Möglichkeit, seine Handlung vom Aufsichtsrat oder der Hauptversammlung genehmigen zu lassen.

Der ersatzfähige Schaden des Aktionärs liegt in der Differenz zwischen dem Verkehrswert der vom Bieter angebotenen Gegenleistung und dem Verkehrswert der vom annahmewilligen Aktionär gehaltenen Aktien der Ziel-

---

[1261] Die Frage nach dem Verschulden wird etwa bei der Beurteilung relevant, ob eine Handlung objektiv geeignet ist, ein Übernahmeangebot zu verhindern, ob also eine Zustimmung des Aufsichtsrates erforderlich ist, oder etwa ob eine Handlung von § 33 Abs. 1 Satz 2 Fall 1 WpÜG umfasst ist.

[1262] Zu beachten ist, dass in Fällen von Abwehrmaßnahmen, die sich als Umsetzung schlichter Geschäftsentscheidungen darstellen, schon keine Pflichtverletzung seitens des Vorstands vorliegt. Denn dieser darf trotz Vorliegens eines Übernahmeangebots Handlungen vornehmen, die auch ein ordentlicher und gewissenhafter Geschäftsleiter einer nicht von einer Übernahme betroffenen Gesellschaft vorgenommen hätte (§ 33 Abs. 1 Satz 2 WpÜG).

[1263] Dies ist bei Entscheidungen des Aufsichtsrates oder der Hauptversammlung anders.

[1264] Daher kann man gegen eine Haftung schon für einfache Fahrlässigkeit nicht einwenden, dass nach den Grundsätzen des Vertrages mit Schutzwirkung für Dritte die Haftung gegenüber dem Dritten nicht weiterreichen darf, als die gegenüber dem Vertragspartner. Denn im Verhältnis zur Gesellschaft greift die business judgement rule nur in den Fällen, in denen gerade kein Interessenkonflikt besteht. Vgl. dazu oben S. 296 f. sowie *Hopt*, in: Großkommentar zum AktG, § 93 Rn. 83.

[1265] Siehe dazu im einzelnen oben S. 133 ff.

gesellschaft.[1266] Entscheidend für Beurteilung des Wertes ist der Zeitpunkt, in dem der Vertrag zwischen Bieter und Aktionär gemäß den Bedingungen der Angebotsunterlage wirksam geworden wäre.

In der Praxis wird es für den Aktionär problematisch sein, den Nachweis der Kausalität zwischen der pflichtwidrigen Abwehrmaßnahme des Vorstands und seinem Schaden zu führen. Insoweit sind dem Aktionär Beweiserleichterungen in Form des Anscheinsbeweises zuzugestehen. So spricht der erste Anschein dafür, dass eine Handlung, die objektiv geeignet ist, eine Übernahme zu verhindern, auch zumindest mitursächlich dafür war, dass die zur Bedingung gemachte Beteiligungshöhe nicht erreicht wurde. Die Beweislast für die Frage, ob der Aktionär das Angebot auch tatsächlich angenommen hätte, ist dem Beklagten aufzuerlegen.

d. Deutscher Corporate Governance Kodex

Die Fälle einer fehlerhaften Entsprechenserklärung gemäß § 161 AktG sind im Grundsatz ebenso zu behandeln wie die übrigen Fälle fehlerhafter Information der Aktionäre. Auch hier kommt eine Haftung der Vorstandsmitglieder nach den Grundsätzen des Vertrags mit Schutzwirkung für Dritte in Betracht. Denn auch in diesen Fällen handelt es sich um eine Sorgfaltspflichtverletzung des Vorstands,[1267] die nach den oben dargestellten Grundsätzen zu behandeln ist.[1268] Der Vorstand genießt kraft seiner Organstellung und aufgrund seines überlegenen Wissens über die Verhältnisse der Zielgesellschaft das besondere Vertrauen der Aktionäre.[1269] Wie auch in anderen Fällen der Informationserteilung kommen die Aktionäre mit der Leistung des Vorstands, nämlich der Erteilung einer ordnungsgemäßen Entsprechenserklärung gemäß § 161 AktG, typischerweise in Berührung. Regelmäßig werden ausschließlich die Vermögensinteressen der Aktionäre durch eine falsche Entsprechenserklärung berührt. Auch hat die Gesellschaft in den Fällen des § 161 AktG ein Interesse an der Einbeziehung der Aktionäre in den Schutzbereich des mit den Vorstandsmitgliedern geschlossenen Vertrags. Denn die Leistung, die Erklärung des Vorstands, soll bestimmungsgemäß zumindest auch den aktuellen Aktionären der Gesellschaft und nicht ausschließlich dem Kapitalmarkt zugute kommen. Die Interessen der Gesellschaft werden durch die Stellungnahme gar nicht berührt. Die Entsprechenserklärung ist nicht an die Gesellschaft gerichtet. Und schließlich ist für die Vorstandsmitglieder auch erkennbar, dass die Aktionäre in

1266 *Röh*, in: *Haarmann u.a.*, WpÜG, § 33 Rn. 151.
1267 Vgl. auch *Abram*, ZBB 2003, 41, 42.
1268 Ebenfalls für eine Haftung der Vorstandsmitglieder *Abram*, a.a.O. Dagegen *Seibt*, AG 2002, 249, 257; *Seibert*, BB 2002, 581, 584.
1269 *Röh*, in: *Haarmann u.a.*, WpÜG, § 27 Rn. 50.

den Schutzbereich des Vertrags mit der Gesellschaft einbezogen werden sollen. Denn die Informationspflichten bestehen in erster Linie in deren Interesse. Durch unsorgfältige Informationserteilung kommen in erster Linie diese zu Schaden.

aa. Inhalt der Pflicht

Im Zusammenhang mit der Frage der Haftung sind drei verschiedene Konstellationen zu unterscheiden: Einmal ist zumindest theoretisch denkbar, dass der Vorstand entgegen seiner gesetzlichen Verpflichtung aus § 161 AktG keine Entsprechenserklärung abgibt. Daneben ist denkbar, dass der Vorstand sich trotz einer positiven, in die Zukunft gerichteten Entsprechenserklärung nicht an die Kodex-Empfehlungen hält, dies jedoch offen legt. Und schließlich mag man an Fälle denken, in denen der Verstoß gegen die Entsprechenserklärung nicht offen gelegt wird.

Die Nichtabgabe einer Erklärung gemäß § 161 AktG stellt eine Pflichtverletzung seitens des Vorstands dar. Gleiches gilt für den Fall, dass die Erklärung den Aktionären nicht, wie in § 161 Satz 2 AktG vorgesehen, dauerhaft zugänglich gemacht wird. Insoweit kommt in Betracht, dass dem Vorstand die Entlastung verweigert bzw. eine mit Mehrheit beschlossene Entlastung von einem Aktionär mit der Anfechtungsklage angegriffen wird.[1270] Ein darüber hinausgehender Schadensersatzanspruch des einzelnen Aktionärs scheidet jedoch schon Mangels eines Individualschadens aus. Denn der Aktionär wird kaum behaupten können, ihm sei deswegen ein Schaden entstanden, weil er darauf vertraut habe, der Vorstand habe sich an Verhaltensempfehlungen des Kodex gehalten bzw. er werde sich zukünftig daran halten. Die Nichtabgabe der Erklärung kann ein solches Vertrauen nicht hervorrufen.[1271]

Problematischer ist der Fall, dass der Vorstand zwar zunächst eine positive Entsprechenserklärung abgegeben hat, sich dann aber doch nicht an die Empfehlungen hält, dies allerdings offen legt. Verstößt ein Vorstandsmitglied gegen eine im Kodex normierte Verhaltensregel, kommt eine Haftung naturgemäß nur in Betracht, wenn vorher erklärt wurde, man wolle sich an die Empfehlungen des Kodex halten. Wird statt einer solchen positiven Erklärung eine negative Erklärung abgegeben, ist das Vorstandsmitglied an die Kodex-

---

[1270] Vgl. *Ulmer*, ZHR 166 (2002), 150, 165.

[1271] Ob ggf. der Gesellschaft ein Schaden entstanden ist, etwa weil ein Investor wegen der Nichtabgabe der Erklärung abgesprungen ist, und dieser Schaden ersetzt verlangt werden kann, ist nicht Thema dieser Arbeit. Zur Haftung der Verwaltungsmitglieder gegenüber der Gesellschaft vgl. *Berg/Stöcker*, WM 2002, 1569, 1575-1577; *Seibt*, AG 2002, 249, 254 f.; *Lutter*, ZHR 166 (2002), 523, 526 ff.

Regeln nicht gebunden und die Aktionäre können auch nicht darauf vertrauen, dass die Kodex-Regeln eingehalten werden.
Ist eine positive Entsprechenserklärung abgegeben worden, ist weiter zu fragen, ob der bloße Verstoß gegen die Regeln des Kodex schon eine Haftung zu rechtfertigen vermag oder ob auch eine Falschinformation hinzukommen muss. Bei der Beantwortung dieser Frage ist zu berücksichtigen, dass Ziel der Regelung des § 161 AktG n.F. ist, die Aktionäre darüber zu informieren, ob sich das Unternehmen an die Verhaltensstandards des Kodex hält.[1272] Demzufolge ist die in die Zukunft gerichtete Entsprechenserklärung lediglich als unverbindliche Absichtserklärung zu verstehen.[1273] Der Vorstand ist keineswegs zwingend an die Verhaltenspflichten des Kodex gebunden. Der bloße Verstoß gegen die Kodex-Regeln vermag eine Haftung nicht zu begründen. Eine Haftung greift erst dann, wenn der Vorstand nicht über den Verstoß gegen die Regeln des Kodex informiert.[1274] Grund für die Haftung ist also die fehlerhafte Information, nicht der Verstoß gegen die Verhaltenspflichten. Es würde auch wenig Sinn haben, eine Haftung sowohl für den Verstoß gegen die Verhaltenspflicht selbst als auch wegen des Unterlassens der Information der Aktionäre diesbezüglich zu statuieren.[1275] Denn es kann von einem Vorstandsmitglied kaum erwartet werden, die Aktionäre auf evtl. bestehende Ersatzansprüche hinzuweisen. Eine solche Doppelhaftung würde keine weitere Anreizwirkung zu sorgfältigem Verhalten entfalten.
Die Entsprechenserklärung des § 161 AktG n.F. hat im Ergebnis also lediglich den Inhalt, dass der Vorstand die Aktionäre über Abweichungen vom Kodex informieren wird. Sie hat ihrem Sinn und Zweck nach, abweichend vom Wortlaut des § 161 AktG n.F., nicht zum Inhalt, dass den Verhaltensempfehlungen des Kodex Folge geleistet wird.
Denn der in die Zukunft gerichtete Teil der Entsprechenserklärung ist nach dem Willen des Gesetzgebers lediglich als bloße Absichtserklärung zu deuten. Jedoch gilt für den auf die Vergangenheit bezogenen Teil, dass die Erklärung richtig abgeben werden muss.

1272 Begründung der Bundesregierung zum Entwurf eines Gesetzes zur weiteren Reform des Aktien- und Bilanzrechts, zu Transparenz und Publizität (Transparenz- und Publizitätsgesetz), S. 50.
1273 Begründung der Bundesregierung zum Entwurf eines Gesetzes zur weiteren Reform des Aktien- und Bilanzrechts, zu Transparenz und Publizität (Transparenz- und Publizitätsgesetz), S. 52.
1274 Im Ergebnis ebenso *Abram*, ZBB 2003, 41, 56; *Berg/Stöcker*, WM 2002, 1569, 1578.
1275 Zu berücksichtigen ist dabei, dass auch gemäß Nr. 3.10 der Vorstand die Pflicht hat, jährlich im Geschäftsbericht eventuelle Abweichungen von den Empfehlungen des Kodex zu erläutern.

bb.Schaden

Eine Pflichtverletzung kann also lediglich in der fehlerhaften Information der Aktionäre gesehen werden. Der Vorstand muss erklären, ob er den Empfehlungen des Kodex im Berichtsjahr Folge geleistet hat und welche Empfehlungen nicht angewandt wurden.[1276] Ist diese Erklärung fehlerhaft, kommen Schadensersatzansprüche der Aktionäre in Betracht. Dies setzt jedoch voraus, dass den Aktionären in solchen Fällen überhaupt ein (Eigen-) Schaden entstehen kann. Dies ist nicht unproblematisch. Zwar wird allgemein davon ausgegangen, dass die Befolgung der Kodex-Empfehlungen vom Kapitalmarkt mit Wertsteigerungen der Aktien honoriert wird und die Aktionäre somit bei Nicht-Befolgung Schäden in Form von Kursrückgängen zu gegenwärtigen haben.[1277] Ein tatsächliches Problem in diesem Zusammenhang ist, wie der Markt es bewertet, wenn von einzelnen Empfehlungen abgewichen und dies nicht offengelegt wird. So ist fraglich, ob der Markt beispielsweise Abweichungen von Nr. 4.2.1 des Kodex (Zusammensetzung des Vorstands) tatsächlich mit Kursabschlägen bewertet. Zudem mag der Markt auch ohne Offenlegung seitens der Vorstandsmitglieder schon von der Abweichung Kenntnis haben. Abweichungen von 4.2.4 des Kodex (individualisierte Angaben zu den Vorstandsbezügen im Konzernabschluss) erhält der Markt etwa schon mit Veröffentlichung des Abschlusses zur Kenntnis, ohne dass es dazu einer gesonderten Offenlegung bedarf. Im Ergebnis ist also zu prüfen, ob die Informationspflichtverletzung sich auf so erhebliche Informationen bezieht, dass ein durchschnittlicher Anleger sie in seine Entscheidung über den Erwerb der Papiere mit einbezogen hätte. Dabei kann auch berücksichtigt werden, dass der Markt aufgrund häufiger Abweichung nunmehr davon ausgeht, dass sich der Vorstand – entgegen seiner ausdrücklichen Erklärung – nicht mehr an die Verhaltensempfehlungen des Kodex halten wird.

cc. Anspruchsberechtigte

Ein weiteres Problem ist, dass die Kursrückgänge auch bei pflichtgemäßem Verhalten eingetreten wären. Dies kann jedoch nur den Aktionären entgegenhalten werden, welche ihre Aktien bereits vor der Pflichtverletzung bzw. dem Zeitpunkt, in dem die Abweichung von den Verhaltensempfehlungen des Kodex hätte offengelegt werden müssen, erworben haben. Denn diese hätten die Kursverluste auch dann tragen müssen, wenn die Abweichung sofort offengelegt worden wäre. Der Markt hätte auf die Offenlegung sofort mit Kursabschlägen

---

[1276] Abweichend vom Wortlaut dürfte auch bei einer Nichtanwendung einzelner Empfehlungen im vergangenen Berichtsjahr eine Erklärung verlangt werden. Vgl. *Ihrig/Wagner*, BB 2002, 798, 791.

[1277] Vgl. die Hinweise bei *Ulmer*, ZHR 166, 150, 169 Fn. 69.

reagiert, so dass die Aktionäre auch bei sofortigem Verkauf Verluste realisiert hätten. Den Aktionären steht in diesem Fall kein Schadensersatzanspruch zu,[1278] da der Kodex in Verbindung mit der Vorschrift des § 161 AktG lediglich verlangt, dass Abweichungen von den Verhaltensempfehlungen offengelegt werden. Es wird nicht verlangt, dass die Empfehlungen tatsächlich eingehalten werden.
Das Argument, dass der Schaden auch bei pflichtgemäßem Verhalten eingetreten wäre, kann jedoch den Aktionären, die ihre Papiere nach dem Zeitpunkt, in dem die Abweichung von den Kodex-Empfehlungen hätte veröffentlicht werden müssen, erworben haben, nicht entgegengehalten werden. Denn diese hätten die Papiere bei pflichtgemäßer Offenlegung der Abweichung zu einem niedrigeren Preis erwerben können.

Keinen Schadensersatzanspruch können auch die Verkäufer von Aktien geltend machen.[1279] Ihnen kann allenfalls in solchen Fällen ein Schaden entstanden sein, in denen der Vorstand erklärt hat, er werde sich nicht an die Kodex-Empfehlungen halten und der Kurs der Aktie deswegen nachgibt. Hält der Vorstand sich dann doch entgegen seiner Erklärung de facto an die Verhaltensempfehlungen, könnten die ehemaligen Aktionäre behaupten, sie hätten dadurch einen Schaden erlitten, dass sie im Vertrauen auf die Erklärung des Vorstands ihre Aktien verkauft hätten, der Preis der Aktie somit zu niedrig gewesen wäre. Eine solche Haftung würde den Vorstand jedoch dazu zwingen, von den Kodex-Empfehlungen entsprechend seiner Erklärung abzuweichen. Dies wäre zum Schaden der Gesellschaft und kann vom Vorstand somit nicht erwartet werden.

Im Übrigen gelten die im Zusammenhang mit der Informationshaftung gemachten Ausführungen zur Kausalität, zum Verschulden und zur Schadensberechnung sowie den damit zusammenhängenden Beweisproblemen hier entsprechend.[1280]

e. *Weitere Sorgfaltspflichtverletzungen*

Bei der Beurteilung der Frage, ob die vom Vorstand verletzte Pflicht im Interesse der Aktionäre besteht oder ob die Pflicht ausschließlich der Gesellschaft gegenüber als eigenständiger Rechtsperson geschuldet wird, kann – wie oben dargestellt – als Indiz das Kriterium herangezogen werden, wer primär durch die Rechtsverletzung geschädigt wurde. So wird in Fällen des schlichten

[1278] A.A. *Abram*, ZBB 2003, 41, 51. Vgl. auch *Reichert/Weller*, ZRP 2002, 49, 55; *Maier-Reimer/Webering*, WM 2002, 1875, 1859; *Fleischer*, NJW 2002, 2977, 2980; *Baums*, ZHR 166 (2002), 375, 379.
[1279] Anders wohl *Abram*, ZBB 2003, 41, 51.
[1280] Vgl. dazu ausführlich oben S. 292 ff. Vgl. auch *Abram*, ZBB 2003, 41, 48 ff. m.w.N.

Mismanagements in erster Linie die Gesellschaft geschädigt, so dass ausschließlich diese einen Ersatzanspruch geltend machen kann. Gleiches gilt in Fällen, in denen einige Aktionäre – etwa im Wege einer verdeckten Gewinnausschüttung – bevorzugt werden. In solchen Fällen liegt der Schaden primär bei der Gesellschaft, wenn die Auszahlung rechtswidrig war. Daher steht auch ausschließlich dieser ein Anspruch gegen die Verwaltungsmitglieder zu.
Umgekehrt ist im Falle eines rechtswidrigen Ausschlusses aus der Gesellschaft gemäß § 64 AktG (Kaduzierung) unmittelbar der einzelne Aktionär geschädigt. Da die Kaduzierung der Aktien vom Vorstand durchgeführt wird, haftet dieser den geschädigten Aktionären nach den oben dargestellten Grundsätzen auf Schadensersatz.
Problematischer sind die Fälle, in denen der Vorstand rechtswidrige Beschlüsse der Hauptversammlung ausführt und dadurch einzelne Aktionäre geschädigt werden. §§ 117 Abs. 2 S. 3 und 318 Abs. 3 AktG sehen für solche Fälle einen Haftungsausschluss vor. Dieser Haftungsausschluss ist auch in anderen Fällen der Verletzung aktionärsschützender Pflichten analog anzuwenden, wenn ein Beschluss der Hauptversammlung ausgeführt wird.[1281] Dem Vorstand kann in solchen Fällen nicht zugemutet werden, die Rechtmäßigkeit des Beschlusses zu überprüfen. Eine solche Pflicht würde der verbandsinternen Zuständigkeitsordnung zuwiderlaufen. Insoweit wird die persönliche Verantwortlichkeit der Vorstandsmitglieder durch deren Stellung als ausführendes Organ der Hauptversammlung überlagert.[1282] Daran ändert auch die Vorschrift des § 245 Nr. 4 und 5 AktG nichts. Diese regelt lediglich die Anfechtungsbefugnis, nicht jedoch eine Pflicht zur Anfechtung.[1283] Die Schädigung des einzelnen Aktionärs erfolgt in Fällen eines Hauptversammlungsbeschlusses durch die Mehrheit. Der Vorstand darf in den Konflikt zwischen Mehrheit und Minderheit nicht hineingezogen werden. Vielmehr ist der Aktionär auf seine Minderheitenrechte, insbesondere das Recht zur Beschlussanfechtung, zu verweisen.[1284] Diese Lösung entspricht im Übrigen auch der Wertung des § 93 Abs. 4 AktG, wonach der Vorstand auch gegenüber der Gesellschaft nicht haftet, wenn die schädigende Handlung auf einem gesetzmäßigen Beschluss der Hauptversammlung beruht.[1285]

[1281] *Baums*, Gutachten, S. F 235 m.w.N. in Fn. 52. Etwas anderes gilt lediglich dann, wenn der Vorstand den Beschluss pflichtwidrig durch falsche Informationen herbeigeführt hat.

[1282] Vgl. für das Vereinsrecht BGHZ 110, 323, 334 f.

[1283] A.a. *Habersack*, Mitgliedschaft, S. 350.

[1284] Folgt man dieser Lösung nicht, ist sorgfältig die Frage des Verschuldens der Vorstandsmitglieder zu prüfen. Zudem kann dem geschädigten Aktionär der Einwand des Mitverschuldens (§ 254 BGB) entgegengehalten werden, weil er die Anfechtung des rechtswidrigen Beschlusses unterlassen hat.

[1285] Zur Frage der „Gesetzmäßigkeit" eines Beschlusses vgl. *Hüffer*, AktG, § 93 Rn. 25 ff.

§ 9 Haftungsfreistellung und Versicherbarkeit

I. Haftungsfreistellung

Die Anerkennung von direkten Schadensersatzansprüchen erweitert das Haftungsrisiko von Vorstandsmitgliedern nicht unerheblich. Daher soll im Folgenden die Frage, ob das Risiko, dass Vorstandsmitglieder gegenüber ihren Aktionären eine zum Schadensersatz verpflichtende Handlung begehen, im Rahmen einer Directors & Officers Versicherung versicherbar ist, kurz beleuchtet werden. Bevor aber der Frage nach der Versicherbarkeit der hier in Rede stehenden Schäden nachgegangen wird, ist zunächst kurz darzustellen, inwieweit eine Enthaftung des Vorstands möglich ist. Kommt diese nicht in Betracht, bleibt lediglich eine Versicherungslösung. Aber auch wenn eine Haftungsfreistellung seitens der Gesellschaft möglich sein sollte, könnte immerhin das dann von der Gesellschaft zu tragende Risiko an einen Versicherer weitergegeben werden.

1. Rechtslage nach U.S.-amerikanischem Recht

a. Kapitalmarktrechtliche Schadensersatzansprüche

Eine Freistellung der officers und directors von Schadensersatzansprüchen gemäß den Securities Laws durch die Gesellschaft ist nicht möglich.[1286] Die SEC vertritt die Ansicht, dass eine solche Freistellung dem Sinn und Zweck der kapitalmarktrechtlichen Vorschriften widerspricht.[1287] Denn die Haftungsvorschriften der Securities Laws dienen weniger dazu, Schäden der Aktionäre zu ersetzen, als vielmehr dazu, die verantwortlichen Personen von Fehlverhalten abzuschrecken.[1288] Dieser Zweck wird dann nicht mehr erfüllt, wenn die

---

[1286] Vgl. generell zur indemnification in diesen Fällen *Jennings/Marsh/Coffee/Seligman*, Securities Regulation, S. 1394 ff.; *Ratner*, Securities Regulation, S. 42, 87, *Knepper/Bailey*, Liability, § 22-21, S. 308 ff.

[1287] Vgl. SEC Regulation S-K, Items 510, 512, 702. Bestehen Freistellungserklärungen in der Satzung muss die Gesellschaft im Falle der Ausgabe von Aktien im registration statement ausdrücklich darauf hinweisen, dass die SEC die Ansicht vertritt, dass solche Freistellungen dem Sinn und Zweck der Securities Laws widersprechen. Außerdem muss erklärt werden, dass entsprechende Satzungsbestimmungen nicht angewandt werden, solange nicht ein Gericht über deren Wirksamkeit entschieden hat.

[1288] Vgl. *Globus v. Law Research Service, Inc.*, 418 F.2d 1276, 1288 f. (2d Cir. 1969). Diese Entscheidung ist allerdings zur Haftung der Underwriters gemäß § 11 Securities Act ergangen. Das Verbot der Haftungsfreistellung ist in späteren Entscheidungen auf Rule 10b-5 (vgl. z.B. *Asdar Group v. Pillsbury, Madison & Sutro*, 99 F.3d 289, 291 (9th Cir. 1996); *King v. Gibbs*, 876 F.2d 1275, 1282-1283 (7th Cir. 1989)), § 12 Securities Act (vgl. *Baker, Watts &*

Möglichkeit besteht, die Haftung auf die Gesellschaft selbst zu lenken. Zudem wird der Möglichkeit einer Haftungsfreistellung entgegengehalten, dass diese dazu führt, dass letztlich die Aktionäre über ihre Beteiligung an der Gesellschaft den Schaden selbst zu tragen haben, so dass lediglich eine Umverteilung stattfindet.[1289]

b. *Ansprüche wegen Sorgfaltspflichtverletzungen*

Ist die Problematik der Haftungsfreistellung bezüglich Ansprüchen aus den Federal Securities Laws eine Frage des Bundesrechts,[1290] richtet sich die Zulässigkeit von Haftungsfreistellungen im Übrigen nach dem Recht der Einzelstaaten. Danach steht es der Gesellschaft frei, in bestimmten Grenzen die Ansprüche gegen ihre officers und directors zu übernehmen und diese von einer Haftung freizustellen.[1291] Hat der betroffene officer oder director im Rahmen der ihm übertragenen Aufgaben gehandelt, ist eine Haftungsfreistellung zulässig, wenn dieser gutgläubig war und in der Überzeugung gehandelt hat, im besten Interesse der Gesellschaft zu handeln. Eine Haftungsübernahme scheidet allerdings dann aus, wenn der officer oder director einen Vorteil aus seiner Handlung gezogen hat. Daneben besteht für die Gesellschaft die Möglichkeit, durch Satzungsbestimmung die Haftung ihrer directors auch mit Wirkung für die Aktionäre zu begrenzen. Die Regelung des § 102 (b) (7) Delaware General Corporation Law und vergleichbare Regelungen in anderen Staaten[1292] waren die Reaktion der Gesetzgeber auf die Entscheidung in *Smith v. Van Gorkom*. Ein solcher Ausschluss ist allerdings nicht möglich für Fälle, in denen die directors ihre duty of loyalty[1293] verletzt, einen Schaden vorsätzlich herbeigeführt oder durch ihre pflichtwidrige Handlung einen rechtswidrigen Vorteil erlangt haben.[1294]

Co. v. Miles & Stockbridge, 876 F.2d 1101 (4th Cir. 1989)) und § 14 (a) Securities Exchange Act (*Gould v. American-Hawaiian*, 387 F.Supp. 163 (D.Del. 1974)) ausgedehnt worden.

1289 Vgl. *Globus v. Law Research Service, Inc.*, a.a.O.

1290 *Globus, Inc. v. Law Research Service*, 318 F.Supp. 955, 958 (S.D.N.Y. 1970), „Globus II".

1291 Sogenannte permissive indemnification. Ein Anspruch auf indemnification besteht nur, wenn der officer oder director in dem betreffenden Verfahren obsiegt. In diesem Fall hat er einen Anspruch gegen die Gesellschaft auf Übernahme seiner Prozesskosten, die er aufgrund der Amercian Rule trotz seines Obsiegens zu tragen hat. Vgl. § 8.52 M.B.C.A.

1292 Vgl. etwa § 2.02 M.B.C.A.

1293 In *Zirn v. VLI Corp.*, 621 A.2d 773 (Del. 1993) war der Delaware Supreme Court noch der Ansicht, dass auch für Verletzungen der duty of disclosure ein Haftungsausschluss nicht möglich ist. Diese Rechtsprechung wurde dann in *Arnold v. Society for Savings Bancorp, Inc.*, 650 A.2d 1270, 1286 (Del 1994), wieder aufgegeben. Zustimmend *Hamermesh*, 49 Vand.L.Rev., 1087, 1168.

1294 Zu weiteren Ausschlussgründen vgl. § 2.02 (4) M.B.C.A. oder § 102 (b) (7) Delaware General Corporation Law.

2. Rechtslage nach deutschem Recht

Die Frage der Haftungsfreistellung ist eine solche des Innenverhältnisses zwischen Vorstand und Gesellschaft. Das vom Aktionär in Anspruch genommene Vorstandsmitglied könnte seinerseits aufgrund seines Anstellungsvertrages mit der Gesellschaft einen Anspruch gegen diese auf Freistellung von der Verbindlichkeit haben. Gemäß der allgemeinen Regel des § 670 BGB hat der Beauftragte gegen den Auftraggeber einen Aufwendungsersatzanspruch, wenn jener die getätigten Aufwendungen für erforderlich halten durfte. Nach § 257 Satz 1 BGB kann der Auftragnehmer vom Auftraggeber Befreiung von der Verbindlichkeit verlangen. Diese Regelungen sind grundsätzlich auch auf das Verhältnis zwischen Vorstand und Gesellschaft anwendbar.[1295] Allerdings müsste eine solche Haftungsfreistellung mit aktienrechtlichen Grundprinzipien vereinbar sein. Oben wurde gezeigt, dass der Gesellschaft das Handeln ihres Organs in den hier in Rede stehenden Fällen nicht über § 31 BGB oder § 278 BGB zugerechnet werden kann. Nun wäre es widersinnig, statt dessen in diesen Fällen einen Rückgriff der haftenden Vorstandsmitglieder gegen die Gesellschaft zu ermöglichen. Denn die oben dargestellten Erwägungen gegen eine Vergesellschaftung des Eigenschadens der Aktionäre gelten auch hier.[1296]

Gegen die Zulässigkeit einer Haftungsfreistellungsvereinbarung zwischen Vorstand und Gesellschaft in den hier in Rede stehenden Fällen spricht zudem, dass eine solche grundsätzlich nur für den Fall in Betracht kommt, dass das in Anspruch genommene Vorstandsmitglied nicht zugleich seine Pflicht gegenüber der Gesellschaft verletzt hat.[1297] Im Auftragsrecht führt das Verschulden des Beauftragten zwar lediglich dazu, dass der Rückgriffsanspruch gegen den Auftraggeber im Regelfall gemäß § 254 BGB gekürzt wird, jedoch regelt § 93 AktG, dass ein Verschulden des Vorstands gegenüber der Gesellschaft immer eine ungekürzte Ersatzpflicht auslöst. Wird der Handelnde in einem Zwei-Personen-Verhältnis im Interesse eines anderen tätig, ist es erforderlich, Haftung und Risiko auszugleichen. Dieser Risikoaspekt passt jedoch nicht auf das Verhältnis zwischen Vorstand und Gesellschaft. Denn dessen Organstellung dient nicht nur dem Schutz der Interessen der Gesellschaft. Vielmehr hat der Vorstand auch die Interessen anderer, die der Aktionäre, der Arbeitnehmer oder der Gläubiger etwa, zu berücksichtigen. Das Gleichgewicht zwischen sämtlichen Interessen würde gestört, wollte man lediglich das Risiko der Gesellschaft berücksichtigen.[1298] Dies erklärt, warum der Risikogedanke bei der Haftung des Vorstands gegenüber der Gesellschaft gemäß § 93 AktG nicht im Rahmen eines

[1295] *Mertens*, in: Kölner Kommentar, § 84 Rn. 76.
[1296] Siehe oben S. 273 ff.
[1297] *Habersack*, Mitgliedschaft, S. 364 m.w.N.
[1298] *Bastuck*, Enthaftung, S. 84.

Mitverschuldens berücksichtigt wird. Gleiches hat im Falle des Regresses zu gelten. Da der Vorstand im Falle der Schädigung der Aktionäre im Regelfall (auch) eine der Gesellschaft gegenüber bestehende (aktionärsschützende) Pflicht verletzt, scheidet eine Haftungsfreistellung somit auch aus diesem Grunde aus.[1299]

II. Versicherbarkeit

Da eine Enthaftung des Vorstands somit nach deutschen Recht im Regelfall nicht in Betracht kommt, bleibt nur eine Versicherungslösung. In den USA sind D&O-Versicherungen mittlerweile fester Bestandteil der Leistungen, die eine Gesellschaft ihren Leitungsorganen bietet.[1300] Seit 1995 bieten auch deutsche Versicherer D&O-Versicherungen an.[1301] Hier interessiert die Frage, wie eine derartige Versicherung ausgestaltet ist. Wird insbesondere die Haftung der Organmitglieder für Eigenschäden der Aktionäre von der Versicherung umfasst?

Zur Absicherung persönlicher Risiken dienen verschiedene Versicherungen. Für die hier in Rede stehenden Vermögensschäden gibt es grundsätzlich zwei Arten von Versicherungen: einmal die D&O-Versicherung und daneben die „Versicherungsbedingungen für den Vermögensschaden-Rechtsschutz der Aufsichtsräte, Beiräte, Vorstände, Unternehmensleiter und Geschäftsführer" (VRB). Letztere leistet als Rechtsschutzversicherung allerdings nicht Ersatz für den Vermögensschaden selbst, sondern übernimmt nur die Kosten der gerichtlichen Abwehr, so dass die VRB im folgenden außer Betracht bleiben.[1302]

Die in Deutschland angebotenen Allgemeinen D&O-Bedingungen der einzelnen Versicherer weisen erhebliche Unterschiede auf.[1303] Jedoch hat der Gesamtverband der deutschen Versicherungswirtschaft e.V. 1997 „Allgemeine Versicherungsbedingungen für die Vermögensschaden-Haftpflichtversicherung von Aufsichtsräten, Vorständen und Geschäftsführern (AVB-AVG)" herausgegeben. Diese Musterbedingungen werden den folgenden Ausführungen

---

[1299] *Habersack*, Mitgliedschaft, S. 364 m.w.N. Vgl. auch *Baums*, Gutachten, S. F 236.

[1300] Vgl. *Ihlas*, Organhaftung, S. 34.

[1301] *Ihlas*, Organhaftung, S. 58. Die ersten deutschen D&O-Versicherungsbedingungen eines ausländischen Versicherers wurden vom damaligen Bundesaufsichtsamt für das Versicherungswesen im Jahre 1986 genehmigt. Vgl. zur historischen Entwicklung der D&O-Versicherung in Deutschland und zu den Gründen für die Zurückhaltung deutscher Anbieter *Ihlas*, a.a.O., S. 46 ff. sowie *Schneider*, FS Werner, S. 795 ff.; *Mertens*, Organhaftung, S. 155. Vgl. auch *Thümmel/Sparberg*, DB 1995, 1013, 1016 ff.

[1302] Vgl. zum Konkurrenzverhältnis von Rechtsschutz- und Haftpflichtversicherung ausführlich *Ihlas*, Organhaftung., S. 46 ff.

[1303] Vgl. *Ihlas*, Organhaftung, S. 56.

zu Grunde gelegt. Gegenstand des Versicherungsschutzes ist die Haftung des Vorstandsmitglieds wegen einer Pflichtverletzung bei Ausübung seiner unternehmensleitenden Tätigkeit. Von der Versicherung sind also neben den Innenhaftungsansprüchen der Gesellschaft auch Außenhaftungsansprüche Dritter, also insbesondere Ansprüche von Aktionären, grundsätzlich erfasst.[1304] In den Erläuterungen zur AVB-AVG wird jedoch empfohlen, Ansprüche von Groß- oder Mehrheitsaktionären wegen der Kollusionsgefahr vom Versicherungsschutz auszunehmen.[1305] Einige Versicherungsbedingungen sehen vor, dass Ansprüche aus den §§ 309, 310, 317 und 318 AktG vom Versicherungsschutz ausgeschlossen sind.[1306] Ein solcher Ausschluss ist in den AVB-AVG nicht vorgesehen. Einige D&O-Versicherungsbedingungen sehen weiterhin einen Ausschluss des Versicherungsschutzes für Schäden vor, die im Zusammenhang mit Unternehmensübernahmen entstehen. Daher fragen die D&O-Versicherer regelmäßig im Antragsformular nach bevorstehenden Übernahmen oder Fusionen.[1307] Welche Schäden vom Versicherungsschutz ausgenommen sind, ist nicht einheitlich geregelt. Teilweise werden Schäden aufgrund einer fehlerhaften Bewertung bei Übernahmen ausgenommen.[1308] Teilweise werden aber auch Schäden ausgenommen, die im Zusammenhang mit der Abwehr oder Unterstützung feindlicher Übernahmebemühungen stehen.[1309] Derartige Einschränkungen finden sich in den AVB-AVG nicht.
Eine Haftung wegen vorsätzlicher Schadenszufügung ist schon nach allgemeinen Regeln vom Versicherungsschutz nicht umfasst (§ 152 VVG). Zudem ist regelmäßig ein Selbstbehalt vorgesehen (Ziff. 4.3 AVB-AVG), den das Vorstandsmitglied zu tragen hat.[1310] Bei richtiger Wahl der Höhe des Selbstbehalts besteht nicht die Gefahr, dass die verhaltenssteuernde Funktion der Haftung konterkariert wird.[1311]

Oben wurde gezeigt, dass eine Haftungsfreistellung der Vorstandsmitglieder durch die Gesellschaft in den hier diskutierten Fällen meist nicht in Betracht kommt. Dies legt die Frage nahe, ob denn die Gesellschaft die Prämien für die zu versichernden Vorstandsmitglieder zahlen darf. Zu berücksichtigen ist auch, dass gemäß § 93 Abs. 4 Satz 3 AktG die Gesellschaft erst drei Jahre nach Anspruchsentstehung auf Ersatzansprüche gegen den Vorstand durch Hauptversammlungsbeschluss verzichten kann. Die Zahlung der

---

[1304] Vgl. auch Abschnitt 1.5 der Erläuterungen zur AVB-AVG.
[1305] Abschnitt 1.5. Vgl. zur dieser sogenannten „major shareholder exclusion" *Ihlas*, Organhaftung, S. 250 ff.
[1306] *Ihlas*, Organhaftung, S. 297
[1307] Vgl. *Ihlas*, Organhaftung, S. 293.
[1308] *Ihlas*, Organhaftung, S. 293.
[1309] *Thümmel*, Persönliche Haftung, S. 153.
[1310] Der DCGK empfiehlt in Ziff. 3.8 ebenfalls einen derartigen Selbstbehalt.
[1311] *Baums*, Gutachten, S. F 237.

Versicherungsprämie durch die Gesellschaft ist jedoch weder eine Haftungsfreistellung noch ein Anspruchsverzicht und daher zulässig.[1312] Im Übrigen dient eine Versicherung den Gläubiger- und Gesellschafterinteressen. Die Versicherungsprämie ist so gering, dass eine Gläubiger- bzw. Gesellschaftergefährdung nicht zu befürchten ist. Die Versicherungssummen übersteigen allerdings das Privatvermögen der Vorstandsmitglieder in der Regel um ein Vielfaches.[1313]

[1312] *Mertens*, in: Kölner Kommentar, § 84 Rn. 83 (herrschende Meinung), a.A. nur *Habetha*, Direktorenhaftung, S. 183 f. Die Übernahme der Versicherungsprämie durch die Gesellschaft ist in den USA gleichfalls möglich und üblich. Vgl. *Knepper/Bailey*, Liability, § 22-21 (S. 311). Zur D&O Versicherung in den USA vgl. auch *Solomon/Schwatz/Bauman/Weiss*, Corporations, S. 744 ff.
[1313] *Ihlas*, Organhaftung, S. 61.

§ 10 Zusammenführung und wesentliche Ergebnisse

Die Untersuchung des deutschen Rechts hat bestätigt, dass auch hier eine Reihe von Fallgestaltungen denkbar ist, in denen Vorstandsmitglieder aufgrund ihrer Stellung in der Gesellschaft den Aktionären unmittelbar einen Schaden zufügen können. Der Schutz der Aktionäre wird jedoch bisher regelmäßig nicht durch direkte Haftungsansprüche gegen die Vorstandsmitglieder, sondern allenfalls durch Ansprüche gegen die Gesellschaft selbst gewährleistet. Ausnahmen bilden deliktsrechtliche Ansprüche für spezielle Fallgestaltungen.

I. Haftungsvorschriften zum Schutz der Aktionäre

Die erste große Fallgruppe, die es zu untersuchen galt, war die der kapitalmarktrechtlichen Publizität. Während das U.S.-amerikanische Recht hier auch die Vorstandsmitglieder Haftungsansprüchen aussetzt,[1314] sieht das deutsche Recht, von deliktsrechtlichen Ansprüchen abgesehen, lediglich Ansprüche geschädigter Anleger gegen die Gesellschaft vor. Im Falle eines fehlerhaften Prospekts etwa kann grundsätzlich nur die Gesellschaft auf Schadensersatz in Anspruch genommen werden. Eine Haftung der Organmitglieder persönlich kommt allenfalls dann in Betracht, wenn diese ein persönliches Interesse an der Ausgabe des fehlerhaften Prospekts haben. Die bloße Stellung als Mitglied des Vorstands reicht für eine Haftung jedenfalls nicht.[1315]

Spielen Haftungsvorschriften in Gestalt der Prospekthaftung[1316] für den Schutz der Anleger am Primärmarkt auch im deutschen Recht eine große Rolle, gilt dies für deren Schutz am Sekundärmarkt nicht mehr. Zwar sieht auch das deutsche Recht eine umfassende Publizität in Gestalt der Rechnungslegung, der Zwischenberichte und Ad-hoc-Mitteilungen vor, jedoch wird deren Richtigkeit grundsätzlich nicht durch Bedrohung mit Haftung gewährleistet. Vielmehr stehen dort straf- bzw. ordnungswidrigkeitenrechtliche Instrumentarien und verwaltungsrechtliche Vorkehrungen im Vordergrund.[1317] Etwas anderes gilt jetzt für die Ad-hoc-Publizität. §§ 37 b und c WpHG, die durch das Vierte Finanzmarktförderungsgesetz eingefügt wurden,[1318] sehen eine Haftung der Gesellschaft für fehlerhafte Ad-hoc-Mitteilungen vor.[1319]

[1314] Dazu oben S. 54 f. und 96. Zusammenfassend S. 137 f.

[1315] Dazu oben S. 148 f.

[1316] Dazu oben S. 147 ff.

[1317] Dazu oben S. 160 ff.

[1318] Das 4. Finanzmarktförderungsgesetz ist unabhängig von den sehr viel weitergehenden Vorschlägen der Regierungskommission Corporate Governance entstanden. Zwar war das zuständige Bundesministerium der Finanzen über die Beratungen der Kommission informiert,

Auch für Fälle der Verletzung der mitgliedschaftlichen Stellung der Aktionäre wird allenfalls ein Schadensersatzanspruch gegen die Gesellschaft selbst in Erwägung gezogen. Verletzt der Vorstand etwa das aktienrechtliche Auskunftsrecht des Aktionärs, kommt nach herrschender Lehre ein Anspruch auf Schadensersatz wegen eines mit dem Schaden der Gesellschaft nicht identischen Eigenschadens nur gegen die Gesellschaft selbst in Betracht.[1320] Gleiches wird für die Verletzung des Bezugsrechts angenommen.[1321] Höchst streitig ist auch die Schutzgesetzqualität der §§ 27, 33 WpÜG, so dass in Übernahmesituationen ein Anspruch der Aktionäre unmittelbar gegen die Vorstandsmitglieder wegen Verstoßes gegen die Pflicht zur Neutralität bzw. wegen falscher Informationen in der Stellungnahme gemäß § 27 WpÜG aus § 823 Abs. 2 BGB in Verbindung mit § 27 bzw. § 33 WpÜG wohl nicht in Betracht kommt.[1322]

II. Zusammenfassung der wesentlichen Ergebnisse

1. § 823 BGB und Treuepflichten

In der Literatur sind für die Aktiengesellschaft bereits zwei Vorschläge[1323] für eine umfassende Direkthaftung von Vorstandsmitgliedern den Aktionären gegenüber unterbreitet worden. Einmal wird eine Haftung der Verwaltungsmitglieder wegen eines Eingriffs in die Mitgliedschaft gemäß § 823 Abs. 1 BGB angenommen. Die Mitgliedschaft ist subjektives und sonstiges Recht im Sinne dieser Vorschrift. Damit ist der Deliktsschutz im Prinzip eröffnet. Allerdings sind unter dem Gesichtspunkt der sozialtypischen Offenkundigkeit Einschränkungen vorzunehmen. Somit wird nicht jede Verletzung mitgliedschaftlicher Rechte auch von § 823 Abs. 1 BGB umfasst. Im Ergebnis fällt nur der Zugriff auf das Recht selbst und damit der Entzug der Mitgliedschaft unter diese Vorschrift.[1324]

Umfassenderen Schutz vermag ein anderer in Literatur unterbreiteter Vorschlag zu bieten. Danach obliegen – wie auch im U.S.-amerikanischen Recht – den Vorstandsmitgliedern Treuepflichten unmittelbar gegenüber den Aktionären.

---

jedoch war der Referentenentwurf des 4. Finanzmarktförderungsgesetzes bereits erstellt, als der Bericht der Regierungskommission abgeliefert wurde.

1319 Dazu oben S. 192 ff.

1320 Dazu oben S. 236.

1321 Dazu oben S. 230 ff.

1322 Dazu oben S. 215 und 219 f.

1323 Nach ganz herrschender Meinung kommt eine Haftung der Vorstandsmitglieder weder nach mitgliedschaftlichen Grundsätzen in Betracht noch ist § 93 AktG als Schutzgesetz im Sinne des § 823 Abs. 2 BGB anerkannt. Vgl. *Baums*, Gutachten, S. F 232 m.w.N.

1324 Dazu oben S. 253 ff.

Werden diese verletzt, können die Aktionäre ihren Eigenschaden unmittelbar gegenüber den Vorstandsmitgliedern geltend machen. Nun sind derartige Treuepflichten im deutschen Recht bisher nicht allgemein anerkannt. An einem dem U.S.-amerikanischen Trust-Modell vergleichbaren Vorbild fehlt es. Im Übrigen mag sich ein Rückgriff auf das konturenlose Institut der Treuepflichten erübrigen, wenn bereits nach allgemeinen vertraglichen Grundsätzen eine Haftung der Vorstandsmitglieder in Betracht kommt.[1325]

2. *Vertrag mit Schutzwirkung zugunsten der Aktionäre*

Der Rückgriff auf vertragliche Grundsätze ist dem soeben angesprochenen deliktrechtlichen Ansatz schon deswegen vorzuziehen, weil das Deliktsrecht regelmäßig an die Eröffnung einer Gefahrenquelle anknüpft.[1326] Bei den hier zu diskutierenden Fällen geht es jedoch nicht um die Eröffnung von Gefahrenquellen, sondern Anknüpfungspunkt der Vorstandshaftung ist ein gesteigerter sozialer Kontakt im Rahmen der Beziehung zwischen Aktionär und Vorstand. Aus einem gesteigerten sozialen Kontakt resultierende Pflichten sind typischerweise vertraglicher Natur.

a. Voraussetzungen

Nun bestehen zwischen Aktionär und einzelnem Vorstandsmitglied unmittelbare vertragliche Beziehungen nicht. Allerdings räumt das Institut des Vertrags mit Schutzwirkung zugunsten Dritter den geschädigten Aktionären vertragliche Ersatzansprüche gegen die Vorstandsmitglieder ein. Grundlage der Schutzpflichten ist das zwischen Gesellschaft und Vorstand bestehende Organschaftsverhältnis. Grundsätzlich sind die Voraussetzungen des Vertrags mit Schutzwirkung für Dritte im Verhältnis Gesellschaft-Vorstand-Aktionär erfüllt.[1327] Der Aktionär kommt in den hier in Rede stehenden Fällen typischerweise mit der Leistung der Vorstandsmitglieder in Berührung. Nur er kann durch eine Schlechtleistung geschädigt werden. Die Gesellschaft hat auch ein Interesse an der Einbeziehung der Aktionäre in den Schutzbereich des Organschaftsverhältnisses, denn die Leistung des Vorstands soll in den hier in Rede stehenden Fällen bestimmungsgemäß den Aktionären zugute kommen. Schließlich ist für den Vorstand auch erkennbar, dass die verletzten Pflichten im Interesse der Aktionäre bestehen. Der Kreis der Aktionäre ist auch hinreichend abgrenzbar. Die Aktionäre sind zudem schutzbedürftig. Denn regelmäßig kann das pflichtwidrige Verhalten der Vorstandsmitglieder der Gesellschaft unter dem

[1325] Dazu oben S. 261 f.
[1326] Dazu oben S. 260 f.
[1327] Dazu oben S. 263 ff.

Gesichtspunkt der Vergesellschaftung des Eigenschadens nicht zugerechnet werden. Somit steht den Aktionären kein Anspruch gegen die Gesellschaft wegen Verletzung des Mitgliedschaftsverhältnisses zu.[1328] Stehen den Aktionären ausnahmsweise spezialgesetzliche Anspruchsgrundlagen zur Seite – etwa im Falle der Haftung für fehlerhafte Ad-hoc-Mitteilungen – vermögen diese die Schutzbedürftigkeit der Aktionäre nicht auszuschließen, denn sie beruhen auf anderen Voraussetzungen.

Sind die Voraussetzungen des Vertrags mit Schutzwirkung zugunsten Dritter damit im Grundsatz erfüllt, gilt es, die Pflichten zu bestimmen, welche den Vorstandsmitgliedern im Interesse der Aktionäre auferlegt werden. Dabei kommt dem Eigenschaden des Aktionärs eine Indizwirkung zu. Wird der Aktionär durch ein pflichtwidriges Verhalten des Vorstands in seinem Vermögen geschädigt, ohne dass dieser Schaden über das Gesellschaftsvermögen vermittelt wird, besteht die verletzte Pflicht regelmäßig im Interesse der Aktionäre.

b. Pflicht zur sorgfaltigen Information der Aktionäre

1. Eine erste Fallgruppe ist die der fehlerhaften Information der Aktionäre.[1329] Die Gesellschaft erfüllt ihre Informationspflichten durch den Vorstand. Dieser hat daher die Pflicht zur sorgfältigen Information. Diese Pflicht besteht im Interesse der Aktionäre, da lediglich diese auf richtige Informationen angewiesen sind und nur diese – und nicht etwa die Gesellschaft selbst – aufgrund fehlerhafter Informationen einen Schaden erleiden können. Deutlich wird dies in Fällen, in denen der Vorstand „seine" Aktionäre berät und ihnen ein bestimmtes Verhalten empfiehlt. Fordert der Vorstand einer geschlossenen Gesellschaft die Aktionäre etwa im Rahmen einer Kapitalerhöhung zur Übernahme einer weiteren Stammeinlage auf, ist er aufgrund seiner Organstellung verpflichtet, die Aktionäre ordnungsgemäß zu beraten und zu informieren.[1330] Gleiches gilt etwa für den Fall, in dem der Vorstand zu einem nicht öffentlichen Übernahmeangebot Stellung nimmt. Das Vertrauen der Aktionäre in das überlegene Wissen des Vorstands ist rechtlich schützenswert.
Auch in den Fällen, in denen die Hauptversammlung einen Beschluss zu fassen hat, trifft den Vorstand eine Pflicht zur sorgfältigen Information. Ein Schadensersatzanspruch einzelner Aktionäre dürfte in diesen Fällen allerdings zumeist daran scheitern, dass ein Individualschaden nicht feststellbar ist oder zumindest andere Rechtsbehelfe vorrangig geltend zu machen sind (§ 254 BGB).[1331]

[1328] Dazu oben S. 268 ff.
[1329] Dazu oben S. 277 ff.
[1330] Dazu oben S. 278 f.
[1331] Dazu oben S. 280 f.

Wird der Aktionäre jedoch aufgrund falscher Informationen am Markt tätig, erwirbt er Anteile hinzu oder veräußert er seine Beteiligung, kommt ein Schadensersatzanspruch gegen die Vorstandsmitglieder in Betracht.[1332] Rechtsgrundlage ist wiederum das Organschaftsverhältnis, dass insoweit Schutzwirkung zugunsten der Aktionäre entfaltet, als die Pflicht in Rede steht, richtige Informationen zu veröffentlichen. Der Vorstand verletzt seine Pflicht zur sorgfältigen Information, wenn er in den gesetzlich vorgesehenen Publikationen, wie Konzernabschluss, Zwischenbericht oder Ad-hoc-Mitteilungen, falsche Tatsachen veröffentlicht. Diese an den Kapitalmarkt gerichteten Publikationen dienen nicht nur der Information der potentiellen Anleger, sondern auch der Information der aktuellen Aktionäre. Aber auch wenn der Vorstand freiwillig Informationen herausgibt, muss er sicherstellen, dass diese richtig sind. Dies gilt ebenso für mündlich erteilte Informationen.
Eine solche Haftung wegen falscher Auskünfte gemäß den Grundsätzen des Vertrags mit Schutzwirkung für Dritte ist dem deutschen Recht keineswegs fremd. So erachtet die Rechtsprechung auch in Fällen der sogenannten „Berufshaftung" das Vertrauen eines Dritten auf die Richtigkeit einer Auskunft durch einen Berufsträger, mit dem er keinen Vertrag abgeschlossen hat, häufig als schützenswert.[1333]

2. Allerdings ist der Vorstand außerhalb der gesetzlich vorgesehenen Publizitätspflichten grundsätzlich nicht verpflichtet, Informationen zu veröffentlichen. Der Vorstand haftet den Aktionären selbst dann nicht, wenn er es unterlässt, für die Aktionäre wesentliche Informationen herauszugeben. Denn eine solche Haftung setzt nach allgemeinen Grundsätzen eine Rechtspflicht zum Handeln voraus. Eine allgemeine Rechtspflicht des Inhalts, dass der Vorstand verpflichtet ist, die Aktionäre mit allen für sie wesentlichen Informationen zu versorgen, besteht nicht. Denn insoweit mögen schützenswerte Geheimhaltungsinteressen der Gesellschaft bestehen. Daher bleibt die Entscheidung, welche Informationen zu veröffentlichen sind, dem Gesetzgeber vorbehalten.[1334] Werden jedoch Informationen herausgegeben, müssen diese vollständig und richtig sein.

3. Anspruchsberechtigt sind lediglich die aktuellen Aktionäre. Nur zu deren Schutz werden dem Vorstand Organpflichten auferlegt. Im Zusammenhang mit Informationspflichtverletzungen können also lediglich solche Personen einen Schadensersatzanspruch wegen der Verletzung der Pflicht zur sorgfältigen Informationserteilung geltend machen, die im Zeitpunkt der Pflichtverletzung Aktionäre der Gesellschaft sind und weitere Aktien hinzuerwerben oder ihre

[1332] Dazu oben S. 281 ff.
[1333] Dazu oben S. 278 f.
[1334] Siehe oben S. 284 f.

Beteiligung veräußern. Potentielle Aktionäre, Anleger also, die aufgrund der Fehlinformation erstmalig eine Beteiligung an der Gesellschaft erwerben, können keinen Schadensersatzanspruch geltend machen. Denn eine Pflicht zur richtigen Information des Kapitalmarktes lässt sich aus der Organstellung des Vorstands nicht herleiten.[1335]
Anspruchsberechtigt sind zudem nur die Aktionäre, die am Markt tätig geworden sind, die also aufgrund der fehlerhaften Information ihre Aktien ge- oder verkauft haben. Nicht anspruchsbefugt sind solche Aktionäre, die nicht am Markt tätig geworden sind. Grund dafür ist, dass ihnen auch bei pflichtgemäßem Handeln des Vorstands ein Schaden in Form von Kursverlusten bzw. entgangenem Gewinn entstanden wäre.[1336]

4. Nun führt nicht jede fehlerhafte Information sofort zu einer Haftung der Vorstandsmitglieder. Eine erste Begrenzung ist durch die Beschränkung auf falsche, wesentliche Tatsachen vorzunehmen.[1337] Zunächst haften die Vorstandsmitglieder also nur für falsche Tatsachenbehauptungen. Reine Werturteile werden – anders als Prognosen hinsichtlich unternehmensspezifischer Ereignisse – von der Pflicht zur sorgfältigen Informationserteilung nicht erfasst. Außerdem muss die falsche Tatsache wesentlich sein. Dies bedeutet, dass ein durchschnittlicher Investor diese Tatsache bei seiner Entscheidung über den Kauf bzw. Verkauf der Aktie berücksichtigt hätte.

5. Eine weitere Begrenzung der Haftung ist beim Verschuldensmaßstab vorzunehmen. Gehaftet wird erst für grobe Fahrlässigkeit.[1338] Denn nach den Grundsätzen des Vertrages mit Schutzwirkung für Dritte kann die Haftung gegenüber dem Dritten nicht weiter reichen, als die Haftung gegenüber dem Vertragspartner. Macht die Gesellschaft Ansprüche gegen den Vorstand geltend, kommt dieser in den Genuss des Schutzes der business judgement rule, wenn kein Interessenkonflikt gegeben ist. Da auch in den hier in Rede stehenden Fällen der Vorstand regelmäßig kein unmittelbares eigenes Interesse an der Entscheidung der Aktionäre haben wird, ist auch die Haftung gegenüber den Aktionären auf Fälle grob fahrlässigen Verhaltens zu beschränken.

6. Hinsichtlich des Nachweises der Kausalität ist dem geschädigten Aktionär eine Beweiserleichterung in Form des Anscheinsbeweises zuzubilligen.[1339]

[1335] Siehe oben S. 285 f.
[1336] Siehe oben S. 287 f.
[1337] Siehe oben S. 290 f.
[1338] Siehe oben S. 296 f.
[1339] Siehe oben S. 292 ff.

7. Der Schaden des Aktionärs liegt im Falle des Kaufs der Aktie in der Differenz zwischen dem gezahlten Preis und dem tatsächlichen Wert im Zeitpunkt des Kaufs, im Falle des Verkaufs in der Differenz zwischen dem erzielten Preis und dem tatsächlichen Wert.[1340]

c. Rechtswidriger Bezugsrechtsausschluss

1. Missbraucht der Vorstand pflichtwidrig die ihm von der Hauptversammlung erteilte Ermächtigung zum Ausschluss des Bezugsrechts der Altaktionäre, können diese ihren Schaden nach den Grundsätzen des Vertrags mit Schutzwirkung für Dritte direkt von den Vorstandsmitgliedern ersetzt verlangen. Dies gilt sowohl für den aufgrund der Verletzung der Teilhabebefugnisse entstandenen Schaden als auch für den Verwässerungsschaden.[1341]

2. Im Rahmen des Verschuldens ist dem Vorstand allerdings ein Ermessensspielraum nach dem Vorbild der business judgement rule zuzugestehen.[1342]

3. Der Schaden der Altaktionäre besteht im Falle der Verletzung der Teilhabebefugnisse in der Differenz zwischen den Aufwendungen, die bei Ausübung des Bezugsrechts entstanden wären, und den Kosten einer anderweitigen Beschaffung der Aktien, etwa über die Börse.[1343] Im Falle der Verwässerung besteht der Schaden in der Wertminderung des Anteils der Altaktionäre.

d. Übernahmesituationen

aa. Pflicht zur Stellungnahme

1. Der Vorstand haftet unmittelbar gegenüber den Aktionären auch für falsche Angaben über wesentliche Tatsachen im Rahmen seiner Stellungnahme gemäß § 27 WpÜG. Anders als in den Fällen der kapitalmarktrechtlichen Publizität haftet er auch, wenn er es unterlässt, überhaupt eine Stellungnahme abzugeben.[1344]

2. Anspruchsberechtigt sind sowohl die Aktionäre, die aufgrund einer fehlerhaften positiven Stellungnahme ihre Aktien eingetauscht haben, als auch solche,

[1340] Zur Schadensberechnung vgl. oben S. 298 f.
[1341] Dazu oben S. 299 f.
[1342] Dazu oben S. 304 f.
[1343] Dazu oben S. 305.
[1344] Dazu oben S. 305 ff.

die aufgrund einer fehlerhaften negativen Stellungnahme das Angebot nicht angenommen haben.[1345]

3. Hinsichtlich des Nachweises der Kausalität kommt dem geschädigten Aktionär eine Beweiserleichterung in Form des Anscheinsbeweises zugute.[1346]

4. Die Vorstandsmitglieder haften wie auch in den übrigen Fällen der Falschinformation nur für grob fahrlässiges Verhalten.[1347]

5. Der Schaden des Aktionärs bemisst sich nach der Differenz zwischen dem Wert der Aktie und der erhaltenen Gegenleistung.[1348]

bb.Neutralitätspflicht

1. Auch für den Fall, dass der Vorstand einer Zielgesellschaft pflichtwidrig ein Übernahmeangebot vereitelt und die Aktionäre dadurch um die Möglichkeit gebracht werden, ihre Aktien günstig zu veräußern, kommt eine Haftung der Vorstandsmitglieder nach den Grundsätzen des Vertrags mit Schutzwirkung für Dritte in Betracht.[1349]

2. Hier haftet der Vorstand schon bei einfacher Fahrlässigkeit. Zu beachten ist jedoch, dass Handlungen, die auch ein ordentlicher und gewissenhafter Geschäftsleiter einer nicht von einer Übernahme betroffenen Gesellschaft vorgenommen hätte, gemäß § 33 Abs. 1 Satz 2 WpÜG schon nicht pflichtwidrig sind. Hinsichtlich des Nachweises der Kausalität kommt den Aktionären wiederum eine Beweiserleichterung in Form des Anscheinsbeweises zugute.[1350]

e. Deutscher Corporate Governance Kodex

1. Gibt der Vorstand pflichtwidrig eine fehlerhafte Entsprechenserklärung gemäß § 161 AktG ab, kommt gleichfalls eine unmittelbare Haftung gegenüber den Aktionären nach den Grundsätzen des Vertrags mit Schutzwirkung für Dritte in Betracht. Eine solche Haftung greift jedoch nur, wenn der Vorstand fälschlich erklärt, er habe sich an die Empfehlungen des Kodex gehalten.[1351]

[1345] Dazu oben S. 310.
[1346] Dazu oben S. 310 f.
[1347] Dazu oben S. 311.
[1348] Dazu oben S. 311 f.
[1349] Dazu oben S. 312 ff.
[1350] Dazu oben S. 315.
[1351] Dazu oben S. 316 f.

2. Anspruchberechtigt sind nur solche Aktionäre, die ihre Aktien nach dem Zeitpunkt erworben haben, in dem die Abweichung von den Kodexempfehlungen hätte offengelegt werden müssen.[1352] Die Schadensfeststellung richtet sich danach, wie der Markt die Abweichung von den jeweiligen Empfehlungen bewertet.[1353]

f. Sonstige Sorgfaltspflichtverletzungen

1. Bei der Beurteilung der Frage, ob die vom Vorstand verletzte Pflicht im Interesse der Aktionäre besteht oder ausschließlich der Gesellschaft gegenüber, ist als Indiz das Kriterium des Eigenschadens heranzuziehen. Wird durch die Pflichtverletzung in erster Linie der Aktionär geschädigt, besteht die verletzte Pflicht auch regelmäßig in dessen Interesse.[1354]

2. Wird der Vorstand aufgrund von Beschlüssen der Hauptversammlung tätig, kommt regelmäßig eine Haftung desselben nicht in Betracht. Hier gelten die Ausschlusstatbestände der §§ 117 Abs. 2 Satz 3 und 318 Abs. 3 AktG entsprechend.[1355]

3. Haftungsfreistellung und Versicherbarkeit

1. Eine Haftungsfreistellung des Vorstands durch die Gesellschaft ist nach deutschem Recht unzulässig.[1356] Denn im Falle der unmittelbaren Schädigung der Aktionäre wird der Vorstand regelmäßig auch eine der Gesellschaft gegenüber bestehende aktionärsschützende Pflicht verletzt haben. Dies entspricht im Ergebnis der Rechtslage im U.S.-amerikanischen Kapitalmarkrecht.[1357] Dort vertritt die SEC die Ansicht, dass eine solche Freistellung dem Sinn und Zweck der Haftungsvorschriften widerspricht. Für auf das Recht der Einzelstaaten gestützte gesellschaftsrechtliche Ansprüche gilt jedoch anderes.[1358] Hier besteht für die Gesellschaften die Möglichkeit, durch Satzungsbestimmung die Haftung der directors auch mit Wirkung gegenüber den Aktionären zu begrenzen.

2. Gegen eine Versicherung der Vorstandsmitglieder im Rahmen einer D&O-Versicherung bestehen dagegen keine Bedenken. In den USA ist eine solche

[1352] Dazu oben S. 318 f.
[1353] Dazu oben S. 318.
[1354] Dazu oben S. 319 f.
[1355] Dazu oben S. 320.
[1356] Dazu oben S. 323 f.
[1357] Dazu oben S. 321 f.
[1358] Dazu oben S. 322.

fester Bestandteil der Leistungen, die eine Gesellschaft ihren directors bietet. Ansprüche geschädigter Aktionäre dürften regelmäßig auch bereits von den vom Gesamtverband der deutschen Versicherungswirtschaft e.V. herausgegebenen Musterbedingungen für eine Vermögensschadens-Haftpflichtversicherung für Vorstände (AVB-AVG) umfasst sein.[1359] Nach den allgemeinen Grundsätzen der Versicherung ausgenommen sind allerdings Ansprüche wegen einer vorsätzlichen Schadenszufügung (§ 152 VVG). Die Versicherungsprämie kann von der Gesellschaft übernommen werden.

[1359] Dazu oben S. 324 f.

3. Teil:
Schluss

§ 11 Zusammenfassung und Ausblick

I.

1. Ausgangspunkt dieser Arbeit war der Befund, dass Ansprüche der Aktionäre unmittelbar gegenüber den Vorstandsmitgliedern im deutschen Recht bisher keine wesentliche Rolle spielen. Unmittelbare Pflichten der Verwaltung gegenüber dem einzelnen Aktionär, die im Wege der Haftungsklage durchsetzbar wären, bestehen nach herrschender Meinung – abgesehen von Spezialvorschriften – nicht. Anders sieht dies das U.S.-amerikanische Recht. „If a director ... acts in a way which injures the economic interest of a shareholder, he or she may become directly liable to that shareholder."[1360] Die nähere Analyse des deutschen Rechts hat allerdings ergeben, dass auch dort eine Reihe von Fallgestaltungen denkbar ist, in denen Vorstandsmitglieder aufgrund ihrer Stellung in der Gesellschaft Aktionäre unmittelbar schädigen können.

2. Eine wichtige Begrenzung des Themas ergab sich durch die Beschränkung auf Eigenschäden der Aktionäre. Zunächst einmal muss dem Aktionär überhaupt ein nachweisbarer Schaden entstanden sein. Zudem muss es sich dabei um einen Eigenschaden handeln und nicht um einen Schaden, der reflexartig durch die Schädigung des Gesellschaftsvermögens vermittelt wird.

II.

1. Eine erste wichtige Fallgruppe, die es zu untersuchen galt, war die der Falschinformation des Kapitalmarktes. Hier zeigen sich im deutschen Recht erhebliche Schutzlücken. So stehen dem Anleger dann keine Schadensersatzansprüche zu, wenn falsche Angaben außerhalb eines Prospekts veröffentlicht werden. Gleiches gilt für den Fall mündlicher Falschinformationen. Dagegen stehen Anlegern in den U.S.A. in diesen Fällen Ansprüche aus § 12 Securities Act sowie Rule 10b-5 zur Seite. Noch größere Schutzlücken zeigen sich gar am Sekundärmarkt. Im Falle fehlerhafter mündlicher Angaben kommt regelmäßig ein Schadensersatzanspruch geschädigter Anleger ebenso wenig in Betracht wie im Falle schriftlicher Fehlinformationen. Dies gilt unabhängig davon, ob diese

1360 *Hamilton*, Nutshell, S. 379.

Informationen in den gesetzlich vorgeschriebenen Informationsmedien oder auf freiwilliger Basis veröffentlicht werden. Eine Ausnahme gilt aufgrund der §§ 37 b und c WpHG lediglich für fehlerhafte Ad-hoc-Mitteilungen. Das U.S.-amerikanische Recht schützt die Anleger in diesen Fällen gemäß Rule 10b-5 bzw. § 18 Securities Exchange Act. Außerdem gewährt das U.S.-amerikanische Recht in all diesen Fällen nicht nur Ansprüche gegen die Gesellschaft, sondern auch Ansprüche gegen die Vorstandsmitglieder persönlich.
In den Fällen der fehlerhaften Kapitalmarktinformation wird im deutschen Recht teilweise versucht, mit den Grundsätzen der allgemeinen zivilrechtlichen Prospekthaftung zu helfen. Diese greift in vielen Fällen jedoch schon deshalb nicht, weil keine typische Vertriebs- oder Werbesituation vorliegt. Außerdem können mündliche Fehlinformationen auf diese Weise nicht erfasst werden. Ansprüche gegen Vorstandsmitglieder kommen aufgrund dieser Anspruchsgrundlage ebenfalls nicht in Betracht. Der teilweise unternommene Rückgriff auf § 823 Abs. 2 BGB scheitert an der fehlenden Schutzgesetzeigenschaft der meisten verletzten Normen.

2. Aber auch in Fällen außerhalb kapitalmarktrechtlicher Informationspflichtverletzungen stellt sich die Frage, wie die Aktionäre angemessen vor pflichtwidrigem Vorstandshandeln geschützt werden. In Rede stehen hier Fälle wie etwa fehlerhafte Auskünfte gemäß § 131 AktG, irreführende Stellungnahmen im Zusammenhang mit Übernahmeangeboten (§ 27 WpÜG) oder falsche Entsprechenserklärungen gemäß § 161 AktG. Es geht aber auch um Fälle des rechtswidrigen Bezugsrechtsausschlusses bei genehmigtem Kapital oder der pflichtwidrigen Abwehr eines Übernahmeangebotes (§ 33 WpÜG). Den hier teilweise unternommenen Versuchen des Rückgriffs auf die Grundsätze der allgemeinen zivilrechtlichen Prospekthaftung bzw. auf § 823 Abs. 2 BGB stehen wiederum die soeben geschilderten Bedenken gegenüber. Im Übrigen hängt eine auf § 823 Abs. 2 BGB gestützte Lösung immer von der Zufälligkeit ab, ob der Gesetzgeber die verletzte Pflicht ausdrücklich normiert hat.
Das U.S.-amerikanische Recht greift in diesen Fällen auf kapitalmarktrechtliche Spezialvorschriften aber auch auf das allgemeine gesellschaftsrechtliche Institut der Treuepflichten zurück. Letzteres umfasst neben den hier nicht weiter interessierenden Loyalitätspflichten nicht nur Sorgfaltspflichten, sondern auch Offenlegungspflichten (duty of disclosure). So muss der Vorstand nicht nur im Falle der Abwehr eines Übernahmeversuchs die Interessen der Aktionäre angemessen berücksichtigen. Er muss auch in Fällen, in denen er den Aktionären eine Frage zur Entscheidung vorlegt oder zu einer Stellungnahme verpflichtet ist, alle wesentlichen Informationen offen legen. Verletzt er diese Pflichten, kommen auf die Treuepflicht gestützte Schadensersatzansprüche geschädigter Aktionäre in Betracht.

3. Das deutsche Recht versucht de lege lata teilweise, solche Fälle der Eigenschäden mittels einer Regresslösung zu behandeln. Den Aktionären wird ein Schadensersatzanspruch gegen die Gesellschaft eingeräumt, wobei diese dann ihrerseits Regress bei den Vorstandsmitgliedern nehmen kann. Diesen Weg hat der Gesetzgeber etwa bei der Schaffung von Schadensersatzansprüchen wegen fehlerhafter Ad-hoc-Mitteilungen gewählt. Aber auch in Fällen des rechtswidrigen Bezugsrechtsausschlusses beim genehmigten Kapital oder einer Verletzung des aktienrechtlichen Auskunftsanspruchs (§ 131 AktG) wird eine solche Regresslösung vertreten. Andererseits finden sich Sondertatbestände, wie die §§ 117 Abs. 2, 318 AktG oder §§ 25, 125, 176 ff. UmwG, die geschädigten Aktionären im Falle von Eigenschäden einen direkten Ersatzanspruch gegen die Vorstandsmitglieder gewähren. Die Regresslösung wird der ambivalenten Stellung des Vorstands als Organ der Gesellschaft einerseits und als „Treuhänder“ der Aktionäre andererseits nicht gerecht. Zudem hat sie vor dem Hintergrund des Ziels der Vorstandshaftung, nämlich Anreize zu sorgfältigem Handeln zu setzen, wenig Sinn. Schließlich geht auch die Regresslösung davon aus, dass letztlich die Vorstandsmitglieder selbst den Schaden zu ersetzen haben, so dass nicht ersichtlich ist, warum der „Umweg“ über die Gesellschaft gewählt wird.
Im Zusammenhang mit der geplanten Einführung einer Haftung wegen Falschinformation des Kapitalmarktes stellt sich daher de lege ferenda die Frage, ob nicht eine „zweispurige“ Lösung nach dem Vorbild des U.S.-amerikanischen Rechts gewählt werden sollte. Dort haften Gesellschaft und Vorstandsmitglieder regelmäßig als Gesamtschuldner. Dadurch werden die Vorteile der Regresslösung und der Direkthaftung der Vorstandsmitglieder verbunden. Die Gesellschaft wird in vielen Fällen eher in der Lage sein, hohe Schadensersatzsummen aufzubringen, auch wenn sich dieses Bild durch die Einbindung einer Versicherung verschieben mag. Der Vorteil einer ergänzenden direkten Organaußenhaftung ist ihre nicht unbeträchtliche Präventivwirkung. Zudem hat eine solche Haftung den Vorteil, dass den geschädigten Anleger im Falle der Insolvenz der Gesellschaft die Schadensersatzleistung der Vorstandsmitglieder direkt zugute kommt.

III.

1. Die Analyse des deutschen Rechts hat ergeben, dass auch dort Verhaltenspflichten bestehen, die dem Vorstand vorrangig im Interesse der Aktionäre auferlegt sind und bei deren Verletzung diesen ein eigener Schadensersatzanspruch gegen die Vorstandsmitglieder zusteht. Rechtsgrundlage dieser Pflichten ist das Organschaftsverhältnis zwischen Vorstand und Gesellschaft, das insoweit Schutzwirkung zugunsten der Aktionäre entfaltet. Die Vorstands-

mitglieder sind damit nicht nur der Gesellschaft, sondern in bestimmten Fällen auch den Mitgliedern gegenüber zur Treue und Sorgfalt verpflichtet. Bei der Beurteilung der Frage, ob die vom Vorstand verletzte Pflicht vorrangig im Interesse der Aktionäre besteht oder ausschließlich der Gesellschaft gegenüber, ist als Indiz das Kriterium des Eigenschadens heranzuziehen. Wird durch die Pflichtverletzung in erster Linie der Aktionär geschädigt, besteht die verletzte Pflicht regelmäßig auch vorrangig in dessen Interesse. Im Ergebnis bedeutet die hier vorgestellte Haftung eine Ausweitung der Vermögensschutzpflichten des Vorstand zugunsten der einzelnen Aktionäre.

2. Verletzen die Vorstandsmitglieder eine im Interesse der Aktionäre bestehende organschaftliche Pflicht, steht diesen ein Schadensersatzanspruch ausschließlich gegen die Organmitglieder zu. Ein Anspruch gegen die Gesellschaft selbst kommt de lege lata nicht in Betracht. Denn dieser kann das Verhalten der Vorstandsmitglieder in diesen Fällen nicht zugerechnet werden, da andernfalls der Eigenschaden der Mitglieder „vergesellschaftet“ würde. Ansprüche aufgrund von Sondervorschriften (§§ 37 b und c WpHG) bleiben davon allerdings unberührt.

IV.

1. Eine erste große Fallgruppe, in der die Sorgfaltspflichten der Vorstandsmitglieder unmittelbar den Aktionären gegenüber zum Tragen kommen, ist die der Informationserteilung. Insoweit haben die Organmitglieder die Pflicht, bei Erteilung von Informationen über die Gesellschaft sorgfältig zu handeln. Dies gilt unabhängig davon, wo und auf welche Weise die fehlerhafte Information erteilt wurde. So haften die Vorstandsmitglieder für falsche Tatsachenbehauptungen in den gesetzlich vorgesehenen Informationsmedien (Prospekt, Jahresabschluss, Zwischenbericht, Ad-hoc-Mitteilungen) ebenso wie für falsche Angaben, die im Rahmen einer freiwilligen Information der Aktionäre oder gar mündlich gemacht werden. Gleiches gilt für falsche Angaben im Zusammenhang mit einem Auskunftsverlangen eines Aktionärs (§ 131 AktG) oder einer Stellungnahme gemäß § 27 WpÜG sowie für eine fehlerhafte Entsprechenserklärung gemäß § 161 AktG.
Eine Haftung wegen Unterlassens kommt allerdings grundsätzlich nur dann in Betracht, wenn die Vorstandsmitglieder eine ihnen unmittelbar obliegende, ausdrücklich normierte Offenlegungspflicht verletzt haben (vgl. etwa die Pflicht zur Stellungnahme gemäß § 27 WpÜG). In solchen – wohl eher theoretischen – Fällen mag der Vorstand auch für ein Unterlassen haftbar gemacht werden. Im Übrigen kann der Vorstand für bloßes Schweigen nicht verantwortlich gemacht werden. Insbesondere hat der Vorstand keine allgemeine Pflicht, alle für die

Aktionäre wesentlichen Informationen aktiv offen zu legen. Dem Vorstand können grundsätzlich keine über die gesetzlichen Publizitätspflichten hinausgehenden Offenlegungspflichten auferlegt werden, da insoweit ein schützenswertes Interesse der Gesellschaft an der Geheimhaltung der Informationen bestehen mag. Gibt der Vorstand allerdings Informationen heraus, müssen diese in jedem Fall vollständig und richtig sein.
Eine Pflicht des Vorstands zum Tätigwerden besteht – außerhalb der gesetzlich geregelten Stellungnahme- und Berichtspflichten – in dem Fall, in dem Informationen im guten Glauben an deren Richtigkeit herausgegeben wurden und sich später herausstellt, dass diese falsch waren. Eine solche „Pflicht zur Korrektur" besteht auch in dem Fall, in dem Informationen im Zeitpunkt der Bekanntgabe richtig waren und erst durch nachfolgende Ereignisse unrichtig werden. Schließlich besteht eine aktive Offenlegungspflicht des Vorstands ausnahmsweise in solchen Fällen, in denen dieser ein unmittelbares eigenes Interesse an der Entscheidung der Aktionäre hat (etwa im Falle eines Management Buy-out).

2. Mit dem Konzept der Organpflichten zugunsten der Aktionäre lassen sich die oben dargestellten Schutzlücken des deutschen Rechts jedoch nur teilweise schließen. Denn anspruchsberechtigt sind nur aktuelle Aktionäre, also nur solche Personen, die entweder ihre Beteiligung aufgrund der Falschinformation erweitert, mithin Aktien hinzuerworben haben, oder Personen, die ihre Anteile veräußert haben. Nicht anspruchsberechtigt sind potentielle Aktionäre, also solche Personen, die sich aufgrund der Falschinformation erstmalig an der Gesellschaft beteiligen. Denn wie auch im U.S.-amerikanischen Recht bestehen Organpflichten lediglich zugunsten der aktuellen Aktionäre. Sie entfalten keine Schutzwirkung zugunsten potentieller Aktionäre. Damit werden bloße Anleger, die die Hauptgruppe der Geschädigten in solchen Fällen darstellen dürfte, von dem hier vorgestellten Konzept nicht erfasst, so dass auf kapitalmarktrechtliche Schutzvorschriften de lege ferenda nicht zu verzichten ist.

3. Die Anerkennung einer schadensersatzbewehrten Pflicht der Vorstandsmitglieder zur sorgfältigen Informationserteilung sollte niemanden schrecken. Die Voraussetzungen eines auf die Verletzung dieser Pflicht gestützten eigenen Schadensersatzanspruchs der Aktionäre sind eng zu fassen. Eine erste Begrenzung der Vorstandshaftung ergibt sich aus der Beschränkung auf wesentliche Tatsachen. Die Tatsache muss also von einem durchschnittlichen Aktionär bei seiner Entscheidungsfindung regelmäßig zu berücksichtigen sein. Die Vorstandsmitglieder haften zudem nicht schon für jede fehlerhafte Information. Werturteile und Meinungsäußerungen fallen nicht unter den Begriff der Tatsache. Etwas anderes gilt für Prognosen hinsichtlich

unternehmensspezifischer Ereignisse. Jene müssen durch Tatsachen ausreichend gestützt und kaufmännisch vertretbar sein.

4. Eine weitere Begrenzung der Vorstandshaftung ergibt sich aus der Anspruchsbefugnis. Grundsätzlich sind nur solche Aktionäre anspruchsbefugt, die am Markt tätig wurden. Haben Aktionäre Aktien weder ge- noch verkauft, wäre ihnen selbst bei pflichtgemäßem Handeln des Vorstands ein Schaden entstanden. Schäden, die auf Drittursachen beruhen, werden von der Pflicht zur sorgfältigen Information nicht erfasst und sind somit nicht zurechenbar.
Eine Ausnahme vom Erfordernis des Tätigwerdens am Markt gilt für Fälle des aktienrechtlichen Auskunftsanspruchs (§ 131 AktG) bzw. sonstiger Berichtspflichten. Hier können die Aktionäre ihren Anspruch, auch ohne am Markt tätig geworden zu sein, geltend machen. Häufig werden sie allerdings in diesen Fällen keinen Eigenschaden nachweisen können, zumal Anfechtungsklagen regelmäßig vorrangig zu erheben sind (§ 254 BGB).
Wird gegen die Pflicht zur Stellungnahme gemäß § 27 WpÜG verstoßen, sind sowohl die Aktionäre, welche ihre Aktien eingetauscht haben, anspruchsbefugt als auch solche, die aufgrund einer fehlerhaften negativen Stellungnahme das Übernahmeangebot nicht angenommen haben.

5. In Fällen der Informationspflichtverletzung ist die Haftung der Vorstandsmitglieder auf grob fahrlässiges Handeln begrenzt. Denn nach den Grundsätzen des Vertrages mit Schutzwirkung für Dritte kann die Haftung gegenüber dem Dritten grundsätzlich nicht weiter reichen als die Haftung gegenüber dem Vertragspartner selbst. Im Falle der Verletzung von gegenüber der Gesellschaft bestehenden Pflichten kommt der Vorstand in den Genuss des Schutzes durch die business judgement rule, wenn Eigeninteressen nicht betroffen sind. Auch in den hier in Rede stehenden Fällen hat der Vorstand regelmäßig kein unmittelbares eigenes Interesse an der Entscheidung der Aktionäre. Allerdings stehen hier keine Geschäftsführungsmaßnahmen in Rede, so dass die business judgement rule nicht unmittelbar anwendbar ist. Der Verschuldensmaßstab der business judgement rule entspricht jedoch dem der groben Fahrlässigkeit, so dass dieser Maßstab hier anzuwenden ist. Dies steht im Übrigen im Einklang mit anderen gesellschafts- bzw. kapitalmarktrechtlichen Normen, die eine Falschinformation zum Gegenstand haben (vgl. §§ 37 b und c WpHG, § 12 WpÜG). Auch nach U.S.-amerikanischem Recht haften die directors in solchen Fällen nicht schon für einfache Fahrlässigkeit.

6. Ein praktisch wichtiger Problembereich – zumindest bei fehlerhaften Informationen gegenüber dem Kapitalmarkt – ist der der Kausalität. Das U.S.-amerikanische Recht hat hier in Form der fraud on the market theory eine Beweislastumkehr zugunsten der geschädigten Aktionäre eingeführt. Auch im

deutschen Recht ist den Aktionären eine Beweiserleichterung in Form des Anscheinsbeweises zuzubilligen.

7. Der Schaden des Aktionärs liegt regelmäßig in der Differenz zwischen Gegenleistung und wahrem Wert des Papiers. In Fällen der Verletzung des aktienrechtlichen Auskunftsanspruchs oder sonstiger Berichtspflichten – mit Ausnahme der des § 27 WpÜG – dürfte zumeist kein Eigenschaden der Aktionäre nachweisbar sein.

V.

1. Missbraucht der Vorstand pflichtwidrig die ihm von der Hauptversammlung erteilte Ermächtigung zum Ausschluss des Bezugsrechts der Altaktionäre oder gibt er die jungen Aktien zu einem unangemessen niedrigen Ausgabepreis aus, können die Aktionäre den ihnen dadurch entstehenden Schaden vom Vorstand ersetzt verlangen. Dem Vorstand ist allerdings ein Ermessensspielraum nach dem Vorbild der business judgement rule einzuräumen. Der Schaden der Altaktionäre besteht für den Fall der Verletzung der Teilhabebefugnisse in der Differenz zwischen dem Preis, der bei Ausübung des Bezugsrechts zu zahlen gewesen wäre, und den Kosten einer anderweitigen Beschaffung der Aktie, für den Fall der Verwässerung in dem Betrag, um den sich der Anteilswert vermindert hat.

2. In Übernahmesituationen haftet der Vorstand nicht nur für fehlerhafte Stellungnahmen gemäß § 27 WpÜG. Eine unmittelbare Haftung den Aktionären gegenüber kommt auch in Betracht, wenn der Vorstand pflichtwidrig (§ 33 WpÜG) ein Übernahmeangebot vereitelt. Im letzteren Fall haftet der Vorstand schon für einfache Fahrlässigkeit. Zu beachten ist jedoch, dass Handlungen, die auch ein ordentlicher und gewissenhafter Geschäftsleiter einer nicht von einer Übernahme betroffenen Gesellschaft vorgenommen hätte, gemäß § 33 Abs. 1 Satz 2 WpÜG schon nicht pflichtwidrig sind.

3. Wird der Vorstand aufgrund eines Beschlusses der Hauptversammlung tätig, kommt eine Haftung desselben regelmäßig nicht in Betracht. Hier gelten die Ausschlusstatbestände der §§ 117 Abs. 2 Satz 3 und 318 Abs. 3 AktG entsprechend.

VI.

1. Eine Freistellung der Vorstandsmitglieder von den Ansprüchen der Aktionäre wegen Eigenschäden durch die Gesellschaft ist nicht möglich. Denn jene haben in diesen Fällen regelmäßig auch eine der Gesellschaft gegenüber bestehende Pflicht verletzt. Im Ergebnis das Gleiche gilt im U.S.-amerikanischen Recht für kapitalmarktrechtliche Schadensersatzansprüche.

2. Eine Versicherung gegen solche Ansprüche ist jedoch möglich. In vielen Fällen dürften die hier in Rede stehenden Ansprüche schon von den bestehenden D&O-Versicherungspolicen gedeckt sein. Eine Haftung wegen vorsätzlicher Schadenszufügung ist allerdings nach den allgemeinen Grundsätzen der Versicherung ausgenommen (§ 152 VVG). Auch in den USA werden regelmäßig Versicherungen gegen solche Ansprüche abgeschlossen. Allerdings sollte ein Selbstbehalt vereinbart werden, um die Anreizfunktion der Haftung zu erhalten. Bedenken hinsichtlich der Übernahme der Versicherungsprämie durch die Gesellschaft bestehen nicht.

VII.

1. Die Darstellung des deutschen Rechts hat gezeigt, dass in Bezug auf die irreführende Information des Kapitalmarktes noch erhebliche Schutzlücken hinsichtlich des Schutzes potentieller Anleger verbleiben. Diese können auch nicht mit Hilfe allgemeiner Rechtsgrundsätze, wie etwa des Vertrages mit Schutzwirkung für Dritte, geschlossen werden. Hier sollte vielmehr der Gesetzgeber tätig werden. Ein erster Ansatz ist die Einführung einer Haftung der Gesellschaft für fehlerhafte Ad-hoc-Mitteilungen (§§ 37 b und c WpHG). Diese ist jedoch in Teilen zu weit und in anderen Teilen zu eng geraten. Insbesondere ist fraglich, ob es erforderlich ist, die Haftung auf Fälle des Unterlassens der Veröffentlichung jeglicher im Sinne des § 15 WpHG erheblicher Informationen auszudehnen. Eine solche weite Fassung des Tatbestandes lässt eine Klageflut befürchten. Auch im U.S.-amerikanischen Recht findet sich ein solch weitreichender Haftungstatbestand, der alle entscheidungserheblichen Tatsachen betrifft, nicht. Dort sind die Tatsachen, die ad-hoc zu veröffentlichen sind, in § 13 a (1) Securities Exchange Act, Rule 13a-11 und Form 8-k (current report) ausdrücklich genannt. Werden die dort genannten wesentlichen Tatsachen nicht rechtzeitig publiziert, kommt eine Schadensersatzhaftung der Gesellschaft sowie der Verwaltungsmitglieder in Betracht. Zwar finden sich in den verschiedenen Börsenregularien noch wesentlich weitergehende Ad-hoc-Publizitätspflichten, jedoch können diese nicht zur Grundlage von Schadensersatzansprüchen gemacht werden.

Zu eng ist die Haftung gemäß §§ 37 b und c WpHG, weil sie sich auf fehlerhafte Ad-hoc-Mitteilungen beschränkt. Zumindest sollte eine Haftung wegen falscher Information des Kapitalmarktes auf die sonstigen gesetzlichen Offenlegungspflichten ausgedehnt werden. Aber auch damit wird kaum auszukommen sein, wie die Fälle des U.S.-amerikanischen Rechts zeigen. Dort werden von der Generalklausel der Rule 10b-5 jegliche Mitteilungen an den Kapitalmarkt erfasst, unabhängig davon, ob es sich um Pflichtmitteilungen, Berichte, Pressemitteilungen o.ä. handelt. Mündliche Äußerungen unterfallen dem Anwendungsbereich von Rule 10b-5 gleichfalls. Auch hinsichtlich der Haftungsverpflichteten gehen die §§ 37 b und c WpHG nicht weit genug. Danach kann nur die Gesellschaft unmittelbar von den geschädigten Anlegern in Anspruch genommen werden. Rule 10b-5 sieht dagegen vor, dass auch die Verwaltungsmitglieder persönlich haftbar gemacht werden können.

2. Die Regierungskommission Corporate Governance hat bereits eine der Rule 10b-5 ähnliche Generalklausel für das deutsche Recht zur Diskussion gestellt.[1361] Auch der 64. Deutsche Juristentag hat die Notwendigkeit, die Haftung für Falschinformation des Sekundärmarktes neu zu regeln, hervorgehoben.[1362] Zudem hat die Bundesregierung Maßnahmen zur Verbesserung des Anlegerschutzes angekündigt.[1363] Die Analyse des U.S.-amerikanischen Rechts hat einige Problemfelder aufgezeigt, die sich im Zusammenhang mit der Einführung einer Haftung für fehlerhafte Kapitalmarktinformationen stellen und einer Regelung bedürfen. Im Übrigen sei auf die inzwischen umfangreiche Literatur zu diesem Thema verwiesen.[1364]

[1361] *Baums* (Hrsg.), Bericht, Rn. 181 ff.

[1362] Beschlüsse des 64. DJT, 2002, Abteilung Wirtschaftsrecht, 1. Block sub d), e), g).

[1363] 10-Punkte Plan zum Anlegerschutz, Bundesministerium der Justiz und Bundesministerium der Finanzen, Pressemitteilung Nr. 10/03 vom 25.2.2003.

[1364] Vgl. zuletzt *Baums*, ZHR 167 (2003), 139 ff. mit weiteren Nachweisen.

Literaturverzeichnis

American Law Institute, Principles of Corporate Governance: Analysis and Recommendations, 1994

Abeltshauser, Thomas E., Leitungshaftung im Kapitalgesellschafsrecht, 1998

Abram, Nils, Ansprüche von Anlegern wegen Verstoßes gegen § 161 AktG oder den Deutschen Corporate Governance Kodex – ein Literaturbericht, ZBB 2003, 41 ff.

Adler, H./Düring, W./Schmaltz, K., Rechnungslegung und Prüfung der Unternehmen. Kommentar zum HGB, AktG, GmbHG, PublG nach den Vorschriften des Bilanzrichtlinien-Gesetzes, 6. Auflage, 1995 ff.

Aranow, Edward Ross/Einhorn, Herbert A., Proxy Regulation: Suggested Improvements, 28 Geo.Wash.L.Rev. 306 ff. (1959).

Assmann, Heinz-Dieter, Prospekthaftung, 1985

ders., Die Haftung für die Richtigkeit und Vollständigkeit der Angebotsunterlage nach § 12 WpÜG, AG 2002, 153 ff.

ders., Der Inhalt des Schadensersatzanspruchs fehlerhaft informierter Kapitalanleger, in: Festschrift für Hermann Lange, 1992

ders., Das neue deutsche Insiderrecht, ZGR 1994, 494 ff.

ders., Insiderrecht und Kreditwirtschaft, WM 1996, 1337 ff

ders., Das künftige deutsche Insiderrecht (I), AG 1994, 196 ff.

ders., Die Befreiung von der Pflicht zur Veröffentlichung eines Börsenzulassungsprospekts nach § 45 Nr. 1 BörsZulVO und die Prospekthaftung: Eine Lücke im Anlegerschutz?, AG 1996, 508 ff.

Assmann, Heinz-Dieter/Schütze, Rolf A. (Hrsg.), Handbuch des Kapitalanlagerechts, 2. Auflage, 1997

Assmann, Heinz-Dieter/Bozenhardt, Friedrich, Übernahmeangebote als Regelungsproblem zwischen gesellschaftsrechtlichen Normen und zivilrechtlich begründeten Verhaltensgeboten, in: *Assmann, u.a.*, Übernahmeangebote, 1990

Assmann, Heinz-Dieter/Schneider, Uwe H., Wertpapierhandelsgesetz: Kommentar, 2. Auflage, 1999

Aubel, Thomas van, Vorstandspflichten bei Übernahmeangeboten, 1996

Baetge, Jörg (Hrsg.), Insiderrecht und Ad-hoc-Publizität - Was bedeuten die neuen Regelungen für Unternehmenspublizität und Finanzanalyse?, 1995

Ballerstedt, Kurt, Kapital, Gewinn und Ausschüttung bei Kapitalgesellschaften, 1949

Balotti, Franklin R./Finkelstein, Jesse A., The Delaware Law of Corporations and Business Organizations, 2. Auflage, 1997

Balotti, Franklin R./Hanks, James J., Rejudging the Business Judgement Rule, 48 Bus.Law. 1337 ff. (1993)
Bar, Christian v., Empfehlen sich gesetzgeberische Maßnahmen zur rechtlichen Bewältigung der Haftung für Masseschäden?, Gutachten A zum 62. Deutschen Juristentag, 1998
Basedow, Jürgen (Hrsg.), Die Bündelung gleichgerichteter Interessen im Prozeß: Verbandsklage und Gruppenklage, 1999
Bastuck, Burkhard, Enthaftung des Managements, 1986
Baumbach, Adolf/Hopt, Klaus J., Handelsgesetzbuch, 29. Auflage, 1995
Baums, Theodor, Der Geschäftsleitervertrag, 1987
ders., Empfiehlt sich die Neuregelung des aktienrechtlichen Anfechtungs- und Organhaftungsrechts, insbesondere der Klagemöglichkeiten von Aktionären?, Gutachten F zum 63. Deutschen Juristentag, 2000
ders., Haftung wegen Falschinformation des Sekundärmarktes, ZHR 167 (2003), 139 ff.
ders., Changing Patterns of Corporate Disclosure in Continental Europe: the Example of Germany, Giurisprudenza Commerciale 2003, 53 ff.
ders. (Hrsg.), Bericht der Regierungskommission Corporate Governance, 2001
ders., Anlegerschutz und Neuer Markt, ZHR 166 (2002), 375 ff.
ders., Notwendigkeit und Grundzüge einer gesetzlichen Übernahmeregelung, in: Rosen, Rüdiger von/Seifert, Werner G. (Hrsg.), Die Übernahme börsennotierter Unternehmen, 1999, S. 165 ff.
ders., Ersatz von Reflexschäden in der Kapitalgesellschaft, ZGR 1987, 554 ff.
Bayer, Walter, Kapitalerhöhung mit Bezugsrechtsausschluß und Vermögensschutz der Aktionäre nach § 255 Abs. 2 AktG, ZHR 163 (1999), 505 ff.
Becker, Dietrich, Verhaltenspflichten des Vorstands der Zielgesellschaft bei feindlichen Übernahmen, ZHR 165 (2001), 280 ff.
Becker, Michael, Verwaltungskontrolle durch Gesellschafterrechte, 1997
Beck'scher Bilanz-Kommentar, 4. Auflage, 1999
Benner-Heinacher, Jella, Kollidiert die Auskunftspflicht des Vorstands mit dem Insider-Gesetz?, DB 1995, 765
Berg, Stefan/Stöcker, Mathias, Anwendungs- und Haftungsfragen zum Deutschen Corporate Governance Kodex, WM 2002, 1569 ff.
Beuthien, Volker, Genossenschaftsgesetz, Kommentar, 13. Auflage, 2000
ders., Art und Grenzen der aktienrechtlichen Haftung herrschender Unternehmen für Leitungsmißbrauch, DB 1969, 1781 ff.
Binge, Christoph, Gesellschafterklagen gegen Maßnahmen der Geschäftsführer in der GmbH, 1994
Block, Dennis J./Barton, Nancy E./Radin, Stephen A., The Business Judgement Rule – Fiduciary Duties of Corporate Directors, 5. Auflage, 1998

Brandes, Helmut, Ersatz von Gesellschafts- und Gesellschafterschaden, in: Festschrift für Hans-Joachim Fleck, 1988, S, 13 ff.
Braun, Franz/Rotter, Klaus, Können Ad-hoc-Mitteilungen Schadensersatzansprüche im Sinne der allgemeinen zivilrechtlichen Prospekthaftung auslösen?, BKR 2003, 918 ff.
Brondics, Klaus, Die Aktionärsklage, 1988
Brown, J. Robert, The Regulation of Corporate Disclosure, 2. Auflage, 1995
Buddenbrock, Andreas von, Abwehrstrategien gegen feindliche Übernahmen, in: Rosen, Rüdiger von/Seifert, Werner G. (Hrsg.), Die Übernahme börsennotierter Unternehmen, 1999, S. 277 ff.
Bungert, Hartwin, Vorstandsbericht bei Bezugsrechtsausschluss bei Genehmigtem Kapital – Siemens/Nold in der Praxis, BB 2001, 742 ff.
Burgard, Ulrich, Ad hoc-Publizität bei gestreckten Sachverhalten und mehrstufigen Entscheidungsprozessen, ZHR 162 (1998), 51 ff.
Buxbaum, Richard M., Die private Klage als Mittel zur Durchsetzung wirtschaftspolitischer Rechtsnormen, 1972

Caemmerer, Ernst von, Verträge zugunsten Dritter, in: Festschrift für Franz Wieacker, 1978, S. 311 ff.
Cahn, Andreas, Ansprüche und Klagemöglichkeiten der Aktionäre wegen Pflichtverletzungen der Verwaltung beim genehmigten Kapital, ZHR 164 (2000), 113 ff.
ders., Pflichten des Vorstands beim genehmigten Kapital mit Bezugsrechtsausschluß, ZHR 163 (1999), 554 ff.
ders., Grenzen des Markt- und Anlegerschutzes durch das WpHG, ZHR 162 (1998), 1 ff.
Cairns, David, Applying International Accounting Standards, 3. Auflage, 2002
Calabresi, G., The Costs of Accidents: A Legal and Economic Analysis, 3. Auflage, 1972
Cary, William L./Eisenberg, Melvin Aron, Cases and Materials on Corporations, 7. Auflage, 1995
Caspari, Karl-Burkhard, Die geplante Insiderregelung in der Praxis, ZGR 1994, 530 ff.
Clark, Robert C., Corporate Law, 1986
Claussen, Carsten Peter, Bank- und Börsenrecht, 2. Auflage, 2000
ders., Das neue Insiderrecht, DB 1994, 27 ff.
Cohen, Manuel F., Federal Legislation Affecting the Public Offering of Securities, 28 Geo.Wash.L.Rev. 119 ff. (1959).
Coing, Helmut, Haftung aus Prospektwerbung für Kapitalanleger in der neuen Rechtsprechung des Bundesgerichtshofes, WM 1980, 206 ff.
Cornell, Bradford/Morgan, R. Gregory, Using Finance Theory to Measure Damages in Fraud on the Market Cases, 37 UCLA L.Rev. 883 ff. (1990).

Cramer, Peter, Strafbarkeit der Ausnutzung und Weitergabe von Insiderinformationen nach dem Recht der Bundesrepublik Deutschland, in: Festschrift für Otto Triffterer, 1996, S. 323 ff.

Dahl, Gabriele, Zwischenberichterstattung börsennotierter Unternehmen, 1995

Davies, Paul L., Directors' Fiduciary Duties and Individual Shareholders, in: McKendrick (Hrsg.), Commercial Aspects of Trust and Fiduciary Obligations, 1992, S. 83 ff.

Deutsche Börse AG, Insiderhandelsverbote und Ad hoc-Publizität nach dem Wertpapierhandelsgesetz, 2. Auflage, 1998

Dooley, Michael P., Two Models of Corporate Governance, 47 Bus.Law. 461 ff. (1992).

Easterbrook, Frank H./Fischel, Daniel R., The Economic Structure of Corporate Law, 1991

Ebenroth, Carsten Thomas/Daum, Thomas, Die Kompetenzen des Vorstands einer Aktiengesellschaft bei der Durchführung und Abwehr unkoordinierter Übernahmen (Teil II), DB 1991, 1157 ff.

Eichholtz, Stephanie, Die US-amerikanische Class Action und ihre deutschen Funktionsäquivalente, 2002

Eisolt, Dirk, Die rechtlichen Grundlagen der amerikanischen Konzernrechnungslegung, AG 1993, 209 ff.

Ekkenga, Jens, Anlegerschutz, Rechnungslegung und Kapitalmarkt, 1998

Elben, Roland, Private Placement-Instrumente am US-Kapitalmarkt – Regulation D, „Section 4 (1 ½)" und Rule 144 A, RIW 1998, 108 ff.

Fabricius, Fritz, Zur Dogmatik des „sonstigen Rechts" gemäß § 823 Abs. 1 BGB, AcP 160 (1961), 273 ff.

Feddersen, Christoph, Die Dritthaftung des Wirtschaftsprüfers nach § 323 HGB, WM 1999, 105 ff.

Feldhaus, Heiner, Mehrstufige Entscheidungen bei der Ad-hoc-Publizität, Finanz Betrieb 7-8/2001, 442 ff.

Finkelstein, Jared Tobin, Rule 10b-5 Damage Computation: Application of Financial Theory to Determine Net Economic Loss, 51 Fordham Law Review (1983), 838 ff.

Fischel, Daniel R., Use of Modern Finance Theory in Securities Fraud Cases Involving Actively Traded Securities, 38 Bus.Law. 1 ff. (1982)

Fleischer, Holger, Empfiehlt es sich, im Interesse des Anlegerschutzes und zur Förderung des Finanzplatzes Deutschland das Kapitalmarkt- und Börsenrecht neu zu regeln?, Gutachten F zum 64. Deutschen Juristentag, 2002

ders., Empfiehlt es sich, im Interesse des Anlegerschutzes und zur Förderung des Finanzplatzes Deutschland das Kapitalmarkt- und Börsenrecht neu zu regeln?, NJW-Beilage 23/2002, 37 ff.
ders., Der Inhalt des Schadensersatzanspruchs wegen unwahrer oder unterlassener unverzüglicher Ad-hoc-Mitteilungen, BB 2002, 1869 ff.
ders., Das Vierte Finanzmarktförderungsgesetz, NJW 2002, 2977 ff.
Fleischer, Holger/Kalss, Susanne, Kapitalmarktrechtliche Schadensersatzhaftung und Kurseinbrüche an der Börse, AG 2002, 329 ff.
Flechter, William M., Flechter Cyclopedia of the Law of Private Corporations, 1994
Freeman, Milton, ABA Sec. of Corp., Banking & Bus. Law, Conference on Codification of the Federal Securities Laws, 22 Bus. Law. 793 ff. (1967)
Fuchs, Andreas/Dühn, Matthias, Deliktische Schadensersatzhaftung für falsche Ad-hoc-Mitteilungen, BKR 2002, 1063 ff.
Fürhoff, Jens/Wölk, Armin, Aktuelle Fragen zur Ad-hoc-Publizität, WM 1997, 449 ff.

Gehrt, John Alexander, Die neue Ad-hoc-Publizität nach § 15 Wertpapierhandelsgesetz, 1997
Geibel, Stephan/Süßmann, Rainer, Wertpapiererwerbs- und Übernahmegesetz (WpÜG), 2002
Geßler, Ernst/Hefermehl, Wolfgang/Eckardt, Ulrich, Kropff, Bruno, Aktiengesetz-Kommentar, 1973 ff.
Gifis, Steven H., Law Dictionary, 3. Auflage, 1991
Glöckle, Thomas, Die zukunftsbezogene Publizität von Kapitalgesellschaften in der Bundesrepublik Deutschland, 1996
Götz, Hans Norbert, Neuere Rechtsentwicklungen für die Wahrnehmung von Aktionärsrechten, ZIP 1995, 1310 ff.
Götz, Heinrich/Götz, Jürgen, Die Haftung des Vereins gegenüber dem Mitglied – BGHZ 110, 323, JuS 1995, 106 ff.
Götz, Jürgen, Die unbefugte Weitergabe von Insidertatsachen – Anmerkungen zu § 14 Abs. 1 Nr. 2 WpHG, DB 1995, 1949 ff.
Groß, Wolfgang, Haftung für fehlerhafte oder fehlende Regel- oder ad-hoc-Publizität, WM 2002, 477 ff.
ders., Vorbereitung und Durchführung von Hauptversammlungsbeschlüssen zu Erwerb oder Veräußerung von Unternehmensbeteiligungen, AG 1996, 111 ff.
ders., Informations- und Auskunftsrechte des Aktionärs, AG 1997, 97 ff.
ders., Kapitalmarktrecht, 2. Auflage, 2002
Großfeld, Bernhard, Aktiengesellschaft, Unternehmenskonzentration und Kleinaktionär, 1968
Großkommentar zum Aktiengesetz, 4. Auflage, 1992 ff,

Grundmann, Stefan, Börsenprospekthaftung in der Reform, WM 1996, 985 ff.
Grunewald, Barbara, Die Haftung des Experten für seine Expertise gegenüber Dritten, AcP 187 (1987), 285 ff.
dies., Die Haftung von Organmitgliedern nach Deliktsrecht, ZHR 157 (1993), 451 ff.
dies., Was bringt der Vorschlag einer 13. EG-Richtlinie über Übernahmeangebote für das deutsche Recht, WM 1989, 1233 ff.
dies., Haftung für fehlerhafte Geschäftsführung in der GmbH & Co. KG, BB 1981, 581 ff.
Gruson, Michael/Wiegmann, William, J., Die Ad-hoc-Publizität nach amerikanischem Recht und die Auslegung von § 15 WpHG, AG 1995, 173 ff.

Haarmann, Wilhelm/Riehmer, Klaus/Schüppen, Matthias, Öffentliche Übernahmeangebote – Kommentar, 2002
Habersack, Mathias, Die Mitgliedschaft – subjektives und „sonstiges" Recht, 1996
Habetha, Joachim W., Direktorenhaftung und gesellschaftsfinanzierte Haftpflichtversicherung, 1995
Hadding, Walther, Die Mitgliedschaft in handelsrechtlichen Personalgesellschaften – Ein subjektives Recht?, in: Festschrift für Rudolf Reinhardt, 1972, S. 249 ff.
ders., Verfügungen über Mitgliedschaftsrechte, in: Festschrift für Ernst Steindorff, 1992, S. 31 ff.
ders., Ergibt die Vereinsmitgliedschaft „quasi-vertragliche" Ansprüche, „erhöhte Treue- und Förderpflichten" sowie ein „sonstiges Recht" im Sinne des § 823 Abs. 1 BGB?, in: Festschrift für Alfred Kellermann, 1991, S. 91 ff
Hamermesh, Lawrence A., Calling off the Lynch Mob: The Corporate Directors' Fiduciary Disclosure Duty, 49 Vand.L.Rev. 1087
Hamilton, Robert W., Corporations including Partnerships and Limited Liability Companies, 6. Auflage, 1998 (zit.: Corporations)
ders., The Law of Corporations in a Nutshell, 4. Auflage, 1996 (zit.: Nutshell)
Hamilton, James/Trautmann, Ted, Securities Litigation Uniform Standards Act of 1998: Laws and Explanation (1998),
Happ, Wilhelm/Semler, Johannes, Ad hoc-Publizität im Spannungsfeld von Gesellschaftsrecht und Anlegerschutz – Zum Begriff der Tatsache in § 15 WpHG bei mehrstufigen Entscheidungsprozessen –, ZGR 1998, 116 ff.
Happ, Wilhelm, Zum Regierungsentwurf eines Wertpapierhandelsgesetzes, JZ 1994, 240 ff.
Haß, Detlef, Die Gruppenklage: Wege zu prozessualen Bewältigung von Massenschäden, 1996

Hayn, Sven/Waldersee, Georg Graf, IAS/US-GAAP/HGB im Vergleich, 3. Auflage, 2002
Hazen, Thomas Lee, Treatise on the Law of Securities Regulation, Bände 1 bis 3, 3. Auflage, 1995
Heidmeier, Heiner, Die Ad-hoc-Publizität gemäß § 44a BörsG im System der Berichtspflichten für börsennotierte Aktiengesellschaften, AG 1992, 110 ff.
Hein, Jan von, Tagungsbericht zum 64. Deutschen Juristentag, Abteilung Wirtschaftsrecht, JZ 2003, 195 ff.
Helms, Arne, Schadensersatzansprüche wegen Beeinträchtigung der Vereinsmitgliedschaft, 1998
Henderson, James A./Pearson, Richard N., The Tort Process, 3. Auflage, 1988
Henes, Frank, Börsenrechtliche Zwischenberichtspublizität, 1995
Henze, Hartwig, Pünktlich zur Hauptversammlungssaison: Ein Rechtsprechungsüberblick zu Informations- und Auskunftsrechten, BB 2002, 893 ff.
Hess, Burkhard, Sammelklagen im Kapitalmarktrecht, AG 2003, 113 ff.
Hess, Burkhard/Michailidou, Chrisoula, Die kollektive Durchsetzung von Schadensersatzansprüchen im Kapitalmarktrecht, WM 2003, 2318 ff.
Hirte, Heribert, Bezugsrechtsausschluß und Konzernbildung, 1986
ders., Berufshaftung, 1996
ders., Die Ad-hoc-Publizität im System des Aktien- und Börsenrechts, in: Hadding/Hopt/Schimansky, Das Zweite Finanzmarktförderungsgesetz, Schriftenreihe der Bankrechtlichen Vereinigung Bd. 7, 1995, S. 47 ff.
Hirte, Heribert/Schander, Albert A., Organpflichten bei Unternehmensübernahmen, in: Rosen, Rüdiger von/Seifert, Werner G. (Hrsg.), Die Übernahme börsennotierter Unternehmen, 1999, S. 341 ff.
Hofmeister, Holger, Der Ausschluss des aktiengesetzlichen Bezugsrechts bei börsennotierten AG, NZG 2000, 713 ff.
Holzborn, Timo/Foelsch, Martin Eberhard, Schadensersatzpflichten von Aktiengesellschaften und deren Management bei Anlegerverlusten – Ein Überblick, NJW 2003, 932 ff.
Honsell, Heinrich, Probleme der Haftung für Auskunft und Gutachten, JuS 1976, 621 ff.
Hopt, Klaus J., Die Haftung von Vorstand und Aufsichtsrat, in: Festschrift für Mestmäcker, 1996, S. 909 ff.
ders., Unternehmensführung, Unternehmenskontrolle, Modernisierung des Aktienrechts – Zum Bericht der Regierungskommission Corporate Governance, in: Hommelhoff/Lutter/Schmidt/Schön/Ulmer (Hrsg.), Corporate Governance, 2002, S. 27 ff.
ders., Grundsatz- und Praxisprobleme nach dem Wertpapiererwerbs- und Übernahmegesetz, ZHR 166 (2002), 383 ff.

ders., Grundsatz- und Praxisprobleme nach dem Wertpapierhandelsgesetz – insbesondere Insidergeschäfte und Ad-hoc-Publizität, ZHR 159 (1995), 135 ff.
ders., Europäisches und deutsches Insiderrecht, ZGR 1991, 17 ff.
ders., Nichtvertragliche Haftung außerhalb von Schadens- und Bereicherungsausgleich – Zur Theorie und Dogmatik des Berufsrechts und der Berufshaftung –, AcP 183 (1983), 608 ff.
ders., Verhaltenspflichten des Vorstands der Zielgesellschaft bei feindlichen Übernahmen, in: Festschrift für Marcus Lutter, 2000, S. 1361 ff.
ders., Vom Aktien- und Börsenrecht zum Kapitalmarktrecht?, ZHR 140 (1976), 201 ff.
ders., Familien- und Aktienpools unter dem Wertpapierhandelsgesetz, ZGR 1997, 1 ff.
ders., Risikokapital, Nebenbörsen und Anlegerschutz, WM 1985, 793 ff.
Horn, Norbert, Die Haftung des Vorstands der AG nach § 93 AktG und die Pflichten des Aufsichtsrats, ZIP 1997, 1129 ff.
ders., Zur Haftung der AG und ihrer Organmitglieder für unrichtige oder unterlassene Ad-hoc-Informationen, in: Festschrift für Peter Ulmer, 2003, S. 817 ff.
Hübner, Ulrich, Managerhaftung, 1992
Hüffer, Uwe, Aktiengesetz, 5. Auflage, 2002
ders., Rezension von Habersack, M., Die Mitgliedschaft – subjektives und „sonstiges" Recht, ZHR 161 (1997), 867 ff.
ders., Organpflichten und Haftung in der Publikums-Personengesellschaft, ZGR 1981, 348 ff.
Hutter, Stephan/Leppert, Michael, Das 4. Finanzmarktförderungsgesetz aus Unternehmenssicht, NZG 2002, 649 ff.

Ihlas, Horst, Organhaftung und Haftpflichtversicherung, 1997
Ihrig, Hans-Christoph/Wagner, Jens, Die Reform geht weiter: Das Transparenz- und Publizitätsgesetz kommt, BB 2002, 789 ff.
Immenga, Frank A., Das neue Insiderrecht im Wertpapierhandelsgesetz, ZBB 1995, 197 ff.

Jennings, Richard W./Marsh, Harold/Coffee, John C./Seligman, Joel, Securities Regulation: Cases and Materials, 8. Auflage, 1998
Jürgens, Uwe/Rapp, Volker, Ad-hoc-Publizität: Ablauf und Technik, Die Bank 1995, 97 ff.

Kalss, Susanne, Anlegerinteressen. Der Anleger im Handlungsdreieck von Vertrag, Verband und Markt, 2001.
Keeton, W. Page, Prosser and Keeton on the Law of Torts, 5. Auflage, 1984

Keusch, Sven/Wankerl, Kerstin, Die Haftung der Aktiengesellschaft für fehlerhafte Kapitalmarktinformationen im Spannungsfeld zum Gebot der Kapitalerhaltung, BKR 2003, 744 ff
Kiem, Roger/Kotthoff, Jost, Ad-hoc-Publizität bei mehrstufigen Entscheidungsprozessen, DB 1995, 1999 ff.
Kiethe, Kurt, Maßnahmenkatalog der Bundesregierung zur Aktienrechtsreform 2003 – Verbesserung des Klagerechts der Aktionäre?, ZIP 2003, 707 ff.
Kindler, Peter, Unternehmerisches Ermessen und Pflichtenbindung, ZHR 162 (1998), 101 ff.
ders., Bezugsrechtsausschluß und unternehmerisches Ermessen nach deutschem und europäischem Recht, ZGR 1998, 35 ff.
Kionka, Edward J., Torts in a Nutshell, 3. Auflage, 1999
Kirchner, Christian, Neutralitäts- und Stillhaltepflichten des Vorstands der Zielgesellschaft im Übernahmerecht, AG 1999, 481 ff.
ders., Managementpflichten bei „feindlichen" Übernahmeangeboten, WM 2000, 1821 ff.
Kirchner, Jörg/Sailer, Viola, Rechtsprobleme bei Einbringung und Verschmelzung, NZG 2002, 305 ff.
Kiss, Henning, Die Haftung berufsmäßiger Sachkenner gegenüber Dritten, WM 1999, 117 ff.
Kleindiek, Detlef, Deliktshaftung und juristische Person, 1997
Klette, Dieter, Die Rechtsfolgen eines zu niedrigen Emissionskurses beim genehmigten Kapital, BB 1968, 1101 ff.
Klitzing, Joachim von, Die Ad-hoc-Publizität, 1999
Knepper, William E./Bailey, Dan, Liability of Corporate Officers and Directors, 6. Auflage, 1998
Knobbe-Keuk, Brigitte, Das Klagerecht eines Gesellschafters einer Kapitalgesellschaft wegen gesetz- und satzungswidriger Maßnahmen der Geschäftsführung, in: Festschrift für Kurt Ballerstedt, 1975, S. 239 ff.
Koch, Harald, Kollektiver Rechtsschutz im Zivilprozeß. Die class action des amerikanischen Rechts und deutsche Reformprobleme, 1976
Kölner Kommentar zum Aktiengesetz, 2. Auflage, 1988 ff.
Kölner Kommentar zum WpÜG, 2003
Köndgen, Johannes, Zur Theorie der Prospekthaftung (I), AG 1983, 85 ff.
ders., Zur Theorie der Prospekthaftung (II), AG 1983, 120 ff.
ders., Die Ad-hoc-Publizität als Prüfstein informationsrechtlicher Prinzipien, in: Festschrift für Jean Nicolas Druey, 2002, S. 791 ff.
Koslow, Jon, Estimating Aggregate Damages in Class-Action Litigation under Rule 10b-5 for Purpose of Settlement, 59 Fordham L.Rev. 811 (1991).
Kötz, Hein, Deliktsrecht, 8. Auflage, 1998
Kowalski, André, Der Ersatz von Gesellschafts- und Gesellschafterschaden, 1990

Krause, Rüdiger, Ad-hoc-Publizität und haftungsrechtlicher Anlegerschutz, ZGR 2002, 799 ff.
Krieger, Gerd, Aktionärsklage zur Kontrolle des Vorstands- und Aufsichtsratshandelns, ZHR 163 (1999), 343 ff.
Kübler, Friedrich, Gesellschaftsrecht, 4. Auflage, 1994
ders., Aktie, Unternehmensfinanzierung und Kapitalmarkt, Köln 1989
Kümpel, Siegfried, Insiderrecht und Ad hoc-Publizität aus Bankensicht, WM 1996, 653 ff.
ders., Aktuelle Fragen der Ad-hoc-Publizität, AG 1997, 66 ff.
Kümpel, Siegfried/Ott, Klaus (Hrsg.), Kapitalmarktrecht, Loseblattsammlung, Band 1, Stand 2001
Küting, Karlheinz/Weber, Claus-Peter (Hrsg.), Handbuch der Rechnungslegung, 1995

Lanfermann, Georg/Maul, Silja, Auswirkungen des Sarbanes-Oxley Acts in Deutschland, DB 2002, 1725
Land, Volker, Das neue deutsche Wertpapiererwerbs- und Übernahmegesetz, DB 2001, 1707 ff.
Lang, Volker, Einmal mehr: Berufsrecht, Berufspflichten und Berufshaftung, AcP 201 (2001), 451 ff.
Lange, Hermann, Handbuch des Schuldrechts, Band 1: Schadensersatz, 2. Auflage, 1990
Langevoort, Donald C., Disclosures that „Bespeaks Caution", 49 Bus.Law. 481 ff. (1994).
Larenz, Karl, Lehrbuch des Schuldrechts, Band I, Allgemeiner Teil, 14. Auflage, 1987
Larenz, Karl/Canaris, Claus-Wilhelm, Lehrbuch des Schuldrechts, Band II, Besonderer Teil, Teilband 2, 13. Auflage, 1994
Larenz, Karl/Wolf, Manfred, Allgemeiner Teil des Bürgerlichen Rechts, 8. Auflage, 1997
Loss, Louis, Der Schutz der Kapitalanleger, ZHR 129 (1967), 167 ff.
Loss, Louis/Seligman, Joel, Fundamentals of Securities Regulation, 4. Auflage, 2001 (2002 Supplement)
dies., Securities Regulation, Bände 1 bis 6, 3. Auflage, 1989 ff.
Lutter, Marcus, Theorie der Mitgliedschaft, AcP 180 (1980), 84 ff.
ders., Die Erklärung zum Corporate Governance Kodex gemäß § 161 AktG. Pflichtverstöße und Binnenhaftung von Vorstands- und Aufsichtsratsmitgliedern, ZHR 166 (2002), 523 ff.
ders., Kapital, Sicherung der Kapitalaufbringung und Kapitalerhaltung in den Aktien- und GmbH-Rechten der EWG, Karlsruhe 1964

Lutter, Marcus/Leinekugel, Rolf, Der Ermächtigungsbeschluß der Hauptversammlung zu grundlegenden Strukturmaßnahmen – zulässige Kompetenzübertragung oder unzulässige Selbstentmachtung?, ZIP 1998, 805 ff.

Maier-Reimer, Georg, Verhaltenspflichten des Vorstands der Zielgesellschaft bei feindlichen Übernahmen, ZHR 165 (2001), 258 ff.
Maier-Reimer, Georg/Webering, Anabel, Ad hoc-Publizität und Schadensersatzhaftung – Die neuen Haftungsvorschriften des Wertpapierhandelsgesetzes, WM 2002, 1857 ff.
Martens, Klaus Peter, Die Anzeigepflicht des Verlustes des Garantiekapitals nach dem AktG und dem GmbHG, ZGR 1972, 254 ff.
ders., Der Bezugsrechtsausschluß anläßlich eines ausländischen Beteiligungserwerbs, in: Festschrift für Ernst Steindorff, 1990, S. 151 ff.
Medicus, Dieter, Deliktische Außenhaftung der Vorstandsmitglieder und Geschäftsführer, ZGR 1998, 570 ff.
ders., Allgemeiner Teil des Bürgerlichen Rechts, 7. Auflage, 1997
ders., Die Forderung als „sonstiges Recht" nach § 823 Abs. 1 BGB?, in: Festschrift für Erich Steffen, 1995, S. 333 ff.
ders., Zur deliktischen Eigenhaftung von Organpersonen, in: Festschrift für Werner Lorenz, S. 155 ff.
Meier, Hans, Gesetz über Ordnungswidrigkeiten, Loseblattsammlung
Meier-Schatz, Christian, Wirtschaftsrecht und Unternehmenspublizität, 1989
Meilicke, Wienand/Heidel, Thomas, Die Pflicht des Vorstands der AG zur Unterrichtung der Aktionäre vor dem Bezugsrechtsausschluss beim genehmigten Kapital, DB 2000, 2358 ff.
Merkt, Hanno, US-amerikanisches Gesellschaftsrecht, 1991
ders., Verhaltenspflichten des Vorstands der Zielgesellschaft bei feindlichen Übernahmen, ZHR 165 (2001), 224 ff.
ders., Unternehmenspublizität, 2001
Merkt, Hanno/Göthel, Stephan R., Vorschriften und Ansätze der Quartalsberichterstattung: Vergleich USA – Deutschland, RIW 2003, 23 ff.
Mertens, Hans-Joachim, Die Geschäftsführung in der GmbH und das ITT-Urteil, in: Festschrift für Robert Fischer, 1979, S. 461 ff.
ders., Organhaftung, in: Feddersen/Hommelhoff/Schneider (Hrsg.), Corporate Governance. Optimierung der Unternehmensführung und der Unternehmenskontrolle im deutschen und amerikanischen Aktienrecht, 1996, S. 155 ff.
ders., Satzungs- und Organisationsautonomie im Aktien- und Konzernrecht, ZGR 1994, 426 ff.
Mestmäcker, Ernst-Joachim, Verwaltung, Konzerngewalt und Rechte der Aktionäre, 1958

Mitchell, Lawrence E., A Theoretical and Practical Framework for Enforcing Corporate Constituency Statutes, 70 Tex.L.Rev. 579 (1992)
Möller, Andreas, Rechtsmittel und Sanktionen nach dem Wertpapiererwerbs- und Übernahmegesetz, AG 2002, 170 ff.
ders., Die Neuregelung des Verbots der Kurs- oder Marktpreismanipulation im Vierten Finanzmarktförderungsgesetz, WM 2002, 309 ff.
Möllers, Thomas M.J., Anlegerschutz durch Aktien und Kapitalmarktrecht, Harmonisierungsmöglichkeiten nach geltendem und künftigem Recht, ZGR 1997, 334 ff.
ders., Die unterlassene Ad-hoc-Mitteilung als sittenwidrige Schädigung gem. § 826 BGB, WM 2003, 2393 ff.
Möllers, Thomas M.J./Leisch, Franz Clemens, Haftung von Vorständen gegenüber Anlegern wegen fehlerhafter Ad-hoc-Mitteilungen nach § 826 BGB, WM 2001, 1648 ff.
dies., Schadensersatzansprüche wegen fehlerhafter Ad-hoc-Mitteilungen, BKR 2001, 78 ff.
dies., Schaden und Kausalität im Rahmen der neu geschaffenen §§ 37b und 37c WpHG, BKR 2002, 1071 ff.
dies., Offene Fragen zum Anwendungsbereich der §§ 37b und c WpHG, NZG 2003, 112 ff.
Mülbert, Peter O., Aktiengesellschaft, Unternehmensgruppe und Kapitalmarkt, 1996
ders., Empfiehlt es sich, im Interesse des Anlegerschutzes und zur Förderung des Finanzplatzes Deutschland das Kapitalmarkt- und Börsenrecht neu zu regeln?, JZ 2002, 826 ff.
Müller, Gerd, Gesellschafts- und Gesellschafterschaden, in: Festschrift für Alfred Kellermann, 1991, S. 317 ff
Müller-Gugenberger, Christian/Bieneck, Klaus, Wirtschaftsstrafrecht: Handbuch des Wirtschaftsstraf- und Ordnungwidrigkeitenrechts, 3. Auflage, 2000
Münchener Handbuch des Gesellschaftsrechts, Band 4: Aktiengesellschaft, 2. Auflage, 1999
Münchener Kommentar zum Bürgerlichen Gesetzbuch, Band 2 (§§ 241 – 432), 3. Auflage 1994; Band 5 (§§ 705 – 853), 3. Auflage, 1997; Band 6 (§§ 854 – 1296), 3. Auflage, 1997
Münchener Kommentar zum Handelsgesetzbuch, Band 4 (§§ 238-342 a HGB), 2001
Musielak, Hans-Joachim, Haftung für Rat, Auskunft und Gutachten, 1974

Neuner, Jörg, Der Schutz und die Haftung Dritter nach vertraglichen Grundsätzen, JZ 1999, 126 ff.

Nowak, Eric, Eignung von Sachverhalten in Ad-hoc-Mitteilungen zur erheblichen Kursbeeinflussung, ZBB 2001, 449 ff.

Oesterle, Dale Arthur, The Inexorable March toward a Continuous Disclosure Requirement for Publicly Traded Corporations: „Are we there yet?", 20 Cardozo Law Review 135 ff. (1998)

O'Hare, Jennifer, Director Communication and the Uneasy Relationship between the Fiduciary Duty of Disclosure and the Anti-Fraud Provisions of the Federal Securities Laws, 70 U.Cin.L.Rev. 475 ff. (2002)

Palandt, Otto, Bürgerliches Gesetzbuch, 61. Auflage, 2002

Prananis, Panos, Zur Abgrenzung von Insidertatsache und ad-hoc-publizitätspflichtigem Sachverhalt bei mehrstufigen Entscheidungsprozessen, WM 1997, 460 ff.

Pease, Donald E., Delaware's Disclosure Rule: The „Complete Candor" Standard, Its Application, and Why Sue in Delaware, 14 Del.J.Corp.L. 445 ff. (1989).

Pellens, Bernhard/Fülbier, Rolf Uwe, Publizitätspflichten nach dem Wertpapierhandelsgesetz, DB 1994, 1381 ff.

Pellens, Bernhard, Ad-hoc-Publizität des Managements börsennotierter Unternehmen nach § 44a BörsG, AG 1991, 62 ff.

Peltzer, Martin, Die neue Insiderregelung im Entwurf des Zweiten Finanzmarktförderungsgesetzes, ZIP 1994, 746 ff.

Pluskat, Sorika, Der Schutz des Anlegerpublikums bei Veröffentlichung unwahrer Tatsachen, Finanz Betrieb 4/2002, 235 ff.

Preisenberger, Simon , Die Heilbarkeit fehlerhafter Vorstandsberichte nach Aktien- und Umwandlungsrecht, 1999

Ratner, David L., Securities Regulation in a Nutshell, 6. Auflage, 1998

Reichert, Jochem/Weller, Marc-Philippe, Haftung von Kontrollorganen, ZRP 2002, 49 ff.

Reinfeld, Joern, Die Haftung des Geschäftsführers der GmbH & Co., Hamburg 1970

Renzenbrink, Ulf/Holzner, Nelson, Das Verhältnis von Kapitalerhaltung und Ad-Hoc-Haftung, BKR 2002, 434 ff.

Reuter, Dieter, Rezension von Habersack, M., Die Mitgliedschaft – subjektives und „sonstiges" Recht, AcP 197 (1997), 323 ff.

ders., Die Mitgliedschaft als sonstiges Recht im Sinne des § 823 I BGB, in: Festschrift für Hermann Lange, 1991, S. 707 ff.

Rhein, Tilman, Der Interessenkonflikt der Manager beim Management Buy-out, 1996

Rieckers, Oliver, Haftung des Vorstands für fehlerhafte Ad-hoc-Meldungen de lege lata und de lege ferenda, BB 2002, 1213 ff.
Rodewald, Jörg/Siems, Mathias, Haftung für die „frohe Botschaft" – Rechtsfolgen falscher Ad-hoc-Mitteilungen, BB 2001, 2437 ff.
Romano, Roberta, The Advantage of Competitive Federalism for Securities Regulation, 2002
Roth, Markus, Unternehmerisches Ermessen und Haftung des Vorstands, 2001
Rümker, Dietrich, Übernahmeangebote – Verhaltenspflichten des Vorstands der Zielgesellschaft und Abwehrmöglichkeiten, in: Festschrift für Theodor Heinsius, 1991, S. 683 ff.
Rützel, Stefan, Der aktuelle Stand der Rechtsprechung zur Haftung bei Ad-hoc-Mitteilungen, AG 2003, 69 ff.

Schäfer, Frank A., (Hrsg.), Wertpapierhandelsgesetz, Börsengesetz, Verkaufsprospektegesetz, 1999
ders., Grundzüge des neuen Börsenrechts, ZIP 1987, 953 ff.
Schäfer, Hans-Bernd/Ott, Claus, Lehrbuch der ökonomischen Analyse des Zivilrechts, 3. Auflage, 2000
Schander, Albert A./Lucas, Johannes H., Die Ad-hoc-Publizität im Rahmen von Übernahmevorhaben, DB 1997, 2109 ff.
Schiessl, Maximilian, Ist das deutsche Aktienrecht kapitalmarkttauglich?, AG 1999, 442 ff.
Schimansky, Herbert/Bunte, Herman-Josef/Lwowski, Hans-Jürgen (Hrsg.), Bankrechts-Handbuch, Bände I bis III, 2. Auflage, 2001
Schleifer, Jörg/Kliemt, Michael, Einschränkung betriebsverfassungsrechtlicher Unterrichtungspflichten durch Insiderhandel?, DB 1995, 2214 ff.
Schmidt, Karsten, Gesellschaftsrecht, 3. Auflage, 1997
ders., Die Vereinsmitgliedschaft als Grundlage von Schadensersatzansprüchen, JZ 1991, 157 ff.
ders., Die GmbH & Co. – eine Zwischenbilanz, GmbHR 1984, 272 ff.
Schneider, Dieter, Wider Insiderhandelsverbot und die Informationseffizienz des Kapitalmarkts, DB 1993, 1429 ff.
Schneider, Uwe H., Haftungsmilderung für Vorstandsmitglieder und Geschäftsführer bei fehlerhafter Unternehmensleitung?, in: Festschrift für Winfried Werner, 1984, S. 795 ff.
Schön, Wolfgang, Wer schützt den Kapitalschutz?, ZHR 166 (2002), 1 ff.
Schönke, Adolf/Schröder, Horst, Strafgesetzbuch, Kommentar, 26. Auflage,2001
Schwark, Eberhard, Börsengesetz, 2. Auflage, 1994
ders., Prospekthaftung und Kapitalerhaltung in der AG, in: Festschrift für Peter Raisch, 1995, S. 269 ff.
ders., Das neue Kapitalmarktrecht, NJW 1987, 2041 ff.

ders., Kapitalanlegerschutz im deutschen Gesellschaftsrecht, ZGR 1976, 271 ff.
Scott, Austin Wakeman/Fratcher, William Franklin, The Law of Trusts, 4. Auflage, 1987
Seibt, Christoph, Deutscher Corporate Governance Kodex und Entsprechens-Erklärung (§ 161 AktG-E), AG 2002, 249 ff.
Seibert, Ulrich, Im Blickpunkt: Der Deutsche Corporate Governance Kodex ist da, BB 2002, 581 ff.
ders., Das 10-Punkte-Programm „Unternehmensintegrität und Anlegerschutz", BB 2003, 693 ff.
Seligman, Joel, The Transformation of Wall Street: A History of the Securities and Exchange Commission and Modern Corporate Finance, 1982
Semler, Johannes (Hrsg.), Arbeitshandbuch für Unternehmensübernahmen, 2001
Shepherd, J.C., The Law of Fiduciaries, 1981
Sittmann, Jörg W., Die Prospekthaftung nach dem Dritten Finanzmarktförderungsgesetz, NZG 1998, 490 ff.
Soergel, Hans Theodor, Bürgerliches Gesetzbuch, Kommentar, Band 2, Schuldrecht I (§§ 241– 432), 12. Auflage, 1990
Solomon, Lewis D./Schwartz, Donald E./Bauman, Jeffrey D./Weiss, Elliott J., Corporations, Law and Policy: Materials and Problems, 4. Auflage, 1998
Staudinger, Julius von, Kommentar zum Bürgerlichen Gesetzbuch mit Einführungsgesetz und Nebengesetzen, §§ 823 – 832, 12. Auflage, 1986
Steinmeyer, Roland/Häger, Michael, Wertpapiererwerbs- und Übernahmegesetz, 2002
Stoll, Hans, Unrechtstypen bei Verletzung absoluter Rechte, AcP 162 (1963), 203 ff.
Sünner, Eckart, Aktionärsklage zur Kontrolle des Vorstands- und Aufsichtsratshandelns, ZHR 163 (1999), 364 ff.

Thoma, Georg, Das Wertpapiererwerbs- und Übernahmegesetz im Überblick, NZG 2002, 105 ff.
Thümmel, Roderich C., Haftung für geschönte Ad-hoc-Meldungen: Neues Risikofeld für Vorstände oder ergebnisorientierte Einzelfallrechtsprechung?, DB 2001, 2331 ff
ders., Persönliche Haftung von Managern und Aufsichtsräten, 2. Auflage, 1998
Thümmel, Roderich C./Sparberg, Michael, Haftungsrisiken der Vorstände, Geschäftsführer, Aufsichtsräte und Beiräte sowie deren Versicherbarkeit, DB 1995, 1013 ff.
Tielmann, Sandra, Durchsetzung ordnungsmäßiger Rechnungslegung, 2001
dies., Durchsetzung ordnungsmäßiger Rechnungslegung, DB 2001, 1625 ff.
Tröger, Tobias, Informationsrechte der Aktionäre bei Beteiligungsveräußerungen, ZHR 165 (2001), 593 ff.

Tröndle, Herbert, Strafgesetzbuch und Nebengesetze, Kommentar, 50. Auflage, 2001

Ulmer, Peter, Der Deutsche Corporate Governance Kodex – ein neues Regulierungsinstrument für börsennotierte Aktiengesellschaften, ZHR 166 (2002), 150 ff.
ders., Die Aktionärsklage als Instrument zur Kontrolle des Vorstands- und Aufsichtsratshandelns, ZHR 163 (1999), 290 ff.

Veil, Rüdiger, Die Ad-hoc Publizitätshaftung im System kapitalmarktrechtlicher Informationshaftung, ZHR 167 (2003), 365 ff.
Vollhard, Rüdiger, „Siemens/Nold“: Die Quittung, AG 1998, 397 ff.
Volk, Klaus, Die Strafbarkeit von Absichten im Insiderhandel, BB 1999, 66 ff.
Vortmann, (Hrsg.) Prospekthaftung und Anlageberatung, 2000

Wackerbarth, Ulrich, Von golden shares und poison pills: Waffengleichheit bei internationalen Übernahmeangeboten, WM 2001, 1741 ff.
Wiedemann, Herbert, Gesellschaftsrecht, Band I, Grundlagen, 1980
ders., Juristische Person und Gesamthand als Sondervermögen, WM Sonderbeilage Nr. 4/1975, 1 ff.
ders., Die Übertragung und Vererbung von Mitgliedschaftsrechten bei Handelsgesellschaften, 1965
ders., Der Kapitalanlegerschutz im deutschen Gesellschaftsrecht, BB 1975, 1591 ff.
Williams, Jan R., GAAP-Guide. Restatement and Analysis of Current FASB Standards, 2002
Winter, Martin, Mitgliedschaftliche Treuebindungen im GmbH-Recht. Rechtsformspezifische Aspekte eines allgemeinen gesellschafts-rechtlichen Prinzips, München 1988
Winter, Martin/Harbarth, Stephan, Verhaltenspflichten von Vorstand und Aufsichtsrat der Zielgesellschaft bei feindlichen Übernahmeangeboten nach dem WpÜG, ZIP 2002, 1 ff.
Wittich, Georg, Erfahrungen mit der Ad hoc-Publizität in Deutschland, AG 1997, 1 ff.
Wölk, Armin, Ad hoc-Publizität – Erfahrungen aus der Sicht des Bundesaufsichtsamts für den Wertpapierhandel, AG 1997, 73 ff.

Zöllner, Wolfgang, Die sogenannten Gesellschafterklage im Kapital-gesellschaftsrecht, ZGR 1988, 392 ff.
ders., Folgen der Nichtigerklärung durchgeführter Kapitalerhöhungsbeschlüsse, AG 1993, 68 ff.

Zöllner, Wolfgang/Winter, Martin, Folgen der Nichtigerklärung durchgeführter Kapitalerhöhungsbeschlüsse, ZHR 158 (1994), 59 ff.
Zweigert, Konrad/Kötz, Hein, Einführung in die Rechtsvergleichung auf dem Gebiete des Privatrechts, 3. Auflage, 1996

Die verwendeten Abkürzungen entsprechen den Vorschlägen bei *Kirchner, Hildebert*, Abkürzungsverzeichnis der Rechtssprache, 4. Auflage, 1993, bzw. *The Harvard Law Review Association* (Hrsg.), The Bluebook. A Uniform System of Citation, 16. Auflage, 1996.

Frankfurter wirtschaftsrechtliche Studien

Herausgegeben von
Theodor Baums, Andreas Cahn, Friedrich Kübler, Hans-Joachim Mertens,
Eckard Rehbinder, Gunther Teubner

Band 1 Tomas Brinkmann: Unternehmensinteresse und Unternehmensrechtsstruktur. Aufgaben und Grenzen eines normativen Regulativs unternehmenspolitischer Prozesse. 1983.

Band 2 Rüdiger Hahn: Behinderungsmißbräuche marktbeherrrschender Unternehmen. Eine Untersuchung der Beeinträchtigung von Wettbewerb und Marktstruktur durch horizontalen Nichtleistungswettbewerb als Gegenstand der Mißbrauchaufsicht nach § 22 Abs. 4 S. 2 Nr. 1 GWB. 1984.

Band 3 Peter Buchmann: Registerpublizität und Gläubigerschutz bei der Einmann-Gesellschaft. 1984.

Band 4 Christian Joerges/Eugen Hiller/Knut Holzscheck/Hans-W. Micklitz: Vertriebspraktiken im Automobilersatzteilsektor. Ihre Auswirkungen auf die Interessen der Verbraucher. 1985.

Band 5 Annette Boerner: Die Haftung des herrschenden Kommanditisten. 1985.

Band 6 Dirk H. Mahler: Rechtsmißbrauch und einstweiliger Rechtsschutz bei Dokumentenakkreditiven und "Akkreditiven auf erstes Anfordern": Eine rechtsvergleichende Untersuchung. 1986.

Band 7 Brigitte Kratz: Ausländische Eingriffsnorm und inländischer Privatrechtsvertrag. 1986.

Band 8 Dimitris Tsibanoulis: Die genossenschaftliche Gründungsprüfung. 1987.

Band 9 Jürgen Braun: Rechtsfragen des Transport-Unfall-Informations- und Hilfeleistungs-Systems der deutschen chemischen Industrie. 1987.

Band 10 Thomas Pfeiffer: Die Bedeutung des privatrechtlichen Immissionsschutzes. Eine Untersuchung zu §§ 1004, 906 BGB. 1987.

Band 11 Michael Bothe/Josef Brink/Christian Kirchner/Albrecht Stockmayer: Rechtsfragen der internationalen Verschuldungskrise. Voraussetzungen, Formen und Verfahren internationaler Umschuldungsmaßnahmen und Umschuldungsvereinbarungen. 1988.

Band 12 Felix Dörr: Die fehlerhafte GmbH. 1989.

Band 13 Rolf Trittmann: Anwendungsprobleme des Haager Beweisübereinkommens im Rechtshilfeverkehr zwischen der Bundesrepublik und den Vereinigten Staaten von Amerika. Exklusive Regelung zur Überbrückung der Unterschiede zwischen dem kontinental-europäischen und anglo-amerikanischen Zivilprozeßrechtssystem? 1989.

Band 14 Margaretha Sudhof: Dreieckige Rechtsverhältnisse im Wirtschaftsverwaltungsrecht - Am Beispiel von Konkurrentenklagen. 1989.

Band 15 Michael Weigel: Schriftformklauseln in Allgemeinen Geschäftsbedingungen. 1989.

Band 16 Hans-Peter Schröder: Der sichere Weg bei der Vertragsgestaltung. 1990.

Band 17 Matthias Haas: Haftungsfreizeichnungsklauseln in Allgemeinen Geschäftsbedingungen. Eine rechtsdogmatische und ökonomische Analyse. 1991.

Band 18 Andreas Hahn: Instandhaltungsverträge. Begriffe, Einordnung, Rechtsfolgenbestimmung, Auswirkung auf die Kautelarpraxis. 1991.

Band 19 Jürgen Götz: Der Entherrschungsvertrag im Aktienrecht. 1991.

Band 20 Friedrich Wächtershäuser: Das Gesellschaftsrecht des internationalen Joint Ventures. 1992.

Band 21 Christina Escher-Weingart: Nutzungsausfall als Schaden und sein Ersatz. 1993.

Band 22 Jean-Claude Zerey: Rechtliche Probleme der Finanzierung von *Leveraged Buyouts* und *Tender Offers* durch Banken in den USA und in der Bundesrepublik Deutschland. Eine rechtsvergleichende Studie über die Rolle der Banken bei Unternehmenskontrolltransaktionen in den USA und in der Bundesrepublik Deutschland. 1994.

Band 23 Markus Bauer: Gläubigerschutz durch eine formelle Nennkapitalziffer - Kapitalgesellschaftsrechtliche Notwendigkeit oder überholtes Konzept? Eine rechtsvergleichende Untersuchung der Gläubigerschutzkonzepte des amerikanischen und deutschen Kapitalgesellschaftsrechts. 1995.

Band 24 Marion Vollmann: Minderheitenschutz im aktienrechtlichen Beschlußmängelrecht. Eine Bestandsaufnahme und Vorschläge zu einer rechtspolitischen Reform. 1997.

Band 25 Lydia Klose-Mokroß: Gläubigerschutz im Kapitalgesellschaftsrecht am Beispiel der Lehre von der verdeckten Sacheinlage. 1997.

Band 26 Stephan Aubel: Der vereinfachte Bezugsrechtsausschluß. Aktionärs- und Gesellschaftsinteressen beim vereinfachten Bezugsrechtsausschluß nach Maßgabe des § 186 Absatz 3 Satz 4 AktG. 1998.

Band 27 Kurt Peter Dittrich: Die Privatplazierung im deutschen Kapitalmarktrecht. Eine Untersuchung der Vorschriften des Auslandinvestmentgesetzes, des Wertpapier-Verkaufsprospektgesetzes und des Gesetzes über Kapitalanlage-Gesellschaften unter Berücksichtigung des Rechts der Vereinigten Staaten von Amerika und des Vereinigten Königreichs. 1998.

Band 28 Viola Sailer: Aktienrechtliche Minderheitskompetenzen zwischen Mißbrauch und unternehmerischer Entscheidungsfreiheit. 1999.

Band 29 Marc Zimmerling: Kapitalerhaltung und Konzernfinanzierung. Eine Untersuchung der kapitalerhaltungsrechtlichen Problematik aufsteigender Sicherheiten im Konzern. 1998.

Band 30 Joachim Wichert: Die Finanzen der Kommanditgesellschaft auf Aktien. 1999.

Band 31 Kerstin Andrea Müller: Produktverantwortung und ihre Durchsetzung. Eine kartellrechtliche Beurteilung von Selbstverpflichtungen im Umweltrecht aus deutscher und europäischer Sicht unter besonderer Berücksichtigung der Altautoentsorgung. 1999.

Band 32 Bettina Friedrich: Konvergenzen im Gesellschaftsrecht. Recht-Fertigung durch Status- und Befundsicherung. 2000.

Band 33 Rudolf Lemke: Haftungsrechtliche Fragen des Ratingwesens – ein Regelungsproblem? 2000.

Band 34 Klaus R. Roller: Die Vergütung des Aufsichtsrats in Abhängigkeit vom Aktienkurs. 2000.

Band 35 Bettina Bokelmann: Personelle Verflechtungen über Aufsichtsräte. Aufsichtsratsmitglieder mit hauptberuflicher Vorstandsfunktion. 2000.

Band 36 Kai-Uwe Steck: Regulierung von US-amerikanischen Investmentgesellschaften (Investment Companies). Unter besonderer Berücksichtigung des National Securities Markets Improvement Act of 1996 (NSMIA) und anderer aktueller Rechtsanpassungen. 2000.

Band 37 Kristofer Bott: Wissenszurechnung bei Organisationen. 2000.

Band 38 Ursula Lenzen: Unerlaubte Eingriffe in die Börsenkursbildung. 2000.

Band 39 Martin Schulz: Verfassungsrechtliche Vorgaben für das Kollisionsrecht in einem Gemeinsamen Markt. Eine rechtsvergleichende Untersuchung zu den Grenzen einzelstaatlicher Anknüpfungsmethoden im internationalen Vertrags-, Delikts- und Gesellschaftsrecht am Beispiel der Vereinigten Staaten von Amerika. 2000.

Band 40 Maximilian Koch: Diversifizierung und Vorstandskompetenzen. 2001.

Band 41 Corrado Wohlwend: Die Hauptversammlung im Wandel der Kommunikationsformen. 2001.

Band 42 Michael Rozijn: Der Unternehmensmaklervertrag. Zur Anwendung des allgemeinen Maklervertragsrechts auf Mergers & Acquisitions-Dienstleistungen. 2001.

Band 43 Konstantinos N. Kyriakakis: Die Überwachung einer US-amerikanischen Aktiengesellschaft durch institutionelle Anleger. 2002.

Band 44 Uta Fredebeil: Aktienemissionen. Das underwriting agreement (der Übernahmevertrag) und seine spezifischen Klauseln. 2002.

Band 45 Michaela G. Döbler: Die Einführung des WTO-weiten Erschöpfungsgrundsatzes in das Markenrecht der EU und der USA. 2002.

Band 46 Jan Liersch: Regulierung des Blockhandels an den organisierten Aktienmärkten der Vereinigten Staaten, Großbritanniens und Deutschlands. 2002.

Band 47 Sascha Lotze: US-amerikanisches Kapitalmarktrecht und Internet. Aufsichts- und haftungsrechtliche Fragen des Internet-Einsatzes bei Wertpapieremissionen und im Wertpapierhandel. 2002.

Band 48 Boris Trautmann: Die Konkurrenz von Haftpflicht- und Versicherungsanspruch. Ein Beitrag zur ökonomischen Analyse des Rechts unter Berücksichtigung von Unsicherheit und Verhaltensanomalien. 2002.

Band 49 Matthias Möller: Rechtsformen der Wagnisfinanzierung. Eine rechtsvergleichende Studie zu den USA und zu Deutschland. 2003.

Band 50 Heiner Feldhaus: Die Eignung zur erheblichen Kursbeeinflussung bei der Ad-hoc-Publizität. Eine rechtsvergleichende und interdisziplinäre Untersuchung unter Berücksichtigung der europarechtlichen Vorgaben. 2003.

Band 51 Matthias Janke: Gesellschaftsrechtliche Treuepflicht. Neubewertung der richterrechtlichen Generalklausel im Rahmen einer rechtsvergleichenden und ökonomischen Analyse. 2003.

Band 52 Katrin Thoma: Eigengeschäfte des Vorstands mit der Aktiengesellschaft. Eine vergleichende Untersuchung zum englischen, U.S.-amerikanischen und deutschen Recht. 2003.

Band 53 Mathias Stöcker: Rechtsfragen grenzüberschreitender Unternehmenszusammenschlüsse - unter besonderer Berücksichtigung des Falles Daimler/Chrysler - 2003.

Band 54 Otto Korte: Zur mißbräuchlichen Wahrnehmung der aktienrechtlichen Anfechtungsbefugnis. 2003.

Band 55 Wilhelm Wilderink: Die Auflösung, die Übertragung und die Verschmelzung von In vestmentfonds. 2003.

Band 56 Anja Birkenkämper: Rechtsfragen feindlicher Übernahmen. Jurisitische Nachlese zum Fall Krupp/Thyssen. 2003.

Band 57 Manuel Lorenzo Alonso: Die Neuausrichtung der Zwischenstaatlichkeitsklausel der Art. 81, 82 EG. Folgen der neuesten Entwicklungen des Gemeinschaftsrechts für die Zwischenstaatlichkeitsklausel - unter besonderer Berücksichtigung des Bankenbereichs. 2003.

Band 58 Dirk Kocher: Kapitalgesellschaft & Co. KG in Finnland. Eine Untersuchung zur Frage der Übertragbarkeit der deutschen Grundtypenvermischung auf das finnische Recht. 2003.

Band 59 Ruiting Qin: Parteiautonomie: Eine rechtsvergleichende Untersuchung. Versuch zur Entwicklung einer Gerechtigkeitsjurisprudenz im IPR. 2003.

Band 60 René Runte: Walter Julius Derenberg – Leben und Werk. 2004.

Band 61 Udo Prinz: Umstrukturierung durch *Schemes of Arrangement* mit Gesellschaftern im englischen Recht. – Ein Vorbild? 2004.

Band 62 Rainer Schmitz: Die Haftung des Vorstands gegenüber den Aktionären. Eine rechtsvergleichende Untersuchung nach deutschem und US-amerikanischem Recht. 2004.